U0782615

世界历史
2000 问

文征明 编著

中国华侨出版社

北京

图书在版编目（CIP）数据

世界历史2000问 / 文征明编著. —北京：中国华侨出版社，2014.4（2020.1重印）

ISBN 978-7-5113-4581-3

Ⅰ.①世… Ⅱ.①文… Ⅲ.①世界史－通俗读物 Ⅳ.①K109

中国版本图书馆CIP数据核字（2014）第081783号

世界历史2000问

编　　著：文征明
责任编辑：文　涛
封面设计：韩立强
文字编辑：朱立春
美术编辑：潘　松
经　　销：新华书店
开　　本：720mm×1020mm　　1/16　　印张：27.5　　字数：659千字
印　　刷：鑫海达（天津）印务有限公司
版　　次：2014年8月第1版　　2020年1月第4次印刷
书　　号：ISBN 978-7-5113-4581-3
定　　价：68.00元

中国华侨出版社　北京市朝阳区西坝河东里77号楼底商5号　邮编：100028
法律顾问：陈鹰律师事务所
发 行 部：（010）58815874　　传　　真：（010）58815857
网　　址：www.oveaschin.com　　E－mail：oveaschin@sina.com

如果发现印装质量问题，影响阅读，请与印刷厂联系调换。

前　言

日往月来，物换星移，几千年来，人类走过了一条不寻常的道路：兴盛与衰败，辉煌与悲怆，风和日丽与腥风血雨，多少如烟往事，多少史海沉浮，如同历史长河中的点点浪花，铸就了灿烂的现代文明。人类从蛮荒走向文明的每一步都充满了艰辛，世界历史的每个瞬间都值得后人细细回味。

英国哲人培根曾说："读史使人明智。"古往今来，有所成就的有识之士，大都是通古博今的人："二战"时期久负盛名的英国首相丘吉尔精通各国历史，其过人的学识可与历史学家相媲美；马克思、恩格斯在史学领域更是颇有造诣，他们提出的很多理论被后世学者奉为圭臬。纵观当今世界，大凡发达的国家，都是在世界历史的探索中取其精华、去其糟粕进而发展壮大的。作为将要担当重任的炎黄子孙更应该从世界民族的文化积淀中寻找到有利于我们自身的发展方式。

历史记录着人类过去的成功与缺失，蕴含着经验与真知，了解昨天才能更好地把握今天，开拓明天。所以，我们编著了这本《世界历史2000问》，旨在向读者展开伟大的历史画卷，以重大历史事件的"点"串联起历史脉络，以解密的方式"复活"历史真颜，将人类历史上的里程碑和转折点、冲突和战争、创造和发现、崛起和衰落等，一一呈现在读者面前。

全书分为五个篇章，第一篇为探索人类最早的历史——远古世界，叙述了人类转变为现代人的历史；第二篇为认识新的领土——中古世界，叙述了农耕文明在世界各地的发源与初步发展，以及古代各大文明鼎盛时期的成就；第三篇讲述了近代资本主义世界市场的形成和发展；第四篇为在战争中曲折发展——现代世界，讲述了现代世界中各国发展的态势；第五篇讲述了以和平、发展为主题的当代世界。

巴尔扎克曾说过，历史有两部：一部是官方的骗人的历史，是做教科书用的，给王太子念的；另一部是秘密的历史，可以看出国家大事的真正原因，那是一部可耻的历史。无论哪一种，都不利于我们根据真实的历史对现实及未来做出客观判断。故而，我们还精心为您准备了诸如未解之谜、历史探秘之类的内容，历史玄机、谍海迷踪、离奇巧合、古墓丽影充斥其间，意在传史之真，证史之实，辨史之误，在真实性、趣味性和启发性等方面达到一个全新的高度，给你一双穿过重重迷雾看透历史的慧眼，引导你亲身体味历史。

　　纵观全书，本书上起史前文明，下迄伊拉克战争，横跨五大洲，中外皆录，古今纵览，体例上以时间为经、空间为纬，严格依照时代地区全面记录世界历史的发展。每一个主题都用问话的形式设问，视角新颖，层面丰富，篇幅短小精悍，渗透了有关政治、军事、经济、文化、外交、科技、法律、宗教、艺术、民俗等各个领域，使读者对绵延百万年的人类历史有更感性、更直观的认识，从而指导我们的现实生活。《世界历史 2000 问》和《中国历史 2000 问》系姊妹篇，二者相映成辉，称得上是当前一部时间跨度最长、体例最独特、内容最完备的世界通史。

　　《世界历史 2000 问》可"看"可"用"可"藏"，老少咸宜，雅俗共赏。通过阅读本书，读者朋友可以在紧张的学习和工作之余，轻松地行走于历史走廊之中，饱览最浩瀚精彩的历史画卷，探索奥妙神秘的大千世界，收获无限精彩的智慧人生。

目　录

第一篇
探索人类最早的历史——远古世界

第二篇
认识新的领土——中古世界

第三篇
资本主义世界市场的形成和发展——近代世界

第四篇

在战争中曲折发展——现代世界

第五篇

和平与发展成为时代主题——当代世界

第一篇
探索人类最早的历史
远古世界

人类历史的起源

人类是如何起源的？

关于人类起源，各民族都有相当丰富的神话传说。

《埃及神话》说人类是神呼唤而出的；在日耳曼神话中，人们认为人类是植物所变；中国神话论及人类起源的有数种，比较早的说法在《淮南子·精神训》中有所叙述："有二神（阴、阳二神）混生，经天营地……类气为虫（混浊的气体变成虫鱼鸟兽），精气为人（清纯的气体变成人）。"这种说法并没有得到重视。晚一点的说法则指盘古垂死化为万物之时，身上的寄生虫变为人类。在所有神话中，"泥土造人"的说法最多，也最广为流传。

以上都是神话传说，真正站在科学的角度研究人类起源且成就卓著的当属英国生物学家达尔文。19 世纪中叶，达尔文创立了科学的生物进化学说，第一次对整个生物界的发生、发展，做出了唯物的、规律性的解释，使生物学发生了一个革命变革。此后，古生物学家在达尔文学术的基础上形成了现代人类起源说。他们认为，人类是古猿经过数百万年的漫长时间的万物更迭交替变化逐渐进化而来的，生物进化的总模式是无脊椎动物—脊椎动物—哺乳动物—灵长目动物—猿猴类动物—人类。

你知道"亚当和夏娃"吗？

关于人类的起源问题，有许多充满神话色彩的传说，"上帝造人"的传说就是其中之一。传说大地最初一片混沌。上帝在前 5 天创造了日月星辰、山川河流、动植物，等等。第六天，上帝按照自己的形象，用泥土造出了一个男人，并使他成为活人，给他起名叫亚当。然后上帝又给亚当造了一个女性配偶，名为夏娃。亚当和夏娃住在伊甸园里，这里每天都是阳光明媚，动物全听人的话，树上果实累累，美味可口。亚当、夏娃在伊甸园里的生活无忧无虑、和谐美满。

伊甸园中有棵智慧树，上帝曾警告过亚当："园中的果子你尽可以随意享用，唯有智慧树上的果子你绝对不能吃，否则必受重罚。"亚当与夏娃也就遵从上帝的吩咐，从不到智慧树那里去。

伊甸园里有一条蛇，当时蛇的相貌美丽、声音悦耳，夏娃很喜欢它，便禁不住蛇的诱惑，到智慧树上摘了个果子吃了，顿觉心明眼亮。亚当也吃了智慧树上的果子，变得聪明无比。上帝知道此事后，严厉地惩罚了蛇，不仅把它变得面目可憎，还罚它只准用肚皮走路。亚当、夏娃也被逐出伊甸园，到世间耕种土地，繁衍后代。亚当、夏娃也就成了西方传说中人类的祖先。

早期智人出现在什么时候？

尼安德特人存在的时候，我们自己人种的成员"早期智人"或智人在地球上的许多地方生活着。在一些地方，尼安德特人和智人生活得很近，这就意味着尼安德特人不可能是我们的直接祖先。加入他们一起生活，我们就不可能从两个种类演变而来。

早期智人可能是从直立人，或从其他我们还没有发现的原始人演变而来的。在世界上所有遗迹发现的原始人骨头化石好像都具有直立人和早期智人的特征。一些智人在这些"古代"智人骨头之后不久出现，一些专家认为，人类是在非洲的一个地区演变而来的，然后慢慢迁徙到世界各地，考古学家称之为"非洲起源"。其他的一些科学家则相信现代人是在世界各地的人分散演变而来的。

人类最早的祖先是什么？

人类最早的祖先可以追溯到森林古猿，森林古猿最早是在法国发现的。大约在1800万～2300万年前，森林古猿就活跃于热带雨林地区和广阔的草原之间，他们是人类最早的祖先。非洲、亚洲和欧洲的许多地区也曾发现过森林古猿存在的化石和遗迹。森林古猿与现在的黑猩猩身体形似：矮壮的身体、宽扁的胸廓，前臂和腿一样长，前肢既可以行走，也可以采摘悬挂在树上的野果。森林古猿和黑猩猩的生活方式基本一样。后来由于地壳运动、气候变化，茂密繁盛的森林逐渐变得稀疏，林中的空地也不断扩大，最终成为草原。而那些森林里的古猿，为了生存，也逐渐由树栖生活改为地面生活，学会了地面行走，并最终演变成人类，而那些继续留在森林中的古猿，就是现代的类人猿。

"南方古猿"是怎么回事？

距今约300万至500万年，南方古猿出

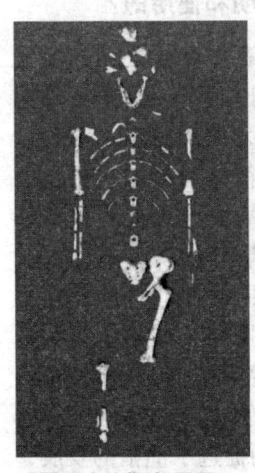

"露西少女"复原图
"露西"是南方古猿阿法种，1974年发现于埃塞俄比亚。她的身材要比现代女子小，虽然还未真正进化成人，但她的站姿和手已体现出人的特征。

现。南方古猿的体质特征和人类很相近，拇指能和其他四指对握，能够使用天然工具；骨盆比猿类宽，表明可以直立行走；平均脑容量接近500毫升，尽管比人类小得多，但其结构较为复杂，可能已经具有了语言能力。学者们将其定义为从古猿人转化过程中继腊玛古猿之后的动物。1974年，美国的约翰逊发现了一具人科动物化石，称为"露西"。约翰逊将其定名为"南方古猿阿法种"。

最早的"能人"在哪里发现？

1974至1975年，在坦桑尼亚北部伽鲁西河流域的拉托利地层发现了13个早期猿人化石，主要是上、下颌和牙齿，经测定，年代约在距今359万年至377万年之间。这是目前最早的人类化石，定名为"能人"，经测定距今180万年。"能人"下肢已能直立行走，手骨表明拇指能和其他四指对握。另外，在同一层位还发现许多砾石打制的石器。

你知道"晚期猿人"吗？

晚期猿人又叫"直立人"，生存年代为约175万年前至30万年前。其头骨扁平，骨壁厚，眉嵴粗壮，脑部明显增大，脑容量为800毫升至1200毫升。直立人身高为160厘米，其下肢结构和现代人类十分相像，分布在亚、非、欧三洲，典型代表有印度尼西亚的爪哇人，德国的海德堡人，中国的蓝田人、北京人和肯尼亚的东非人。

爪哇人出土于1890至1892年，所发现的化石包括一具头盖骨、一根完整的左侧股骨和两枚臼齿。这是最早发现的猿人化石，大约在距今80万年前。20世纪30年代，考古学家又在印度尼西亚发现了一些新的包括头骨在内的爪哇猿人化石，时间在150万年前至25万年前不等。

海德堡人发现于20世纪初的德国海德堡东南部，所发现的化石只有一块下颌骨，距今约80万年。

相对而言，在晚期猿人的材料中，北京

人化石最为丰富完整，迄今已发现 40 多个不同年龄和性别的骨化石，其中包括 6 个头盖骨，时间在 40 万年前至 50 万年前。

1959 年，肯尼亚出土了一个完整的猿人头盖骨。此外，东非坦桑尼亚和北非的阿尔及利亚、摩洛哥等地也是晚期猿人化石的发现地。

之后，晚期猿人在体质形态方面有了明显的进步。爪哇人脑容量达 750 毫升。北京人脑容量平均 1088 毫升，身高在 156 厘米左右，上下肢骨和现代人接近，能近似现代人直立行走。但在头骨构造上，晚期猿人还较为原始。比如，北京人嘴部和眉崤仍然突出，前额低平，颌部后缩，这表明在人类进化过程中，思维器官的发展落后于劳动器官，原因可能是早期人类更多地从事生产劳动，四肢的活动多于大脑自觉的活动。

你知道"晚期智人"吗？

晚期智人又称"新人"，出现于 5 万年前。1868 年，在法国勒伊斯的克罗马农附近洞穴中发现的五具人体骨架被认为是最早的晚期智人，其形态和现代人差别不是很大。这以后在欧洲、亚洲、非洲、大洋洲等地均发现了大量晚期智人化石。

美洲和大洋洲的早期居民是由旧大陆迁徙过去的，因为在这两大洲均未发现晚期智人以前的古人类化石。从历史的角度看，现今世界各地的居民都是不同时期的"移民"的后代，"土生土长"之说只是相对而言。从化石材料推断，估计在 3 万年前，人类是乘木舟从东南亚经太平洋岛屿进入大洋洲，从陆路经白令海峡进入美洲。晚期智人的一个显著特征就是出现了不同的现代人种。

什么是阿舍利文化？

阿舍利文化是非洲、西欧、西亚和印度的旧石器时代早期文化。因最早发现于法国亚眠市郊的圣阿舍尔而得名。文化遗物出土于高出索姆河河面 30 米的阶地砂土层中。已

知最早的阿舍利文化遗存在非洲，年代距今约 150 万年，最晚的遗存距今约 20 万年。通常认为该文化的石制品是由直立人制造的。但较晚的阿舍利文化已经和早期智人并存。阿舍利文化的代表性石器为手斧，比阿布维利文化的手斧进步，是用软锤（骨棒或木棒）技术打制成的。手斧的特点是器身薄，制作时留下的石片疤痕较浅，刃缘规整，左右对称，器形有扁桃形、卵圆形、心形等。在西班牙还曾发现该文化的洞穴和岩棚遗址。在肯尼亚，也发现了湖边居住遗址。

穆斯特文化是怎样的？

穆斯特文化属于旧石器时代中期的文化，最早发现于法国西南维泽尔河岸，石器的类型比以前有所增加。原始的手斧退居次要地位，圆盘状石核打制成的小手斧、精致的单边刮削器和三角形尖状器、石片锯齿状石、石灰岩石球等，都是新型的工具。考古学家认为三角形尖状器可能是男子使用的工具，这就说明那时开始了两性的分工。之后，用于猎取大型动物的木质梭镖也开始出现。人们用石球、三角形尖状器、木质梭镖猎取猛犸象、披毛犀、斑鹿、转角羊等动物。

最早的弓箭是怎样发明和使用的？

旧石器时代和新石器时代之间的过渡时期被称为"中石器时代"。在中石器时代，由于生产技术的发展和狩猎的需要，人类发明了弓箭。弓箭是当时的一种远射程的武器。当人们用力拉弦迫使弓体变形时，就把自身的能量储存进去了；松手时，弓体迅速恢复原状，同时把存进的能量猛烈地释放出来，遂将搭在弦上的箭有力地弹射出去。弓箭的射程可达 80 至 100 米。北美洲印第安人使用的重弓，射程竟达 400 至 500 米。弓箭的发明促进了渔猎的发展，渔猎又能使人类可以经常得到肉类食物。弓箭还可以制服那些凶猛的野兽。后来，弓箭就成了重要的兵器。

三次社会大分工是怎么回事？

随着原始生产力的发展，劳动分工出现新的变化。有些部落已经主要从事畜牧业，成为游牧部落。游牧部落所生产的产品不同于其他部落，产品数量较多，促进了交换的产生。交换促进了私有制的发展，当时人们谋生的主要手段是从事畜牧业，男子成为家庭中的主力。后来，农业和手工业也有所发展，生产部门的扩大使得劳动力进一步增加，于是战俘成了奴隶。第一次社会大分工使社会分为两个阶级：奴隶主和奴隶，剥削者和被剥削者。

原始社会后期农业与手工业的分离发生于青铜器与铁器时代。铁制工具的使用和生产技术的进步，加速了农业的发展和劳动生产率的提高，也使手工业日益多样化。手工业生产的多样化，生产技术的不断改进，引起第二次社会大分工，手工业从农业中分离出来，成了专门的行业。第二次社会大分工加速了财富积累，私有制进一步发展，于是拥有财富的人成为了压迫奴隶和穷人的氏族贵族，加速了原始社会的解体和奴隶社会的产生。

两次社会大分工后，交换便成为一种常态，出现了以交换为目的的商品生产，各种生产者之间的交换满足了社会的需求，于是专门从事交换的行业开始出现，商业逐渐从手工业中分离出来。至此，人类完成了第三次社会大分工。

语言是怎么产生的？

语言是伴随着人类的发展而形成，在劳动和生活中产生的，自从语言形成之初，不同部落、不同人群之间就存在着差别。

在现代人种形成的同时，不同的语系也逐渐形成了。在生活和劳动中，同一地区或相邻地区的人群对各种事务、感情的表达方式日趋接近，其发音的声音振动方式也逐渐趋于一致，并被一代代遗传下来，从而形成了不同的语系。

原始人的宗教观念是怎样的？

现代人有宗教信仰，遥远的原始社会里，人们也有自己的信仰，这些信仰主要表现为三种形式，即图腾崇拜、自然崇拜和祖先崇拜。

图腾崇拜是原始人最早的宗教信仰，大体和氏族公社同时发生。"图腾"一词源自印第安语，意为"他的亲族"。

在人类社会初期，原始人还不能理解各种各样的自然现象，他们将风雨、雷电、日月、水火视为神灵，认为大自然是不可抗拒的，于是就顶礼膜拜。

另外，原始人还崇拜死去的先人，也就是祖先崇拜。

和以上宗教信仰相联系，形成了一系列的宗教崇拜仪式，如祭祀、舞蹈、诅咒等。原始社会的这三种宗教信仰交织在一起，形成了原始人最初的宗教观念。

远古人为什么要杀婴？

杀婴是人类早期存在于各人种之间的一种现象。在蒙昧时代，生活资料缺乏，饥饿便成了人类生存最大的威胁。为了保证血脉的传承，当时的人类选择了保证成人生存而牺牲弱小的办法，以节约生活资料。历史的记载中，所有的民族在发生大饥荒或者其他灾害时，几乎都不同程度地有过杀婴的行为。

还有一种可能的原因是，原始社会没有完善而有效的避孕方法，杀婴是比流产安全的一种措施，而且选择性的杀婴还有优生的意义。

也有人解释说，杀婴是原始宗教的一种仪式。原始人大多信仰天地鬼神与人能交互感应的原始宗教，认为唯有天地鬼神的帮助和指导才能获得丰裕和安宁的生活。于是他们就把自己认为的最珍贵的孩子祭献出去。

后来有人开始提出杀婴行为只是原始人类从他们的动物祖先那里承袭来的某种兽性。

有关杀婴的行为还有很多猜测，具体是

什么原因已经不得而知了。

最早使用天然工具的是谁?

据科学研究表明,最早使用天然工具的是腊玛古猿。腊玛古猿生存的年代约 1400 万年前到 800 万年前,是早期的人类祖先。1932 年,人们在印度西瓦克山区的地层中发现了这些古猿的化石,但仅仅是一块上颌骨。经过研究,美国学者刘易斯指出这是一种比较进步的类人猿,因为它已经具有近似人的特点。刘易斯用印度神腊玛的名字,把它命名为"腊玛古猿"。由于地质环境的变化,腊玛古猿开始从树上转移到草地上生活。在不断地进化中,他们初步学会了直立行走,并学会使用木棒等天然工具。腊玛古猿在人类祖先演化的历史中具有很重要的地位,它是人类从猿类中分化出来的第一阶段,也是最早使用天然工具的古人类。

人类的农业畜牧业是怎样起源的?

农业和畜牧业出现以后,原始人就可以耕种粮食、饲养牲畜,过着相对稳定的生活。

新石器时代,人类发明了农业。人们在长期的实践中,逐步观察和掌握了某些植物的生长规律,然后进行栽培。农业是世界各地区的人民,在采集积累经验的基础上各自独立发明的。因为各地经济发展存在差异,所以农业出现的时间很不一致,从公元前 8000 年至公元前 3500 年,当时世界上主要的早期农耕中心有:西亚、东亚和南亚、中南美洲。

公元前 8000 年末期,伊朗西部阿里·库什·盖·达勒、伊拉克的耶莫、土耳其的恰约尼、巴勒斯坦的耶利哥等地区的居民已从事原始农业并驯养动物。因此这些地方是世界上最早的农业发源地,也是大麦、小麦、小扁豆等栽培作物的原产地。

公元前 5300 多年的中国河北磁山遗址中有粟的堆积。公元前 4900 年,中国浙江河姆渡的居民已种植水稻。古印度约于公元前

4500 年开始栽培水稻。公元前 7000 年,泰国北部已种植豆类、葫芦、黄瓜等作物。中南美洲的墨西哥、秘鲁、玻利维亚分别是玉米、豆类、马铃薯等作物的原产地。

当时的人们在农耕的同时,还进行采集狩猎活动。早在公元前 9000 年至公元前 8500 年,伊拉克的萨威·克米·沙尼达遗址及附近沙尼达洞穴的居民已开始驯养绵羊和山羊。与此同时,西亚和欧洲的希腊等地还开始饲养猪。而西亚和希腊也是最早饲养牛的地区。土耳其的恰塔尔·休与希腊的尼阿·尼科美弟亚、阿吉萨等地都发现早期家养牛的骨骼。7000 年前,中国河姆渡是最早养马的地区。公元前 4000 年,南美印第安人驯化了骆马和羊驼。

原始人绘身和文身是为了什么?

绘身和文身的习俗其实在数万年前的旧石器时代就已经产生了,那么,当时原始人究竟为什么要费尽心机地去绘身和文身呢?

有一种说法是出于图腾或祖先崇拜,在原始人的心目中,本部族的图腾不是象征着自己的祖先,就是象征着最受崇拜的主神,在身上绘有或文有这些图案能够得到神灵的庇护。

绘身和文身的另一个原因是出于某种巫术或宗教的目的。此外,绘身和文身也往往能反映出每个人在社会中的地位差别。还有人认为,原始人绘身和文身只是出于人类爱美的天性,在他们看来,一旦缺少这些花纹,人可能就会变得很丑。许多研究过绘身和文身风俗的学者还认为,原始时期的绘身和文身与远古人类的服装、发式以及其他各种装饰物的发展有密切的联系,人类最早的服装也可能是绘身和文身的附属物。

人种的形成与地理环境是否有关?

人类在数万年的发展过程中会集群生活在地球的不同区域,各地不同的地理环境,阳光、气温、湿度和事物等,都会对他们的

体质、外貌产生一定的影响。

现在最主要的三个人种黄种人（蒙古人种）、黑种人（尼格罗人种）、白种人（欧罗巴人种），他们都带有不同地理环境的痕迹。

黄种人与黄土高原及黄河变黄有密切的关系。黄种人的先祖为生存，破坏了黄土高原的植被，水土流失严重，黄河成了混浊的黄水河。他们长年生活在黄土环境中，遗传基因就从内改变了人的肤色。

而尼格罗人种由于长期生活在热带地区，于是便有了一系列适应性心理特征，黑色的皮肤可保护皮肤免受日光的灼伤，浓密的卷发可防止头被日光晒晕，宽厚的鼻、唇扩大了黏膜面积，可加速蒸发、散热。

欧罗巴人种长期生活在较寒冷地区，鼻子高而狭窄，这样，冷空气就可以经过预热再进入气管和肺部；肤色浅白，可使皮肤较少被冻伤；身材高壮，耐寒能力强。

什么是血缘家族？

旧石器时代早期和中期的社会组织是血缘家族。马克思曾经指出："血缘家族是第一个'社会组织形式'"。在这种社会组织里，婚姻是按照辈分来划分的，所有同辈的女子是所有同辈的男子共同的妻子，同样，所有同辈的男子也是所有同辈女子共同的丈夫（包括亲兄弟姐妹）。在血缘家族阶段，一个家族就是一个集团、一个公社、一个生产单位。从考古材料中，我们就可获知当时的家族内部大概已经有了两性分工。人与人之间的关系是平等的，集体生产，共同消费。由于当时生产力十分低下，很难获得生产资料，因此，这种集团不可能很大，估计只有二十至四十人。为了寻找食物，整个集团不得不经常过着游荡的生活，并且还要共同抵抗外来的侵袭。

人类什么时候开始使用金属？

新石器时代末期，人类已经开始使用金属。公元前 7500 年在土耳其的恰约尼遗址，就有用铜矿石直接打制的钻孔珠、扩孔锥、别针，这是迄今所知最早的铜器。后来人类学会冶炼铜。

人类在冶炼铜的实践中，逐渐学会冶炼铜和锡的合金青铜。公元前 3000 年，两河流域及多瑙河流域出现青铜器，至公元前 3000 年，两河流域、印度河流城已普遍使用青铜器。

人类很早就认识这种金属，但是很长时间里，对于人类来说铁是一种稀少的贵金属。世界上最早发明炼铁技术的，是位于两河流域北部的米坦尼王国，时间为公元前 1400 多年。公元前 1370 年，米坦尼王国被赫梯王国征服后，赫梯垄断冶铁术并禁止任何铁器出口达近两个世纪之久。后来冶铁术才传入两河流域和埃及。公元前 1000 年初期，欧洲铁器进入铁器时代。而非洲南部和撒哈拉地区，直至公元前 1 世纪才进入铁器时代。

由于各地历史和生态环境等具体条件不同，原始社会解体和阶级社会形成的时间和情况也很不一致。

氏族公社时期指的是哪个时期？

氏族公社是原始社会的基本单位，是以生产资料公有制为基础、以血缘纽带和血统世系相连接的社会组织形式，这种形式曾普遍存在于世界各地的原始社会中，是人类社会发展的必经阶段。

氏族公社大概产生于原始社会至旧石器时代晚期，由于血缘家族人数太少，在采集食物和与自然抗争方面的力量还不够。在血缘家族中，允许兄弟姐妹之间通婚，这对下一代的智力和健康都有害，因此，需要其他血缘家族加入进来，也就是血缘家族的集合。

你知道最早的欧洲人吗？

生活在欧洲的最早人类的生活是艰苦的。那时的气候比现在寒冷，食物也难以寻觅，并且在树林中潜伏着危险的野兽。人们通过不断地适应，在制造工具和居住方面变得熟练，从而继续生存下来。渐渐地，经过几千年，他们掌握了基本的生存技能。

早期的欧洲人常被称为克罗马农人，其主要遗址在法国的道格纳。克罗马农人是熟练的工具制造者。他们最好的、最锋利的工具是用燧石制造的，他们可以把它们打造成针头和小刀这样小的工具。

早期的欧洲人最伟大的进展是其艺术，我们可以从石刻和岩壁画上获知他们早期生活的状况。

早期欧洲人的工具
早期欧洲人能加工比较精细的有刃工具，其中一些像现代的钢刀一样又薄又锋利。

什么是冰川期？

地球的气候总是处于变化之中的。就最近的 200 万年而言，地球的气温变化不定，这就导致了一系列温暖气候和寒冷气候的交替。最近的冰期在公元前 1.8 万年达到最高点。这一时期在人类历史上非常重要，它通常被称为冰川期。

这一时期，北欧的绝大多数地区是荒凉的冻原，西班牙的大部、希腊和巴尔干被森林覆盖，俄罗斯黑海北部是一片大的草原。于是，人们就发明了各种工具、打猎的技术以及社会技巧适应这些不同的生活方式。而且冰川期的人类使用的工具比以前的人类使用的要丰富得多。

你知道最早的大洋洲人吗？

在冰川期，海平面比现在低得多。把大洋洲和其他大陆诸如印度尼西亚的帝汶岛分开的海峡很狭窄。所以，岛上的人乘着简易的竹筏和小船就可以出海捕鱼或捕捞贝壳。3.2 万年前，一些印度尼西亚人发现自己来到现在的大洋洲海岸。没有人知道他们是有意来到这块大陆，还是他们在捕鱼的时候被风吹来的。他们离开了原来居住的地方，来到这里，成为大洋洲大陆的第一批定居者。

世界最早的史前人手印在哪里？

加加斯山洞位于欧洲比利牛斯山脉，距卢德不远，有"手掌山洞"之称。在加加斯山洞里面的黑色洞壁上的掌印历经 35000 年之久，仍光彩夺目，不曾褪色；有些掌印呈黑色，印在红色框里；另一些则是红色。大多数掌印总有两只或多只手指缺一截。

对此，研究法国西南部加加斯山洞壁画的专家提出了一个十分有趣的问题：石器时代的人类祖先，在某种宗教仪式中，是不是曾把他们的某只手指切掉？至今，人们还没有准确的答案，并且这个山洞里的史前壁画引起的问题和西班牙阿尔塔米拉及法国拉斯考等地方山洞壁画所引起的问题，也引发了人们的种种猜测。

早期的美洲人来自哪里？

最早的美洲人可能来自亚洲的最北端，现在被叫作西伯利亚的地方。在冰川期，这两块陆地由大陆桥连接。穿过大陆桥的第一批人类发现自己来到北美最严寒、最荒凉的地方，这里几乎没有植物，他们的大部分食物来自打猎和捕鱼。因为西伯利亚和北美的气候相似，所以他们可以适应。一些人向南迁移，希望寻找到更温暖的环境和更多的食物。

史前南美洲的怪异文字是怎样的？

在南美大陆的地底深处，有一条绵亘数千公里的庞大的隧道系统。在这一隧道中，阿根廷人胡安·莫利茨曾发现了令人叹为观止的宝藏，而其中尤以一本金属制作的图书最引人注目。书的一部分是由金属板制作的，另一部分则由毫米薄的金属制成，其大小多是 96 厘米 ×48 厘米。书的每个页面上都写着字，盖有印，仿佛被机器压上去一般，图书大概有好几千页。

在厄瓜多尔南部的昆卡市，一座教堂的神父卡洛·克里斯皮收集了大量的艺术品。这些艺术品中，有一块石碑上镌刻着令人费解的符号。一位印度梵语教授认为这些符号是早期婆罗门的文字。无独有偶，在胡安·莫利茨发现的金属书上也压着头发丝粗细的同样的文字。这种文字是由 56 个字母组成的密码，或者是能组成一种文字符号，它是一种比迄今所能认识到的更有价值的文字。在南美文化（如印加文化、玛雅文化等）中，从未有过类似的文字。

这金属图书出自何人之手？谁制造了它而又把它放在地下的千米隧道中？这怪异的文字是谁发明的？它要告诉我们什么？有人说它记录了天神的信息、技术、报告和对未来的暗示。事实的真相究竟是怎样的呢？也许这永远是个不解之谜。

你知道远古巴西"土城"之谜吗？

巴西是一片神奇的土地，1928 年，一位叫路德维希·施维恩哈根的奥地利哲学家在他所著的《远古巴西史》中详细描述了充满神秘色彩的"土城"。

初到"土城"的人会发现，这里没有杂乱的先前被层层叠放的石头残留物，没有带着尖尖的棱角和人工雕刻条纹的独石柱，而是自有其不同的特点："龟甲"状地貌；被压成碎骨状的金属块，从岩石层中显露出来，在墙壁上还可见到呈长长点滴状的锈迹仍在向下延滴着。

考古学家和科学家就有些疑惑：是谁在岩壁上画了那些画？那些画又意味着什么？那些史前的艺术家们为什么要在岩壁上画圆圈、轮子（带轮辐的）、太阳、圆圈中的圆圈、圆圈中的四角、十字和星辰的变体？其中的一幅画上还有古印度浮雕，印度研究人员根

据梵文鉴定这块浮雕描绘的竟然是一种飞行器。人们不禁要问，难道"土城"的居民真的见过宇航员和飞行器？这些宇航员来自哪个星球？他们来到"土城"的目的又是什么呢？"土城"曾经相当繁荣，它又是怎么一下子变成一片废墟的呢？这些问题的答案人们都不得而知。

什么是氏族公社？

到旧石器时代晚期的时候，由于生产力的发展，要求人们比较持久地结合，各集团之间也逐渐保持一定的联系。逐渐定居的人们，也为维持这种联系提供了条件。同时，人类在实践中已意识到兄弟姐妹之间的婚姻对人类体质的危害，于是排斥集团内部的通婚成为了一种必要。这样不但禁止了不同辈份之间的性交关系，而且兄弟姐妹之间的婚姻也被禁止。到母方最远的旁系亲族间婚姻关系被禁止的时候，就组成了一个坚固确定的母系血族集团，氏族便产生了。在氏族制度下，其成员必须与另一个氏族的成员通婚，两个相互通婚的氏族就构成了早期的部落。在这种婚姻形态下，人人知其母，不知其父，氏族的世系只能按母系来计算，所以就成为母系氏族或母权制氏族，也就是最早的氏族公社。在氏族公社里，妇女受到高度尊重。之后，随着人数的增长，一个氏族又分成两半，成为两个氏族，于是氏族便成为了胞族。

你了解母系氏族公社和父系氏族公社吗？

氏族社会可以分为两个阶段：母系氏族公社和父系氏族公社。氏族社会的早中期为母系氏族社会，也就是建立在母系血缘关系上的社会组织。母系氏族实行原始共产制和平均分配劳动产品。早期的母系氏族就有自己的语言、名称。同一氏族有共同的血缘，崇拜共同的祖先。氏族成员生前共同生活，死后葬在共同的氏族墓地。随着原始农业与家畜饲养的出现，妇女在生产和经济生活中就会得到尊重，占有主导和支配地位。氏族

社会的晚期为父系氏族社会，但是这一时期男子占主导地位。

人类最早的文明是从什么时候开始的？

对于人类最早的文明的出现，人们有不同的说法。一般认为，最早的文明大概是在公元前 3500 年左右美索不达米亚的苏美尔人那里出现的。但是，还有人认为人类有更早的文明，那就是失落的文明——姆大陆文明。

据说姆大陆的面积占据了南太平洋的大部分，相当于南北美洲面积的总和。生活在该大陆的居民没有贵贱和贫富之分，彼此都和睦相处。

姆大陆的居民拥有高度的文化素养，在建筑和航海方面有很高的天赋。他们在世界各地都拥有殖民地，姆大陆上共有七大城市，其中希拉尼普拉是首都，境内道路纵横交错，四通八达，港口中船舶云集，商旅不绝，呈现出一派宁静祥和的气氛。

不幸的是，后来姆大陆上发生了可怕的火山爆发，刹那间，姆大陆变得一片狼藉，姆大陆的辉煌就这样随着这场灾难化为乌有，以致大家都不知道这曾经就是文明的发源地。

人类何时会用工具？

"劳动创造了人本身"，这句话道明了劳动在人类进化过程中起到了巨大的作用。然而二三百万年以前，原始人是靠什么工具来劳动呢？

人类最初使用的工具主要是石器，使用石器的时代称为"石器时代"。石器时代又可分为旧石器时代、中石器时代和新石器时代。旧石器时代，生产工具以打制石器为主，也使用木器、骨器和角器。它又可分为中、早、晚三期。早期自最早的石器出现至二三十万年之前，中期自二三十万年前至四五万年前，晚期自四五万年前至 15000 年前。

目前所知最早的石器是 1977 年在非洲埃塞俄比亚的哈达尔地区发现的，年代距今 250 万年至 270 万年，虽然目前还没有发现比这更早的石器，但旧石器时代很可能在 300 万年前或更早就已开始。

最初的石器只是砾石打制的砍砸器，制作方法很简易，只是在砾石的一端打出几个锋利的缺口。此外也有一些粗糙的无定形的石片，这种石器在非洲的埃塞俄比亚、奥杜瓦伊、肯尼亚和南非都有发现。

后来，石器制作的技术比以前有了较大的进步。在欧洲，最有代表性的石器是舍利文化和阿舍利文化的手斧。舍利文化因最早发现于法国的舍利而得名。手斧已经有了最基本的模型，样子呈扁桃形或椭圆形，一端尖锐，一端钝厚，使用时用手握住钝厚的一端。无定形的石器也仍被使用，可能是作为切割工具。

舍利文化之后出现了阿舍利文化，也因最早的发现地而得名，阿舍利文化和舍利文化差别不是很大，只是手斧变得较小，制作更为精致，刀口更为锐利。手斧是一种多用途的工具，它既可用来切削东西，也可用来挖掘块根或打击野兽，因此人们称它为"万能工具"。

在旧石器时代早期，人类已能用火。最早的用火遗迹发现于非洲肯尼亚的切萨瓦尼亚，有 40 块烧过的黏土小碎块，可能是篝火的遗迹，其年代约为 142 万年前。欧洲最早的用火遗迹是法国马赛附近的埃斯卡尔洞穴，在这里发现了 75 万年前的木炭和灰烬。

旧石器时代晚期石器制作技术有了新的发展，形状更加精确美观，用狭长的石叶制作的工具占的比例很大。这种石叶是在石片上进行琢削和压削等第二次加工制成的，使用这种技术可以制造各式各样的工具和武器，如切割器、刮削器、端刮器、雕刻器、石矛、石刀，等等。磨制石器的方法也在这时出现，但磨制部位仅仅在锋刃。骨角器如鱼叉、鱼钩、骨针等已大量使用。此外，还出现了投矛器，特别重要的是复合工具和复合武器得到了广泛的传播。

原始农业是怎样产生的？

人类社会的发展，离不开农业，但原始农业是怎样产生的，至今还是一个谜。但是普遍的观点认为最早的农业产生于山地或高原。

关于农业起源问题的研究，还是要追溯到新石器时代。考古界一般认为农业的出现是新石器时代的开端。在西亚，有从约旦河谷的耶利哥遗址为代表的原始农业初期遗存，在美洲，有从墨西哥高原上的特瓦坎遗址为代表的原始农业初期遗存，在中国，比较著名的有黄河流域的仰韶文化遗址和长江流域的河姆渡文化遗址。

根据现有的考古发现，世界各国学者基本上承认粟起源于中国黄河流域，水稻起源于长江流域。大量遗物表明，上述遗址所代表的新石器时代各种文物遗存，都进入了原始农业比较发达的氏族社会繁荣阶段。总之，农业的出现是具有划时代意义的大事，它是文明的基础。

什么是马格德林文化？

马格德林文化指的是欧洲旧石器时代晚期的文化。最初发现于法国西南部多尔多涅河流域蒂尔萨克附近的拉马德莱纳岩棚中，主要分布在法国、比利时、瑞士、德国和西班牙。该文化比梭鲁特文化稍晚，但并非梭鲁特文化的继承者，后来逐渐为属于中石器时代细石器的阿齐尔文化所代替。

马格德林文化的石器，包括嵌入骨柄或鹿角柄中使用的小巧的几何形石器，以及雕刻器、刮削器、石钻和琢背石刀等，还有带肩的和钝边叶形的投掷尖状器。马格德林时期，食物丰盛，有着大群的驯鹿、野马和野牛。人们过着半定居式生活，用梭镖、罗网以及陷阱猎取动物，冬居洞穴、岩棚或其他坚固住所，夏季则住帐篷。艺术品和饰物大增，表明了生产力的进一步发展，其中最杰出的成就是晚期的洞穴雕刻和彩色壁画。

什么是梭鲁特文化？

梭鲁特文化指的是欧洲的旧石器时代晚期文化，因最初发现于法国东部里昂附近的梭鲁特雷山洞而得名。以高超的压制石器技术著称，达到了旧石器时代石器制作技术的顶峰。主要分布于法国的北部，其次，在西班牙、比利时和英国也有它们的遗迹。年代约距今 1.8 万年至 2.1 万年。

梭鲁特文化的石器有雕刻器、刮削器和石锥等。但独具风格的典型器物是桂叶形或柳叶形尖状器，它们制作精致，器身很薄，有的甚至达到透明程度。骨器较为贫乏，但出现带孔小骨针，说明人们已缝制皮衣。这一时期的装饰品和艺术品很多，如手镯、串珠项圈、垂饰和骨饰针等，还有浅浮雕及绘在石饰板和洞壁上的图画。

最早使用火的是谁？

世界上最早使用火的原始人类是中国的元谋人。元谋人遗址是 1965 年在云南省元谋县的那蚌村发现的。考古研究表明，元谋人距今大约有 170 万年，是我国乃至亚洲最早的原始人类。考古工作者在这一遗址中发现了两颗古人类门齿化石和一些粗糙的石器，这说明在很早的时候，元谋人已会劳动、会制造和使用工具了。此外，考古学家们还发现了很多燃烧过的炭屑和兽骨，这就表明元谋人已经掌握了天然火的使用。火的使用，是人类历史上的一件了不起的大事，因为它标志着人类开始支配自然力，这是人类文明上的巨大进步。元谋人遗址是人类最早用火的实证，这一发现把人类用火的历史大大提前了，在人类进步史上也占据着重要地位。

人类什么时候开始穿防寒衣？

旧石器时代晚期，人类就已经开始穿防寒衣。在这一时期的遗址，中国发现了大量的用骨头或燧石所做的孔骨针和尖锥，说明当时缝衣服的劳动已相当普遍。人类最早穿的衣服是兽皮，刚开始只是把兽皮披在身上，后来才加以切割、鞣制、缝合，以便更加保暖和轻便。用植物纤维织布裁衣，是在父系氏族公社时期才出现的。西伯利亚布立奇出土的猛犸象牙雕成的人像，全身均为凹槽，象征紧贴身的衣服，头上的凹坑则表明戴的是帽子。

什么是红山文化？

红山文化是距今五六千年间一个在燕山以北、大凌河与西辽河上游流域活动的部落集团创造的农业文化。因最早发现于内蒙古自治区赤峰市郊的红山后遗址而得名。

红山文化的陶器种类不多，但很有特色。器物外壁的一些"之"字形纹和直线纹，是中原地区仰韶文化所没有的。红山文化的一个重要发现是牛河梁的女神庙。庙址由南、北两组建筑组成，其中北组为主体建筑，南北18余米，东西宽近7米。墙壁经过彩绘，室内有大量的人物塑像碎片，还有头、肩、手以及乳房等部位的残缺，均属女性，其头部大小酷似真人，面涂红彩，双眼镶嵌青色的玉片。

不可理解的史前天文学是怎样的？

当法老们在尼罗河畔建造他们的金字塔时，欧洲的历史还尚未开始。第一批欧洲的"建筑作品"是从史前的巨石石碑产生的，其中最著名的作品是位于英格兰的斯通亨格。

牛津大学的亚历山大·托姆教授研究了差不多400个这样的组成石圈的巨石石碑。他阐述说："新石器时期的人几乎有令人难以置信的天文和几何知识。"

托姆发现，这方面几个设计的杰出之作是月球观测站和石器时期的人能够预先计算结果，就像它们是今天从一台计算机里运算出来的一样。新石器时代的人能够计算出月亮每天的上升点，而且只有几弧秒的最小误差。这些论断与罗尔夫·缪勒博士的说法是一致的。缪勒指出，石器时代的人全都根据星辰来校准他们的石碑。

我们的书本知识是这样描述新石器时期人的：他们刚刚学习钻穿石头以便能制造石斧，从缝石或者黑暇岩琢磨出第一批刀具，他们刚刚开始饲养动物并首次种植少量的有用植物，他们刚刚走出洞穴，建造原始的住所，这些书本知识怎么能和一个相差如此之远的发达的文明成果相吻合？难道这些尚未开化的洞穴居民有非常聪明的教师？如果有，他们来自何方？谁能解开这个历史之谜？

为什么原始社会有图腾崇拜？

"图腾"一词来源于北美印第安语，意为"他的族"，处于氏族社会时期的原始人类，就用一定的动物、植物和无机物等为氏族组织名号，并将其奉为氏族的图腾。每一个氏族对他们的图腾物都有着一定的血缘传说与崇拜方式。图腾的文化意义是，它是一个氏族中同一血缘的象征。因此，共同的信仰与义务感让氏族成员紧紧地团结在一起。

最原始的图腾就是生殖崇拜的象征，它歌颂了整个氏族的生命力。很多考古发掘都证明，在人类历史上也曾经有过一段漫长的生殖崇拜时代。

在母系氏族，人们把生育后代当成是女性单方面就可以完成的事，所以，他们所崇拜的对象便是母亲、女神。而对女性的崇拜同样就是对女性生殖的崇拜，于是鱼、蛙等动物就成了当时人们崇拜的图腾。

远古人是如何计数的？

在人类社会的发展过程中，人们逐渐有了有无、大小等意识。后来，又发展到利用结绳、刻痕、手指来计数。

1937年在维斯托尼斯，墨拉维亚发现一根40万年前的幼狼前肢骨，7英寸长，上面有55道很深的刻痕，这是有关用刻痕计数的最早的资料。秘鲁的印加族人（印第安人中的一部分）每收进一捆庄稼时，就在绳上打个结，用来记录收获的多少。据《易经》记载，上古时期我国人民就习惯"结绳而治"。

罗马人则用手指作为计数的工具。如果表示 1、2、3、4 个物体时，他们就分别伸出 1、2、3、4 个手指；表示 5 个物体就伸出一只手；表示 10 个物体就伸出两只手。而且罗马的计数方式中也形成了最早的数码雏形。

数码符号标志着"数"已从各种具体的事物中抽象了出来，具有"独立"的地位，是人类认识数的巨大进步。

原始绘画是怎么回事？

原始人在长期的生产活动和生活实践中，逐渐掌握了动物的形态特征，也许是因为某种宗教观念的驱使，原始人将其再现，于是原始绘画便应运而生。在欧洲旧石器时代晚期的遗址中，曾发现最早的绘画。这些画一般存在于阳光找不到的地方。作画人经常会采取仰卧的姿势或站在同伴的肩上，在石灯的照明下工作。这些原始画家的动机有可能是为了施行巫术，以获取更多的动物。

原始雕刻是怎样的？

原始雕刻约产生于旧时代的晚期，随着生产技术的提高和生活需求的日益复杂，原始雕刻便产生了。在欧洲奥瑞那—所鲁特时期文化遗址已发现在角、骨、石上的图案，在短刀的刀柄上刻有一只正在跳跃的驯鹿。在尼罗河流域的新时期时代遗址，还发现了

美索不达米亚的雕刻石板
石板上面刻有苏美尔军队的战斗情景，当时的城邦国家经常进行战争，以加强各自的统治。

妇女的象牙雕像和粘土雕像，此外，还有象牙刻的兽头。俄罗斯顿河顾村发现的两个猛犸象牙刻的女人像是比较典型的代表。这些女性雕刻，反映了母系氏族公社对女性祖先的崇拜。

原始的乐器是怎样的？

在唱歌、跳舞时，原始人逐渐学会了用打击木板、石块的方法助兴。最原始的打击乐器是鼓，很多原始部落都有这种打击乐器。在河南舞阳贾湖遗址发现了随葬的 16 支骨笛，这是震惊乐坛的一个大发现，这些乐器是中国目前发现最古老的乐器。研究显示，它们至少能吹奏六声音阶，也可能是七声齐备的。古老的下征音阶证明，早在 7000 至 8000 年以前，我们的祖先就可以吹奏出美丽动人的旋律。

国家是如何产生的？

随着生产力的发展，原始居民的思想观念发生了变化，一些氏族不再事事都以集体为中心，而是借助手中权力攫取集体财产，满足个人欲望。渐渐地，就产生了私有制，形成了贫富分化，奴隶和国家便是私有制的产物。

为了掠夺奴隶和财产，争夺土地、河流、森林等，部落和部落之间的战争更加频繁。那些在战争中能获得更多奴隶和财产的军事首领备受本部落人们的尊敬，领导部落对外进行战争的军事首领地位日益上升，个人权力加强。同时参加战争的成年男子的地位得到进一步的巩固和提高。随着军事首长个人权力的扩大，人民大会的作用也日益减弱。

在氏族内部则出现奴隶主和奴隶、富人和穷人的尖锐对立和矛盾，当这种矛盾不可调和的时候。为了维护自己的财产和地位，一些人群便利用武力对付自己的对立者，这样便出现了军队、监狱等暴力机构，也就是国家。国家从产生之日起，就具有对内和对外两种职能。

军事民主制是怎么产生的？

军事民主制是氏族制度的一种形式。它具有军事、民主的双重属性：一方面出现了军事首长的个人权力和对个人进行战争的军事职能；另一方面还保留着一些原始的民主机构——人民大会、长老议事会和部落酋长。

军事民主制产生于当时频繁爆发的战争期间。由于私有财产和奴隶的出现，人们为了增加财富，开始大量掠夺其他部落的财产和人口，并且把这项活动当成是"经常的职业"。在频繁的战争中，一些近亲部落往往结成部落联盟，各部落或部落联盟为了达到掠夺和自卫的目的，开始选举能指挥本部人员作战的领袖。这样便出现了骁勇善战、享有很高威望的军事酋长。平时，军事酋长负责宗教祭祀活动及解决部落或部落联盟内的纠纷，战时指挥打仗。军事首长也被称为"王"，因此军事民主制时期被称为"王政时期"或"英雄的时代"。

各民族的图腾都是什么？

一般认为，中国的图腾是龙，但也有人认为，中国是龙和凤凰的双图腾。

古突厥人、古回鹘人的图腾信仰是狼，史书上多处记载了他们打着有狼图案的旗帜出征。在东欧，许多国家都以鹰为标志，这继承了罗马帝国的传统。东罗马之后，又改为双头鹰。而美利坚合众国、德国、意大利的图腾都是鹰，俄国的图腾为熊，南斯拉夫的图腾也是双头鹰，意为东罗马帝国的继承人。波斯的国徽为猫，比利时、瑞士、西班牙以狮子为标志。这些动物标志都不是凭空臆想出来的，它都源于原始的图腾。

什么是安诺文化？

土库曼斯坦铜石并用时代的彩陶文化就是安诺文化，因最初发现于阿什哈巴德附近的安诺，故得名。这种文化分布于该国南部的科佩特山北麓平原，年代为公元前 5000 年初至公元前 3000 年初。这里的居民主要经营农业，有引水灌溉系统，小麦和大麦是主要作物。家畜饲养业相当发达，有牛、羊、骆驼和猪。住房为单间和多间组合的土坯建筑，有公共使用的集会房间。此外，还有手制彩陶、动物和人的陶塑像及金银铜和宝石装饰品。

特奥蒂瓦坎是谁建造的？

早在阿兹特克人时期，古代墨西哥大都市特奥蒂瓦坎就已经是一座废墟。人们只知道它始建于公元前 1000 年前后，但并知道它是谁建的。

古代印第安人认为古城是巨人之手缔造的，但主神克察尔夸特的出走却导致了它的衰亡。为了揭开它的真相，墨西哥政府从 20 世纪开始拨款巨万，花了几十年时间进行发掘、整理。

大多数学者认为特奥蒂瓦坎文化是托尔特克人创建的。墨西哥本国的历史学家如丹·科·比列加斯提出特奥蒂瓦坎文化是在奥尔梅克文化基础上形成的，它的鼎盛时期为 350 至 650 年。后因外族入侵和当地居民破坏，变为一片废墟。

美国的派克斯则认为，特奥蒂瓦坎文化的繁荣时期在 9 至 10 世纪。到 13 世纪因战事、瘟疫、灾荒，托尔特克人被迫丢弃古城。而艾·巴·托马斯则提出，托尔特克人在 8 世纪迁入，先在墨西哥城北面的土拉，之后向南推进到河谷一带，以特奥蒂瓦坎为中心，到 10 世纪后逐渐消亡。

远古的"食人之风"是怎么回事？

"食人之风"是指在人类历史发展的早期阶段可能存在的一种人吃人的现象。有学者分析，远古人吃人的习惯大概和当时生产力水平低下、食物贫乏及宗教迷信有关。

普遍的观点认为，在人类社会的蒙昧时代，食物极端贫乏，当初吃人只是为了裹腹。有些人认为人吃人与宗教迷信有关。某些民族流行"食葬"，当部族中有人死后，其他人就会将死者埋葬在生者的肚腹中，这样死者就能永远活在大家的心中，并和全族人永世共存。

还有人说，人是自私的动物，社会原本就是弱肉强食的，食人之风、分食战俘、血亲复仇，只是一般的生物生存竞争的本能。但事实上原始人类彼此之间也存在互助与协作。还有的人认为，吃掉敌人就是为了威慑敌人。

示巴古国在哪里？

《圣经》中提到的示巴王国位于濒临红海的阿拉伯半岛西面，在现今也门共和国境内，它是公元前10世纪盛极一时的文明古国之一。示巴王国的贸易曾一度繁荣，盛产香料、宝石和黄金，这使它在产品交换中具有很大的优势。

据考证，示巴王国的首都就是现今也门共和国的东部城市马里卜，现在这个城市仍沿用古代名称。公元前1世纪希腊史学家奥多勒斯曾形容马里卜是一个用宝石、象牙和黄金做艺术品装点起来的城市。从这些描写中，我们就可以看到马里卜故去的华美和繁荣。

传说过去马里卜建有一个规模巨大的蓄水坝。水坝都用大石块铺砌，石块之间密接无缝，显示了示巴人民高超的建筑和工艺水平。这座水坝维持供水达12世纪之久，543年，因年久失修而塌陷。

此外，人们还在马里卜郊外沙丘上发现了一处设计奇巧的建筑物废墟，考古学家们证实它是公元前4世纪所建的"月神庙"。

原始的装饰品是怎样的？

旧石器时代晚期，人类开始制作和使用装饰品。至新石器时代，装饰品变得更加精致、美观。中国仰韶时期已经用古、牙、蚌、玉、陶、石等制作装饰品，之后又出现了玛瑙饰物。原始人除了穿戴、悬挂在身上的饰物外，还有割痕、文身、耳鼻唇饰等固定装饰的方法。在耳、鼻、唇穿塞小块骨、贝、石、木等物，也是原始部落中的装饰物。

埃伯拉泥版记载了什么？

1962年，意大利考古学家保罗·马蒂埃带领一支考古队到叙利亚考察，他们在一个小房间里发现42块散落在地上的碑牌，上有楔形文字。

1964年9月，发掘工作正式开始。直到1975年9月的最后一天，考古队在一个房间里发现了埃伯拉大量的泥版文书。

从泥版文书中可以看出，在公元前3000年的一段时间里，埃伯拉曾是中东最强大的国家之一，到公元前2300年前后达到鼎盛。

初步考释表明，大多数泥版记载了埃伯拉经济账目，有些泥版是有关外交关系、王族内部和国内事务、宗教和文化事务方面的内容。

不管怎样，埃伯拉遗址和泥版文书给我们展示了一个早被人们遗忘的文明古国之粗貌，能增进了人们对整个古代世界的了解。

古代土著人为何用活人祭神？

古人相信宇宙的一切都由神来掌控，因此人们就想通过祭神活动来祈求神灵赐福。在每次祭神的时候，人们拿出贵重物品作为贡物，有的地方甚至用人的生命做贡品，以示虔诚。

专家们认为，古代世界的一些原始部落之所以残酷地用活人献祭，是因为他们认为人像庄稼等新事物的诞生一样，是以其他事物的死亡为基础的。没有死亡，就没有再生（繁殖）。这也就是说，死亡和再生是须臾不可分离的两个方面，要使人类以及其他一切生物继续繁衍下去，就必须同时有其他人或生物的死亡。

易洛魁人的军事民主制是怎样的？

易洛魁人是生活在北美洲的原住居民，19世纪，人类学家摩尔根对他们进行了深入的调查和研究。他发现，军事民主制下的部落联盟、内部关系是平等的，没有奴役与被奴役的说法，也不存在附庸关系。部落联盟首脑是各个平等部落的首长所组成的议事会。议事会中，各代表部落享有完全平等的民主权利。联盟里没有最高的行政长官，整个部落联盟的最高权利掌握在"首领全权大会"手中，这个大会由 50 名来自各个部落的首领组成，同时他们也是"各自所属部落的首领"，他们的"级别与权威一律平等"。

远古欧洲大陆上有捕鲸者吗？

1875 年 10 月，意大利波洛尼业大学的地质学教授卡派里尼来到位于意大利中部的锡耶纳进行考察。他对曾在这里被人发现的一种小型鲸的化石相当感兴趣，希望自己能有新的发现。果然，他幸运地在岩石中发现了一具大部分完好的鲸化石。他亲自把这具化石从石缝中剥离出来，并带回学校进行研究。他的研究结果是化石发现于一个形成于上新世的地层中，距今已经有 200 万年至 250 万年了。

根据已知的划痕分布，卡派里尼教授对屠宰鲸时的情景做了一番推测。他认为，那条鲸先是被拖到浅水中，然后被宰杀。当时，它一定是左侧身体着地躺在海滩上，所以人们在用一种尖利的工具从它身上剃肉时只在脊椎骨顶部和右侧肋骨的外部留下了划痕。

通过以上研究，卡派里尼教授得出结论：在这条鲸生活的年代，也就是大约 200 万年以前在意大利的托斯卡纳区（也就是发现化石的锡耶纳所在的那个区）就已经有人类生活，他们就是欧洲大陆的捕鲸者，也是从鲸身上剃肉的人。

古人的天文台是怎样的？

天文学被认为是近现代才出现的一门学问，然而据考古发现，早在史前时代，人类就已经建立了天文台，这究竟是怎么一回事呢？

这座古人的天文台很古怪，它是由 19 根石柱组成的，石柱上雕刻着各种奇形怪状的花纹，顺着这 19 根石柱看去，刚好能看到一个个的星座。经测定，这些石柱的年龄大约为 2285 年。也就是说，这 19 根石柱大约是公元前 300 年竖立起来的。

这些石柱之间的间隔很小，一般距离不超过 1 米。石柱上的奇形怪状的花纹左右对称，其中有毒蛇和鳄鱼等动物形状。传说在遥远的古代有 19 个人因触犯了天条而受到天神的惩罚，于是他们被变成 19 根石柱永远站立在荒原上仰望着天空，祈求天神的怜悯和恩赐。

在这些石柱上，较多的是酷似字母"E"的图形。据调查，肯尼亚共和国的莱恩基列族人从古至今都有刻"E"的风俗，难道石柱上的"E"字图形和那些族人身上的"E"字有某些联系？

渐渐地，考古学家还发现石柱之间连结成的几何线条可以确定天空中一些星座的位置，而且没有任何差错。难道说这是古人的一座奇特的天文台？西侧的第 15 号和第 18 号石柱，是观察天空中星座的基本石柱。观察者站在它们的背后，就能经过其他石柱的顶端划出一条条线，指明星座出现的空间位置和这些星座在天空中移动的足迹。

不过，在这 19 根石柱中，最高的第 11 号石柱和最短的第 19 号石柱组成的线条没有指向任何一颗星座。究竟第 11 号和第 19 号石柱有什么作用呢？前面所说的是不是一种偶合呢？至今还没有答案。

古代的筑城技术是怎样的？

古代的军事首领在掌握战争的基本战略之前，就已经知道打经济战的重要性了，对阵战打得比较少。敌对双方往往把进攻目标集中在对方的财产资源上，并竭力保护自己的资源。这就导致出现首批有组织地采取建筑城堡和城墙的安全措施，以保卫城镇居民的财产。

最早的永久性城堡防御工事是在需要加以保卫的地区四周用泥土或石头构筑起来的城墙。这种城墙的上面常常设有木制的栅栏，栅栏也经常是永久性的。这种原始的城防设施可使防御部队免遭敌人投掷兵器的袭击，同时也提供了一个控制周围地域的制高点。

随着攻城部队不断研制和改进武器、技

术和器材，防御部队也在努力加固其城堡防御工事。由于攻防相长的结果，因而出现了更高的砖石结构的城墙。城墙上间隔一定的距离还构筑了许多更高的城楼。在城楼上可以用侧面火力阻止攻城部队突破或攀登城墙。城墙前面的沟保留了下来，里面灌了水，于是成了护城河，因而具有更强的防御功效。当时有人构筑了一种砖石结构的双层隔墙，并在隔墙之间填进了泥土，从而形成了防御效果最好的城墙。

早在公元前1000年前的时候，中东的城防设施建筑技术就已经十分发达。当时有限的攻城手段对于大城市的高大城墙来说，基本上没有作用。古代亚述国的首都尼尼微以有一条沿底格里斯河两英里半的宏伟石墙而闻名于世，该城的内城墙总长度竟达8英里。

长期致力于防御设施建设的最杰出的例子当推中国的长城，形成一道6700公里长的防御屏障。如果加上城墙的分支，则总长达2000英里。到了西历纪元开始的时候，永久性筑城实际上已经达到了当时的最高水平。

在古罗马，军事上的一项重大创新是扎营技术或称兵营构筑技术。兵营的构筑，相当迅速，每个士兵都分配有一项专门的工作。每人携带的行军装备中包括两根栅柱，用于构筑栅栏。

围绕兵营的四周挖有壕沟，挖出的泥土堆放在紧靠栅柱的地方，以增加栅栏的厚度和牢固度。约从公元前200年起，古罗马军队就将高超的水平用于野战防御工事。在很多场合中，他们都会用铁锹和斧头构筑的野战工事与积极的进攻作战计划相结合，从而发挥出更大的作用。

远古时期的现代文明有哪些？

在现代人的探险和考古活动中，发现了许多匪夷所思的古代物品。这些物品表明，远古时代的人类已掌握了相当高超的现代技术，制造出了只有20世纪人类才能造出来的东西。

1878年从埃及沙卡拉郊外的坟墓中，挖出一类似鸟型的遗物，此遗物被保管在埃及的博物馆中。卡里美·希哈博士联想到它是飞机的垂直尾翼，后来空气力学的专家说此模型飞机可在空中飞行很长的一段时间。

20世纪初，一位采海棉的潜水夫，捞到了一个青铜制的齿轮机器，那是在2000年前沉入海底的希腊船中发现的。后来，英国的博士史塔迈耶将此机器恢复原状，并断定此机器为纪元前所发明的自动回转式天球仪。它有40个齿，可移动刻度，能推测出太阳、月亮及行星的运行。而且使用结果表明其测定月亮轨道的误差，仅仅只有百分之一度。

德国的考古学家威廉·凯尼西，在伊拉克巴格达博物馆的地下室发现了一个奇妙的罐子。乍看之下，它只是一个普通的陶罐，但它的构造与后来伏特所发明的电池完全一样。

在南美哥伦比亚北部挖出了一个具有喷射机特征且直径不到5厘米的黄金打造品。动物学家亚文·桑德森博士认为，此黄金打造品是一种机械，而且他还在1969年的某杂志上公开发表一个假设：在古代南美可能存在一个有飞机的文明。

后来，与这些黄金打造品类似的"飞行物品"又相继在委内瑞拉、哥斯达黎加、秘鲁等地出现。更不可思议的是，尽管出土的地方不同，大多数的出土物品却有着共同的构造，就有如以同一物体为模型打造而成的。

后来在中美洲巴拿马海岸所挖到的大型竹石里面含有长约20厘米的黄金饰品，有人认为这是古代的推土机。

我们在惊叹这些远古文明的同时不禁要问：如此先进的技术在当时真的存在吗？远古人究竟是怎么发明出来的？这些疑惑要慢慢解开。

什么文化是中美洲的"母文化"？

奥尔梅克文化是墨西哥古代文明形成期的一种重要文化，大约存在于公元前12世纪至公元前5世纪。奥尔梅克文化的陶器上多有刻纹，器皿精致，玉雕人像更是细腻优美。

从圣地亚哥·图斯特拉镇出发，向西南方行驶 25 公里，穿过苍翠的原野，就到了崔斯萨波特。这座古城兴起于公元前 500 年到公元 100 年之间，是奥尔梅克文化晚期的一个中心。1939 年到 1940 年间，美国考古学家马休·史特林在这里展开大规模的挖掘。

最令人惊叹的是，崔斯萨波特古城根本不是玛雅文化的遗址，它完全属于奥尔梅克文化。史特林发现的石碑证明，创造历法的是奥尔梅克人，不是玛雅人，而奥尔梅克文化才是真正的中美洲"母文化"。他们发明用点线符号标出日期的历法，用神秘的日期——公元前 3114 年 8 月 13 日为纪元的开始。

你知道神奇的石雕巨像吗？

奥尔梅克文化最主要的特征是拥有特殊的石雕技术。巨石人像以玄武岩雕制，高 2.85 米，表现出来的就是奥尔梅克社会的支配者。祭坛和石碑也是用玄武岩支撑，上面浮雕着神话和现实的支配者。奥尔梅克人也很喜欢制作小品雕刻，用的材料多为翡翠和蛇纹岩，制作装饰用的饰物和面具。

什么是查文文化？

查文文化是世界最伟大的早期文化之一，和美索不达米亚的苏美尔文化、中美洲的奥尔梅克文化、中国的殷商文化并驾齐驱。同时它还是秘鲁古代文明"开成斯"的一种重要文化，在安第斯山脉的东侧的溪谷城市查文德万塔尔建造了各边都有 200 米的四方形祭祀中心。查文文化为安第斯山区长久以来虚无缥缈的历史提供了有力的证明，而且也用不同的方式诠释着自己。在宗教信仰方面，它具有今世和来世两种思想，并将金银和神圣联系在一起，从而在世界上留下了深刻的印记。查文文化有着高水平的石头加工技术，并且有力地向外推广，直到这种文化神秘枯竭。

永远无法破解的超文明是外星人干的吗？

科学家们运用电脑分析人造卫星以红外线摄影术拍得的数位照片推测，在中美洲的浓密丛林中隐藏着一个古代文明遗留的城市。目前已有考古学家着手筹组探险队，期望证实这一发现。根据某些专家的传言，这个城市位于洪都拉斯莫斯基提亚地区偏远的高地丛林中，邻近 205 年至 900 年间玛雅文明的领域。玛雅文明专家葛兰姆指出，玛雅传说中有个可自远处看见的巨大"白色城市"，却一直没有人找到这城市。据说，此城市可能提供较玛雅文明更早期的文明线索。

如同金字塔一般，玛雅文化也被视为外星人建立的。在碑铭神殿，玛雅文明最初的金字塔坟墓里放置了一付石棺，1952 年 11 月，石棺被考古学家开启，棺木内盖满一整面蓝光宝石碎片，里头是一具男性遗体，胸前是玉制串珠的护胸，脸上戴着翡翠面具，10 根手指套上翠玉戒指，装饰在遗体上的翡翠饰品，共计有 967 个之多。

玛雅文主要刻在神殿的石碑及墙上，主要记录着国王的诞生、上任、战争等重要事件。可惜经多年来的侵蚀，这些文字解读起来并不容易，再加上西班牙入侵玛雅时烧毁了大量书籍，以致玛雅文的原文非常少，而且字形奇特，解读工作难有进展。

蒂卡尔一号神庙遗址
早在公元前 9 世纪蒂卡尔已经形成村落，公元前 6 世纪开始建立城邦，直到公元前 3 世纪，这里一直是玛雅人重要的祭祀中心。

被称为"美洲的希腊"的古代文明是什么?

中美洲丛林发现古城的消息传开后,立即掀起一股寻找古文明遗址的浪潮。20世纪以来,一批又一批的考古人员深入世界各地进行探索。随着探险范围的不断扩大,一个古老的文明——玛雅文明的图景逐渐呈现在人们眼前。玛雅文化的遗迹位于墨西哥尤卡坦半岛上的神殿,被称为"美洲的希腊",他们所创造的很多文明奇迹与古希腊人相比毫不逊色。

据统计,各国考古人员在南美洲的丛林和荒原上发现废弃的玛雅时代的城市遗址共170多处。这些遗址,为人们展示了一幅自公元前1000年至8世纪玛雅人在北至墨西哥南部的尤卡坦半岛,南达危地马拉、洪都拉斯以及秘鲁的安第斯山脉这个广阔区域内的活动坐标。它告诉人们,3000年前玛雅人就曾在这块土地上过着安定的生活。在这块土地上,他们创造了一系列惊人的奇迹:不可思议的天文和数学知识,古老的宇航图,构思奇特的金字塔建筑……

玛雅人的宗教是怎样的?

对于玛雅人来说,宗教具有极端重要性。他们人口密集的中心不是城市,而是神庙位居顶端的金字塔所在地。神圣仪式在此举行。玛雅人的主要神是森林和天空中的神灵以及对确保作物收成至关紧要的雨神。有时甚至会将人祭献给雨神,具有代表性的事件是把一个处女扔进井里。十分受人尊敬的是有翼的或带有羽毛的蛇神,它是天和雷神,在托尔特克和阿兹特克人中被称为"魁扎尔科亚特尔",但在玛雅人中被称为"库库尔坎"。他们认为这位神是仁慈的,根据玛雅人的传说,库库尔坎曾作为一个人在世界上生活,传授给其先祖文明的技艺,将来有一天会降临人间,拯救他的子民。

玛雅文明有怎样的神秘色彩?

玛雅文明是非常复杂神秘的,它记录了人类诞生到灭亡的全部记录和预言。最令人不可思议的是,玛雅人的许多诸如飞机与汽车的诞生、现代文明的预言都在准确的时间和地点发生了。玛雅人还说,2012年人类的精神将会得到净化和升华,而这就将伴随着一切自然秩序的重新调整和建立。

未开发土地最多的大陆是哪个?

玛雅文化是美洲最伟大的古文明之一。美洲大陆处于世界两大洋之间,与欧亚大陆相隔甚远。有一种说法,美洲大陆是现今地球上未开发土地最多的大陆。美洲大陆有占全世界农产品一半以上的玉米、马铃薯、蕃薯、大豆、葫芦、辣椒、南瓜、凤梨、木瓜、花生等,这是其特有的。在哥伦布发现美洲大陆之前,美洲与欧亚文明只不过是零星的接触,然而它们却同样光辉灿烂。

那么,美洲大陆果真是未开发土地最多的大陆吗?在密林中被青苔和树藤遮盖的大地下,在中美洲和南美洲是否存在着古文明的其他遗址?至今人们还在思考这个问题。除了草原外,几乎无法用飞机探测南美大陆中央的真面目,因为那里连绵不绝的林海将大地的一切完全湮没。现代技术仍然对这块大陆束手无策,只有像过去的探险家那样冒着生命危险,用双脚不畏艰险地迈入茫茫丛林之中,才有可能知道它的真相。

玛雅人的贸易是怎样的?

玛雅贸易主要是奇珍异宝的交易,如从奥梅克时期开始只产于玛雅东边的翡翠碧玉就是中美洲各地最受欢迎的宝物,产于玛雅山区的奎特查尔凤鸟羽毛,不但被玛雅人当作天地奇珍,在墨西哥各地也有很高的价值。由于这种鸟在玛雅古典时期已经是濒危物种,因而奇货可居,其价值甚至超过了碧玉。可可豆原来是盛产于玛雅山区,古典时期已在中央低地东部沿海地带移植成功。可可豆在玛雅、墨西哥乃至整个中美洲都是最抢手的餐饮珍品,不管是贵族还是平民都离不开它。

在交易的时候，可可豆甚至可以充当货币的角色。可可豆使玛雅商业如虎添翼，玛雅商人凭此便能深入异国他乡，而且可以立于不败之地。

玛雅人的对外交往是怎样的？

玛雅人虽然定居于密林深处，不过并不是与世隔绝，也不像其他荒谬的说法那样——刻意躲避与其他地球人的交往。事实上，玛雅人的活动范围十分广阔。早在前古典时期，奥尔梅克人就深入玛雅地区的东南部以获取玉石和奎特查尔鸟羽，以此开拓了最初的商路。也正是因为这一贸易网的存在，才使得"美索亚米利加文化圈"的古文化具有极大的相似性。所以说，贸易是这一地区文化发展最主要的推动力。民族之间的冲突和交往和商业有着紧密的联系。也许是为了占据紧缺物资的产地，也许是为了保持商路的畅通，战争的俘虏成为最好的商品奴隶。战争以最激烈的方式进行着文化的交流和融合，北方的托尔特克、阿兹特克都是十分好战的民族，南方的玛雅诸城邦也是连年烽火不断。

古代玛雅人在水下生活？

据最有名的国际潜水科考小组之一——不列颠·哥伦比亚潜水小组透露，他们的科考小组曾在墨西哥东南的尤卡坦半岛——历史上玛雅古国的所在地考察时，发现了一条结构复杂、洞穴相连的地下河流。据估计，该河流有 200 多英里长，有可能是世界上最长的地下河流。而更让他们奇怪的是，在该地下河的最深处，潜水员们竟然发现了古代玛雅人砌成的炉灶、石桌以及陶器等物！人们不禁要问：难道古代玛雅人曾经在水底生活？

针对这个问题，美国佛州某大学一考古学教授认为，这种假设是不大可能的。玛雅人的神秘仅仅在于他们的文明，譬如尤卡坦半岛他们所留下的大量寺庙和金字塔遗址，但他们的身体构造和现在的人一样。他认为

在水底发现古玛雅人生活遗迹，应该从地质学的角度寻找原因。但是这样的搜寻任务还很艰巨，他们需要运来更加先进的潜水机器，以便使水下生态系统和古代遗迹尽可能不受到损害。相信有关玛雅人是否在水下生活的秘密将会被逐步揭开。

玛雅文明是什么时候开始衰落的？

为了揭开玛雅南部低地文明突然衰落之谜，人们做出了种种猜测：农业歉收、人口过多、肆虐的疾病、外来入侵、社会变革和日趋失控的战争。至 900 年，这一地区的建设突然停止了。位于北部尤卡坦地区的一些城市则继续维持了玛雅古典文化的繁荣，以华丽的建筑风格为显著特征的乌克斯玛尔、卡巴尔、萨伊尔和拉伯那位于浦克地区，直至 1000 年才开始衰落。

罗马化的北非是怎么回事？

公元前 146 年，罗马人摧毁迦太基，并统治了这片土地，后来又兼并了一些邻近的国家。到了 1 世纪末，西起摩洛哥，东到埃及的尼罗河三角洲，都成为北非罗马人的疆域。他们修建了一些新城市，贸易和农业也得到了迅速的发展。到了 2 世纪，罗马城市一年消费的谷物近三分之二都由北非供给。当出生于北非的士兵塞维鲁于 193 年当上罗马皇帝的时候，北非已经彻底罗马化了。他捐赠金钱发展城市，并且计划将帝国内的自由民变为罗马公民。

古代美洲的印第安人究竟来自何方？

印第安人是对除爱斯基摩人外的所有美洲原住居民的总称。美洲土著居民中的绝大多数是印第安人，他们分布于南北美洲各国，传统将其划归蒙古人种美洲支系。美洲大陆最初没有人类居住，印第安人的祖先是从亚洲迁移过来的。在四五万年前，他们从亚洲北方进入美洲，然后逐步向南迁移，终于占据了整个美洲大陆。在长期的发展中，

印第安人中一些比较发达的民族,如玛雅人、阿兹特克人和印加人,已经进入了阶级社会。印第安人的种族很多,分布极其广泛,现在美洲各国基本上都有印第安人的分布。印第安人口最多的国家是墨西哥,大约有56个印第安民族单位。

什么是特奥帝华坎文明?

特奥帝华坎意为"众神降临的地方",距今天的墨西哥城4公里,是古典时代美洲最大的城邦。传说在创世之初,众神曾在这里聚会,决定人类的命运。特奥帝华坎和玛雅文明几乎同时兴起,350至600年间达到了鼎盛。城市面积超过20平方公里,人口有20万左右,超过了当时任何一个玛雅城邦。但是它比玛雅文明持续的时间短得多,7世纪就突然而神秘地灭亡了。等到阿兹特克人建立特诺奇蒂特兰(今墨西哥城)时,这里已经变为了一片废墟,文明完全衰落了。

什么是霍普威尔文化?

霍普威尔文化的构筑者们,从公元前700至前300年这一段时间居住在密西西比河上游的岸边。19世纪,这里发现大约30个墓穴。霍普威尔文化继承了阿登纳文化的特点。一般的人们是火葬,富有的人们被葬在有多个小房间的墓穴里。小房间里有很多从北美收集来的材料制成的陪葬品。他们在世袭支配者为中心的统治机构下,大规模地栽培玉米,过着和平而富裕的生活。因这一时期的土地所有者是霍普威尔将军,因此称为霍普威尔文化。但是,700年后这种文化就衰退了。

南美的村落是怎样的?

公元前6000年前后,南美安第斯山区出现了狩猎兼采集的生活方式。到公元前3500年前后,秘鲁沿海一带兴起许多村落。内陆地区的其他部落则从事农耕,先是种上了棉花,然后又种玉米,并在安第斯山上采石盖屋、制造首饰。他们的灌溉技术使得耕地面积进一步扩大,到了公元前2000年前后就出现了很多大的部落,此外,还有一些大的建筑物、宗教礼仪中心或重要市政工程。公元前1800年前后,利马附近的埃尔帕拉伊索居民用附近山上的岩石修建了宏伟的金字塔。

神秘崛起的奥梅克文明是怎样的?

奥梅克文明的历史,可追溯到公元前2000年,但是在阿兹特克帝国崛起之前1500年,这个古文明就已经消失。学者们面临的问题是:除了艺术品之外,这个文明几乎没有留下其他东西,只能从奥梅克人那里获得一些蛛丝马迹。

位于科择科克斯市西南方的圣罗伦佐,正好坐落在奥梅克文化遗迹中心。据鉴定,这处遗迹的历史可追溯到公元前1500年前后,其实在那个时期之前,奥梅克就已经发展成熟,而且也没有迹象显示,奥梅克文化的发展是在圣罗伦佐地区进行的。这就有了一些玄机,毕竟,奥梅克人曾经建立过相当辉煌的文明,进行过大规模的工程计划。他们发展出高超的技艺,有能力雕琢和处理巨大的石块(他们遗留下的人头像,有些用一整块巨石雕成,重达20吨以上。石材是在图斯特拉山中开采,沿着60英里长的山路运送过来)。如果不是在圣罗伦佐地区,那么,奥梅克人的先进科技知识和高度组织能力究竟是在什么地方发源、演进和成熟的呢?

尽管考古学家一再努力挖掘,在墨西哥甚至整个美洲,都始终找不到任何象征和证据,显示奥梅克文化曾经有过"发展阶段"。而这个最擅长雕刻巨大黑人头像的民族,仿佛从石头里蹦出来一般,突然出现在了墨西哥。

什么是摩羯文化?

摩羯文化出现在培尔北部的太平洋海岸约400公里的广大土地上。这里的人们都是技术娴熟的农民,他们挖渠灌溉田地,保证了所有渠道的清洁，并把鸟粪当作肥料。他们修建了金字塔式的建筑，称为"华卡"，其中最大的是华卡·德尔·索尔，高达 41 米以上，另外的一个华卡修建在希班海岸。他们还是伟大的艺术家，珍贵的陶器类不需要陶具就可以完成。他们是在南美使用模具制作黏土制品的最高明的陶工。印刻在陶器上的文字，和今天我们发现的任何一种文字都不相似。另外，他们的金属冶炼技术也相当发达。

太阳门为什么会成为世界谜案？

在的的喀喀湖东南 21 公里、海拔 4000 米高的层峦叠嶂的安第斯高原上，有一座前印加时期的蒂亚瓦纳科文化遗址。该遗址地处太平洋沿海通往内地的重要通道上，大道一边是阿加巴那金字塔，另一边是卡拉萨萨亚建筑。

该建筑的西北角坐落着太阳门，它被视为蒂亚瓦纳科文化的最杰出的象征。据说每年 9 月 21 日黎明的第一缕曙光总是准确无误地射入太阳门的中央。

为弄清蒂亚瓦纳科文化的来龙去脉，美国考古学家温德尔·贝内特用层积发掘法证明该文化最早年代为 300 至 700 年，太阳门等建筑于 1000 年前正式建成。这里原是宗教圣地，朝圣的人去那里举行朝拜仪式，可能就在朝拜同时运来了建筑材料，建造了这些宏伟的建筑物。

但问题是，当时生产力极为原始，要想完成这样巨大的工程，必须有一个庞大的城市，然而当时并没有出现这样的城市，这就给太阳门增添了几分神秘的色彩。

印加文明起源于哪里？

印加文明的发源地是南美洲的安第斯高原。"印加"在印第安人语言中为"太阳之子"的意思。位于玻利维亚首府拉巴斯西 60 公里的蒂亚瓦纳科遗址是印加文明的代表。蒂亚瓦纳科是 5 至 10 世纪的建筑遗迹，巨大的石头建筑是其表征，巨石雕就的太阳门举世闻

黄金制成的印加人饰品

名。太阳神头戴美洲狮的面具，双手拿着权杖，被雕刻在太阳门楣的正中。在蒂亚瓦纳科，巨石砌成的神坛方方正正，它和太阳门同样是印加文明的代表作。

为什么印加人信奉太阳神？

印加人生活在南美洲，印加文明是古代美洲文明中地域最辽阔、社会组织最紧密的一个文明。印加人最崇拜的是太阳神，这是因为印加人非常崇拜祖先，他们认为自己的祖先曼科·卡帕克来自太阳神，而且他们崇拜太阳也与他们崇拜自然有密切的关系。对印加人来说，太阳能带给他们光和热，这是生活中不可缺少的。因此他们在全国各地建造了许多宏伟壮观的太阳神庙，用来供奉他们的主神。印加帝国的最大宗教中心是库斯科的太阳神庙。

印加帝国的飞脚制度是怎么回事？

印加帝国统治者铺设了宽 6 至 8 米的千线道路网，因为有了发达的道路网，使得经济活动和军事活动得以快速地实行，帝国的统治伸展到每一个角落。皇帝为了和地方官吏保持密切的联系，设置了"飞脚制度"：沿着道路每隔 25 公里，设置了一个叫"坦伯"的驿站；为了接受信息、

指令和报告等，又设立了一个叫"查斯基"的（信使）常驻驿站。因此，通知就可以每天传达 250 公里远。

印加人的成就有哪些？

印加人在展示他们在华丽的陶器、纺织图案和金属制品方面的艺术才能的同时，保持了蒂亚瓦科人的传统，兴建了引人注目的大型建筑。他们是印第安人中出类拔萃的工程师，在这一方面，和罗马人具有相似的天资。他们在秘鲁库士科的首都四周环绕以巨大的石堡。他们用石板建高墙，各个石块之间没有加任何灰浆，却严丝合缝。此外，他们还在山间修建了公路，建造了桥梁。由此便可以看出印加人高超的技术水平。

亚特兰蒂是怎样消失的？

柏拉图（公元前 427 ~ 前 347 年），古希腊客观唯心主义哲学家。他在公元前 350 年写就的对话录中，就描述在远古时期存在一个大西洲，后因地震和海啸，陷入了大西洋海底。

到了 16 世纪，一位名叫弗拉卡斯特罗的意大利学者提出一个惊人的论点：美洲的印第安人会不会是大西国人种的后裔呢？哥伦布发现的新大陆会不会是大西洲未被淹没的土地呢？之后大家一直对这个问题争论不断。

还有人认为，原先的大西洲位于今天高加索的西部，现在沉没于黑海底。在人们热衷于探寻大西洲原来位于何处的同时，科学界也在为大西洲是怎样消失的这一问题而大伤脑筋。

"冰川融化"说认为，距今 14000 年前，地球气温不断升高，冰川逐渐融化，导致了特大洪水泛滥，淹没了大西洲。此说虽然符合地球演变史，但大西洲既然被冰川融水所淹没，就不可能于一日一夜间完全消失，而且也会有成千上万的人可以逃生，然而柏拉图的记载中却无一人逃出，这一学派的解释是当时的大西国人忙于建造金字塔。

在众多学说之中，目前最流行也最易使学者们接受的还是"小行星撞击"说。小行星撞击大西洲时引起大爆炸，导致了大西洲的消失。

但有的学者也认为，大西洲是否被小行星撞沉，还有待探索。

人类历史的发展

古埃及文明是怎样形成的？

古埃及文明是指在尼罗河第一瀑布至三角洲地区，时间为公元前 5000 年的塔萨文化到 641 年阿拉伯人征服埃及的历史。

从悠远的古代起，埃及人就劳动、生息于尼罗河的两岸。他们享受着尼罗河的恩泽，在近 6000 年前就已经形成了比较发达的农耕经济，并且踏入了文明时代的门槛建立起了国家。古埃及的文明主要包括三个方面：文字、宗教和度量衡。

古代埃及文字的形体的演变可分为四个阶段：象形文字、祭祀体文字、世俗体文字和科普特文字。宗教是古埃文化的重要组成部分，贯穿了古埃及历史的始终，其中有名的宗教中心是：赫利奥波利斯、孟斐斯、赫尔摩波利斯和底比斯。

古埃及最重要的长度单位是钦定的腕尺，长度是从肘至中指尖的长，约合 20.62 英寸。

为什么埃及有个泛滥节？

文明古国埃及的人民世世代代生活在世界上最长的河流——尼罗河两岸。埃及人民不仅不将尼罗河泛滥视为不幸和灾难，反而还期盼它的来临。他们视尼罗河为神明，每年河水泛滥之际，埃及人民都要举行隆重的庆祝活动，感恩尼罗河，于是就有了尼罗河的泛滥节。

其实，尼罗河泛滥节之所以成为埃及人民的传统节日，最主要的原因在于尼罗河和他们的生活、文明有着紧密的联系。它的水位每年 6 月份开始上升，9 月份达到高峰，11 月份开始下降。水退以后，河流两岸便淤积下大量的泥土，那是极好的天然肥料，数千年来，两岸人民的农业生产都受其恩泽。这里一年可种三种庄稼，尤以长绒棉闻名世界。因而这里历来便是人口稠密、经济发达的地方，世世代代的埃及人民，都饮水思源，无不感激尼罗河的恩典赐予。由此看来，一年一度的泛滥节，其实是埃及人表现情感的方式。

古埃及人是白人还是黑人？

现代埃及人都是阿拉伯人，白种人，那么当年创造金字塔文明的古埃及人是白种人还是黑种人呢？如果非要界定一下，可以大致推测，古埃及人是早期白人。

理由如下：不能简单地从古埃及壁画和描述的古埃及外貌来判断古埃及人的肤色，因为人的肤色会随气候环境的变化而变化的；早期白人与现代白人的界定区分不尽相同。

古希腊神话中有这样一段故事，希腊英雄珀尔修斯娶了埃塞俄比亚的公主——安德洛墨达。由此可以推出，那个时代的人们在编撰神话时，已经将地中海、红海沿岸的国家、势力纳入一个体系来考虑。而现在的白人，在地中海文明时，只是居于更北方的外族，他们被早期白人错误地认为是红种人，其实是因为他们皮肤更白，一旦毛细血管充血，皮肤就显得发红。

综上所述，大致可以认为古埃及人是早期白人。

古埃及人为什么崇拜太阳？

原始社会的人一般都会把图腾崇拜当作一种宗教信仰。古代埃及宗教的一个突出的特点，就是信奉的神数目众多，但是作为生命之神的太阳神和作为死亡之神的冥王神奥西里斯却在众神之中占据主要地位，因而受到埃及人普遍的崇拜。

大概是因为太阳光芒普照大地的缘故，以至于上下埃及统一之后将太阳神当成历代王朝的最高保护神。另外，在古代埃及人的宗教观念中，鹰是太阳的象征，太阳在天空的运行被幻想为鹰的飞翔，所以，霍鲁斯被视为太阳神。在一些古埃及的宗教画中，霍鲁斯被描绘为神权与军权合二为一的形象。因此，古代埃及的国王因此而自称是霍鲁斯的化身。

古埃及人为何用秤称"良心"？

埃及人相信每个人死后，其亡灵都要到冥间审判台前接受冥王奥西里斯和由42州地域保护神组成的陪审团对他的审讯。亡灵则应向诸神报告自己生前的善功与恶行。神为检验亡灵供词的真假，便将此人之心放在天秤的一端，而另一端则放上公正之神麦特或象征她的一片羽毛，以判断所供者说话的真伪。

如果两端平衡，则证明所供属实，就会无罪开脱；若竟无公正之神或一片羽毛那样的重量，则证明所言为虚，当判其有罪，就将其心抛至门外，然后等候那里的狗形怪魔吞吃掉。为此，古代埃及的祭司们想出了一种对付审判、逃脱此厄的办法：在人死后即将其心剜去，古代埃及人还笃信灵魂不死，认为死者和死者的灵魂（卡）将到西方（"西卢之野"）。因此，死者的陵墓均建在尼罗河西岸。西方冥世观念看来与对"日没于西"的经验观察有关。有了灵魂不死观念，也就有了冥世生活的遐想。

谁统一了埃及、建立了国家？

埃及的传统史学认为，在早王朝时代第一王朝（公元前3100～前2890年），美尼斯就建立了统一的国家。其实，那个时期的埃及还没有形成统一的国家。在第一王朝历代诸王的征服和扩张时期，只是出现了

统一迹象。有材料表明，第二王朝（公元前2890～前2686年）哈谢海姆威统治时，曾对努比亚和下埃及进行过征服。从希康拉坡里发现的文物（哈谢海姆的两个雕塑）描绘和记载被杀死的尸体和数字来看，他对下埃及残酷的征伐取得了成功。所以说，埃及真正的统一事业在第二王朝最后一个国王哈谢海姆威统治时才得以完成，由此建立了统一的国家。

那尔迈王石板
这是古埃及第一王朝时的作品，记述了统一埃及的第一个法老的战功。

埃及帝国是怎样形成的？

公元前3100年前后，古埃及王国统一形成了世界上最早和最辉煌的文明，古埃及成为人类历史上最早的奴隶制国家。

埃及人在赶走喜克索斯人后，立即向外扩张。经历了约百年之久的南征北战，埃及逐渐扩张为一个地跨西亚、北非的奴隶制帝国。

阿蒙霍特普一世的继承人、其女婿图特摩斯一世是埃及帝国的奠基者。他多年征战，不仅和叙利亚巴勒斯坦人，还同当时西亚强国、由胡里特人建立的米坦尼王国展开激烈的争夺。埃及帝国的完成者是著名的图特摩斯三世（公元前1504～前1450年）。他一生征战，击败了由米坦尼支持的、以卡迭什为首的叙利亚联军，进而打败了米坦尼王国，使其和埃及结为盟友，从而巩固了埃及在叙利亚的统治。

图特摩斯三世的后继者阿蒙霍特普二世

也对西亚进行过大规模的战争，俘获达 10 万之众。从公元前 4000 年代后期，埃及进入阶级社会，直至公元前 2000 年代中叶的新王国时期，埃及帝国终于形成了。

埃及历史上的长寿法老是谁？

拉美西斯二世是古埃及历史上最长寿的法老，他是伟大的领袖，勇敢强悍的士兵，杰出的建筑家，一生建立了无数的宫殿、神庙、高塔和石像。他一直活到了 90 岁，然而这样的命运也使他不断地经受着生离死别的痛苦，他最爱的皇后为他留下了子嗣，而其他妃子以及她们的子嗣都相继离他远去。在他即将逝世的时候，他的十三子继承了王位，然而这位新任法老当时已经 60 高龄了。资料上的文字显示，他一生有 8 位皇后，100 多位子女。如果按照现代的理念来衡量的话，他简直是令女人们发指、男人们嫉妒的对象。

古埃及人为何要制作木乃伊？

木乃伊，即"人工干尸"。世界许多地区都有用防腐香料或用香油（或药料）涂尸防腐的方法，而以古埃及的木乃伊最为著名。古代埃及人用防腐的香料殓藏尸体，年久干瘪，即形成木乃伊。古埃及人笃信人死后，其灵魂不会消亡，仍会依附在尸体或雕像上，所以，法老王等死后，均制成木乃伊，表示对死者永生的企盼和深切的缅怀。

此外，埃及法老还利用埃及流传的神话传说欺骗人民，说法老有神的帮助，因此活着是统治者，死后也是统治者。谁要是反对法老，那么，他活着时会受到惩罚，死后也不能顺利通过奥西里斯的阴间审判。就这样，每一个埃及法老死后，都要把奥西里斯的神话重复演绎一遍，人们制作"木乃伊"也渐渐成为一种习惯了。

十大著名的木乃伊指的是哪些？

历史上的十大木乃伊是目前所发现的众多木乃伊中最重要的、最具有探索价值的木乃伊。

古埃及拉美西斯大帝的木乃伊是人类历史上最著名的木乃伊；奥兹冰人木乃伊是一具有 5300 年历史的木乃伊，他在一个冰冷的史前世界被谋杀；北欧的沼泽木乃伊看上去皱皱巴巴的，满头红发，如同恶魔，但他们是献给众神的祭品；新克罗木乃伊，是把死人的皮剥下来做成的；3 个英国水手的冰冻木乃伊让人们弄清了发生在海上的一次悲惨事件的秘密；苏维埃社会主义之父——列宁的木乃伊，虽然时隔多年，但它的制作方法仍然是国家的高度机密；印加儿童木乃伊，古代祭祀的牺牲品；新疆木乃伊，出现于中国；圣比兹木乃伊，讲述了中世纪教徒之间的残酷战争；瓦里木乃伊，是一具头戴面罩的女性木乃伊。

木乃伊的制作方法是怎样的？

有人说，木乃伊的制作方法是不传之谜，故而不能记载。其实，有关埃及人制造木乃伊的方法，还是流传下来一些。古希腊历史学家希罗多德给我们留下了详尽的资料。

第一，用融化的松脂涂在面部，保护面部形象，防止它过快地变干。

第二，对脑浆进行处理。工匠将凿子从左边鼻孔塞进去，将筛骨捣碎，再用工具在颅脑中转动破坏脑髓，用一根很细的长柄勺从鼻孔里伸进大脑将脑浆舀出来，最后把一些药物和香料塞进空空的头骨中。

第三，取出内脏。胃、肠、肝、肺是在肚皮左侧切口取出的。后用棕油作为清洗液，洗净胸腔腹腔。

第四，脱水。工匠们先填进用布包的泡碱和其他临时填充物，然后把它置于干燥的泡碱粉里约 40 天，待吸干了水分后，取出里面的填充物，改放用碾碎的桂皮、泡碱、锯末等填充的布包，最后细心地缝上切口，贴上一块画有荷拉斯眼睛的皮，因为古埃及人认为这种皮有强大愈合和保护功能。

第五，化妆整形，木乃伊的皮肤为了保

持其柔软性，于是选择性地涂上牛奶、葡萄酒、香料、蜂蜡、松脂和柏油混合物，给皮肤美容。木乃伊的眼睛则用亚麻和石头填上。此后，干尸上还要涂一层松脂防潮，化妆师要在木乃伊的面颊上涂上一层胭脂红，头上戴好编辫的假发套，穿好衣服，再配上颇具珠光宝气的配饰。

第六，包裹。埃及人一般都把包裹尸体当作是一件危险的事，于是就以祷告伴随整个包裹过程（一般为15天）。包扎尸体的手每动一下，就伴有一次庄严的祈祷或神奇的符咒，同时人们把护身条符放在亚麻绷带间。他们很重视放在心脏位置处的护身符，这些符一般都用绿色石头做成圣甲虫或人心的形状，上面刻着"保持死者的心，使它不产生危害主人的东西"之类的词句。其他的护身符则紧贴放在木乃伊身体上，或裹进亚麻布里。

第七，木乃伊迎接他的卡（古埃及灵魂组成之一）。时间一般为70天。之后，安努比斯神灵就秘密地把木乃伊送还他的家人，将其装入箱子中，直立放置，等待下葬。

为什么要建造狮身人面像？

在哈夫拉金字塔的旁边，有一个巨型雕像，这就是世界闻名的狮身人面像。由于它和希腊神话中的人面怪物斯芬克司相似，所以，大家都称之为"斯芬克司"。

希腊神话中的斯芬克司是一个邪恶的女怪物，长着美女的头，狮子的身体，生性残暴，嗜杀成性，长期驻守在忒拜城附近的悬崖上，给过往的路人提出很多刁难古怪的问题，猜不出谜语的人就会被她活活吃掉。一天，一个国王的儿子也被吃掉了，于是国王张贴告示，宣布谁能除掉这个怪物，就可以获得他的王位，并可以娶他的姐姐伊俄卡斯特为妻。

关键时刻，英雄俄狄浦斯挺身而出，他猜出了谜底。斯芬克司既羞愧又绝望，从山崖上跳下去摔死了。国王除了兑现了对俄狄浦斯的诺言外，还在斯芬克司驻守的悬崖旁（即今天狮身人面像的所在地），用巨石刻出怪物斯芬克司的形象，为了让人们永远记住英雄俄狄浦斯。这就是狮身人面像的来历。

还有人说这个狮身人面像是公元前26世纪中叶埃及第四王朝的一位国王哈夫拉建造的，据说，法老哈夫拉在开采建造金字塔的石料时吩咐工匠为他雕塑一尊石像，于是工匠便别具新裁地为其雕塑了一个狮子，并且以哈夫拉的面像作为狮子的头。在古埃及，鹰和狮子是人们崇拜的动物，他们把鹰当成是最高的神兽，把狮子当成是力量的象征。因此，哈夫拉希望人们把他当作神一样对待，以保证自己的绝对权威和地位，总之，狮身人面像不论是内容还是形式，既具有神秘感，又是权力的象征。

关于法老你知道多少？

法老是对古埃及君主的尊称，是埃及语的希伯来语音译，意思是大房屋。在古王国时代单指王宫，但并不涉及国王本身。从新国王第18朝图特摩斯三世起，开始用于国王自身，并且慢慢演变为对国王的尊称。第22王朝以后，便成为了国王的正式头衔。作为奴隶制专制君主，法老掌握全国的军政、司法和宗教大权，他们的共同意志就是法律，他们是古埃及的最高统治者。

法老自称为太阳神之子，是神在人世的代理人和化身，让臣民把它当作神来崇拜。法老站在权力的顶端，是神的化身，具有绝对的权威。

谁是古埃及王国的开创者？

美尼斯是埃及第一王朝的开国国王。他统一了埃及，开启了法老统治时代，建立了在人类文明史上具有长期影响力、辉煌的王国。

美尼斯出生于上埃及的提尼斯城。最初他是提尼斯地区部落首领，后来成为上埃及王国的国王。他在统一了上埃及以后，不断向外发动战争，约在公元前3100年征服下埃及，使整个埃及初步形成一个统一的国家，开创了古埃及的第一王朝。他善于运用灵活多变的手段统治埃及，并且还在尼罗河三角洲南端（今开罗附近）修建了新都白城，即后来的孟斐斯城，使其作为埃及的首都。

为什么斯尼弗鲁被称为"圣王"？

斯尼弗鲁是古埃及第三王朝末代国王胡尼的儿子，是古埃及第四王朝的缔造人，他的荷鲁斯王名是尼布玛阿特，意思是"正义之主"。他是一位奋发有为的君主，从他登基开始，古埃及的军事与建筑艺术都得到了长足发展与进步。

他完成了古埃及从第一王朝阿哈王时代就开始的对努比亚的征服，这是古埃及历史上第一次真正意义上的对这一地区的征服。《巴勒莫石碑》记载，他击破尼西人的镜土，获男女俘虏 7000 人，大小牲畜 20 万头。他进军西奈半岛，是这一地区绿松石开采业的开创者，被当地人视为神明加以崇拜。在其墓室中保留下的杉木木梁证明，他统治的时代，埃及已经开始和黎巴嫩小亚细亚地区有了商业贸易活动。他对埃及做出了不可磨灭的功绩，因此有"圣王"的美称。

埃及太阳船是怎么回事？

现在我们可以从埃及的太阳船博物馆里看到从胡夫墓中发掘出的木制太阳船。据说，古埃及人视太阳为创造万物、主宰一切的神。他们住在尼罗河两岸，船是沟通南北的唯一交通工具，而太阳船是专门制造出来供法老升天时追随太阳神飞越天空时乘坐的。考古学家在胡夫金字塔底部发现了 5 个放置太阳船的坑穴，其中 3 个是空的。1954 年和 1987 年，另两个坑穴中分别发掘出 2 艘已经拆散但保存完好的叙利亚雪松船。其中一艘长 43 米、有 4600 年历史。

亡灵书是什么？

亡灵书又译作"死者书"，是古埃及人为死者奉献的一种符箓，当时称为"白昼通行书"。是一种咒语，表达对神的赞美。亡

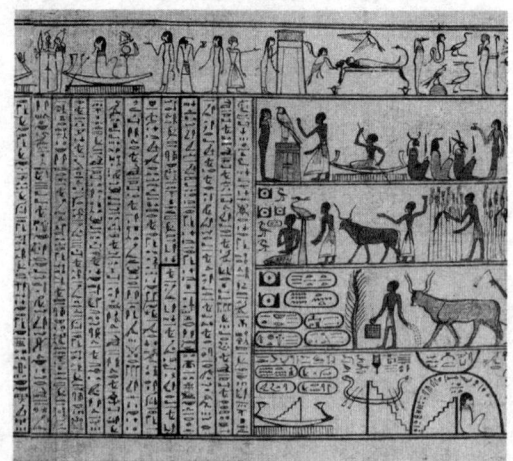

用象形文字写就的祭祀纸草——《亡灵书》中的一章

灵书通常写在纸草卷上，放入墓中。迷信者认为它可以保障死者在阴间的安全，并有可能在白昼返回世间。作为关于来世咒语最完备的汇编，埃及亡灵书为我们提供了解古埃及人来世观念的详细依据。埃及人相信，通过这些符号可以帮助死者顺利到达来生世界。约在公元前 1400 年前后，因为纸草的普及，人们就把这些咒语写在纸草上且广泛用于民间，埃及人称它们为亡灵书。亡灵书一般藏在幽冥之神俄赛利斯雕像足底的暗格内，然后再放置于墓穴之中。

斯芬克司为什么没有鼻子？

狮身人面像的传说本来就迷雾重重，人们对它进行了种种猜测。后来由于人为的破坏而使它遭受了损坏，关于狮身人面像的鼻子还流传着与拿破仑有关的一个说法。当年拿破仑远征埃及，来到吉萨金字塔群，他下令炮轰狮身人面像，想找到进入大金字塔的秘密通道，结果拿破仑的士兵把狮身人面像当作练习的靶子，狮身人面像的鼻子就在这次试射中掉了下来，从此就没有鼻子了。其实这一说法并不真实，从拿破仑留下的日记和回忆录来看，拿破仑并非一介武夫，他从小对历史感兴趣。1798 年率兵出征埃及时，就带了一支近 200 人的科学艺术考察团，中

间不乏历史学家和考古学家，而且留下了"让学者和毛驴走在队伍中间"的名言。

古埃及人为什么要修建金字塔？

雄伟壮丽的金字塔是古埃及的象征，距今已有 4000 年的历史。如今的金字塔散布于尼罗河西岸的沙漠两侧。

古代埃及人对神的虔诚信仰，使其很早就形成了一个根深蒂固的"来世观念"，他们甚至认为人生只不过是一个短暂的居留，而死后才是永久的享受。因而，埃及人把冥世看作是尘世生活的延续。受这种"来世观念"的影响，古埃及人活着的时候，就殚精竭虑地为死做准备。每一个有钱的埃及人都要忙着为自己准备坟墓，并用各种物品去装饰坟墓，以求死后获得永生。以法老或贵族而论，他会花费几年，甚至几十年的时间去建造坟墓，还命令匠人以坟墓壁画和木制模型继续从事的驾船、狩猎、欢宴活动，以及仆人们应做的活计，等等，使他能在死后同生前一样生活得舒适如意。

埃及人认为他们的人生也像太阳东升西落一样是一个循环，这个循环要经过两个世界，一个是这个世界，一个是另一个世界。于是，不论是国王还是平民，纷纷沿着尼罗河为自己建造坟墓，以供自己冥世居住，也可以此来象征自己的权力和地位。

是谁建造了第一座金字塔？

公元前 2700 年，古埃及左塞王统治时期，有个名叫伊姆荷太普的年轻建筑师，为了让国王永远高居于凡人之上，便有了为法老建造不朽的坟墓的想法。

于是，伊姆荷太普修建了一个长 120 米、宽 106 米的马斯塔巴（古埃及国王死后葬在用泥砖砌成的长方形坟墓里，叫作"马斯塔巴"），其规模超过了以往任何一个国王的坟墓。为了充分表达他对国王的敬仰，伊姆荷太普灵光一闪，便有了在原坟墓上堆砌 5 个一层比一层小的马斯塔巴的想法，使这座坟墓竟高达 61 米，形成了一座 6 级的梯形金字塔。

然后，伊姆荷太普又在这个庞然大物的周围修建了同样雄伟的寺庙和殿堂。在金字塔的下面，还有国王的墓室、许多地下房间和通道，当中陈列着数万件石质的器皿、雕像……于是第一座金字塔式的法老坟墓出现了。

古埃及金字塔仅仅是法老的葬身之地吗？

金字塔是人类文明史中的一项伟大奇迹，有关它的谜团一直深深地吸引着人们，关于金字塔的起源问题，经过历代学者的激烈的论争，至今仍众说纷纭。

大部分有声望的埃及学者认为金字塔是法老们的坟墓，这一理论也最能被人们所广泛接受。但是金字塔仅仅是法老的葬身之地吗？很多人都提出了不同的看法。

在中世纪，很多作家都认为，在埃及粮食充裕时期，金字塔是用来储藏粮食的大仓库。近几年来，金字塔又被描述为与日晷仪和日历、天文观测台、测量工具甚至与神秘的外星生命相联系的东西，因此，人们把金字塔当作天外宇宙飞船的降落点。

还有一些人认为金字塔中没有尸体，却有大量的陪葬品，说明金字塔是衣冠冢——死去的法老们的纪念碑，未必是他们真正的坟墓。

你知道海底金字塔之谜吗？

一位美国海军上校曾经在百慕大三角区海底发现了一座巨大的金字塔。声呐探测装置上清楚地显示出这座金字塔位于 360 米的海面下，其高度约为 230 米，边长是 300 米。

1977 年，法新社发布的一则电讯称，科学家们在百慕大三角区的海底，发现了一座比埃及胡夫金字塔还要大的金字塔。

百慕大三角本来就疑团重重，突然又冒出一座金字塔，实在是神奇。要在 360 米以下的海底建造如此之大的金字塔，也是不可能的, 况且它又何必修建在海底呢?

于是有人提出假想: 金字塔的确是人类所建, 不过建成之后经历了一次陆沉事件, 于是就深埋海底了。但是有的科学家提出了质疑, 因为仅在短短的数千年中这块陆地不可能沉得那么深, 如果这块陆地的下面是一块巨大的海底盆地的话还有可能, 可是金字塔四周非常平坦。

看来海底金字塔之谜真是难解, 也许要等到人们从埃及金字塔上的文字中解读出些许线索才能得出结论, 可是谁又能确定陆地上的金字塔之谜不需要海底的金字塔提供更多的启示呢?

古埃及图坦卡蒙法老是死于谋杀吗?

埃及第十八王朝法老图坦卡蒙去世时仅 19 岁左右。20 世纪 20 年代, 他的狭小陵墓被发现, 英国研究人员后来对他的木乃伊进行 X 射线扫描, 发现死者脑颅中有碎骨, 因此推断图坦卡蒙可能是遭到谋杀。这种猜测与图坦卡蒙时代政局不稳的历史背景相符。一些人猜测, 图坦卡蒙逐渐成熟, 为了谋求更多自主权, 与其宰相发生冲突, 遇害早亡。

但埃及放射学专家的新发现, 推翻了这一论断。报告说, 图坦卡蒙死前不久大腿骨折, 虽并不致命, 但感染是引起他死亡的重要原因。

有些专家猜测图坦卡蒙是在打猎时意外受伤而遭致死亡的。

总之, 关于图坦卡蒙法老死亡的说法众说纷纭, 这就给他的死亡增添了更多神秘的色彩。

埃及的金字塔是怎样建造的?

埃及的金字塔是人类文化史上的奇迹! 关于它的建造, 曾引起许多学者研讨的兴趣, 但他们的说法不一, 大相径庭。

通常认为是这样建造的: 首先是采石, 工匠们把加工过的平整光滑的巨石用人或牛

拉的木橇运往施工现场。而运送木橇, 就需要修一条平坦的路, 这项工程花了 10 年时间。当时没有现代化的起重机, 工匠们就先砌好地面一层, 然后堆起一个与第一层一样高的土坡, 然后沿着土坡把石块拉上第二层。用这种方法, 一层一层砌上去, 待塔建成后, 最后将土坡移走, 让金字塔显露出来。

而法国化学家戴维杜维斯认为, 建造金字塔的巨石是用人工浇注而成的, 并非天然的石块。在埃及更有惊人的发现, 考古学家称金字塔内藏有外星人或生物, 他们相信外太空人是金字塔的设计者及建造者。

上述说法, 使埃及金字塔的建造充满了神话色彩, 但不管怎样, 金字塔都是埃及人智慧的结晶, 他们有卓越的才能, 他们是建造金字塔的真正主人。

埃及金字塔有何重要意义?

金字塔的规模之大, 世界罕见。它的建筑技艺也十分高超, 为世人所称叹。建塔石块的砌缝据说紧密得连一根头发都伸不进去。金字塔的内部结构也是世界称奇。塔内有阶梯、走廊、通风道和墓室, 并且都装饰有精美的绘画和雕刻等艺术品。

再就是这项工程的艰难和巨大, 据现代工程学家的推测, 这些沉重的巨石, 主要是用杠杆的原理, 用木橇一点点地将石料移动、推送、堆砌的。特别是胡夫金字塔不仅外观巍峨雄伟, 而且设计精巧、结构复杂、工程坚固, 在世界建筑史上, 这样的"精工巧做"也是凤毛麟角, 因此是世界"七大奇迹"之一。

埃及文字的最初书写形式是怎样的?

埃及文字的最初书写形式被称为象形体, 像山、太阳、水、眼睛等。当时为写出一句完整的话, 就需将多个象形文字组成一幅图画。后来人们的思维变得越来越复杂, 需要表达的信息更多, 文字就获得了进一步的发展, 有些文字变成了表意符号, 如小蛙象征

成千上万的"多"，多少有一点抽象的含义，后来有些象形文字发展成为表音字，有 24 个表音符号，有专家认为这些表音符号实际上已是字母的萌芽。

经过演变的埃及象形文字逐渐形成两种书写形式，一种是由祭司们使用的文字，多用于碑铭和宗教方面，后逐渐由繁趋简，中王国时就产生祭司体。

另一种是大约公元前 8 世纪，文字再简化后称为民书体。因此，民书体是从祭司体演化而来，祭司体是从象形字演化而来。

图坦卡蒙法老为何引人注目？

图坦卡蒙，古埃及第十八王朝法老王（约公元前 1358 ~ 前 1348 年）。20 世纪其陵墓被发现，在这里，人们发现了基本上完整的法老墓葬，第一次看到了法老的葬制，其中还包括墓主人的宝库。每件器物，都是以金银珠玉装饰而成。两尊真人大小的乌木镀金雕像，据说是图坦卡蒙本人的形象，栩栩如生，反映了古代艺术家们的高超的技艺和丰富的想象力。人们还在墓中发现了 2000 多件文物，它是迄今为止所发现的最完整、最有价值的古代埃及法老的陵墓。

此外，图坦卡蒙的死因至今没有定论，这就增加了几分神秘色彩。1972 年和 1976 年，图坦卡蒙墓中出土的部分珍贵文物和一些稀世之宝先后在伦敦、华盛顿展出，曾经轰动世界，吸引了成千上万的观众前去参观。

你知道喜克索斯人吗？

喜克索斯人是古代亚洲西部的一个混合民族，他们于公元前 17 世纪进入埃及东部并在那里建立了第十五和第十六王朝（约公元前 1674 ~ 前 1548 年），统治时间达一百多年。古王国时期喜克索斯人指一些努比亚的酋长，中王国时期指叙利亚、巴勒斯坦的一些游牧酋长。一般认为只有第十五王朝的 6 位法老是喜克索斯人，第十五王朝国王的名字、顺序，甚至总数今天还没有定论。国王的名字一般

出现在建筑物上的象形文字中或如圣甲虫之类的小物件上，但这些名字通常都不太清楚，有时搞不清相应的名字指的是同一个人还是不同的人。埃及史中这段时间的历史年表也相当混乱，只有新的可定年代的文件和物件被发现后，人们对这个问题的探究才会有新的进展。

你知道大使的由来吗？

4000 多年前，古埃及王国的法老在宫廷中设立了专门出使亚洲国家的人员，这就是人类历史上最早的外交代表。

古希腊时，城邦之间的联系日益频繁，就出现了使节。14 世纪，地中海沿岸地区出现了资本主义萌芽，经济活动、商务往来日益频繁，于是威尼斯共和国最早将驻外使节变为常驻代表。开始的任期不得超过两年，后来的任期又延长到了三年。16 世纪末，常任驻外大使在欧洲就开始普遍出现。

古埃及人根据什么制定出第一部太阳历？

3000 年前，古埃及人根据尼罗河水的涨落和对天狼星的长期观察，制定出一种比较方便的历法——太阳历。古埃及人把每年一度的尼罗河"泛滥日"（潮头在孟斐斯，日期为 6 月 15 左右）定为一年的开始，在这一天，下埃及的天狼星正好和太阳在一个水平线上。之后，人们根据河水的涨落把一年分为泛滥、播种及收割共三个季，每季 4 个月，一年 12 个月，每月 30 天，而剩余的 5 天当作节日，这样一年共有 365 天。埃及太阳历于是就成为人类历史上第一部太阳历，它比现在的阴历少了 6 小时，因此会有一些出入。总之，埃及的太阳历对古代的许多国家产生过许多重大的影响，也为后代历法的制定提供了参考。

谁被后人誉为"古埃及的拿破仑"？

图特摩斯三世是一位杰出的军事统帅和政治家，后人称他为"古埃及的拿破仑"。

公元前 1482 年，以叙利亚南部卡迭石王国为首的反埃及联盟正逐渐形成，一时间，埃及的形势相当严峻。图特摩斯三世是古埃及第十八王朝法老，在他幼年时，父亲图特摩斯二世去世，图特摩斯三世就开始和女王哈特谢普苏特共同执政。后来，他被放逐到卡尔纳克神庙，和僧侣们共同生活。女王去世后，他才重新执政。图特摩斯三世在军队的支持下，用短短几个月时间稳定了国内政局，随即向叙利亚和巴勒斯坦发动了第一次远征，最终攻陷麦吉杜城，凯旋而归。

此后，图特摩斯三世陆续对西亚发动过 17 次远征，随着对外战争的节节胜利，古埃及的版图不断扩大。图特摩斯三世开拓的广阔疆域维持近两个世纪，而这一阶段也被称为"古埃及帝国时期"。图特摩斯自诩为"诸国之王""胜利之王"，卡纳克神庙的记功柱上，神庙壁上，均刻有他的远征记事，以显示其赫赫战功。

你知道埃及女王哈特谢普苏特吗？

哈特谢普苏特是开创古埃及一代盛世的第 18 王朝法老图特摩斯一世与王后唯一的孩子，是图特摩斯二世的王后。图特摩斯二世体弱多病且治国无方，哈特谢普苏特就在丈夫在位期间掌握了很多大权。她一直将图特摩斯三世视为私生子，认为他不可能成为真正的法老。但是法老和王后也并没有生下王子，因此，国王的儿子图特摩斯三世就成为合法的继承人，当图特摩斯二世去世后，12 岁的图特摩斯三世便顺理成章地继承了王位。而这时哈特谢普苏特依然手握重权，图特摩斯三世虽然心怀不满，但是也无可奈何。直到哈特谢普苏特死后，他才真正掌握政权。

古埃及女王为何葬身帝王谷？

美国《探索》频道的科学家们曾引发一次全球聚焦，原因是他们即将开启久为世人瞩目的埃及古墓金字塔之谜。不过大动干戈以后，得到的答案却是"古墓之穴，门后有门"。

落日余晖中，神秘的金字塔群依然是那样诡异和迷人。然而，在这个男性权威至高无上的埃及国度，在这肃穆庄严的帝王之谷却还安葬着一位叱咤风云的埃及女王——哈特谢普苏特。其实"女王"这个名词在埃及的哈希普苏特时代的语言中根本不存在，因为男性是王位的当然继承者。在埃及历史上也曾出现过几位有些影响力的后妃，如风华绝代的妮菲迪王后就拥有一定的权力，而且享有极高的声誉，但凭本身才能而统治全国的女性，却少之又少。不难看出，哈希谢普苏特是这些女中豪杰的杰出代表，她的权势最大。因此她才有荣幸葬身帝王谷，并被有些历史学家选为历史上的第一位煊赫的女性。

谁的改革是一场改变埃及的宗教变革？

阿蒙霍特普四世就是所谓的"太阳之子"，他是第 18 王朝全盛时期的法老阿蒙霍特普三世的儿子，他的母亲是王后提伊。

阿蒙霍特普四世在位的 17 年里，他推行了宗教改革，这场改革是古埃及历史上最重大的事情之一，对古埃及的社会产生了深远的影响。他改革的内容都表明了他要同阿蒙神庙祭司为代表的神权势力彻底决裂。从某种意义上说，这场改革是一场政治斗争，尽管最终以失败而告结束，但它仍是一场具有重要意义的变革。

阿蒙霍特普四世为什么要进行宗教改革？

阿蒙霍特普四世的宗教改革是在古埃及 18 王朝所进行的一次神教改革，也可以称为埃赫那顿宗教改革。改革前，阿蒙神庙的僧侣贵族在经济上还掌握大权，并且担任国家重要官职和拥有豁免赋税的权利。在阿蒙霍特普四世统治时期，他们公开与法老对抗，迫使阿蒙霍特普四世实行改革。阿蒙霍特普四世改革的目的就在于打击阿蒙僧侣集团，加强中央集权。改革依靠的主要力量是新兴的军事贵族和其他的中小奴隶主，改革的措施是：宣布把太阳神阿顿作为全国唯一的神，废除对阿蒙神的尊重；建立新都；法老本人的名字改为埃赫那顿，意思是"对阿顿有意的人"；没收阿蒙神庙的财产，分给其他官员。这是一次披着宗教外衣的政治改革，但中途由于僧侣集团的破坏而惨遭失败。

你了解图特摩斯四世与"记梦碑"吗？

图特摩斯四世，古埃及第十八王朝的第8位法老（公元前1401～前1391年在位），阿蒙霍特普二世之子。他是已知最早提出崇拜阿顿神的埃及法老。在他印章上的铭文中，至少有一次战争的胜利归功于阿顿神。图特摩斯四世死后，其子阿蒙霍特普三世继位。有关他的统治，考古学家知之甚少。关于他的重要文物有记梦碑，上面记载了这位年轻的王子有一次在狮身人面相下睡着了，他梦见荷鲁斯神托梦给他，预示他将取得王位。这种托梦的说法使人们怀疑图特摩斯四世本来不是王位的合法继承人，故此假借荷鲁斯神托梦的方法来表明自己王位继承的合法性。

有文字记载的最早的战争发生于何时何地？

在人类历史上，最早有文字记录的战争发生在巴勒斯坦的麦吉多，时间为公元前1469年，当时，巴勒斯坦和叙利亚的一些部落举旗反抗年轻的埃及法老图特摩斯三世的统治。叛军集结于卡梅尔山北面的麦吉多，并派前哨部队驻守在麦吉多山口。没多久，图特摩斯三世就雄赳赳气昂昂地乘坐战车，率部强行突破封锁，越过山口，接着又迅速将部队组成新月状队形，向叛军发起突击，此时叛军浑然不知埃军已经向自己靠近。图特摩斯三世以其右翼部队牵制住惊慌失措的叛军，又率左翼的部队向北包抄叛军的侧面，一举将其击溃，取得了决定性的胜利。

祭司制度是如何产生的？

祭司是带领礼拜者进行宗教庆典和仪式的人。这个"职位"在早期文化中具有重要的地位，因为人们相信他们的生存必须仰仗这些崇拜的神。最早的祭司可能是一些年长的人，尽管他们年迈无力，不能狩猎或采集食物，但是却因其神圣和智慧而备受景仰。作为精神世界和物质世界的联系，当时的祭司并不需要严格的筛选，也没有固定性，他们可能是部落的医者或者领袖。

现在基督教、印度教、佛教的许多支派仍然聘用祭司，尽管他们的世俗权力已经大为削弱。近年来祭司们在社会中扮演重要的角色，通过适应社会变化来造福更多的信徒。

最早连接地中海和红海的是哪条运河？

地中海与红海的咽喉要道——苏伊士运河众人皆知，但很少有人知道，早在苏伊士运河开凿的20多个世纪之前，就有一条运河试图把浩瀚的地中海和狭长的红海连接了起来，它就是尼科运河。

尼科运河从帕托莫斯（即今天的扎加齐格附近）的尼罗河起，向东经过沙石散布的平地到达俾特湖，再折向南，流经今天的苏伊士港而注入红海。

虽然尼科运河在政治和军事上未能达到理想中的高度，但是其在商业领域中却是如火如荼。当时，陆路交通极不方便，为了从事海外贸易，扩大同附近亚洲各国交易的需要，减轻运输负担，古埃及第二十六朝法老尼科便把目光投到了水路交通上。经过一番细致地考察后，他做出了开凿从尼罗河到红海运河的决定。这样一来，不仅适应了埃及特别是尼罗河三角洲贸易的需要，而且在一定程度上也便利了军事活动。在现代社会文化的交流和文明的进步中，尼科运河始终承担着重要的角色。

为什么亚历山大港的灯塔被誉为世界奇迹？

亚历山大海港介于海岸与法洛斯岛之间，分为东港和西港。东港也称大港，是巨大的商港和军港；西港是渔港。鉴于亚历山大港经济意义的重要性，人们就准备修筑一座巨大的灯塔，以便指引夜间航行。公元前282

年前后，埃及人在法洛斯岛的东端建成了一个大灯塔，它立于距岛岸 7 米处的岩礁之上。

亚历山大灯塔塔身是由上、中、下三部分组成。上层塔身之上是圆形塔顶，塔顶上巨大的火炬不分昼夜地冒着火焰。塔顶之上还立着一尊高约 7 米的海神波塞冬青铜像。全塔总高度约 135 米，人们在距其 60 公里的海面上都可以看见它的火焰。灯塔的内部结构在当时十分先进，从塔身下层至塔顶筑有螺旋式上升阶梯。塔顶有类似升降机的装置，用以运送火炬燃料和各种物品。下层塔身周围由 50 个房间组成。据估计，这些房间是专门留给值班人员使用的，也可能是供天文学家在此观察天象。亚历山大灯塔耗资巨大，总计 20 吨白银。

自灯塔建成以来，一直巍然屹立着，时间长达 1000 年之久，不过 796 年的一场大地震让亚历山大灯塔灰飞烟灭，东罗马科学家把它列为"世界七大奇迹"之一。

你知道黑皮肤犹太人之谜吗？

在以色列，生活着一批来自埃塞俄比亚的独特的黑皮肤犹太人，这些黑皮肤犹太人究竟来自哪里呢？人们普遍认为犹太人起源于西亚，但这支黑皮肤犹太人却坚信他们是古代以色列所罗门王和埃塞俄比亚阿克苏姆王国示巴女王的后代。

那么究竟这些黑皮肤犹太人是否是所罗门王与示巴女王的后代呢？有关示巴女王在《圣经》中少有记载，只提到过她的名字，没有提到她的国家，而且除了《圣经》外也没有其他史料记载。

也有人认为，这些黑皮肤犹太人确实是正宗犹太人，但他们并非所罗门王与示巴女王的后代。那么他们什么时候来到埃塞俄比亚的呢？人们推测可能是在大卫和所罗门统治时期，一些犹太人来到埃塞俄比亚经商，并逐渐定居下来。或者是为了躲避饥荒来到埃及，后又辗转南下至埃塞俄比亚，与当地黑人逐渐融合，几千年来就形成了这样一支独特的黑皮肤犹太人。

为何古埃及的雕塑艺术显得"呆板"？

古埃及的法老通常会利用艺术来彰显自己的权威，他们认为，这些形象经过宗教祈祷之后可以获得生命。因此，埃及的雕像看起来也比较"呆板"，其实这就是埃及雕像的特色。

为了使形象具有神力，雕刻和绘画的制作必须按照"正确的程式"，使用程式化的艺术语言规范。古埃及僧侣和贵族认为，任何新的尝试都会危及他们的地位，因此雕像的造型不可以随意更改。这一切因素也形成了古埃及雕像艺术的独特风格：雄伟大方、庄严稳重。

总之，即使是这样的"呆板"，也能给人震撼人心的感染，因此，这样的艺术形式并非是艺术上的缺陷，而是一种独特的美，如果没有这样的"呆板"，雕像也就失去了它存在的意义。

古代苏美尔人为什么要在泥版上书写？

苏美尔人习惯将文字写在泥版上，这是什么原因呢？

原来，两河流域缺乏木材、石块等书写材料，但泥土丰富。两河流域的泥土土质好、黏性大，于是聪明的苏美尔人独创性地把泥土捏制成长方形的平板，小的拿在手里，大的可放在特制的架子上，制作成特别的书写泥版。

这种泥版的特点是可以随时制作，价格比较低廉、坚固耐

苏美尔楔形字的泥版
这块插在泥封中的泥版文书记录的是一桩诉讼案：一名叫阿般的人和他的妹妹白塔提分割财产。这桩诉讼案由公元前 18 世纪的国王尼克美帕判决。

用，也能长久保存，不怕虫蛀，耐腐蚀，经得起火烧。唯一不足的就是容易破碎，相当笨重。但是作为四五千年以前的人类，能够找到这种适当的书写材料，已经是相当不容易了。

乌鲁卡基那改革是怎么回事？

乌鲁卡基那改革是苏美尔城市国家拉格什国王乌鲁卡基那于公元前 2378 年进行的改革。这次改革是迄今所知历史上最早的一次改革，改革目的是为了缓和内部矛盾，以加强城邦政权对奴隶实行专政的职能。改革的主要内容是：扩大公民权的范围，将公民人数由 3600 人增加到 36000 人；取消了王室派往牧场、渔场的监督，撤除了税吏；恢复庙产，减轻人民的宗教费用；禁止以人身保证作为借贷的条件；禁止暴利、盗窃、残杀、囤积居奇，防备饥馑；禁止欺凌孤寡等。这次改革对促进社会生产的发展起了一定的积极作用，打击了贵族的寡头势力，有利于平民但也存在向贵族妥协并维护其利益的弊端。公元前 2371 年因外敌入侵而中止。

神秘的古埃及文字是如何被破译的？

公元前 525 年，波斯人征服了埃及人，埃及人不得不使用波斯文字来记载历史。尽管古埃及人也遗留下了不少图画语言史料，但是由于文字的读法早已失传，以致 20 年过去了，古埃及文的破译工作没有取得丝毫进展。

就在这时，法国一位叫商博良的年轻学者，通过不懈努力，完成了解读象形字的历史重任。商博良自小在书堆里长大，尤其着迷于语言文字。他在 10 岁的时候，结识了著名物理学家与数学家傅立叶。傅立叶知道商博良兄弟二人是古埃及迷，于是就请他们参观自己收藏的用古埃及文写成的纸草文献。

当商博良得知纸草上的象形文字至今都无人能解的时候，便决心破译古埃及象形文字。他以《法老统治下的埃及史》为最基础的条件，又以一份字迹清晰的罗塞达碑文抄本为参考，此后便投入了全部精力开始了翻译工作。凭借丰富的语言知识，那些破译文字的梦想终于在商博良的努力下变为现实。

关于楔形文字的起源有何奥秘？

楔形文字是古代苏美尔人在公元前 40 世纪创造的世界上最早的文字。因为其形状头尖尾宽，呈楔形，故得名"楔形文字"。后来的阿卡德人加以继承和改造，一直在西亚一带各闪米特族中广泛使用，直至很晚的波斯大流士帝国仍在使用这种文字。

相传，17 世纪一位意大利商人和旅行家培德罗在波斯皇宫中发现并临摹了楔形文字，带回欧洲进行研究。18 世纪哥廷根一位中学教师格罗铁芬终于释读出这块文书。他破译出几个古代帝王的名字，并根据他们的事迹识别了一些文字。以后人们又知道了这种文字来自古代苏美尔，等等。但是，东方国家的一些学者却持不同的意见。他们根据生产方式决定社会文化的原理，认为楔形文字的起源与古代苏美尔地区发达的社会组织密切相关。

应该说，这两种说法都是有根据的，但是有关楔形文字起源的争论却从未停歇过。

四千年前的彩电是怎样的？

考古学家威交劳·加勒博士，曾在日内瓦发布了一条震惊世界的新闻：在埃及新发掘的古墓中，发现了一台制作工艺相当先进的远古彩电，它和现在彩电的主要区别是：只有一条线路，却有四个三角形的荧光屏，屏的周围镀了黄金，机件是用目前世界上最先进的金属——钛制造的。经有关专家鉴定：它是 4200 年前的产品。但让人疑惑的是：它只有一条线路，为什么要设计四个屏幕，难道它能用一条线路同时接收多个频道的节目？地球上至今没有发现任何古老的电视台，难道它是一只太空远距离联络工具？它又是怎么出现在埃及古墓里的呢？至今还是个未解之谜。

谁统一了两河流域？

从现在的历史资料来看，两河流域（幼发拉底河和底格里斯河）最早是由萨尔贡统一的。据说他出生后，被丢弃到幼发拉底河边，幸运的是，基什王乌尔扎巴巴（约公元前 25 世纪下半叶）的宫廷园丁收养了他，这位园丁还兼任"献杯者"等职，为乌尔扎巴巴的近臣。

当基什被乌玛王卢伽尔扎萨西击败，变得一蹶不振时，萨尔贡乘机夺取政权。萨尔贡夺权后仍用基什国号，称"基什王"。巩固好自己的政权后，他便自建新的都城阿卡德城。

萨尔贡通过 34 次亲征，俘获了卢伽尔扎萨西。他不断扩大战争规模，几乎摧毁了苏美尔的全部城市，给苏美尔旧贵族势力以沉重的打击。此后，萨尔贡还向东征服了埃兰，夺取了苏撒等城市；向北不仅征服了两河流域北部的苏巴尔图，还派兵攻打小亚细亚的陶鲁斯山区以及沿黎巴嫩山脉的地中海东岸一带。

萨尔贡的统治属于中央集权式的，他自称"天下四方之王"。萨尔贡的中央政府机构设置了众多官员，此外，他还组建了两河流域历史上的第一支常备军，人数达 5400 人。

你知道史诗《吉尔伽美什》吗？

古代两河流域的文学创作十分丰富，其中最有名的是《吉尔伽美什》。它是人类历史上的第一部史诗，早在四千多年前就已在苏美尔人中流传，经过千百年的加工提炼，终于在古巴比伦王国时期（公元前 19 世纪～前 16 世纪）用文字形式固定下来，成为一部巨著。《吉尔伽美什》围绕乌鲁克国王吉尔伽美什和他的朋友——半人半兽的恩奇都之间的友谊故事展开，大致可分为四个部分。它是一部关于苏美尔三大英雄之一的吉尔迦美什的赞歌。虽然这是一部残缺了近三分之一的作品，但是从剩下的 2000 多行诗中，我们还是能够感受到苏美尔人对他们伟大英雄的崇拜赞美之情。

你知道《农人历书》吗？

人类历史上最早的农书《农人历书》，是古代两河流域人民编写的农书。《农人历书》是以一个老农民教育儿子的口吻写的。这位老农民对儿子不厌其烦地讲述应该如何务农，要注意的各种事情。比如，怎样节省灌溉用水、不要让牲畜践踏田地、驱赶食谷的飞鸟、及时收割，等等。

关于闪米特人你知道多少？

闪米特人，又称闪族人、塞姆人，他们是起源于阿拉伯半岛的游牧民族，相传挪亚的儿子闪就是他们的祖先。阿拉伯人、犹太人也都是闪米特人，今天生活在中东、北非的大部分居民，就是阿拉伯化的古代闪米特人的后裔。

公元前 24 世纪，作为闪米特人的一支的阿卡德人，在萨尔贡一世的率领下，征服了苏美尔人，这是第一次游牧民族对定居的农业文明的大规模入侵。后来的古巴比伦王国、新巴比伦王国、亚述帝国也都是闪米特人建立的。

闪米特是中东印欧人语言和文化的一个分支。在今天，还有两种生存着的民族可以代表闪族，其一是阿拉比亚人，其二是犹太人，但是阿拉比亚人所保存的闪族特征，比犹太人要丰富得多。

关于苏美尔人你了解多少？

苏美尔文明可以追溯到公元前 4000 年至公元前 2000 年，被闪米特人建立的巴比伦所代替。苏美尔人是黄色人种，是历史上两河流域早期的定居民族，他们所建立的苏美尔文明是整个美索不达米亚文明中最早，同时也是全世界最早产生的文明。苏美尔文明主要位于美索不达米亚的南部。他们的语言、文化和外表，都与他们的闪族邻居和继承人不同。

苏美尔人建立的最后一个王国是乌尔王

国，后来它的统治者变为阿卡德的萨尔贡一世。但是阿卡德王国不久就开始衰落，公元前2191年被另一支闪族游牧民族库提人所灭。此后，苏美尔人士气大振，恢复了对美索不达米亚南部的控制。但是仅维持了短暂的辉煌，公元前2007年，最后一个苏美尔人建立的国家被来自东部的埃兰人所灭亡。自此，苏美尔人退出了历史的舞台，被闪族人所取代。

苏美尔人的祖先在哪里？

古代西亚的两河流域南部的苏美尔地区是人类最早的文明发源地之一。约公元前3500年，该地区就出现了王宫、神庙、文字，并且有了城市、国家。他们用牛耕种，用金属镰刀收割，用车子运输；他们发明了楔形文字，创作了美妙的神话和瑰丽的史诗，发明了计算重量和长度的方法，还发明了太阴历。

关于苏美尔人起源的问题，一直争论不断。有人认为他们是从东方山地来的，也有人认为他们来自两河流域北部草原和丘陵地区。20世纪50年代考古学家在埃尔—欧贝德（乌鲁克附近）和埃里都发现比乌鲁克时代还要早的居住地。他们的物质文化与乌鲁克所发现的苏美尔文化有所差异，但却来自一个主流。还有一个说法来自苏美尔人自己的传说，他们最早的祖先住在第尔蒙岛，然后他们再慢慢地教苏美尔人建城。

综上所述，我们基本上可以认定苏美尔人最早来自南方。

乌尔城邦是如何从强盛走向灭亡的？

自从库提人侵入古代两河流域南部以后，苏美尔人和古提人的战争便开始了。在此期间，各邦逐渐复兴，最后，乌鲁克人终于把古提人逐出境内，乌尔城邦也借机兴起，尤其是创建者统治时期，打败了乌鲁克并占领了苏美尔和阿卡德地区，实现了南部两河流域的统一，建立起了乌尔第三王朝。乌尔纳

姆采用了"苏美尔和阿卡德国王"的称号，并且远征地中海东岸的广大地区，内部经济发展，集权政治强大，在舒尔吉统治期间，继续维持着国家的强盛，对外实行扩张，东南抵埃兰，西达叙利亚，北至亚述城，是西亚的一个强国。但是，由于乌尔第三王朝的国家内部阶级矛盾和社会矛盾不断激化，于是乌尔城邦在埃兰人、阿摩利人的入侵下走向灭亡。

古巴比伦王国是怎样兴起的？

公元前2003年，在居住在今天伊朗西南河谷地带的埃兰人和西部的阿摩利人的两面围攻下，乌尔第三王朝灭亡了。其后，埃兰人退回故地，而阿摩利人定居下来，在苏美尔地区建立起拉尔萨以及埃什努那、玛里等国家。这些国家为争夺两河流域的统治权展开了长期的混战。约公元前1894年，另一支以苏姆阿布姆为首领的阿摩利人占据了幼发拉底河中游的古巴比伦城，建立了古巴比伦第一王朝，也就是古巴比伦王国。公元前18世纪，在第六代国王汉谟拉比的统率下，巴比伦王国战胜了周围众多邦国，重新统一了苏美尔·阿卡德地区，至此，古巴比伦王国达到了鼎盛时期。

你知道阿卡德王国吗？

阿卡德王国是古代西亚两河流域南部塞姆语系的阿卡德人奴隶制国家。统治区域位于美索不达米亚南部（今伊拉克），位于亚述东南。北部以古亚述城为中心，称为西里西亚，或简称亚述；南部以巴比伦城为中心，称为巴比伦尼亚，意思是"巴比伦的国土"。

巴比伦尼亚又划分成两个地区，南部靠近波斯湾口的地区为苏美尔，苏美尔以北地区为阿卡德，两地居民分别是苏美尔人和阿卡德人，其中的阿卡德人又是闪米特人中的一支。美索不达米亚文明最初就是由苏美尔人创造出来的。公元前3000年，苏美尔人就在两河流域建立了众多城邦。阿卡德人进入

两河流域时，苏美尔城邦文明已经进入尾声，各城邦之间斗争异常激烈。约在公元前2371年，阿卡德王萨尔贡统一了苏美尔地区，建立了君主制的集权国家，定都阿卡德（即后来的巴比伦城），苏美尔城邦时代宣告结束。

《汉谟拉比法典》的主要内容是什么？

约公元前1792年至前1750年，汉谟拉比成为古巴比伦王国的第六代王，在他的统治时期，巴比伦统一两河流域，并进行了一系列改革，汉谟拉比也成为独揽大权的专制君主。为了维护奴隶主阶级利益、加强中央集权，也为了向神明显示自己的丰功伟绩，于是汉谟拉比制定并颁布了世界历史上第一步较为完善的法律——《汉谟拉比法典》。该法典旨在维护财产私有制，强调公民平等，巩固奴隶制度。

《汉谟拉比法典》分为前言、正文和结语三部分。前言和结语宣扬他的权力来自神授，赞颂汉谟拉比统一两河流域的丰功伟绩，号称自己是"四方的庇护者"，同时也申明他制定法典是为了在世界上发扬正义，自己则是"公正之王"。法典正文几乎涵盖了当时社会生活的方方面面，包括了诉讼程序、盗窃处理、军人份地、租佃、雇佣、商业高利贷、婚姻、继承、伤害、债务、奴隶等内容。虽然有些法令确实体现了汉谟拉比强调的公正，但是这样的公正具有很大的局限性，普通平民依然没有享受到真正的公平。

作为古巴比伦唯一的法律，《汉谟拉比法典》事实上兼有民法、刑法、婚姻法、继承法等诸多法律的作用，同时它也规定了自由民以及奴隶的权利和义务，使得该法在一定程度上具有宪法的意义，对于本国法律的完善和其他国家法律的健全具有不可估量的意义。

是谁下令修建了空中花园？

空中花园，古代世界七大奇迹之一，是新巴比伦王国的尼布甲尼撒二世于公元前6世纪在巴比伦城为其王妃修建的。这里有一个美丽的传说：新巴比伦国王尼布甲尼撒二世娶了米底的公主安美依迪丝为王后。公主美丽可人，深得国王的宠爱。可是时间一长，公主因思乡心切，整天满面愁容，这时，尼布甲尼撒为了博得公主的欢心就令工匠们在花园中央修建了一座城楼，矗立在空中。

巴比伦遗址有怎样的历史渊源？

世界著名的巴比伦古城遗址，位于伊拉克首都巴格达以南大约90公里的地方。相传，早在公元前2000多年，这里就拥有十几万人的密集手工业和商业城市。大约公元前18世纪中叶，汉谟拉比开始统一了两河流域，建立起中央集权的奴隶制国家，并且制定了各种加强奴隶制的法典。

大约在公元前6世纪后半叶时，尼布甲尼撒二世开始建造新巴比伦城，内有许多宫殿和神庙，不仅规模宏大，而且在艺术上也十分考究。众多庙宇中，尤以被称为"崇高的住所"的"玛尔笃克神庙"最为著名。玛尔笃克是巴比伦人所崇奉的主神，造型十分生动。

从现在的巴比伦古城遗址来看，我们还可以依稀窥见到当年的各种盛况。这个遗址上还有座巴比伦博物馆，里面陈列着各种古城模型和巴比伦时代的文物。其中最引人瞩目的是一块大石碑，它的正面刻着站在太阳神面前做祷告的汉谟拉比国王，背面有楔形文字书写的法典，但是现在它仅仅是一个仿制品。

什么是莫奇卡文化？

莫奇卡文化是南美洲古代印第安人的文化，存在的时间为公元前200年至公元700年，分布于秘鲁北部沿海地区，中心地区在莫奇卡和奇卡马两河谷，属于古典期的文化。

莫奇卡文化的陶器以马镫壶为主，此外还有漏斗形的钵和浅碗。许多器形塑成精巧的塑像，如水果、房屋、青蛙、鱼、猴子、人物等。其中最多的是人像，有统治者、战士、俘虏等，形象栩栩如生，装饰也十分丰富。

莫奇卡文化以写实风格著称，是安第斯山文化中的一枝奇葩。有关战斗、宗教、农业、音乐、刑罚等日常生活的现实题材成为最主要的表现主体。尤其是用人像制作成的各种陶器，写实性很强，细致入微，生动有趣。

强大的亚述帝国是如何由盛转衰的？

亚述帝国是古代西亚的奴隶制国家，位于底格里斯河中游。公元前 3000 年中期，属于闪米特族的亚述人在此建立亚述城后逐渐形成贵族专制的奴隶制城邦。公元前 19 世纪到公元前 18 世纪发展成为王国，从亚述那西尔帕二世统治时期（公元前 883 ~ 前 859 年）起，亚述开始了它的对外征服事业，版图不断扩大。

在伊萨尔哈东之后，世界文明史鼎鼎有名的巴尼拔继位了王位。他兴建了巨大豪华的巴尼拔王宫，里面设置了著名的泥版图书馆，收集了当时亚述人所知的世界各地的书籍。这些泥版就是 2500 多年前亚述人的图书，里面的内容囊括了语言、历史、文学、宗教、医学及文学、天文、医学等方面的知识，对于研究当时的历史具有重要的作用。

亚述帝国是依靠武力和军事征服建立起来的庞大帝国，这就决定了其根基的不稳定性，对许多地区，中央政权都鞭长莫及，无法进行有效的统治。此外，亚述人的残暴统治也激起了被压迫民族的反抗，而这样的反抗又反过来危及到了帝国的统治。最主要的是，王室内部钩心斗角、争权夺利，加速了帝国的灭亡。

公元前 612 年，新崛起的亚述强邻新巴比伦王国与伊朗高原的米底人联合起来攻陷了亚述首都尼尼微。传说在巴尼拔统治亚述帝国的时候，就有了凶兆的迹象。那时，巴尼拔得了一种怪病，饱受折磨。他每天向神祈祷："神啊，求你怜悯我这个罪人，使我重见天日！"在他死后 14 年，亚述就灭亡了。

历史上真有通天塔吗？它有什么用途？

通天塔，又名巴别塔。据《圣经·旧约·创世记》第 11 章记载，是当时人类联合起来兴建，希望能通往天堂的高塔。那么，历史上真有通天塔吗？

一种说法认为，巴别塔早在新巴比伦国王尼布甲尼撒二世统治之前就已存在，古巴比伦王国的几位国王都曾进行过整修工作，用来祈求神灵的保佑。考古学家和历史学家认为，巴别塔除了奉祀圣灵还有另外两个用途：一是尼布甲尼撒二世借神的形象显示个人的荣耀和威严，以求永垂不朽；二是讨好僧侣集团，换取他们的支持以便稳固江山。

公元前 1 世纪的希腊历史学家认为，巴别塔是一个天象观测台。也有人认为"巴别塔"是多功能的，塔的底层是祭祀用的神庙，塔顶则是用于军事瞭望的哨所。

婆罗门教是怎样的？

婆罗门，古代印度宗教之一，相传约形成于公元前 7 世纪，以崇拜梵天而得名（即婆罗贺摩）。公元前 2500 年前后，雅利安人由兴都库什山越帕米尔高原涌入印度河流域，他们的宗教信仰主要是崇拜人格化了的自然神和祖先。在印度河流域定居后，他们便形成了吠陀教，崇拜多神，实行繁琐的祭祀。公元前 10 世纪中叶，雅利安征服者又从印度河上游向东推进至朱木拿河和恒河流域。在这个时期，出现了以"吠陀天启""祭祀万能"和"婆罗门至上"为三大纲领的婆罗门教。

婆罗门教以《吠陀》为最古的经典，信奉多神，主张善恶都有因果报应。公元前 5 世纪，因佛教和耆那教的广泛传播，婆罗门便呈现衰落之势。8 世纪，婆罗门教经过改革，改称印度教，又称新婆罗门教。

雅利安人的社会是怎样的？

公元前 2500 年前后，从遥远的西方带有先进技术的农民迁移到了肥沃的印度河流域。

他们为了分散河水和防洪而修建了运河，沿河的部落不久都发展成为城市。公元前1500年前后，雅利安人入侵此地，城市迅速衰落。

早期的雅利安人拥有单一但规模巨大的畜牧经济。他们驯养的动物有：绵羊、山羊、拉战车和赛车的马。所有的常见手工工艺，包括金属冶炼业在内，都已经存在。音乐则包括声乐和由长笛、乐鼓、钗钹、琵琶或竖琴组成的器乐在内的音乐，是人们喜闻乐见的娱乐方式，舞蹈亦然。社会基本是父系家庭，妇女处于从属地位。

早期雅利安人的宗教是怎样的？

雅利安人的神祇——天神，或"发光者"是大自然威力的拟人化，他们没有神像和庙宇，拜神主要靠奉献牺牲，最佳的奉献是苏摩，是一种用山区植物发酵成的饮料。神灵被看成是巨大的有威力的动物，他们具有人类的特征，但是只要喝了苏摩就会长生不老。如果神圣的仪式受到祭祀的精确引导，他们就会强迫神来服从他们。

赫梯帝国起源于哪里？

赫梯帝国是亚细亚地区历史上一个非常重要的奴隶制国家。赫梯位于小亚细亚的卡帕多细亚，地处哈里斯河（今土耳其基齐尔·伊尔马克河）流域。小亚细亚大部分地区是山脉围绕的高原，在赫梯经济中占有重要的地位的畜牧业。农业则依靠河溪和水池灌溉，发展空间很小。境内有银、铜、铁等丰富矿藏，为金属冶炼提供了成熟的条件。赫梯处于黑海、地中海和两河流域之间的要塞部位，很早就与外界发生贸易联系。最早的赫梯族部落出现在公元前2000年之初，赫梯国家就是由许多相互混合的部落建立而成的。

公元前19世纪与前18世纪之交，赫梯人形成第一批部落联盟，另外还附有设防的城市，其中以库萨尔、涅萨和察尔帕最为重要。库萨尔王阿尼塔在各部落联盟的斗争中取得

胜利后，便把首都建在这里，赫梯帝国初步形成。

赫梯帝国是被哪个国家灭亡的？

赫梯国家的鼎盛，一直从公元前15世纪末延至公元前13世纪初。国王苏庇路里乌玛利用米坦尼宫廷的政变和叛乱，席卷了米坦尼的大部分领土，并和埃及争夺叙利亚。当时，埃及正陷于内部宗教斗争中，无力顾及东部势力的干扰；叙利亚各地也想摆脱埃及的统治。赫梯因此能够顺利地征服叙利亚和腓尼基。此后，赫梯和埃及、亚述之间经常发生冲突。约公元前1312年，赫梯王穆瓦塔尔和埃及法老拉美西斯二世争夺叙利亚，在卡迭石进行了会战，势均力敌。约公元前1296年，两国缔合，叙利亚大部分归赫梯所有。自埃及在叙利亚和腓尼基的势力削弱以后，赫梯是雄视西亚的一大霸主。

但是，赫梯国家是在征服过程中形成的军事联合，并没有稳固的经济基础。境内各部落之间的语言和生活方式也不尽相同，边疆和外藩地区的统治者掌握有行政、司法、军事大权，离心力很大。因此，国家的分合往往也极易受到某个国王军事成败的影响，于是在埃及战争以后，赫梯国家就开始走向衰弱。到公元前13世纪末，海上民族从博斯鲁斯海峡侵入赫梯，小亚细亚和叙利亚的各臣属国家也群起而攻之，赫梯国家便在内外交迫中崩溃了。

铁烈平政治改革的主要内容是什么？

铁烈平是赫梯帝国的一个国王。约在公元前16世纪后期，他为了有效地制止王室里的人因王权争夺而发生流血冲突事件，实行了大力度的改革。

首先，他确立了王位继承的原则。国王的嫡长子有优先继承王位的特权，如果没有嫡男，就依法由庶子递补。如果没有男性继承者，让女婿为王，但是必须有长幼的次序。

这样，就可以确立长子继承制，也减少了由于王位争夺的问题而引起战争，加强了统治集团内部的团结稳定。

其次，他确立了"一人犯罪一人当"的原则。不允许任何人杀死氏族中的任何人，没有经过贵族会议的通过，国王不能没有理由地暗杀任何一个集团内部成员。如此，也可以有效遏制集团内部的自相残杀。

最后，铁烈平还规定了贵族会议和民众会议的权限，明确民众会议有权审理一切罪犯，也加强了判案的集体法律效力。

总之，铁烈平改革在赫梯发展史上具有举足轻重的作用。

紫红色国度是指哪个王国？

腓尼基地处地中海东岸，是一个古国，大约在今天叙利亚和黎巴嫩沿海一带，因为盛产紫红色的染料而得名。公元前2000年产生若干城邦，比较著名的有西顿、推罗、比布洛斯等，各邦之间经常发生战争。大约在公元前15世纪，腓尼基还在埃及的控制之下，在公元前14世纪至前13世纪，又成为埃及与赫梯争夺的对象，之后，又遭到海上民族的入侵，最后，各邦终于实现了统一独立。而在公元前8世纪后，腓尼基又遭到了亚述和新巴比伦的侵袭。总之，在腓尼基的整个发展过程中，都是灾难不断，在公元前1000年初，开始大规模的商业殖民活动，然后又在地中海沿岸建立移民点，其中以迦太基的规模最大。

腓尼基人为什么是"地中海上的马车夫"？

腓尼基人是历史上的古老民族，他们居住在今天的地中海东岸，也就是今天的黎巴嫩和叙利亚沿海一带，曾经是一个高度文明的古代国家。

腓尼基人不但是精明的商人，更是勇敢的航海家，他们泛舟地中海，穿越直布罗陀海峡，经常出没于波涛汹涌的大西洋，同西非的黑人进行交易。今天，直布罗陀海峡的

腓尼基的港口贸易

两个坐标就是用腓尼基的神来命名的，被称为"美尔卡尔塔"。据说，腓尼基人驾驶的船只向北可以到达今天法国的大西洋海岸，到达不列颠，向南甚至远至好望角。

公元前10世纪至前8世纪是腓尼基城邦的繁荣时期。腓尼基人驾驶的船只遍及地中海的各个角落，不论是经济，还是文化，都给地中海沿岸造成了很大的影响，因此，腓尼基人被称为"地中海上的马车夫"。

希伯来人为什么要去埃及？

在西亚大沙漠的北方，有一块形状如新月的富饶土地，这里曾经是闪族人生活的地方。

闪族中有一支部落，叫希伯来人。他们一直都想占有这块新月形沃土中的狭长地带，即今天的巴勒斯坦。他们听说那是一个流着奶和蜜的地方，但是已被迦南人的部落占领。为争夺这块土地，希伯来人同迦南人进行了持久的战争，但均以失败告终。

处境一直比较困顿希伯来人聚集在一起，策划今后的出路。一位老人说，有一个遍地羊群、年年五谷丰登的"天堂"——埃及，如果想过上幸福的生活，就去那里。全族人最后一致同意老人的意见，离开巴勒斯坦，前往埃及。

大约在公元前1700年，族长以色列带领所有的希伯来人离开了巴勒斯坦，历经千难万险，终于来到了尼罗河三角洲东部的草原，并定居在那里。

古埃及的摩西"十诫"指的是什么？

《圣经》上说以色列人在摩西先知的带领下，走了3个月出了埃及，来到了西奈旷野。然后，耶和华向摩西亲授他和以色列人的约法。约法共分十条，称"十大诚命"。它们是：

只能崇拜唯一的神——上帝；不能崇拜其他的神；不能制造和崇拜偶像；不可妄称上帝的名字；须守安息日为圣日；要孝敬父母；不可杀人；不能偷盗；不能做假证陷害人；不能贪恋别人的妻子和财务。

"十诫"在犹太人中被奉为最高的法律，基督教也继承了它，作为自己的重要戒律。

耶和华为什么不喜欢通天塔？

古代两河流域的人们常常修建高大的塔，要么以此来表达对神灵的崇敬，要么借助高耸入云的塔来观察天象，要么借此来炫耀强盛的国力。《圣经·旧约》中就有过关于通天塔的记录。

《圣经·旧约》中记载，古时候，天下众多的人全都说着同一种语言，有人在向东迁移时，走到一处叫示拿的地方，发现一片平原，就定居下来。他们协商在这里用砖和生漆修建一座城和高耸通天的塔，以便传扬名声，以免四处流散。

这件事惊动了耶和华，他看到城和大塔就要建成，十分嫉妒人们的智慧和成就，便施法术变乱了人们的口音，使人们不能正常沟通。结果工程不得不停顿下来，人们从此分散到了世界各地，最终大塔没有建成。

有人认为《创世记》中所说的那座大塔，就是古代两河流域新巴比伦王国时代巴比伦城内马都克神庙大寺塔，那时候把两河流域叫示拿。这座大寺塔，被称作"埃特曼安基"，也就是天地之基本住所的意思。

新巴比伦国王那波帕拉沙尔在位时动工兴建，到其子尼布甲尼撒在位时才建成。修建时，尼布甲尼撒曾下令，一定要将塔顶提升，以与天公比高。其实这种多层方形寺塔，

早在苏美尔远古时期就已出现。苏美尔人修建寺塔主要是用来祭神的，也有观察天象的作用。他们认为神会从天上利用星的飞行降到寺塔里来与敬神见面。

通天塔共有7层。从下往上依次为黑色、桔红、红、金、黄、蓝、银各色，表示日、月、火、水、木、金、土七星。塔顶上修有四角镀金的小庙,庙里供有马都克神的金像。据记载，大塔地基约295英尺见方，第七层距地面的高度也是295英尺。建筑用的材料是砖和石漆，也就是沥青，与《圣经》中的记述一致。这座高达90米的大塔，相当于一座20多层的高楼，在古代确实能给人以耸入天际的印象。

公元前5世纪古希腊历史学家希罗多德对这座大塔的记述是："在这个圣城的中央有一个造得非常坚固、长宽各有一斯塔迪昂的塔，塔上又有第二个塔，第二个塔上又有第三个塔，这样一直到第八个塔。人们必须循着像螺旋线那样地绕过各塔的扶梯走到塔顶的地方去。在最后一重塔上，有一座巨大的圣堂。"斯塔迪昂是古希腊长度单位，一斯塔迪昂约合185米。如果把塔基的土台或塔顶的庙也计算在内，共8层。

也有人认为通天塔并不是新巴比伦时代马都克神庙大寺塔，认为在巴比伦城内，早在新巴比伦时代以前曾有两座著名的神庙，一座叫作萨哥——埃尔，意思是"通到云中"；一座叫作米提——犹拉哥，意思是"上与天平"，它们才是关于通天塔传说的原型。但现在没有发现有关这两座神庙的史料。

所罗门王在犹太历史上有何功绩？

大卫，古以色列国第二代国王，公元前1000年前后建立统一的以色列王国。大卫死后，他的儿子所罗门即位，从此以色列犹太王国便进入了发展的全盛时期。

所罗门的伟大的成就在于他修建了辉煌的神殿。每年数以万计的朝圣者从世界各地赶来，虔诚地参加朝拜活动。神殿的主体建

筑前有一个"门廊"，约55米高，包括梁上、柱上、门上、墙壁上金碧辉煌。殿内还有两个镀金的天使守卫着，除了黄金外，还镶嵌有大量的宝石。

所罗门统治期间，还教导人民遵守法律和秩序，劝导他们放弃争吵和战争，从事和平的工商业建设。这样，首都就从环绕一口井建立起来的小镇，发展成为一座要塞，实现了财富的快速增长。此外，所罗门还利用贸易和外交把自己推向世界交易舞台的风口浪尖，埃及、非洲、阿拉伯及小亚细亚地区给他送来金银财宝、雪松、檀香木、象牙、马匹、孔雀等物品。

为什么说所罗门是智慧的化身？

《圣经》说，所罗门的智慧前无古人，后无来者。据记载，所罗门是以色列的第一个继承王位的国王。一天晚上，刚当上国王的所罗门在梦中向上帝祷告，祈求智慧，希望自己在以后的政治生涯中能明辨是非。上帝很高兴，因为他没有像普通人那样祈求财富和长寿的降临。因此，上帝接受了他的祈求并承诺，他将是世界上最有智慧的人，同时也将拥有财富和尊敬，成为以色列最伟大的国王，然后所罗门就醒了。没过几天，所罗门遇到了一个伤脑筋的难题，亟待解决。两个母亲生活在一个屋子里，她们各有一个婴儿，一天晚上，其中一个婴儿不幸被母亲压死，死去婴儿的母亲发现后就偷偷把两个婴儿换了地方。第二天早晨，被换了婴儿的母亲发现了死婴，但她不知道那是不是自己的亲生儿子，于是就请所罗门来裁判。故事的结尾很多人都知道，所罗门假装要把活着的婴儿分成两块，两个母亲一人一半。婴儿的亲生母亲自然宁可放弃也不愿这样，因此，所罗门很快就解决了这个难题。故事一经传播，每一个以色列人都连声称赞。据记载，所罗门创作了上千首歌谣，他对各种植物和动物的知识也了如指掌，当时世界上所有的国王都知道他的智慧并派人去听他讲课。

因此，所罗门就被认为是智慧的化身。

小亚细亚究竟在哪里？

在世界历史上，小亚细亚是一个经常被提到的地方，它位于现在的土耳其，古代称它为安纳托利亚，希腊文意思是"太阳升起的地方"。腓尼基人开始将它叫作"亚细亚"，意为"东方"，后来人们就沿用了这个称呼。随着西方人对东方地域认识的日益扩大，凡是在他们东方的都叫亚细亚，后来就成为了现在的亚洲。

首创拼音文字的是哪个民族？

公元前13世纪，腓尼基人创造出了拼音字母，这是腓尼基文明中最杰出的成就。腓尼基航海和贸易的迅速发展，要求有一套普遍易懂的文字体系来快速编制商业文件以适应商业的发展。另一方面，由于腓尼基从事国际商业活动，广泛接触并熟悉古代各国的文字，这就使得创造新字母成为可能。于是腓尼基人利用古埃及象形文字和古巴比伦的楔形文字创造了世界上第一套拼音字母，这套字母共22个，只有辅音，没有元音。腓尼基字母系统的形成，对世界文化产生了极其深远的影响。后来古代希腊字母和阿拉米亚字母都来源于腓尼基字母，同时腓尼基字母也是欧洲字母的渊源。可以说，腓尼基字母是现今世界各族字母的共同祖先，对于世界文化的发展都具有伟大的贡献。

居鲁士是怎样说服波斯人灭米提亚的？

居鲁士为了说服波斯人反抗米提亚，命令全体波斯人带镰刀集合，让他们在一天之内将超过3公里见方的土地开垦出来。之后，居鲁士下达了第二道命令，让他们在次日沐浴更衣后集合。居鲁士宰杀了他父亲所有的绵羊、山羊和牛，并准备了酒和各种美食犒赏波斯军队。第二天，波斯人聚集在草地上，尽情饮宴。这时，居鲁士问他们是喜欢第一天的劳苦还是第二天的享乐。结果，大家都选择了后者。然后居鲁士便说："各位波斯人啊，如果你们听我的话，就会享受无数个类似今天的日子，如果你们不肯听我的，就会承受无数个如昨天一样的苦役。"这样，波斯人就奉居鲁士为领袖，起兵攻打米提亚。

谁宣布自己是"宇宙四方之王"？

波斯人原来生活在伊朗高原的南部，被北部的米底人统治着。公元前550年波斯首领居鲁士大帝（约公元前559～前530年在位）统一了伊朗高原，建立起一个强大的帝国。

继位后的居鲁士用各种方法来巩固自己的统治。对内，他具有宽厚仁慈的统治特征：他击败了企图谋害他的外祖父，却让他和自己住在一起，颐养天年；他打败了和波斯世仇的米堤亚帝国，却仍把米堤亚国王当作一个帝王对待，对国王的忠告言听计从；他征服了巴比伦，却严令自己的军队不许扰民，尊重当地的风俗习惯、宗教信仰。更难能可贵的是，他还把历代巴比伦国王掳掠来做奴隶的各民族的人释放，并派军队护送他们回故乡，以人力物力支援他们重建自己的家乡和文明。居鲁士大帝是那个时代的奇迹，是一位令人佩服的君主。

对外，他显示了较强的军事才能。十几年时间里，居鲁士便把地中海东岸至中亚的广阔地区、众多民族都统一到波斯帝国之中。居鲁士决定把巴比伦作为波斯帝国的首都，并且宣称自己是"宇宙四方之王"。

居鲁士立下了如此多的丰功伟绩，以致在他死后波斯帝国还在继续扩张。事实上它持续了大约200年，在这个时期的大部分时间里，波斯所在的国家均太平无事，繁荣昌盛。

居鲁士是如何攻占巴比伦城的？

米堤亚王国灭亡之后，波斯帝国开始建立，这时，居鲁士开始了他称雄西亚的霸业。

年富力强的居鲁士并不满足自己已有的战果，他先派兵打败了在小亚细亚西部称霸的吕底亚，后又采取分化和征服的政策，使小亚细亚沿海各希腊城邦相继向他屈服。

公元前539年，居鲁士的大军兵临巴比伦城下，他知道攻克巴比伦城必须采取长期围困的战略。他很清楚，要防止守敌放水淹池，必须切断水源，这就要先征服横贯巴比伦的幼发拉底河。一天晚上，居鲁士亲自带领一部分士兵把幼发拉底河的河水引入另一个方向。然后，他命令一部分波斯士兵顺着低浅的河床，悄悄潜入巴比伦城。

彼时正逢巴比伦的一个宗教节日，巴比伦人并没有在意城外的波斯人。波斯军队从天而降，巴比伦来不及防备，因此很快失败，落入居鲁士之手。在居鲁士统治的时间里，他一直采取开明宽厚的政策，在赢得波斯人尊重的同时，也赢得了巴比伦人的尊重。不久，他就称雄了西亚。

"温泉关血战"是怎么回事？

大流士一世，波斯帝国国王（公元前522～前486年），出身于阿契美尼德家族支系。大流士一世曾随冈比西斯二世出征埃及，被任命为"万人不死军"的总指挥。

列奥尼达斯在温泉关战役中

波斯王大流士一世死了以后，他的儿子薛西斯登上王位。薛西斯为实现父亲的遗愿，发誓要踏平雅典，征服希腊。为此，他精心准备了4年，动员了整个波斯帝国的军力，向希腊进军。参加远征的士兵来自臣服波斯的46个国家，100多个民族。他们浩浩荡荡地渡过了赫勒斯邦海峡，占领希腊之后，又来到了德摩彼勒的隘口。这是中希腊的门户。关前有两个硫磺温泉，就是所谓的"温泉关"。斯巴达国王列奥尼达斯率领300名斯巴达勇士扼守住温泉关，依靠温泉关的险要地势，打退了薛西斯一次次的进攻。后来，由于叛徒的出卖，300人全部壮烈牺牲，温泉关失守，但是那些宁死不屈的斯巴达勇士深深地震撼了薛西斯。电影《斯巴达300勇士》就是根据"温泉关血战"拍摄的。

你知道阿契美尼德时期吗？

公元前525年，在冈比西斯二世的统帅下，强大的波斯帝国开始入侵埃及，最终埃及国都孟斐斯被攻陷，法老被掳至苏萨。尽管公元前5世纪有几次比较成功的反抗波斯的起义，但埃及并没有达到永久驱逐波斯人的目的。

在波斯的统治下，埃及和塞浦路斯、腓尼基被一同划入波斯阿契美尼德王朝下的第六总督区。波斯第一次统治时期——第二十七王朝，结束于公元前402年。而最后的本土王朝、第三十王朝统治埃及，时间段为公元前380年至前343年，结束于奈科坦尼布二世。到公元前343年，波斯人短暂地恢复了对埃及的统治，也就是第三十一王朝。但到了公元前332年，波斯统治者将埃及拱手让给了亚历山大大帝，阿契美尼德时期就此结束。

波斯帝国从兴到衰经历了多长时间？

公元前5世纪，大流士一世及其后继者发动了希波战争（公元前500～前449年），这是波斯帝国由盛而衰的转折点。希波战争历时半个世纪，看似强大的波斯帝国被英勇善战的希腊城邦击败。在希波战争期间，埃及、巴比伦也曾多次爆发反抗波斯统治的起义，使得波斯的军事力量进一步削弱。

经历了希波战争的波斯，其内部的矛盾更加突出，被征服人民的反抗斗争愈演愈烈。公元前404年至前343年，埃及一度摆脱了波斯的羁绊。与此同时，波斯统治阶级内部也不断发生生争夺王位的宫廷政变，中央集权日渐丧失，行省总督兼任军事首长，独揽军政大权。

此后的若干年间，波斯发生了多次叛乱，虽然最终获得平定，却大大动摇了王国本身的基础。公元前330年，亚历山大带领部队攻入波斯，末代国王大流士三世被部下所杀，阿契美尼德王国正式灭亡。整个波斯帝国前后共经历了220年。

冈比西斯是怎么死的？

公元前522年，冈比西斯从埃及返回波斯，在途中突然身亡。古埃及人认为，冈比西斯是遭到神的"报复"死去的，因为他刺死了埃及的神牛"阿庇斯"。

在以农业为主的古埃及人心目中，阿庇斯是一位最伟大的女神，他们认为牡牛都属于阿庇斯神。在举行最隆重的节庆时，埃及人总要用洁净的牡牛和牡牛犊做牺牲来奉祀这位女神。

另一种说法是，冈比西斯在埃及胡作非为的时候，波斯国内大乱，爆发了高墨达暴动。在冈比西斯急忙率领部队回国准备上马时，他的佩刀刀鞘的扣子松掉了，刀从鞘中滑了出来，锋利的刀刃正好刺伤了他过去刺伤埃及神牛"阿庇斯"的同一部位，冈比西斯从马上跌落下来。冈比西斯回到宫中后，由于天气炎热，细菌很快感染了伤口，支撑了二十几天后便一命呜呼了。

托勒密时期指的是什么时候？

托勒密王朝（公元前332～前30年），是由马其顿君主亚历山大大帝死后，其将军托勒密一世所开创的一个王朝。托勒密王朝主要统治埃及,是埃及的一个朝代,首都在亚历山大港。第一代君主是亚历山大大帝的将领托勒密一世,最后的一位君主是女王克利奥帕特拉七世和其儿子托勒密十五世·小恺撒。这个王朝的诸位君主在埃及历史上都被认为是法老。

亚历山大大帝死后,继任人亚历山大的同父异母弟腓力三世和遗腹子亚历山大四世软弱无能,没有大的建树。公元前 323 年,托勒密被任命为埃及总督。公元前 305 年,托勒密自立为埃及王。此后托勒密一裔巩固了对埃及的统治直至罗马帝国前 30 年。

高加米拉战役的真实情况是怎样的?

伊苏斯战役之后,亚历山大继续执行他的战略计划,进军腓尼基和埃及。公元前 332 年 8 月,推罗城陷落,波斯海军主力腓尼基舰队投降,这标志着波斯海军的瓦解和蒙农战略的流产。亚历山大给了大流士约两年的时间养精蓄锐,而后者充分利用这段时间重建波斯军队。

尽管大流士进行了周密的规划,并在各方面占据了优势,他最终还是输掉了高加米拉战役,也输掉了他的帝国。近现代军事史学界对此战的研究,都把这场战役归结为亚历山大高明的指挥,但从 20 世纪 80 年代破译的一批古巴比伦泥版雕书(现存大英博物馆的"天文日记")来看,却有着与西方古典史料大相径庭的记载。事实上,彪炳战史的高加米拉战役言过其实,并不能算作亚历山大最耀眼的杰作,因为早在开战以前,大流士就败局已定。

大流士是怎么得到王位的?

大流士是 2000 多年前波斯帝国的一位英雄人物。公元前 6 世纪,位于伊朗高原的波斯,在其首领居鲁士的率领下,迅速崛起而成为一个强大的帝国,但是当冈比西斯接手的时候,帝国已面临着分崩离析的局面。

公元前 522 年,爆发了高墨达暴动。高墨达夺得王位,占有了前国王的全部妻妾。冈比西斯的皇妃帕伊杜美的父亲欧塔涅斯找到 6 名贵族同党,策划推翻这个伪国王,而大流士也参与了这个行动。大流士等人得知高墨达将离开京城,回到米底,于是也尾随到了米底。在 9 月的一个宗教节庆日上,大流士等人冲入宫内,将高墨达和他的亲信斩尽杀绝。

但是大流士等 7 人都想称王,互不相让。最后决定,除欧塔涅斯不参加外,其余 6 人乘马在市郊集合,看谁的马先嘶叫就由谁为王。

深夜,马夫选了一匹大流士乘骑最喜欢的母马,拴在清晨将要比赛的地方。过了一段时间,再将马牵回。天明日出时,那精明的马夫随大流士乘马赴郊外。他左手插在裤子里,右手拉着马嚼子。待六人全到齐后,他迅速而自然地抽出左手,佯装抚弄马鼻子,那马激动不已,仰天嘶鸣。五人见状,连称大流士为"大王"。原来,马夫临行前曾让左手沾上了母马的气味,大流士所乘的马闻到了母马的气味,便嘶鸣起来。就这样,大流士成了国王。

大流士改革是怎么回事?

大流士刚上台时,政权并不稳固,先后进行了 18 次战役,他才平定了各地叛乱。之后,大流士很快走上了对外扩张的道路,从而使波斯帝国成为古代第一个地跨亚、非、欧三大洲的大帝国。但是,大流士很快认识到民族成分复杂,各地政治、经济、文化发展极不平衡,以及军事组织中存在的问题。为了巩固波斯帝国,大流士参照西亚等地奴隶制专制的经验,采取了一系列措施,进行改革。

政治上,大流士不断强化中央集权,确立了君主专制的统治形式,独揽政权、军权、司法权,并建立起王室经济。财政方面,大流士还致力于税制、固定税额和统一币值的改革。大流士针对被征服地区以前税收既无定制也无定额的情况，制定了行省的贡赋制度，并推行包税制，将各省的赋税交给富商或高利贷集团承包，由他们负责各项税金上缴宫廷。为了适应商业发展需要，大流士还统一了铸币制度。他规定帝国中央铸造金币，行省铸造银币，自治市可铸造铜币。金币称为大流克，每枚重 8.4 克，全国通用。此外，大流士还大力改善交通状况，他在全国建立驿道，并开挖了一条由尼罗河到红海的运河，它就是现代苏伊士运河的前身。

大流士改革巩固了波斯帝国的统治，使波斯成为当时世界上首屈一指的奴隶制大帝国。

你知道《贝希顿铭文》吗？

公元前 520 年，大流士在贝希顿村的悬崖峭壁上刻石记功，这就是著名的《贝希顿铭文》。上面刻有大流士的形象，他昂首挺胸，左手按弓，右手指向天空中央上的阿胡拉马资达，表示向神敬礼。阿胡拉马资达手持象征王权的环，正授予大流士。铭文由古波斯语、埃兰语、阿卡德语三种文字组成，其主要内容是：证明大流士继承王位的合法性；夸耀"十九战，俘九王"的战绩；着重强调王权神授，君权不可侵犯。

楔形文字是怎么形成的？

楔形文字是迄今为止被发现的最古老的文字之一，也是两河流域最重要的文化成就。

最初，这种文字是图画文字，慢慢地，这种图画文字逐渐发展成苏美尔语的表意文字，把一个或几个符号组合起来，表示一个新的含义。随着文字的推广和普及，苏美尔人干脆用一个符号表示一个声音，后来又加了一些限定性的部首符号。这样，这种文字体系就初具模型了。

当时两河流域的自然资源并不丰富，即使是木材、石头等可用来书写的材料也相当贫乏，但是这里有优质的黏土，苏美尔人就用这种黏土作为书写材料。他们用削成三角形尖头的芦苇秆或骨棒、木棒当笔，在潮湿的黏土制作的泥版上写字，字形自然形成楔形，所以这种文字被称为"楔形文字"。为了长久地保存泥版，苏美尔人将其晾干再进行烧制。

楔形文字是苏美尔文明的独创，西亚许多民族语言文字的形成和发展也深受其影响。

太阴历和星期是如何产生的？

古代两河流域最早的居民苏美尔人在长期的农业生产实践中，通过观察天象，熟悉星体运行的周期后，根据月亮的盈亏制定了太阴历，将一年分为 12 个月，6 个月 30 天，另外的 6 个月 29 天，共计 354 天。这样算，就和地球绕太阳一周的时间相差 11 天 5 个小时 48 分 46 秒，于是他们就设闰月来调整阴历和阳历之间的差别。到了公元前 7 世纪，人们又根据月相周期的变化，将每个月分为 4 周，每周 7 天，而且每天都会有一个星神来主管，再以这个星神的名字命名这一天。星期一到星期日依次是月星神、火星神、水星神、木星神、金星神、土星神及太阳神，这便是星期的来历了。

十进制和六十进制是什么人发明的？

当你在用十进制和六十进制做计算题时，可曾想过它们是谁最先发明的呢？

这两种记数法来自于古巴比伦时代聪明的苏美尔人。在现存的公元前 3000 年前期的一大批符号中，人们发现有 2000 多个单独的符号。它们当中的一组反映了较发达的计数制：10 个单位数，由小圆筒垂直地压进黏土中形成一个圆形的符号来表示；60 个单位数，由一个大圆筒垂直地压进黏土中形成一个楔形符号来表示的。3600 或 60×60 单位数，由更大的圆筒垂直压进黏土制成的圆形符号来表示。这些符号组合起来既表示中间数目，又用来表示较大的数目。这种单位制使用 10 和 60 两个数作为基础，具有较强的精确性。尽管六十进制的完善归功于后来的希腊人的智慧，但最早创造了十进制和六十进制却是两河流域的文明。

为什么时间和角度的单位都用 60 进位制？

时间和角度这两种量是紧密联系的。古代人由于生产劳动的需要，要研究天文和历法，就涉及到了时间和角度。譬如研究昼夜的变化，就要观察地球的自转，这里自转的角度和时间是紧密地联系在一起的。因为历法需要的精确度较高，时间的单位"小时"、角度的单位"度"都嫌太大，所以必须进一步研究到更小的位数。时间和角度都要求它们的小数单位具有这样的性质：使 1/2、1/3、1/4、1/5、1/6 等都能成为它的整数倍。以 1/60 作为单位，就正好具有这个性质。譬如：1/2 等于 30 个 1/60，1/3 等于 20 个 1/60，1/4 等于 15 个 1/60……

在数学上，人们习惯把这个 1/60 的单位叫作"分"，用符号"′"来表示；把 1 分的 1/60 的单位叫作"秒"，用符号"″"来表示。时间和角度都用分、秒作为小数单位。

这就给数字的研究带来了很多方便，全世界的科学家们也习惯了这种六十进位制（严格地说是六十退位制）的小数记数法，所以一直沿用至今。

为什么说"空中花园"是人间奇迹？

"空中花园"也称"架空花园"或"悬空花园"，实际上就是建筑在梯形高台之上的花园。空中花园建于公元前 6 世纪，毁于公元前 3 世纪，至今已杳无踪迹。

根据历史文献资料和考古发现，人们推断，这座建筑物呈方形，边长约 120 米，它是一层层的阳台式建筑，每一层阳台都被下面若干个巨型柱子支撑着。这些柱子都很高，支撑最高一层的柱子竟高达 23 米。每层在直接受到砖柱支撑的部位，排列着一排每块 4.8 米长、1.2 米宽的石块。上面铺有一层芦草和沥青的混合物，再往上铺着两层熟砖，熟砖上又覆盖着一层铅板，以此来防止上面的水

分渗漏，再往上堆积的就是泥土。泥土的土层较厚，即使是最大的树木也可以扎根，各种奇花异草都能得以生长。

不论是在设计上，还是在质地上，空中花园都有其独到之处。它每层支柱的位置选择也十分合理，互不遮挡，每一层的植物都能得到充分的阳光沐浴。此外，设计师还修了一根从底部直通顶端的空心柱子，从幼发拉底河抽水，来浇灌花园，所以，人们称它为"人间奇迹"。

谁创造了古印度文明？

当印度河流域文明被发现的消息传遍世界时，各地的学者都在思考一个问题：是谁创造了这一高度发展的文明？

考古学家麦克唐奈尔认为，从时间上看，苏美尔文明比印度河流域文明要早一千年，而且苏美尔文明曾经有过向其他地区扩张的历史，因此他断言，印度河流域文明是从两河流域传入的，创始人是苏美尔人。

有些语言学家也通过对文字符号的研究，支持了上面的观点。

然而美国探险家赫尔提出了相反的观点。他认为，也许印度河流域文明是两河流域文明之母，苏美尔文明是印度人创造的。

20 世纪 30 年代以后，在两河流域更多的地方出土了印度河流域印章和其他物品，而且对楔形文字的释读也使人们明白在这两个地区长期存在着商业往来。在两地都发现了有明显差异的来自对方的物品，这就说明它们是两个各自独立的文明体系。

后来又有几位英国考古学家提出是雅利安人创造了这一文明的看法。但是当真的有学者试图用释读梵文的方法来释读印章文字时，却彻底失败了。他们得出的结论是：雅利安人不可能是这一文明的创造者。

与上面两种观点截然不同的是，许多学者认为印度河流域文明是土生土长的，其创造者当然就应该是当地的土著居民，但谁是印度的土著居民呢？有关这个问题的争论也

在持续不断，各种各样的观点层出不群。看来关于谁创造了这一文明的问题还会长期探索和争论下去，谜底能够真正解开吗？这本身也许就是一个谜。

印度远古文明为何称为"哈拉帕文化"？

1922年，印度的远古文明才被发现。由于它的遗址首先是在印度哈拉帕地区发掘出来的，所以通常称为"哈拉帕文化"，哈拉帕文化的年代约为公元前2300年至前1750年。

哈拉帕文化是古代印度青铜时代的文化，它代表了一种城市的文明。从已经发掘的城市遗址来看，城市的规划和建筑具有相当高的水平。如摩亨佐·达罗城，面积达260公顷，全城划分为12个街区，有整齐宽阔的街道和良好的排水系统，住宅也相当精美。这样，印度就开始迈入文明的门槛，这一文明在延续了几百年之后突然消失了，时间为公元前18世纪。

"哈拉帕文化"为什么会突然消失？

关于"哈拉帕文化"突然消失的原因，印度的史学家根据遗址和遗物提出了种种假说，较有影响的有两种：

一是地质和生态变化说，印度河床的改造、地震以及由此而引起的一系列灾难，这都给古城文化带来巨大的破坏。还有，河水的泛滥、沙漠的侵蚀、海水的后退也会给生态造成巨大的影响。二是外族入侵说，大约在公元前1750年，印度河流域的一些城市遭到了极大的破坏，特别明显地表现在摩亨佐·达罗的毁灭。

其实，这些观点只是从最表面上来推断的，如果从深层次上挖掘，就可以把"哈拉帕"的衰亡看成是几个因素相互作用的结果。首先是内部矛盾，即当时异常残酷的阶级剥削和阶级压迫。同时，由于人们对自然规律缺乏正确的认识，便出现了生态破坏、水土流失。河流改道和雨量减少等问题，这都给外族侵入以可乘之机，进而导致了文明的衰

落，由此也不难看出，文明的衰落是个渐进的过程。

谁建立了难陀王朝？

约公元前364年，出身寒微的摩柯波德摩·难陀杀摩揭陀希苏那伽王朝的末帝摩柯南丁，建立了难陀王朝。据佛教文献记载，难陀王朝公历九王，皆为兄弟，称为"九难陀"，统治了22年。难陀王朝进行了大规模的扩张，领土扩展到了贝阿斯河。这样，南亚次大陆北部的主要地区，除西北一隅外，基本纳入难陀王朝的版图。在此期间它还阻挡了马其顿亚历山大向恒河流域的推进。

孔雀王朝是怎样兴盛起来的？

公元前6世纪初，北印度有16个奴隶制小国，其中，摩揭陀国最为强盛。然后，该国不断向外扩张，一直延伸到了恒河流域。公元前4世纪末，摩揭陀国建立起了孔雀王朝。传说是第一任国王旃陀罗笈多用他母亲的名字来命名的。孔雀王朝三世沿袭和发展了前辈统一印度的事业，几乎征服了整个印度（南亚次大陆南端的部分地区除外），这便形成了印度历史上第一个统一的奴隶制国家。同时，他在经济方面有一些重大举措：兴建水利，修筑道路，建立学校、医院等。这样，孔雀王朝就成为印度历史上第一个统一、强盛的大帝国。

谁创建了孔雀帝国？

旃陀罗笈多是孔雀王朝的创建者，他是古印度著名帝王阿育王的祖父。传说他出身于一个饲养孔雀的家族。公元前324年，旃陀罗笈多推翻了当时古印度最大王国难陀王朝，建立了新王朝——孔雀王朝（公元前324～前187年），并定都华氏城。该王朝统治时期，古印度进入帝国时代。旃陀罗笈多统治时期（约公元前324～前300年）是印度经济最为繁荣的时期，他的一系列措施也使印度不断发展壮大，并且和其他的奴隶

栏盾上的孔雀装饰

孔雀经常成为孔雀王朝王室贵族的美味，长久以来被印度尊为"国鸟"，象征着吉祥如意。据有些学者所称孔雀王朝"Maurya"就是由"mayura(孔雀)"这个单词发展而来的。这个图案见于桑奇大塔第 2 塔栏盾上的大印章上。

制国家也保持了较为密切的关系。他一生的活动都和印度由分散的小邦发展为统一的奴隶制帝国密切联系着，无论是驱逐马其顿入侵者还是消灭难陀王朝。

旃陀罗笈多死于公元前 300 年，据说他死前在迈索尔过了一段隐居生活。

印度的佛教是怎么传播的？

印度孔雀王朝的阿育王在位时，佛教开始向其他国家传播。主要路线是南北两条。一是经由中亚传入中国，然后又传入朝鲜、日本和越南等国；二是传入中国西藏，再传至西伯利亚的布里特以及不丹和尼泊尔等国。从 3 世纪起，佛教便传入斯里兰卡，随后又传入柬埔寨、老挝，并先后成为国教。

孔雀王朝的军队是怎样的？

孔雀王朝能够在很短时间内接连取得军事上的胜利，并占领了大片地区，和它强大的军事力量是密不可分的。当时的军队力量包括：62 万步兵、3 万骑兵和 9000 只战象。军队共分为 5 个部门：船队、后勤、步兵、骑兵、战车和战象。有总司令掌管军事事务。为了方便进兵，当时的孔雀王朝还修筑了四通八达的驰道。

印度的"种姓制度"是怎么一回事？

约公元前 1500 年，一支讲印欧语的游牧民族打破了印度次大陆的平静，这就是雅利安人。他们首先占领了印度"五河流域"（今巴基斯坦和印度的旁遮普地区），而后征服了当地的土著民族达罗毗荼人，并逐渐向东扩大版图，征服了整个北印度。入侵印度后，雅利安人逐渐脱离了游牧的生活方式，过起了农业定居生活，并且形成了森严的等级制度——种姓制度。

"种姓"即等级，雅利安人是白种人，达罗毗荼人是黑种人，因此雅利安人就想通过种姓制度体现种族的分别，加强自己的统治。随着雅利安人内部的逐渐分化，各种社会地位被世世代代地固定下来，种姓制度逐渐超出了种族压迫的范畴，进而演变为一种社会分层制度。

种姓制度把人分为四个等级：婆罗门、刹帝利、吠舍和首陀罗。婆罗门是第一种姓，由雅利安人中的祭司阶层组成，他们世代职掌祈祷和祭祀，有时也参与政权，是古代印度的精神统治者；刹帝利作为军事贵族，是第二种姓，他们是古代印度的世俗统治者，国王大多出于这个阶层；其余雅利安自由民称为吠舍，是第三种姓，从事农、商、手工业；被征服的土著居民属第四种姓，称首陀罗，其中一些人是奴隶，他们的职责就是给上种人提供服务。种姓制度形成之初，只强调社会分工，还没有严格的限制。公元前 4 世纪以后，种姓制度走向成熟。四大种姓在理论上皆为职业世袭、内部联姻、排斥外人的社会集团。相互之间界限严明，不能通婚、共食、交往，礼仪上也有严格规定。后来，种姓间地位差距进一步拉大。

随着社会经济的发展，社会分工更加细致，在吠舍和首陀罗种姓中出现了许多职业团体，并演化成独立集团，史称"迦提"，这也是种姓制度复杂化的标志。迦提的地位有高低之别，但大多属于被压迫阶层，其中的旃陀罗被称为"不可接触者"阶层，或叫贱民。他们被认为出生自地下，因此为不洁和有罪之人。他们不能用公共水井，不能入庙，不能在大路上行走。只能居住在与世隔绝的村庄或城镇外面的住房里，只可以使用他们自己的"资源"。他们说话的时候，必须言语谨慎，以防玷污到了那些贵族。最为极端的方式，竟然是他们不可进入后者的视线。他们从事的行业，注定要与那些不洁之物永远勾连在一起，比如猎人，比如捕鱼人、屠夫、刽子手，抑或是掘墓人、承办丧葬者、制革工人、皮革工人和清道夫，等等。

古印度的种姓制度和贱民歧视，在整个印度历史上都有重大的影响。

释迦牟尼是怎样创立佛教的？

释迦牟尼（公元前 563～前 485 年）是佛教的创始人。根据佛教传说，释迦牟尼是喜马拉雅山山麓和恒河之间释迦部落净饭王的王子，原名乔达摩·悉达多。16 岁时，他和同龄的表妹结婚，家庭幸福，在王宫里过着无忧无虑的生活。然而悉达多却常常看到大多数人过着穷困潦倒的生活，即使有钱的人家也经常遭受挫折和不幸，任何人都难以逃脱死亡的命运。于是悉达多就很自然地想到生活中还有许多比转瞬即逝的幸福更为重要的事。

在悉达多 29 岁时，他的妻子生下一个儿子，全城欢腾。然而悉达多却早就开始盘算放弃养尊处优的生活，一心一意去寻求真谛。对此，悉达多的父亲也无可奈何，便派了五人跟随他。当时的人们普遍认为极端的禁欲主义是获得真知的有效方法，因此悉达多和侍者们在恒河流域行脚六年，参访了许多宗教界的名师，研习他们的理论和方法，修炼最严格的苦行。后来他终于认识到，这种解决人生问题的办法并不尽如人意，折磨自己

的肉体只能使自己的头脑模糊不清，而不会使自己更接近真知。因此他恢复了正常饮食，抛弃了禁欲主义。

悉达多独自坐在一棵菩提树下，绞尽脑汁地探索人生问题。经过七天七夜的苦思冥想，他终于战胜了种种烦恼魔障，黎明时分，豁然开朗。从此，人们都叫他佛陀——觉者。这时的佛陀已经 35 岁了。在余生的 45 年中，他游遍整个印度北方，向所有愿意听讲的人宣讲他的人生观点。他在去世的时候，已经有了数以千计的皈依者。

鹿野苑为什么会成为佛教圣地？

鹿野苑位于今印度北方邦贝拿勒斯西北的 7 公里处，又名仙人住处、仙人论处、仙人鹿苑、仙人堕处等，为佛教圣地之一。释迦牟尼在菩提伽耶觉悟成佛后，来到鹿野苑，找到了原来的五位侍者，为其讲演四圣谛，他们五位有所觉悟，随即出家为五比丘僧。

在接下来的雨季中，佛陀就在鹿野苑的穆拉甘陀库底精舍，此后，僧团逐渐扩大到 60 人左右，后来佛陀派遣他们到各地弘法。在当地国王与富商支持下，佛教在鹿野苑附近传播开来。到 3 世纪时，鹿野苑已经成为重要的艺术中心，在笈多王朝时期更是达到了顶峰。唐朝高僧玄奘也曾见证过鹿野苑的盛况。

鹿野苑后来成为佛教正量部的一个中心。12 世纪后期，鹿野苑遭劫掠，建筑也遭到了严重的破坏。

印度史诗《罗摩衍那》描绘了些什么？

《罗摩衍那》书名意为"罗摩传"，被称为"最初的诗"。全书共分为 7 篇，约 2 万颂，是在民间传唱的基础上逐步加工完成的，传说作者是跋弥（蚁垤仙人）。

《罗摩衍那》的主要内容是关于王子罗摩被陷害、流放和复位以及同妻子悉多悲欢离合的故事：即将继承王位的罗摩遭宫廷势力陷害，被迫携妻子流放森林 14 年。在林中，

悉多被魔王罗波那劫走。罗摩在猴王协助下，历尽艰难险阻，终于战胜并杀死恶魔，夺回了悉多。尔后，罗摩曾一度怀疑妻子的贞节，痛不欲生的悉多投生于大地母亲的怀抱。

史诗的主人公罗摩是古代印度人民理想的君王形象，通过歌颂他身上的武勇和德行两方面的优良素质，表达了古印度人民提倡自我牺牲、渴求政治安定、讴歌斗争精神、赞美友谊和爱情的主题思想。《罗摩衍那》具有很高的艺术价值，作品对政治斗争、爱情生活、战争场面、自然风景的描绘都达到了较高水平，是以后印度长篇叙事诗创作的楷模和基础。在人物塑造方面，作品善于在尖锐复杂的矛盾冲突中刻画各种形象。此外，史诗情节曲折，描写生动，开创了古代印度文学叙事的一代风气。

阿旃陀石窟的繁荣具体表现在哪些方面？

印度佛教僧团在海德拉巴省温德亚山脉的深山中（现属印度马哈拉施特拉郡）开凿了阿旃陀石窟，公元前 7 世纪才基本竣工。整个石窟开凿在一个新的月形的悬崖上，长达 550 米。其工程之浩大、工艺之精湛令人惊叹。在 29 个石窟中，有 4 个为佛殿，25 个是僧房。这些佛殿、建筑以及大量精美、生动的雕刻和绘画，集中体现了古代印度佛教艺术的独特风格和高超的技巧，是建筑、绘画、雕刻三种艺术结合的典范，被称为是"世界艺术瑰宝"之一。

你知道"艾哈文化"之谜吗？

早在 20 世纪中叶，印度的一些考古学家在印度西部的拉贾斯坦邦发现了一处庞大的古人类文化遗址群，面积达 1 万平方公里。考古学家认为，约 4500 年前，一个叫作"艾哈"的古人群迁移到这里，他们不仅成了梅瓦及邻近地区最早的居民，还创造了"艾哈文化"。

考古学家发现，"艾哈人"有着氏族社会的文明特征。遗址群分为 90 个主要居住地，每处面积约 500 平方米，均用泥砖围成堡垒

模样。后来，南亚的考古学界在印度发掘了规模宏大的"哈拉帕文化"遗址，其文明特征和艾哈文化几乎一致。人们据此相信，艾哈文化是哈拉帕文化的一个分支，并将考古和研究的重点转移到哈拉帕地区。

尽管如此，一些细心的考古学家仍对艾哈文化提出了疑问。从 1994 年开始，在美国考古学家的参与下，印度考古界沿着不同的地质层，对艾哈文化进行了更大规模的发掘。终于，人们有了惊人的发现：这些古人死时的年龄均在 35 至 50 岁之间，除一人的性别无法辨别外，其余为两男两女。其中 4 具遗骸是在公元前 2000 年至前 1800 年的红铜时代地质层发现的。更为惊奇的是，这些遗骸分明有着被火化过的痕迹，与哈拉帕文化的土葬习俗不同，最后一具出土的遗骸保持着印度教特定三昧的姿势。一些考古学家提出：难道艾哈文化和哈拉帕文化并非同宗？果真如此，二者又有何关系？考古学家在艾哈文化遗址，还发现了布满牛粪的痕迹，并发掘出大量雕刻有牛图形的文物。起初发掘的文物上刻的均是公牛图形，这也和印度人历来奉牛为神明的传统相吻合。但之后又发现了刻有母牛图形的文物，这使考古学家大惑不解。考古学家深入分析后认为，不管是公牛还是母牛，艾哈文化与以雅利安人为代表的印度人种的文化，都存在很多共同点：对牛的崇拜。艾哈文化与哈拉帕文化不存在同源的特性，因为哈拉帕文化根本没有对雌性动物崇拜的现象。

随着考古研究的深入，谜底一一解开。人们确信艾哈文化是一种较之哈拉帕文化历史更为久远的文化现象。艾哈人制作陶器的技术不仅更为精湛，而且运用了比哈拉帕文化的"黑色陶器"更丰富的红黑色彩绘手法。此外，艾哈人在建筑工艺上也采用了较为先进的烧砖。考古学家相信，当哈拉帕文化于公元前 2500 年处于鼎盛时期时，艾哈人从哈拉帕文化中学到了不少先进的技术和知识，从而推动了艾哈文化的发展。

考古学家研究发现，艾哈文化在历史上形成了以农业、畜牧业、狩猎和捕鱼为特色的混合经济模式，只是到公元前1800年前后，因为气候变化和自然灾难，艾哈文化才逐渐消亡。哈拉帕文化在同期也开始没落，这也是艾哈文化灭绝的一个因素。但印度考古学界认为，艾哈文化并没有从印度国土上消亡，它会永远留存在印度人民的心中。

印度史诗中的谜团是怎样的？

印度是一个著名的文明古国，其博大灿烂的古典文化早为人所熟知。印度古代史诗《摩诃婆罗多》内容广博，包罗万象，被称为一部诗体的古印度百科全书。这部史诗的主要内容，描写了古印度婆罗多族的两个分支——俱卢族与般度族之间的战争。

近年来，有些学者重新研读这部史诗，发现其中竟然描述了多种高科技武器和飞行器。这些武器和飞行器远远超越了古诗产生的时代，而且在今天看来也相当先进。其中最令人惊异的是一种神所禁止使用的特别可怕的武器。这种武器名叫"厄尼亚"，是一种"无烟飞弹"，在战场上无人能逃避这种武器的伤害。

如果没有见过这样的武器，没有坐过这样的飞行器，又怎能写出如此逼真的细节？更令人称奇是，在这部史诗中还写到了太空城市的毁灭。

由于科学技术水平和理解力的低下，在《摩诃婆罗多》中，古人对高科技事物的描述，往往是曲折的反映并带有了神话色彩，但其中某些细节的、真实性却难以泯灭的。透过史诗中的这些描写，人们不禁会发出这样的疑问：在史前时代的印度，究竟曾发生过一些什么样的事件呢？这至今还是个谜。

你知道"吠陀文化"吗？

印度是世界上最古老的国度之一，距今5000年的印度河流域文明是印度最古老的文明。因其遗址发现于巴基斯坦境内的哈拉帕，因此称为"哈拉帕文化"。印度河流域文明曾盛极一时，但在公元前2000年前后突然衰落，最终彻底消失，至今原因不明。公元前1500年，雅利安人开始入侵印度西北部，为印度带来新文化的同时，开始与印度本土文化相融合，创造出了吠陀文化，这被认为是古典印度文化的起源。为了和本地土著区别开，雅利安人逐渐制定出种姓制度。

《摩诃婆罗多》的作者有哪些奇特的经历？

《摩诃婆罗多》，印度古代史诗，和《罗摩衍那》并列为印度两大史诗。《摩诃婆罗多》书名的意思是"伟大的婆罗多族的故事"，《摩诃婆罗多》现存的本子是在一部史诗的基础上编订而成，其中不但有长篇英雄史诗，大量的传说故事作为插话，还有宗教哲学及法典性质的著作，因此篇幅很长。

毗耶娑是《摩诃婆罗多》的作者，他是渔家女贞信婚前的私生子，贞信后来嫁给了福身王，并生了儿子奇武。奇武婚后不久便死去，留下了两个遗孀。这样，福身王就有面临断绝后嗣的危险。于是，贞信找来在森林中修炼苦行的毗耶娑，让他代替奇武传宗接代。毗耶娑生下了儿子持国、般度和维杜罗。但是后来毗耶娑还是隐居于森林之中。当他目睹和参与了持国百子和般度五子两族斗争的全过程后，就在般度族五兄弟升天后创作了著名的史诗。

何为印度梵剧？

梵剧，是印度的古典戏剧。从题材上看，一是取材于史诗和传说故事，是印度古典戏剧的主要部分，如以描写宫廷生活为中心的《摩罗维迦》，在传说故事中融入新意的《沙恭达罗》。二是取材于现实生活，以刻画都市世态人情为主，如《小泥车》等。此外还有一些以宗教宣传为宗旨的作品，如《马鸣戏剧残卷》。

从《马鸣戏剧残卷》我们可以推知梵剧的艺术形式至少有三种：一是为角色拟定名

字的；二是仅标明角色身份的，如"妓女""主角"等，并出现有鲜明特点的丑角；三是以抽象概念为角色命名的，如"智慧""名誉"等。

梵剧的剧本样式又分为引子，结尾有尾诗，引子一般与剧情无直接关联，尾诗有的由剧中人唱出或念出，有的是外加的，而剧本的正文，由说明、唱词和动作提示三因素组成。说白中除了对白，还有旁白与独白。唱词又归于角色，融汇于剧情之中，它不同于希腊的悲剧演唱，更多地接近中国古典戏曲唱词。梵剧的动作提示多样而且细致。剧本语言雅俗相间，主角和上流人物对话时多用雅语，而妇女和下层人物多用俗语。

你知道《奥义书》吗？

《奥义书》最早出现于公元前 9 世纪前后，较早的《奥义书》有《广林奥义书》《歌者奥义书》《他氏奥义书》《由谁奥义书》等。内容涉及的范围很广，包括印度几百年间许多思想家的各种哲学及宗教观点，如轮回解脱、梵我关系，等等。

《奥义书》是印度最经典的古老哲学著作，用散文或韵文阐发印度教最古老的吠陀文献的思辨著作。现在已知的奥义书约有 108 种之多，记载印度教历代导师和圣人的观点。奥义书在很大程度上为后来印度哲学的基础。

《奥义书》是印度古代哲学典籍，《吠陀》的最后一部分，数量有 200 多种。《吠陀》是印度上古时期的文献总集，是印度宗教、哲学、文学、文明的基石，历来被奉为印度教最古老的经典。它包含了人类最早的文明史迹和文学创作，为研究人类文明进程提供了丰富的资料。

印度历史上最伟大的一位君王是谁？

阿育王（又称无忧王，约公元前 304 ~ 前232 年），印度孔雀王朝的第三代君主，频头娑罗王之子，是印度历史上最伟大的一位君王。

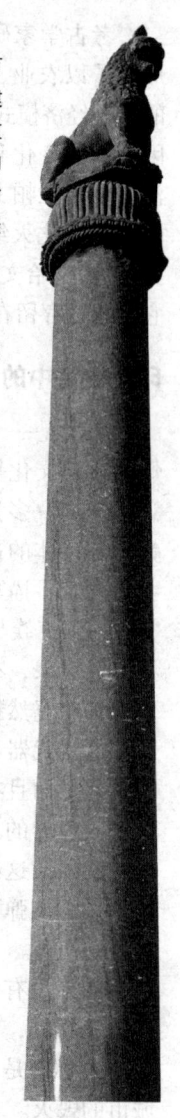

印度阿育王石柱 公元前 3 世纪
这块光滑异常的沙岩石柱是阿育王下令在今尼泊尔边境附近修建的佛教建筑，高达 32 英尺，重50 吨，石柱顶部刻有一头威武的坐狮。阿育王下令将他的佛教谕令刻在石柱或岩壁上，以此来晓谕广大疆域内的臣民们。

孔雀王朝最强盛的时代是阿育王统治时期（约公元前 273 ~ 前 236 年）。

阿育王一生的业绩可以明显分成两个部分，前半生是"黑阿育王"时代，主要是经过奋斗坐稳王位和通过武力基本统一了印度，在约公元前 261 年征服羯陵伽国有 15 万人被俘，10 万人被杀，死伤数十万。这是一场影响深远的大规模战争，也是印度历史的转折点，为印度成为统一的大国奠定了基础。

据说，阿育王由于在征服羯陵伽国时亲眼目睹了大量屠杀的场面，深感悔悟，于是停止武力扩张。后半生是"白阿育王"时代，在全国努力推广佛教，终于促成了这一世界性宗教的繁荣，其统治时期成为古代印度历史上空前强盛的时代。期间，他也没有迫害其他教派。由于阿育王强调宽容和非暴力主义，使得他在民众的欢呼声中统治了长达 41 年的时间。

阿育王死后，孔雀王朝很快便衰落下去，大约到公元前 187 年，孔雀帝国覆灭。

戒日王是怎样统治印度北部的？

戒日王是印度戒日王朝的建立者，印度古典文化的集大成者。自笈多王朝在白匈奴人打击下瓦解之后，印度又恢复了四分五裂的局面。在戒日王 15 岁的时候，国内政局发生了大变动，国外势力也不断进犯。此时已是 606 年，戒日王在重臣婆尼为首的群臣拥立下继承了王位，随即以倾国之力进攻曲女城。取得一系列胜利之后，戒日王更加英勇，在婆尼的辅助下，他在战争中取得了更大的胜利，赶跑了两个敌国军队，恢复了穆里克国。612 年，戒日王任国王，迁都曲女城。

第一次征伐的胜利给了戒日王无穷的力量，此后，他建立了象、车、马、步四大兵种，以此为基础，开始了轰轰烈烈的统一印度的战争。东北印度的迦摩缕波王国和西印度的伐腊比王国先后承认了戒日王朝的宗主权，而凤敌高达王国则进行了顽强的抵抗。637 年设赏迦死后，戒日王控制了这个地区。到戒日王去世之时，版图囊括除古吉拉特和西旁遮普之外的北印度地区，成为继孔雀王朝、笈多王朝之后又一个基本统一北印度的政权。

戒日王为何支持玄奘宣讲佛法？

戒日王本人信仰婆罗门教湿婆神，但是对于佛教，他却采取宽容甚至鼓励的态度。因为印度基本上保持宗教宽容的氛围，很少出现君主因为信仰一种宗教而去压迫另一种宗教的情况。

631 年，一位满面风尘的高僧——玄奘，来到了印度。他游历印度各邦国，宣讲佛教的教义，声名鹊起，戒日王对他颇为注意。642 年，戒日王特意在首都曲女城为玄奘举行了无遮大会，20 多个王公和 5000 多名佛教、婆罗门教高级学者参加了大会，由玄奘宣讲大乘佛教教义。会后，戒日王请玄奘骑象巡游天下，宣讲佛法。实际上，戒日王也想借此机会统一佛教教义，排除纷争。

玄奘不是中国第一个赴印求经的人，也不是最后一个，但像他这样得到戒日王如此礼遇却是绝无仅有的，他们共同为中印文化交流写下了浓重的一笔。

阿拉伯数字是阿拉伯人发明的吗？

很多人以为阿拉伯数字就是阿拉伯人发明的，其实不然。阿拉伯数字是古代印度人发明，由阿拉伯人传入欧洲的。古代印度人发明了包括"零"在内的 10 个数字符号，还发明了现在一般通用的定位计数的十进位法。由于定位计数，同一个数字符号因其所在位置不同，就可以表示不同数值。如果某一位没有数字，则在该位上写上"0"。"0"的应用，使十进位法臻于完善，意义重大。

10 个数字符号后来由阿拉伯人传入欧洲，被欧洲人误称为阿拉伯数字。由于采用计数的十进位法笔划简单，写起来方便，看起来清晰，再加上演算便利，因此逐渐在各国流行起来，成为世界各国通用的数字。

阿育王对佛教的最大贡献是什么？

为了弘扬佛法，阿育王派出了大批使者和僧侣，到邻近的国家和地区去传教，这其中还有王室的公主和王子。印度公主去锡兰（今斯里兰卡）传教时，不仅带去了许多僧侣和佛典，还带去了一枝神圣的菩提树的树枝，并亲自种植在锡兰，直到今天，那棵菩提树还存在。经过一番宣传和使节往来，佛教不仅传遍了锡兰，而且很快传到了埃及、叙利亚、缅甸、中国等国家。据佛教文献记载，在阿育王即位的第 17 年，华氏城举行第三次佛教徒大结集。以后，他向国内的边陲和周邻诸国派出许多传教使团，广布佛教。经阿育王的宣扬和传播，佛教不仅在国内大张，而且在国外也广为流传，逐渐登上了历史的舞台，成为世界性的宗教。传说，阿育王在位期间，曾建造 8.4 万座佛塔，他的谕令刻写在摩崖和石柱上，全国各地都有分布。

《摩奴法论》是本什么样的法典？

《摩奴法论》是印度教伦理规范的权威法典。作者摩奴托名于传说中的人类始祖。全书分 12 章，前半部分以婆罗门为主要对象论述印度教徒一生四个阶段的行为规范；后半部分重点论述国王的行为规范及国家的职能，主要讲占全书四分之一篇幅的 18 个法律。当中的内容涉及个人、家庭和国家生活的方方面面，诸如礼仪、习俗、教育、道德、法律、宗教、哲学、政治、经济，乃至军事和外交，等等，这也就构成以四种姓制度为基础的印度封建社会的一个理论模式。两千多年来，《摩奴法论》曾经一度是印度教社会的法制权威，对现代印度社会生活仍然具有广泛而深刻的影响，近现代各国学者也把它当作研究古今印度社会的基本文献。

你知道大月氏民族吗？

月氏是公元前 3 世纪至公元 1 世纪的一个民族名称。早期以游牧为生，住在北亚，经常和匈奴发生冲突，后来便西迁至中亚。这时，月氏开始发展，并慢慢形成了国家的雏形。由于月氏地处丝绸之路，控制着东西贸易，于是渐渐变得强大。后来，遭到了匈奴的攻击，一分为二：西迁至伊犁的被称为大月氏；南迁至今甘肃及青海一带的，就是小月氏。

贵霜帝国是什么时候的事？

贵霜帝国由被大月氏征服的大夏贵霜部落建立。大月氏属突厥游牧部落，刚开始居住在中国西部敦煌祁连山一带。公元前 170 年前后被匈奴击败，西迁中亚阿姆河流域。公元前 125 年征服巴克特利亚（大夏），统治整个阿姆河、锡尔河流域，将大夏部族一分为五，迁往东部山区，设五部翕侯统治，贵霜是其中一支。1 世纪中叶贵霜部翕侯丘就却统一五部，建立贵霜帝国。2 世纪中叶，疆域西起咸海，东至葱岭，南包括印度河和恒河流域，形成连亘中亚和北印度的庞大帝国，定都布路沙布逻（今巴基斯坦白沙瓦）。帝国中心是"丝绸之路"的枢纽，也是佛教中心，中国高僧法显曾到此。贵霜地处东西方要塞，融合了希腊、印度文化形成犍陀罗艺术，并于魏晋时期传入中国。2 世纪后，贵霜帝国开始衰落。

萨珊波斯兴于何时，衰于何时？

萨珊王朝（226～650 年），起止时间为：3 世纪至 7 世纪，被认为是第二个波斯帝国。当时，萨珊王朝与中亚的印度贵霜王朝、东亚的中国东汉王朝及欧洲的罗马帝国并称，四国雄霸欧亚。萨珊王朝在最强盛的时候，威胁着比邻的贵霜王朝和东罗马帝国。后来由于王朝连续两位国王被刺杀，帝国中心崩溃，末代国王伊嗣埃三世的儿子俾路斯逃亡至东土大唐，任右武卫将军，当时正值唐高宗当政时期。

什么是爱琴文明？

爱琴文明是指公元前 20 世纪至前 12 世纪间的爱琴海域的上古文明，也就是存在于地中海东部的爱琴海岛、希腊半岛及小亚细亚西部的欧洲青铜时代的文明，因围绕爱琴海域而得名。在希腊文明之前，它是最早的欧洲文明，也是整个西方文明的源头。

欧洲南部的希腊半岛，东邻爱琴海。这里层峦叠嶂，海岸线蜿蜒，海上岛屿星罗棋布，克里特岛就是其中的一个大岛。相传在远古时期，这里由一个叫米诺斯的国王统治。他修建了富丽堂皇的王宫，里面的通道错综复杂，暗藏玄机。19 世纪的考古发掘证明，这并非神话。公元前 2000 年前后，爱琴文明发祥于克里特岛，后来文明中心移至希腊半岛，出现迈锡尼文明。爱琴文明是克里特岛文明和迈锡尼文明的合称，历时约 800 年，是古希腊文明的开端。

爱琴文明是怎样被发现的？

爱琴文明的发现和一个痴迷于荷马史诗的孩子有密切的关联，这个孩子就是后来举世闻名的德国人谢里曼。

在幼年时期，谢里曼就对荷马史诗产生了浓厚的兴趣，他坚信史诗中的特洛伊战争是真实的。从 1870 年开始，谢里曼自费进行了一次考古发掘。他根据荷马史诗所描写的特洛伊城的特征确定了发掘的位置，果然发现了一座远古城邦的遗址。

1900年，英国考古学家伊文思在克诺索斯发现了传说中的米诺斯王朝的王宫，同时还发现了几千件刻有文字的泥版。从此，爱琴文明真正为人们所了解。

克里特文明有什么特点？

克里特文明是爱琴文明的开始。克里特最早的新石器文化遗址约始于公元前6000年，以后发展较平稳，居民多居洞穴内。公元前2500年后，铜器、青铜器逐渐增多，匕首占了很大比例。手工业生产的发展导致进一步的劳动分工、商品交换和社会分化。从大量的私人印章、豪华的金银首饰和东克里特发现的大型L形建筑来看，在公元前3000年代末，私有制和贫富分化已相当发达。

克里特文化深受西亚和埃及的影响，但是从一开始克里特文化就不是对外来文化的复制和模仿，而是在吸收借鉴的基础上形成自己的风格。约公元前2000年，克里特出现了最早的国家。

克里特文明的最大特征是宫殿的修筑，每个城市国家多围绕王宫而形成，宫廷是国家的经济、政治和文化的中心。

为什么太阳神巨像被誉为世界奇迹？

罗得岛位于爱琴海东部，为爱琴海的大岛之一。希腊奴隶制城邦时期，岛上的主要居民是多利亚人。公元前4世纪前后，形成了统一的国家罗得共和国。

罗得共和国曾先后受制于雅典、斯巴达和波斯帝国。公元前332年又被亚历山大（马斯顿的统治者）征服。

上述历史原因使得罗得岛这一地区的宗教、文化打上了深深的古希腊文化烙印，而被东罗马帝国科学家菲伦列为世界"七大奇迹"之一的太阳神巨像就是这一影响的具体体现。

据记载，太阳神巨像是2300多年前，罗得岛居民为纪念反对马其顿侵略战争胜利而建造的。经考证，这尊巨像高度为36.5米，

体积至今都没有进行过准确的测算。据说，仅巨像的拇指就粗得让人不能抱住。该像是著名雕刻家卡勒斯在公元前290年前后的作品，雕刻时间长达12年之久，花费白银7.5吨。

神秘的米诺斯迷宫有什么样的故事？

克里特的古代传说很早就进入希腊，而且，这些神话构成了希腊神话的基础，它们几乎都是围绕国王米诺斯的。

米诺斯是宙斯和欧罗巴的儿子，当欧罗巴遭受天后赫拉排挤和迫害的时候，这个岛上的国王阿斯特瑞厄斯与欧罗巴结婚，并收养了她的儿子，之后，米诺斯成为克里特国王。为了与兄弟竞争王位，米诺斯曾向海神波塞冬求助。波塞冬从海中升起一头白色的公牛以宣示他应允了米诺斯的恳求。同时，海神也命令米诺斯将得到的公牛献祭给他，来证明米诺斯对海神的崇敬。但是米诺斯的贪欲使他违抗了神旨，他自己养了珍贵的白牛，却用一头普通公牛敷衍海神。米诺斯娶了帕西法厄为妻后，波塞冬便以神力使帕西法厄痴迷地爱上了那只公牛。不久，帕西法厄便生下了一个牛首人身的怪物米诺陶洛斯。这个半人半牛的怪物不吃其他食物，只吃人肉。米诺斯把他关进一座迷宫中，这座迷宫由来自雅典的著名建筑师代达罗斯负责设计修建。

后来，雅典人杀死了米诺斯的一个儿子，为了复仇，米诺斯恳求父亲宙斯的帮助，宙斯给雅典带来了瘟疫。而为了阻止瘟疫的流行，雅典不惜每年选送7对童男童女去供奉怪物米诺陶洛斯。

当雅典第三次纳贡时，王子忒修斯自愿充当牺牲品，以入宫伺机杀掉怪物，为民除害。当勇敢的王子离开王宫时，他对自己的父亲说，如果他胜利了，船返航时便会挂上白帆，反之还是去时的黑帆。忒修斯到了米诺斯王宫，公主艾丽阿德涅对他一见钟情，于是送他一团线球和一柄魔剑，叫他将线头系在入口处，放线进入迷宫，忒修斯在迷宫深处找到了米诺陶洛斯，经过一番殊死搏斗，

终于杀死了米诺陶洛斯并顺利地走出了迷宫。在返回雅典的途中，忒修斯背信弃义地将深爱他的艾丽阿德涅公主丢在一座孤岛。这一行为立刻遭到了惩罚，被胜利冲昏头脑的他竟然忘记更换船上的黑帆，结果，站在海边遥望他归来的父亲看到那黑帆之后，一时间万念俱灰，悲痛地投海自尽。

为什么会出现迈锡尼文明？

公元前 2000 年后期，在希腊半岛的迈锡尼、泰伦斯和派罗斯等地出现了十分发达的青铜器文化，并且产生了奴隶制国家。其中尤以迈锡尼文明发展最为迅速，因此称之为迈锡尼文明。迈锡尼文明的创造者是阿卡亚人。他们约在公元前 1650 年前后或者更早，从巴尔干半岛北部南下从而进入希腊半岛中部和南部。

迈锡尼的文化中心，位于伯罗奔尼撒半岛，影响远达爱琴诸岛和小亚细亚，还有地中海西部的意大利，其中最著名的遗址是阿伽门农王的城堡迈锡尼。公元前 1500 年前后，在迈锡尼形成了奴隶制国家。在这一时期迈锡尼有了进一步的发展。公元前 16 世纪起，迈锡尼和克里特都有相当激烈的竞争。直到公元前 1450 年前后，迈锡尼人渡海占领克里特岛额诺萨斯，从而获得最后的胜利。

迈锡尼文明的特点是什么？

迈锡尼人和克里特的米诺斯人不同，迈锡尼人是希腊人中最早的一支，约在公元前 2000 年前后定居于伯罗奔尼撒半岛。此时克里特已建立米诺斯文明，希腊本土的迈锡尼人则比较落后，虽已进入铜器时代，但一直没有建立国家，因此他们是在克里特直接影响下逐渐向文明过渡，到公元前 1600 年才称王立国。此外，迈锡尼人的语言属印欧语系，是从欧洲内陆由北而南进入希腊的。这时的王朝被称为竖井墓王朝，大约持续了近百年，到公元前 1500 年后为圆顶墓王朝所取代。

迈锡尼文明在充分吸收克里特文明的同时，还具有自己的特点，如城堡坚固、战斗力强，喜用马拉战车，崇尚武艺，等等。它作为爱琴文明的一个重要组成部分，蒸蒸日上，并且出现了取代克里特的苗头。到公元前 1450 年，迈锡尼人可能通过联姻继承等和平方式，得以入主克诺索斯王宫，这是迈锡尼文明发展的关键一步。迈锡尼统治克里特后，既承袭了克里特掌握的爱琴海商业贸易网的控制权，也全面吸收了克里特文明的遗产。克里特原有的线形文字，也被迈锡尼书写成自己的语言，形成了迈锡尼线形文字（学术界通称前者为线形文 A，后者为线形文 B）。此后从公元前 1400 年至前 1200 年，迈锡尼达到其文明的盛期。

迈锡尼的线形文字自 1952 年已被成功破译，虽然这些文字对于揭示政治的作用并不大，但是对于经济的研究起了相当大的作用。这些材料充分说明迈锡尼社会是奴隶制社会，而且从各种数字累计的分析来看，当时奴隶数目之多也是相当惊人的。此外，文书中还反映出了国王与农民土地分布不均的问题。显然，农民遭受着残酷的剥削和压迫，充分说明迈锡尼和东方的很多国家相似，是典型的奴隶制国家。

迈锡尼文明的代表是什么？

华菲奥金杯是迈锡尼文明的代表，出土于希腊南部斯巴达附近的华菲奥村，金杯共有两个，外壁的浮雕呈环形，精美异常，引人注目。其中的一只金杯表现的是用绳网捕捉野牛的场面：一只野牛被绳网套住，一只跳跃着脱网而逃，另一只被激怒的野牛用牛角撞倒两个猎人，具有强烈的节奏感，画面周围还有枝蔓和绳索的装饰物；而另一只金杯充满了和平的气氛，仿佛是故事的延续，表现了在人与牛的战斗中，最终还是人取得了胜利的事实。

米诺斯文明是被谁毁灭的？

关于米诺斯毁灭的原因，有一种猜测是毁于阿卡亚人之手。阿卡亚人居住在希腊大陆,是彪悍好斗的民族,他们在迈锡尼、梯伦斯修筑了坚固的城堡,对周围的民族进行统治,并且渐渐成为米诺斯人最危险的对手。约公元前1470年至前1380年,阿卡亚人大举入侵克里克岛,统治了克诺索斯。从考古发掘来看,米诺斯人似乎并不好斗,或许正是这个原因导致了他们最后的覆灭。

是谁毁灭了古希腊的迈锡尼文明?

迈锡尼文明从公元前1200年以后就开始呈现衰败之象。古希腊的神话传说也曾有过此王朝更迭、战争不断的记载;考古材料也反映陶器质量下降,生产萎缩,而"海上诸族"的骚扰更使国际贸易大受打击。经济衰落又使得统治者不得不用武力加强自己的统治,于是各国各城之间的战争也愈演愈烈,其中最著名的一次大战当属希腊同盟与小亚细亚富裕城市特洛伊的战争。此战一打就是十年,最后希腊联军虽攻下特洛伊城,但也造成了两败俱伤的局面。得胜的希腊各国(以迈锡尼为首)无不士气衰竭,无力再战,也终究逃不过"黄雀在后"的命运。希腊各国都难以恢复,就为北方的多利人提供了可乘之机。他们纷纷南下,攻城略地,逐步征服了除雅典以外的中希腊和伯罗奔尼撒各国,从此,便宣告了迈锡尼文明的结束。

《荷马史诗》时代是什么样的?

《荷马史诗》记载的是公元前11世纪至前9世纪的希腊史,因而把这一时期称作"荷马时代",又称为"英雄时代"。

荷马史诗相传是由荷马写成。荷马,系古希腊盲诗人,生于公元前873年。一直有这样的争论:历史上究竟有没有荷马这个人?从他记述公元前12世纪至前11世纪特洛伊战争及有关海上冒险故事的古希腊长篇叙事代表作史诗《伊利亚特》和《奥德赛》可以推测他生活的年代应该在公元前10世纪与前8世纪之间。而且早在古希腊时代,著名历史学家希罗多德、修昔底德,哲学家柏拉图与亚里士多德,都肯定了荷马是两部史诗的作者。直到18世纪初,欧洲人仍然认为荷马是历史上确实存在过的一位远古的伟大诗人。

既然荷马确有其人,那么《荷马史诗》也是真实存在的,它是许多民间行吟歌手口头创作的合集。作为史料,它不仅反映了公元前11世纪到前9世纪的社会情况,也反映了迈锡尼文明。

荷马时代是一个崇尚英雄并诞生英雄群体的时代。首先他们选择了即使早逝也要声名卓著的人生。其次,他们还有足够的胆量和勇敢的行为。再次,肯定自我地位,强调个性张扬,独立、自由是英雄精神的又一充分体现。

此外,《荷马史诗》中的英雄们在充分享受追求卓越、荣誉和快乐的同时,并没有忘记自己背负的职责和义务,这使得他们的英雄主义精神又上升到一个更高的层次。

总之,《荷马史诗》中的英雄人物追求幸福、肯定自我和个性以及勇于承担责任等英雄精神教化了整个希腊民族。

雅典海上同盟是怎么回事?

公元前478年底至前477年初,雅典组织中希腊、爱琴诸岛和小亚的一些城邦形成同盟。它的目的原是为继续对付波斯联合作战。最初入盟之邦有35个,后来成员越来越多,最后达到了250个邦,几乎囊括了全部爱琴海和西亚的城邦,这个同盟的军事外交都得听从雅典的指挥,实际上是雅典施行霸权的工具,亦称"雅典海上同盟"。雅典自组成海上同盟后,逐步加强了对同盟国的控制,发展其海上霸权。

雅典的政体怎样体现了民主?

古雅典是一个直接实行民主制的国家,所有的公民都有权利和义务直接参与政治。雅典的民主政体有公民大会、五百人会议、十将军委员会及陪审法庭等一系列机构。

雅典的最高权力机关是公民大会，年满 20 岁的公民都可以成为大会成员，只要是重大的事宜都应由公民大会来决定。公民大会闭会期间，500人会议是处理国家政务的常设机构，成员由年满30 岁以上的公民抽签选出。雅典的最高法庭和陪审法庭负责审理诉讼案件、官吏的资格审查和纪律检查，并且投票表决国家法律的废立。30 岁以

雅典城的保护神——雅典娜，发现于盛极一时的雅典卫城遗址。

上的公民进行抽签选举法庭的陪审员，总人数为 6000 名，任职期限为一年，不得连任。

但是雅典的公民并不是其全体居民，其中奴隶和被释放的奴隶以及异邦人就不在这个范围内。

梭伦是怎样进行改革的？

在希腊半岛上有 200 多个奴隶制城邦国家，其中最为著名的当属雅典。

当时，雅典的公民主要分为两大类：贵族和平民，其余的就是奴隶及异乡人。贵族享有特权，他们掌握着国家的最高统治权，并且占据着大量土地，还拥有经营商业及放高利贷的权力。对于大多数的平民来说，他们只能享有一小部分的土地。这就使得贵族和奴隶的矛盾日益尖锐。

公元前 594 年，梭伦出任执政官，他深知下层百姓的疾苦，于是就进行了一系列的改革，内容如下：

经济上，废除债务奴隶制，保护平民地位，鼓励发展工商业，稳定平民。

政治上，财产多寡四等级，改变出身定

权利。公民大会权最高，四百人会公民庭打破贵族权垄断，平民直接管国事，为政治民主进一步开辟了道路。

梭伦改革的意义是什么？

梭伦改革是一场奴隶主贵族推行的平民改革，它促进了经济的繁荣发展，奠定了民主政治的基础（阶级结构、平民权利、权力划分、中庸和谐），在一定程度上缓和了社会矛盾。同时，它也有一定的局限性：财产与权利对应、中庸原则难彻底。不管怎样，雅典的国家政治基础因此而扩大，梭伦也因此被誉为古希腊"七贤"之一。

什么是僭主政治？

僭主，指的是不合法的政权篡夺者。僭主政治是指用武力夺取政权而建立的个人独裁统治。公元前 7 世纪至前 6 世纪，希腊各城邦普遍实行这种政权形式。僭主在位期间，为了稳定社会秩序，巩固统治地位，一般都会实行专制独裁，与此同时，统治者还会实行鼓励工商业发展和奖掖文化的政策。早期希腊的僭主政治对于肃清氏族制度的残余起到了积极的作用，但这种政治形式在激荡的政治斗争潮流中却往往不能久存。

什么是陶片放逐法？

陶片放逐法（亦称陶片流放法）是公元前 5 世纪雅典等若干古希腊城邦所实施的一项独特的政治法律制度。这种方法就是我们现在所说的公民投票法，它起源于民主领袖对独裁统治的恐惧。

陶片放逐法的主要内容是：每年春季召开一次非常的公民大会，用口头表决是否要举行陶片放逐，也就是说，就是看在公民之中是否存在危害公民自由的人。假如指出了其人，便再召开第二次公民大会，那时候每个公民便在陶片壳上写下它认为危害公民自由的人的名字。如果写有同一个人名的陶片数量超过 6000 个就表示多数通过。于是，那

个被大多数投票判决有罪的人便离开雅典的国境，为期约 10 年。放逐期间不牵连家属并保留被放逐者的财产，期满之后他便可以再回到雅典来，同时也可以恢复他以前的一切公民权利。

陶片放逐制度设立的最初目的是为了对付政治上掌握大权并且意图恢复建立僭主政治的雅典政客。也有人认为这种方法是针对那些滥用权力、危害国家利益、侵犯公民权利的官员而实施的。

在古希腊乃至整个世界历史上，陶片放逐法都占据着重要地位。它是防止那种可能使雅典陷于党争并摧毁其国家的一个安全阀门，它的实施对当时雅典政治家的野心产生过相当的震慑作用。后来西方民主下的弹劾制度也与其有着紧密的联系。

雅典是怎么兴起的？

在古希腊的各地散布着形态各异的海湾，这地方普遍的特质是划分为许多小的区域，各区域间有小块平原、小小的山谷和河流。没有大江巨川，没有开阔的平原流域。由于地理环境的复杂，该地居民的生活也变得复杂化。近海地区的居民，主要依靠捕鱼、制盐和经商谋生。而山地的居民，主要从事游牧业，只有那些占据了那些谷地平原的居民才能从事农业。如此多样化的适应方式和狭小的地理空间，就使希腊人的商业航海贸易在远古时代就开始发达起来，也更推进了自身经济和文明的发展。但是这种地理环境，又不利于中央集权专制政治的出现。

如果是在大平原地区，就很容易通过军事征服实现统一，建立一个专制主义的大帝国，但是希腊这种被高山海洋分割成小块的山地半岛，就不便于做到这一点，这就是造成希腊城邦兴起，雅典就是其中之一。

你知道辉煌的雅典卫城吗？

在人类历史上，希腊是一段飘动的神话，它曾是整个世界思考的中心：西方哲学、民主政治、奥林匹克和《荷马史诗》……每一个名字都深深地震撼着人们的心灵。

雅典卫城，被称为希腊的眼睛，是希腊最杰出的古建筑群，是宗教政治的中心地。它的面积约 4 平方千米，位于雅典市中心的卫城山丘上，始建于公元前 580 年。雅典卫城还是世界新七大奇迹之一，也被称为雅典的阿克罗波利斯，距今已有 3000 年的历史。希腊语"阿克罗波利斯"，原意为"高处的城市"或"高丘上的城邦"。它的遗址位于今雅典城西南，是祭祀雅典守护神雅典娜的神圣地。

谁领导雅典进入"黄金时代"？

伯里克利是古希腊奴隶主民主政治的杰出代表。在他的领导下，雅典迎来了"黄金时代"。

伯里克利出生于名门，是赞瑟珀斯的儿子，良好的成长环境和教育使他具备很多优点。在政治、音乐和文学方面，伯里克利都受过很好的训练。他沉着冷静、擅长演说、刚正不阿，具备了一个优秀政治家的品格。

当看到地主贵族的统治已经不适应商品经济发展的时候，伯里克利就加入了雅典的人民党派。他给陪审员调整了报酬，还劝说政府每年给公民提供一定的福利，作为他们参观庆典节日中戏剧演出和运动会的报酬，这就大大扩展了平民的权利。伯里克利还通过建设大型的公共工程给失业者提供工作。为了让首都雅典成为希腊文化的王冠，伯里克利想以更大的规模重建这个古时圣地。他说服议会，将得洛斯同盟聚集的财富运到雅典，还用其中的一些基金，将首都装饰一新。在雅典，经济增长的刺激、自由民主统治以及开明的领导者，共同促成了雅典的黄金时代。

古希腊人为什么以雅典娜的名字命名首都？

在古希腊传说中，智慧和力量之神雅典娜是天神宙斯的女儿。之前，她被认为是主宰乌云、雷电、丰产的女神，慢慢地，她又成为科学的保护者和传播者。据说，她将驯马的方法、制车造船的技术传授给人们，还将犁耙、纺锤和织机赐予人间。而且，她还被称为是音乐的保护神，因为她发明了神笛；她还赐予人间法律，设立人间法庭，以此来保护城市，维护社会秩序，因此，大家又把她誉为"护城女神"。

此外，雅典娜还有"女战神"的美誉，在奥林匹亚诸神一起与提坦神作战时，她将一个战败的提坦神的皮剥下蒙在盾牌上，而且她与巨神吉伽斯之间也战斗过。总之，在古希腊人们的眼中，雅典娜就是他们的偶像，因此，古希腊人就以她的名字命名首都。

当年雅典的瘟疫是怎样的？

雅典的瘟疫发生在 2400 多年前，这一次的疾病几乎摧毁了整个城市。

在一年多的时间里，雅典的市民都生活在噩梦中：身体健壮的年轻人忽然发起了高烧，咽喉和舌头都充满了血，并且散发着令人窒息的恶臭；不幸的患者喷嚏不断，声音嘶哑，强烈的咳嗽让他们胸部疼痛。然而，大家对于这场灾难没有任何办法，因为即使是药物都无济于事。恐慌面前，人们选择了放纵的生活方式，没有什么比现时的享乐更能使他们逃避现实的恐惧。于是，雅典城因为人们的绝望而土崩瓦解。

而一切，都被一位灾难的幸存者看在眼里，他把这一切记录了下来，这个人就是修昔底德，瘟疫的编年史也就此打开。

对这种索命的疾病，人们唯恐避之不及，然而希腊北边马其顿王国的一位御医，却冒着生命危险前往雅典救治。他一面调查疫情，一面探寻病因及解救方法。不久，他发现全城只有一种人没有染上瘟疫，就是每天和火打交道的铁匠。他由此设想，或许火可以防疫，于是他就在全城各处燃起火堆来扑灭瘟疫。

虽然雅典城从此失去了往日的辉煌，但是雅典人还是一代一代地活了下来。

谁奠定了斯巴达国家的基础？

伯罗奔尼撒半岛位于巴尔干半岛的最南端。大约在公元前 2000 年，一批由阿卡亚人组成的希腊部落来到了伯罗奔尼撒。公元前 1100 年前后，另一批由多利亚人组成的希腊部落进入拉哥尼亚地区。公元前 10 世纪至前 9 世纪，5 个多利亚人村落组成了新政治中心——斯巴达城，后来他们逐渐被人们称为斯巴达人。他们的势力逐渐强大，开始向周边地区扩张。公元前 9 世纪中叶，斯巴达人征服了亚米克莱，然后又征服了希洛斯城。再后来，斯巴达人建立了斯巴达国家。

但是斯巴达国家的基础并不牢固，这时一个名叫来库古的政治家登上了斯巴达的历史舞台上，并着手进行了一系列改革。来库古当政后进行了立法：斯巴达国家设立两位国王，他们和元老院共同执掌政权。另外，斯巴达人家庭分得的份地，由作为奴隶的希洛人来为他们耕种。史料记载，斯巴达的政治体制、立法制度、份地制度、教育制度、共餐制度以至社会生活方式的许多规定，几乎都是来库古规定的。因此，许多古希腊历史学家认为，斯巴达的国家基础就是来库古奠定的。

特洛伊战争爆发的背景是怎样的？

公元前 12 世纪前后，在小亚细亚西北部，曾经爆发了一场长达 10 年的大战，也就是"特洛伊战争"。

《荷马史诗》记录了这场战争的经过：一次，特洛伊王子帕里斯渡海到斯巴达做客，正好赶上斯巴达王麦涅拉俄斯外出奔丧，王后海伦接待了他。海伦美艳动人，深深打动了帕里斯，帕里斯想尽了各种办法带走了海伦。麦涅拉俄斯闻讯赶回，但已经追不上了。他向自己的哥哥迈锡尼王阿伽门农求援，阿伽门农号令希腊盟友，组成一支拥有 1186 只战舰和 10 万大军的联军，直奔特洛伊城下。就这样，特洛伊战争便爆发了。

特洛伊战争究竟是真是假？

一场战争引出了两大史诗，从而成为西方文学的源头，这场战争就是特洛伊战争，而两大史诗就是荷马的《伊利亚特》与《奥德赛》。那么，这场战争究竟是真是假？

在那样一个人神界限十分模糊的时代，特洛伊成为这一时代人神之中最伟大者交锋的场所。很多事情发生在这儿，特洛伊国王普里阿摩斯的儿子帕里斯，把世界上最美的女人海伦从希腊带到这里；希腊国王阿伽门农为了夺回海伦，率领他的军队来到这里；后来，在这个战场上，希腊最伟大的战士阿喀琉斯，杀死了帕里斯的哥哥赫克托耳。在史诗《伊利亚特》的最后一幕，特洛伊国王普里阿摩斯和阿喀琉斯谈判，请求归还他儿子的尸体并停战。

然而史诗《奥德赛》中，故事并没有结束。帕里斯为他哥哥报仇，给了阿喀琉斯的脚踵致命的一击，杀死了这位希腊伟大的勇士。而希腊人则通过"木马计"，潜入特洛伊城内并最终摧毁了它，此后特洛伊的黄金时代宣告结束。

很多人认为这是历史事实，并真正发生在希沙立克。但是，从18世纪开始，学者们对此提出了质疑。许多人不相信特洛伊曾经发生过战争，甚至更有一些人怀疑荷马的存在，至少怀疑荷马作为一个单独的个人而非一系列诗人的存在。

到了19世纪下半叶，只有很少人相信荷马史诗是对历史上真实事件的记录。然而还是有人相信特洛伊的存在，这其中包括业余考古学家弗兰克·卡尔弗特——美国驻这一地区的领事。他曾经发现了一些遗址，能够有力地证实战争的存在。直到40年后，一支美国探险队在卡尔·布利根的带领下来到希沙立克。在布利根看来，特洛伊的覆灭和希腊人的入侵没有直接的关系，因为城墙的一部分地基发生了移动，所以他认为这种破坏

可能是一场地震导致的。

那么，究竟是特洛伊战争成就了《荷马史诗》，还是《荷马史诗》成就了特洛伊战争，特洛伊战争究竟是真是假？这一切都湮没在早已逝去的历史长河中了。

传说中的"木马计"是怎样的？

希腊人联合起来攻打特洛伊城，但久攻不胜，因为特洛伊的城墙实在太坚固。

第十年，希腊一位多谋善断的将领奥德修斯想出了一条妙计。

有一天早上，希腊联军的战舰忽然扬帆离开了，平时喧闹的战场变得寂静无声。特洛伊人以为希腊人撤军回国了，当他们跑到城外的时候，只发现海滩上留下一只巨大的木马。特洛伊人惊奇地观望着这只木马，试图弄清楚这只木马是干什么用的。有个希腊人告诉国王，这个木马是希腊人用来祭祀雅典娜女神的。如果将其烧毁就会引起天神的愤怒，但如果特洛伊人把木马拉进城里，就会给特洛人带来神的赐福。

特洛伊国王相信了他的话，于是就命令人把城墙拆开一段，把木马拉进城里。在寂寂无声的晚上，藏在木马中的希腊战士一个个跳了出来。他们迅速打开城门，在城里到处点火，隐蔽在四周的大批希腊军队如潮水般涌入特洛伊城。这便是历史上有名的木马计。

"特洛伊木马"现在已成了"挖心战"的同义语，比喻打进敌人心脏的战术。

斯巴达人为何勇猛无比？

斯巴达的勇猛在历史上是有名的，这主要是由于对男性公民的独特培养。

斯巴达的男性公民一出生就要过两道生死关：首先，母亲用烈酒给婴儿洗澡，如果他抽风或失去知觉，就证明他体质不坚强，任他死去。其次，抱到长老那里接受检查，如果长老认为他不健康，那么就将其弃之荒野。幼儿阶段，母亲要训练孩子不怕黑暗、

不怕孤独、不计较食物、不啼哭喧闹。男孩7岁开始过集体生活，12岁起不许穿内衣，1年之内只能穿1件外衣，无论冬夏只能赤手光足。晚上必须睡在自己编制的草垫上。斯巴达少年，从小就要锻炼忍受肉体痛苦、饥饿、寒冷、黑暗和孤独的能力。他们没必要学习过多的字，只要会记名姓、传军令即可。青年男子到20岁时，便正式成为军人。

这样，在当时希腊的各个城邦中，斯巴达军队就显示出了非同一般的战斗力。

你知道伯罗奔尼撒战争吗？

伯罗奔尼撒战争是以雅典为首的提洛同盟和以斯巴达为首的伯罗奔尼撒联盟之间的一场战争。这场战争从公元前431年一直持续到公元前404年，中途双方几度停战，最后斯巴达获胜。几乎所有希腊的城邦参加了这场战争，其战场几乎涉及了整个当时希腊语世界，有人将这次战争称为古代世界大战。这场战争结束了雅典的经典时代，结束了希腊的民主时代，强烈地改变了希腊的国家。

此次战争对古代希腊和历史学本身都产生了重要的影响，它深刻地影响了希腊，对整个人类社会具有积极的作用。

希腊与波斯的战争是怎么爆发的？

公元前6世纪中叶，希腊人还处于波斯帝国的统治之下，忍受着巨大的折磨。于是，到公元前492年的夏天，希腊发动了战争。

初次进攻时，波斯遭到重创，次年，波斯国王大流士一世幻想不战而降服希腊，于是派出使者到希腊各城邦索要"水和土"，作为归顺波斯的象征。希腊最大的两个城邦——雅典和斯巴达坚决拒绝了大流士一世的要求，于是一场大战不可避免地爆发了。

希腊是如何击败波斯的？

公元前490年，波斯大军横渡爱琴海，在雅典郊外的马拉松平原登陆。处境险恶的雅典，一面紧密动员，加强戒备，一面派当时的长跑能手菲利彼得斯日夜兼程赶往斯巴达城邦求助。但斯巴达人却找各种借口拒绝了雅典的请求。斯巴达人不出兵的消息并没有使雅典人丧失斗志，雅典统帅米太亚得在分析了敌强我弱的客观情况后，决定用精锐重装步兵去袭击波斯的步兵和弓箭手，而此时的波斯人猝不及防，最后全线溃败。

马拉松一役后，波斯人仍不甘心失败。大流士一世的儿子薛西斯为实现父亲的遗愿，发誓要踏平雅典，征服希腊。他进行了四年的精心策划，然后发动全部兵力向希腊进发。他们先攻占了中希腊的门户——"温泉关"，然后长驱直入，进占雅典城。公元前480年9月，双方在萨拉米斯海面展开决战。希腊人以其灵活便利的小船战胜了波斯笨重的大船，扭转了战局，薛西斯带领的军队只得仓皇而逃。

第二年，希腊联军再次以寡敌众，消灭了薛西斯留在希腊的陆军，波斯被迫退居守势。以雅典为首的希腊则逐渐转入进攻，并乘势在海上扩张势力，建立雅典在爱琴海域的霸权。公元前449年，希腊海军在塞浦路斯岛东岸的萨拉米斯城附近重创波斯军，至此双方同意媾和，签订了《卡里阿斯和约》。希波战争至此以波斯的失败而告终。

马拉松战役是怎么回事？

公元前490年，波斯王大流士一世发动了对希腊的进攻。在形式十分紧急的情况下，雅典全军出动至马拉松，在战斗中运用了巧妙的队形：军队排列成长方阵，主力集中于两翼。两军接触后，力量较弱的雅典中军在波斯军的压力下向后退却，而两翼迅速突袭波斯军的弓箭队伍，击退了波斯的两翼。一时间，波斯军大乱，全线溃败。雅典取得了胜利，马拉松战役成为历史上以少胜多的著名战役。

萨拉米海战是怎么回事？

波斯军攻占温泉关后，长驱直入希腊，占领雅典。公元前480年9月20日，希腊和波斯的海军在萨拉米湾展开决战，希腊海军重创波斯舰队。这样，战役就起了根本变化。希腊人乘胜追击，进一步解放爱琴海上和小亚沿岸的希腊城邦，使得整个希腊摆脱了波斯的统治。公元前449年，波斯同意缔结和约，承认小亚各希腊城邦的独立，于是希波战争正式宣告结束。

什么是米利都学派？

米利都学派的创始人是泰勒斯（约公元前624～前547年），他是和梭伦并列的"希腊七贤"中的名人，在他看来，万物之源是水，水生万物，万物又复归于水。这个观点看似简单却涵盖了万物最初皆诞生于水中这一真理。排除了当时流行的神造世界的臆想断说。这一学派的另一个代表人物是阿那克西曼德（约公元前610～前546年），他主张万物本源是"无限"，一切生于无限复归于无限，而无限本身既不能创造又不能消灭。

米利都学派的思想包含朴素的唯物论和辩证法，他们力求从自然本身去解释自然现象根本原因的做法开创了一种与神话和宗教根本不同的思维方式，这就为科学的发生与发展创造了先决条件。

什么是毕达哥拉斯学派？

毕达哥拉斯学派也称"南意大利学派"，是一个集政治、学术、宗教三位于一体的组织。其创始人是古希腊哲学家毕达哥拉斯。该学派产生于公元前6世纪末，公元前5世纪被迫解散，其成员大多是数学家、天文学家、音乐家。它是西方美学史上最早探讨美的本质的学派。毕达哥拉斯学派认为数是万物的本原，事物的性质是由某种数量关系决定的，万物按照一定的数量比例而构成和谐的秩序。他们偏重于美的形式的研究，认为一切平面图形中最美的是圆形，一切立体圆形中最美的是球形。毕达哥拉斯学派的美学观点是客观唯心主义的，对柏拉图、新柏拉图主义及文艺复兴时期的艺术家产生了深远

的影响。

什么是爱利亚学派？

爱利亚学派是早期希腊哲学中最重要的哲学流派，产生于公元前6世纪意大利南部爱利亚城邦。这一派别的中心思想是：世界的本原是不变的。由于爱利亚学派的出现，哲学解释上的唯物和唯心、运动和静止的分野开始明确化。这种基本的分歧贯穿于西方哲学的始终。

奥林匹克运动是如何起源的？

在古代希腊神话传说里，居住在奥林匹斯山上的天神宙斯主宰着天地万物。希腊人为了表达对宙斯的尊崇，在伯罗奔尼撒半岛西部的奥林匹亚举行盛大的祭祀，同时还要进行短跑竞赛活动。到公元前776年时，希腊规定每隔4年在奥林匹亚举行一次竞技大会，也就是运动会，这就是奥林匹克运动会(简称奥运会）的雏形。

实际上，奥运会的起源还和古希腊的社会情况有密切的关系。公元前9世纪至前8世纪，希腊氏族社会逐步瓦解，城邦制的奴隶社会逐渐形成，200多个城邦之间硝烟不断。而体育作为培养能征善战士兵的有力手段，也有了长足发展的空间。后来，斯巴达王和伊利斯王签订了"神圣休战月"条约。条约规定，奥林匹亚是神圣的无战争区，任何人不得将战火引入奥林匹亚；奥运会举行期间，所有作战方必须实行休战，如果违背了原则，就视为对神的背叛，各城邦均有权对背叛者进行制裁。于是，原本为准备兵源的军事训练和体育竞技，逐渐变为和平与友谊的运动会。

对于古代奥运会你了解多少？

古奥运会先后设立了24个比赛项目，除了那些叛国投敌和对神不敬之人，只要是有力气的、身体灵活的均有权利参加比赛。前13届仅有一项200码（约180米）短跑，赛时一

天。从第14届开始，则逐渐增加了中跑和长跑。到第18届时，已经有了摔跤和五项全能比赛。

古奥运会对优胜者的奖励在比赛结束后进行，仪式相当隆重。前6届奖给冠军的是一头羊。第7届起增加了庄严的授冠仪式，主办者把奥运会花冠戴在优胜选手头上，花冠用橄榄枝条编制。古希腊人把橄榄叶视为女神雅典娜赐予人间的宝物，而且它还是幸福、和平的代表。此外，优胜者可以获得最高荣誉，可以受到众人的拥戴；而那些在运动会上有"小动作"的人，就会遭到人们的耻笑。

古希腊把奥林匹克运动会当作生活中很重要的事情，即使外敌入侵也不例外。每个希腊人都把这场竞赛当成自己一生幸福的大事。

马拉松长跑运动是怎么来的？

一提到长跑运动，不难想起"马拉松"这个名字。其实，"马拉松"是一个平原的名字。公元前490年，当时的波斯军队横渡爱琴海，直逼雅典，雅典感觉自己孤立无援，于是就派擅长长跑的菲利彼得斯日夜赶往斯巴达求援。但是当时斯巴达并不愿意出兵相救，希腊士兵只好奋勇抗敌，最后在马拉松平原击败波斯侵略者。

这时，满怀胜利喜悦的传令兵菲利彼得斯跑了40多千米回到雅典，高呼"高兴吧，我们胜利了"，就力竭身亡。后来人们为了纪念马拉松战役及菲利彼得斯的英雄事迹，在1896年的第一届奥林匹克运动会，便举行了从马拉松到雅典的长跑比赛（距离为40.2千米），并定名为"马拉松赛跑"。

你知道德拉古的血腥立法吗？

公元前621年，雅典的执政官德拉古，对现行习惯法加以编纂，颁布了第一部成文法。德拉古法原文曾经在公元前409年重行石刻，但传世的碑文已经残缺不齐，只剩下了有关杀人行为的法律片段。

德拉古法以广泛采用重刑著称于世。例如，偷盗、纵火、故意杀人等罪同处死刑，

即使是偷了蔬菜、水果也要处死。可笑的是，连某一无生命物倒塌压死人，也要将其"法办"。曾有人提出了这样的疑问："为何罪无大小，都一律处死呢？"德拉古回答："轻罪已值得这样处罚，至于重罪则想不出另外有什么刑法了。"古希腊历史学家普鲁塔克曾经说："德拉古的法律不是用墨水写成的，而是用血写成的。"

智者欧底姆斯是如何诡辩的？

在古希腊的哲学史上，曾经出现过这样一个哲学的学派——智者学派。这个学派以诡辩著称，他们不仅自己常常同别人论辩，还以此为职业，招收门徒，教他们如何诡辩，而欧底姆斯就是其中的一位诡辩者。

有一次，欧底姆斯向一个初次见面的青年提了一个问题："你学习的是已经知道的东西，还是不知道的东西？"

青年回答："只有不知道的东西才需要学习。"

"据我所知，字母是你知道的东西吧？"欧底姆斯继续追问。

"不错，"

"你认识所有的字母吗？"

"认识。"

欧底姆斯嘿嘿一笑问："那么老师教你的时候，不正是教你认识字母吗？"欧底姆斯有意混淆"老师教你的时候"这个偏正词组所表示的时间概念来进行诡辩，那青年不假思索，顺口说："是的。"

"你既然认识字母，那么老师教你的不就是你已经知道的东西了吗？"

"是呀。"

"学习字母只是那些不知道字母的人，而你早已认识字母了，这说明你并不在学习。"

"不，我也在学习。"

"如果你认识字母，那你就是学习你已经知道的东西了。"

"是的。"

欧底姆斯说："你要我相信这个事实，

那么就必须推翻你刚才所说的话!"

"我刚才说的话?"青年有些晕头转向了。

"你刚才说,只学习不知道的事,这样的断言显然被你后来的话推翻了。"欧底姆靳解释道。

"……"青年不知所措了。

苏格拉底的哲学思想是什么?

苏格拉底、柏拉图和亚里士多德,被称为古典时代希腊哲学中最有影响力的人。

苏格拉底(公元前 469~前 399 年),虽出身贫寒,但崇尚知识,多方求学,逐渐成为具有全面文化修养的哲学家。苏格拉底把哲学研究的对象从自然转向社会和人类的内心世界,他更加注重哲学的伦理道德意义,由此把希腊哲学推向新的高峰。苏格拉底的讨论虽以唯心主义为出发点,但也有其合理的成分,如辩证的认识,认为真理总是具体的,具有相对性,在一定条件下可以向反面转化。再如讨论中的问答方法,即辩证法最初的含义,通过反复问答,揭示对话者的自相矛盾之处来形成正确的认识。他强调知识的作用,强调理性,要求人们用自己的思想、自己的内心世界去了解外界事物,发现真理,并提出先验论的观点。指出概念在认识中的作用,并在此基础上确立了一系列概念范畴。不可否认,后世西方哲学思想也有苏格拉底思想的痕迹。

雅典法庭为什么判处苏格拉底死刑?

公元前 399 年,雅典法庭以其不敬雅典公认的神而引进新神、煽动反民主情绪、蛊惑青年,给雅典带来巨大灾难的罪名判处了苏格拉底死刑。在法庭上,苏格拉底为自己做了辩护演说,他说:克利底亚一伙整天忙于设法害人,他们权虽大,但不能强迫我去为非作歹。我要人们注意灵魂的改善,懂得美德不是金钱能够买来的,这就是我的学说。雅典法庭没有承认他的申辩最后还是判决了他。

当时,雅典人正在准备海船,准备次日前往提洛岛祭祀阿波罗神。传说当初雅典王子忒修斯自愿作为七对被迫献给米诺牛的雅典童男童女之一,决心前往克里特岛,解脱强加在雅典人身上的诅咒。在临行之前,雅典人曾许愿,如若他们安全返还,将每年前往提洛岛祭祀阿波罗神。对此种神圣的宗教祭祀活动,城邦照例行事,严肃对待。为确保城市洁净,一律暂缓处决死囚。苏格拉底于是被投入监狱,等待处决。其间,弟子们陪苏格拉底度过了最后的时光,大约一月后,这位年逾七旬的哲人遣退妻儿,在众位弟子面前饮下毒鸩,从容就死。

伊壁鸠鲁怎样看待世界起源的问题?

伊壁鸠鲁,古希腊哲学家、无神论者,伊壁鸠鲁学派的创始人。他的学说的主要宗旨就是要达到不受干扰的宁静状态。

18 岁的时候,伊壁鸠鲁随父亲来到了雅典,但是当时雅典的统治者非常独裁,他仇视雅典的所谓民主的精神,并且派人驱赶敢于反对他的人。后来,伊壁鸠鲁全家都受牵连,只得逃往小亚细亚半岛。

不久后,伊壁鸠鲁回到雅典,买了房子并办起了学,作为专门教授哲学的场所。这所学校既收富人的子弟,也收穷人的子弟,没有等级差别。

在伊壁鸠鲁看来,世界并不是混沌不堪的,他们由原子组成,而原子就是不能被分成更小的物质性微粒。而且他还认为,除了我们居住的世界外,还有另外的世界,他们同地球一样,也有生命,有飞禽走兽,有山川河流。

古希腊神话与古罗马神话的区别是什么?

古希腊神话最初产生于民间,经过了几百年的口头流传,然后《荷马史诗》等著作将其记录了下来。希腊人在奥林匹斯诸神的殿堂里塑造了 12 位主神。除了众神之父宙斯和天后赫拉外,其他的诸神都有各自的族谱。

他们生育繁忙，香火鼎盛，各神还有各自垂直的家庭谱系。

这里有智慧女神雅典娜、月亮和狩猎女神阿耳忒弥斯、爱情与美貌女神阿弗洛狄忒、太阳神阿波罗等。和别的神话不同，古希腊众神不但具有人的形体，而且具有人的感觉，能够像人一样进行思考。他们同人一样具有欲望，会有疼痛或是恐惧的感觉。

约公元前 3 世纪，希腊已经历了辉煌的古典时期，罗马文学初露端倪。由于移民及战俘等因素，使两国之间的文化交往日益频繁，也加速了先进的希腊文化对罗马文化的渗透与影响。具体而言，罗马本有自己的神话传说，这种原始神话带有明显的"万物有灵"和拜物教的特点。但在希腊神话的影响下，罗马神话也很快具有人神同形同性的特点，甚至有些故事几乎成为希腊神话的翻版，只是有一个罗马神的外壳，如宙斯改名为朱比特，赫拉成了尤诺，阿弗洛狄忒成了维纳斯。

最早的罗马文学作品其实是希腊文学的译品和仿作。第一个罗马作家李维乌斯·安德罗尼库斯（公元前 280 ～前 204 年）是个希腊俘虏，他把《奥德赛》译成拉丁文，并将改编过的希腊剧本在罗马上演，罗马的书面文学便开始了。罗马戏剧是在原有民间戏剧的基础上发展起来的，接受希腊戏剧的影响发展而来。罗马的文人史诗也在很大程度上模仿了荷马史诗。

与丰富多彩的古希腊神话相比，罗马神话更简单，也更朴素。古罗马神话由神的传说和同神的传说相关的地方历史传说两部分组成。古罗马的神一部分是罗马及其周围邻近部族原有的，一部分是外来的。传统意义说的罗马神大都与土地有关。

古希腊雕塑为何都是裸体？

在欧洲文化发展史上，古希腊罗马时代是雕塑发展的第一个高峰期，而裸体雕塑几乎是这一时期创作的主流。人们在欣赏古希腊雕塑艺术的时候，不禁要问：为什么古希腊雕塑都是裸体？时至今日，大概有两种说法：

一种说法认为古希腊的裸体艺术来源于原始社会的裸体风俗。农业社会之前的原始人，特别突出对男、女外生殖器的表达。原始人把性看作大自然赐予的生命与欢乐的源泉，他们都以性为美，以裸体为美。到了古希腊罗马时代，裸体艺术则达到了顶峰，也延续了这种审美观点。

另一种说法认为古希腊人雕塑采取裸体的形式，和当时战争的频繁与体育的盛行有密切的关系。在古希腊人眼中，理想的人应是血统好、发育好、比例匀称、身手矫健、擅长各种运动的裸体男女。基于这种思想，裸体雕塑自然而然地成了当时的主流艺术。从艺术规律来看，作为三维空间艺术的雕塑，其最理想的模特儿应是运动场上的优胜者和那些健壮美丽的肌体。

正因为以上的原因，我们看到的古希腊雕塑都是裸体。

谁被尊为"数学之神"？

阿基米德（公元前 287 ～前 212 年），出生于西西里岛的叙拉古城。他是古希腊后期一位最伟大的科学家，在数学和力学方面取得了极大的成就，被称为"数学之神"。

在数学方面，他测定了圆周率和圆的面积。在物理学方面，他又发现了"杠杆定律"。阿基米德曾经说过：给我一个支点，我能撬起整个地球。在他洗澡的时候，突然有了灵感，于是他发现了"阿基米德定律"：物体在液体中减轻的质量等于它所排出的液体的重量。

在阿基米德晚年的时候，罗马军队入侵叙拉古，阿基米德指导同胞们制造了很多攻击和防御的作战武器。当侵略军首领马塞勒塞率众攻城时，他设计的投石机把敌人打得鬼哭狼嚎。他制造的铁爪式起重机，能将敌船提起并倒转……

罗马军队被阻入城达三年之久。最终，公元前 212 年，罗马人趁叙拉古城防务稍有

公元前212年，罗马人攻入叙拉古城时，阿基米德并不知情，还在全神贯注地研究一个数学问题，罗马士兵命他立刻去见罗马侵略者首领马塞勒塞，但阿基米德急于解决数学问题，便请求等一会儿，罗马士兵不耐烦，举刀砍死了一代天才阿基米德。

松懈之时，大举进攻闯入了城市。此时，75岁的阿基米德正在潜心研究一道深奥的数学题，一个罗马士兵闯入，用脚践踏了他所画的图形，阿基米德愤怒地与之争论，残暴无知的士兵举刀一挥将其杀死，一颗璀璨的科学巨星就此陨落了。

毕达哥拉斯的数学成就有哪些？

最早把数的概念提到突出地位的是毕达哥拉斯学派。他们很重视数学，在他们看来，不论是解释物质世界，还是解释精神世界都离不开数学。他宣称数是宇宙万物的本原，研究数学的目的并不在于使用而是为了探索自然的奥秘。

毕达哥拉斯最著名的定理就是毕达哥拉斯定理。他用演绎法证明了直角三角形斜边平方等于两直角边平方之和，即勾股定理。

毕达哥拉斯对数论做了许多研究，将自然数区分为奇数、偶数、素数、完全数、平方数、三角数和五角数等。毕达哥拉斯派认为，数为宇宙提供了一个概念模型，数量和形状决定一切自然物体的形式，数不但有量的多寡，而且也具有几何形状。

毕达哥拉斯还通过解释数和物理现象之间的联系来进一步解释自己的理论，他曾证明用三条弦发出某一个乐音，以及它的第五度音和第八度音时，这三条弦的长度之比为6∶4∶3。

他说球形是完美的几何体，大地是球形的，并且太阳、行星和月亮都是在做均匀圆的运动。他还认为十是最完美无缺的，所以天上发光的物体也必须有十个。

此外，他还有一套这样的理论：地球沿着一个球面围绕着空间一个固定点处的"中央火"转动，另一侧有一个"对地星"与之平衡。这个"中央火"是宇宙的祭坛，人类将永远无法看到。这十个天体到中央火之间的距离，同音节之间的音程具有同样的比例关系，以保证星球的和谐，从而奏出天体的音乐。

他同时任意地把非物质的、抽象的数夸大为宇宙的本原，认为万物皆数，数是万物的本质，是存在由之构成的原则，而整个宇宙是数及其他关系的统一整体。毕达哥拉斯将数神秘化，说数是众神之母，是普遍的始原，是自然界中对立性和否定性的原则。

亚里士多德的哲学思想是什么？

亚里士多德（公元前384～前322年），被称为"百科全书式的学者"。他一生之中研究的领域相当广泛，著作传说达千卷之多，大多遗失，现存162卷，包括《形而上学》《物理学》《气象学》《政治学》《伦理学》《修辞学》《范畴篇》等47部。哲学是亚里士多德最擅长的领域。他师从柏拉图20年，一度任马其顿王亚历山大的教师，后回雅典办学。在他教授哲学的时期，哲学已经成为一门独立的学科。亚里士多德的哲学是在批判和继承柏拉图哲学的基础上，衍生出来的哲学，他有句名言："吾爱吾师，吾更爱真理。"亚里士多德不赞成柏拉图的理念论，认为自然界是客观的、真实的存在，人们的认识依赖于对客观世界的感觉，没有感觉就没有知识。他认为宇宙万物的生成、发展由四种原因所致：质料因、动力因、形式因、目的因。

形式比质料更重要，因为形式是积极的，质料是消极的，只有形式能给物质以积极的现实性，目的决定事物的运动和发展。亚里士多德的政治观点属于温和的民主派，在他看来，贫富分化过于悬殊，必将会引起社会的动荡不安，因此，大家拥有的财产最好能坚持适度的原则。此外，亚里士多德的观点是，人作为"政治动物"，注定要过群体生活，因此，只有在城邦制度下，人类才能实现真正的至善和幸福。

为什么说托勒密是古代天文学的权威？

托勒密（约 90 ~ 168 年）是古代天文学方面的权威。

在继承亚里士多德等人学说的基础上，托勒密通过大量的天文观测和大地测量，创立了宇宙结构学说，写成 13 卷本的巨著《天文大全》。书中，他又对前人提出的地球是宇宙中心的观点，做了更系统的总结。托勒密的行星体系学说，肯定了大地是一个悬空着的没有支柱的球体，并且从恒星天体中区分出行星。他认为日、月是离我们较近的一群天体，而且有必要把太阳系从众星中识别出来。托勒密系统地进行天文观测和计算，编制成包括 1028 颗恒星的位置表，测算出月球到地球的平均距离为 29.5 倍的地球直径，这个数值在古代来说是相当了不起的。这样有规律的行星体系是托勒密学说的核心和精华，对人类文明进步起到了巨大的推动作用。托勒密学说中的糟粕——地心说，也长期被人们所推崇。

你知道亚历山大的死因吗？

战场上的亚历山大可谓是所向披靡，但是，他是并没有逃脱死神这个敌人。公元前 323 年 6 月，他在巴比伦城突然死去，年仅 33 岁。

有关他的死因，最普遍的说法就是死于疟疾。但是新的研究表明，亚历山大可能死于西尼罗病毒，而且是被乌鸦传染上的。不过也有人对这个说法表示怀疑，因为西尼罗病毒通常只会使老人或免疫系统衰弱的人死亡，像亚历山大那么身强体壮的人，病魔是不会轻易击垮他的。

在亚历山大死前，他回想起曾经的辉煌，想到自己终究还是没有战胜死亡，不禁感慨万千。于是他命令部下在其死后在他的棺材上留两个洞，让自己的手伸出来。这样，他就告诉后人，他虽一生奋战，离开的时候仍要两手空空。

谚语"皮洛士的胜利"是怎么来的？

西方文明史上有一个著名典故，叫作"皮洛士的胜利"，意思是"付出极高代价才取得的胜利"。这个典故来自古希腊伊庇鲁斯国王皮洛士的远征经历。他原本想与马其顿王亚历山大一样通过远征建立一个大帝国，可惜他没有亚历山大那么幸运，皮洛士的远征没能使他给历史留下一个庞大帝国，却留下了一个"皮洛士的胜利"的谚语。

公元前 319 年，皮洛士诞生于伊庇鲁斯王族家庭。由于宫廷政变，皮洛士很小就离开了自己的国家，逃亡到邻国伊利里亚。后来，经过许多波折之后才真正获得伊庇鲁斯的王位。他在王权巩固以后就开始效法他所崇敬的亚历山大，谋划对外扩张，渴望建立一个囊括地中海的大帝国，而这时被塔林敦击败的罗马军队正好向皮洛士求助。

不久，在塔林敦西南赫拉克里亚城附近，皮洛士的部队和罗马的军队进行了第一次会战。随后双方进行了无数次的战争，但是仍然难以决定胜负。于是皮洛士就出动了战象，罗马军队的战马一见战象近前，就吓得调转马头往回奔，这样，阵局一下子就混乱起来。皮洛士乘机指挥骑兵掩杀，很快就将罗马军制服。

这一战中，罗马军死伤无数，当然，皮洛士一方也伤亡 4000 人。

第二年四月，皮洛士的军队与罗马军进行了第二次会战。这一次战争中，双方都付出了惨重的代价。会战结束时，有人向皮洛士祝贺，孰料他却非常悲痛地说："如果再有一次这样的胜利，我就要变成没有军队的光杆司令了！"

公元前275年的最后一次会战中，皮洛士的"胜利"终于走到了尽头。他无可奈何地带走了残存的8000名步兵和500名骑兵。3年后，自称是"当代最杰出的军事家"的皮洛士在一次交战中被人用瓦块砸死。

希腊方阵是如何作战的？

无论中外，在古代的战争中都出现了列阵而战的步兵战术，即"阵"。真正意义上的方阵是希腊人仿效西亚人的实践而创造的一种8人并列的全副武装的步兵纵队战术，至公元前7世纪已扩大到整个希腊。

在希腊，每个自由民必须参加重甲步兵，从事作战（奴隶和外邦人则从事仆役工作）。方阵战士装备有：一个圆盾牌，一副盔甲，两个胫甲，一支长矛和一把双刃剑。方阵是密集队形，仅分中部和两翼，在笛声中齐步前进。一旦发出战争召唤，公民们便收拾好自己的装备，进入方阵，各就各位。荣誉地位最高的在第一排；荣誉地位最低的在最后一排。典型的打法是：两方方阵相向前进，直到交战，因此，要保持队形，必须有自由民的纪律和强壮的体力。为了避免方阵通过起伏地时，有走乱的现象，所以战争一般在平地上进行。但是想增大机动性是不可能的，因为速度一块，队伍会散乱。另外，方阵作战的另外一个原因就是希腊的地形不适于骑马。

方阵的优点在于，其队形密集稳固，整个阵容犹如一堵布满长矛的墙，既能实施强有力的正面突击，又能有效地抗击敌人的冲锋。虽然方阵的最大弱点是受地形限制较大，缺乏机动性和灵活性，但是在战术上，它仍取得了巨大的进步，比起之前的蛮力的对抗，的确是多了几分智慧。

你知道奥林匹斯山上有哪些神吗？

居于奥林匹斯山上的主神共有12位，他们分别是：

宙斯（罗马又称朱庇特）：天神之父，地球万物的最高统治者。

赫拉（罗马又称朱诺）：宙斯的姐姐与妻子，是女性的代表，掌管婚姻和生育，性格特征为嫉妒。

波塞冬（罗马又称涅普顿）：海王、海洋和水域的一切主宰。

哈得斯（罗马又称普路托）：冥王，司掌冥界，统治阴暗的世界。

雅典娜（罗马又称密涅瓦）：三处女神之首，起初被视为女战神，后逐渐变为智慧女神和雅典城的守护女神。

阿波罗（罗马也称阿波罗）：在诗与艺术中表现为光明、青春和音乐之神，又是光明之神，与阿尔忒弥斯是孪生姐弟。

阿耳忒弥斯（罗马又称狄安娜）：月神，又是狩猎之神、妇女之神，是女性纯洁的化身。

阿佛洛狄忒（罗马又称维纳斯）：爱情女神。她的忠实随从小爱神爱罗斯（罗马又称丘比特）手持弓箭，被其金箭射中者即与随后见到的第一个人坠入情网，而被其铅箭射中者会对另一个人产生莫名的仇恨。

赫耳墨斯（罗马又称默丘利）：商业和市场之神、传令神。

阿瑞斯（罗马又称玛尔斯）：战神。

赫淮斯托斯（罗马又称伏尔甘）：火神和锻冶之神。

赫斯提（罗马又称维斯塔）：炉灶女神。

地面小神中的两个大神：

得墨忒耳（罗马又称席瑞斯）：大地女神，司丰收。

狄俄尼索斯（罗马又称巴克斯）：酒神与狂饮欢乐之神。

十二个主神都有其鲜明的性格和七情六欲，他们具有人的性格和情绪，具有特殊的本领。

你知道文明的使者普罗米修斯吗？

普罗米修斯是泰坦巨人之一。传说他用粘土造出了第一个男人，雅典娜又赋予了这个男人灵魂和神圣的生命。普罗米修斯还花费了很多时间和精力创造了火,并将它赠予人类。但是宙斯却专横地把火从人类手中夺走,普罗米修斯设法窃走了天火,偷偷地把它带给人类。宙斯对他这种肆无忌惮的违抗行为大发雷霆,令其他的山神把普罗米修斯用锁链缚在高加索山脉的一块岩石上。一只饥饿的神鹰天天来啄食他的肝脏,但他的肝脏又总是重新长出来,他的痛苦将持续三万年,而他坚定地面对苦难,在宙斯面没有显示出丝毫的软弱。最后,海格力斯使普罗米修斯与宙斯恢复了他们的友谊,找到了金苹果,杀死了神鹰,解救了人类的好朋友。

断臂维纳斯是怎么回事?

维纳斯雕像是希腊米洛农民伊奥尔科斯于 1820 年春天刨地时掘获的。出土时的维纳斯右臂下垂,手扶衣衿,左上臂伸过头,握着一只苹果。当时法国驻米洛领事路易斯·布勒斯特得知此事后,赶往伊奥尔科斯住处,表示要用高价收购这个塑像,并获得了伊奥尔科斯的应允。但由于路易斯·布勒斯特手头没有足够的现金,只好派居维尔连夜赶往君士坦丁堡报告法国大使。大使听完汇报后立即命令秘书携带一笔巨款随居维尔连夜前往米洛洽购女神像。让他们始料不及的是,农民伊奥尔科斯此时已将神像卖给了一位希腊商人,而且已经装船外运。气急败坏的居维尔当即决定以武力截夺,英国得知这一消息之后,也派舰艇赶来争夺,双方展开了一场激烈的战斗,混战中雕塑的双臂不幸被砸断,从此,维纳斯就成了一个断臂女神。

希腊最为杰出的天文学家是谁?

历史上把亚历山大帝国建立(公元前 330 年)至罗马征服希腊为止的一段时间称为希腊化时期。这一时期诞生了天文学之父——希帕克斯。

希帕克斯的卓越贡献是创立了球面三角这门数学工具,使希腊天文学由定性的几何模型变成定量的数学描述,他还根据相似三角形的比例原理,发明了三角函数,提出正切、正弦等概念,使天文观测有效地进入宇宙模型之中。

他抛弃了同心球模型,创立本轮—均轮体系。此外,希帕克斯还引入了偏心运动,即行星并不绕地球转动,而是绕地球附近的某一空间点转动。

希帕克斯在天文学上的贡献都是划时代的,但今天我们只能从托勒密的著作中了解他的工作,他大约于公元前 125 年逝世。

谁刺杀了腓力二世?

腓力二世(公元前 382 ~ 前 336 年),马其顿国王,亚历山大之父。即位后施行币制和军事改革,政治上采用四处扩张计策,占领爱琴海北岸一带,继而南侵希腊,公元前 338 年取得希腊领导权。在准备进攻波斯期间被刺杀身亡。

一种观点认为,刺杀腓力二世的是马其顿贵族,因为腓力的中央集权政策损害了他们的利益,也有人怀疑波斯人也参与了这个阴谋,他们想杀害腓力来阻止远征波斯战争的进行。

美国学者富勒认为腓力的前妻奥林匹娅斯有很大的嫌疑。因为阿塔拉斯的侄女克罗巴特拉有惊人的美色,腓力二世决心舍弃奥林匹娅斯而立她为王后,这样也就会影响到亚历山大的继承权。

古希腊史学家普鲁塔克则怀疑亚历山大与此事有直接的关系。他还认为刺杀腓力二世的罪行最主要应该归咎于奥林匹娅斯,她被说成是鼓动并激励那愤怒的青年去复仇的指使者。

腓力二世陵墓有怎样的发现?

20 世纪 70 年代,专门研究古代马其顿历史的考古学家安得罗尼克斯发现了亚历山大的父亲——腓力二世的陵墓。大殿中央停放着高大的大理石石椁,上面设有镶着宝石的、沉重的金质瓶状墓饰。国王的遗骨就在里面，周围是一些珠宝金器、战盔等物、王权标志，闪耀着璀璨的光芒。其中有 5 个用象牙雕刻的雕像，制作十分精美，特别引人注目。这 5 个雕像是国王的一家：腓力二世本人、他的妻子、儿子亚历山大和腓力二世的父母。这一发现在考古界引起了巨大的轰动，被认为是 20 世纪考古中最伟大的发现。

多利亚人入侵问题是怎么产生的？

公元前 12 世纪，希腊迈锡尼文明世界的几个重要城市都毁于一场大火中，只有雅典、阿卡地亚的少数迈锡尼文明时代城镇得以幸存。从总体上来说，迈锡尼文明已经覆灭。几个世纪后，多利亚人的国家纷纷兴起。随着寻求迈锡尼文明毁灭的原因和研究多利亚人国家的形成，产生了所谓"多利亚人入侵"问题。古希腊人中有一个重要分支就是多利亚人。一般认为，多利亚人是第三批入侵到希腊的讲希腊语的人，他们大约在公元前 1100 年至前 1000 年从伊庇鲁斯和西南马其顿侵入希腊。

哈蒙得还亲自去古代遗址为获取证据，他认为，南下的多利亚人定居在埃利斯、拉格尼亚、阿哥斯、科林斯、希息翁、埃庇道鲁、麦加拉和爱吉那，并越海至克里特、米洛斯、德拉及小亚南岸。他们带来了铁剑、长别针和火葬习俗，结束了迈锡尼文明，把希腊带入了黑暗时代。

另一派观点认为，多利亚人先到克里特，后至伯罗奔尼撒。很多人以为，多利亚移民确实发生过，而且所到之处不只在巴尔干半岛，还波及近东地区，时间当在公元前 12 世纪中叶至前 11 世纪中叶。此时，迈锡尼文明已经毁灭，多利亚人来到了近于废墟的广大地区，终于在废墟上建立了自己的家园。

谁被柏拉图称为"第十位文艺女神"？

莎孚，列斯波斯岛的贵族，在当地组织了一所音乐学校，写情歌和婚歌，和女弟子唱和。她写过 9 卷诗，只传下两首完整的诗

和一些残句。她用简洁自然的诗句写出了自己复杂的心理变化，反映了希腊奴隶主贵族的生活情趣。莎孚死后，她的名声传遍了全希腊，柏拉图称她为"第十位文艺女神"，她受到西欧历代具有贵族倾向的诗人的推崇。莎孚有"抒情诗人"的美誉，是因为莎孚在技术和体裁上改进了抒情诗，使希腊的抒情诗有了转向：从以诸神和缪斯的名义写诗转向以个人的声音吟唱。她是第一位描述个人的爱情和失恋的诗人。是美女、诗人、男诗人的情人、第一个失恋投海自杀女诗人、女同性恋者、现代女权主义的先祖……在"莎孚"这个名上，似乎可以加上任何一个在现代文学流行着的词汇。如果是莎孚本人，大概她更愿意用这样的诗形容自己："周围的群星黯淡无光而她的光华，铺满了咸的海洋和开着繁花的田野。"

古希腊的三大数学难题都是什么？

位于欧洲南部的希腊，是著名的欧洲古国。古希腊是几何学的故乡，这里的古人提出了三大几何难题，在科学史上留下了浓重的一笔，它们是：

1. 三等分角问题：将任一个给定的角三等分。

2. 立方倍积问题：求作一个正方体的棱长，使这个正方体的体积是已知正方体体积的倍数。

3. 化圆为方问题：求作一个正方形，使它的面积和已知圆的面积相等。

这就是著名的古代几何作图三大难题，它们在《几何原本》问世之前就提出了，随着几何知识的传播，便广泛留传于世。

何谓"桂冠诗人"？

据希腊神话所述，当阿波罗快要追上达佛涅时，她变成了一棵月桂树。随即阿波罗就把月桂当作他的标志，并决定把月桂枝条或桂冠作为给诗人及优胜者的荣誉奖赏。

事实上，"桂冠"这一称号起源于中世

纪的大学，当学生掌握了语法、修辞、诗歌，学校就为他戴上桂冠，表示他获得学位。后来，这个称号用于在诗歌创作上有显著成就的人，而且作为称颂乔叟和彼特拉克的标准方式。在传统上，"桂冠诗人"一词的使用并不严谨。直到 1668 年，约翰·德莱顿被任命为第一位桂冠诗人。

从传统习惯上说，桂冠诗人的职责是写诗以歌功颂德、悼念志哀，以及为各种重大庆典而恭写贺词。从这一点上说，丁尼生的《哀悼惠灵顿公爵辞世》（1852 年）是一篇标准的作品。

人类最早的戏剧是古希腊戏剧吗？

古希腊戏剧是人类最早的戏剧，希腊人对戏剧的热爱几近痴迷。在希腊半岛，古剧场随处可见，"看戏"在希腊人的生活中占有很重要的地位。最令人叹服的是，3000 年前的古老剧目，至今还有着旺盛的生命力。一年一度的"国际古希腊戏剧节"不仅是希腊人的盛会，还是世界艺术家的盛会。在戏剧节上，他们用自己独有的方式表现古希腊戏剧。中国传统戏曲也在那里的舞台上焕发了独特的生机。

在古希腊，观众看戏是不需要自己花钱的，因为政府会专门为公众发放戏剧津贴，鼓励群众看戏。最主要的是看戏不需要太多的文化，老百姓喜闻乐见，于是剧场就成了政治家宣扬自己观点的大舞台。直到今天，希腊人对看戏依然饱含着极大的热情。

古希腊戏剧不但是文学艺术名著，还是记录人类历史的百科全书，是分析人性的哲学经典。传说，马克思每年都要重读一次古希腊剧本，恩格斯更是给予古希腊戏剧高度的评价。

何为古希腊悲剧和喜剧？

古希腊的悲喜剧与印度的梵剧、中国的古典戏曲合称为"世界三大古老戏剧"。

古希腊悲剧起源于祭祀酒神的民间歌舞酒神颂歌。古希腊人对象征丰收和兴旺的酒神俄倪索斯非常崇拜，为了祈祷和庆祝丰收，古希腊人每年春秋两季都要举行酒神祭祀。这是一种盛大的群众性活动。在春天举行的酒神祭祀中，除了大规模的游行之外，合唱队歌唱酒神颂歌也是其中的节目形式。他们载歌载舞，合唱队队长负责讲述有关酒神的故事，合唱队则以赞美酒神的歌予以配合，于是便有了悲剧。

希腊有三大悲剧家，他们分别是：埃斯库罗斯，代表作为《被缚的普罗米修斯》；索福克勒斯，代表作为《俄狄浦斯王》；欧里庇得斯，代表作是《美狄亚》。这种悲剧取材于神话和历史，揭示出了命运的主题。它以语言为媒介，模仿人的行动，以引起人们的怜悯从而使感情得到净化。古希腊的喜剧产生于悲剧之后，代表作家有阿里斯托芬（公元前 446 ～前 384 年），代表作是《阿卡奈人》。希腊的喜剧更多地来源于现实的生活，大多是政治讽刺剧和社会讽刺剧。

古希腊喜剧起源于酒神祭祀的民间歌舞。在希腊文中，"喜剧"一词的原意是"狂欢游行之歌"。在秋天这个收获的季节，为了庆祝五谷和葡萄的丰收，为了向酒神表示感谢，人们举行酒神祭祀，在祭祀中纵情歌舞。歌舞内容不受酒神事迹的限制。人们常常把夹杂着许多笑料的村社见闻编成歌舞进行即兴的滑稽表演，喜剧便由此发展而来。

希腊喜剧的发展和繁荣比悲剧晚，在奴隶主民主制衰落时候，它逐渐兴盛起来。公元前 487 年，雅典正式上演喜剧，此后喜剧便开始繁荣起来。希腊喜剧的发展大约可分为三个时期，它们分别是：旧喜剧（公元前 488 ～前 400 年）、中期喜剧（公元前 400 ～前 336 年）和新喜剧（公元前 336 ～前 250 年），其中旧喜剧的成就最大。

为什么古希腊的喜剧流传下来的很少？

与古希腊悲剧相比，喜剧的命运似乎是一幕悲剧。由于种种原因，当年曾深受大众喜爱的古希腊喜剧，很少有流传在世的。在古希腊，喜剧是一种完全属于大众的艺术。在民主的空气中，剧作家畅所欲言，大众关心的话题，通常都会在喜剧中得到体现；但另一方面，由于语言比较粗俗，演出中可能会掺杂一些下流成分，古希腊喜剧在当年就很难登上大雅之堂，致使它不能很好地流传下来。喜剧传世较少的另一个原因，就是剧中一些针砭时弊的笑话，只是反映了当时的时代背景，我们已很难理解了。

西方哲学的源头在哪里？

古希腊历来被当作是欧洲文明的摇篮，是欧洲乃至西方哲学的故乡。古希腊哲学的最早流派是米利都学派，产生于公元前7世纪或前6世纪。在这之前，古希腊哲学也经历了一个漫长的孕育时期。在一定意义上可以说古希腊哲学的前提是古希腊神话。古希腊神又分为神的故事和英雄传说两部分。在最古老的神话中，曾讲到过开天辟地、众神的诞生、人类的起源等。在古希腊人的想象中，神具有人的形象和人的感情。神和人不同的地方，在于他们是永生不死的，较之人类，神更高大，更有力量，而且主宰着人间的祸福和命运。奥林匹斯山的12个主要的神其实就是自然力的化身。

为什么希腊人崇尚自由的服饰？

在古希腊人心目中最重要的就是自由，是身体和心灵的双重解放，所以他们将自己的日常需要压缩到最低的程度，以便他们维持精神的真正自由。希腊人自由的服装设计或许和希腊人的性格有关，他们休闲而慵懒，服饰也因这个习惯，颜色素雅，剪裁简单；希腊人喜欢海风轻吹、长裙飘逸的感觉，因此服装要求宽松而飘逸。他们热爱干净，修饰整洁，头发和胡子梳理得有条不紊。他们热爱锻炼，比如去体育馆游泳，比如进行田径运动，好让自己感觉强壮。他们从不追赶亚洲的流行式样，穿一些色彩艳丽、图案古怪的服装。他们有自己的风格，男人们通常穿一袭白袍，看上去好像现代人一样时髦且有风度。

当然，希腊的男人们也喜欢自己的妻子戴点珠宝首饰，但是他们又觉得在公众场合炫耀财富简直是一件庸俗的事。因此，一旦女人们离家外出，就尽量不惹人注目，穿得越简单朴素越好。

古代希腊服饰的审美特征是怎样的？

古希腊人对服饰的追求就表现为对自然人体美的推崇。希腊人衣裙缕缕垂下的衣褶，随着人体的运动会不断地发生变化，富有韵律感和节奏感，具有高贵、和谐的魅力。希腊人的服装以人体为主体，衣服作为附属物品，必须服从于人的身体活动机能而存在。

古代希腊服装比埃及的更宽大，通常绝大部分是用精纺羊毛制成。此外希腊人也使用亚麻、苎麻和蚕丝制成的面料，这就比埃及的要精美许多。

总的来说，古代希腊人的基本服饰构成极为单纯、朴素，仅为一块长方形的面料，不需要任何裁剪，只要披挂在人体上，缠裹后系扎固定来塑造出具有悬垂状的波浪形优美衣褶的宽松服装即可。有时候，希腊人还会穿一些小斗篷，显示了几分潇洒和飘逸。

《伊索寓言》是哪个民族的故事？

《伊索寓言》中记载的故事是有关希腊民族的。公元前8世纪至前6世纪的时候，希腊人的个体意识增强，人体的感情需要有多方面的表达。于是，文学、诗歌便陆续繁荣起来。这为《伊索寓言》的诞生创造了良好的大环境。

据说，伊索是生活在公元前6世纪的一个奴隶，天资聪颖，喜欢编一些小故事，发人深省。主人很喜欢他，不想看到他饱受折磨，就放了他让其成为自由人。此后，他就到处去讲故事、寓言，伊索寓言大多是动物故事，以动物为喻，教人处世和做人的道理。

伊索寓言形式短小精悍、比喻恰当、形象生动、揭露了奴隶主的残暴，这都深受普通百姓的喜欢，因此，他的故事也得以流传下来。

今天我们看到的《伊索寓言》，是后人收集改写的，其中还掺杂了一些后代其他民族的故事。《伊索寓言》共包括了 300 多个小故事，是下层人民的生活经验和斗争教训的深刻总结。它也不愧为民间文学中的珍宝，几千年来在人类文明的长河中熠熠生辉。

"刻在墓碑上的方程"指的是什么？

在《希腊诗文集》中有这样一则奇怪的墓志铭，是麦特罗尔写的，诗歌内容如下：

过路之人，

这儿埋葬着丢番图。

请计算下列数字，

便可知他一生经历多少时日。

1/6 是他幸福的童年，

1/12 是快乐的少年，

在过去生命的 1/7，

他建立了和谐的家庭。

5 年后儿子出生，

不料儿子先于父亲 4 年而终，

只活到父亲岁数的一半，

晚年的老人异常悲痛。

丢番图啊，他到底活过几个春夏，

几个秋冬？

这个墓志铭概括了古希腊大数学家丢番图简略的一生。丢番图生活在 246 年至 330 年之间，他是代数的最初奠基人。他善于从几何中脱离出来，以真正的代数形式推演，使代数成为一门独立的学科，因而人们称他是代数的鼻祖。

通过墓志铭的数字题，我们可以解方程得出他活到 84 岁。人们为了纪念他，把整数系的不定方程称作"丢番图方程"。

"希腊七贤"指的是谁，他们有什么事迹？

希腊七贤也叫"古希腊七贤"，是指古希腊人所说的七个最有智慧的人。他们分别是泰勒斯、柏拉图、苏格拉底、亚里士多德、毕达哥拉斯、欧几里得和阿基米德。

泰勒斯是最早开始数学命题证明的人，它标志着人们对客观事物的认识从感性上升到理性，这在数学史上是一个巨大的飞跃。

柏拉图，古希腊哲学家，是全部西方哲学乃至整个西方文化最伟大的哲学家和思想家之一。

苏格拉底（公元前 469 ~ 前 399 年），出生于雅典，被称为是当时最有智慧的人。作为公民，他曾三次参军作战，在战争中表现得异常坚强和勇敢。此外，他还在雅典公民大会中担任过陪审官。

亚里士多德（公元前 384 ~ 前 322 年），古希腊斯吉塔拉人，是世界古代史上最伟大的哲学家、科学家和教育家之一。

毕达哥拉斯，古希腊数学家、哲学家，是最早悟出"万事万物背后都有数的法则起作用"的人。

欧几里得，古希腊最负盛名的数学家，他的代表作是《几何原本》。

阿基米德（约公元前 287 ~ 前 212 年），古希腊物理学家、数学家，静力学和流体静力学的奠基人。

古希腊人的住房有什么特点？

古希腊人的房屋相当简陋，即使是富人也可能居住在土坯的大房子里。他们的屋子由四面墙和一个屋顶组成，有一扇通往街道的门，但没有窗户。厨房、起居室、卧室环绕着一个露天庭院，庭院里有一座喷泉或有一些小型雕塑，此外，还有几株植物，给人以宽敞明亮、欣欣向荣的感觉。如果不下雨或者天气不太冷，一家人就生活在庭院里。在院子的一角，可能有厨师（是奴隶）在烹调食物；院子的另一角，则有家庭教师（也是奴隶）在教孩子们背诵希腊字母和乘法表；而另外一个角落，屋子的女主人和裁缝（也是奴隶）在为男主人缝补外套。女主人少有出门，因为在古希腊，一个已婚妇女经常出现在大街上，会被人们看作是不体面的事情。

古希腊人有怎样的饮食习惯？

古希腊人的饮食很简单，他们不会花太多的时间去做饭。他们似乎把饮食当成一件无法避免的罪恶，不像娱乐，既能打发无聊的时光，又能使人愉悦心情。他们主要吃面包，喝葡萄酒，然后再加少许的肉类和蔬菜。只在没有别的饮料可喝时，古希腊人才会饮水，因为他们认为喝水不利于健康。他们喜欢和朋友一起进餐，然而他们又不喜欢像现代家宴上纵情狂欢地吃喝，他们更喜欢那种欢聚一堂的感觉，可以进行更风趣的交谈，品味美酒和饮料。同时，他们也懂得节制的美德，喝得酩酊大醉会遭到别人的蔑视。

你知道伯里克利时代吗？

伯里克利时代指的是古希腊的一个历史时期，其始于波希战争的终结，终于伯里克利离世或伯罗奔尼撒战争结束。在同一时期大批在政治、哲学、建筑、雕塑、历史以及文学上卓有成就的希腊人中，伯里克利仍然引人注目。作为希腊将军、政治家和演说家，伯里克利支持文学艺术，提倡民主政治，给雅典带来之后再也没有过的辉煌，此外，他还主持大量公共项目以改善公民生活，所有这些都把雅典带入了黄金时代，亦为古希腊的全盛时期。历史学家把他执政的年代称为"伯里克利时代"。

伯里克利时代的经济文化发展是怎样的？

公元前 427 年，伯里克利进入黑海，不仅完全控制了爱琴海，而且还在黑海扩张势力，和色雷斯、小亚西部、北非和西部地中海地区建立了广泛的商业联系。他大力发展文化事业，大兴土木，装饰雅典，修建雄伟壮丽的帕特农神庙、提修斯和雅典卫城正门。公元前 5 世纪中叶，希腊的政治、经济和文化发展达到了鼎盛，为后来的西方文明奠定了基础。

当时雅典的一种硬币。一面铸有本城的庇护女神雅典娜的侧面像，另一面铸有女神的象征——猫头鹰和橄榄枝。这种硬币在伯里克利时代曾经在爱琴海的全境流通。

马其顿是如何灭掉波斯的？

公元前 336 年，马其顿王腓力二世遇刺身亡，其子亚历山大继承王位，当时他年仅 20 岁。他决心继承父业，完成其称霸世界的宏图伟业。

亚历山大才智过人，骁勇善战。他继承王位之后，就着手仿效希腊人的制度，在政治、军事上进行改革，以此来削弱氏族贵族的势力，加强君主的权力；改革货币，奖励发展工商业；最重要的是军事改革，他创立了包括步兵、骑兵和海军在内的马其顿常备军，将步兵组成密集、纵深的作战队形，号称马其顿方阵。通过这一系列的改革，马其顿的军事实力日益壮大，随后便根据其父的战略计划，试图放开手脚攫取东方的财富。

公元前 334 年春，亚历山大率领马其顿及希腊各邦的联军，进军波斯。当时的波斯帝国十分衰弱，大流士三世昏庸无能，政治腐败，内部矛盾重重。亚历山大以快速的攻势轻易地征服了小亚细亚半岛。公元前 333 年，亚历山大的军队在伊苏斯大败波斯军队，波斯国王大流士三世落荒而逃，王室眷属被俘，损失步兵、骑兵约 10 万人，辎重尽失。

公元前 332 年，亚历山大又挥师南下，沿地中海东岸前进，攻占叙利亚，之后又进入埃及，被埃及祭司宣布为"阿蒙神（埃及太阳神）之子"，他自封为法老。联军在尼罗河口兴建亚历山大城，该城由亚历山大亲自勘查设计，作为继续东征的战略大后方。

公元前 331 年春，亚历山大回师西亚，寻波斯军主力决战。10 月初，在底格里斯河东岸的高加米拉以西与波斯军主力对阵。亚历山大以不足 5 万的骑兵，将号称百万且配备战车、战象的波斯大军彻底击溃。大流士三世仓皇出逃，后被部将所杀，波斯帝国就此覆灭。

随后，马其顿军队征服了波斯的全部领土，一个横跨欧、亚、非三洲的亚历山大帝国建立起来。

亚历山大远征印度为何失败？

在征服波斯后，亚历山大显然有点洋洋自得，他不顾将士们的反对，执意进军印度。在印度西北部，他击败印度王公的联军，并计划继续向恒河流域进军。由于将士们常年在外征战，已经十分疲惫，有了返回故乡的想法。在他们看来，从波斯、埃及、巴比伦和印度的印度河流域所夺取的财富，可以供他们享受一辈子，而亚力山大却不这样认为。他自诩是阿喀琉斯的后代，必须完成征服东方的使命。但是，亚历山大发现，自己的威信正在日渐减弱，以前听话的将士们，都不买他的账。亚历山大软硬兼施都无济于事。他感到无助、失望和迷惘，整整三天，他都躲在帐篷里不愿出来。后来，他终于做出了撤退的决定，仅留一部分人驻守在战略要地。亚历山大的军队分两路撤退：一路由海军将领涅阿尔霍斯率领，从海上撤退；一路他自己亲自率领，从陆路撤退。公元前 324 年初，两路军队在巴比伦境内的奥波斯城再度会合。至此，为期 10 年的亚历山大东征结束，当年追随亚历山大东征的精兵强将也已所剩无几。

波斯王宫是如何被烧毁的？

有文字记载说，波斯的王宫雄伟辉煌，但很可惜毁于大火。

一般认为波斯波利斯王宫是马其顿国王亚历山大的军队毁灭的。公元前 330 年后，亚历山大一举击败大流士三世的军队，继而东进，迅速占领了巴比伦、苏撒和波斯波利斯。亚历山大洗劫了波斯波利斯的王宫，掠得 12 万塔兰特的财宝。还有的人认为亚历山大烧毁波斯王宫是为了要报复。"波斯人在雅典曾大肆破坏，烧毁庙宇，对希腊人干下了数不清的残暴罪行。现在要叫他赔偿，以示惩罚。"这是古希腊史家阿里安在《亚历山大远征记》中的记述。

其实，亚历山大烧毁波斯王宫也有另外的版本。普鲁塔克在《希腊罗马名人传》中说，亚历山大在一次庆功宴上几乎喝得不省人事，他旁边的雅典名妓泰绮思开玩笑说，愿不愿意放一把火把波斯王宫烧掉？亚历山大当时酒醉冲动，真的就放起火来了，事后他非常后悔。古希腊史家狄阿多拉斯·冠提斯也认为，波斯王宫的毁灭就是因为那位雅典名妓的挑逗。

不管怎么说，波斯波利斯壮丽巍峨的王宫被焚是世界文明的损失。

托勒密王朝是何人建立，管辖哪里？

托勒密王朝（公元前 323 ~ 前 30 年），即希腊人在埃及建立的王朝，由亚历山大大帝部将、留驻埃及的总督托勒密·索特尔所建。公元前 323 年，亚历山大逝世，托勒密成为埃及的实际统治者。后与亚历山大的其他部将互相混战，最终领有埃及。公元前 305 年，托勒密正式称王，为托勒密一世，最后的君主是女王克娄巴特拉七世和其儿子托勒密十五世（小恺撒）。王朝的诸位君主都被认为是埃及的法老。

托勒密王朝繁盛的时期，包括埃及本土、地中海的一些岛屿、小亚一部分、叙利亚、巴勒斯坦的一些地区，首都为亚历山大里亚。

托勒密王朝统治下的社会现状是怎样的？

王朝的统治主要依靠希腊马其顿的殖民者，他们控制了整个国家的中央和地方政权。托勒密王朝时期，全埃及的土地属于国王。农民是主要耕种者，他们是构成居民的主要因素，有人身自由，但在政治和生产上遭受了巨大的束缚。

托勒密一世采取了一系列的举措：鼓励文化事业，发展工商业，在埃及推行希腊化。亚历山大里亚在希腊人和后来罗马人统治时期，成为地中海地区的商业、文化中心，拥有当时世界一流的图书馆，阿基米德、欧几里得等著名学者都来此从事研究，此外，数学、力学、地理学、天文学、解剖学、生理学等学科的研究取得很大的进展。托勒密王朝一裔中，兄妹或姊弟通婚很多。男性后裔常称托勒密，女性的名称常有克娄巴特拉、贝勒尼基和阿尔西诺伊。其中世人比较熟悉的就是末代女王克娄巴特拉七世。

塞琉西王朝是何人建立？

亚历山大帝国分裂后，亚历山大大帝的部将塞琉古一世创建了自己的王朝，即塞琉西王朝（公元前 312 ~ 前 64 年），又译塞琉古王朝，它以叙利亚为中心，包括今伊朗和亚美尼亚在内（初期还包括印度的一部分），是希腊化时期最主要的国家之一。

塞琉西王朝是希腊化国家中拥有版图最大的国家，领有西起小亚细亚、叙利亚、美索不达米亚，东达印度的广大地区。因以叙利亚为统治中心，又称叙利亚王国，都城为安条克。塞琉古一世是马其顿人，公元前 305 年正式称王，进而向东扩张领土。自伊朗远至印度河，与印度孔雀王朝旃陀罗笈多（月护王）订立租约，转而西进叙利亚和小亚细亚。公元前 281 年，他渡赫勒斯滂（今达达尼尔海峡），企图占领马其顿，同年被刺身亡。

塞琉西王朝统治时的社会现状是怎样的？

公元前 3 世纪中叶以后，塞琉西王国在与埃及的托勒密王朝争夺巴勒斯坦的过程中，丧失了东部的大部分领土。于是塞琉古王朝想通过城市移民的方式实现各民族在政治、经济、文化上的统一，从而实现对各地的控制。而叙利亚人、犹太人、波斯人和其他伊朗人则被完全排除在官僚阶层之外，这样的排除竟达两代之久。后来，塞琉古王朝接受了波斯的行省制，但是对于这方面的管制，塞琉古一直比较松弛。全国分为 25 个省，72 个府。行省设总督，财政归财务使，他直接向安条克的财务大臣负责。地方有一定的自治权，也可以偶尔负担军事。但是这样的地方分权使国王的权力较为疏散，不利于有效地控制。

国内的城市基本上都保持希腊城市的外在特征：如部落、公民大会、议事会、行政官员、城市法令与财务规定等建置，以及体育馆、剧场、市场等公共设施。城市内分布有国王给予的土地，而且还有一些其他民族的人混杂其中。有的城市，由于有地理位置上的优势，所以发展较快，比如首都安条克就有居民 50 万，底格里斯河上的塞琉西亚居民也有 60 万。这些城市具有一定的自主权，这些地方是希腊文化和当地文化的交汇之地，而且也是希腊文化的产生之地。

世界有文字记载以来的第一位科学家是谁？

公元前 7 世纪，有一个人第一次解释了日食的成因，并计算了下次日食将出现的时间。这个人便是古希腊爱奥尼亚学派最主要的代表人物，世界有文字记载以来的第一位科学家——泰勒斯。

泰勒斯（约公元前 624 ~ 约前 547 年），生于小亚细亚的米利城，出身于奴隶主贵族家庭。青年时期曾到过埃及，学习了各种科学知识，回国后便创立了米利都学派。

当泰勒斯向人们预言下一次日食将出现在公元前 585 年 5 月 28 日时，人们都不以为然，并且还嘲笑他，扬言要在他预言的那一天向他发起反攻。

但是，这一天太阳果然昏暗了，日偏食出现了，那些曾经反对他的人哑口无言。人类第一次从对日食迷信和巫术愚昧中得到了解放，日食不再是神秘莫测、让人捉摸不定的东西了。

科学的许多方面，泰勒斯都做出了那个

时代的人未曾想过的事，并且有了巨大的贡献，比如，他计算过太阳的直径，还计算出一年的时间是 365 天。泰勒斯不但在天文学方面做出巨大贡献，还在数学、哲学等方面都做出了杰出的贡献。

如果我们追寻人类第一个进行科学思维的代表人物，泰勒斯是当之无愧的。因此，他被人们喻为"科学的始祖"。

你了解哲学大师柏拉图的生平吗？

公元前 427 年，柏拉图出生于雅典附近的伊齐那岛。柏拉图原名阿里斯托克勒，据说，他的体育老师见他身体健硕、前额宽阔，就把他叫作柏拉图，希腊文中的意思就是宽广。

柏拉图出生的那年伯罗奔尼撒战争已经进行到第四个年头，他从小在继父家度过，受到良好的教育。青年时期，他又热衷于文艺创作，写过赞美酒神的颂诗和其他抒情诗，富有文学才能。大约 20 岁时，柏拉图就一直追随哲学家苏格拉底，直到苏格拉底被雅典当局处死。

柏拉图的主要作品有《申辩篇》《会饮篇》《理想国》等，涉及的内容有哲学、政治、伦理、教育等问题。他的哲学思想核心为"理念论"，他认为世界分为两部分：感觉中的自然世界和理念中的超自然世界。感觉世界是虚拟的，不具有真实性，而理念是世间万物原型的反映，万物是理念的摹本，唯一真实的是永恒存在的理念世界。在这一哲学基础上，柏拉图设计了一个理想国：他认为一个国家应该由三部分人组成，少数哲人担任统治者，武士肩负卫国之责，而第三种人是农民和工商业者，以其劳动所获来供养前两种人。这三种人各安其位，各司其职，才是正义的国家。而奴隶不能被当成人看待，因此他们不属于

三个等级。柏拉图倡导对理念世界的追求，即对永恒的真善美的追求，后来人们往往把追求纯精神的唯理主义行为称做柏拉图式的行为。

通常人们只是把柏拉图看作哲学家，但事实上，他还是一位政治思想家。柏拉图建立的学院是欧洲历史上第一所综合性传授知识、进行学术研究、提供政治咨询、培养学者和政治人才的学校。

为了实践自己的政治理想，柏拉图曾三次赴西西里岛与叙拉古统治者狄欧尼修一世打交道，希望说服后者制定新政，用最好的法律来治理这个国家，但最后还是遭到失败。从此，柏拉图放弃了参与政治实践，把全部精力都投入到办好学院的实践中。

公元前 347 年，柏拉图在参加一次婚礼宴会时无疾而终，享年 80 岁，安息在他一手打造起来的学院里。

柏拉图哲学的核心是什么？

柏拉图是西方客观唯心主义的创始人，其哲学体系博大精深，他哲学思想的核心就是理念论。柏拉图认为世界由"理念世界"和"现象世界"所组成，人的灵魂对理念世界进行回忆，就能获得知识，不死的灵魂是理念世界派生出来的。而且人的灵魂决定了人会有三种美德，即智慧、勇敢和节制。统治者要有智慧，战士要勇敢，而劳动者要节制。他们要各司其职，这就是柏拉构造的"理想国"。从本质上来说，它又是小国寡民的奴隶主贵族共和国。在柏拉图主持学园的 40 年间，他推行过很多政治主张，但均未成功。在他死后，他的思想一直对欧洲社会影响重大，他的门徒将其思想发展壮大，继承并发展了他的唯心主义思想。

第二篇
认识新的领土
中古世界

❀ 古代帝国时期 ❀

什么是罗马王政时代？

罗马王政时代，即古罗马在公元前 753 年至前 509 年这一时期，也称为罗马王国，伊特鲁里亚时期。它是罗马从原始社会的公社制度向国家过渡时期，当时的古罗马还尚未形成强大的帝国，不过是个微不足道的小镇，没有建立共和国，是一个传统的君主制国家。

罗马共和国是怎样建立的？

公元前 510 年，罗马人驱逐了前国王卢修斯·塔克文·苏佩布，从而结束了罗马王政时代，建立了罗马共和国，国家由元老院、执政官、部族会议三权分立，贵族组成了掌握国家实权的元老院由。执政官由百人队会议从贵族中选举产生，行使最高行政权力，部族大会由平民和贵族构成。

驱逐国王后的最初十六年，罗马陷入了长期的混乱之中。公元前 494 年，当时罗马同邻近部落发生战争，而罗马平民拒绝作战，带武器离开罗马，在这种情形下，贵族被迫承认了平民选举保民官和召开平民大会的权利，平民所选的保民官，负责保护平民的权利不受贵族侵犯。

公元前 454 年，罗马成立一个十人立法委员会，由贵族和平民构成。公元前 451 年，十人立法委员会颁布了十二铜表法，由此便标志了罗马法的诞生。公元前 367 年李奇尼亚·塞克斯提亚法规定每年必须有一位执政官由平民担任。公元前 326 年，取消了债务奴隶制。

刚建国时，罗马只是一个小国家。自公元前 5 世纪初开始，先后战胜拉丁同盟中的一些城市和伊特拉斯坎人等近邻，成为地中海西部的大国。

什么是朱里亚·克劳狄王朝？

朱里亚·克劳狄是前期罗马帝国的第一个王朝，从提笔略开始，历经了四帝。提笔略的统治基本上延续了屋大维的统治政策。克劳狄是这个王朝比较有作为的皇帝。在其统治时期，他把元首的皇家办事机构（管理皇室地产、金库、税收等）初步建成了一套官僚体系，对外则继续扩张，征服了非洲西北部的毛里塔尼亚和不列颠的南部。68 年，人民起义推翻了尼禄的暴政，克劳狄王朝宣告结束。

什么是伊达拉里亚文明？

公元前 800 年，伊达拉里亚进入意大利半岛。到公元前 7 世纪时，伊达拉里亚一些主要城市已经建立起来，农业和手工业也相当发达。公元前 6 世纪是伊达拉里亚的全盛时期，他们曾向外扩张势力，征服了罗马，建立起塔克文王朝的统治。伊达拉里亚人吸收古代东方国家和希腊文化，在当时创造了较高的文明，还在意大利进行传播，对罗马的文明影响重大。

什么是塔克文王朝？

根据罗马传说，当王政时代第四代王安卡斯在位的时候，塔克文依靠自己的聪明才智受到了国王安卡斯的信任。按拉斯王死后，塔克文于公元前 616 年被罗马元老院正式选为国王，建立了塔克文王朝，开始了部落首僭取王权的过程，之后，塞维·图里乌斯实行了一系列的改革，终于完成了在罗马创建王制或称原始君主制城市国家的历史性任务。

"母狼乳儿"的故事是真的吗？

今天的意大利罗马市政博物馆，有这样一个青铜像——一尊母狼哺育两个婴儿。这尊铜像的背后是一个美丽的传说。

相传在特洛伊战争后，有些特洛伊人侥幸逃脱出来，坐船漂流到意大利半岛上，在中部台伯河出海口附近定居下来，建立了自己的王国——亚尔尼龙伽。这里森林茂密、阳光明媚、土地肥沃，特洛伊人在此安居乐业，其乐融融。

亚尔尼龙伽国王有个弟弟叫阿穆留斯，他一直处心积虑想篡夺哥哥的王位。因为害怕哥哥的后代报仇，他杀死了侄子，并强迫侄女西尔维娅去做女祭司，终身不许婚配，但战神马尔斯却爱上了西尔维娅，很快，他就和西尔维亚生了一对孪生子。阿穆留斯得知后，怒不可遏，就下令将西尔维娅处死，并将孪生兄弟放入篮筐扔进台伯河里淹死。可是，阿穆留斯并没有如愿以偿，因为篮筐不但没有沉没，还漂到河边。孩子的哭声引来了一只母狼。它没有伤害他们，而是把这两个孩子衔走，带回了山洞。从此，它便用狼奶喂养他们。一只啄木鸟也给他们找来食物。后来，善良的牧羊人福斯图卢斯发现了这对孩子，把他们带回家中抚养，并给他们起了名字，哥哥叫罗慕路斯，

弟弟叫勒莫斯。不过，虽然牧羊人打听到两位孩子的身世，但是出于他们的安全考虑，他发誓不泄露秘密。兄弟俩从小苦练武艺，长大变成了身体健硕、武艺高强的青年。慢慢地，他们的身边便渐聚集起一群牧人、流浪者和逃亡的奴隶。

一天，兄弟俩偶然遇到了外公，得知了自己的身世，他们十分惊讶，但更多的是愤怒。阿穆留斯的残暴统治早就引起了人民的不满，于是罗慕路斯兄弟俩就带领无法忍受残酷压迫的牧人、流浪汉和奴隶，举兵杀死了阿穆留斯，然后把政权还给了外公。后来，他们在自幼长大的地方建了一座城市，即罗马城的前身。

不幸的是，兄弟俩为了确定新城市的名字和争夺统治权争吵起来，并发生了兄弟相残的惨剧。最终罗莫路斯杀死了弟弟勒莫斯，并用自己的名字命名这个城市为罗马，他也成为罗马城的最高统治者。

事实上，根据后代史家考证，罗马城的建立时间在约公元前6世纪上半叶，显然，这个数据晚于依据传说推测的年代。

罗马哪位皇后被东正教教会封为"圣人"？

在拜占廷时期，妇女有很高的地位，她们没有法律和风俗的约束。拜占廷皇后狄奥多拉就是这种风俗影响下的受益者，据说她曾经是个妓女，最后却当上了罗马皇后。

查士丁尼一世爱上她后，她先是做了一个情妇，之后，狄奥多拉在政治上表现出了一定的胆识和谋略。她有天生过人的智慧，与查士丁尼共同为保守古旧的政权加上新动力。532年的尼卡暴动中，城堡大火，乱军逼近皇宫之际，查士丁尼差点要弃皇宫逃命，狄奥多拉令他恢复勇气。她拒绝逃命——宣布准备殉身与皇宫共存亡。因为她的坚定，暴乱终结，使查士丁尼的政权得以保存。

此外，狄奥多拉还缓和了查士丁尼惯常的无耐性，向教皇制度发起挑战，暗中鼓励东方成立一个独立的"基督一元论"的教堂。狄奥多拉不愧为一个敢作敢为的女性，她的

罗马的象征——母狼育婴铜像

这种性格正好与查士丁尼的性格形成互补，这正是查士丁尼为什么始终迷恋她的最主要的原因。548年，狄奥多拉死后，查士丁尼失去贤内助，变得优柔寡断，毫无建树，人们曾一度猜测查士丁尼晚年的政策转变可能跟狄奥多拉之死有关。

罗马元老院是怎样的？

早在公元前6世纪罗马共和国建立，元老院就产生了，以后就一直维持到罗马帝国灭亡。

在古代罗马时，元老院兼有立法和管理权的国家机关，最初为氏族长者会议，共和时期前任国家长官等其他大奴隶主也进入元老院。元老院有权批准、认可法律，并通过执政官掌管财政外交，统辖行省和实施重大宗教措施等，还有权给行政长官们分配任务，延长其职能。帝国时期，政权日益集中于皇帝，元老院实权日削，已失去其原来的统治地位，但仍然是贵族统治的支柱。到580年，罗马元老院被取消。

罗马时代的保民官是什么？

保民官是古罗马时期维护平民利益的一种特殊官职，产生于公元前5世纪初平民第一次分离运动获胜之后。保民官从平民会议中选出，最初为2人，后来增至10人。保民官人身不受侵犯，享有一种特殊权利——否决权。除独裁官外，对其他任何高级长官的决定，只要违背平民利益，都有权予以否决。但其权力只限于罗马的城区和近郊。保民官在罗马共和国时代的平民反对贵族的斗争中曾发挥过一定的作用，到了帝国时代，基本上没什么实质性的作用了。

"条条大路通罗马"的说法是怎么来的？

西方有一句闻名世界的谚语："条条大道通罗马。"这句谚语的起源就来自古罗马大道的修建。在古代罗马的建筑奇迹中最著名的就是"罗马大道"——以首都罗马为中心面向全国的四通八达的公路网。

在古代，罗马是意大利中部的一个小城，后来逐步向外扩张，势力遍及整个地中海地区并扩展到大西洋方向和欧洲大陆内部，建立了罗马帝国。

1～2世纪，罗马帝国国势和人口达到顶峰，建立了规模宏大的古代交通运输网。罗马人共筑硬面公路8万公里，其中著名的有阿庇亚大道、波匹利亚大道、奥莱莉亚大道、弗拉米尼亚大道、埃米利亚大道、瓦莱里亚大道和拉丁大道等，另有无数条支线通往帝国各行省。这些道路四通八达，无怪乎会有"条条道路通罗马"之说。

古罗马"十二铜表法"是如何产生的？

公元前509年，罗马开始了共和时代，但是，真正的实权还是掌握在贵族手中，因此在罗马共和国建立之初，平民与贵族的斗争就不断进行。经过一系列的争斗，平民最后赢得了选举保民官的权利，这些保民官代表平民的利益，所以，当执政院的执政官违反了平民的意愿，保民官有否决权。

罗马最初实行的法律就是"习惯法"，法律的解释权和司法权就掌握在贵族的手里。公元前454年，罗马元老院才决定将其定为成文的法律。此后，罗马诞生了第一部成文的法典，法典被刻在12块铜板上，因而被称为"十二铜表法"。后来，"十二铜表法"也成为欧洲大陆各法系的渊源。

你知道欧洲历史的王冠吗？

目前所能见到的最早王冠，可能就是距今5000多年的埃及王的王冠了。由于王冠代表了一种天命、高贵、神圣和永恒的权力，统治者都将其视为自己王权的象征。

在古罗马帝国，皇帝的正式皇冠是一种环箍形王冠。13至14世纪时，环箍形王冠风行欧洲，现存的此时期的箍形王冠，最有影响力的被称为"伦巴底铁冠"，被保存在意大利米兰市的圣约翰大教堂中。它最吸引人的地方是环箍内的铁环，相传它由一颗钉死耶稣的铁钉锻成，因而具有超乎寻常的意义，每年去朝拜它的人络绎不绝。王冠的基本特点是越来越华丽，做工也越来越精细，当然，随着资产阶级政权的不断建立，王冠就慢慢退出了历史舞台。

你知道罗马盛大的凯旋式吗？

古罗马人自称是战神马尔斯的后代，是一个以英勇善战著称的好战民族。他们对获得重大胜利、开疆拓土的将领极为推崇，为其举行祭献仪式感谢神明，组织规模宏大的游行，展示各种战利品。这就是罗马历史上乃至世界历史上赫赫有名的凯旋式。

一般认为，凯旋式是经由伊达拉里亚人传入罗马的。据说，最早创立凯旋式的人是罗马第一个国王罗慕路斯（公元前 753 ~ 前 715 年在位）。他在战胜凯尼嫩塞斯的国王阿克隆后，肩上绑着此人盔甲的橡树胜利纪念碑，头戴月桂花环，率领全副武装的军队，高唱着凯歌进入罗马，步行至卡皮托林山顶。而伊达拉里亚人入主罗马时把他们庆祝胜利的仪式也一并带来。第五个国王普里斯库斯·塔奎尼乌斯（公元前 616 ~ 前 579 年在位）首次按照伊达拉里亚人的习惯，在罗马举行乘坐战车入城的凯旋仪式。这种新的游行仪式逐渐成为罗马人最盛大的庆祝仪式，而之前规模盛大的游行式也渐渐变为小规模的凯旋式。在共和时期，凯旋式是罗马人给予全胜而归的将领的最高奖赏。

罗马人的公共浴池是怎样的？

公共浴池是有关皇帝和政治家们新闻评论的交流场所。公共浴池是一座巨大而复杂的建筑物，越到里面温度越高，有桑拿的干燥或蒸汽浴，还有土耳其的湿蒸气浴。此外，还有冷水、热水池，地板下，用加热器加热空气进行循环流通，作为加热浴室的装置。入浴后，浴场的中庭没有体育场，可以进行举重训练、球类游戏等，也可以享受按摩，

买糕点吃，等等。

古罗马帝国为什么要设"狄克维多"？

在古罗马共和国前期便产生了狄克维多，它是拉丁文的音译，意思是"独裁官"，是古罗马共和国时期的非常任高级长官，这一职位只有在国家发生危机的时候，才能设立。独裁官的任命需要元老院做出决定，任期不得超过半年。

早期的独裁官勤劳简朴。据说，当时有一个叫肯奇那图斯的人担任独裁官的时候，还在干农活，当元老院宣布他的任职后，他才匆匆穿上长袍，离开农场，赴往战场。

在他任职期间，有决断重大事务的权力。出巡时，他的身后都紧随着 24 名护卫，护卫的肩上扛一束肤棒，中间还插一把战斧，这样的"组合"就被称为"法西斯"，它是权力的象征。对于违抗狄克维多命令的人，可以实行严惩，判决后由护卫队立即执行。只有在人民大会面前，护卫才可以遵循狄克维多的命令，将"法西斯"放下，以示他的权力来自人民。

罗马帝国的元首顾问会是怎么回事？

罗马帝国创建者奥古斯都为强化其个人的统治地位，设立了由效忠于元首的 15 名元老、2 名执政官和亲属组成的 20 人委员会，为其决策起咨询的作用，但当时还未有固定的组织形式。这便是元首顾问会的前身。奥古斯都的继承者提比略统治时（14 ~ 37 年），把元首顾问会变为较固定的机构，经常处理重要的案件，权利也逐渐增大。到哈德良统治的时候（117 ~ 138 年），元首顾问会最后建成，正式成为中央政权的官僚机构。

关于古罗马政治家苏拉你知道多少？

谁都想拥有至高无上的权利，然而，古代罗马著名的政治家、军事家苏拉在夺得最高权力以后却又自愿放弃。至今，人们都把它当作一个谜。

公元前 138 年，苏拉出生于古罗马的一个破落贵族家庭。50 岁时，苏拉建立了他的独裁统治。为了终身掌握国家的最高权力，苏拉不惜践踏民主传统，威慑元老院。此外，他还进行了种种"宪政改革"，取消了民众大会的否决权，消减了保民官的权限，将自己的大量亲信安插在元老院。但是就在他取得终身独裁统治权的第三年，他突然宣布辞职。

据说，当他决定放弃权力时，曾在广场上发表过一次演说。但是在当时的情况下，没有人敢冒着生命危险去质问他。如果有人问，他也许会说明原因。

有人说他在三年独裁统治后还政于民是明智之举；有人说他是由于改革无望而急流勇退；还有人说是他在满足权力欲望后厌倦战争、厌倦权力、厌倦罗马而向往田园生活；更有人认为是他患了严重的皮肤病，无法亲理朝政只好忍痛放弃政权。

你知道罗马诗人维吉尔吗？

普布留斯·维吉留斯·马罗（公元前 70～前 19 年），通称维吉尔，在 5 岁时便开始接受教育，后来到罗马学习修辞学、医学与天文学。不久，他专攻哲学，并在就读期间开始写诗。后来，他又成为了该尤斯·梅赛纳斯圈子内的一员，梅塞纳斯是屋大维的外交官，为人能干，他通过团结罗马的文学家，拉拢他们到屋大维的一边，以寻求反对安东尼的贵族。公元前 31 年，屋大维在亚克提姆海战打败安东尼，4 年后，屋大维被罗马元老院封为"奥古斯都"，这使得维吉尔决心要写出歌颂其政权的诗篇。他的代表作有《牧歌集》《农事诗》、史诗《埃涅阿斯纪》三部杰作，其中的《埃涅阿斯纪》长达十二册，是代表着罗马帝国的巨著。他被誉为古罗马最伟大诗人。

罗马的艺术成就是怎样的？

在元首制时期，罗马艺术首次呈现出独特之处。在这之前，罗马艺术事实上是来自希腊化东方的舶来品。获胜军队从希腊和小亚细亚把一车车的浮雕、雕像以及大理石柱作为战利品的一部分运回意大利。这些艺术品成为富有商人的财产，被用来装饰他们的豪华住宅。随着这种要求的增加，数以千计的复制品被制造出来。到了共和国末期，罗马逐渐拥有了大量的艺术品。元首制早期洋溢的民族自豪感刺激了更加本土化艺术的发展，奥古斯都自诩他最初看到的罗马是一座砖城，可留下的却是一座大理石城。不过，旧有的希腊化影响还保持了相当长的一段时间。

谁被称为"历史之父"？

希罗多德是古代希腊历史学家，被人们称为"历史之父"。公元前 484 年他生于小亚细亚的哈利卡纳苏斯城。因参加当地反对僭主统治的斗争被迫离开故乡。在萨摩斯岛居住一段时间后，长期在地中海周围地区游历，到过埃及、巴比伦、黑海沿岸和希腊的许多地方，也就是这一时期，使他更加开阔了眼界，增长了见识，也为他以后的创作积累了大量的历史素材。

他所著的《历史》一书，共 9 卷。1 至 5 卷第 28 章，涉及西亚、北非及希腊诸地区的历史、地理及民族习俗、风土人情。第 5 卷第 29 章起，主要叙述波斯人和希腊人在公元前 478 年以前数十年间的战争。

希罗多德对欧洲史坛的材料采取的并不是盲从相信的态度，而是有一定分析批判精神。

他创造了叙述历史的新方法，把记载史实和加以阐释有机地结合起来。总之，希罗多德在推崇雅典民主的同时对古代亚非人民的文化成就给予了充分的肯定。

布匿战争是怎么回事？

公元前 3 世纪早期，罗马人成为意大利的霸主之后，企图继续扩张，称霸地中海。与此同时，西部地中海上的强国，迦太基也在扩张海上势力。这两种势力的争夺就引发了一场持续已久的战争，时间长达 100 多年，因为罗马人称腓尼基人为"布匿人",所以史称"布匿战争"。

第一次布匿战争(公元前264~前241年)缘起于"墨西拿事件"。公元前265年,西西里岛的墨西拿城邦发生雇佣兵起义,墨西拿向迦太基和罗马两方求救。迦太基率先出兵干预,占领了墨西拿。罗马统治者唯恐迦太基人独吞整个西西里,于是在次年派兵侵入西西里岛,由此第一次布匿战争的序幕被揭开了。

经过一系列的交战,罗马军队取得了陆上作战的一些胜利,但迦太基在海上一直处于优势。公元前241年3月,罗马的200艘战舰在伊干特群岛大败迦太基海军,迦太基不得不求和,赔款3200塔兰特,罗马取得了西西里及其他一些岛屿;嗣后又乘迦太基雇佣兵起义之机,出兵占领了科西嘉和撒丁尼亚两个岛屿。从此,罗马便取得第一次布匿战争的胜利,并掌握了地中海西部的制海权。

但是,此时的罗马人并不满足,而迦太基也不甘心于已有的失败。公元前219年,迦太基的卓越统帅汉尼拔发兵攻占了归附罗马的萨贡托城,罗马出兵干涉,次年第二次布匿战争爆发(公元前218年~前202年)。汉尼拔审时度势,决定先发制人,于公元前218年春,率兵从西班牙出发到达意大利的波河平原,罗马人猝不及防,即使奋勇抗战,仍屡战屡败。

这一役后,罗马上下无不为之震动。即使已经过去了很长时间,但罗马人并不甘心。公元前149年,罗马向不设防的迦太基城和居民宣战,第三次布匿战争(公元前149~前146年)开始了。面对这突如其来的侵略,迦太基措手不及,只得俯首求和。到公元前146年,罗马围困迦太基,最后许多迦太基人和庙宇同归于尽。

罗马在征服迦太基之后,又把侵略的视线转移到了更广阔的地方。总之,布匿战争为罗马打开了通往称霸世界的大门。

谁被称为世界"战略之父"?

汉尼拔(公元前247~前183年或前182年),北非古国迦太基著名军事家。生长的时代在正逢古罗马共和国势力崛起的时候。少时随父亲哈米尔卡·巴卡进军西班牙,并在父亲面前发下一生的誓言,要终生与罗马为敌。从小接受严格而艰苦的军事锻炼,在军事及外交活动上有卓越表现,因此被西方人尊为"战略之父"。

马略军事改革是怎么回事?

由于罗马的贵族们大量霸占土地,反对民主改革,反对分权给平民,从而使得小农纷纷破产,建立其上的罗马公民兵制度也趋于瓦解。罗马兵源日益减少、军心散漫、纪律败坏,导致罗马在对北非努米底亚国王的朱古达战争中屡次败北,雄风不再。这时,罗马著名的军事家盖约·马略果断地进行了一次改革。

就任执政官之后,马略放弃了征召有产公民服役的公民兵制,实行募兵制,凡自愿又符合服役条件的公民,不论财产等级如何,都可以应征入伍。服役期16年,国家负担武器装备并发薪饷,退伍后可分得土地。马略还把属于同盟者身份的意大利城市和农村的自由民征募入伍,并且那些无产贫民也可参加军队。罗马兵源的问题解决之后,马略又开始整顿军纪,经过严格训练,军队的士气大振。公元前107年,马略以执政官身份率领新兵奔赴战场,扭转了战局,取得了战争的胜利。之后,他又挟朱古达战争胜利之余威,击败了侵入波河流域的森布里人、条顿人,并连任公元前104年至前101年的执政官。

在对日耳曼人战争期间,马略全面完成了军事改革。在迎击日耳曼人途中,马略毫不放松军队训练,让士兵背负行囊,长途行军;为了保证供应,他还组织军队修建运河,让士兵慢慢习惯土方工作。另外,马略改变了罗马军队历来相传的队形排列,扩大了战术单位，军团人数由 4200 人增加到 6000 人。

马略的军事改革结束了罗马公民兵制度，解决了因小农衰微导致的兵源枯竭问题，使大量的无产贫民加入军队，既巩固了罗马政权，又稳定了罗马社会。但是马略的改革使原有的公民兵变成了长期服役的职业军队，士兵成了雇佣军人，对将领的依赖性就会更强。此后的整个军队逐渐变为领导者实现自己政治目的的工具，为他们以后的军事独裁奠定了坚实的基础。

屋大维是怎么开创元首制的？

盖乌斯·屋大维，罗马帝国的开国君主，元首政制的创始人，统治罗马长达 43 年，是世界历史上最为重要的人物之一。他是恺撒的甥孙，公元前 44 年被恺撒收为养子并指定为继承人。

公元前 29 年秋，屋大维返回罗马，揭开了罗马历史上新的一页——共和制走向覆亡，罗马建立帝制。

从公元前 32 至公元前 23 年，屋大维连任 10 年执政官。公元前 30 年，屋大维被授予终身保民官的职权。公元前 29 年，屋大维凯旋罗马后，又受封"元帅"称号，同年被赋予监察官权力。公元前 28 年，屋大维荣膺首席元老。公元前 27 年 1 月，屋大维在元老院发表演说，假意放弃权力，恢复共和，结果获得了元老院赠予的"奥古斯都"（拉丁语意为"至尊""神圣"）尊号，并恳请他直接管辖高卢、西班牙和叙利亚 3 个行省，统率 20 个军团，为期 10 年，后来这个期限还得以延长。之后，屋大维又获得了最高宗教职务——大祭司长，并获得"祖国之父"的最高荣誉称号。从此，屋大维集罗马国家的政治、军事、宗教等一切大权于一身，人们不断将其神化，在意大利和行省建造了供奉他的祭坛和神庙。尽管共和国时期的各种官职和政治机构此时依然存在，但屋大维的权威已凌驾于元老院和其他所有官职之上。

是谁第一次在罗马历史上建立了独裁统治？

当小亚细亚发生米特里达梯战争时，罗马的两个派别都想争得这次战争的统帅权。后来苏拉中选。但是他还没有出意大利的时候，其东征职位就被马略代替了。此时，苏拉并未交出兵权，而是进军罗马。入城后，他大肆捕杀马略党人。

公元前 87 年，苏拉率军进入希腊。他向希腊人强征重税，慷慨地赏赐士兵，被士兵称为"幸福的苏拉"。苏拉对反罗马的城市（如雅典）施以无情的镇压，以防止更多的城市倒向米特里达梯。次年他打败本都王，从希腊追至小亚细亚。

在不满三年的时间里，苏拉屠杀了十几万人。公元前 82 年，苏拉军队开入罗马，苏拉被宣布为终身独裁官。他的"公敌宣告"，使 90 名元老、15 名高级长官和 2600 名骑士被杀或被放逐。元老院里塞满了苏拉党人，重要官职也都由苏拉亲信把持。

苏拉在罗马历史上第一次建立了独裁统治，在他病死的时候，连他的敌人也不敢反对他享受最隆重葬礼的权利。

为什么会爆发斯巴达克起义？

斯巴达克起义爆发于公元前 73 年，是世界古代史上最大的一次奴隶起义。斯巴达克起义是罗马共和国晚期奴隶反抗奴隶主阶级残酷压迫的一次壮举。

斯巴达克是巴尔干半岛东北部的色雷斯人。罗马进兵北希腊时，在一次战争中，斯巴达克被罗马人俘虏。因为他体格健壮，又有一定的军事天赋，于是被卖为角斗士奴隶。

角斗士们一般都是奴隶，多为色雷斯人、高卢人和日耳曼人，也有非洲人和其他地方来的战俘。在角斗士学校里，斯巴达克和他的伙伴们一直都是与野兽搏斗，要不就是自相残杀，后来他们不愿意继续受制于人，于是决定用起义的方式为自己赢得自由。

尽管斯巴达克起义失败了，但它沉重打

击了奴隶主统治阶级，也使得罗马政治体制的弊端日益暴露出来，奴隶主统治集团内部民主派和元老派之间的斗争日益加剧，共和制度就此土崩瓦解。

斯巴达克起义的经过是怎样的？

就在斯巴达克精心策划起义的时候，有人走漏了风声，但他仍然果决地采取行动，和角斗士们拿起武器，冲向更加广阔的天地。

公元前 72 年初，斯巴达克军队已增到 6 万人。他将部队开向阿普利亚和路卡尼亚，在那里人数达到 12 万（据有些史料记载为 9 至 10 万）。声势浩大的起义，很快地震惊了罗马元老院。之后，斯巴达克率军北上，这时队伍人数已达到 12 万。

公元前 72 年，斯巴达克的军队沿亚得利亚海岸横穿整个意大利。在齐扎尔平斯高卢省（北意大利）的摩提那会战中，斯巴达克的军队击溃了卡西乌斯总督的军队。此后起义军直奔意大利半岛南端，打算渡过墨西拿海峡，占领西西里岛。由于事先允诺提供船只的海盗违背诺言，起义军渡海未成。此时元老院已任命大奴隶主克拉苏统率大军，镇压起义军。但是，起义军仍然突破重围。不久，斯巴达克在军队得到补充后又以突袭的方式占领意大利南部的主要港口——布林的西，乘船渡海驶向希腊，进而到色雷斯（今保加利亚、土耳其的欧洲部分）。但是，这时克拉苏的实力也大增，双方展开了实力悬殊的大决

斯巴达克雕像

战，结果 6 万名起义者战死，斯巴达克也壮烈牺牲。

你知道保加利亚的文明起源吗？

保加利亚的古代文明一直不被世人所重视，也未被列入古代文明发达地之中，可是 20 世纪 70 年代的一项重大考古发现，却改变了人们的陈旧观念。人们发现，它的海滨城市瓦尔纳实际上已经有 6000 多年的历史，其古代文明也足够与古埃及、苏美尔等发达文明相媲美。20 世纪 70 年代，瓦尔纳一个铺设地下电缆的工人偶然间发现了一些出土文物，这一发现在学术界引起一场轩然大波。他们立即进行了考古发掘，结果挖出来一个公元前 3500 年的史前墓穴，里面的墓葬物品大多是极其精美的工艺品。这些工艺品多是青铜所铸造，加上保加利亚另有一处同时期的古代铜矿遗址的发现，使人们相信当时的居民已经掌握了冶炼和铸造技术。但是这一技术究竟是保加利亚人祖先自己发明创造的呢，还是从外民族那里学习来的？这些疑问现在人们还不得而知。

希腊的大殖民运动是怎么回事？

大约在公元前 8 世纪开始，希腊人进行了大规模的海外殖民活动，建立了新的殖民城市，历史上称为"大殖民"。其范围涉及黑海沿岸，并扩展到西部地中海。这些殖民城邦在促进希腊经济和文化的发展上起了巨大的作用。他们加强了希腊各邦和海外各地的商业联系，为希腊接触并吸收埃及、巴比伦和腓尼基文化提供了方便。

谁是迦太基历史上最有名的军事家？

汉尼拔，北非古国迦太基著名军事家。在古罗马共和国势力崛起时，正是他成长的最关键时期。少时随父亲哈米尔卡·巴卡进军西班牙，并且担任统帅一职。

第二次布匿战争期间，汉尼拔巧妙运用计策（地形、兵种及天气变化）引诱并击溃罗

马人。坎尼战役之后，罗马人深感此人军事策略的卓绝，尤其是在搜集情报、行军布阵和外交分化等方面。于是罗马便减少与汉尼拔的军团发生正面冲突，迅速加强同罗马联盟之间的关系，逐渐夺回意大利南部的要塞。

公元前195年，在罗马人的施压下，汉尼拔出走东方，流亡到塞琉西王国，但罗马人仍不放心汉尼拔，一直争取把他引渡到罗马受审，终于逼迫汉尼拔在公元前183年服毒自尽。

汉尼拔不败的神话终结于错用双重间谍吗？

汉尼拔很善于打仗，在对罗马的作战中，他创造了具有自己独特风格的战略战术。他经常利用敌人营垒中的内部矛盾，通过策反敌人来达到作战目的。然而在进攻罗马诺拉城的战斗中，他却因一位双重间谍的出卖而第一次在攻城战斗中受挫，不得不品尝自己种下的苦果。

公元前211年，在攻占了一些重要的内陆城市之后，汉尼拔的进攻目标转向沿海港口城市。诺拉城是他的第一个进攻目标，负责守卫诺拉城的是汉尼拔在罗马遇到的第一个能与之抗衡的对手——马凯路斯。汉尼拔在罗马多年征战的辉煌战绩让马凯路斯面对这个对手时十分谨慎。

汉尼拔为了尽快攻下诺拉城，准备再次实行策反，并在城内开始经营起了他的内应部队。双方商定，一旦马凯路斯率部出城作战，内应部队就立刻关上城门，将罗马军队关在外面，交给汉尼拔军队杀戮。然而汉尼拔万万没有想到的是，他在内应部队中的亲信路西乌斯·本提乌斯竟然是一名双重间谍。本提乌斯原本是汉尼拔在坎尼战役中的一名俘虏，当时，他身负重伤，濒临死亡。汉尼拔不但没有杀他，反而派人悉心照料他并为其疗伤，在伤愈后汉尼拔还给了他自由，让他回到罗马继续生活。当汉尼拔的大军来到诺拉城下时，本提乌斯恰好在城内生活。他知道报答汉尼拔的时机到了，于是主动出城和汉尼拔联系。汉尼拔对他也委以在城内负责组织接应的重任。

为了组织起更多的内应，本提乌斯每天游走于诺拉城的各个角落，一边争取对罗马统治不满的人加入内应部队，一边四处宣扬汉尼拔的功绩。然而，由于本提乌斯报恩心切，在进行秘密活动中没能很好地保护自己，在与汉尼拔商定好里应外合的计划后不久便暴露了身份，被马凯路斯抓获。马凯路斯同样没有惩罚他，只是让他在汉尼拔内应部队当一个眼线。尽管汉尼拔对本提乌斯有救命之恩，但他最终还是背叛了汉尼拔，变成了效忠马凯路斯的双重间谍。

毫不知情的汉尼拔在这次攻城的过程中乱了阵脚，损失了一万多人，最终仍然一无所获。对汉尼拔打击更大的是，这次攻城的溃败使他名誉受损。军中的部分将士甚至开始公开质疑他的指挥能力，部分曾跟随他攀越比利牛斯山和阿尔卑斯山来到罗马战斗多年的老兵也弃他而去。这严重地挫伤了汉尼拔的自尊心，大大削弱了他的锐气。从此，他戎马一生的征战生涯画上了句号。

为什么格拉古要进行改革？

格拉古改革是指古代罗马于公元前133年至前121年间先后由格拉古兄弟推行的以土地问题为中心的改革活动。

他们两人生活在罗马城邦扩张为地中海霸国的时代。当时罗马领土急剧膨胀，财富急剧增长，奴隶占有制迅速发展，导致土地集中和大批农民破产，使得社会矛盾日益尖锐。这为他们的改革提供了良好的社会环境。

格拉古兄弟出身于豪门贵族，受过希腊启蒙主义思想教育，擅长演说。提比留青年时投身队伍，经历了对迦太基的战役和在西班牙的殖民战争，对实事分析地较为透彻，体察民情，锐意改革。他们设想在广阔的公有地上进行殖民，以此解决罗马人力资源的问题。公元前133年提比留当选为保民官，提出土地法案，规定公民每户所占公有地不得超过 1000 尤格；超过土地由国家偿付地价，收归国有，并把每块 30 尤格的份地分给贫穷农民，由一个三人委员会负责分配土地。经过激烈斗争，法案终于在公民大会上通过了。元老贵族保守势力竭力反对改革法案的实施。提比留在竞选下一年（公元前 132 年）的保民官时，元老院贵族蓄意挑起械斗，提比留连同他的 300 名支持者被杀害。尽管他的改革计划失败了，但失地农民要求分配土地的斗争从未停止过，在他死后 10 年间仍有 7.5 万多公民分得份地，社会矛盾也得到了缓和，在古罗马的历史上起到了巨大的作用。

谁是"罗马之王"？

在世界许多地区，盖乌斯·尤利乌斯·恺撒的名字可谓响当当的。他一生中从事的重大活动在深刻影响地中海沿岸广大地区的时候，也给后世留下了难以磨灭的痕迹。他于公元前 46 年创制的儒略历，一直在欧洲使用，直至 16 世纪。他的《高卢战记》《内战记》流传至今，以其清新典雅的风格和翔实丰富的史料受到了学者的高度重视。

少年时代的恺撒凭借自己的能力取得了一部分上层贵族与民众的支持。后来他又与两个政治巨头（庞培和克拉苏）达成了默契，当上了罗马执政官。不久，他又出任山南高卢总督，在此期间，他显示出了良好的军事才能，也为他日后政治生涯中的巨大成功奠定了基础，因此，也有了很好的群众基础。但是，恺撒不断上升的影响力却遭到了庞培和克拉苏的不满，经历了内战的纷争后，恺撒仍然得到了元老院的推举，成为罗马共和国历史上从未有过的终身独裁官，集军政大权于一生，成为真正的无冕之王，也就是所谓的"罗马之王"。

谁获得了古罗马"祖国之父"的称号？

西塞罗是古罗马的政治家和思想家，以雄辩著称于世，被称为古罗马"祖国之父"。他出生于意大利亚平南一骑士家庭。26 岁的

时候，开始在罗马的法律界崭露头角。公元前 63 年出任执政官，一举粉碎了喀提林预谋的暴乱，并有了"祖国之父"的称号。公元前 51 年任西里西亚总督，在"内战"中反对恺撒，支持庞培。恺撒遇刺后，西塞罗就成为了云老会的代表，并且加入了"后三头同盟"的政治角逐中，进行了反对安东尼的政治运动，还力主恢复共和国制度，但是最终反被安东尼所杀。西塞罗政治思想的特点是：接受并集中希腊各学派的主张，结合罗马的社会情况，运用浅显流畅的拉丁文和严谨清新的文笔，把希腊各学派的主张带到了罗马，为挽救奴隶主贵族共和制度服务。他的著作是把希腊思想传播到整个西欧的重要媒介，由此也对西方文化的发展造成了很大的影响。他从现实出发，用历史演变的观念来理解国家，认为国家并非一时一地的创造，而是漫长历史变更的结果。针对罗马共和国末期金融贵族与旧贵族激烈的政治斗争，强调了奴隶阶级内部各种势力的妥协和平衡，提出普遍抽象的国家定义：国家是人心的事业，是人民在共和中拥有法律和权利、希望分享共同利益合作下的集合。在西塞罗的意识里，最好的整体应该是君主、贵族、平民三种政体互相联合、纠正的混合体；而自然法应该成为人类法的准则。他一生的著作颇丰，比如《共和国》《论雄篇》和《法律篇》。

最大的古代圆形剧场叫什么？

最大的古代圆形剧场罗马斗兽场，全名为科洛西姆斗兽场，也称为罗马大角斗场、罗马竞技场、罗马圆形竞技场、哥罗塞姆，原名弗莱文圆形剧场，位于今天的意大利罗马市中心，是古罗马时期最大的圆形角斗场，建于 72 至 82 年间，是 4 万名战俘用 8 年时间建造起来的，现仅存遗迹。斗兽场专为野蛮的奴隶主和流氓们看角斗而造。不论从功能、规模，还是技术和艺术风格各方面来看，罗马斗兽场都是当之无愧的古罗马建筑的代表作之一，它的施工速度之快也可称得上是

一个奇迹。斗兽场平面式长圆形的，相当于两个古罗马剧场的观众席相对合一。斗兽场长轴 188 米，短轴 156 米，中央的"表演区"长轴 86 米，短轴 54 米。大约有 60 排座位的观众席，逐排升起，分为五区。前面一区是荣誉席，最后两区是下层群众的席位，中间的席位供骑士等地位比较高的公民坐。荣誉席比"表演区"高 5 米多，下层观众席位和骑士席位之间也有 6 米多的高差，社会上层的安全措施相当严密。最上一层观众席背靠着外立面的墙。观众席总的升起坡度接近 62°，观览条件很好。

在建筑的过程中，水泥使用极其丰富，因而较为坚固。因此，罗马人也有"哥罗塞姆若倒，罗马也就灭亡"的说法，但实际上，罗马帝国灭亡后，此剧场依然屹立不倒，后因人们不断在此挖掘材料，该剧场才部分坍塌。

角斗士是做什么的？

对角斗士的最早记载要追溯到公元前 264 年。这些角斗士大多是奴隶，被迫在著名的贵族朱尼厄斯·布鲁特斯·贝拉的葬礼上拼死搏杀。角斗士是经过训练的职业杀手，他们经常随团到帝国的各个地方进行巡回表演，为了取悦皇帝和当地的领主还会搏杀到死。

一般来说，角斗士的社会地位比奴隶略高。而且，也有些角斗士，因其所向披靡的高超搏杀技巧而备受人们的喜爱。有证据表明当时贵族妇女相当崇拜这些竞技场上的勇士，据说科莫德斯皇帝的母亲就曾经为角斗士马提诺斯而疯狂。

为了争取生存和自由，角斗士们经常进行反抗奴隶主的斗争，斯巴达克起义就是首先由角斗士发起的。

西西里奴隶起义是怎么回事？

随着罗马队地中海区域的征服，罗马奴隶制得到了充分的发展，数以万计的奴隶在奴隶主的大农庄里从事繁重的劳动。奴隶终于不堪忍受，于是在公元前 137 年爆发了大起义，史称"第一次西西里奴隶大起义"。起义形势迅速发展，西西里岛中部、东部的所有城市几乎都被起义者占领。后来，起义队伍发展到 20 万人，起义者在恩那成建立自己的国家，推举尤诺斯为国王。后来因为寡不敌众和叛徒出卖，恩那城陷落，西西里奴隶起义失败了。

"前三头同盟"是怎么回事？

"前三头同盟"指公元前 60 年，由盖厄斯·儒略·恺撒、克拉苏和庞培组成的政治联盟，是相对于屋大维、马克·安东尼和雷必达组成的后三头同盟而言的。

公元前 73 年，罗马爆发了斯巴达克斯奴隶大起义。在镇压这次起义过程中，苏拉的两位部将克拉苏和庞培一度被推到了风口浪尖。但是因为他们和元老院的冲突而废除了苏拉留下的制度。公元前 60 年，克拉苏、庞培与盖厄斯·儒略·恺撒结成秘密的政治同盟，共同反对元老院，史称"前三头"。为了巩固这一同盟，盖厄斯·儒略·恺撒（公元前 100～前 44 年）把自己年仅 14 岁的女儿嫁给了 50 岁的庞培。在克拉苏和庞培的支持下，盖厄斯·儒略·恺撒当选公元前 59 年的执政官。

古罗马远征安息的大军流落何处？

公元前 53 年，古罗马"三巨头"之一的克拉苏率军远征安息（今伊朗），出师不利，兵败卡雷城，克拉苏本人被杀。他的儿子率领第一军团 6000 余人拼死突围，取得成功，然而突围后却杳无音讯。

据《汉书·陈汤传》记载，公元前 36 年，北匈奴郅支单于攻占乌孙、大宛，威胁西汉西域地区，于是西汉就在祈连山下设立了骊靬县安顿了这批俘虏的士兵。经过研究后，历史学家认为，这支军队可能就是卡雷战役中突围而出的普布利乌斯领导的罗马第一军团的残部。还有人猜测，古罗马人最后到了骊古城，但是在对骊古城的发掘过程中并无有价值的发现，人们认为骊古城已深埋于地下。还有的人认为，这些外来人口比较复杂，很难做出准确的推测。

古罗马军队到底流落在什么地方，至今还是一个谜。

恺撒究竟是为何被刺杀？

在庞培和克拉苏的扶持下，恺撒当选为公元前59年的执政官。恺撒上任后，为了让两位大将更好地追随自己，采取了一系列的措施。首先是批准了庞培在东方的全部决策，并实行土地法，分给庞培老兵和多子女公民以土地。另外，恺撒还减免在亚洲包税金的三分之一，以笼络克拉苏所代表的骑士包税商。

恺撒深知，要实现自己的政治野心，必须有实实在在的政绩。他看中了高卢行省，上任后，利用高卢本地各部落之间的矛盾，分化瓦解，步步蚕食，逐渐征服了高卢全境。

早在三头掌权之初，恺撒就和元老院发生过纷争。而且他在高卢的势力迅速膨胀，也引起了元老院的恐慌。于是元老院的一些旧元老利用传统势力把恺撒的一些亲信转变为共和派，而且他们还肆意谋杀恺撒，夺取政权。恺撒的疏忽、亲信的背叛、残余势力的强势都让恺撒这个一代天骄全无招架，公元前44年3月15日，恺撒的一位亲信布鲁图与同伙卡西乌斯在元老院会议厅向恺撒连刺23剑，恺撒也就此倒下了。

什么是"后三头同盟"？

恺撒被刺身亡后，政局仍是动荡不安。这时的罗马政坛上又掀起了一场新的权力争夺战，一个年轻有为的政治明星冉冉升起，这就是盖乌斯·屋大维。

屋大维是恺撒的养子，还是恺撒的指定继承人。屋大维当时仅是一个18岁的青年，没有军队，没有政治势力，但他志向远大，十分具有政治头脑。渐渐地，他依靠恺撒的财产和声望，逐步建立自己的地位。而此时，安东尼的势力也日渐强大，以"罗马散文泰斗"西塞罗为首的元老院的地位也有所增强，但是刚刚建立起来的屋大维政权并没有统一的夺权筹划。元老院力图使其成为与安东尼对抗的棋子，而屋大维也很聪明，他先和元老院合作，迫使元老院补选他为公元前43年的执政官，一旦羽翼丰满，他就转而和反元老院的势力联手。同年秋，屋大维与安东尼、雷必达结成历史上所谓的"后三头同盟"。三方协议分治天下5年：安东尼统治高卢；屋大维控制非洲；西西里与撒丁尼亚；雷必达得西班牙；意大利和罗马则由三人共治。至于东方，由于还处于布鲁图和卡西乌斯的势力管辖范围内，归安东尼与屋大维处置。

与"前三头同盟"秘密结盟、共同对付元老院不同的是，"后三头同盟"是公开结成，由元老院和公民大会认可，取得5年间处理国家事务的合法权力。后三头掌权后，在"为恺撒报仇"的名义下，在罗马发布了公敌宣告，在这场报复的浪潮中，包括西塞罗在内的300名元老和2000名骑士丧生。公元前42年，安东尼和屋大维进军希腊，与共和派军队进行了腓力比战役，结果布鲁图和卡西乌斯兵败自杀，共和派的势力被彻底粉碎。

公元前40年，后三头在肃清政敌后再次划分势力范围：罗马东部地区由安东尼控制，意大利和高卢由屋大维统治，北非由雷必达统辖。屋大维坐镇罗马，逐渐和元老、骑士等上层统治分子取得妥协，又以公民领袖自居，渐渐积累了雄厚的实力。公元前36年，屋大维在肃清了庞培之子小庞培在西西里和撒丁尼亚的势力后，顺势兼并了北非，解除了雷必达的军权，至此，"三头同盟"变成了两强对峙。

这时的安东尼虽坐镇东方，但在政治上毫无建树。他与曾经迷倒恺撒的克娄巴特拉结婚，且宣称要把他统治的领土赐予克娄巴特拉之子，屋大维乘机借此丑闻反对安东尼。公元前32年，三头分治协议5年期满，屋大维和安东尼公开决裂。屋大维以武力迫使亲安东尼的两位执政官和300名元老东逃，怂恿元老院和公民大会宣布安东尼为"祖国之敌"，并向埃及女王宣战。公元前31年9月，屋大维与安东尼大战于希腊的阿克兴海角。此役双方势均力敌，交战初期胜负难分，但督战的克娄巴特拉却在战斗最激烈时率埃及舰队撤退回国，安东尼跟踪而去，全军遂告瓦解。阿克兴的胜利使屋大维主宰帝国全境的势力进一步增强，也使他成为事业的真正继承人。公元前30年夏，屋大维军率军抵达埃及，安东尼和克娄巴特拉双双自杀，从此托勒密王朝灭亡，埃及被并入罗马。

罗马帝国皇帝屋大维
这是一位集行政、军事、司法、财政和宗教于一身的君主，其地位可谓至高无上。

埃及艳后是如何在强敌间周旋的？

埃及托勒密王朝有一位美丽与智慧并存的末代王后，名叫克娄巴特拉。

公元前48年，当恺撒在亚历山大里亚城巡游的时候，克娄巴特拉正身处险境。她被人剥夺了皇位，身无分文，随时都有被人谋杀的可能。恺撒大帝要求她与其会面，但是要怎样躲开其他人的视线呢？克娄巴特拉灵机一动，计上心来。她选了一个月黑风高的夜晚，叫她的仆人把她包在一卷毯子里，乘着一叶小舟偷偷地进了城。仆人把船划到皇宫前，当着恺撒的面把毯子解开。

克娄巴特拉如火的热情和过人的智慧使恺撒甘心拜倒在她的石榴裙下，情愿为她做任何事情。在恺撒的帮助下，克娄巴特拉成了无可争议的埃及女王，统治着法老的所有疆域。

后来，克娄巴特拉为恺撒生了一个儿子，这也是他唯一的儿子。由于之前恺撒在罗马已有了一个妻子，自然就不能再娶克娄巴特拉为妻了。为了堵上大家的嘴，并让儿子有一个合法的身份，克娄巴特拉想出了一个绝妙的办法。她吩咐祭司对外宣称恺撒是太阳神阿波罗的化身，是阿波罗附在恺撒身上到人间来与女王生儿育女。

固然，今天有人说这些话显然有点不可思议。但是，2000年前的埃及人却对此深信不疑。不久，恺撒在罗马遇刺身亡。叱咤风云的安东尼统治了罗马。

克娄巴特拉听到这个消息后非常害怕，怎样才能够阻挡安东尼大军的铁蹄呢？她突然有了主意，用爱情。

在克娄巴特拉狂热的示意下，安东尼自然无力抗拒，他把腓尼基的全部海岸都送给她做礼物。后来他又把结利科省、塞浦路斯岛和克里特岛赠送给她。不仅如此，他还把亚细亚省全部都交给她去管理。

这就是克娄巴特拉，用她的智慧在强敌间周旋，使得自己在政治上更加游刃有余。

"埃及艳后"是个什么样的人？

克娄巴特拉被称为"埃及艳后"。她生于公元前69年，是亚历山大大帝征服埃及后托勒密王朝册封的君主之一。一些资料记载，这位埃及绝世佳人凭借其倾国倾城的姿色，不但暂时保全了一个王朝，而且使强大的罗马帝国的君王纷纷拜倒在自己的石榴裙下，心甘情愿地为其效劳卖命。"埃及艳后"究竟是一个什么样的人？德国柏林博物馆里一尊据称是全世界保存最好、最完整的"埃及艳后"的肖像为我们揭开了神秘面纱。

这尊肖像所展示的"埃及艳后"并不美艳，但考古学家有惊人的发现，他们找到了"埃及艳后"当年亲笔签署的政令。这可以证明，这位古埃及女王远非只靠美貌，而是靠聪明的头脑来安邦治国的。

埃及艳后的死因一直众说纷纭，一种说法是她事先安排一位农民带进城堡一只盛满无花果的篮子，里面藏有一条毒蛇，让它咬伤了自己的手臂，然后中毒身亡的。另一种说法是她早就把毒蛇养在花瓶里，用一枚金簪子刺伤了它的身体，引起毒蛇发怒，直到缠住她的手臂。还有一种说法就是王后的死不是毒蛇的原因，而是自己用一枚空心锥子刺入头部造成的。

是谁把罗马帝国带到了辉煌的顶点？

公元前 29 年，屋大维凭借军事力量重新统一了古罗马，先后被罗马元老院授予"奥古斯都""第一公民"的称号。从此，他集国家的重要职务于一身，掌握了至高无上的权力，这个现象被称为"元首政治"。

屋大维执政的日子里，帝国疆土逐渐扩大，东起幼发拉底河，西临大西洋，南至撒哈拉大沙漠，北以莱茵河和多瑙河为界，在屋大维掌握政权的 44 年时间里，罗马帝国的发展空前辉煌，这个时期也被称为"奥古斯都时代"。

罗马在传播希腊文明中有怎样的作用？

罗马对后世发展的最重要的贡献是把希腊文明传到了欧洲西部。在罗马人到来之前，欧洲西北部（现今的法国、比利时、荷兰、卢森堡、德国西部和南部以及英格兰）的文化以部落为基础。正是罗马带来了城市生活的希腊思想，特别是随着高度分工的城市生活而来的人类自由和个人人身自由的概念才使得希腊文明得以传播。罗马历史是西方历史真正的开端。

罗马文明有怎样的影响？

罗马文明对后世文化产生了很大的影响。罗马的建筑式样保留在中世纪的教会建筑物

中，直到现在仍能看到其在许多政府的设计之中。今日欧洲大陆的几乎所有国家的法律体系都是在吸收罗马法的基础上建立起来的。这一法律是罗马人最伟大的成就之一，反映出他们治理一个广袤多样化的大帝国的才能。此外，罗马人的文学还为后来的知识复兴提供了很多灵感，这一复兴 12 世纪时在欧洲得以蔓延，到文艺复兴时达到了顶峰。

安息帝国的兴衰为何如此短暂？

安息帝国即帕提亚王国。帕提亚地处伊朗高原东北部，原为波斯帝国属地。公元前 3 世纪中期建立阿萨息斯王朝（中国史籍译为"安息"）。经过百余年的扩张，一跃成为西亚大国。97 年汉西域都护班超派甘英出使大秦（罗马）行抵安息西境。226 年为波斯萨桑王朝替代。

伊朗高原东北、里海东南一带在经历了波斯帝国、亚历山大帝国的统治以后，又成为塞琉古王国的属土。公元前 3 世纪中叶，一支伊朗语族的帕奈人游牧部落从北方的中亚草原来到这里，和当地人民一同发动了反对塞琉古王朝统治的斗争。正当塞琉古王国与托勒密王国在公元前 247 年发生纷争之际，帕提亚乘机独立，建立了阿尔萨息王朝，国王是帕奈人的部落首领阿尔萨息。

塞琉古王国为恢复其统治，于公元前 238 年数次大举东侵，但因塞琉古王国内部的纠纷，安息国家基本得以维持独立。塞琉古王国于公元前 192 年至前 189 年间，一再受挫于罗马，从此在东部也没有什么大的作为。

于公元前 170 年即位的安息王密特里达特一世于公元前 155 年乘此时机向西占领了米底，打开了通往两河流域的道路。底格里斯河上的塞琉西亚也于公元前 141 年被密特里达特一世攻占，这是塞琉古王国在两河流域的最主要的城市。接着巴比伦尼亚归入安息版图，塞琉古王国的势力被赶到幼发拉底河以西。密特里达特一世还向东攻取了大夏木鹿等重要城市。密特里达特一世将安息扩

展为一个东起中亚西南部，西至两河流域的帝国，中间包括伊朗。

公元前 123 年，密特里达特二世即位，他统治初期，阻挡了东方塞种人的西进。密特里达特二世又于公元前 1 世纪初，向西北方面扩展至亚美尼亚。西进中的安息和东进中的罗马不可避免地要发生冲突。

公元前 64 年至前 63 年间，罗马灭了塞琉古王国和犹太国，建立了叙利亚省和犹太省。公元前 53 年，两军在两河流域北部的草原相遇，安息骑兵猛攻一阵以后就撤退了，随后将一支脱离了主力部队的罗马军队全部歼灭。克拉苏没有攻克亚美尼亚，自己战死，除少数残兵逃回叙利亚外，大部军队被歼。

公元前 1 世纪，安息联合前来投靠的罗马共和派分子一同攻占了叙利亚、巴勒斯坦等地。作为"后三头"之一的罗马将军安东尼统治罗马东方行省，他公元前 38 年将双方国界又恢复到幼发拉底河一线。

1 世纪时，安息和罗马基本上处于相持状态。1 世纪末 2 世纪初，安息不断发生内乱，国势衰落。罗马皇帝图拉真于 114 至 116 年间大败安息人，占领了亚美尼亚和两河流域，在那里分别设立行省。但其继位者哈德良就放弃了这些新的行省。161 年，安息王又越过幼发拉底河侵入罗马统治下的叙利亚。后罗马人展开反击，夺取了亚美尼亚，并在 164 至 165 年间占领了两河流域，但仍然没有能守住这些新占领区。

公元前 2 世纪至前 1 世纪是安息帝国的盛世。1 世纪时，贵霜国家形成，安息的东北国境不得不退出阿姆河一线地带。安息帝国在与罗马的长期斗争中严重地削弱了自己的力量。安息统治者内部于 3 世纪初又起纠纷，国势衰微。萨珊朝波斯于 226 年灭亡了安息王朝。

条顿堡森林为何成了罗马军团的伤心地？

5 年，罗马帝国在日耳曼尼亚建立了行省。但强悍的日耳曼人并不甘心屈服，他们

不断反抗。9 年，发生了著名的条顿堡森林之战。在这次战役中，日耳曼人在他们的杰出首领海尔曼的指挥下诱敌深入，在茂密的条顿森林中一举歼灭了由瓦卢斯率领的三个罗马军团，从而捍卫了日耳曼人的独立。据说当屋大维·奥古斯都得知罗马军团全军覆灭的消息时，伤心欲绝，他撕扯着自己的长袍，用头撞墙，高声喊道："瓦卢斯！还我军团！"

从此，罗马帝国放弃了征服日尔曼尼亚的企图，只是与日尔曼人划莱茵河而治理。1800 多年后，恩格斯写道："同瓦卢斯的会战，是历史有决定的转折点之一。这次会战使日耳曼尼亚永远摆脱罗马而取得了独立。"

尼禄为什么要杀死生母？

37 年，尼禄降生于罗马行省高卢的首府，他是总督德鲁素斯的"傻儿子"克劳狄的儿子。此时的克劳狄已 47 岁，母亲亚格里皮娜野心勃勃，儿子的出生使她看到了飞黄腾达的希望。

年老的克劳狄在体力和智力等方面明显减退，皇后亚格里皮娜把全部的希望寄托在了儿子尼禄身上，为了让尼禄能早日当上皇帝，亚格里皮娜进行了一系列的操作。

亚格里皮娜企图用自己的意志来控制尼禄，她严格控制和监视尼禄的言行，甚至还干预尼禄的婚姻大事，这一切都激起了尼禄对她的反感。于是，尼禄用尽各种手段折磨自己的母亲，但是这仍不能使他解气，于是他就诬陷自己的母亲是刺杀自己的刺客，将其杀死。

尼禄真的纵火烧毁罗马城了吗？

1 世纪，古罗马城曾十分繁荣，一度成为欧洲的政治、文化、经济、贸易中心。然而后来，这座繁华的都市竟在一场大火中变为废墟。按照当时流行的说法，尼禄是"纵火犯"。

但尼禄到底是不是纵火者呢？古今史学家对此意见很不一致。

古罗马史学家塔西佗认为放火焚烧罗马城的的确是尼禄，尼禄想利用罗马大火的废墟来修造一座新的宫殿。他还说，因为火是从埃米里乌斯区提盖里努斯的房屋那开始的，这表明尼禄是想获得建立一座以他的名字命名的新首都的荣誉。

苏联学者科瓦略夫则持反对意见。他认为，尼禄之所以烧毁罗马城，是因为不满意旧的罗马并想把它消灭以便建造一个新的罗马。另一个说法是，烧掉城市是为了使元首能够欣赏大火的场面，以此来鼓舞他创造一个伟大的艺术品。

显而易见，这些说法与事实不相吻合，毕竟火灾只是偶然发生的。

古罗马"五贤帝"指的是哪几位？

古罗马五贤帝又称五贤君，是在96年至180年期间统治罗马帝国的五位皇帝。他们分别为：涅尔瓦（96～98年在位）、图拉真（98～117年在位）、哈德良（117～138年在位），"勇帝"、安东尼·庇护（138～161年在位）和马可·奥勒留（161～180年在位）。

五人先后相继，他们宽厚谦虚，施行"仁政"，深受臣民爱戴，使罗马帝国维持了近一百年的和平与安定，其间政治清明、经济发展、社会繁荣、人民富裕，这段时期也是自奥古斯都之后罗马帝国最强盛的时期，被称为罗马帝国的"黄金时代"，又叫作"五贤帝时期"或"五贤帝时代"。

涅尔瓦有什么政绩？

涅尔瓦（35～98年），是古罗马帝国五贤帝时代的第一位君主，也是最后一位在意大利半岛出生的非罗马公民君主。

涅尔瓦即位不久就恢复了元老院的地位和权势，并且他还发誓，凡国之大事都得与元老院磋商，并且保证不任意杀害元老。此外，他又对罗马的一些制度做了必要的改革。他赦免了被图密善放逐的人，恢复了他们的财产，缓和了他们的矛盾；建立了救济贫困农民和穷人孩子的制度，并将价值6000万塞斯退斯的土地分配给贫民；同时，他还免除了许多苛捐杂税，降低了遗产税，解除了韦斯帕芗强加于犹太人的捐献；他还紧缩开支以弥补国库的亏损。

但是他在政治上的过分节约造成了军队的不满，而且他在军队中的威信越来越低，最后，终于导致了近卫军揭竿而起。

图拉真有什么政绩？

图拉真（53～117年），罗马帝国五贤帝之一。他出生于西班牙，是从外省贵族爬上元首宝座的第一人。98年年初，涅尔瓦因病去世，正在科隆戍守的图拉真奉召继位。

图拉真是一位优秀的统帅，同时也是一位颇具行政才能的执政官。鉴于前朝之失的教训，他采取了较有效的措施来缓和各方面的矛盾。他尊重元老院的政治地位，注意吸收东方各行省大奴隶主贵族参加元老院，扩大元老院的基础；他改革地方行政，任命一些忠于职守的亲信到行省去做总督，改善中央和行省的关系；他懂得亲民的重要性，于是施行轻徭薄赋的政策，减轻人民的负担，并用政府贷款的方式，帮助小农维持生计。此外，他还沿袭涅尔瓦创行的办法，即由政府拿出一部分税款在各地设立基金，以此来养育贫苦无依的孤儿。鉴于上面一系列的功绩，图拉真获得了元老院赠给他的"最佳元首"的称号。

在对外政策方面，图拉真则脱离了奥古斯都定立的早期帝国的传统，而是恢复了共和时期的侵略政策。经过他不断地对外扩张，罗马帝国的版图也达到了最大范围。它东起两河流域，西及不列颠的大部分地区，南包埃及、北非，北抵莱茵河和位于多瑙河以北的达西亚。

哈德良有什么政绩？

哈德良（76～138年），罗马帝国五贤帝之一。他也是西班牙人，原系图拉真的表侄。

图拉真在弥留之际，将他收为养子。从早年起，他就跟随图拉真转战各地，深得皇帝的赏识，也不时地被委以重任。图拉真死后不久，哈德良便被叙利亚军团推为元首，后来，元老院也批准了这一决定。

哈德良继位后所做的第一件重要的事，就是停止东方战争，与帕提亚国王缔结和约。他放弃了图拉真所设立的亚述省和美索不达米亚省的计划，把罗马帝国在东方的边界缩回到幼发拉底河。此外，为了防御外族的侵入，他又在不列颠岛北部建造了横贯东西的"哈德良长城"。

哈德良是一位博学多能的皇帝，在文学、艺术、数学和天文等方面都颇有造诣，在他统治时期，许多建筑都被保留了下来，著名的有哈德良长城和别墅等。此外，哈德良皇帝还喜爱旅游，他的足迹遍布帝国各行省。

"哈德良长城"是什么样子？

哈德良长城又被称为哈德良边墙，是罗马皇帝哈德良在位时修建的。它是一条由石头和泥土构成的横断大不列颠岛的防御工事。

122 年，为防御北部皮克特人的反攻，保护已控制的英格兰经济，哈德良开始在英格兰北面的边界修筑一系列防御工事，后人称为哈德良长城。哈德良长城的建立，标志着罗马帝国扩张的最北界。1987 年，哈德良长城被列为"世界文化遗产"。

哈德良长城总长度约 120 公里，从泰恩河畔沃尔森德一直蜿蜒到索尔威湾，途经英国北部两个重要城市纽卡斯尔和卡莱尔。城墙高约 4.6 米、底宽 3 米，用约 75 万立方米的石头砌成，上面筑有堡垒、瞭望塔等。这些防范用的堡垒个个坚不可摧，除了用来监视敌情用的瞭望口外，其他部分都密不透风。

如今，哈德良长城已经成为英格兰北部最为著名的旅游景点之一，当地旅游部门开发了古长城远足游、古罗马遗迹游等特色旅游线路。

安东尼·庇护有何政绩？

安东尼·庇护（86 ~ 161 年），罗马帝国五贤帝的第四位，帝国在他统治的时候，发展到了鼎盛。因此，他统治的王朝又称为"安东尼王朝"。

138 年，哈德良病逝，养子安东尼即位，他是第一位出身于高卢地区的元首。在安东尼统治的 23 年中，他继承了哈德良的政策，注意内部各方面关系的调整。即位后，又免除了人民的欠税，将大量私产捐入国库，承担全部的节日费用。同时，又购买酒、油、米、麦，免费将其分配给平民。他善于理财，勤俭治国，所以死后国库盈盈，结存达 27 亿塞斯退斯。他勤于朝政，关心平民的疾苦。他继续推行哈德良的法律自由政策，禁止对奴隶使用刑具，如果主人无故杀害奴隶，他也会进行严惩。此外，他还奖励教育，供贫儿就学，扩大教师和哲学家的特权。在外交政策上，他还主张采取防御措施，但是他也会适度地进行一些军事活动，以此来保卫边疆。在不列颠，罗马人击退了苏格兰部落的侵扰，还把边界向北推进了 100 公里。在黑海北部，从北高加索向前推进的阿兰尼人，攻袭本都北岸的希腊城市，后又侵犯了奥力维亚；罗马军队从美西西开来救援，并一举击退了阿兰尼人的入侵，使这一地区的人摆脱了阿兰尼的蹂躏。

在安东尼统治时期，他就是凭借着沉稳的作风实现了连接两代权力的平稳过渡。

奥勒留为什么被称为"皇帝哲学家"？

马可·奥勒留（121 ~ 180 年）祖籍西班牙，出生于罗马的贵族家庭，幼年丧父，从小受到哈德良和安东尼两位皇帝的宠爱，并成为安东尼的养子。在优良的环境里，他受到良好的教育，学过语法、修辞、法律和哲学。在各门学科中，哲学对他的吸引力尤其巨大。奥勒留在生活中，并不刻意地追求奢华，一直衣着朴素，而且他还肩负了许多行政工作。很快地，他就受到整个帝国的欢迎，他们认为柏拉图的理想实现了：哲学家做了国王。

当罗马处于衰落的时候，奥勒留还是将全部精力投入国事和战争中。在多瑙河畔参加战役的间隙，奥勒留写了一本书，并且自己命名为《给自己》，对于我们研究当时的哲学思想提供了参考。奥勒留的哲学思想始终流露着悲观的情绪，即使是死亡，他也能坦然接受。

奥勒留的思想，一方面反映出他在面临帝国衰亡时的消极心理，另一方面也反映了他企图用这些说教维护统治。总的说来，他的哲学思想更唯心，更神秘，也更加充满了悲观情绪。此外，他的哲学思想对基督教思想的形成产生过一定影响。

儒略历是以谁的名字命名的阳历？

西方国家 16 世纪前大多采用《儒略历》，该历法是公元前 46 年由罗马统帅盖厄斯·儒略·恺撒在埃及亚历山大的希腊数学家兼天文学家索西琴尼的帮助下制定的，并在公元前 46 年 1 月 1 日起执行实行，取代旧罗马历法。

《儒略历》以回归年为基本单位，是一部纯粹的阳历。它将全年分设为 12 个月，单数月是大月，长 31 日，双月是小月，长为 30 日，只有 2 月平年是 28 日，闰年 29 日。每年设 365 日，每四年一闰，闰年 366 日，每年平均长度是 365.25 日。《儒略历》编制好后，恺撒的继承人奥古斯都又从 2 月减去一日加上 8 月（8 月的拉丁名即他的名字"奥古斯都"），又把 9 月、11 月改为小月，10 月、12 月改为大月。

《儒略历》比回归年 365.2422 日长 0.0078 日，400 年要多出 3.12 日。从 325 年定春分为 3 月 21 日提早到了 3 月 11 日。由于误差较大，被罗马教皇格里高利十三世于 1582 年进行改善与修订，变为高利历，也就是沿用至今的世界通用的公历。

基督教是如何成为罗马国教的？

基督教在各地广为流传以后，罗马帝国便加大了对它的迫害力度。在多达 10 次的迫害中，较重大的两次发生在尼禄和多米提安在位期间，前者始于 64 年，后者发生于 94 年。最初，基督教在罗马帝国境内还处于非法地位，但仍可以购置教产，进行传教活动。而那些后来出现的几次全国性迫害都发生在 3 世纪。

由于基督教对各地的渗透不断加剧，就使得有钱人和知识分子信徒不断增多，有些教会开始拥有更多的财富，教会上层的阶级成分因而发生变化。120 至 220 年间，教会中出现了一些后来被称为"护教士"的知识分子和思想家，他们起初抗议和谴责基督教，但后来承认基督教礼仪的合理性，他们向皇帝建言，说基督教对于帝国是无害的，企图消除反教者的误解，博取宽容和同情。

313 年 2 月，罗马帝国西部皇帝君士坦丁和战败的东部皇帝李锡尼在米兰达成协议，此后，便结束了对基督教的迫害，联名发表"宽容敕令"，即"米兰敕令"，宣布帝国境内所有宗教共享自由，不受歧视。

君士坦丁大帝为何皈依基督教？

欧洲历史上强极一时的罗马帝国本来是一个笃信多神的国家。从尼禄开始，罗马的统治者就不断对信奉一神论的基督教进行压制，迫害基督徒的事件时有发生。然而，罗马帝国鼎盛时期的统治者君士坦丁大帝却一改前人作风，皈依了基督教。这是为什么呢？其实君士坦丁大帝皈依基督教这一影响到人类文明史的大事竟然源于他做过的一个梦。

基督教神学家、教会史家优西比乌斯在《君士坦丁生平》一书中讲述了这个神奇的故事。

312 年 10 月，君士坦丁率领 4 万高卢士兵向罗马发起进攻。君士坦丁此战是为了消灭心腹大患——马克森提乌斯。

宽阔的台伯河成为罗马的天然屏障，君士坦丁的军队只能取道米尔维亚桥才能渡河。就在这时，君士坦丁忧心忡忡，担心自己是在对未来做一场有勇无谋的赌博。突然，不可思议的一幕发生了。君士坦丁亲眼看见一个闪闪发光的十字架形状的东西出现在天空中，闪烁在太阳之上，上面还刻着一行字——"凭此获胜"。

君士坦丁和士兵们简直不敢相信，晚上在半睡半醒之间，他进入了奇怪的梦境，基督出现了，并出示了他在天空中看到的标记，告诉他如果采用这个标记作为军队的标识，就可以在和敌人的战争中得到保佑。于是君士坦丁就按照基督的指示命令金石工匠在自己和所有士兵的头盔盾牌上印上自己看到的那个标记。

后来，士兵们受此鼓舞，士气高涨，君士坦丁大获全胜，顺利进入罗马城，成为名副其实的西部"奥古斯都"。他将这次至关重要的胜利归功于基督在梦中的指点，于是，他决定以基督教为信仰，皈依基督教。

《圣经》是一部什么样的书？

《圣经》是亚伯拉罕诸教（包括基督新教、天主教、东正教、犹太教等各宗教）的宗教经典，由旧约和新约两部分组成，旧约是犹太教的经书，新约是耶稣基督以及其使徒的言行和故事的纪录。

天主教和东正教的旧约圣经共 46 卷，其中包含了其他宗派划为次经的数个书卷；基督新教的旧约圣经有 39 卷；而犹太教的《圣经》由于把多个章节较少的书卷合成一卷，总数只有 24 卷。

新约圣经的数量比较一致，都有 27 卷。旧约内有书 39 卷，新约有 27 卷，共是 66 卷。考古学证明，旧约完成于耶稣诞生前数百年至千年，例如摩西五经（《创世记》《出埃及记》《利未记》《民数记》《申命记》）完成于公元前 1400 年前后，新约则完成于 1 世纪末，所以新、旧约的写作历时 1500 年左右。

《圣经》中的各卷书几乎都是独立写成的，写成后即在各犹太会堂及基督教堂传诵。到了公元前 250 年前后，犹太大祭司以利沙从犹太十二支派中各选出 6 位译经长老，聚集在亚历山大城，将希伯来文旧约译成当时流行的希腊文，这就是著名的七十士译本。到 70 年，犹太人召开了高级会议，正式确定了旧约正典三十九卷书，而旧约正典三十九卷书则正式确立于 382 年及 397 年的两次著名会议上。

《圣经》的执笔者有四十几位之多。他们所处的时代不同，职业、身份也不尽相同。有的是政治、军事领袖，有的是君王、宰相，有的是犹太律法家，有的是医生，还有渔夫、牧羊人和税吏。有的写于战争危难之中，有的写于太平盛世之时；有的完成于皇宫内，有的则在牢狱或流放的岛上……这些在时间上跨越了千年的作者们，并不知道这些书卷日后会被汇编成册，成为新、旧约正典。然而，当人们把这 66 卷书汇在一处时，这些跨越 60 代人写成的作品，却呈现出浑然一体、前后一致、和谐有致的风貌来。

《圣经》中的谜团有哪些？

《圣经》是世界上发行最多，流传最广的书籍之一。它是基督教的宗教经典著作，也是古代中东地区特别是犹太民族的一部详细的编年史。

《圣经》中保留了众多的犹太民族远古时代的历史传说，这些传说往往带有某些神话色彩，曾经人们认为这些不过是古人想象力的产物。但随着科学的深入发展，人们发现在这些神话和传说之中，包含着某些超越时代视野的真实记载。

《旧约·以西结书》第一章至第三章中就有一段有关不明飞行物的最早记载。

历史上果真有不明飞行物的经历吗？美国航空航天局的专家布卢姆里希对以西结提供的飞行器进行了思考和计算，并写成了一本名为《天穹开处》的书。他认为，以西结

《圣经》福音书封面

描述的飞船有着非常可信的程度。几十年内，人类的技术就能够制造出那种飞船。

《圣经》中另一段描写，很多人都很感兴趣。内容是：上帝要毁灭所多玛和娥摩拉这两座罪恶之城。他派了两名天使来通知罗得带着全家逃离这里。天使带领罗得家人出了城，对他们说："逃命罢。不可回头看，也不可在平原站住，要往山上逃跑。"他们逃出之后，罗得的妻子出于好奇便回头看了一眼，不久一片烟云腾空而起。

上帝到底是用什么武器，使两座城彻底毁灭？罗得的妻子回头一看为什么会带来灾难？直到1944年广岛和长崎被美国的原子弹炸成废墟之后，有些人重看这段文字，才有所顿悟：只有原子弹才具有这样的威力，只有原子弹的爆炸才能形成这样的烟云。古代人讲到神灵降下的灾难时，也许会想到大火，也许会想到雷电，也许会想到洪水和瘟疫，但很难说他们能准确地凭空想象出某种高科技武器造成的毁灭性后果。

感谢远古时代那些犹太民族的先知，他们忠实而具体地记录下了那些当时他们还并不理解的事件，使今天的人们在面对一些事时会有新的思考。

修道院是如何产生和发展的？

修道院是最早出现于4世纪罗马帝国东部行省埃及，是教士修道的聚居之地，有南修道院和北修道院。因为修道士主张苦修，摒弃世俗，因此，起初的修道院多选在人烟稀少的地方，自己开荒种地。后来，国王和封建主给了修道院大量的馈赠，修道院从国王那里获得了各种各样的特权，独霸一方。

此外，修道院还经营农业、工商业，并且逐渐拥有了法庭、学校、管理机构及武装力量。

16世纪的宗教改革结束后，尤其是资产阶级革命后，西欧的许多修道院被关闭，直到19世纪末，才得以恢复和发展。现在的修道院多分布在意大利、法国、西班牙、美国和拉丁美洲等。

基督教的圣事指的是什么？

基督教的礼仪主要是七件圣事，即圣洗（也称洗礼），为天主教教徒入教仪式。遵照教会习惯，教徒的小孩生下8天内就得领洗。坚振，是坚定教徒信念的礼仪。告解（也叫忏悔），是一种赦罪仪式。圣体，把面饼和葡萄酒由主礼者在弥撒中祝圣即为耶稣的肉体和血。教徒向神甫办过告解（忏悔）后，或认为自己身上没有大罪，才能去领圣体。据说教徒领了圣体后，就吸收了耶稣的血和肉和耶稣相结合，可以得到天主的宠光。终傅，主礼者为垂危病人施行的礼仪。由神甫在病人身上抹圣油，念经文，让病人忏悔使得他的灵魂获救。神品，也称圣秩，就是修道生升为神职人员的礼仪。神品分七级，神甫级为七品，主教级为完满的七品。婚配。即由神甫为证人的结婚礼，婚配圣事的主体是新郎和新娘两人。

什么是《新约全书》？

《新约全书》是基督教的经典。《新约全书》共27卷，包括耶稣生平言行的"四福音书"；叙述早期基督教会历史的《使徒行传》和《信徒书信》；预言上帝如何支配历史发展的《启示录》。它的产生、定性和定编和基督教的发展与教派之间的斗争有着紧密的联系。

弥撒是什么？

弥撒是一种宗教仪式，弥撒是拉丁语的音译，意为"解散、离开"，来源于弥撒中的最后一句话，意思是"仪式结束，你们离开吧"。弥撒圣祭是天主教最崇高的祭礼，基督的圣体圣血在祭坛上经由祝圣而成为真正的祭祀，乃十字架祭祀的重演，指的是基督教纪念耶稣牺牲的宗教仪式。

洗礼是怎么回事？

洗礼是基督教的一个很重要的仪式，表示洗净原有的罪恶，接受耶稣基督为救世主，来更新自己的生命。后来，"洗礼"有了延伸意，比喻在艰难的磨炼和考验后，生命有了新的认识，新的起点和新的开端。洗礼又分为两类：点水礼（洒、抹、倒等都属于）和浸水礼。

为什么要做礼拜？

礼拜是宗教用语。基督教义认为：上帝七天创造世界，耶稣七天复活，教义也规定了在星期天要举行参拜上帝的宗教仪式，因此，星期天就成了"礼拜天"。后天，基督教徒为了表示自己对上帝的崇敬，就创造了"礼拜制"。

关于十字架你知道多少？

基督教的十字架信仰众人皆知。十字架是远古就存在的普遍符号，代表了太阳。巴比伦太阳神，通常与外接圆组成太阳轮。另外十字架也象征了生命之树，是一种生殖符号，竖条代表男性，横条代表女性。十字架出现在墨西哥、秘鲁，最为重要的是出现在中美洲，暗指四种风，它们是造雨的源泉。十字架很早就和基督教有联系。教会也对此大加宣传，号召教徒尊敬它、使用它，并赋予它神奇的崇拜力量。这样，十字架就逐渐成为基督教信仰的象征。

今天，世界上的许多国家的国旗中也包含有十字架图案，如英国、瑞士、挪威等，这就反映了这些国家在历史上曾有的政教合一的现象。

犹太教与基督教有什么关系？

犹太教是在希伯来人中产生的，时间大约在公元前 2000 年。约在公元前 6 世纪，犹太教才逐渐形成了统一的教义。

犹太教崇拜单一的主神 Adonai，是希伯来人内部的民族宗教，不过它吸取了巴比伦宗教中的单一神观念，神在 7 天时间内创造了世界和大洪水的传说；吸收了埃及宗教中关于复活和最后审判的理论；吸收了当时波斯国教琐罗亚斯德教（拜火教）中天使和魔鬼的观念，这些都是犹太教形成的理论基础。犹太教认为《塔木德》是仅次于《圣经》的经籍。

犹太教是一个民族性的宗教，信仰人口并不多，不过它却派生出两个世界上最大的宗教，在宗教界也具有举足轻重的作用。

基督教原本只是犹太教的一支，耶稣被钉十字架死后，圣保罗仍然在巴勒斯坦宣扬耶稣的理论，他差一点就和耶稣一样被钉死，只是由于圣保罗是出生于小亚细亚的罗马公民，所以才得以幸免，被遣返回罗马。而且他也得出一个结论：与其在犹太人中间传道，不如在外民族中间传道。就是因为他坚持不懈地进行传道，才使得基督教成为世界性的大宗教。

犹太人国家在 79 年被罗马帝国摧毁后，一部分流落到阿拉伯半岛，和阿拉伯人混居，他们的宗教影响了阿拉伯人。

现在全世界信仰犹太教的人只局限于犹太人内部，但是每一本介绍的书里，都有犹太教的踪迹，可见它的影响之巨大。

你了解挪亚方舟吗？

挪亚方舟记载在基督教《圣经》的《创世记》和亚伯拉罕诸教中。传说是一艘根据上帝的指示而建造的大船。原说的记载为方形船只，其建造的目的是为了让挪亚和他的家人，以及世界上的各种陆上生物能够躲避一场上帝因故而造的大洪水灾难。据说，挪亚方舟花了 120 年才建成。

圣诞节有什么来历？

圣诞节这个名称是"基督恺撒"的缩写，是基督徒庆祝其信仰的耶稣基督诞生的庆祝日。圣诞节的庆祝与基督教同时产生，被推测始于 1 世纪。

传说，圣诞节与耶稣的出生有关系，耶稣是因着圣灵成孕，由童女马利亚所生的。后人就是用过圣诞的方式纪念耶稣。这就是今天基督教徒在圣诞节期间去伯利恒河朝圣的原因，同时还有"东方三博士"按照一颗星星的指引，不远万里来到伯利恒朝圣，并向耶稣送上了黄金、乳香、药品等礼物。这就是今天圣诞节互赠礼物的由来。

圣诞节的日期一般认为开始于 336 年的罗马教会。12 月 25 日原来是波斯太阳神（即光明之神）密特拉的诞辰，同时太阳神也是罗马国教众神之一。这一天又是罗马历书的冬至节，那些崇拜太阳神的外教都把这一天看作是春天的希望，是万物复苏的开始。于是罗马教会就选择这一天作为圣诞节。

随着基督教的广泛传播，圣诞节已成为各教派基督徒的重要节日，甚至广大非基督徒群也开始认真地过圣诞节。在欧美许多国家里，大家更是把它当作新年来过。

"3 世纪危机"是怎么回事？

从 3 世纪开始，奴隶制经济走向了衰落，罗马帝国陷入严重的危机之中。农村萎靡，城市衰落，内战不断，帝国政府全面瘫痪。这种混乱不堪的现象，历史上称作"三世纪危机"。

3 世纪危机的根源就在于生产力和生产关系之间的尖锐矛盾。帝国的上层结构也使得衰退的奴隶制经济不堪忍受。到了第三世纪，皇帝的宫廷、官僚体系、军队也已经扩展到了前所未有的程度。为了维持这套膨胀中的国家机构，帝国政府不得不支出巨额经费，公共庆典挥霍无度。在这种情况下，不仅物价上涨，而且出现了物物交换的现象，城市经济普遍衰落。

城市经济和农业经济的衰落是互相影响的。在奴隶制大田庄繁盛的时期，各地的农业曾有过较高的商品生产率。粮食、葡萄、橄榄都有过较大的市场。3 世纪以后，大农庄生产日趋萧条，市场供应也日益减少，加

上城市商业的衰落，就加速了萎缩的趋势，结果是大农庄日益变成了自给自足的整体。缺少奴隶劳动的大农庄，只得放弃大规模耕作的方式，把大农庄的土地分成许多小块，分租给隶农耕种。

罗马帝国灭亡的过程是怎样的？

1 至 2 世纪，是罗马帝国的强盛时期，它雄踞于地中海一带，俨然一个不可一世的大帝国的形象。然而，随着"三世纪危机"的爆发，罗马帝国逐渐走向了没落。

395 年，罗马帝国终于分裂为东西两部，即以君士坦丁为首都的东罗马帝国和以罗马城为首都的西罗马帝国。千疮百孔的罗马帝国民怨沸腾，奴隶起义更是风起云涌，其中最著名的是高卢人掀起的"巴高达"（意为战士）运动，起义者以农民当步兵，牧人当骑兵，转战各地，使统治者胆战心惊。罗马已经呈现出不可挽回的局面。

罗马帝国陷入一片混乱之时，又遭到了新的危机：东方日耳曼人中的哥特人开进了意大利。统率这支大军的，是哥特人中最有名的勇士阿拉里克。他出征前对妻子许愿说：我要打进罗马，把城里的贵妇给你做奴婢，把他们的财宝给你做礼物。他们占领了罗马的港口，断绝了罗马城内的粮食来源。罗马城外"得得得"的马蹄声令统治者惊恐万状，这个庞大的帝国也处于风雨飘摇之中。746 年，西罗马帝国年仅 6 岁的末代皇帝也被废除。罗马，这个曾经称霸地中海 12 个世纪的奴隶制大帝国，终于在奴隶起义和外族入侵的双重夹击下走向灭亡。从此，欧洲的奴隶制便结束了。西欧也由此揭开了历史新的一页，进入了封建社会历史时期。

罗马帝国晚期为什么要"四帝共治"？

在 3 世纪末，面对巨大的危机，罗马的戴克里先皇帝出来重振国威，稳定了内外局势，在他的改革措施当中，有一项为"四帝共治"。就是把帝国分为两部分，分别由东

西两位皇帝"奥古斯都"来统治，这两位皇帝之下，各有一位"恺撒"，即助手、副统帅兼法定继承人。

戴克里先实行"四帝共治"是鉴于"三世纪之乱"期间军阀们滥用军权而不断引发宫廷之变的惨痛教训。另外也是由于帝国四境外族不断入侵，只有通过分权才能有效抵御外乱。戴克里先自管帝国东部，任命他的好友马克西米安为西部奥古斯都，分管意大利和北非，任命君士坦为西部恺撒，作为西部皇帝的副手，主管高卢、英吉利、西班牙，任命加莱里乌斯为东部恺撒，主管多瑙河及莱茵河流域。两位恺撒都与曾经的妻子离婚，娶了两位奥古斯都的女儿，试图通过血缘关系来巩固皇权传承。

四帝共治的好处是显而易见的，任何军阀如若想篡权，就要跨越四座不可逾越的大山。而且马克西米安是一介武夫，对于政治几乎没有概念，他唯戴克里先马首是瞻，皇权因此得到了巩固。这就为罗马帝国重新找回稳定奠定了坚实的基础。

四帝共治的弊端很快就暴露了出来，四帝建了四套相同的官僚班子，庞大的行政开支只有通过增加税收才能得到维持。罗马帝国的税收很高，即使到了查士丁尼时代依然流害很深，他的大将贝利撒留以区区几千人马征服了意大利和北非，但大军一走，当地人民就在收税官的胁迫下造反，使得查士丁尼的统一梦化为泡影。

四帝共治的初衷是为了维护政权稳定，这一设计也被很快从内部攻破。戴克里先和马克西米安退位后，他们的继承人并未选择接班人，而是马克西米安和君士坦各自选了他们的儿子，于是便招致了君士坦丁和其余三帝间的夺权大战。

在戴克里先 59 岁的时候因身体不适而退位，后回到他的故乡达尔马尼（现在的克罗地亚）以园艺为乐，与古罗马帝国时期军事统帅战争结束后即卸甲归田的古风有几分相

似。数十年以后，君士坦丁大帝集四帝为一身，迁都新罗马—君士坦丁堡，揭开了东罗马帝国一千多年的辉煌篇章。

东罗马帝国存在于历史的哪个时间段？

4 世纪初，罗马帝国政治经济危机全面爆发。作为都城，罗马逐渐失去了作为政治中心的作用。395 年，东、西两个帝国正式分裂，东罗马帝国作为一个独立的国家在法理上得到了认可。476 年，西罗马帝国灭亡，但是东罗马帝国却继续存在了 1000 年。

到了 6 世纪查士丁尼做皇帝时，东罗马帝国达到鼎盛时期，疆域也十分辽阔。

7 世纪初，阿拉伯帝国兴起，东罗马帝国的版图日益缩小，到 12 世纪末时已经变得岌岌可危，这时，奥斯曼土耳其人不断向其发起进攻。1453 年 4 月，土耳其军队攻陷了君士坦丁堡。没多久，土耳其苏丹便在那里建都，并将其改名为伊斯坦布尔，东罗马帝国终于宣告结束。

哪座火山被称为"地下博物馆的建造者"？

著名的维苏威火山，耸立在意大利南部那不勒斯湾东岸，海拔 1200 米。两千年前的意大利，是古罗马的领土。一开始，它还静悄悄的，后来于 79 年突然爆发。刹那间，山脚下的庞贝城、赫库兰尼姆城和史达比镇被火山灰、泥流掩埋得无影无踪。1600 多年的漫长岁月过去了，1713 年，意大利的一个农民在打井时无意挖出了一些石碑和大理石神像。经过发掘，这三个被火山掩埋的城镇终于重见天日。

从发掘现场可以看到古罗马的生活情况。那里有宏伟的剧场，森严的寺院，美丽的壁画，栩栩如生的雕塑，还有用贝壳装饰的公共喷水池等。人们称它是一座"古罗马社会博物馆"。而且还可以看到当时人们惊慌、恐怖的情景：有的人双手捂鼻蹲在地上，有的人横卧在地拼命挣扎，有的人顶着枕头在街头狂奔，贵妇人手里拿着成串的金银珠宝，

一只狗拼命想挣脱拴着的铁链……

后来，维苏威火山又喷发了5次，最近的一次是在1944年3月18日至20日，使庞贝古城又一次埋在厚达30厘米的火山灰下。

庞贝古城是怎样发现的？

在距维苏威火山南面约10千米的地方，有一座建造于公元前6世纪的罗马古城——庞贝。79年8月24日，一直休眠的维苏威火山突然爆发。一时间地动山摇，整座庞贝城在顷刻间被火山熔岩和尘埃吞没了。

但是人们一直对庞贝古城的样子不甚了解。直到18世纪初，一群意大利人民在维苏威火山脚下挖掘水源时发现了金币、陶器和一些大理石碎片，并且还发现了刻有"庞贝"字样的石块。这时，人们才反应过来，原来这就是被维苏威火山埋没了近2000年的庞贝城！

经过了200多年的发掘，庞贝城终于重见天日了，面积约1.8平方千米，四周环绕着数千米长的石砌城墙。有纵横交错的四条平坦大街，上面铺有整块的大石板。大街两边有商店、酒馆、水果铺和杂货店。城内最宏伟的建筑物集中在城西南的一个长方形广场四周，那里是庞贝城政治、经济和宗教中心。

庞贝人是怎样生活的？

庞贝城是由奥斯坎斯部落兴建的，早在公元前7世纪，它已是一座人口稠密、商旅云集的小城。

庞贝城大街的十字路口都设有石头水槽，水槽和城里的水塔相通。水塔的水则是通过砖石砌成的渡槽，从城外高山的泉水引进而来的，然后分流到各个十字路口的公共水槽中，贵族富商庭院的喷泉和鱼池都是依靠这个系统供水的。

庞贝人还修建了3座大型剧场，其中最大的一座位于城东南，可容纳2万的观众，兼做角斗场。这座大型剧场的东侧还有一座圆形体育场，场地正中是一个游泳池，可容

纳1万余名观众。

当时古罗马社会的道德堕落，一部分人沉溺酒色，纸醉金迷，生活淫糜。庞贝城的"两多"是：妓院多，酒馆多。妓院墙壁上画满了不堪入目的春宫画和各种淫荡的场面；城内酒店林立，店铺较小，酒炉与柜台都在门口，酒徒可以站在柜台外面喝酒，酒店的墙壁上还留下了酒鬼们信手涂鸦的歪诗邪文，至今依稀可辨。

巴高达运动是怎么回事？

罗马的强劲对手——一位高卢将领在杀死妻子后，宁可自杀也不愿向敌人投降。

269年，巴高达运动首先在高卢爆发，它是罗马帝国后期下层人民的反抗运动。起义者围攻高卢重镇奥登，进行了为期7个月的英勇斗争，终于攻克此城，杀死了一部分奴隶主贵族，剥夺了他们的财产，但是巴高达运动并未停止。283年，卢革登、高卢一带的奴隶、隶农再次举行了起义，这一次，罗马在高卢的统治瘫痪了。后来，巴高达运动的中心又转移到了西班牙。449年，在首领瓦西里乌斯率领下攻陷杜里阿梭，后来为当地贵族所败，但仍坚持斗争，直至5世纪末。总的来说，巴高达运动是罗马帝国末期人民起义中规模最大、坚持最久的一次战争，长达200多年，给罗马帝国以沉重的打击，也加速了整个西罗马帝国的灭亡。

古罗马的庇护制是一种什么制度？

"庇护制"是古代罗马的一种人身依

附制度，约起源于公元前 7 世纪的"王政时代"。当时，随着氏族内部分化的加剧，一些贫困破产的氏族成员便依附于氏族贵族的门下，成为贵族的被保护人，而贵族成为了保护人。被保护人与保护人的关系是世袭的。前者多为贫穷破产及无公民权者，托庇于后者门下，领取份地并为之献纳服役。后者是有财势的贵族，对前者负"保护"之责。保护人通常拥有大批被保护人，作为猎取利禄的工具。帝国时代尤其是 3 世纪以后，这种庇护制逐渐流行起来。随着奴隶制危机的加深，贫苦农民在捐税繁重、官府欺压、社会动乱的情况下难以维持独立经济，于是纷纷把土地献给大土地所有者，求得庇护。被庇护者虽失去自由，为庇护者服役，却可以终身使用原来的土地，免受国家税吏的欺凌。

罗马人为何尚武?

古罗马人的血液里果真掺入了狼性的成分吗？他们真的传承了战神的秉性吗？后世的人可能无法理解古罗马人为什么"嗜血成性"。

建城之初，罗马不过是一个巴掌大的小邦，罗马人感觉到自己在这个小国上不能自由自在地生活的时候，他们便有了更加强烈的生存意识。面对眼前凶悍的敌人，他们不得不学会用武力保护自己。

其实，罗马人从小就以弓马为游戏，学会走马射箭掷标枪，因为他们有生存本能的驱使，也正因为此使得他们对外扩张一发不可收拾，以致于整部罗马共和国史，成了一部没完没了的战争史。

就这样，罗马人一直都热衷于战争，尤其当后来国土越来越扩大，战场越来越远，战争持续时间越来越长的时候，他们俨然是征杀疆场的专业军人，不管怎样，罗马之所以从一个名不见经传的小国发展成为世界性的大国，在很大程度上都是受益于罗马人的尚武精神，这一点是毋庸置疑的。

你知道古罗马人发明羊皮纸之谜吗?

在古希腊和古罗马，人们都习惯用小牛皮或羊皮加工制作成"皮纸"，当作高级书写材料。皮纸由专门的工匠制作，工匠首先把胎牛皮、小牛皮或羊皮加工鞣制，使其软化，然后用器具刮上面的附属物，让组织表面变得平整光滑，且柔韧稀薄，即"羊皮纸"。

当时还没有出现正式的笔，所以人们就用羽毛或芦管当笔，蘸了墨水之后把字写在羊皮纸上，然后装订成册。由于没有纸张印刷业，古代的人看的书是手抄本的，谁想拥有一本书，就只能抄写，当时的富贵之家都有抄书的奴隶。也正因为此，历史上许多珍贵的书籍才得以广泛流传。

另外，为了便于保存和携带，古罗马人还常把厚叠的书册中用木板进行上下固定，称其为"书板"，这样还可以防止乱页、掉页。

此外，羊皮纸的使用还让罗马人发明了奇特的"蜡版书"。在纸质书出现之前，蜡版书有着广泛的流传和使用，无论学者、诗人，还是僧侣、商人都用它。

据说，古罗马人发明的蜡版书在欧洲一直沿用至 19 世纪初。目前，在罗马以及那不勒斯城的国家考古博物馆中，都珍藏有古罗马时代的蜡版书。

古罗马皇帝提比略为何选择自我流放?

诸多罗马皇帝在合上眼的那一刻不是轰轰烈烈战死疆场，就是暴虐过度被碎尸万段，要不就在没有防备的情况下遇刺身亡，只有提比略，选择了自我流放的方式。

他为什么自我流放呢？在罗马史学家塔西佗看来，一是因为他想借此来掩盖他曾经残酷和淫乱，只想在晚年的时候独自静一静。还有一种说法认为提比略老年时对自己的外貌特别敏感。他长得比较高，又瘦得出奇，肩部下垂，脑袋上也没几根头发，满脸还长着脓疮，只得涂上各种膏药，他只是享受一个人的快乐。

还有人认为提比略不能容忍母亲专横的性格，但又不可能除掉她，被迫出走。

总体而言，古代人对提比略自我放逐的原因侧重在他的体质弱点和伦理道德方面，而近代史学家对此的看法和猜测则更多地偏重于社会和政治方面的考虑。

罗马军团的战术有何优越之处？

罗马人之所以被冠以"伟大"的称号，首先是因为他们缔造了一个伟大的帝国。如果没有这个伟大的帝国，那么他所有的伟大便无从谈起了。罗马之所以能建立伟大的帝国，其中一个主要的原因在于它拥有战无不胜的罗马军团。

罗马人是组成军团打仗的，他的军团主要由三个战列组成，第一列是青年兵，也被称为"枪兵"，因为他们的武器一律是长枪。第二列是壮年兵，又称"主力兵"，是军团的核心。第三列则是"后备兵"，由老兵组成。此外，每个军团还配有其他一些轻装附属战斗部队和一定数量的骑兵，整个军团的人数约五千人。战斗中，先由附属轻装兵出击，以弓箭、投枪等攻击敌人，接着由第一列枪兵用重投枪发动第二波进攻。若枪兵进攻不果，则立即退入第二战列主力兵中间，由主力兵再进行第三波打击。军团的第三战列即后备兵一般是无须投入战斗的（所谓"后备"是也）。若主力兵进攻失败，旗手就会用摇动旗帜的方法挥手示意，给后备兵发出攻击信号。后者得令后迅即接纳枪兵和主力兵进入战列间隔，便可以投入战斗。由此便产生了罗马的一个谚语："事情发展到了后备兵"，用来表示形式已经到了很危急的关头。

上述罗马军团战术组织的优越性，在于可以向敌人发起连续不断的攻击，把攻击和防御都结合起来，就能进退自如了。

古罗马军团为何能横行欧亚？

6世纪末起，罗马人赶走了伊鲁特人，成立了罗马人自己的国家，后来，欧洲以至西亚和北非地区的格局都因罗马帝国的崛起发生了巨大的变化。这一影响当时世界格局的帝国拥有一支十分强大的部队，这支军队一直使用具有希腊风格的重甲方阵。此后不久，他们就开始着手建立他们现代化的部队。

正是因为人力的优势、灵活的战术和特殊用途的武器使得罗马军团能所向披靡。但是最重要的力量还在于军团将士的素质和忠诚。正像公元前200年希腊将领色诺芬回忆他的军队时所说，当他们面对敌人的武器和战马时，总是表现得极为沉稳，这样的人在战场上无往而不胜。

后来，军团的主要战斗武器是西班牙剑，估计是由在西班牙与迦太基人作战的军队带回意大利的。西班牙剑是宽身利刃剑，长约70厘米，主要为刺东西而设计，这也是令罗马敌人恐惧的一件武器。

但是古罗马军团的战术结构的发明者是谁？他又以怎样的军事理论或政治手段使古罗马朝廷接受了新的作战方式？由于古罗马时代距今时间久远，又缺乏翔实的资料记载，因此至今都是一个不解之谜。

古罗马起义将领斯巴达克为何率军南下？

公元前73年，一场由斯巴达克领导的世界古代史上最为波澜壮阔的奴隶起义爆发了，这场以反对罗马奴隶主统治为目的起义曾经席卷整个意大利半岛。当斯巴达克起义军将克劳狄乌斯和瓦利尼乌斯的围剿接连粉碎后，他曾拟订了一个北上计划，并且率军北上，将楞图鲁斯和盖利乌斯的前堵后追挫败，起义军一度攻打到阿尔卑斯山脚下的穆提那城。但后来斯巴达克突然放弃北上计划，率领全军调头南下。这是为什么呢？

研究者认为，斯巴达克计划的改变缘于客观形势的变化。起义之初，敌强我弱，斯巴达克觉得很难对付罗马官军，不宜久留罗马，所以便拟订了北上计划。等军队声势大振的时候，起义军因此变得自信起来，觉得可以留在罗马一搏。

另一种观点认为，阿尔卑斯山的恶劣条件改变了起义军北上翻越山岭的计划。他们提出，阿尔卑斯山平均海拔 3000 米上下，是欧洲最高的山峰，许多山峰终年积雪，山上气候变化多端。12 万起义将士到达阿尔卑斯山脚下时，衣服单薄难以御寒，再加上起义军给养不足，没有办法，只得取消了北上计划。

还有人认为，斯巴达克改变北上计划是因为缺乏意大利北部农民的支持。

毕竟历史不能重写，如果斯巴达克继续北上，并且成功地翻越阿尔卑斯山，返回了色雷斯，结果会如何呢？罗马官军是想把斯巴达克逐出本土而万事大吉还是要将其一网打尽才罢休？这些不得而知。

为什么说罗马皇帝提比略是一个暴君？

对于罗马皇帝提比略来说，性和暴力两者相辅相成，缺一不可。14 年，他开始执政，早期的统治还算睿智温和，但是当他再长大一些时，他凶残的暴行便臭名远扬了。死难者的遗体被丢弃在罗马元老院和市中心广场之间的立法路上渐渐腐烂，或是用钩子拖着扔到台伯河里。提比略还喜欢坐在悬崖之上俯视那些饱受酷刑的犯人被扔下去的场景，他甚至特别派遣了一支小分队在下面专门负责用船桨或船钩猛打那些落水者，防止他们沉下去。

在提比略看来，看别人慢慢被折磨致死的过程才更刺激。他的大部分狠招都留给了自家人。他的养子——杰马尼库斯，很可能是被他秘密下令毒死的。

此外，提比略还像玩弄老鼠的猫一样把杰马尼库斯的遗孀大阿格丽派娜当作玩具戏要，让她一想到自己即将面对的命运就心生恐惧。最终，大阿格丽派娜绝食身亡。而她的 3 个儿子，也就是提比略的孙子，被提比略杀死了 2 个，只有卡利古拉活了下来。

为什么说卡利古拉恶贯满盈？

37 年，卡利古拉即位，在残暴方面，他远远超过了其祖父提比略。他最欣赏的杀人方法是在受害者身上弄出大量细小的伤口，然后等待这些小伤口积攒成致命伤。

在吃饭的时候，卡利古拉也不忘寻找施刑的乐趣，所以他总是随身带着一个刽子手以备不时之需。卡利古拉还喜欢强迫犯人的父母观看自己的孩子被处决的场面。另外，暴力的娱乐节目也让卡利古拉沉迷不已，他大力赞助角斗对抗和野兽表演。他组织了大量的类似活动，有时还亲自参与其中。

久而久之，传统的暴力娱乐节目已经不能满足卡利古拉的需求了，他便开始组织另类角斗，比如让老年人和上了年纪的野兽对垒，或让残疾人互相厮杀。他发现用买来的肉喂野兽花销太大，于是决定将罪犯切碎，用他们的肉做饲料。

基于以上种种劣迹，就不难看出卡利古拉实在是恶贯满盈。

为什么肖像雕刻的典范是古罗马雕塑？

公元前 1 世纪，罗马为世界强国，这也为其艺术的兴起和发展创造了有利的条件。虽然罗马帝国占据了古希腊，但是罗马一直很重视希腊艺术，希望在保持希腊艺术的基础上，发展自己的艺术特点。

国王奥古斯都就相当注重艺术，尤其崇尚古雅典灿烂的文化。他试图让罗马和雅典一样辉煌，变成大理石的世界。而且以后的几代统治者也是艺术的提倡者，因而形成了罗马艺术的繁荣期。古罗马雕刻中最有特色的是纪念性的肖像雕塑，它是真正的罗马雕刻艺术。

历来，古罗马都有保存死者肖像的习惯。人在刚死的时候，人们就在死人的面部涂上蜡制面具，以便为死者克制雕像时用。在送葬的队伍中，死者的面具被放在棺材的前面，一个男演员扮演死者并且戴着死者的蜡面具走在前面，后面则跟着跳着舞的人和小丑。为了使雕像能够长期保存，人们就制成青铜像和打成石雕像。这一传统习俗使古罗马的肖像雕刻艺术有了进一步的发展，并具有高度写实的特点。而且为了表彰军事、政治首领和社会名流，人们就把他们的雕像摆在公共场所陈列，这样的制度一直沿用至帝国末期。

总之，罗马雕像不仅具有高度的写实技巧，形象惟妙惟肖，而且还进一步刻画了人物的性格特征和精神面貌，具有很高的造诣。

克劳狄到底是一个怎样的皇帝？

古罗马皇帝克劳狄在位 13 年，是罗马历史上最具争议的君主之一。有人认为他是个智能低下、任人摆布的白痴，也有人认为他战功显赫，是一代明君。

生为罗马贵族的克劳狄，不足月而早产。他头脑迟钝，运动失调，看似呆痴，童年时饱受欺凌。直至 50 多岁才时来运转。41 年，罗马皇帝盖乌斯被近卫军杀于宫中，吓蒙了的克劳狄被近卫军从窗帘后拖出来。但他们看到他又老又丑，胆小怕事，便恶作剧地拥立他为皇帝。

谁料，克劳狄在学术与政治上却表现出极大的英明果断，不但对元老院宽大为怀，与其建立了和谐的关系，还完善了罗马帝国的政治机构，建立了一整套完整有序的政府机制。

因此，西方史学界在 20 世纪 50 年代对克劳狄有了新的评价，一致认为克劳狄是贤君明主，他在位时做出了丰功伟绩，表现出了聪明才智，他只是晚年时老朽糊涂，才不断为身边的人所左右。

那他到底是傻，还是英明呢？就要看你的评判了。

阿提拉为什么被称为"上帝之鞭"？

5 世纪中叶，匈奴帝国国王阿提拉率 50 万大军入侵欧洲，所到之处都让欧洲人有种魂飞魄散的感觉。许多人把匈奴人对欧洲的践踏，看作是上帝对违背誓言的基督徒的惩罚，称施以惩罚的阿提拉为"上帝之鞭"，这自然是一种荒唐的、无可奈何的解释。

其实，欧洲人历来把匈奴人称为"野蛮的民族"，古代罗马的一位历史学家曾经这样描写一段史实："他们是我们不知道的一种人，突然出现，好像从天而降，他们像一阵旋风，所到之地寸土不留。"到阿提拉统治时期，势力所及东起里海，西至莱茵河，南抵阿尔卑斯山，北到波罗的海，为匈奴帝国的鼎盛时期。

为了继续扩大疆域，掠夺更多的财富，阿提拉乘罗马分裂之机，首先发动了对东罗马的进攻，并于 435 年一举击溃东罗马。453 年，在行军途中，阿提拉暴病身亡，年仅 47 岁。

匈奴王阿提拉是怎样的一个人？

自阿提拉（406 ~ 453 年）登基成为匈奴帝国的王之后，匈奴人的力量才有了决定性的崛起。433 年，27 岁的阿提拉与他的兄弟布来达一同从他们的叔父罗阿斯手中继承了帝国的王位。436 年，阿提拉残酷地谋杀了他的胞兄，独自君临帝国。

与其前辈们相比，阿提拉更具有雄心壮志，更富于侵略性，且才智超群。历史上阿提拉扮演着一个极为突出的角色。阿提拉时期的匈奴帝国是匈奴史的最后一章，也是最辉煌的一章。他使罗马人蒙羞，使日尔曼人丧胆，还有着让西欧人沮丧而无奈的强大力量。因此，他和他的匈奴铁骑都被称为"上帝之鞭"。阿提拉死后，他的帝国迅速瓦解消失，而他在欧洲历史中更富传奇性。在西欧，他被视为残暴和抢夺的象征，但也有史书记载，他是一个伟大的皇帝。

汪达尔人为何得到"破坏者"的恶名？

汪达尔人是日耳曼人的一支。429 年，汪达尔军政领袖该萨里克在合理分析局势的基础上，率 8 万汪达尔人和阿兰人前往北非，于 439 年以迦太基为都建立了汪达尔王国。迦太基的陷落对西罗马的打击十分沉重，因为它切断了自己在非洲的财政来源。442 年，罗马终于承认汪达尔王国对北非大部地区的统治。455 年，该萨里克乘罗马混乱之机，率舰队渡海，攻陷罗马，焚烧巧夺持续了两星期之久。此后，罗马古文物遭到严重破坏，毁灭文化的"汪达尔主义"由此而得名。

461 年后，汪达尔人不断侵袭西西里和意大利，罗马猝不及防。拜占廷皇帝查士丁尼力图在西方恢复罗马帝国的统治，于 533 年派贝利撒留远征北非。汪达尔人被击败，迦太基陷落。汪达尔人的残余部队又坚持了三年，终于在 534 年灭亡。拜占廷军队依靠曾被汪达尔人剥夺土地和财富的奴隶主和教士的支持，在北非重建行政机构，恢复了罗马的统治。

西罗马帝国灭亡原因有哪些？

在很多人眼里，西罗马帝国十分强大，它对中世纪欧洲和现代西方世界也有持续的影响，但是人们不禁要问，究竟是什么原因使如此强大的西罗马帝国灭亡的。

20 世纪 80 年代英国《泰晤士报》发表了一篇文章，认为西罗马帝国是由于铅中毒而衰亡的。罗马城市的供水管道是用铅制作的，随着时间的流逝，铅逐渐被锈蚀，长期使用这种铅水管的罗马人智力因此下降，以致到 5 世纪时，他们缺乏应付帝国内外危机所必要的智力。

美国学者马文·佩里在《西方文明史》一书中认为，罗马帝国的衰亡是一个漫长的历史过程，因此，不能用一个简单的理由来概括西罗马灭亡的原因，它是多种力量综合作用的结果，总结一下，有三个方面的原因：

绘画表现的是 410 年，西哥特人劫掠罗马城的惊恐场面。

一是外族侵扰；二是精神的作用；三是经济的原因。

菲里普·李·拉尔夫在《世界文明史》中认为，西罗马帝国的衰亡其实是内部出现了问题。第一，政治上，元首制下缺乏明确的继承法，元首一去世，接踵而至的就是内战，帝国后期政治上最大的缺陷是没有使足够的人参与政府活动，帝国的居民大多数是不参与政治的臣民，沉重的税收常常使他们对帝国心怀仇恨。第二，经济上，在罗马，由于奴隶制度和劳动短缺引发了严重的经济问题，罗马城市只能依靠奴隶生产的剩余产品，但是这时的奴隶负担已经相当严重，使得生产剩余产品的数量越来越少。第三，缺乏公民理想。连年的战争已经阻碍了普通公民公益精神的形成，这也使得罗马帝国再也不能依靠共和国的理想来加强统治了。这样，西罗马帝国就伴随着各种矛盾的发生走向了历史的尽头。

列国时代

日耳曼人有哪些分支？

日耳曼人是欧洲的古代民族之一，公元前5世纪起，日耳曼人以部落集团的形式分布于北海和波罗的海周边的北欧地区。条顿人是古代日耳曼人中的一支。公元前4世纪时分布在易北河下游的沿海地带。公元前2世纪下半叶，条顿人与日耳曼人中的另一支森布里人组成部落联盟，越过阿尔卑斯山脉侵入罗马帝国境内，从而揭开了日耳曼人与罗马人矛盾的序幕，这也是日耳曼人登上历史舞台的标志。此后，条顿人大举进攻亚平宁半岛北部，公元前102年被罗马军队击溃，条顿人从此退出了历史舞台，但日耳曼人却在继续发展。4至6世纪的民族大迁移时期，日耳曼人分为南北两大支系。北支系在北欧地区扩充领域，他们是现代瑞典人、挪威人和丹麦人的祖先。南支系又分为东西两支。东支包括哥特人、汪达尔人以及勃艮第人，在漫长的历史长河中，其族体和语言都融化在地中海沿岸各民族中。西支分为三个区域性集团：一是北海沿岸集团，包括巴塔维人、弗里斯人、考肯人、盎格鲁人和朱特人等。前两者是现代荷兰人的祖先，后三者融合成盎格鲁—撒克逊人。二是易北河集团，其主体是斯维比人，斯维人后演进为施瓦本人，这个集团的马科曼尼人和夸迪人最终成为巴伐利亚人。三是莱茵·威悉河集团。其中的卡狄人为黑森人的祖先，另外的部落在3世纪融合成法兰克人。

为什么日耳曼人要大迁徙？

日耳曼人居住在古罗马帝国的北部地区。纪元初年，这些日耳曼人散居于多瑙河以北、北海和波罗的海以南、莱茵河以东合维斯瓦河以西的大约50万平方公里的土地上。

大约从公元前4世纪下半叶开始，日耳曼人就开始进入罗马帝国的境内，掀起了民族大迁移的浪潮，这次迁移运动波及中欧、西欧、南欧和北非等广大地区，前后绵延200多年。

其实，日耳曼真正迁移的原因，还要从中国谈起。秦汉之际，匈奴首领单于统一了匈奴各部落，势力逐渐强盛，并且统一了大漠南北的广大地区。到了西汉后期，匈奴内部分裂，分为南北匈奴。东汉和帝时，窦宪带兵出塞，次年击败匈奴，部分北匈奴被迫向南迁徙。因此，引起了历史上一连串的民族大迁徙。

西迁的匈奴人途径中亚，进入欧洲。后来，他们占领了黑海北岸地区，将原来定居于此的日耳曼人中的东哥特人和西哥特人击败，东哥特人归附匈奴，而西哥特人只好西迁，并向罗马帝国皇帝求援。

而当时的罗马皇帝正在为帝国人口减少、兵力缺乏而忧心忡忡，于是欣然答应过河之后给西哥特人以土地和粮食，而且西哥特人必须交出武器，以他们的妻子和子女作为人质，去充当罗马帝国的雇佣军。被迫无耐，西哥特人必须接受这个条件。但事实上，罗马皇帝并未兑现最初的承诺。相反，他们把大量西哥特人贩卖为奴，这就激起了西哥特人的反抗。378年，双方在阿德里亚堡展开决战，罗马军队遭到惨败，皇帝阵亡。

日耳曼部落大迁移的具体情况如何？

日耳曼是居住在波罗的海西岸和斯堪的纳维亚半岛南部。公元前10世纪，他们开始不断向外扩张。

1世纪，日耳曼人分化成许多部落联盟，如东哥特人、西哥特人、法兰克人、汪达尔人等。从4世纪后半期开始，受匈奴人西迁的影响，开始了大规模的迁徙运动。

西哥特人为避匈奴人，请求进入罗马帝国避难，罗马答应了，但要求西哥特人用土地交换，可是后来罗马竟出尔反尔，西哥特人愤而反抗，于410年攻陷罗马城。

汪达尔人为避免匈奴人西迁，进入了西班牙境内，后来西哥特人进入西班牙，汪达尔便来到北非，推翻了罗马帝国在北非的统治。

法兰克人西迁，占据了现在法国的土地，建立了强大的法兰克王国。匈奴西进时，由于法兰克国家非常强大，盎格鲁—撒克逊人只得进入不列颠，到7世纪初，不列颠的大部分被他们占领。

哥特人是怎样建立自己的国家的?

哥特人是日耳曼人中人数最多、发展最快、影响最大的一支。早在公元前1000年，日耳曼人便已居住在波罗的海西岸。

直到1至2世纪，大部分日耳曼人才在莱茵河以东、维斯瓦河以西、北海和波罗的海以南、多瑙河以北的广大地区定居下来，成为罗马帝国的北方邻居。

374年，约在300年前被中国的汉王朝击败的北匈奴人几经辗转迁徙，出现在东哥特人面前。东哥特人听说有一支新的部落前来攻打，便急忙率兵应战，但最终以失败而告终。

当西哥特人听到东哥特人被征服的消息后，他们预感到大祸临头，因而赶紧在德涅斯特河西岸营建堡垒，企图阻止匈奴人渡河。匈奴领袖巴勒探知此事，便不做正面进攻，只在西哥特人布阵的上游渡河，进行包抄。西哥特人措手不及，被打得落荒而逃。

有一个名叫弗利提吉尔恩的西哥特人，率领部将，集中在多瑙河畔，请求罗马皇帝准其入居罗马帝国境内。西罗马皇帝答应了

他，并提出了一系列的交换条件。但是最后，罗马帝国却出尔反尔没有兑现诺言，这就激起了哥特人的深仇大恨，西哥特人忍无可忍，终于发动了造反。

412年，亚尔多夫率领西哥特的全部人马进入高卢南部，得到当地"巴高达"运动的强大支援，很快占领了几个重要城市。419年，西哥特的新领袖狄奥多里克，以土鲁斯为首都，建立了西哥特王国。

476年，日耳曼人出身的罗马军队的将领奥多阿克，推翻了西罗马帝国政权，在意大利建立奥多阿克王国。东罗马皇帝吉诺坐卧不安，他唆使东哥特军事首领提奥多里克进攻奥多阿克王国，以尽快让自己脱离险境。

489年，提奥多里克联合罗马贵族，利用罗马人敌视奥多阿克政权的情绪而取得支持，仅用3年时间就征服了意大利，杀死奥多阿克，并且以拉温那为都城，建立东哥特王国。从此，东哥特人便在意大利定居下来。

凯尔特人之谜是怎样的?

凯尔特人是早期古代欧洲历史上存在的民族，但是欧洲人对他们有很浓厚的兴趣。

那么，为什么欧洲人要追忆凯尔特人呢？原来很早以前他们的部落就开始强盛起来，而且后来还引发了一场轰轰烈烈的文学与文化上的大变动——浪漫主义运动。在许多浪漫主义者的眼睛里，凯尔特人是充满神秘色彩的原始民族，他们称其为天生的贵族。然后又有许多人去搜寻各种各样的财宝，只要找到了什么东西，就被认为是凯尔特人的。这种状况一直持续到19世纪后半叶，随着考古学的进步，凯尔特之谜才逐渐揭开。

我们今天了解到的凯尔特人大都是通过口头传说、当代希腊罗马著作、欧洲的考古挖掘以及前罗马帝国中经过修复的凯尔特手工制品来了解的。此外，凯尔特人还留下了另一种语言文化遗产。到了16和17世纪，学者们才意识到古老的凯尔特人的语言和一些现代语言形式如爱尔兰语、威尔士语，以

及一些地方的方言，如法国、西班牙、意大利北部的地方方言，都有密切的联系。也就是说，凯尔特人可以被看成是今天的爱尔兰人、威尔士人、英格兰人、法国人、西班牙人、瑞士人、奥地利人、北部意大利人以及其他西欧和中欧人的祖先。

凯尔特人具有怎样辉煌的历史？

凯尔特是欧洲古代文明之一，它与古希腊罗马文明圈相对应而存在。在罗马帝国时代，北方的日耳曼人和凯尔特人被称为"蛮族"，他们之间不断发生冲突和碰撞。而且现代欧洲的各民族在很大程度上源于他们，这其中还包括斯拉夫人和维京人。

约公元前10世纪初，凯尔特人就在法国东部的塞纳河、罗亚尔河上游、德国西南部莱茵河、多瑙河上游地区经常出现。随后的几世纪中，凯尔特人以武装的部落联盟为单位，向周围地区扩散、迁徙，进行军事移民。他们是欧洲最早学会制造和使用铁器与金制装饰品的民族，他们凭借铁制武器战胜了尚处于青铜时代的部落，公元前7世纪便在法国东部、中部各地定居。从公元前5世纪起，他们就开始向全欧洲渗透和扩张。

大约从公元前500年开始，凯尔特人从欧洲大陆进犯并占领了不列颠诸岛，一部分凯尔特人在今天的爱尔兰和苏格兰定居下来，另外的一部分占领了今天的英格兰的南部和东部。凯尔特人讲凯尔特语，今天居住在苏格兰北部和西部山地的盖尔人仍使用这种语言。在英语形成之前，凯尔特语是不列颠岛上所能发现的唯一具有史料记载的最早的语言。

在进犯不列颠岛的同时，一部分凯尔特人越过莱茵河进入法国东北部，在塞纳河以北，阿登山区以西和以南的地区定居。公元前500年以后，凯特人主要的居住地区转移到了法国。古罗马人把居住在今天法国、比利时、瑞士、荷兰、德国南部和意大利北部的凯尔特人统称为高卢人，把高卢人居住的地区称为高卢，面积约60万平方公里。之后，

他们曾经一度广泛分布在欧洲大陆上，并且先后征服了今天的法国、西班牙、葡萄牙、意大利等地区。

公元前387年和公元前279年，凯尔特人分别入侵和洗劫了罗马和希腊，一些部落甚至深入今天土耳其的安纳托利亚地区。鼎盛时期的凯尔特人占领着从葡萄牙到黑海之间的大片土地，可以与后来强大的罗马帝国相媲美。然而，他们最终没能形成统一的国家。

英格兰是怎样击退维京人的？

从8世纪末起，丹麦维京人就不断袭击和劫掠英国的沿海地区。7世纪后，丹麦维京人入侵的规模逐渐扩大，由海盗掠夺发展为征程掠地的行为，控制了英国的东北部地区，并按照丹麦人法律制度统治，成为了英格兰的"国中之国"。871年，国王阿尔弗列德在威尔顿抗击丹麦人的战役中失利。于是他一方面用纳贡赎买的办法削弱了丹麦人的控制，另一方面精修内政，建立了贵族学校培养人才，编制了法令巩固了统治秩序，整饬军队，建造战船和要塞，然后发起反攻。878年，在伊盛丹尼战役中重创丹麦军，取得了决定性的胜利；次年迫使丹麦人媾和，并与之缔结了《威德摩尔和约》。

斯拉夫人有哪些分支？

斯拉夫人就是指使用斯拉夫诸语言的居民，他们主要分布在中欧、东欧和东南欧。此外，还有少数居民分布在世界各地，属于欧罗巴人种东欧类型和巴尔干类型。

斯拉夫人共有三大支系：西斯拉夫人（包括卢日支人、波兰人、捷克人和斯洛伐克人）、东斯拉夫人（包括乌克兰人、俄罗斯人、和白俄罗斯人）、南部斯拉夫人（包括保加利亚人、塞尔维亚人、克罗地亚人、马其顿人和斯洛文尼亚人）。现代斯拉夫人的语言文字、风俗习惯、宗教信仰和体质特征都很相近，他们都是古代斯拉夫人的后裔。斯拉夫语属于印欧语系，自成一个语族。9世纪后半叶，

在借鉴希腊字母的基础上，创造了斯拉夫文字。后来，一部分斯拉夫人在古斯拉夫字母的基础上创制了本民族文字，如乌克兰文、俄罗斯文、白俄罗斯文、保加利亚文、塞尔维亚文和马其顿文。而另一部分斯拉夫语言的文字则采用拉丁字母，如波兰文、捷克文、斯洛伐克文、克罗地亚文、斯洛文尼亚文和卢日支文。

哥特战争因何爆发?

查士丁尼是东罗马帝国一位有作为的皇帝。他出生于托莱索的农民家庭，早年投奔充当高级将领的叔父查士丁，在那里接受了良好的教育。518 年，查士丁做了皇帝，因年迈无嗣，便收查士丁尼为养子，并授予其要职。

525 年，查士丁尼获得"恺撒"称号，并于 527 年和叔父共同执掌政权，称"奥古斯都"。同年，查士丁去世，查士丁尼成为唯一的君主，这也使得他在拜占廷帝国的舞台上能一展身手，充分展示他鲜明的个性和卓越的才华。

535 年，查士丁尼派兵侵占西西里岛和意大利大部。534 年时，阿特拉里克病故，阿拉马松塔也渐渐感到自己地位不稳固，于是就秘密派人和查士丁尼联系。

没想到，狄奥达特即位后先是囚禁了阿拉马松塔，而后又将其处死。这便给了查士丁尼兴师问罪的借口，于是历时 20 年之久的"哥特战争"爆发了。

查士丁尼是怎样征服意大利的?

535 年，查士丁尼派遣贝利撒留出征，收复意大利本土。当年 12 月，贝利撒留统帅 8000 人登陆西西里岛，很快占领全岛。第二年 6 月，贝利撒留开始进攻意大利本土，很快便攻占了那不勒斯。东哥特国王狄奥达特闻讯惊慌失措，企图投降，结果却被东哥特贵族所杀。

战士出身的维提却斯被推举为王。维提却斯上任后，率领主力部队离开罗马，集结到北方的拉温那，以对付与东罗马结盟的法兰克人。536 年 12 月，贝利撒留进军罗马，罗马教皇和居民献城投降，不多的守军不战而走。

537 年 2 月，维提却斯率东哥特军队返回来围攻罗马。贝利撒留对此早有准备，他贮粮修城，等待决战，东哥特人久攻不克。这时，东罗马又来援助，维提却斯只得弃甲曳兵而走。

540 年，贝利撒留攻占东哥特的都城拉温那，活捉了维提却斯。

东罗马人在意大利刚刚站稳脚跟时，就对当地人进行了一系列的剥削。查士丁尼将贝利撒留召回国，又向意大利派去了财政专使。这位专使向当地人征收极重的赋税，一时间人心尽失。

这种形势正好被东哥特的新国王托提拉所利用，他率军南下，节节胜利，很快便拿下了那不勒斯。545 年，东哥特军重新包围了罗马城，意大利统治下的东罗马变得岌岌可危。

托提拉是外族国王中很有作为的一位。他对查士丁尼复辟罗马帝国的野心有着清醒的认识。在他看来，在这场战争中，意大利境内的罗马人同样是查士丁尼奴役的对象。

为了取得意大利罗马人的同情和支持，托提拉整顿军队，严禁士兵抢略财物，伤人性命。此外，托提拉还宣布，免除隶农对主人、自由农民对东罗马的义务，隶农和自由农民的租税转交东哥特。

这种做法，一方面使他得到了军队的给养，另一方面又承认了下层农民乘乱取得土地的事实，因此很快便得到群众的拥护。东哥特对罗马的围困历时一年，扫清了城周围的敌军，使得罗马城内人心涣散，人民生活也更加穷困潦倒。546 年的 12 月，东哥特人彻底拿下了罗马城。

本来东哥特军在与东罗马军的斗争中已占据绝对的主动地位，但托提拉却写信向查士丁尼求和，这无疑给本军的士气以沉重的打击，同时也给了东罗马喘息的机会，查士丁尼很快又招募了40000名新军，使其作为意大利东罗马军队中的增援。

552年，东罗马在意大利中部击败了东哥特军队，托提拉也在此次战斗中阵亡。554年，东罗马军又消灭了东哥特人的残余势力，并一直驱逐法兰克人到阿尔卑斯山以北，通过一系列的军事活动，查士丁尼征服意大利的梦想终于实现了。

查士丁尼有哪些政绩？

查士丁尼在位期间，曾镇压平民起义，征服汪达尔王国、东哥特王国，即位次年，任命大臣十人编成《查士丁尼法典》等法律书籍。

540年，波斯国王霍斯罗夫一世的军队进占美索不达米亚、叙利亚北部和拜占廷的亚美尼亚省，掠夺包括安条克在内的各大城市。第二年，波斯又从北方侵入拉齐卡地区。于是，查士丁尼任命贝利撒留指挥东方战场，进行一系列反击。

561年底，双方签订为期50年的和约，拜占廷同意每年付给波斯3万索利迪（金币），而波斯放弃对拉齐卡这一基督小国的一切主权要求。就这样，查士丁尼保全了东方诸省的完整。

为了收复西方失地，他不顾群臣的反对，于533年6月发动了北非战役，并于翌年占领了整个汪达尔王国，把北非重新划入帝国的势力范围。同时，撒丁、科西嘉等地也纳入了帝国的版图。后来，查士丁尼又确立了对整个意大利的统治。

古代罗马的法制学十分完备，到查士丁尼时代，内容已经十分庞杂，要想了解这些法律已经不是一件容易的事。查士丁尼上任伊始，就于528年成立了编纂新帝国法规的专门委员会，查士丁尼通过立法确立了一系列原则，并将这些原则作为帝国行政机构正确履行职责的指南。查士丁尼也因此被文艺复兴时期研究罗马法的法学家尊称为"法律之父"。

为了意大利的社会更加稳定，经济更加繁荣，查士丁尼于554年颁布了一项"国事诏书"。他严格监察各省总督，并进行一些行政改组，并且历来重视唯才是举。

此外，他还有宏大的建筑规划，如重建被地震摧毁的城市，加固防御工事，开辟输水管道等，至今仍有迹可寻。此外，他还修建隐修院、孤儿院、旅店、大教堂等，其中著名的君士坦丁堡的圣索菲亚大教堂堪称不朽的杰作，至今巍然屹立，世人无不为这杰出的设计发出由衷的赞叹。

查士丁尼还是一个典型的君王神学家。他在王宫里过着僧侣般的生活，与教授、大主教、教皇辩论教义的些微差异。到了晚年，他甚至很少过问朝政，几乎把心思都投入到了对神学的研究当中。这就是查士丁尼，一个有理想、有抱负，胸中充溢着罗马好战精神的人，同时还是一个对宗教有虔诚信仰并且孜孜以求，渴望帝国更加繁荣昌盛的人。

拜占廷为何死争科尔奇斯？

科尔奇斯是黑海东岸的一个小国，不仅位置优越，而且物产富饶，尤其黄金储量很大，历来是大国争夺的目标。

522年，科尔奇斯为免遭外族入侵，向拜占廷帝国求救，并与拜占廷结成同盟。开始，科尔奇斯人还认为拜占廷是保护自己的，可事实是拜占廷军纪律涣散，他们到处惹是生非，劫掠当地人。到后来，连科尔奇斯的国王也成了他们的傀儡，这大大伤害了科尔奇斯人的民族自尊心。科尔奇斯人便向波斯国王库斯鲁一世求援，波斯军队很快就赶走了拜占廷军队。科尔奇斯人本以为波斯会保护自己，但是后来波斯人却把他们视为奴隶，科尔奇斯人对波斯人又开始产生敌意。于是，549年，他们再次向拜占廷的皇帝查士丁尼求救。查士丁尼认为收复科尔奇斯的机会来了，立即派兵向波斯军队发起了进攻。最终，拜占廷军队获胜，真正控制了科尔奇斯。

基辅罗斯对拜占廷的斗争是怎样的？

9 至 10 世纪，新兴的基辅罗斯人多次沿"瓦希商路"南下，向君士坦丁堡发起进攻，争取在拜占廷的贸易权利。860 年，罗斯人第一次进攻君士坦丁堡。907 年，基辅大公奥列格再次率军抵达君士坦丁堡城下，迫使拜占廷与之签订贸易协定。957 年，罗斯女大公奥丽加出访君士坦丁堡，受到了隆重的礼遇，双方建立了亲切友好的关系。一些罗斯贵族还接受了基督教。

拜占廷帝国与波斯的五次战争情况如何？

查士丁尼当上皇帝之后为恢复昔日罗马帝国的版图，对内厉行改革，加强中央集权，对外积极扩张。而他向东方的征讨重开了罗马波斯战争。在以后的 100 多年内，拜占廷与波斯之间先后进行了 5 次大规模的争霸战争。

第一次战争：528 至 531 年。527 年，刚刚继位的查士丁尼任命 22 岁的贝利撒留为东征大元帅。528 年，波斯先发制人，命大将扎基西斯率 3 万大军向拜占廷军发起猛烈攻击，在 529 年的尼亚比斯首次战役中击败贝利撒留，并直扑美索不达米亚平原上的战略重镇德拉城。530 年的德拉城战役，波斯大军全线溃败，后来从叙利亚沙漠方向发动的多次进攻也在贝利撒留的巧妙反击下失败。531 年，双方在卡尔基斯会战，波斯打退了贝利撒留的进攻。532 年双方媾和，拜占廷撤回德拉城驻军，向波斯支付 1000 磅黄金。

第二次战争：540 至 545 年。540 年，库斯鲁一世率大军从首都泰西封出发，对拜占廷的幼发拉底防线发动突然袭击，先后攻下希拉波利斯、卡尔基斯，直捣叙利亚首都安条克。经过激烈战斗，波斯攻下该城，并大肆烧杀抢掠。543 年，库斯鲁一世乘拜占廷内讧之机，进占亚美尼亚，全歼了前来进攻的 3 万拜占廷大军。544 年，库斯鲁再次亲

征美索不达米亚，围攻首府尼德撒城数月之久，最后失败告退。545 年，双方缔结 5 年停战协定，拜占廷收复波斯占领的全部领土，支付赎金 2000 磅黄金。

第三次战争：549 至 562 年。547 年，库斯鲁一世率 8 万大军进占科尔奇斯王国，并攻陷拜占廷军的庇特拉要塞。549 年，查士丁尼应科尔奇斯人的邀请，派大军进攻庇特拉要塞。

3 年间断断续续的攻占，使得拜占廷军队夺回了庇特拉要塞，波斯军伤亡惨重。此战之后，双方在高加索山麓又进行了 6 年的持续作战。拜占廷先赢后输，波斯军队战战告捷。555 年，法西斯河口一战，拜占廷军队放手一搏，向轻敌冒进的波斯军队发起反攻，消灭敌人 1 万余人，大获全胜。562 年双方再次媾和，波斯放弃对科尔奇斯的领土要求，拜占廷每年向波斯支付黄金 1.8 万磅，有效期 50 年。

第四次战争：571 至 591 年。571 年，查士丁尼二世停止向波斯支付年金，库斯鲁一世以对方毁约为名率军进攻德拉城，经 5 个月的厮杀破城而人。索得黄金 4 万磅后，波斯撤军。589 年，波斯发生内乱，拜占廷皇帝莫里斯派 7 万大军援助库斯鲁二世夺取王位。591 年，拜军在幼发拉底河畔将波斯军击败，杀掉篡位者，攻陷泰西封，扶库斯鲁二世登上波斯王位。波斯则将亚美尼亚的大部分和伊比利亚的一半割让给拜占廷，并订立"永久和平协定"。

第五次战争：603 至 631 年。库斯鲁二世乘拜占廷内乱之机于 606 年率大军西征，硝烟再起。波斯军经过 9 个月战斗攻陷德拉城。608 年，波斯分两路大军西进，一路攻占卡帕多西亚、比西尼亚、卡拉奇亚，另一路攻占卡尔西顿城，并联合阿瓦尔人和斯拉夫人威胁君士坦丁堡。这时，拜占廷内战方酣。波斯大军长驱直入，609 年攻下叙利亚，611 年再下安条克。616 年，巴夏·巴尔兹又率波斯大军侵入埃及，攻陷亚历山大里亚，

到 619 年征服整个埃及。同时，另一支大军出征小亚细亚，直抵博斯普鲁斯海峡，再次威胁君士坦丁堡。至此，波斯版图已经空前壮大，萨珊的势力也达到了空前绝后的地步。617 年，波斯军又一次攻占卡尔西顿城，并联合外族共同进攻君士坦丁堡。

620 年，巴尔兹从埃及赶到卡尔西顿，加入到对君士坦丁堡围攻的战役当中。在海上攻势受挫后，双方达成休战协定。利用休战之机，拜占廷皇帝希拉克略做好了各种准备。622 年，他亲率大军避开波斯军的正面攻击，乘军舰出其不意地在小亚细亚的伊索斯港登陆。

波斯军慌忙派军火速赶往伊索斯，双方在卡帕多西亚"碰头"，拜占廷军大败波斯军，并乘胜收复失地，占领科尔奇斯、亚美尼亚、美地亚。至 625 年，希拉克略平定小亚细亚西部。626 年至 627 年间，双方征战不停。628 年，波斯发生政变。631 年，科巴德二世与拜占廷议和：波斯归还历代侵占的拜占廷领土，释放战俘，归还抢自拜占廷的一切财物，偿还数年军费。至此，波斯双手空空如也，一无所获。

罗马波斯战争历经 400 年，双方交战数百次。虽然从战果上来看波斯失败了，但实际上这是一场拉锯战，用两败俱伤来形容更为恰当一些。而且这场战争几乎还原了战前的状态。

拜占廷文化产生了什么影响？

拜占廷给后人留下的最重要的遗产，是拜占廷文化。在 1000 多年的时间里，拜占廷文化绵延不断、成就斐然、风格独特、意义深远。5 至 6 世纪，拜占廷是欧洲的文化圣地。9 至 11 世纪前半叶和 13 世纪后半叶至 15 世纪，是拜占廷文化的繁荣阶段。科技、哲学、史学、文学以及建筑艺术等方面的成就都远远超出了同时期西欧的水平，在世界文化史中熠熠生辉。希腊罗马时代的古典文化在这里从未中断。拜占廷是一个讲希腊语的国家，并且它直接继承了古典文化中的精髓。同时，它又是一个信奉基督教的国家，因而基督教文化也成为拜占廷文化的重要组成部分。再者，北非和西亚这些古代东方文明的发祥地都曾归属拜占廷，古老的东方文化自然又给拜占廷文化多染了一层色彩，于是拜占廷文化成为世界文化宝库中的一枝奇葩。当欧洲大部分地区在战乱中进入中世纪以后，拜占廷成为欧洲唯一的富有知识和文化的国度，成为欧洲各国的学者和艺术家所向往的地方。东欧和俄罗斯从拜占廷那里接受了基督教以及建筑风格、文学艺术、学术传统，成为拜占廷文化的直接受惠者。文艺复兴运动，在一定程度上得异于拜占廷对古典文化的保存和传播，许多人文主义者也就是在这里获取了珍贵的古典书籍，并且从中接受了文化的熏陶。

普雷斯特·约翰究竟是谁？

1165 年，拜占廷帝国皇帝曼纽尔·科姆尼纳斯收到一封奇怪的信。这个写信的人——普雷斯特·约翰，他根本没听过。就连当时欧洲各国宫廷里的王公大臣和饱学之士也不知道"普雷斯特·约翰"其人其事。虽然欧洲人对约翰一无所知，但写信人的口气俨然是一个国王或者皇帝。信中提到的他的国家具有三个特点：地域辽阔，生活富足，信奉基督。尽管如此，事隔十几年后，罗马教皇亚历山大三世还是一本正经地致书"印度各邦杰出的圣明君主普雷斯特"，向他表示欧洲兄弟对他及其领导之下的印度兄弟的敬意和问候。

普雷斯特·约翰究竟是谁？一些学者认为普雷斯特·约翰和他的"印度帝国"可能在东欧的某个地区。1220 年又有传闻说，为寻求基督世界的统一，普雷斯特·约翰曾准备到欧洲与罗马教皇和各国君主会晤，但因蒙古人对东欧地区的进攻而未能成行。

仍有一些学者坚持认为事情没有这么简单。他们认为普雷斯特·约翰是真有其人的，他之所以在信中大谈印度是为了隐去真情。经过考察，他们得出：埃塞俄比亚就是约翰王统治过的国家。普雷斯特·约翰真有其人吗？一封奇怪的信件引得人们几个世纪以来一直苦苦寻找。可见，历史上的"问号"太多了，而人们身上的历史探索欲，无疑是历史的幸运。

英格兰国家最初是怎样形成的？

远古时期，不列颠岛附着在欧洲大陆的边缘上，还不是被海洋包围的岛屿。岛上的泰晤士河，曾经也属于欧洲大陆上的莱茵河水系，两河水脉相通，本为一体。后来，地壳变迁，海水上涨，不列颠与大陆分离，便自成一岛。

在公元前 4000 年，遥远的地中海的伊比利亚人来到了大不列颠岛。他们在岛上开始了艰苦的创业史，并用大而笨的石器种植粮食和狩猎。

此后，高特尔人、凯尔特人、比格尔人，也先后来过该岛，经过民族大融合，征服者与被征服者形成了统一的民族——不列颠人。

从公元前 53 年起，不列颠人就遭到了罗马人的侵略，罗马人对大不列颠岛的统治大约有 400 年。但罗马帝国和大不列颠岛的距离太远，所以它对大不列颠岛的干涉并不太多。不列颠人幸运地把自己的传统保留下来。

在罗马结束对大不列颠岛的统治后，日耳曼人来了。进入大不列颠岛的日耳曼人主要是盎格鲁、撒克逊和朱提三个部落。而撒克逊人和朱提人又被称为盎格鲁人。盎格鲁人早就盯上了大不列颠岛，但一直苦于无理由动手。直到一个不列颠部落与其他部落打仗，请盎格鲁人前来帮忙，盎格鲁求之不得，他们利用这个机会，对不列颠人大开杀戒，一举得了不列颠人世代生存的东南沿海、内地地区，开始掌管大不列颠岛。

退到西部山区的不列颠人始终没有放下手中的武器，他们团结奋战，绝不向盎格鲁人低头。盎格鲁人对他们也没有办法，这些不列颠人被盎格鲁人称为威尔士人，他们的地区也就被称作威尔士。

进入大不列颠岛的盎格鲁人内部矛盾重重，征战不断。直到在后来的很长一段时间里，他们才形成了平衡的格局，分成了 7 个小国。英国人称这个时间段为"七国时代"。

墨洛温王朝是谁开创的？

法兰克人的彪悍在众多入侵者中都是数一数二的。486 年，年仅 20 岁的法兰克国王克洛维打败了罗马帝国在高卢的最后一个统治者西阿哥利乌斯，占领了索姆河和卢瓦尔河之间的所有土地，罗马帝国对高卢长达 500 多年的统治就此终结了。486 年，克洛维在兰斯大教堂接受洗礼，皈依基督教，正式建立起了法国历史上第一个王朝，史称墨洛温王朝。

法兰克人征服高卢的秘诀，不在于其人数众多的军队，关键在于他们善于利用宗教。对于克洛维和他的士兵来说，他们得胜的保证就是他们接受并皈依基督教，克洛维得到了教会的支持，教会遍及他的整个王国，这样法兰克人就能和平地统治那些其子民听命于主教的附属国。534 年，克洛维的儿子们征服了勃艮第王国和普罗旺斯。于是，墨洛温王朝就成为这个包括曾被西哥特人占据的阿基塔尼在内的广阔地域的统治者。今天的"法兰西"一词就是来自于拉丁语"法兰西亚"，它的意思是"法兰克人的地方"。

当时主要的财富是土地，因此在克洛维死后，法兰克王国的土地也按照"日尔曼人的方式"被克洛维的几个儿子分成了小块。国王这样做的目的就是为了进一步赢得贵族的忠诚，加强自己的统治。显然，这样划分土地的方式，就使国王丧失了土地和权力，而贵族们就要向国王分享政权了，这和我国周朝划分土地的方法极其相似。墨洛温王朝的几个末代国王十分软弱，他们通常都不理朝政，没有实权，是名副其实的"懒王"。

这样，王朝的大权就逐步落到朝中几位大臣的手中，而这中间最出名的莫过于732年大败阿拉伯人的查理·马特了。

你知道《萨利克法典》吗？

《萨利克法典》，是墨洛温王朝的创始人克洛维统治后期（约507～511年）颁布的。它发源于法兰克人萨利克部族中通行的各种习惯法，并因此而得名。6世纪初，这些习惯法被法兰克帝国王克洛维一世汇编为法律，它是查理曼帝国法律的基础。

萨利克法典主要是一部刑法典和程序法典，详细地列举了各种违法犯罪应科处的赔偿金，其中对于人身伤害、财产损害、偷盗和侮辱的赔偿规定尤为详细，里面还规定受害者所得到的赔偿金的三分之一应交给王室。《萨利克法典》也包括一些民法的法令，其中包括女性后裔不得继承土地的条款。但6世纪下半叶，法兰克国王希尔伯利克曾经颁布过一道修改《萨利克法典》的敕令，规定死者如无子嗣，土地由其女儿继承，而不再交还公社。

《萨利克法典》中有关女性继承权的规定随着法兰克帝国的分裂和联姻扩散到大多数欧洲的天主教国家中，女性无权继承土地的规定逐渐演变为对女性继承权的剥夺，对中世纪和近代欧洲历史也产生了重要的影响。

加洛林王朝是谁开创的？

查理·马特是基督教世界的英雄。虽然，他登上国王宝座的条件已经成熟，但像中国的曹操一样，他只是把这个任务交给了儿子——丕平。

但丕平与曹丕的不同之处就在于，他还有一个有实力的哥哥——卡洛曼。丕平兄弟俩瓜分了父亲的领地之后，曾一度在政治上亲密合作，拥立了墨洛温家族后裔的一个隐士成为末代"懒王"，并一同清除了忠于墨洛温王朝的大贵族。但兄弟二人的合作并非

出于手足情深，而是因为他们有共同的利益结合点。最后，两人都想独自享有对国家的统治权，在746年的决斗中，弟弟大获全胜，而卡洛曼则被迫遁入修道院。

至此，独揽大权的丕平下一步想做什么已经是"丕平之心，路人皆知"了。但欧洲的篡位并不是一件简单的事，不是国王一纸禅让书就可以解决的，必须经过罗马教皇这一关。不过，丕平显然赶上了好时机，当时的罗马教皇正被北方的外族伦巴第人（日耳曼人的一支，来自斯堪的纳维亚半岛）侵扰，急需一位世俗统治者强有力的支持。而丕平需要的则是只有教皇才能给予的名分，双方一拍即合，很快便结成了联盟。

751年，丕平遣使晋见教皇札哈里亚斯，说："法兰克国王虽属王族和称王，可除在公文上签名外实际没有任何权力。换言之，他们无权，只会照官相的吩咐办事。"教皇心领神会，为赢得法兰克的支持以反对伦巴第人的威胁，便回答道："有实权的人应当称王，比徒有国王虚名的人称王更好。"于是，丕平在苏瓦松召开大会，隆重宣布教皇的"决定"，正式篡位称王，加洛林王朝便由此开辟了。

贵族们把丕平高举在盾上，显示出对他的极力拥护，红衣大主教卜尼法斯为丕平涂膏油、戴王冠，将墨洛温王朝末代国王希尔德里克三世囚禁在修道院。

加洛林时代的文艺复兴是怎样的？

法兰克国王查理大帝掀起了一场复兴学术的运动，后人将其称为"加洛林时代的文艺复兴"。查理大帝用基督教的名义将其统治扩张到了德意志，但为了使该地区的居民改信基督教，他急需一批受过教育的修士和牧师。为了治理其广袤的国土，他需要有文化的人才。在查理大帝的大力支持下，英国著名学者阿尔昆帮助建立了一些新的学校，教人们识字，指导抄正、修订一些拉丁文重要著作，这中间也包括许多拉丁文经典之作，

并且敦促人们使用一种新式的清晰书写方式。

"丕平献土"是怎么回事?

753 年,罗马又一次遭到了伦巴第人的威胁,新教皇斯蒂芬二世冒着风雪,翻过阿尔卑斯山脉前往法国,亲往基尔西向丕平求援,并且亲手为丕平涂圣油、加冕,并宣布禁止任何人从别的家族中选立教皇,违者将被剥夺神权,并被逐出教门。作为回报,在 754 和 756 年,丕平两次出兵意大利打败伦巴第人,将夺得的拉温那到罗马之间的"五城区"赠给教皇。于是,这事件就是被基督教世界颂了千余年的"丕平献土",从此在意大利的中部,就有了一个教皇国,一直存在至今。

中世纪罗马教皇的权力很大,为影响欧洲政治力量平衡的重要一击,甚至还出现了"卡诺莎雪地求饶"这样的事件。除了教皇身上的一层神光之外,"教皇国"这个物质基础更为重要。而且,由于丕平献土缔造了教皇国,此后历代法国君主都以教皇的世俗庇护人自居(当然,这也有丕平的儿子查理曼的一部分"功劳"),于是便有了后来的阿维尼翁之囚,还有以法国为后台的教皇国,这就阻碍了意大利的统一。

查理曼帝国是怎样建立的?

768 年,丕平去世,其儿子查理曼和弟弟卡罗曼遵照丕平的遗嘱平分了法兰克王国,实行共治。卡罗曼死后,查理曼成为法兰克王国唯一的国王。在位的 46 年间,查理曼共进行了 50 多次战争,使得洛林王朝达到鼎盛。

查理曼当政后,继续打击伦巴第王国,把占领的意大利中部土地奉献给罗马教皇,并且获得了教皇给他的"罗马人长老"的称号。从此,查理曼便开始控制意大利的北部和中部。

查理曼一生中进行的最长战争,是对北方撒克逊人的征服。从 772 年开始,查理曼亲率大军发动对撒克逊人的战争,对于撒克逊人的反抗,他一直采取的措施就是残酷镇压。他还残忍地将 4500 名撒克逊人质全部处死,所有撒克逊儿童都要用刀剑量过,凡超过规定高度者,都将接受被砍头的命运。然而查理曼的残暴并没有吓倒撒克逊人,爱好自由的撒克逊人顽强不屈,英勇抗争,与查理曼展开了不屈不挠的持久战。双方持续了 33 年的战争,查理曼在撒克逊地区建立了大批教堂,强迫所有撒克逊人信仰基督教,不守教规、保留异教习惯者均被处死。各地居民都必须给教会提供土地、房屋、劳役和缴纳什一税。这样,法兰克王国的国境线推到了易北河一带。

在与撒克逊人作战的同时,查理曼还征集了一支庞大的军队进攻西班牙。778 年,查理曼的军队越过比利牛斯山,攻打当地的阿拉伯人。回师途中,当后卫部队经过比利牛斯山隘口的时候,突然,山顶上喊杀声如潮,两侧的树林里冲出密密麻麻的人群,原来他们是当地的巴斯克人,因反对查理曼侵入自己的家园,特地在森林茂密的山顶上布置了伏兵。在夜色的掩护下,巴斯克人把查理曼的后卫官兵杀得片甲不留,查理曼的部将罗兰英勇战死。这一事迹后来被文学家加工成法兰西最早的民族史诗《罗兰之歌》,诗中把罗兰当作中古骑士的楷模,查理曼为封建君主的典范。23 年后,查理曼又一次远征西

800 年圣诞日,教皇立奥三世在罗马圣彼得教堂为查理曼加冕称帝。

班牙，吞并山南广大地区，建立了西班牙边防区。

查理曼占领伦巴第国，触怒了伦巴第国王的女婿巴伐利亚公爵塔西洛。他决定向查理曼发起挑战，替岳父报仇。787年，查理曼出兵巴伐利亚，废黜了巴伐利亚公爵，并且直接统治了这个地区。

在对外侵略扩张的过程中，查理曼仍然与罗马教皇保持着相互勾结和利用的关系。教皇与法兰克人的勾结招来了罗马大贵族的不满。795年圣诞节，教皇阿德连一世去世，新任教皇立奥三世继位没多久，贵族们就编织罪名把立奥三世逮捕入狱，并扬言要挖掉他的眼睛，割掉他的舌头。立奥三世秘密派人向查理曼求救，查理曼立即率兵前往罗马，将罗马贵族或处以死刑，或者终身监禁。第二年又亲自送立奥三世回罗马复位，立奥三世感激涕零，于800年封查理曼为"罗马人皇帝"，查理曼成为古罗马帝国的合法继承人和基督教世界的保护者。从此，查理曼国王变成了"查理大帝"，法兰克王国成为"查理曼帝国"。

不过，查理曼帝国持续的时间并不长。查理曼死后不久，他的三个孙子在843年三分帝国，也就是后来法兰西、德意志和意大利的前身。

什么是采邑制？

采邑制是中古西欧封建土地所有制的一种形式，由法兰克王国宫相查理·马特率先实行。在拉丁文中，"采邑"的原意为"恩赐"，指封主赐给封臣的土地或其他财产。墨洛温王朝末期由于大土地所有制的发展，自由农大量破产，国家的兵源日益匮乏，中央的政治、经济、军事力量衰落。赫里斯塔尔·丕平死后，争夺最高权力的斗争立即开始。丕平的妻子监禁查理（即查理·马特），把持政权。纽斯特里亚、勃艮第、阿奎丹和弗里斯兰独立，萨克森人、阿瓦尔人，特别是阿拉伯人乘势发动进攻。查理在奥斯特拉西亚贵族支持下平定叛乱，又于732年在普瓦提埃粉碎阿拉

伯人的进攻，从此声名鹊起，被称为"马特"（锤子）。

查理·马特是法兰克封建统治阶级中一位有眼光的政治家，他有一种预感，如果不改变墨洛温王朝无条件封赐土地的方法，就不能长治久安。他没收叛乱贵族和部分教会土地封给官员和将领，受封者必须服兵役和履行封臣义务（如缴纳捐税，交出盗匪），而且只限本人，不可世袭。双方如有一方死亡，或封臣不履行义务，分封关系终止。如愿继续以前的关系，必须重新分封。加洛林王朝时期，分封礼正式形成：封主赐给封臣以象征土地的树枝、泥土、和茅草，封臣跪下双手合掌放在封主手里，并按着《圣经》向上帝宣誓忠于封主。

采邑制对欧洲历史产生了什么影响？

查理·马特的采邑改革影响重大。它促进大封建主势力的衰落和王权的复兴，为加洛林王朝的强盛打下了坚实的基础。从国王到各级封建主，层层封受土地，主从关系、阶梯式的封建等级制也便层层结成，这是西欧封建土地所有制的基本特征。封主有责任保护封臣，封臣必须忠于封主和履行相应的义务，封建主阶级的内部联系加强了。封主可以扣押、收回、转封土地，封臣可以经营、转让、再分封以至出售土地，但得到土地者必须继承凝结在土地上的种种义务。封臣得到土地的同时，也就掌控了对自由人的管辖权，这样，他对劳动人民的控制就更强了。采邑改革后，骑兵逐渐代替步兵，兴起骑士阶层，中小地主力量异军突起。

天长日久，采邑改革的条件难以全部施行。9世纪以后，封臣及其继承人往往世代享有采邑，仍保留服兵役和其他义务，采邑变成世袭领地。大封建主的势力重新崛起，王权彻底削弱，查理曼帝国就此瓦解。

北欧海盗是怎样扩张的？

北欧海盗，始名于8世纪末，维京人是其主体民族，也被叫作诺曼人，为日耳曼人

的北支，生活在北海沿岸及斯堪的纳维亚半岛。北欧居民在部族首领的带领下，组成船队，在不列颠岛及欧洲大陆沿岸一带，开始抢掠财物的活动，后又登上陆地，攻城略地，杀人如麻。因为这些海盗的航行路线多是南下，故称之为北欧海盗。后来在法兰克国王查理二世"以夷治夷"的策略下，大批海盗定居诺曼底平原。

8 世纪末，挪威人开始出海冒险进行海盗活动，不过他们的实力和规模与丹麦人相差甚远。他们先占领了北海西部的奥克尼群岛和法罗群岛，并且把两个群岛作为基地向不列颠进发。

从 839 年起，挪威人不像以前那样把劫掠的范围设定在爱尔兰沿海地带，他们长驱直入，烧杀抢劫，一直攻打到都柏林城下。与此同时，有一支丹麦军队也从英格兰进攻爱尔兰。挪威人和丹麦人在都柏林城下进行火拼，战斗进行得激烈而残酷，挪威人击溃了丹麦人。

852 年，挪威国王奥拉夫已经吞并了不少小王国，国家初具规模。他亲自率领重兵进攻爱尔兰，血洗都柏林，并且在爱尔兰建立起挪威人的王朝。挪威人又以爱尔兰为基地，大举讨伐苏格兰，由此便占领了苏格兰的大部分土地。

由于地理位置偏僻，气候寒冷，瑞典比丹麦和挪威开化得更晚。它虽然有很长的海岸线，但是最富庶的南部斯堪尼亚一带从 8 世纪起就一直为丹麦人所掌控。当时瑞典南部人烟较稠密，而中部和北部则地广人稀，农业生产异常低下，不可能同丹麦和挪威进行较量，于是瑞典人就设法去东面的俄罗斯和芬兰进行冒险。

瑞典人进行的大规模冒险活动主要在东面，他们构成了北欧海盗的东支。瑞典海盗是在 862 年到达俄罗斯的，因为当时瑞典东海岸上有个地方原叫罗登，后来又叫罗斯拉根。瑞典人向东进行冒险活动大多要从这里出海，因而瑞典人被称作"罗斯人"。

当时的俄罗斯还处在半开化半野蛮时期。瑞典人到这里收集俄罗斯出产的贵重皮毛，然后再将其贩运到德意志、荷兰以及中亚等地。只要中途一有机会，他们就会进行武装劫掠，财物及其奴隶都是他们劫掠的对象，而且奴隶也成为他们同东方的主要交易商品之一。斯德哥尔摩以西的伯尔卡在 9 至 11 世纪海盗横行时期曾经是重要的贸易集散中心。

瑞典人在武装贸易中大发横财后，更刺激了他们向东方扩张的欲望。他们在伊尔门湖北岸建设的贸易中心迅速发展成初具规模的城市。由于这座城市紧靠湖边，瑞典人便把它命名为"哥尔摩高德"，就是"岛屿庄园"的意思。而俄罗斯当地居民则把它称为"诺夫哥罗德"，即"北方之城"的意思。诺夫哥罗德是俄罗斯的第一座城市，也是 9 世纪下半叶俄罗斯最大的贸易中心。

9 世纪中叶，瑞典人的首领留里克宣布成立诺夫哥罗德大公国，并且自封为诺夫哥罗德大公。瑞典移民在俄罗斯不断增加后，他们扩张的步伐就更快了，势力范围由诺夫哥罗德往南扩展到第聂伯河两岸的大平原。

882 年，他们又在这个平原上建设起另一城市——基辅，并且以基辅为中心建立了基辅公国。基辅公国的建立使瑞典人在俄罗斯的地位更加稳固。瑞典人在俄罗斯所聚敛到的大量财富也很有助于瑞典本土的发展，道路被不断修筑起来，农业得到了改善。

1000 年至 1250 年，瑞典境内纷争不断，人口锐减，生产力受到很大破坏。同时，丹麦又频频入侵，1026 年丹麦卡努特大帝把瑞典打得一败涂地，使瑞典大伤元气。在这段时间里，俄罗斯却呈现出突起的态势。1156 年，俄罗斯人在如今的莫斯科建造起克里姆城堡，并且以这个城堡为中心兴建起了一个名叫基塔伊哥罗德的城市（即现在的莫斯科）。

"诺曼征服"是怎么回事?

诺曼人在 8 世纪末的时候,开始入侵英格兰东海岸,并逐渐建立了定居点。10 世纪初,又侵占法国部分领土。911 年,法兰西国王查理三世和诺曼人的首领罗洛立约,封他为公爵,将塞纳河口一带地方划归他统治,以后大批诺曼底人就来此定居,形成诺曼底公国。

1016 年,丹麦人征服英格兰全境。丹麦王卡纽特拥有庞大国家,它们由丹麦、挪威、瑞典和英格兰组成。1035 年,卡纽特死,国家解体,英格兰乃得复国。1042 年,威塞克斯王朝的后裔爱德华登上英格兰王位。爱德华曾流亡诺曼底,他的母亲是诺曼底公爵罗伯特的女儿。他虽然娶英格兰大贵族戈德温之女为妻,但在朝中却重用诺曼人,为"诺曼征服"铺平了道路。

1066 年,爱德华国王逝世,但是并没有王位继承人。按照英国的法律,若死去的国王没有留下王位继承人,那王位继承问题应该由英国政治机构的核心"贤人会议"来决定。

正当"贤人会议"的成员热烈讨论王位继承者的问题时,诺曼底公爵威廉派来使者,声称当年爱德华国王流亡诺曼底时,曾许诺公爵,若有朝一日当上国王,定将王位传给公爵。这时挪威国王也觊觎英格兰的王位,声称挪威国王是卡纽特大帝之后,昔日英格兰曾归卡纽特大帝统治,现在要求恢复对英国的统治。

"贤人会议"经过反复讨论之后,决定推选英国本土戈德温家族的哈罗德为新国王。

当哈罗德在威斯敏斯特教堂加冕称王的消息传到诺曼底时,威廉公爵很生气,立即开始了军事行动。为了解除后顾之忧,他和东部的弗兰德尔人结盟,并征服西面的不列塔尼和南部的缅因。为了为军事行动创设一切有利的条件,他还游说罗马教皇亚历山大二世和神圣罗马帝国皇帝亨利四世,向他们控告哈罗德背信弃义的行为。教皇支持威廉的行动,还赐给他一面"圣旗",亨利四世也表示要帮助威廉夺回王位。这一切为他入侵不列颠创造了有利条件。

哈罗德在继承王位后,便立即展开了紧张的军事部署。英格兰首先迎来的侵略者是挪威军队。原来,挪威人的入侵是哈罗德国王的弟弟托斯蒂格引狼入室的结果,因为他不满意自己领土被剥夺的事实,于是便怀恨在心。如此,挪威军队便在英格兰北部登陆,哈罗德下令迅速集合部队,连夜启程北上。

双方军队在英格兰北部重镇约克城下遭遇,挪威军队首先向英格兰的西线军队发起攻击,英军居高临下,一次又一次打退了挪威人的进攻。挪威军队又改向东线进攻,就在挪威军快要接近英军阵地时,英军突然万箭齐发,挪威军死伤无数,一支利箭朝挪威国王飞来,国王避之不及,一箭正中咽喉,当场毙命。在群龙无首的情况下,挪威军心涣散,伤亡惨重,余部投降。

英军虽然取得了重大胜利,但是哈罗德的军队也已经是疲惫不堪,正待整顿,后来又传来一个更坏的消息,诺曼底公爵威廉的军队在不列颠的南部登陆。

1066 年 9 月 28 日,威廉的军队未遇任何抵抗便在伯文西湾登陆。10 月 14 日,威廉的大军赶到黑斯廷斯,遭遇英军,一场决战就这样开始了。英军作战英勇,多次打退威廉的军队,不幸的是,哈罗德在混战中中箭,倒地身亡。

国王战死,英军士气衰败,黑斯廷斯战役以威廉的胜利而告终,威廉乘胜追击,攻占伦敦,不久就征服了整个英格兰。当年圣诞节,威廉在威斯敏斯特教堂举行加冕典礼,即威廉一世,史称"征服者威廉"。

亨利二世真的要杀贝克特主教吗?

亨利二世是英格兰国王(1154 ~ 1189 年在位),他还是法国的诺曼底公爵、安茹伯爵和阿基坦公爵。

在亨利的统治下，英国逐渐兴旺起来，被人们称为"快乐的英格兰"。亨利打击了那些与王室作对的贵族，还准备重新得到威尔士和苏格兰的统治权。他的成功与他的顾问们有很大关系，其中托马斯·贝克特功不可没。

贝克特当时还只是一个牧师，出身卑微，他以沉着机智闻名，很得亨利的信任和赏识。

后来，当时的坎特伯雷大主教去世了，亨利马上提名贝克特继任大主教，他希望贝克特可以一面当中书令，一面当大主教，这样可以使他与教会的矛盾有所缓和。当时亨利的立法涉及教会的权力。但是贝克特意识到如果担任了大主教，他就一定会和国王产生摩擦，为了保持和国王的友谊，刚开始的时候，他拒绝了任命，但是最终还是被国王说服了。

他担任大主教后就放弃了以前那种豪华的生活，过起了教士的清贫生活，他花大量时间研究《圣经》，同时辞去了中书令的职位，全身心地投入维护教会在英国的利益中去。

1164 年，当亨利二世试图把教会的司法权也收回时，他与昔日的密友和顾问坎特伯雷大主教托马斯·贝克特发生了冲突。贝克特请求教皇的干预，触怒了亨利二世。他吼道："谁能让这个老家伙闭嘴？"这句在盛怒下说的话改变了贝克特的命运。

就在当天，国王的四个骑士悄悄赶往坎特伯雷去为国王"雪耻"，他们在教堂里见到了正在做晚祷告的贝克特。大主教非常镇静，请他们如果要动手的话就在教堂里，但是骑士们丝毫不理会他，把他拖到教堂外的甬道上，贝克特就这样被这四位骑士乱剑砍死了。

《自由大宪章》是怎么形成的？

"诺曼征服"刚开始的时候，诺曼王朝在政治、军事和财政上都曾居于优势，但威廉死后，特别是其子亨利一世死后，诺曼王朝陷入长达 20 年的内战，王权遭到了削弱。

1154 年，威廉一世孙女马蓉尔达的儿子、法国安茹伯爵亨利继承英国王位，史称亨利二世（1154 ~ 1189 年）。

亨利当政时期，实行了一系列改革，王权被大大地强化了。但在"狮心王"理查（1189 ~ 1199 年在位）和"无地王"约翰（1199 ~ 1216 年在位）统治时期，英国王权却有所削弱。"狮心王"理查残暴无道，虽然长年在外征战，但毫无建树。"无地王"约翰则丧失了英国在法国的大部分领地，这就加剧了国内的不满情绪。他任意没收附庸的领地，干涉领主法庭的审判权力，激起大封建主的愤怒。为筹措对法作战军费，他加征额外捐税，兵役免除税从 1154 至 1199 年间增加 11 倍，而到 1216 年又增加了 11 倍，使过去一向支持国王的骑士和市民纷纷向诸侯倒戈。教会也因国王干涉其选举、增加税收而站在诸侯一边。在对法作战上，"无地王"约翰屡战屡败。

1213 年 8 月 25 日，在圣保罗教堂召开的贵族会议上，坎特伯雷大主教斯蒂芬·朗顿宣读了亨利一世加冕时颁布的缓和教俗矛盾的《特权令》。1214 年，北方贵族拒绝上缴约翰王勒索的兵役免除税。1215 年初，他们在斯坦福集会，并对伦敦发起了攻势。教会、小封建主和市民也加入了其中。在各阶层的联合行动压力下，约翰王同意在兰尼米德草地举行会谈。1215 年 6 月中旬，约翰王被迫在朗顿和贵族们拟定的《自由大宪章》上签字。

大宪章是一个典型的封建法律文献，全文共 63 条，旨在限制王权，保护教会、贵族、封建主的权利。大宪章宣称，英国教会享有自由，其权利不受干扰，其自由不受侵犯。不经大贵族会议同意，国王没有权利向领主征派赋税。国王承认教会的选举自由；对自由人不得任意逮捕、监禁或放逐。

诺曼王朝是怎样崩溃的？

1086 年，威廉为了征收更多赋税用于对外武力扩张，下令进行土地财产调查，并编订成册，这就激起了英格兰各地反诺曼人的斗争。1087年，威廉出兵同法兰西国王腓力一世作战时，死于法国卢昂附近。后来他的两个儿子威廉二世和亨利一世相继继位。亨利一世在其独生子溺毙以后，马上立女儿马蒂尔达公主为继承人。但亨利死后，威廉一世的外孙斯蒂芬继承了王位，并一直和马蒂尔达派作战。1153年，双方达成沃林福德条约。规定斯蒂芬死后王位须由马蒂尔达的儿子安茹伯爵亨利继承。第二年，斯蒂芬去世，亨利即位。从此金雀花王朝取代了诺曼底王朝。

英国议会制是怎样形成的？

虽然《自由大宪章》调整了封建等级之间的关系，但并没有从根本上解决英王与封建领主之间的矛盾。1258年，以西蒙·德·孟福（约1206～1265年）为首的贵族发动兵变，迫使英王亨利三世签订了《牛津条例》，要求国王按照习惯与重臣协商的原则治理国家，由国王的12名宫廷会议成员和15名诸侯代表组成的联席会议在牛津举行，共商国事。牛津会议把一切权力交给了少数贵族，但本质上实行贵族寡头统治。

和约翰一样，亨利三世也无意遵守大宪章，他于1262年取消《牛津条例》。后来，贵族公开叛乱。不久，贵族们获胜。1265年1月，在伦敦召开了英国史上首次议会，除5名伯爵、18名男爵与会外，还有每郡两名骑士代表和每个大城市两名市民代表参加会议。普遍认为，它是英国议会制的开端，议会君主制形成的标志。亨利三世之子爱德华一世在1295年召开由各封建等级共同参加的议会，而且这一次会议几乎成为此后历届会议的典范，被称为"模范议会"，标志着英国等级君主制的形成。

路易九世为何被称为"完美怪物"？

路易九世（1214～1270年）被尊为"圣路易"，法国卡佩王朝第九任国王（1226～1270年在位），被奉为中世纪法国乃至全欧洲君主中的楷模。尽管他没有给法国带来什么革命性的变化，但他有效的统治给法国带来了一个稳定繁荣的时期，加强了法国王室的权威和地位，为法国王室在半个多世纪后的英法百年战争的沉重打击中仍屹立不倒，并进而为形成法国民族国家打下了一定的基础。

路易九世可以说是法国历史上最亲民的国王。他非常热衷于宗教和慈善事业，他喜爱新成立的圣芳济修会及多米尼加修会，毫不吝惜地捐钱给他们。

无论走到何处，他每天总给120个穷人饭吃，并选其中3人和他共同进餐，亲自服侍他们，为他们洗脚。他还服侍麻风病人，并亲手喂他们吃饭。他每天周济的病人、穷人、寡妇、分娩的妇女、妓女、残废的工人简直不计其数。他替贫苦的盲人洗脚，但是受惠者并不知道服侍他们其实是国王。就是因为这些默默的付出，他才被史学家称为"这世界上从未见过的完美怪物"。

神圣罗马帝国的奠基人是谁？

奥托一世，德国撒克逊王朝的第二代国王，神圣罗马帝国的奠基人。他被称为"奥托大帝"，是19世纪德国统一前最强有力的统治者。

912年11月23日，奥托一世出生在德意志撒克逊王朝的王宫里。他自幼习武好战，年轻时随父王亨利一世四处征战。

奥托继位后，首先集中精力平定内战，削弱国内的割据势力。937年，巴伐利亚公爵谋反，奥托两次发兵征讨平定后，任命原公爵之弟仍为公爵，同时采取种种办法限制其权力，将原公爵的司法权授予他直接任命的巴伐利亚主教，人称"奥托特权"。他又任命一位权力很大的巴拉丁伯爵，代表中央在巴伐利亚处理司法事务和征集税收。另外，他还让弟弟娶巴伐利亚公爵之女为妻。947年公爵死，其女婿继位。奥托用征讨和联姻的办法，把巴伐利亚牢牢掌控在自己手里。

944 年，洛林公爵（928 年从法国夺回）死，奥托派他后来的女婿、法兰克尼亚公爵康拉德去继承，把洛林拿到手。949 年，士瓦本公爵在危在旦夕的时候，命令原公爵女婿、自己的儿子继承王位。

奥托在完全控制各大公爵领地的情况下，全力抵御匈牙利的侵扰。后来，奥托还进军意大利，占领伦巴第。但奥托并不能满足于对北意大利的控制，而是极力争取对教皇的掌控权。962 年 2 月，在圣彼得大教堂，约翰为奥托加冕称帝，称他为"罗马皇帝"，在查理曼帝国瓦解之后，西方又建立了一个"罗马帝国"。

谁被称为"欧洲之父"？

查理大帝是法兰克王国的杰出统治者，他的文治武功对欧洲社会产生了重要的影响，也促使欧洲由奴隶社会向封建制社会的转变，被誉为"欧洲之父"。

在少年时代，查理曼就经常随父从军作战，培养了强健的体魄和坚强的意志。丕平去世

查理曼大帝塑像

后，查理曼和丕平的弟弟平分了法兰克王国。三年后，查理曼即位。

为了扩大版图、掠夺财富和劳力，查理曼开始了大规模的扩张战争，并且取得了辉煌的战绩。查理大帝在被征服的广大地区内表现出了杰出的行政管理能力。在中央财政方面，他指派专人掌管财务、文书、军事、司法和宗教等事务，其职责类似后来的各部大臣。同时，他经常派出由贵族组成的检查团，在帝国范围内进行巡查，以监督中央政令的实施、各级官员及教士的表现，并受理

和裁决重大司法案件。在行政方面，他把帝国划分为许多伯爵领地，赐予地方封建主以采邑，赋予他们征收税金、动员劳役、维持治安等权力。由此，查理曼也开创了中世纪欧洲社会王权、教权和贵族权并立的特殊模式。

虽然查理曼并没有受过高等教育，但是他十分重视教育，想通过这种方法来加强封建制度。也正因为此，帝国范围内一度被淹没的文化重新走向繁荣，被人称为"加洛林文艺复兴"。

814 年，72 岁高龄的查理大帝病逝于首都阿亨。

"欧洲"的名称有怎样的起源？

欧洲是欧罗巴洲的简称，其名称来源于一个美丽的传说。

传说腓尼基西顿王国的女儿叫欧罗巴，一天她和几个伙伴在山坡上嬉闹，天上的宙斯看到了美丽的欧罗巴，就决定娶她为妻。然后，他就变成一头漂亮的公牛来到姑娘们面前，欧罗巴把亲手编织的玫瑰花戴在公牛头上，并且很高兴地骑到它的背上。公牛飞快地载着欧罗巴向大海跑去。当欧罗巴从昏迷中醒来的时候，却发现自己躺在陌生的土地上。她正为公牛的欺骗感到愤怒的时候，突然，一个女神站在她的面前。女神对欧罗巴说："平息你的愤怒吧，你注定要成为宙斯的妻子，你的名字是不朽的。从此以后，收养你的这块大陆将称为欧罗巴洲。"于是，"欧洲"就被神化赋予永恒的魅力。

教皇约翰十二世有什么恶行？

罗马教皇约翰十二世，于 955 年即位，时年 18 岁，已经步入成年时期。人们给这个坏孩子教皇起了个贴切的绰号"天主教里的卡利古拉"。

约翰把自己的住所拉特兰宫变成了妓院。他拿各地朝圣者觐献的供奉和贵重的礼物当作赌注，把包括圣彼得的金圣杯在内的圣物

全都挥霍在大批的情妇身上。

尽管人心涣散的罗马人民不会对教皇构成太大的威胁，但是意大利国王贝兰加的敌视是约翰十二世必须要面对的。贝兰加看中了教皇的财产，早就想把在意大利中部势力不断扩大的教皇宝座抢夺过来。约翰十二世连忙讨好强大的德意志统治者撒克逊王朝的国王奥托，约翰十二世还把基督教皇帝和罗马保护者的头衔欣然赐予了奥托，并让他建立了神圣罗马帝国，于是奥托把贝兰加赶跑了。

奥托和教皇之间确立了新的关系，然后他开始指责教皇的种种不是。约翰十二世也很讨厌奥托的严厉批评，于是他趁着奥托回德意志的时候把皇位转赠给了昔日的敌人贝兰加。奥托立刻赶回罗马打算教训那个言而无信的教皇。约翰十二世被吓坏了，他把剩下的圣产揣进腰包里逃到了蒂沃利。

在约翰十二世缺席的情况下，奥托召开了宗教会议。很多证人奉命出席提供了关于教皇恶行的证据，每一条都力求具体翔实。最后总结出来的指控令人咋舌：约翰十二世和很多女子有染，其中包括他父亲的情妇；他在授予神职的时候收受贿赂；他刺瞎了自己的精神导师，而且竟然阉割了一名红衣主教！

后来，奥托拥立了一位新教皇立奥八世，但他却无法继续留在罗马保护教皇。罗马人此刻的情绪比曾经的约翰十二世在位时还要愤慨，他们憎恨那个外国皇帝罢黜了他们的教皇，而且弄来的代替品也不是他们心目中的人选。奥托前脚刚走，约翰十二世后脚就还乡了，他立刻对曾经宣判他的主教进行打击报复。他把一个人的舌头、鼻子和手指割掉，对另一个人施以鞭刑，而第三个人的双手也被齐刷刷地剁了下去，此外，约翰还把闻风而逃的立奥八世逐出了教会。

奥托本来想再度回到罗马整治约翰十二世，但有一个男人得知自己的妻子和约翰十二世有染，嫉妒心一下难以控制，就很愤怒地对约翰拳脚相向。谁知他下手太重，约翰十二世在三天后便一命呜呼了。

教皇为什么要与亨利四世斗争？

1073年，格里高利七世成为了新一任教皇，他一上台就大刀阔斧地对教会进行改革，并且还傲慢地宣称：教皇拥有至高无上的权力，他不仅可以自行任免主教，还有权废除或拥立君主，有权对国王进行审判和惩罚，并且他也不必要受任何人的制约或审判。

这时的德意志国王亨利四世，年纪尚轻，有一股初生牛犊不怕虎的劲，他当然不会放弃手中的权力而由教皇的摆布，于是双方发生矛盾就是在所难免的事。

1075年，亨利四世在没有请示教皇的情况下，自行委派了国内的几名主教，填补缺位。教皇闻知此事后，立即致信亨利四世，要他考虑后果，责令其马上忏悔，并向教皇交上忏悔书。

对于教皇的信，亨利四世简直是熟视无睹，反而在圣诞节刚过、新年到来之际，召开宗教会议，宣布废黜教皇。

教皇更是给了亨利四世强有力的回击，宣布剥夺国王亨利四世的王权，并革除他的教籍。这时，反对亨利四世的公侯和高级教士趁机响应教皇的决定，于是亨利四世孤立无援，陷入巨大的困境之中。最终，亨利四世被迫开始卡诺莎之行。

教皇制改革是怎么回事？

1046年，亨利三世来到了意大利，废除了三位和他为敌的意大利籍教皇候选人，而任命听从他的一位德意志改革派教士为教皇。亨利三世的这一举措导致后来的教皇开始推行改革，颁布敕令禁止买卖圣职、教士结婚以及教会内部的各种不道德行为。此外，教皇还坚持自己作为首席主教和无所不在的精神领袖地位，使自己的行动具有威信。教会所采取的最重要的步骤之一就是于1059年颁布了一项有关教皇选举事务的敕令。这个敕令规定：只有红衣主教才有资格提名教皇候选人，从而消除了罗马贵族或德意志皇帝插手此事的机会。此后，教皇选举得以享受相对的独立性。

卡诺莎事件是怎么回事？

1076 年 10 月 16 日，德国教俗封建主向亨利四世发出了最后通牒，宣布如果他一年内不能恢复教籍，教皇将成为德国统治者。亨利孤立无援，被迫于 1077 年 1 月翻越阿尔卑斯山，到意大利的卡诺沙向教皇请罪。从 1 月 25 至 28 日，亨利四世身着罪服在城堡下顶风冒雪等候三日，才得到了教皇的赦免。这次事件史称"卡诺莎事件"。

腓力四世是怎样同教皇较量的？

腓力四世是法国历史上的著名国王，因有魁梧的身材、英俊的容貌和优雅的风度而被称为"美男子"。

1285 年，腓力四世继位称王，他志向远大，但由于受到教会势力的阻碍，自己的宏图伟愿不能很好地施展，于是腓力四世决定要下大气力改变这种状况。首先，腓力四世提拔了一批精通法律的法学家，让其控制司法权，而对于那些把持这一大权而又听命于教皇的神职人员，则统统免去他们的职务。此外，他还规定凡属教会神职人员，必须定期向国家纳税，不得向教皇纳贡。

教皇卜尼法斯八世闻讯后勃然大怒，他要求立即召开大会，并且还告诉与会的几位法国神职人员，要他们回去转告腓力四世，希望他回头是岸，改邪归正，不要与教会为敌。

但腓力四世也不是好惹的。不久，被法王买通的卜尼法斯八世的仇敌科伦纳在各种场合揭露这位教皇的罪行。卜尼法斯八世听到消息后，生怕丢掉来之不易的教皇宝座，于是在 1297 年重新发布教谕，承认国王有权向本国神职人员征税，以此来缓和紧张气氛，稳定自己的统治地位。

1300 年，卜尼法斯八世在罗马主持大庆典。他自以为时机已到，遂决定报复腓力四世。

庆典过后没多久，他就派巴米尔主教伯纳德·赛西出使法国，妄图对腓力四世施加压力，谁知伯纳德·赛西却被腓力四世关进大牢。卜尼法斯八世闻讯后，怒不可遏，却无计可施。最后，他终于想出了一个坏点子，那就是诱骗法王到罗马来。

不久，教皇发布教谕，谴责腓力四世，要求他和法国的主教们立即前往罗马讨论法国教会的问题，但是腓力四世根本没上这个当。同时，他还明令禁止所有的法国主教前往罗马。

1302 年，国王召开三级会议，以便集结全部力量，对付教皇。1303 年，腓力四世的副首相那加日和科伦纳偷偷混进罗马，潜入教皇的寝宫，把卜尼法斯八世打个半死，然后扬长而去。不久，这个不可一世的教皇在过度惊吓中愤然死去。

1305 年，国王任命法国主教贝特兰·德·戈慈为教皇。但贝特兰害怕意大利人民反抗，不敢去罗马，而将宫邸迁到法国控制下的意大利北部的阿维农。从此，教皇成为国王的傀儡。从 1308 年开始，到 1378 年，历时近 70 年的时间里，七任教皇都是法国人，都住在阿维农，受国王的庇护，于是便有了"阿维农之囚"的说法。

而腓力四世之所以敢与教皇反目，很大程度上是因为得到了贵族和市民的支持。腓力四世是一位有作为的君主，首创了三级会议，市民作为一个等级也可以对一些行政司法问题提出建议。这反映了市民力量的壮大和议会的民主，这也为建立一个广泛牢固的王权打下了雄厚的基础。

为什么"加洛林文化"能兴起？

加洛林取自查理大帝的"查理"拉丁文译音，所以后来的历史学家把查理大帝的统治时期称为"加洛林文化"。

法兰克王国是在古罗马的废墟上建立起来的。起初，日耳曼人并没有重视古代希腊、罗马的优秀文化传统。那时，即使是查理大帝的王宫贵族中间，都时有目不识丁的人。

为了培养为国家服务的人才，查理当上国王以后，曾多次下令让教会和修道院兴办学校，而他自己也亲自参加学习。在远征意大利的时候，他就广征天下贤士，学者和有学问的教士都被他带回国，而且他也强令贵族子弟发奋学习。当推选教区的主教时，他极力主张推举那些有学识有作为的青年晋升主教，且拒绝皇后和达官显贵提升那些碌碌无为的人的请求。

在查理大帝统治的47年间，法兰克的文化有了空前的大发展。

突厥人为什么以狼为图腾？

狼，外貌丑陋，生性贪婪、凶残。奇怪的是，在某些古代民族的传说中，狼却被描述成热心抚育人类幼儿的善良动物，甚至还有人视他们为自己的祖先而加以顶礼膜拜。突厥人就以狼为图腾。

突厥人最初大约居住在今叶尼塞河的上游，5世纪被亚洲北部大国柔然所迫迁至阿尔泰山的南面。6世纪获独立，灭柔然，然后征服中亚，其领土东起蒙古高原，西抵波斯帝国边境。

11和13世纪，西突厥人中的塞尔柱和奥斯曼两支部落先后迁徙到西亚，分别建立庞大的塞尔柱帝国和奥斯曼突厥帝国。在突厥人崛起的时候，军旗上曾经绘有金色狼头，号称狼旗。

《周书·突厥传》记载了有关突厥人的两个传说。其中的一个传说是，突厥人的祖先原是在匈奴之北的索国，部落首领名叫阿谤步，有兄弟17人，其中一个兄弟叫伊质·泥师都，是母狼生的。

阿谤步等人生性愚钝，所以败落下去。而泥师都由于感受到特别的灵气，能够呼风唤雨。他娶了两个妻子，分别是夏神和冬神的女儿。有个妻子一胎生了4个男孩，大儿子由于关心同部落人的疾苦，多方予以周济，被大家奉为君主，国号"突厥"。

但据另一传说，突厥人本是匈奴人的别种，姓阿史那氏。原来，有一匈奴部落为邻国所破，成员尽被杀死，仅剩下一个年方10岁的男孩，兵人见其小，不忍杀之，却砍掉他的双足，弃于草泽之中。

有条牝狼用肉饲养这个男孩。男孩长大后，与狼合，牝狼遂怀了孕。邻国的国王听说此儿尚在，便差人去杀掉他。来人见狼正在旁边，便想将狼一并杀死，不过狼却逃走了，来到高昌国的北山。山上有很多洞穴，狼藏匿其中，生下10个男孩。他们长大后，在外面娶妻生子，后代各有一姓，阿史那即其一。以上两个传说，内容虽不一致，但有一个共同之处就是认为狼是突厥人的祖先。

大凡被当作图腾的动物，都和当时原始人类的现实经济生活，尤其是渔猎活动有关。其中，最大量的是人们赖以生存的生活资料，如鹿、牛、羊、鱼及某些鸟类等。人们会举行一定的图腾仪式，祈求他们能大量繁殖。另外一些是对人类生产、生活有益的动物，或者是对原始人类的生存带来重大威胁的动物，如狮、虎、熊、鳄鱼，特别是狼，同样被奉为图腾。以狼为图腾而加以顶礼膜拜的现象，常常被认为是反映了原始牧人们对于狼的畏惧心理，或是希望狼发善心并祈求狼的庇护。

哪次战役把英国纳入了欧洲的文明进程？

英国是一个孤立于欧洲大陆之外的岛国，但是一次次来自大陆的冲击却把它纳入了欧洲文明的进程，诺曼底人征服英伦的黑斯廷斯之战就为英国翻开了重要的一页。

978年，丹麦维京人在英国疯狂地劫掠。英国国王埃斯尔雷为彻底解除丹麦人的威胁，将境内所有丹麦人不论男女老少一律处死，这种做法遭到了丹麦人疯狂的反扑。1013年，丹麦国王斯汶亲率大军讨伐英国。埃斯尔雷见势不妙仓皇逃往诺曼底。丹麦王国衰落后，英格兰贵族把流亡在诺曼底的埃斯尔雷之子爱德华迎回英国，推举他为王位继承人，爱德华即位后在朝中重用诺曼底人，并于 1051 年邀请其表弟、诺曼底公爵威廉访问伦敦。因为他没有子女，便许诺威廉为王位继承人。但在临终前又把王位让给了王后的兄弟哈罗德。

哈罗德登位没几天，威廉便以爱德华曾允许他继承王位为由，派使者来英国提醒哈罗德履行诺言，但是哈罗德却无动于衷，威廉决定以武力夺取王位。由此，双方开始了一系列的交战。开始威廉凭借强大的军事力量使英军遭受很大的威胁，但后来英军居高临下，兵器锐利，当两军接近时，他们的弓箭和长矛开始发威，给诺曼底人造成严重的打击。威廉派骑兵投入战争，又被英国步兵打得纷纷落马，败阵而逃。哈罗德占了上风，而诺曼底军队左翼坚持不住。不得已，威廉派人假传谣言，说自己已经战死，诺曼底军队顿时全线撤退。哈罗德信以为真，就命令追击，然而威廉却发动突然袭击。一时间，英军全线崩溃。威廉趁机率领诺曼底军队围攻哈罗德的军队，大获全胜。

之后，威廉大军又向伦敦挺进，英格兰的主要领袖都向他投降，这样，凭借着黑斯廷斯一战，威廉完全征服了英国而登上国王的宝座。1066 年 12 月 25 日，威廉加冕称帝。黑斯廷斯战役的胜利确立了诺曼底人对英格兰的统治地位，从此开始了英国历史上的诺曼底王朝。

诺曼人是法国人吗？

诺曼人不是法国人，他们是维京族的一支。他们只是深受法国文化的影响并自愿接受法国的统治。1066 年，诺曼底公爵威廉以自己是英国国王远亲的身份要求继承王位为借口，攻打英国。最终顺利占领了英国，并建立了诺曼底王朝，改变了英国的语言、风俗、政治、文化的方方面面。诺曼公爵本人既是英国国王又是法国的公爵，再加上法国北部

的诺曼底领地的归属问题，于是便引发了日后的百年战争。

英国国王都有哪些称号？

英国国王都喜欢在自己的名字前面加上一些称号，以显示自己权威的至高无上。

1066 年，英王爱德华死后无嗣，法国大封建主诺曼底公爵威廉纠集了诺曼底贵族和来自法国各地的骑士，征服了英国，当上国王。他的称号为"蒙上帝恩赐的英格兰国王、诺曼底公爵威廉一世"。

1154 年，亨利二世加冕为英王，建立金雀花王朝。继任英国王位后，他管辖的属地跨英、法两国，因此在他的称号中又加入了阿奎丹公爵和安茹伯爵两个爵位。

如今的英王伊丽莎白二世，她于 1952 年 2 月 6 日登上宝座。她的称号是"蒙上帝恩赐的大不列颠及北爱尔兰联合王国和她的其他领与领土的女王、英联邦元首、信仰的保护者伊丽莎白二世"。

英国历史上，诸如此类的例子不胜枚举。总之，英王称号的变化，在一定程度上反映了英国的社会状况，体现出了国家的盛衰。

亨利三世为什么拒行《牛津条例》？

英王亨利三世亲政后，宠信法国侍从，使得贵族大为不满。1258 年，贵族趁群情激愤之机，发动兵谏，迫使亨利签订《牛津条例》。根据这个条例，又成立了一个 15 人常设会议，有权否决国王决定，这就大大限制了国王的权力。《牛津条例》规定的措施构成了少数贵族大权独揽的寡头政治，遭到一些贵族的反对。贵族出身的西门·德·孟福尔主张联合骑士与市民共同治理国家。这时亨利三世也趁机宣布《牛津条例》无效，拒行《牛津条例》。1263 年，内战爆发了。1264 年 5 月 14 日，孟福尔的联军击败了国王的军队。1265 年，孟福尔召开了由贵族、骑士和市民参加的英国历史上第一次国会，这是英国等

级君主制的开端。

英法为什么会爆发一场持续百年的战争？

自从 1066 年法国诺曼底公爵征服英国，成为英国国王以后，英法两国的封建主在王位继承和领地归属的问题上就产生了很多分歧，由此引发了一场持续 100 多年的战争，史称"百年战争"。

英国王室在法国占有大量的领土，虽然在 12~13 世纪，法国逐渐夺回了一部分，但英国在南方地区的占据活动，仍是阻碍法国政治统一的最大障碍。另外，商业和手工业发达的佛兰德尔也是两国争夺的焦点。

1337 年，法国腓力六世宣布收回英王在法国的领地，而英王爱德华三世也以法王腓力四世外孙的名义，争夺法国王位，由此爆发了战争。

1428 年，英军再度入侵法国，包抄法国北部，包围了通往南方门户的奥尔良。此刻，法国民众在女英雄贞德的率领下奋起抗战。查理七世转败为胜，于 1436 年收复巴黎。而后，双方展开决战，法国大获全胜，收回了除加莱港外的全部领地，至此，英法百年战争结束。

什么是"红白玫瑰战争"？

英法百年战争结束后，英国皇族后裔的两个旁系家族形成了对立的两个封建主集团：北方以兰开斯特家族为代表，它周围势力是试图维持封建割据势力的贵族及大封建主，族徽为红玫瑰；南方以约克公爵家族为代表，它依靠的是东南部那些靠发展贸易和手工业兴起的新贵族及城市里的富裕阶层。为了争夺英国王位，双方进行了长达 30 年的内部残杀，这就是历史上著名的"红白玫瑰战争"。

这次战争是英国专制政体确定之前的最后一次战争，在整个战争中，封建关系大为削弱，而资产阶级力量却逐渐加强，政体也逐渐走向了统一。

中世纪谁领导了英国最大的农民起义？

中世纪英国规模最大的一次农民起义发生于 1381 年，也就是瓦特·泰勒起义。

英法百年战争给英国造成了严重的损失。尤其是 1369 年后，百年战争进入了第二个阶段，英国接连失败。尤其是 1375 年，英国几乎丧失了在法国的全部领土。为了支付战争费用，英国开始征收人头税，税额连年上涨，与此同时，鼠疫也不断在全国蔓延，英国的人口减了近一半，由于缺少劳力，英国的经济也逐渐走向了崩溃。当时，物价飞涨，但英王却极力压低工资，这都使得英国人民苦不堪言。

这时，一个名叫约翰·保尔的下级教士开始猛烈抨击社会的不平等，进而宣扬平等的思想。很快地，这种思想就在城乡人民中引起了强烈的反响，为以后爆发农民起义做了舆论准备。

1381 年 5 月，英国东南部的两个郡发动了起义。仅一个月内，全国的 40 个郡中就有 25 个郡奋起响应。农民推举瓦特·泰勒为领袖，组织了武装队伍向伦敦进发。伦敦贫民打开城门欢迎他们，起义军处死了人民痛恨的大臣，烧毁了法院的档案。躲在伦敦塔的查理二世只好出来和农民军谈判。在第二次谈判的时候，泰勒被刺死。农民军被骗，纷纷解散回家，但是当农民军放下武器后，查

瓦特·泰勒和约翰·保尔领导英国农民起义。中间坐在马上的人是提倡社会平等的司祭约翰·保尔。

理二世立即推翻诺言，派遣骑兵无情地追杀那些已经回家的农民兵战士。起义失败后，保尔被处以绞刑。

威尼斯同盟是怎么回事？

1491 年 9 月，法国查理八世率军越过阿尔卑斯山，侵入意大利，这就激起了意大利各国的反对。于是阿拉冈国王斐迪南以西西里国王的名义联合教皇亚历山大六世、德国皇帝马克西米连一世以及威尼斯等，结成"威尼斯同盟"，共同反对法国。路易十二继位后，又采取外交手段拆散了"威尼斯同盟"。

查理八世的阿尔卑斯梦实现了吗？

查理八世一直梦想征服阿尔卑斯山，在未经慎重考虑的情况下便率军向阿尔卑斯山南征，一直进军到意大利那不勒斯附近的一个城堡，烧杀抢掠，无恶不作。1495 年，就在他得以忘形的时候，遭到了一小股瑞士、意大利盟军的袭击，结果大败，仓皇逃回了法国。

腓力四世是如何加强法国王权的？

腓力四世为了加强法国王权，他继续扩大王室领地，1285 年靠联姻吞并香槟柏国，后又将那瓦尔王国收归王室所有。他推行了强硬的反封建割据的政策，要求全国人民效忠于他，使其成为封建统治的核心。他采用了各种措施加强封建皇权，使御前会议的作用日益增强。此外，他还任用熟知罗马法而又有军权至上思想的中层分子担任各级官吏，使其成为王室的可以利用的工具。为了加强经济实力，腓力四世于 1307 年对骑士进行了严厉的打击，并且没收他们的土地和财产。1312 年，又令教皇解散了圣殿骑士团。1302 年，为了争取国内的支持，取得对教皇斗争的胜利，腓力四世召开了法国历史上第一次三级会议。而这次会议的召开也使法国的王权由早期的封建君主制过渡到议会君主制。

英法百年战争共分为几个阶段？

英法百年战争共分为四个阶段，它们分别是：

第一阶段（1337 ~ 1360 年），英法双方争夺佛兰德尔和基恩。在斯旅斯海战中，英国海军重创法国海军，夺得制海权，英国处于有利地位。第二阶段（1369 ~ 1380 年），为了夺回英占领区，法王查理五世改编了军队，整顿了税制。他用雇佣步兵代替了部分骑士民团，并建立了新的野战炮兵和新的舰队。这时，法国的势力增强，开始占据有利地位。第三阶段（1415 ~ 1424 年），法国因国内矛盾加剧力量遭到削弱，英国乘机挑起战争，法国被迫反抗。第四阶段（1424 ~ 1453 年），随着法国人民群众的参战，法国主要以游击战为主要作战方式，英军最后以失败而告终。

为什么贞德又被称为"奥尔良姑娘"？

英法百年战争后期，法国的两大封建主集团乘机争权夺利，这就给了英国以可乘之机。

1428 年，英国围攻通往南方的门户奥尔良，形势十分危急。就在这时，一个十几岁的农家姑娘贞德挺身而出，决心拯救危难中的祖国。她连夜赶去求见王子，要求让她带兵去解围。贞德的爱国热情使查理备受感动，查理答应了贞德的请求，给她分配了一支军队。

1429 年，贞德率领军队开赴奥尔良。法军冲破了英军的重重包围，冲出城内。贞德的英勇行为鼓舞了成千上万的法国人。法军士气大振，终于击退了围攻的英军。从此，这位奥尔良战役中的女英雄又被称为"奥尔良姑娘"。

但是不幸的是，深感不安的法国封建主将其出卖，并把她交给英国人。1431 年 5 月 31 日，英国人以"女巫"的罪名把贞德活活烧死，那时，她的年龄还不满 20 岁。从此，格里高利七世，任命了新教皇。

威尼斯人为什么要发动对拜占廷的战争？

12世纪，威尼斯人为保证自己在拜占廷帝国的商业特权不受到损害，同帝国发生了激烈冲突，从而引发了战争。

威尼斯共和国成立于9世纪中期。992年，拜占廷皇帝瓦西里二世曾决定对进入马尔马拉海和阿比都斯的威尼斯商船减免部分关税，鼓励威尼斯人进入东地中海贸易区。1082年，威尼斯人更是享有了种种特权。接着，威尼斯又取得在近东几个国家内的贸易特权，从此，威尼斯成为东地中海首屈一指的航海大国。1122年，拜占廷暂时摆脱了诺曼底人的威胁之后，企图取消已赐予威尼斯人的特权，这就招致了威尼斯对拜占廷的战争（1122～1126年）。威尼斯舰队骚扰爱琴海诸岛，攻占爱奥尼亚海上的科学岛和克法利尼亚岛，迫使拜占廷收回成命。1148年以后，处于诺曼底人威胁下的拜占廷再一次扩大了给予威尼斯人的特权。不久两国关系紧张，拜占廷又企图借热那亚及比萨人的力量牵制威尼斯。1155年，拜占廷与热那亚人和比萨人结盟，之后就开始大规模迫害威尼斯人的行为，没收其货物、财产。于是威尼斯又一次发动对拜占廷的战争（1171～1177年），要求拜占廷再次赔款，重新确认威尼斯人已有的特权。

什么是中世纪艺术的高峰？

中世纪，指的是欧洲的封建时代。由于这一时代严厉地推广"一种信仰"的基督教，因此，爱好文明的学者称中世纪为"黑暗的时代"与"艺术的荒蛮时代"。

但是，中世纪也建立了自己特别的文明，"拜占廷艺术"就是中世纪艺术的高峰。

西罗马帝国灭亡之后，东罗马帝国仍然保持了约两个世纪的相对稳定、繁荣的时期，并将帝国的历史持续到15世纪。这段时间里，拜占廷以基督教文化为主体，保留了较多的古希腊、罗马文化，并且吸收了东方的其他宗教文化，从而形成了独特的艺术风格，即"拜占廷艺术"。

中世纪的拜占廷艺术是一种逐渐向人性恢复的过程，在经历了一个动乱的时代之后，融汇了多种文化的内涵的拜占廷艺术，已经成为东、西方文化共同培育出的奇异之花。尤其是在其建筑、装饰风格上，既有东方文化的神秘气息，又有西方的简洁与阔大。

战乱之后，在所谓的"黑暗时代"，"拜占廷艺术"依然以光彩夺目的艺术坚守着自己的圣地。

欧洲银行是怎么兴起的？

11世纪初，欧洲城市逐渐兴起后，形成了以意大利为中心和波罗的海和北海两个主要的商业区，世界上最早的银行出现在意大利的城市，后来银行业又以上述欧洲南北的两大商业区为中心逐渐扩展开来。

当时的欧洲货币种类繁多，国与国之间、各个封建领地之间，甚至城市之间的货币都不同，而且铸造货币还成为攫取暴利的一种手段。一些人在货币中掺杂了很多杂质，使得市场上的币值低劣、伪币横行。于是商人在做生意的时候必须分辨清货币的真伪和质量，市场就有了专门以鉴定、估量、兑换货币为职业的钱商，即兑换人。

随着贸易的发展，有的兑换人开展了借款业务，借款人出具期票给兑换人，按规定的日期归还，并付利息。这样，兑换人通过经营汇兑和借贷业务就会获得高额利润，慢慢地就变为了银行家，银行兑换业逐渐发展为银行。

欧洲中世纪的行会是怎样的？

11世纪，欧洲农业经济的发展，促进了作为手工业和商业中心的城市兴起。与此同时，手工业行会也已出现。它是由手工业者组成的同业联盟，其成员被称为"行东"。行会通过会员大会选出会长和若干职员负责行会的管理。为了杜绝行会的内部竞争，维护本行业的产品信誉，行会制定了严格的章程，对学员和帮工的定员、生产工具和劳动时间乃至原料及产品的数量、质量都做出了统一的规定。

为什么德国在中世纪叫"神圣罗马帝国"？

在中世纪时，德国其实是叫"神圣罗马帝国"。

814 年，被称为"罗马人的皇帝"的查理曼帝国国王查理大帝死了。30 年后，他的 3 个孙子在凡尔登缔结了三分帝国的和约。莱茵河以东地区划归日耳曼路易，也就是东法兰克王国。

东法兰克王国的统治区域不断扩大。951 年，萨克森王朝的鄂图一世侵占了意大利北部的伦巴底和布尔戈尼。961 年，他又出兵帮助教皇约翰十二镇压了反抗教皇的运动。为了报答鄂图一世，教皇加冕他为皇帝，并宣布新帝国为"神圣罗马帝国"。在 12 世纪的时候，这个帝国又加上了"日耳曼民族"的字样。在以后的 840 多年，德意志王国便被称为"德意志民族的神圣罗马帝国"，或者叫作"日耳曼民族的神圣罗马帝国"。

什么是德意志骑士团？

1190 年，德意志十字军在巴勒斯坦的阿卡建立了一个属于医院的慈善团体，1198 年以后它逐渐演变为军事组织。因为该团主要由德意志骑士组成，故得名，亦称德意志骑士团。

骑士团势力的日益扩大后，就引来了波兰和立陶宛的敌视，1408 年萨摩吉提亚发生了反对条顿骑士团的暴乱，1410 年 7 月，立陶宛、罗斯和波兰的联军在格林瓦尔德附近的战役中大败条顿骑士团。此后该团的军事力量、政治权威和经济地位都发生了大的逆转。1466 年骑士团被迫签订和约，承认自己为波兰的藩臣。1525 年骑士团团长阿尔贝特把占据的东普鲁士改为普鲁士公国，骑士团地位由此丧失。1809 年，拿破仑解散了该团，1834 年又经奥地利帝国恢复。1929 年，骑士团实现了改组。

什么是骑士文学？

骑士文学是与教会文学完全不同的一种世俗文学，它产生于 11 至 13 世纪。这一时期，征战不息的创业时代结束了。由于骑士制度的确立、骑士阶层社会地位的提高，产生了他们自己的精神生活和道德准则。他们突破基督教的出世观念和禁激主义，要求现世享乐，向往世俗的爱情，追求个人英雄主义的骑士荣誉和侠义的扶弱除强的骑士精神以及温文尔雅的骑士风度等。骑士文学将这种精神特征反映得淋漓尽致。

骑士文学大多取材于民间传说和史诗，其基本可以分为两类，一类是封建骑士的建功立志、侠义冒险的精神，另一类是崇拜贵妇人及爱情至上等。

西班牙是怎么成为欧洲最强大的国家的？

1519 年，西班牙国王查理五世即位。那不勒斯爆发了反对西班牙的起义，遭到了西班牙军队的镇压。此后米兰、那不勒斯、西西里、萨丁等处均被西班牙占领。

西班牙在意大利的势力猛烈扩张，爆发了持续几十年的"帕维亚战争"，初战时，西班牙就占据了有利地位。法军被逐出意大利，包括帕维亚在内的整个伦巴底地区都落入西班牙人之手。弗朗西斯一世本人也成了瓮中之鳖，被俘虏到了西班牙。

次年，身处囚禁中的弗朗西斯一世试图与威尼斯、米兰及佛罗伦萨等摆脱西班牙统治的意大利主要小国缔结了联盟协约，共同对付西班牙。但没想到西班牙又一次先下手为强，出其不意地发动了进攻。之后，西班牙和法国又进行了为期十年的战争。1557 年 8 月 10 日，西班牙军队终于在圣奎提诺打败法军。两年之后，他们签订了《卡托坎布雷西斯和约》。

在与法国争霸意大利的长期对抗中，西班牙不但没有丧失任何领土，反而建立了几乎囊括整个意大利的专制政权，西班牙国王菲利普二世成为当时欧洲势力最大的统治者。

欧洲哥特式建筑的演变过程是怎样的？

11世纪下半叶，哥特式建筑首先在法国兴起。当时法国一些教堂已经出现肋架拱顶和飞扶壁的雏型。人们普遍认为第一座真正的哥特式教堂是巴黎郊区的圣丹尼教堂。这座教堂巧妙地解决了各拱间的肋架拱顶结构问题，还附有大面积的彩色玻璃窗。

法国哥特式教堂平面虽然是拉丁十字形，但横翼突出很少。西面为正门入口，东头环殿内有环廊，许多小礼拜室呈放射状排列。

1256年以后，法国从注重解决建筑物的高度和技术问题，演变为注意通过非结构性装饰来达到丰富多彩的视觉效果。装饰的形式多为尖顶、视线、窗花格。英国的装饰性风格增进了装饰手段，拱顶装饰也更为复杂，非结构的较小横弯梁连接形成星状或网状，从而起到装饰的效果。

百年战争发生后，法国在14世纪几乎没有建造教堂。及至哥特式建筑复苏，已经到了火焰纹时期，这种风格因窗棂形如火焰得名，建筑装饰趋于流动、复杂。英国这时发展为垂直式，其特点是直线在窗花格中居于优势，窗面大幅度增加，因而墙壁厚度也相应减少，使得教堂内的垂直空间更为广阔。

总之，哥特式建筑的一般特征是，尖顶的拱门、肋形拱顶和飞拱，这种体系就使得它充分地显示出了垂直线的视觉效果。

欧洲中世纪最著名的教堂是什么？

巴黎圣母院始建于1163年，一直到13世纪才全部建成，被称为"中世纪建筑中最完美的花"。

从正面看，巴黎圣母院纯粹的尖拱形建筑已形成。整个平面还是十字架形的，但东西长于南北向。底部是凹进去的三座券门，门内层层线脚中布满了神的雕像，使整个建筑都具有华贵的感觉。代替罗马式建筑的典型巨塔是十字形交叉点上的小尖塔，高耸直入云霄的建筑使得它更加巍峨壮丽。

圣母院西边正面有两座高耸的巨塔，共有三层，下面一层设有国王画廊；第二层中央是一个象征天堂的玫瑰花形的大圆窗；第三层是可穿行的回廊。

圣母院中不可缺少的装饰要数雕刻了，有植物图案和幻想的怪物，还有彩色玻璃大窗，这样，建筑就形成一种恍惚的神的幻境，教堂的神圣感觉也就更加浓郁。

你知道亚眠主教堂吗？

法国哥特式建筑兴盛时期的代表作是亚眠主教堂，长137米，宽46米，横翼突出的较少，东端环殿呈反射形布置7个小礼拜室。中厅宽15米，拱顶高达43米，中厅的拱间平面为长方形，每间有一个交叉拱顶与侧厅拱顶对应。4根细柱附在一根圆柱上，形成束柱。细柱与上面的券肋气势相连，增强了向上的动势，教堂内部遍布彩色玻璃大宙，几乎看不到墙面。教堂外部雕饰精美，富丽堂皇。亚眠主教堂的建成标志着法国哥特式建筑进入了成熟时期。

为什么中世纪的雕像大都依附在建筑上？

中世纪的宗教在社会中占有主导地位，于是雕像也只好围绕着宗教艰难地发展。《圣经》曾谴责过用木头、石块制造的偶像，因此，基督教得势时，便掀起了"偶像破坏运动"。大批古希腊、古罗马雕像遭到了毁灭性的破坏。但是，后来，雕像开始出现在教堂里，基督教徒几乎都认为在上帝所在的神圣的教堂里不能摆雕像。6世纪末，拜占廷教皇格里高利力排众议，倡导利用绘画、雕塑来为宗教服务。之后，绘画和雕塑就逐渐出现在教堂里。最初，雕塑是以近乎绘画的浮雕形式来装饰教堂的。11世纪时，雕像开始由浮雕向圆雕发展，但是仍然没有脱离建筑。他们有的背贴着墙壁，有的站立在柱子上，形态各异。

古希腊和古罗马的雕像家在装饰一座建筑物时，一般都是先制作雕像，然后再把雕像放入建筑中。但是在中世纪里，却强调雕像与建筑的一体性。雕像家要等建筑物造起来之后，才在石头表面雕刻形象，因此，雕像的造型受到了建筑物的严格局限，而且雕塑必须依附在柱子上。

总而言之，中世纪的雕像在宗教与建筑的双重束缚下，显得没有活力，样式较少，空间上缺乏自由度。但是这也形成了它们善于表现崇高精神境界和微妙心理活动的艺术特色，使得它在整个中世纪的雕塑中别具特色。

中世纪的骑士制度是怎样形成的？

欧洲中世纪最小的封建主是骑士，其身份是军人。当时军人形象极受社会尊敬，因为那时战事频繁，人们把战争当成一种生活的常态。在经济领域中，骑士又是封建体制的组成部分，效忠于领主，并通过宣誓等仪式来加强这种纽带关系。从社会阶层来说，贵族可以是作战的骑士，但骑士并不一定是贵族。骑士的主要职责是作战，而不具备贵族所具有的司法权和世袭权，他们是贵族的随从，是贵族、农民的中间阶层。

当时，出身于贵族家庭是成为骑士的重要条件，同时骑士还必须从小接受训练，到领主家充当侍从学文习武，向女主人学习礼仪，21 岁时必须经过"授甲式"方能被正式授予"骑士"称号。仪式很隆重：在第一天中要进行沐浴和祈祷两个仪式，目的是净化肉体和灵魂。第二天正式授封，当事人必须单膝跪地，宣誓效忠于主人，捍卫宗教、保护妇女、行侠仗义。宣誓完毕后，主人把剑挂在骑士身上，并用另一出鞘剑的剑背在他背上轻击两下，表示认可。从此，当事人就正式获得了"骑士"称号。

获得称号的年轻骑士常常以马上比武的方式，来显示自己无愧于"骑士"这一光荣称号。不过，骑士无论是参加马上比武还是进行实战，都要遵守某些成文规则和惯例。如，一个骑士不能对另一个毫无戒备的骑士发起攻击，必须等待其做好战前准备。对真正的骑士来说，搞突然袭击是一种可鄙的行为。另外，当一名骑士俘虏了另一名骑士后，必须将俘虏待如上宾。

除了交战的惯例外，骑士制度还有许多其他的内容。基督教会教导骑士应该遵守基督教的戒律。如骑士应该帮助穷人，保护教堂、妇女和所有无防卫能力的人，等等。虽然，并不是所有骑士都遵守这些准则，但随着时间的推移，基督教会和贵妇人会竭尽所能把一个鲁莽、好斗的骑士变为有教养、懂礼貌的骑士。

骑士的优势就是拥有马匹和重武器。势力大的骑士，还拥有高墙与深沟环绕的城堡，统治着附近的农村。中世纪早期，国王和中央政府几乎没有任何实权，权力旁落到最出名的骑士手中。他们甚至目无法纪，盲目自大，还有蓄意发动战争的倾向。

历史上有几个著名的宗教骑士团？

西欧天主教会与封建主为保卫其在东方侵占的领地组织了宗教性封建军事团体，或称僧侣骑士团，直属教皇，不受各级教会机构、世俗政权的管辖和干预。骑士团成员为修道士，须遵守一般修道士的三大誓约，即守贫、守贞和服从。同时又须接受军事训练，使自身具有攻城掠地、据守城池的能力。此外，骑士团内部分为三个等级，即骑士、随军神父和侍从。医院骑士团、圣殿骑士团与条顿骑士团是当时的三大骑士团。

医院骑士团，因奉施洗者约翰为守护神，也称圣约翰骑士团，以前是 11 世纪受意大利商人资助由本笃派修道士经营的医院或慈善团体，负责医治、照料贫病的朝圣者。后来又开始参加军事活动。12 世纪初期，仿效圣殿骑士团建立宗教骑士团，但继续从事医护工作。

圣殿骑士团约于 1119 年由几个法国落魄骑士以武装保卫圣地与朝圣者为宗旨发起组织，亦称基督贫穷骑士团。

条顿骑士团，全称为圣玛丽医院的条顿骑士团。1198 年成立，里面的成员均为德意志骑士。1291 年以前，总部设于阿克。但从 1211 年起，在大团长萨尔扎领导下，骑士团的活动中心就自中东移往东欧。1237 年，条顿骑士团与侵入波罗的海的立窝尼亚宝剑骑士团（1202 年成立）合并，势力壮大。他们压榨、奴役当地居民，邻近的地区也遭受着他们的威胁。1804 年，该骑士团被拿破仑解散。

后来，还有几个较小的宗教骑士团先后出现，他们活动的范围主要集中在西班牙、葡萄牙和东欧等地。

西欧的封建庄园为什么被称为"领主的天堂"？

封建庄园是封建主经营的大地产，在各国的封建社会中普遍存在，西欧的封建庄园盛行于中世纪早期，也就是 9 至 11 世纪。这段时间，作为封建统治阶级的国王、贵族、高级僧侣兼并农民的土地和农村的公有土地，成为大土地所有者，而广大丧失土地的人却沦为农奴。

西欧的封建庄园是一种典型的自然经济。领主与农奴的生活必需品基本上都是靠自己

这幅佛兰德的绘画反映了典型的庄园生活：庄园主正在与总管商量事情，农民们在锄地、摘葡萄、修剪葡萄枝或榨葡萄汁。

生产，只有少数的产品才到庄园以外去交换，货币用的也较少。耕地分为春播、秋播、休耕三部分，每年轮换一次，休耕地在当年作为牧场。

领主会对农奴施以种种残酷的剥削，领主还利用设立的酒坊、油坊和面包房吸吮农奴的膏血。此外，在繁重的苛捐杂税之外，还有所谓的军器税，领主通常会以这个为名义，索取农民最好的马匹和其他牲口，如若没有，他们就会取走一件最值钱的东西。

除了领主的剥削外，天主教对农奴的剥削也十分残酷。农奴终年劳动，为领主当牛做马，生活十分困苦。领主饱食终日、挥霍无度，想尽方法寻欢作乐，而农奴却要遭受如此大的剥削，领主的快乐完全是建立在农奴的辛勤劳动之上的。可怜的农奴却是有理无处诉说，有冤无处伸。

也正因为此，西欧的封建庄园被称为领主的天堂。

西欧封建城市出现于什么时候？

11 世纪农业的生产发展为城市的出现奠定了必须的原料与销售市场，随后，城市就出现了。城市发展最迅速的地方莫过于意大利和法国南部的地区。当中的一些城市是罗马时代留下来的一些古城，慢慢地就变为繁荣的经济中心。此外，还有从事商业贸易的商业城市，如威尼斯、热那亚等。城市的兴起标志着西欧封建社会进入一个新的历史时期，它推动了生产力的发展，也促进了科学、文化的发展。总之，城市的兴起为封建制度的解体和资本主义的发展开辟了道路。

西欧封建庄园有哪些特点？

庄园是中世纪时期西欧农业生产中的一种特定的组织形式。典型的庄园一般是一村一庄，但是也有一些大的庄园可以包括几个村庄，当然有些小庄园也只有一个村庄的一部分。庄园土地一般分为领主自营地和农民份地，有的也可是部分的自由地。农民份地

由分散各地、相互交错的条田组成，耕作时各地条田统一轮流进行。另外，庄园上还有供集体使用的牧场、水塘、森林等。庄园是自给自足的自然经济形态，庄园生产主要是为生产者自家和领主提供生活资料，庄园的产品很少拿出去卖。庄园里有磨坊和烤面包坊手工作坊等，可以生产各种生活和生产所需的物品。不到万不得已，庄园是不会出去采购的，只有少数庄园不能生产的物品（如盐、铁等）才从城市购买。此外，封建主对其领地上的农奴拥有行政和司法权力，这也是中世纪西欧封建制度的一大特点。

中世纪银行是什么时候出现的？

随着城市的兴起，商业贸易日益繁荣，货币流通量不断扩大。12 世纪，在商业信用手段日益增加和扩展的基础上，出现了银行业。早期银行家有些是由银行兑换商发展而来的，而更多的是积累了大量剩余资本的富商。他们大部分是意大利人，因此又被称为"伦巴底人"。

意大利最早的大学是哪一所？

大学的起源是中世纪盛期教育繁荣的一个方面。就起源来说，大学是提供普通教堂学校不能提供的、对高深研究进行指导的机构。这些高深研究包括高深的文科和对法律、医学和神学的专门研究。意大利最早的大学是博洛尼亚大学。它在整个 12 世纪期间脱胎成形。虽然博洛尼亚大学也传播文科教程，但自 12 世纪产生到中世纪结束，一直以欧洲研究法律的主要中心而享有盛誉。

最早的修道会建在哪里？

最早的修道会白尼地库特斯于 527 年在意大利建立，他有严格的规则来约束修道士的生活，并且整个欧洲的修道会都会用同样的规则，随后相继成立了克留尼修道会（910 年）、沙尔道滋修道会（1084 年）、斯图修道会（1098 年）、斯尔巴图修道会（1131 年）等。13 世纪，还建立了法捷会、都米科会之类的修道会。这些修道会又称"托钵修道会"。原因是这些托钵修道会所属的修道士靠布施为生。加入修道会的人都是一些决心为基督教奉献一生的男女，分别进入修道院和女子修道院成为修士或修女。

教皇亚历山大六世是怎么死的？

1492 年，教皇亚历山大六世开始担任教皇。10 年后，教皇亚历山大六世在 1503 年 8 月一次晚宴后不明不白地死去。有的史书是这样描绘的：他死后整个头浮肿，脸发紫，嘴巴肿得像猪嘴巴那么大。

对于他的死因，史家有两种说法。一种为传统说法，认为是教皇不慎饮下为客人准备的毒酒，因此断送了性命。这种说法主要是由反对教皇权力的史学家提出的。另一种意见认为教皇死于暴病，此说以近代德国教皇史学家巴斯托尔为代表。

英格兰封建制度是怎样形成的？

5 世纪中叶，日耳曼人中的盎格鲁人、撒克逊人和裘特人进入不列颠东部和南部，7 世纪初形成七个王国，也就是历史上所说的"七国时代"。

七国时代，英格兰开始了封建化过程。9 至 11 世纪中叶的英格兰王国时期，封建庄园逐渐形成。1066 年诺曼底征服大大加速了英国的封建化进程。大部分盎格鲁—撒克逊贵族的领地（据统计，他们的土地在威廉晚年时只占 8%）被威廉没收，并且这些土地最终落入了新旧封臣的手里；在威廉死的前一年，也就是 1086 年，他进行了全国土地调查，编制成《土地赋役调查书》，其中对土地的归属、财产状况、耕作者身份，都做了详细登记。调查结果显示，当时绝大部分土地为封建主占据，广大农民已成为农奴，他们称调查书为"末日审判书"。由此，也标志着英国封建制度的确立。

为什么说克勒西之战是英格兰长弓的胜利?

1346 年的克勒西之战,英军大胜法军。这场战役中,英国长弓手起了关键作用,这种弓射程达 200 码以外,只比旧式滑膛枪的射程稍近一点。箭可以穿透一英寸厚的木板,甚至可以穿透胸甲,对于抵御骑兵相当有用。后来,英军接连打退了法军的 15 次冲锋。法军伤亡惨重,腓力六世受伤,被迫退兵亚眠。英军大捷,乘胜进入诺曼底。此战法军伤亡万余人,英军伤亡则不到二百人,这是世界上以弱胜强的著名战役。所以英国人骄傲地将克勒西战役列为英国军事史上著名的四次大捷之一,也把这次战争说成是英格兰长弓的胜利。

"圣女"贞德是怎么死的?

"圣女"贞德几乎是世人皆知的英雄人物,因为她在百年战争中凭着过人的勇气及智慧,力挫法军,使法国免遭英国的吞并。1430 年,在贡比涅一次小冲突中,贞德为法国勃艮第公爵菲利普三世的军队所俘,3 年后被处死,年仅 20 岁。勃艮第公爵是法国人,为什么要处死同为法国人的贞德呢?

原因是,当时的欧洲,封建主林立,并不听命于国王,国王的领地甚至不如一些封建主的领土大,势力强大的封建主完全可以代替国王说话。

菲利普三世奉行与英格兰结盟反对法国瓦卢瓦王室的政策。他当时的目的可能是想借削弱法国王室之机,将勃艮第公国发展壮大。

1430 年,菲利普三世参加了对贡比涅的围困。勃艮第军队在这次战斗中俘获了贞德,将她交给英国人,经审判后贞德被活活烧死。

然而,菲利普三世最后还是采取了和法国和解的态度,1435 年,由于查理七世承诺将皮卡第割让给勃艮第公国,菲利普三世承认了查理七世的宗主权,并解除了和英国的同盟关系。

为什么会爆发胡斯战争?

胡斯战争又称捷克农民战争,它是欧洲历史上时间较长、影响深远的一次农民战争。这次战争由胡斯党为领导,以捷克民族英雄胡斯的宗教改革为旗帜。

捷克形成一个独立的国家虽然较晚(约 9 世纪末),但工业发展十分迅速。捷克有丰富的土地资源和矿藏,引来了德国封建主贪婪的目光和野心。12 至 13 世纪,德国人开始向捷克大规模移民,移民的结果就是在捷克国内形成了一个德国教俗封建主、城市贵族和矿山主的特殊社会集团。他们和捷克大封建地主相勾结,共同剥削捷克人民,使他们饱受压迫。

当时教会是最大的封建主和剥削者,教士的上层几乎全是德国人,因此人们的仇恨首先指向教会。从 14 世纪后期起,捷克人民掀起了一场浩大的反教会斗争。到 15 世纪初,运动的规模越来越大,运动的领导人是约翰·胡斯(1369～1415 年)。他揭露了城市的德国贵族的罪恶,主张改革教会,否认教皇有最高权力。胡斯的言行,激起了德国教士以及罗马教廷的仇恨,他们逮捕了胡斯并以异端罪名将其焚死。胡斯的殉道激起捷克人民极大的愤慨,就这样,到 1419 年 7 月,大规模的农民战争在胡斯改革的旗帜下爆发了。

法国和西班牙是如何争夺意大利的?

意大利的美丽富饶、文化底蕴,深深吸引着欧洲强国的统治阶级,尤其是作为意大利近邻的法国和西班牙,更是对意大利垂涎三尺。

意大利本身的发展极不平衡,各地情况相差悬殊。它们各自为政,各有其同盟关系,相互之间矛盾重重,冲突不断。这种一盘散沙的局面,是欧洲民族国家形成的必经阶段,它为法国的入侵和强国之间争夺意大利提供了很好的机会。

1494 年 1 月，那不勒斯国王斐迪南一世去世，法国国王查理八世宣称：自己作为安茹王朝（属法兰西王朝的旁系）的继承人有权占有斐迪南一世的领地。8 月，查理八世率兵 3.7 万人（其中包括瑞士雇佣兵），野炮 136 门，越过阿尔卑斯山脉向那不勒斯开进，由此，意大利的战争便开始了。从 1494 年到 1559 年，意大利战争分为三个时期。

第一时期：1494 至 1504 年。这一时期的核心是法国争夺那不勒斯王国。在意大利亲法贵族的配合下，查理八世的军队穿越罗马全境，经过米兰公国和教皇国直逼那不勒斯，在这一过程中机会是一路绿灯。1495 年 1 月，查理八世接受罗马教皇任命他为那不勒斯国王的授职书后，便于 2 月 23 日开进那不勒斯城，阿拉冈王朝国王弗兰第诺惊慌出逃。查理八世自称是"法兰西、那不勒斯和君士坦丁堡的国王"。

然而，法军的掠夺和暴行以及增收新税激引起了意大利农民的公愤。意大利各国首脑害怕法国势力的加强和发生全民起义，于是在 1495 年 3 月建立"神圣同盟"（也称"威尼斯同盟"）以图驱逐法军。参加同盟的有威尼斯、米兰公爵和罗马教皇亚历山大六世。"神圣罗马帝国"（德意志）皇帝马克西米利安一世和西班牙国王斐迪南二世也加入同盟。查理八世急忙从那不勒斯北上，1495 年 7 月 6 日在福尔诺沃遭"神圣同盟"军队包围。法军战败，直到 10 月，查理八世才得以突向北方。1496 年 12 月，法国撤出那不勒斯，但军队主力得以保存。查理八世的继承者路易十二不甘心法国退出意大利，于 1499 年远征米兰公国。在 1499 至 1500 年的几次交战中，法国先后获胜，相继占领米兰和伦巴第。1500 年，法西两国勾结占领了那不勒斯，推翻了阿拉冈王朝。根据条约，法西两国军队共同占领那不勒斯。但 1503 年春，法西两国因分赃不均爆发战争。1503 年 12 月 29 日的加里利亚诺河畔一战，西军获胜，法军被迫放弃那不勒斯王国，使其沦为西班牙领地。

第二时期：1509 至 1515 年。这一时期从"康布雷同盟"对威尼斯共和国发动战争开始。1508 年 12 月，由于威尼斯共和国借驱逐法国之机大肆扩张领土，所有反威尼斯的势力联合起来建立了"康布雷同盟"（成员包括西班牙、法国、罗马教皇、"神圣罗马帝国"），共同对威尼斯作战。费拉拉、佛罗伦萨、曼图亚及其他意大利国家也先后加入该同盟。1509 年 4 月，罗马教皇禁止威尼斯做礼拜和举行宗教仪式。同年春，法国出兵威尼斯，占领它在伦巴第的领地，取得重大胜利。然而法国西北部力量的壮大引起了力量的重新组合。

1511 年 10 月，罗马教皇、威尼斯、西班牙、英国和瑞士组成"神圣同盟"，共同对法作战。1512 年，法军以 2.5 万人、火炮 50 门的兵力在拉韦纳击溃由 1.6 万人、24 门火炮组成的西班牙军队。但是，由于政治形势逆转，"神圣罗马帝国"皇帝从法军召回德国雇佣兵、瑞士雇佣兵投向威尼斯，法军不得不隐退，并于 1512 年放弃了伦巴第。

法兰西斯一世继位后，准备大举侵略意大利。他于 1515 年 9 月在距米兰 17 公里处的马里尼亚诺击溃米兰公爵的瑞士雇佣军，又夺走米兰公国。1516 年 8 月，法西两国签订《努瓦永和约》，把米兰和那不勒斯分别划给法国和西班牙。

教皇也于 1516 年底同法兰西斯一世签订教务专约，承认法对帕尔马、米兰和皮亚琴察的占领。1517 年，法、西和"神圣罗马帝国"缔结《康布雷条约》，肯定了法国在意大利的既得利益和优势地位。然而，争霸战争并没有就此结束。

第三时期：1521 至 1559 年。这一时期以西班牙国王查理一世当选为"神圣罗马帝国"皇帝后，法、西瓜分意大利的战争为标志。这一时期共爆发 6 次战争，当中被卷入的有罗马教皇、瑞士、威尼斯、英国和土耳其。查理五世的目的就是从意大利把法军赶走，这个时候，他还得到英国、罗马教皇、曼图亚和佛罗伦萨等国的支持，威尼斯就是法国的同盟军。1521年战争爆发，1522年法军在比科卡战役中失利，德国雇佣军打败了瑞士雇佣军。此后，在帕维亚一战中，法军惨败，法皇被俘。1526年，法皇法兰西斯一世回国后立即加入"科尼亚克同盟"，这是罗马教皇在英国支持下建立的旨在使意大利摆脱西班牙桎梏的同盟，参加同盟的还有威尼斯、米兰和佛罗伦萨。1527年，战争再度爆发，双方势均力敌。

1529年，法国在不利形势面前被迫与查理五世签订和约并放弃对意大利的主权要求。7年过后，法兰西斯一世再次挑起战争，占领了皮埃蒙特和萨伏依。1538年，法国和"神圣罗马帝国"签订了为期10年的停战协定。法国同丹麦、瑞典、奥斯曼帝国结盟，查理五世与英国结盟。法军先后占领威尼斯和马里尼亚诺，但查理五世却攻入法国境内，双方签订《克雷普和约》，1551年双方再度爆发意大利战争。交战双方互有胜负，谁也不占明显优势。1559年4月，法西缔结《卡托—康布雷西和约》，正式结束了法国对意大利的争夺，西班牙在米兰公国、那不勒斯王国、西西里和撒丁的统治得以巩固，意大利仍然处于分崩离析的状态。

意大利战争是一场法、西霸权争夺战，是中世纪欧洲封建王国领土扩张战争的延续，这场战争也不具有正义的性质。它先后经历了几代国王，持续65年之久。经历了这场战役后，法国中央集权制度和经济也得以调整。铸炮业、造船业、印刷业、采矿业也日益兴旺，度量衡得到统一，税收制度得以建立，最庞大而有效的官僚机构在法国形成。发端于路易十一时代的法国专制君主制经受了长期战争的考验，这在客观上也促进了法国政治、经济和军事的发展。

与此相对应的是，长期的战争使意大利更加分裂，经济发展遭到严重破坏。在佛罗伦萨，呢绒年产量从15世纪末的2.5万匹下降到1530至1540年间的几百匹。到17世纪，意大利的经济尤其是手工工业进一步衰落。从此，意大利的资本主义萌芽也日益走向衰落。

尼卡起义是怎么回事？

尼卡起义是在拜占廷首都君士坦丁堡城爆发的一次平民起义。"尼卡"为希腊语，是胜利的意思。起义因参加者高呼"尼卡"而得名。拜占廷举行赛车会，形成了特殊的组织，也就是吉莫，并且按驾车人的服装颜色分为蓝党和绿党。

由于蓝、绿两党的政治观点和宗教观点经常不同，所以斗争自然不可避免。这时，政府就利用吉莫间的敌对关系进行操纵。在532年的赛车会上，两党下层因对官吏的横暴和苛税不满，便要求罢免特里博尼安和卡帕多西亚的约翰两个暴吏，释放两党被囚禁的成员。因遭拒绝，于是便爆发了声势浩大的起义，起义群众捣毁监狱，焚烧官邸。持续燃烧了3天的大火，将圣索菲亚大教堂等公共建筑物通通焚毁，并蔓至皇宫。查士丁尼一世撤换两个宠臣后，亲赴赛车场说服起义者，但是没有收到实效。训练有素的政府军节节败退，除皇宫外，全城均被起义者控制。随后，查士丁尼一世施用阴谋，一面派贝利萨留组织外族雇佣军，一面派人收买蓝党。起义的第八天，蓝党突然倒戈，起义军乱了方寸。外族雇佣军屠杀起义群众3万余人。绿党领袖希巴提乌斯被处决，起义宣告失败。

俄罗斯人是怎样摆脱金帐汗国统治的？

1243年，蒙古族人在伏尔加河流域的萨莱建立了金帐汗国，基辅罗斯处在金帐汗国的统治之下。

在俄罗斯诸国王公倾轧、争斗的过程中，莫斯科公国悄然崛起。1304年，莫斯科与特维尔公开争夺大公权位，双方征战不断。同时，它们又都向蒙古金帐汗邀宠。在这场"竞赛"中，莫斯科王公伊凡一世略高一筹。1327 年，他自告奋勇，在一年之内先后两次镇压特维尔和诺夫哥罗德的反蒙暴动，深得金帐汗欢心。1328 年，受宠于金帐汗的伊凡终将"弗拉基米尔及全罗斯大公"的头衔争到了自己头上。

伊凡一世凭借替金帐汗向俄罗斯人征赋税的特权，大肆敛收民财，被时人称为"伊凡·卡里达"（卡里达意为钱袋）。伊凡一世上贿蒙古王公，下买人心，还大力扩展疆域，增强国力。

此后，金帐汗国发生内乱，实力骤降。1380 年，金帐汗国与立陶宛联盟，议定从东西两面夹击莫斯科，结果蒙军惨败，马麦汗只身逃走。库里克沃战役对俄罗斯人摆脱蒙古统治的斗争有着重大的历史意义。这一战役的胜利，使得底米德里被人民誉为"顿斯科伊"（意即顿河英雄）。但 1382 年，蒙古军队偷袭莫斯科，底米德里猝不及防，战败，不得不再次臣服于金帐汗。此后蒙古统治日趋松弛，俄罗斯人民也逐渐看到了独立的希望。

1462 至 1505 年，伊凡三世在位。他不惜一切手段来提升莫斯科的地位。首先他在 1478 年和 1485 年先后吞并了诺夫哥罗德和特维尔。而后，其他小国也陆续被并入莫斯科版图。与此同时，伊凡三世也不断谋求摆脱蒙古人统治的机会。他与从金帐汗国分离出来的克里米亚汗国结盟，而金帐汗国则同位于俄罗斯西方的立陶宛国王相约，联合进兵莫斯科。伊凡三世一面顽强抵御，一面又策动盟友克里米亚汗分兵进击波兰和金帐汗国的后方。

大战一触即发之际，伊凡三世却突然丧失取胜的信心，逃离前线。在受到各方责难的压力下，才毫无底气地返回前线。由于克里米亚汗进兵波兰南部，牵制住了波兰立陶宛军队，使金帐汗国的阿合马汗慌忙撤师回防，这样伊凡三世才侥幸不战

而胜。这就使得俄罗斯摆脱了蒙古帝国长达 200 余年的统治。

什么是保罗派运动？

在亚美尼亚有一个基督教外教派别——保罗派，它产生于 6 至 7 世纪。该派接受了摩尼教的二元论思想，这两个神就是善神（上帝）和恶神（魔鬼）。反对正统教会，要求废除教阶制和修道士制，简化宗教仪式，重建成员平等的早期基督教公社，支持圣像破坏运动。7 至 9 世纪，保罗派在小亚细亚和亚美尼亚农民和城市平民中传播，成为他们反封建的组织手段。9 世纪中叶，部分保罗教派越境进入阿拉伯帝国的小亚细亚东部，修筑了城堡，成立公社，以泰夫里斯为中心武装自立，并且多次给拜占廷军队以沉重的打击。872 年，拜占廷皇帝巴西尔一世举行进攻，彻底打败了保罗派，幸存者被迁移到色雷斯并逐渐和波高美尔运动合并在一起。

伊凡四世为什么要采用"沙皇"的称号？

沙皇是俄罗斯皇帝 1546 至 1917 年的称呼。第一位沙皇是伊凡四世。到 1721 年，彼得大帝将其改名为皇帝。直到 1917 年为止，俄国的统治者一直采用"沙皇"的称号。

俄语中"沙皇"一词中的"沙"来自拉丁语恺撒的音译，也就是"皇帝"的意思。

15 世纪，俄罗斯有一种说法，认为莫斯科大公是拜占廷皇帝的继承者。在君士坦丁堡落入土耳其人手中后，拜占廷帝国和皇帝的权力就落入了莫斯科大公的手中。到伊凡四世时期，"大公"称号显得权力不够大，为了显示自己至高无上的权利，也为了强调莫斯科大公在欧洲国家的地位，于是，伊凡四世于 1547 年 1 月 16 日加冕为沙皇。

伊凡大帝的"书库"在哪里？

伊凡大帝是 16 世纪最具禀赋的俄罗斯大公。传说，伊凡大帝曾收藏了大量的书籍，

其中有很多是非常宝贵的古代抄本，其数量之多，足足可以撑起一个大型图书馆。那么这么多的书究竟是从哪里得来的呢？

16世纪编纂的《里波利亚年代记》中对马克西姆编制书目一事有如下记载："德国神父魏迈曾会见过伊凡大帝的藏书，它们占据了克里姆林宫地下室的两个房间……"但是在同时代的其他文献和记载中，都没有发现有关伊凡大帝"书库"的只语片言。这是为什么呢？有人认为，伊凡大帝的藏书确实存在，但毁于克里姆林宫的火灾中。也有人说，这些书最后都被转移到莫斯科大主教的图书馆封藏，之后就失散了。有专家认为，虽然对书库的找寻一直未能成功，但这并不能断言伊凡大帝的书库就不存在。书库之谜迟早会被解开的。

你知道"乌格利奇奇案"吗？

伊凡大帝死后，皇位由他第一个妻子生的儿子费多尔·伊凡诺维奇继承。7年后，在费多尔执政期间，他同父异母的弟弟季米特里在远离首都的乌格利奇神秘死亡，年仅9岁。小皇子的死，成为俄罗斯历史上有名的"乌格利奇奇案"。

1591年5月15日早上，小皇子早早就起来到院子里去玩耍。突然，院子里响起了仆人紧急的呼救声，刚刚还活蹦乱跳的小皇子季米特里倒在血泊中。他脸色惨白，喉咙被利刃割断。是谁如此残忍地杀害了季米特里？而皇子的母亲玛利亚的剃度和众多人被流放使得这桩奇案显得更加神秘。最让人心生疑窦的是，在后来的俄国民间出现了多个"季米特里皇子"。大多数人都认为，这是有人假借皇子的名义，以利于行事。但也有人分析推测，当初小皇子之死是否有诈？也许是玛利亚深知宫廷险恶，早已察觉到某些阴谋对爱子不利，为了保护年幼的爱子，她和女仆串通一气，导演了小皇子身亡的场面，巧妙地制造了一个假象，使爱子躲过宫廷内部的相互倾轧。无论何种解释，小皇子

之死都显得扑朔迷离，成为历史上又一个没有定论的谜案。

柴可夫斯基为什么突然死亡？

俄国著名音乐大师柴可夫斯基于1893年11月6日凌晨，突然结束了他那瑰丽的一生。他的作品中流露出一些悲哀痛苦的情绪，使得人们更加关注柴可夫斯基的死因。

人们认为《第六交响乐》是柴可夫斯基自杀的预言。因为他创作《第六交响乐》的第一部分全是冲动的热情、信心和渴望活动；第二部分是爱；第三部分是失望；第四部分，以死亡为终结。于是，人们以此为据，证明柴可夫斯基死于自杀是毫无疑问的。

但是，另有一些人认为，《第六交响乐》并非作者为自己自杀所写的挽歌。因为，1893年这一年，是作者获得极高荣誉的一年，不可能自杀。还有的人认为柴可夫斯基死于霍乱。

有人说柴可夫斯基应该是死于急病。11月1日傍晚，他与朋友共进晚餐，并酗酒直至凌晨2时。次日早晨，他便开始失眠，消化不良，从此便一病不起，于11月6日不幸逝去。后来据彼得堡最优秀医生中的两位佼佼者——勃廷逊兄弟的诊断，柴可夫斯基死于霍乱。

声名卓著的柴可夫斯基是否真是自杀，至今仍是一个谜，希望今后会有更丰富确凿的材料来揭示柴可夫斯基的死因。

古罗斯国家是什么时候建立的？

862年，北欧瓦拉几亚人首领留里克率领亲兵夺取了罗斯北方的诺夫哥罗德，建立了最早的罗斯人国家。当时，生活在东欧广大地区的东斯拉夫人虽然已经有了先进的生产方式，不过仍处于部落的征战阶段，尚未建立统一的国家。瓦拉几亚人则是经常穿越东欧南路（"瓦希商路"），从事征战和贸易的北欧民族。879年，留里克的继承者奥列格大公率军沿"瓦希商路"南下，于882

年占领基辅，建立了基辅公国，这是最早的古罗斯国家。

什么是留里克王朝？

留里克王朝是统治东斯拉夫人的古罗斯国家的第一个王朝。大致相当于今天俄罗斯东欧部分地区、乌克兰、白俄罗斯部分地区。基辅罗斯是由来自北欧的瓦里亚基人建立的，其首领的名字叫留里克，故称为留里克王朝，882 年开始定都于基辅，故又称基辅罗斯。留里克王朝的最后一位沙皇费奥多尔·伊万诺维奇于 1598 年去世后，于是该王朝最主要的一系断绝。

什么是罗曼诺夫王朝？

罗曼诺夫王朝是 1613 至 1917 年统治俄罗斯的王朝，是俄国的封建王朝。1613 年 1 月，米哈伊尔·费多罗维奇·罗曼诺夫（1596～1645 年）被推举为沙皇，开始了罗曼诺夫王朝在俄国的统治。罗曼诺夫王朝统治期间，对内实行专制的农奴制，对外大肆扩张，镇压各国人民革命。罗曼诺夫王朝是俄罗斯历史上第二个也是最后一个王朝，它是俄国历史上最强盛的王朝。在该王朝时期，俄国从东欧一个闭塞的小国发展为世界范围的强国之一。

18 世纪初彼得一世在位时，俄国发展迅速，建立了俄罗斯帝国。后不断扩张领土，成为横跨欧亚两洲的强国，农奴制日益加强。1741 年，伊丽莎白·彼得罗夫娜继位，男嗣断绝，外戚当权，但仍袭用罗曼诺夫王朝的名号。

什么是霍亨索伦王朝？

霍亨索伦是欧洲的一个王室，也是欧洲历史上的著名王朝，是勃兰登堡—普鲁士（1415～1918 年）及德意志帝国的主要统治家族。约 1100 年，其始祖布尔夏德一世受封为索伦伯爵。霍亨索伦的领地在今上内卡河、施瓦本山和上多瑙河之间，16 世纪中叶，该家族在索伦前冠以"霍亨"（意为高贵的）字样，称为霍亨索伦家族。

1191 至 1192 年，索伦伯爵腓特烈三世和纽伦堡伯爵联姻，成为腓特烈一世。他的两个儿子分割领地，康拉德三世获纽伦堡伯爵领地，而腓特烈四世获士瓦本的原领地，从而形成信奉新教的弗兰肯系和信奉天主教的士瓦本系两支。

你知道神秘失踪的第八奇观吗？

在 18 世纪初，以追求豪华生活而著称的普鲁士国王腓特烈一世一时心血来潮地建造了被他称为"世界第八奇观"的琥珀屋。琥珀屋约 55 平方米，全部用琥珀镶成，室内的装饰板也全部用带银箔的琥珀板制成，堪称旷世珍宝，世界一绝。不久，为了向俄国献媚，腓特烈一世将这稀世之宝作为礼物送给沙皇彼得大帝。彼得大帝病逝后，继位的叶卡捷琳娜女皇又对琥珀屋加以扩整，使之看起来精美、珍贵、华丽，成为皇宫里的无价之宝。第二次世界大战期间，德军占领苏联大面积国土，一个以掠夺文物为目的的法西斯组织将琥珀屋拆卸装箱运往柯尼斯堡。这之后，那个所谓的世界第八大奇迹便神秘失踪了。

你知道伊凡四世对后世的影响吗？

伊凡四世的一生对俄罗斯历史产生了重大的影响，在他统治期间俄罗斯的领域空前扩张，经济飞速发展，人民生活水平也有所提高。至今，各种有关伊凡四世的神话传说还在俄罗斯民间广泛流传。伊凡四世是一位出色的政治家、军事家、外交家，但他又像是一个疯子。彼得一世也把伊凡四世当作自己的偶像，在彼得一世改革的时候，他的儿子极力反对，于是彼得一世决定以伊凡四世为榜样，秘密地将自己的亲生儿子置于死地。

"三十年战争"指的是什么？

三十年战争（1618～1648 年），是由神圣罗马帝国的内战演变而成的全欧参与的一次大规模国际战争。它是欧洲国家间争夺领土、王位、霸权以及各种政治矛盾和宗教纠纷尖锐化的产物。战争基本上是以德意志新教诸侯和丹麦、瑞典、法国为一方，并得到荷兰、英国、俄国的支持；神圣罗马帝国皇帝、德意志天主教诸侯和西班牙为另一方，并得到教皇和波兰的支持。战争以波希米亚人民反抗奥地利帝国哈布斯堡王朝统治为开端，最后以哈布斯堡王朝战败并签订《威斯特伐利亚和约》而告结束。

"三十年战争"的导火线是什么？

3世纪以后，哈布斯堡王朝统治下的神圣罗马帝国皇权日益衰落，各邦诸侯割据称雄。信奉新教（路德教、加尔文教）的诸侯和信奉旧教（天主教）的诸侯在宗教纠纷掩饰下争夺地盘和反对皇帝专权，并分别组成"新教联盟"和"天主教联盟"。哈布斯堡王朝极力限制新教活动，争取旧教诸侯重振帝国皇权，并得到罗马教皇、西班牙和波兰贵族的支持。法国为称霸欧洲，试图使德意志保持分裂状态，支持新教诸侯反抗皇权；丹麦、瑞典早已觊觎北海和波罗的海的德意志领土和港湾；荷兰和英国也不想让帝国势力在北欧扩张，英国还企图削弱西班牙的势力。这些国家都支持新教联盟。1618年捷克反对哈布斯堡王朝的起义，是三十年战争的导火线。神圣罗马帝国皇帝马蒂亚斯（1612～1619在位）企图在捷克（波希米亚）恢复天主教，指定斐迪南二世为捷克国王。

在一个村庄的桥上，骑兵团击溃了步兵军。三十年战争中，像这样惨遭践踏的村庄不计其数。

斐迪南二世下令禁止布拉格新教徒的宗教活动，拆毁教堂，并宣布参加新教集会的人为暴民。1618年5月23日，武装群众冲进王宫，将皇帝的钦差从窗口抛入壕沟，史称"掷出窗外事件"，它成为三十年战争的开端。

"三十年战争"的经过是怎样的？

"三十年战争"大致可分为四个阶段：

1. 捷克—普法尔茨时期（1618～1624年）："掷出窗外事件"发生后，捷克摆脱了哈布斯堡王朝的统治。1619年捷克议会选举普法尔茨选帝侯弗里德里希为国王。1620年，神圣罗马帝国皇帝斐迪南二世（1619～1637在位）依靠德意志天主教同盟军，入侵捷克。为援助蒂利伯爵J.采尔克莱斯率领的天主教同盟军，西班牙出兵普法尔茨。1620年底，捷克和普法尔茨联军在白山为天主教同盟军所败，弗里德里希逃亡荷兰，捷克重新被奥地利统治。同期，休战12年的西班牙和荷兰于1621年爆发了战争。

2. 丹麦时期（1625～1629年）：神圣罗马帝国皇帝的胜利，引来了外国参战。丹麦得到英国和法国的资助，于1625年在北德意志新教诸侯支持下攻入帝国境内。捷克贵族瓦伦斯坦率雇佣军协同蒂利伯爵打败丹麦军队。丹麦王国同皇帝于1629年5月签订《吕贝克和约》，保证不再干涉德意志事务。皇帝的势力扩展到波罗的海。

3. 瑞典时期（1630～1635年）：神圣罗马帝国皇帝和天主教同盟势力北进，瑞典迅速与法国结成同盟。瑞典国王古斯塔夫二世阿道夫率军于1630年7月进入波美拉尼亚，同勃兰登堡和萨克森选帝侯联合，在德意志西部和南部连战连捷。1632年，蒂利伯爵在累赫河战败身亡。吕岑会战中，瓦伦斯坦遭暗杀，古斯塔夫二世阿道夫阵亡。1634年皇帝联合西班牙打败瑞典军队，返回波罗的海沿岸。1635年5月萨克森和勃兰登堡和皇帝缔结《布拉格和约》，瑞典国王率军在波美拉尼亚登陆。

4.法兰西—瑞典时期（1635～1648 年）：瑞典军队战败，促使法国直接出兵，与瑞典联合对哈布斯堡王朝作战。1635 年 5 月，法国又联合荷兰进入莱茵地区，瑞典军队在莱比锡附近的布赖滕费尔德获胜，并继续向南进发。法国军队大败西班牙军。瑞典的胜利，又引起丹麦的不满，1643 至 1645 年丹麦同瑞典开战，结果战败求和。此后法、瑞两国军队进入德意志南部。长期战争使双方的力量有极大的损耗，帝国方面的困难更为突出。皇帝斐迪南三世（1637～1657 年在位）被迫求和，得到法国和瑞典的赞同。

"三十年战争"导致了什么结果？

1645 年 3 月，瑞典军在波希米亚大败神圣罗马帝国军，同年 8 月，法军又在纳林根会战中击溃神圣罗马帝国军，神圣罗马帝国皇帝的德意志领土大部分被占领。1648 年，法瑞两国联军在处斯马斯豪森会战及兰斯会战完胜神圣罗马帝国军。至此，双方都已元气大伤，便于 10 月达成和解协议，缔结了两个和约——《奥斯纳布吕克条约》与《明斯特和约》，合称《威斯特伐利亚和约》，至此三十年战争完全结束。这次战争削弱了哈布斯堡王朝的统治地位，加深了德意志境内分裂割据的局面；为法国称霸欧洲做好了准备；西班牙的国势衰落；瑞典的力量大增，成为北欧强国。

古斯塔夫二世为何被称为"北方雄狮"？

古斯塔夫二世（1594～1632 年），是瑞典瓦萨王朝的第六代国王，17 世纪欧洲卓越的军事改革家，著名的军事统帅。他博学多能，足智多谋，勇于实践，敢于创新。在执政的 20 多年里，排除内忧外患，使瑞典从一个政治动荡、经济凋敝和军事落后的国家，一跃成为波罗的海沿岸地区的强国。古斯塔夫二世一度称雄欧洲，有"北方雄狮"的美誉。

古斯塔夫二世戎马一生，为瑞典王朝的兴盛献出了全部精力，使瑞典有史以来第一次步入欧洲强国之列，而且他的军事思想与军事学术，也对后世具有深远的影响。但他毕竟是封建统治阶级的代表，因此他的侵略扩张给本国人民和外国人民带来了深重的灾难。

你知道慷慨阔绰的曼萨·穆萨吗？

曼萨·穆萨，马里帝国国王。继位之后，曼萨·穆萨加强中央集权，继续开疆拓土，打开通向世界其他地区的绿洲大道。他曾凭借西非最庞大的常备军，志得意满地享受"众王之王"的封号，而挥金如土的排场，则令他被外国人称为"金矿之王"。他留下了最大的遗产——廷巴克图，这座城市在曼萨·穆萨的经营下成为一个大的文化中心。

奥斯曼土耳其帝国是怎么崛起的？

土耳其人是突厥人的一支，"土耳其"由"越厥"一词转变而来。突厥人原本生活在中国北方的蒙古高原和中亚一带，后来由于中国的唐朝将其击败，被迫西迁，来到中东地区，依附于塞尔柱突厥人建立的鲁姆苏丹国。鲁姆苏丹将一块位于西北边境的贫瘠土地赏赐给他们，让他们为鲁姆苏丹国守卫边疆，攻击拜占廷帝国。

奥斯曼是一个具有雄才伟略的人，当时拜占廷帝国已经衰落，外强中干，在小亚细亚的统治风雨飘摇。奥斯曼把部落的士兵组织起来，将掠夺的土地分给他们，这就大大调动了他们战斗的热情。他还吸纳了很多其他突厥部落的勇士，壮大了自己的力量。有了强大的军事实力，奥斯曼便向拜占廷帝国发起猛攻。他攻占美朗诺尔城后，将其作为首都，改名为卡加希沙尔。1300 年，奥斯曼自称为苏丹，并宣布他的国家是一个独立的公国。奥斯曼并没有就此满足，1301 年，奥斯曼对拜占廷帝国发起了更大的进攻，占领了富庶的卑斯尼亚平原，国势更加强大。

奥斯曼死后，他的儿子乌尔汗继任为苏丹，迁都布鲁沙城。此后，人们把奥斯曼创建的国家称为奥斯曼帝国。

乌尔汗和他父亲一样，是一个雄心勃勃的人。他继续父亲没有完成的事业，在不到10年的时间里，把拜占廷帝国在小亚细亚的领土全部收入囊中。1359年，乌尔汗去世，他的儿子穆拉德一世即位。穆拉德一世率领奥斯曼大军继续进攻已经一片狼藉的拜占廷帝国，一座又一座名城被攻陷，拜占廷帝国被迫投降，沦为奥斯曼帝国的附庸。

安卡拉会战是怎么回事？

1402年7月，在今土耳其首都安卡拉，蒙古帖木儿汗国大军和奥斯曼土耳其苏丹巴耶赛特一世展开了一次著名的会战。1398至1399年，巴耶塞特吞并了幼发拉底河以西地区，引起了小亚各地的土耳其埃米尔的不安。1402年7月，巴耶塞特在安卡拉和帖木儿军相遇。由于巴耶塞特军力的分散和小亚各埃米尔对土耳其苏丹的背叛，巴耶塞特战败。他和他的两个儿子被帖木儿俘获。安卡拉战役的失败和土耳其人内部的混战，削弱了土耳其帝国的势力，中断了土耳其队欧洲的攻势，也延缓了拜占廷帝国的最后覆灭。

你知道古代地图之谜吗？

18世纪初，在土耳其伊斯坦布尔的托普卡比宫，人们发现了几张古代地图，其中有的是古人复制、临摹的。地图学家把这些古地图和一个现代地球仪对照研究，结果发现这些古地图不但绘制得非常准确，而且还有我们今天很少考察或没有发现的地方。其中有张地图上准确地画着大西洋西岸大陆的轮廓，北美洲和南美洲的地理位置也准确无误。更令人惊奇的是，这张地图上还清楚地标画出整个南极洲的轮廓。远古时代，人们不曾到过南极，也不知道它的存在。直到1820至1821年，人们才第一次发现南极大陆。更令人不解的是，南极冰的平均厚度达1880米，最厚达4500米。几千年来，谁也不知冰层下面有山脉，而古地图上竟画着南极洲

的山脉，而且准确无误，甚至还标出了高度。而现代人直到1952年才在地震波的帮助下探测得知在冰层下面确有那样高度的山脉，我们今天的地图也是借助回声探测仪才绘制成的。那么原图制作者是怎样得知的？谁绘制了古地图？

综观这些古代地图，人们注意到，它们标画的陆地是几千年前，甚至几万年前的大地图形；要绘制出这样的地图，必须掌握地球的形状、大地的构造、球体三角学等多方面的科学知识，另外，还必须有先进的交通工具和制图手段。而在几千年前的古代，人们对地球的了解知之甚少，又没有先进的交通工具和空中拍摄等制图手段，因此是无法绘制这些地图的。到底是谁绘制了这古地图呢？有一些科学家认为，只有两种可能：一是外星人；二是地球上的古人。但两种看法都没有确凿的证据，因此，古地图至今仍是个未解之谜。

关于苏里曼大帝你知道多少？

1520年3月，奥斯曼帝国的老苏丹去世了，只剩下一个儿子，他就是世界历史上声名显赫、英武盖世的苏里曼大帝。

苏里曼自幼接受宫廷教育，尤其喜爱诗歌和文学。1509年3月，按照帝国王室的传统，年仅15岁的苏里曼在一批经验丰富、知识渊博的导师和顾问们的循循善诱下，前往博卢担任总督，以便在实践中学习和获得治国安邦的政治经验。1520年，其父去世，26岁的苏里曼继承了苏丹王位，从此他戎马倥偬的征服生涯便开始了。

他发动了一系列的对外征服战争，首先攻入匈牙利平原，然后又将魔爪伸向了奥地利。

苏里曼大帝金戈铁马，戎马一生，不仅是一位卓越的军事家，而且在政治方面也表现出了卓越的才华。在执政的46年中，他以极大的热情和精力治理国家，把奥斯曼帝国推向繁荣的时代。

哪个王朝为阿拉伯的黄金时代？

阿拔斯王朝为阿拉伯的鼎盛时期，它是阿拉伯的黄金时代，历时 500 余年。

阿拔斯王朝建立后最初的近 100 年，特别是哈伦·拉西德和麦蒙执政时期，是阿拉伯帝国的极盛时代。这一时期，帝国仿效波斯旧制，建立起完整的行政体制，中央集权进一步加强。这期间，他们重视兴修水利，使肥沃的新月地带、中亚的阿姆河和锡尔河流域、埃及的尼罗河流域等地区的农业得到恢复和发展。帝国境内的丰富资源和过境贸易，也为商业的发展提供了绝佳的条件。阿拉伯商人的足迹遍布亚、非、欧三大洲，巴格达成为著名的世界商业及贸易中心之一。经济的发展促进了科学文化的进步与繁荣。各族人民的共同努力，创造出丰富的阿拉伯文化，对世界文明的发展也具有举足轻重的作用。

在这幅描绘巴格达城的图画中，用砖头建造的楼房在底格里斯河东岸拔地而起。作为阿拔斯王朝的首都，巴格达是当时伟大的商业中心。

阿拉伯人在科学领域有哪些贡献？

历史上，阿拉伯人对科学的贡献很大。希腊学者在受到基督教的迫害时，逃到了阿拉伯，当时的阿拉伯人对知识有着强烈的追求，特意建立了大规模的智慧馆，里面有图书馆与翻译机构，这次大翻译运动使得希腊的学术著作得以保留。并且阿拉伯人善于经商，在四处经营的过程中，他们也学习了其他地区的先进科学。

8 世纪末，印度数字传入阿拉伯帝国，当时，阿拉伯采用的是字母记数，但是，后来阿拉伯人发现了印度数字和十进位的优点，便在阿拉伯境内广泛推广，这一次的传播大大促进了数学这门学科的发展，以至于后来人们习惯性地称之为"阿拉伯数字"。此外，阿拉伯人在代数、几何学和三角学方面也作出了杰出的贡献。

有意思的是，阿拉伯的数学家大多是天文学家，他们在物理、天文、医院方面也有不少成就。

阿拉伯文学有怎样的成就？

阿拉伯人运用阿拉伯文字创造出了丰富多彩的阿拉伯文学。阿拉伯人爱好诗歌，许多所谓的行吟诗人，虽然没有接受系统的学习，却能出口成章。在阿拉伯文学中，民间故事占有重要地位，最著名的要数《安塔拉传奇》。它主要反映了阿拉伯帝国形成之前的阿拉伯人的社会生活。此外，有些韵文故事配以音乐曲调，每章只讲一个故事。而最能体现阿拉伯文学成就的就是名著《一千零一夜》，中文译作《天方夜谭》。它以一部古老的波斯故事集为蓝本，吸取了印度、希腊、埃及等国的民间故事、童话、寓言、逸闻趣事，经过几百年的修改补充，于 16 世纪最终定型。《一千零一夜》中的故事，富于想象力，情节生动，因而被译成各种文字，流传甚广。世界各地的许多艺术家在绘画、音乐和文学作品方面，也从《一千零一夜》中寻找灵感、获取素材。

值得一提的是，欧洲文学在取材、写作手法和表现风格上，都曾借鉴过阿拉伯文学。比如但丁的《神曲》、薄伽丘的《十日谈》和塞万提斯的《堂吉诃德》等。

谁是中世纪伟大的探险家？

伊本·白图泰被称为中世纪阿拉伯世界最伟大的探险家。在将近 29 年的旅行生涯中，他共行走了十几万公里，足迹遍布欧、亚、非三大洲共 20 多个国家和地区，并且还著有《伊本·白图泰游记》。

首先，他沿着北非海岸旅行，穿过现在的摩洛哥、阿尔及利亚、突尼斯、利比亚和埃及等，到达开罗。从开罗到麦加有三条路线，白图泰选择了最短但是人们不常走的那一条，即尼罗河而上，从今日苏丹的苏丹港过红海去麦加。就在他到达苏丹的时候，当地爆发了针对埃及马穆鲁克统治者的叛乱，白图泰不得不折回开罗。在路上，据说他碰到了一位"圣人"，圣人的预言是，除非他先去叙利亚，否则永远到不了麦加。这样，白图泰就决定先去大马士革，然后再去麦加。

在麦加完成了朝圣后，他又开始向巴格达前进。此后，他又游历了中国和印度。不久，他又辞别印度回国。

3 个月后，伊本·白图泰又经直布罗陀海峡前往西班牙，开始了他的第二次旅行。结束了西班牙的旅行后，他又开始了以非洲为目的地的第三次旅行。

总之，伊本·白图泰是沟通阿拉伯人民与亚、非、欧各族人民友好交往的先驱，为研究中世纪亚非历史留下了珍贵的资料。

谁建立了阿尤布王朝？

阿尤布王朝，指的是 12 世纪末至 14 世纪中期的王朝，由萨拉丁所建。它统治的范围包括埃及、今伊拉克北部、叙利亚大部和也门。1171 年，萨拉丁推翻法蒂玛王朝，自立为苏丹，在埃及建立阿尤布王朝。1174 年，萨拉丁断绝和努尔丁王国的臣属关系，宣布王朝独立。1187 年统一汉志、巴勒斯坦、叙利亚和美索不达米亚北部。萨拉丁注意发展农业和对外贸易，又热心倡导文化教育事业。在宗教上，他实行较开明的宽容政策。萨拉丁死后，帝国分裂，但他的后人对埃及的统治一直维持到了 1250 年。

帖木儿帝国是怎样由兴转衰的？

帖木儿帝国是帖木儿于 1370 年开创的一个帝国。

1380 年，帖木儿占领呼罗珊，接着南下，于 1388 年灭掉伊儿汗国，将整个伊朗和阿富汗相继并入版图。在以后执政的很长一段时间里，帖木儿不断对外扩张，囊括了东起印度河，西至小亚细亚，北起阿姆河，南至波斯湾之间的广阔地区。当帖木儿不顾年迈之身试图征服中国的时候，染病身亡。15 世纪后期，帖木儿帝国陷入分裂。1500 年，帖木儿帝国灭亡。

花剌子模王朝是怎么灭亡的？

1156 年，伊尔·阿尔斯兰继承王位时，建立了独立的花剌子模王朝。该王朝位于中亚"母亲河"阿姆河下游三角洲，是中亚文明发育最早的地区之一。13 世纪初，花剌子模王朝国力强盛，领土广阔，有过一段十分辉煌的时期，其文化成就堪称中亚文明宝库中的奇葩。

12 世纪末至 13 世纪初期，其领土广阔，包括今天的伊朗、乌兹别克斯坦、土库曼斯坦、塔吉克斯坦、阿富汗、哈萨克斯坦、吉尔吉斯斯坦、伊拉克东部及以色列等地。1219 年，成吉思汗西征，花剌子模首当其冲，布哈拉、撒马尔罕相继失守，国王阿拉丁被迫逃亡到里海中的小岛上，1221 年 1 月死去。虽然，花剌子模王朝也进行了一些抵抗，但几乎没有效果，很快，花剌子模王朝就在蒙古军的进攻下灭亡了。

哪次战役延缓了拜占廷帝国的覆灭？

1402 年 7 月，在今土耳其首都安卡拉，蒙古帖木儿汗国大军和奥斯曼土耳其苏丹巴耶赛特一世进行了一场著名的会战。14 世纪末，帖木儿建立了帖木儿帝国，并深入小亚细亚。那个时候，巴耶赛特在巴尔干的战争已告一段落，于 1390 至 1393 年发动了四次对小亚细亚各突厥首领的猛烈攻势。1398 至 1399 年，巴耶塞特吞并了幼发拉底河以西的地区，引起小亚细亚各地的土耳其埃米尔的不安。他们就把帖木儿召进安纳托利亚，以避免灾难。1402 年 7 月，与埃及和金帐汗国结成同盟的巴耶塞特，在安卡拉和帖木儿军相遇。由于巴耶塞特将军注意力的分散和小亚细亚各埃米尔对土耳其苏丹的背叛，巴耶塞特战败，他和两个儿子被帖木儿俘获。不久，巴耶塞特死于因牢，其儿子获释。小亚细亚的各突厥人埃米尔也在帖木儿扶植下复位。从此，奥斯曼王朝内部展开了 10 年的争夺权力之战，奥斯曼帝国濒临灭亡。安卡拉战役的失败和土耳其人内部的混战使得土耳其的力量日益削弱，中断了土耳其对欧洲的攻势，也延缓了拜占廷帝国的最后覆灭。

为什么说阿维森纳是"医中之王"？

阿维森纳（约 980 ~ 1037 年），阿拉伯医学家和哲学家，被誉为"医中之王"。他的科学著作《医典》代表了当时阿拉伯医学的最高成就，影响西方学界达数百年之久。

在阿维森纳早期教育的过程中，他如饥似渴地阅读图书馆中的藏书，既攻文学，又深入钻研亚里士多德的著作，对其中的物理学、哲学、伦理学、美学、逻辑学等内容都颇为着迷。此外，他还广泛阅读神学、医学等著作。在医学方面，阿维森纳更显示出了非凡的才智。16 岁时，已掌握了广博的医药知识，并且有了一定的治病经验。很多患者服用了他开的药，都有药到病除的奇效。17 岁时，阿维森纳已成为远近闻名的医师和学者。

阿维森纳留给后人的著作达 99 种之多。其中，属于神学和哲学的有 68 种，属于自然和天文学的有 11 种，属于医学的有 16 种，诗集 4 部，他是中世纪世界上最有学问的人之一。

奥斯曼土耳其帝国为什么能称雄欧亚非？

奥斯曼土耳其是突厥人的一支，在奥斯曼执政的时候，突厥人逐渐强大起来。1326 年夺取了拜占廷帝国的布鲁萨城，建立起独立的国家，也就是奥斯曼土耳其帝国。

奥斯曼土耳其帝国扩张的方式就是不断地侵略日益衰弱的邻居拜占廷帝国。1354 年，他们跨过达达尼尔海峡，多次击败巴尔干半岛组成的联军。1396 年，他们在尼科堡同罗马教皇支持下的匈、波、捷、法、德等国骑士组成的联军决战，并取得了决定性的胜利。此后，巴尔干半岛基本上被奥斯曼土耳其帝国控制，拜占廷帝国也处于不利的境地，仅有君士坦丁堡及周围一块比较小的地方。1453 年，奥斯曼土耳其人攻占君士坦丁堡，将其改名为伊斯坦布尔，也就是帝国的首都。

灭亡了拜占廷帝国后，奥斯曼土耳其继续对外扩张的步伐。16 世纪，它先后侵入伊朗，占领埃及、叙利亚等地，甚至侵入了欧洲的腹地，成为又一个地跨亚、欧、非三大洲的大帝国。

阿克巴治理莫卧儿帝国有哪些措施？

1556 年阿克巴即位后，在治理莫卧儿帝国内政上进行了一系列改革。为加强中央集权，他在中央设置了宰相、财务、宗教事务等大臣。他又把全国分为 15 个省区，设总督专理军务，另设财务、司法官员，直辖中央，对归顺的印度教王公采取加强控制的措施。

税收上，阿克巴实行新税制，以确保国家财政收入。他把土地作为征收租税的标准，由官员直接征收固定数额的租税；外交上，他对土著统治阶级采用了怀柔政策，任命印度教徒担任各级官员，实行和亲政策，拉拢土著王公和他们的骑兵；宗教上，对教徒改用宽容政策。此外，他还采取了一些有利经济发展的措施，统一货币和度量衡，修建驰道，扩大商业交通。他本人也投资商业，以支持工商业的经营，并注重发展农业生产和水利灌溉事业。

总之，阿克巴改革加强了统治基础，缓和了社会矛盾，稳定了社会秩序，促进了社会经济的发展，把莫卧儿帝国带入了"黄金时代"。

莫卧儿宗教建筑的典范是什么？

皇陵建筑是莫卧儿宗教文化的标志之一。在众多的莫卧儿皇陵中，最典型、最壮观的就数泰姬陵了。它坐落在古老的恒河支流亚穆纳河之滨，和著名的亚格拉古城隔河相望。印度著名诗人泰戈尔说，泰姬陵是永恒面颊上的一滴眼泪。它的设计和构思仿照了马雍陵，但又比它更加巍峨，更有代表性。

陵墓镶嵌了大量的贵重玉石并使用了大量的白色大理石，如此巨额的开支差点让当时的帝国破产。此外，泰姬陵的对称也相当完美，而沙贾汗的石棺则放在主地板下的地下室中央。主结构西面是面向麦加的用红色砂石建成的礼拜寺，礼拜寺的完全对称也对整个建筑的对称进行了延伸和补充。

总之，泰姬陵的构思和布局是一个完美无缺的整体，它气势宏伟，庄严肃穆，充满趣味，富于哲理。尽管西方艺术的某些因素对印度建筑风格也有影响，但毫无疑问，泰姬陵确实是莫卧儿宗教建筑的瑰宝。

6 世纪时，哪个部落统一了朝鲜半岛?

新罗原是朝鲜半岛东南部的一个部落。4 至 5 世纪，在百济与高句丽在汉江流域进行战争之机，新罗得到迅速发展。为对付百济和强大的高句丽，新罗竭力与唐朝建立友好关系，唐太宗于 644 至 651 年，几次发兵远征高句丽，以解除新罗的困境。660 年，新罗借助唐朝军队将百济一举歼灭，致使高句丽陷于孤立的境地。668 年，唐朝与新罗联军最后攻陷平壤，灭掉高句丽。在唐朝对高句丽施行军政统治的时候，新罗积极蓄积力量，展开驱逐唐军的斗争。670 年，新罗击败唐军，收复城池近百座，迫使唐朝撤到辽东（今辽阳），至此新罗实现了半岛的统一。

壬辰卫国战争是怎么回事?

壬辰卫国战争是 16 世纪末朝鲜人民抗击日本侵略军的战争。1592 年（农历壬辰年）4 月，日本丰臣秀吉派军入侵朝鲜。朝鲜政府即遣使赴明朝求援。在明军援助下，1593 年两国联军击退日军。1597 年，日本为了消灭朝鲜水师，再施阴谋诡计，派遣一名奸细

打入朝鲜军队的内部，再次入侵朝鲜。朝鲜爱国将领李舜臣率水军大败日军。1598 年，明朝再度出兵相援，打败日军。丰臣秀吉死后，日本撤军。同年 11 月，在露梁海战中，朝、明联军重创日军，取得了重大胜利。这次战争中，中国水师将领邓子龙也英勇牺牲，但是不可否认的是这次战争的确取得了辉煌的胜利。

总之，这次战争是为实现一定的政治和经济目的而进行的武装斗争，具有重要的历史意义。

日本关原大战是怎么回事?

1598 年，掌握日本全国政权的丰臣秀吉死后，统治集团内部就出现了分化。一派是丰臣秀吉的文吏派，组成西军；另一派是以丰臣秀吉的部将，关东德川家康为首的武将派，组成了东军。1600 年 9 月 14 日，东军率先出兵，夺取了和佐和山。9 月 15 日，两军大战于美浓国的关原地区。东军取得了胜利，西军全线溃败。至此，德川家康开始了称霸全日本的大业。

日本圣德太子在哪些方面进行了改革?

593 年 4 月，日本圣德太子被立为皇太子，总摄朝政。圣德太子汲取了中国的先进制度和思想文化，提倡儒学，好佛教。603 年 12 月，圣德太子制定了"冠位十二阶"，取消了世袭爵位，而是用 12 种爵阶来区分官位的高低。604 年 4 月，颁布宪法 17 条，规定了尊卑地位及权利义务，进一步强调了国家的统一和皇权至上。此外，圣德太子还亲自注释佛教经典，在国内广建佛寺，并且推动了建筑、雕刻艺术的发展。他还曾四度派出遣隋使，学习中国的文物、历法等。圣德太子去世后，改革也随之结束。

日本最早的国家叫什么?

"邪马台国"是《三国志》中《魏志·东夷传》"倭人条"（通称魏志倭人传）记载

的倭女王国名。"邪马台国"被认为是日本国家的起源。

早在《后汉书》中就有关于光武帝刘秀赐予倭国使者金印的记载。在晋朝陈寿所著的《三国志·魏书·倭人传》中用了约两千字的篇幅介绍了三国时代倭国的情况。这篇文章里提到了当时在日本有一个很大的女王国叫作"邪马台国",下属30多个小国。统治该国的女王就是"卑弥呼"。书中提到,尽管邪马台国历代以男人为王,但是在连续六七十年的战乱之后,他们拥立了卑弥呼担任女王。后来,宗室女壹于继承了王位,她死后一位男主成了国君。不过,卑弥呼女王太平之世再没出现过。

关于邪马台国的所在地,至今不详。

日本的飞鸟时代指的是什么?

飞鸟时代指的是日本600至710年之间的历史。

日本被天皇统一后,开始从中国引进文字、制度、佛教、儒教、工艺技术等一系列文化技术,奠定了国家的基础。到592年,豪族苏我氏暗杀了当时的崇峻天皇,另立女皇推古天皇,圣德太子摄政,日本开始进入飞鸟时代。圣德太子致力于政治革新,着手建立一个以天皇为中心的中央集权国家。他制定了十二阶冠位和十七条宪法,为中国式的官僚制度奠定了基础,同时还派遣使节和留学生到隋朝学习,积极地从中国文化中汲取营养。圣德太子去世后,苏我氏长期掌权。645年,中大兄皇子和中臣镰足暗杀了苏我入鹿,掌握了政权。中大兄皇子拥立孝德天皇即位,颁布大化改新诏,推动大化革新等改革,效法中国的政治制度,试图建立一个律令制的国家。710年,元明天皇迁都平城京,飞鸟时代就此结束。

日本的大化改新是跟唐太宗学的吗?

645年,大化改新是日本历史上的一个重要转折点,它标志着部民奴隶制的基本终结和新的封建生产关系的初步形成。

7世纪以来,推古朝以摄政圣德太子为首的日本统治者试图改革政治体制,建立中央集权的天皇制国家。圣德太子受过良好的汉文化教育,对儒学和佛教很有研究。他试图以儒、佛思想补充和完善传统的神道机能,更好地为皇室中心主义服务。

618年,中国唐朝建立,日本留学生对于唐朝的均田制和律令大为赞赏。他们回国后积极宣传唐朝典章制度,抨击部民制陋习和政治腐败现象,在中大兄皇子和中臣镰足中造成了很大的影响。当时苏我氏大臣是氏族豪强势力的代表,是改新派建立天皇制中央集权国家的主要障碍。645年,唐太宗应新罗之请,发兵征高句丽。这使一向与新罗为敌的日本深感不安,而掌握朝政的大臣苏我入鹿对此毫无对策,与苏我入鹿对立并感受其威胁的中大兄皇子决定借机发难。

645年6月12日,中大兄利用苏我入鹿出席朝廷接见朝鲜使节的机会,在中央豪族中臣镰足和归国留学生的协助下,发动政变,一举消灭以苏我入鹿为首的苏我氏家族势力,夺取了中央政权。14日孝德天皇即位,建年号"大化",立中大兄为皇太子兼摄政,任命阿倍内麻吕和苏我石川麻吕为左右大臣,中臣镰足为内臣,僧旻和高向玄理为国博士。第二年元旦,天皇颁布诏书,开始国制改革,历史上称为"大化改新"。

从此,日本全面推进革新事业,确立了以天皇为中心的中央集权制。

日本的奈良时代指的是什么?

奈良时代指的是710至784年之间的历史,是律令制社会的繁荣鼎盛时期,律令制国家也日益成熟。日本的版图在这时也逐渐扩大,征服了东北地方部分地区和南九州。奈良时代后期,政局动荡,律令制松弛。794年,桓武天皇迁都平安京(现在的京都),奈良时代结束。

日本的平安时代指的是什么？

平安时期指的是 794 至 1185 年。日本迁都平安京后，试图重建律令体制。但由于公民制的崩溃，国家面临财政危机。894 年派出最后一批遣唐使后便告结束，从此不再大量摄取中国文化。这一时期，随着地方庄园势力的不断增强和中央政府的内乱，武士阶层逐渐上升到权力的中心。平安时代末期，出现了以东国为势力范围的源氏和以西国为势力范围的平氏两个庞大的政治势力。1159 年，发生平治之乱，源氏实力遭到很大的削弱，但在东国仍拥有强大实力，国家内乱不断。经过长期的源平合战，平氏被赶出京都，于 1185 年在坛之浦之战中彻底覆灭。

大和国是什么时候统一日本的？

在日本九州北部出现邪马台国的时期，本州中部的社会变化也较为剧烈。3 世纪末，以大和（今奈良）为中心的畿内地区，兴起了一个大国，因位于大和地区，故称大和国家。大和国于 4 世纪末至 5 世纪初基本上统一了日本。

织田信长有哪些功绩？

织田信长 1552 年继位，至 1582 年死于本能寺之变，短短 30 年的时间里从一个小小的尾张藩国大名，发展成为天下霸主。其间，他做出了卓有成效的业绩。

军事上，织田信长不断创出新战法、新兵种，他还会虚心地向敌人学习；人才上，织田信长注重唯才是用，不拘一格。当然，对于无德无能之臣，织田信长也会毫不犹豫地驱逐，以精简人事；商业上，织田信长被认为已经粗通现代经济学里的整体经济和微观经济理论。首先，信长废除了"关所"制度，使得商旅可在领内自由通行，而免交"通行税"，这就大大刺激了经济的增长。为保障商家利益，织田信长还废除了某些商品的专卖权，打破以往一些商家和工会的垄断。

除此之外，织田信长还制定了一些免税政策，并且以法律形式确立了信贷制度。

织田信长还大修道路，不但加快了军队的调动速度，还使商业网四通八达。有了强大财力保障，日本的国库始终充盈。

织田信长本身就是个艺术爱好者，他还推动了文化生活的发展。茶道在日本贵族间是最普通的社交礼仪，歌舞伎也是从织田信长的年代兴起的，流传至今。织田信长还是有记录可查的首个着欧式服装的日本人。尽管从未笃信任何教义，但织田信长奉行宗教自由政策。

以上就是织田信长的政绩，正因其革新的军事思想，不拘一格的人才制度，极具现代气息的经济政策，保证了织田家在征伐天下的过程中连战连捷。虽然他在本能寺遇弑身亡，但其苦心经营 30 年奠定的基础，对之后日本的统一具有很大的影响。

什么是本能寺之变？

在织田信长走到人生的辉煌阶段，正要准备扩展自己的事业时，却发生了一件惊天动地的事件，那就是骇人惊闻的"本能寺之变"。本能寺之变发生于日本天正十年六月二日（1582 年 6 月 21 日），那时，织田信长的得力部下明智光秀在京都的本能寺中起兵谋反，杀害了织田信长。就在统一日本在即、战国乱世将要结束的时候，织田信长殒命，日本历史也由此改写。在这场兵变中，明智光秀是发动这事件的始作佣者。

推古天皇是什么人？

推古天皇，日本第 33 代天皇（592 ~ 628 年），是一位女天皇。即位之初，推古天皇立圣德太子为皇太子，总摄朝政。在位 36 年间，以圣德太子为中心，推古天皇推行一系列政治改革，也就是推古朝改革。她大力加强皇权，限制大贵族势力，不遗余力地推广佛教，把日本引入了一个快速发展的时代。推古天皇还主动加强了与中国的联系，并试图和中国平起平坐。607 年，推古天皇派使团前往中国，她在国书中一改以往甘为中国属国的提法，要求与中国建立平等的外交关系。尽管推古天皇不肯向中国称臣，不过她却积极主张学习中国的先进文化，她曾 4 次派遣隋使团访隋。随着大量汉文化的输入，日本迎来了历史上第一个文化繁荣时代——飞鸟时代。

什么叫"大化革新"？

622 年，圣德太子病逝，"推古改革"的有限成就也濒于破产，大和政权变得更加风雨飘摇。在这种情况下，日本皇室和中央大贵族中以中大兄皇子与中臣镰足为首的一批年轻有为之士，密切结交从中国归来的留学生，发誓要以法制完备的大唐帝国为典范，革新政治，对日本社会进行根本改革。经过精心策划准备，他们于 645 年发动政变，先在殿前诛杀苏我入鹿，后逼虾夷举家自焚，一举歼灭了保守贵族的核心集团。掌握了朝廷大权的改革派推举博览中国典籍的年轻皇子继承皇位，称孝德天皇，年号"大化"；立中大兄为皇太子，摄领政务；以中臣镰足为内大臣，高向玄理、僧曼等为国博士，参与政要，从而组建了以推进改革、建立中央集权国家为己任的强大领导核心。

646 年孝德天皇颁布改新诏书，仿效中国隋唐制度，进行改革。因孝德天皇的年号是"大化"，因此这次改革，史称"大化改新"。

大化革新解放了部分生产力，完善了日本的统治制度，指引了日本今后的发展方向，标志着日本从奴隶社会向封建社会的过渡。

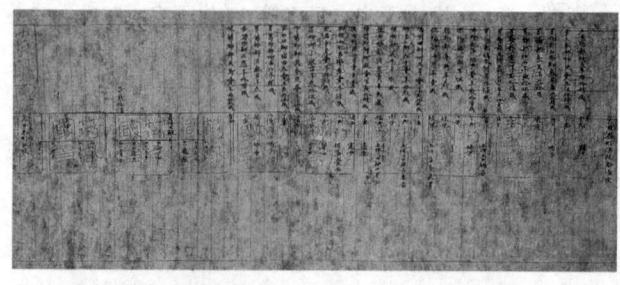

大化改新时所绘制的地产地图

日本为什么要设天皇？

646 年，日本开始了自上而下的政治、经济改革，也就是"大化革新"。

701 年，文武天皇颁布《大宝法令》，把以往的"大王"一律改称为"天皇"。712 年和 720 年编纂的《古事记》和《日本书纪》中有一段"天皇神话"。神话说："在天界'高天原'有男女二神，他们创造了日本国土，生了三个神，其中一个女神便是象征太阳的'天照大神'。'天照大神'就是日本皇室的祖先，她派孙子'天孙'降临日本，'天孙'的曾孙就是日本的第一位天皇——神武天皇。神武天皇建立大和国，且在公元前 660 年即位。所以日本是'神国'，天皇是神的子孙。"

显然，这个神话是编造的，是为了进一步神话天皇的统治地位，与中国皇帝所谓的"天子"一样，表示皇权神授。直到 1946 年，裕仁天皇发表《人间宣言》，才承认天皇是人而不是神，天皇的神话才得以否定。

日本人到唐朝学习了哪些东西？

当日本正处于奴隶制瓦解、封建制确立和巩固的阶段，对唐朝的昌盛极为赞赏，因此向唐朝派遣了许多使者、留学生和学问僧。

631 年，日本派出了由留学生和学问僧组成的第一次"遣唐使"。他们主要到中国来学习政治制度、经史律令、礼仪以及佛法。学成归国后积极投身于日本的社会改革，于 645 年掀起了大化改新的序幕。政治上，仿效唐朝的三省六部制设立二官八省一台制，大力加强了中央集权；经济上效仿唐朝的"均田"和"租庸调制"，将土地收归国有，实行"班田收授法"和租庸调制；法律上，于 782 年依据唐朝制定和颁布了《大宝令》，这是革新事业基本完成的标志，这些改革大大促进了日本社会的发展和进步。到 838 年止，日本共派遣唐使 13 次，还有派到唐朝的"迎入唐史"和"送客唐史"共三次。

为了吸收中国的文化成果，日本选派了不少留学生来唐朝学习，他们被分配到长安国子监学习各种专业性的知识。如阿倍仲麻吕，长期留居中国，擅长诗文，在唐历任光禄大夫、秘书监等职。他和著名诗人李白、王维等人有着深厚的友情，常作诗相酬赠，这对日本文化的发展具有重要的意义。

中国的安史之乱后，遣唐使进入了派遣的末期。一直到894年，遣唐日本僧人报告"大唐凋敝"，菅原道真上奏折建议停止派遣唐使，这样，日本悠久的遣唐使才落下了帷幕。

日本国名由何而来？

日本的国名最早出现于公元前7世纪70年代。在中国古代，起先称日本为"倭"，较早见于文献的有：盖国在钜燕南、倭北，倭属燕。（《山海经·海内北经》）中国人对东方海中倭国的情况，逐渐有了具体而深入的认识，中日两国的友好往来也日渐频繁起来。

此后，日本力图改变臣属中国的地位，并且努力争取与中国的平等关系。随着国家的壮大，提出了正式确定国名的问题。

大化革新后，日本仿照唐朝建立了中央集权制国家，为提高其国际地位，遂采用新国名改变原来的称呼，这时，就从至隋国书的"日出处天子"中获得灵感。670年开始用"日本"为国名，意为太阳升起的地方。720年，日本国名首次载入史册。这一年，日本用汉语编成了《日本书约》，将"倭"及"大和"改为"日本"。关于这个史实，《新唐书·东夷传·日本》也有记载，由此可知，日本国名的出现与中国也有很大的关系。

兰学是怎样在日本兴起的？

16世纪，欧洲的近代科学开始传入日本，被称为"西学"和"洋学"。因最初多由葡萄牙人传入，日本称葡萄牙人为"南蛮人"，所以又称"南蛮文化"。17世纪30年代，幕府实行了锁国政策后，"西学"遭到了禁止。

1720年，幕府将军德川吉宗提倡"西学"。再一次传入的"西学"，主要是荷兰人带来的，因而称为"兰学"。在日本封建阵营逐渐发生分化的情况下，兰学的传扬使得新知识分子开始出现，部分下级武士转变了世界观。这就是后来明治维新的重要历史前提之一。

日本人的姓氏是如何来的？

在100多年以前，日本只有少数武士、大商人、大地主才有姓和名，平民百姓是没有姓氏的，他们只有名字，一般人都是按所干的工作作为称呼。如果一个人在一个叫青木的大地主家当佣人，那么大家就叫他"青木的佣人"，如果是守桥的人，就叫"守大桥的人"。

明治三年，日本政府公布《平民必称姓氏名字义务令》，把有姓作为国民义务，如果没有姓就将受到处罚，意在解决户籍登记、身份注册上的混乱。在政令之下，很多人就开始起姓。他们大多请僧侣、村吏或有文化的起姓，有的就自己编，比如家靠山，就叫"山口"，如果门前有棵松树，就叫"松下"……这就形成了今天日本人的姓。

和服的由来是怎样的？

日本的和服是在依照中国服装的基础上，经过1000多年的演变形成的。和服的种类很多，不但有男女和服之分，未婚、已婚之分，而且还有便服和礼服之分。男士和服的款式较少，色彩较为单调，多为深色，腰带细，穿戴起来也方便。女性和服款式多样，色彩艳丽，腰带宽，不同的和服腰带的结法也不同，而且要配上不同的发型。已婚妇女多穿"留袖"和服，未婚小姐多穿"振袖"和服。此外，根据拜访、游玩和购物等外出目的不同，穿着和服的图样、颜色、样式等也有差异。可以根据不同的式样派束相应的腰带。

日本的绘画、戏剧艺术的发展与和服有着紧密的联系，尤其是风格版画——浮世绘中的美人画，更离不开和服。陶器、漆器、金属工艺品等，也多采用和服的花纹。

每逢庆祝传统节日，参加祭奠仪式，出席茶道、花道等，人们总是喜欢穿上新的和服。每年 3 月 3 日的"女孩节"和 5 月 5 日的"男孩节"，孩子就会穿上和服欢度节日。1 月 15 日的"成人节"，年满 20 岁的姑娘们身着未婚妇女专用的"振袖"和服，打扮得花枝招展，成群结队地去参加进入成年的庆典活动。结婚仪式中，新娘要穿象征神圣、纯洁的"纯无垢"和服，新郎则要穿上男性婚礼和服。

什么是日本武士道精神的最高表现？

日本历史上，武士剖腹殉死的行为被认为是武士道精神的最高表现。

7 世纪，进入封建社会的日本逐渐形成一个特殊的阶层，即武士阶层，而武士道精神是伴随着武士阶层的产生而出现的。作为武士，要讲究忠勇，善于杀伐，节义律己，视死如归。一旦战败，宁愿剖腹自杀也不能当俘虏受辱，以此表示对主子绝对效忠。

事实上，武士道精神是把儒教、佛教禅宗和神道思想三者融为一体的大杂烩，是军事封建专制主义的产物。到了明治时期，武士道精神又将封建时代对领主将军的效忠延伸至对天皇的愚忠，在军队内外大力宣扬并且加以美化，使之成为日本民族的固有精神。

你知道亚瑟王及圆桌武士传说之谜吗？

日本自古以来就有崇尚武士的精神，其忠君、坚毅的主旨也是大和民族生生不息的动力之源。古老的西方也曾流行着武士的传说，就是亚瑟王和他的圆桌武士。在大多数人的心目中，亚瑟王及其所率领的圆桌武士是一个充满罪恶的世界中的坚忍忠勇志士的代表，是维护文明、抵制外族入侵的英雄。

那么为何称其为"圆桌武士"呢？"圆桌"一词到底是怎么来的？圆桌就放置在亚瑟王宫廷正中央，它象征了蔓延到全国各地的荣耀和王权，和国王加冕时手握的宝球有相同的作用。但圆桌的含义要比很多宝球深远。

圆桌在实际意义上象征的是友爱与和谐。任何在圆桌周围坐着的武士都是平等的，而中古时代战争与动乱正源于上述种种人类缺点。但是亚瑟王也规定，只有最杰出的威猛无比、本事极大的武士才能成为圆桌武士。

一位精通木工的专家认真检查了这张桌子，它大概建成于 14 世纪。如果这张桌子不是亚瑟王所制，又会是谁制的呢？英王爱德华一世可能性最大，他当政年代是 1272 至 1307 年。

不管亚瑟王及其武士是否曾经坐过这张圆桌，它的存在已不仅仅是简单的家具，而是亚瑟王及其武士忠勇坚毅的一种象征。真正的圆桌要不早已灰飞烟灭，要不至今尚存在某个不为人知的偏僻角落，而传奇的武士们也将千古流芳。

你知道《叶隐》吗？

日本武士道的古典修养书称为《叶隐》，"叶隐"的意思就如树木的叶荫，在人们看不到的地方为主君"舍身奉公"的意思。这本书由佐贺藩的藩士山本常朝传述，由同藩藩士田代陈基听闻书写整理，在 1716 年完成的"叶隐闻书"写本，共 11 卷，1200 多节，简称《叶隐》。卷一、卷二重点讲述武士的心得体会，卷三讲锅岛藩藩租直茂，卷四讲第一代藩主胜茂，卷五讲第二代藩主光茂以及其嫡子，即第三代纲茂等，卷六讲锅岛藩古来的事迹，卷七、卷八、卷九讲锅岛藩武士的"武勇奉公"的言行，卷十讲其他藩武士之言行，卷十一补遗。

你知道日本的茶道吗？

茶道是日本的一种品茶艺术和饮茶方式，据说最初是由 15 世纪奈良城的名僧村田珠光创始，经过千利林的改进，茶道成为一门很有讲究和丰富文化内涵的艺术。

品茶时有很多讲究，需双手捧碗，从左向右转一周，然后开始喝茶。茶一定要三口喝尽，在喝最后一口时要有"啧啧"声，表示赞美。

茶道还讲究四规七则。四规为：和、敬、清、寂。和者，表示品茶的人要和和气气；敬则体现大家互相尊重；清则表示幽静、纯洁；寂代表无欲和思考。七则为：茶要浓淡适口；加炭要掌握火候；茶水温度要和季节相宜；插花要新鲜；赴茶会要早到；不下雨也要准备雨具；周到地对待每一位来访者。

什么是幕府统治？

在古时的日本，幕府是一种权利曾一度凌驾于天皇之上的中央政府机构。幕府中享有最高权利的人是征夷大将军。日本历史共经历了镰仓幕府、室町幕府和江户幕府三个时期。幕府始于 1185 年，终于 1867 年，共682 年。幕府原来指的是将领的军帐，但在特殊情况下，逐渐演变为具有特有国情的政治体制。

在古代日本长期存在军人干政的历史，军事强人以成为征夷大将军为荣，开设了幕府，为军人的最高指挥机构。在形式上，这种机构需要取得天皇的授权，实际上是以军事统治进行封建采邑，凌驾于正规的文人中央集权政府机构之上，用中国人的话说，就是用"挟天子以令诸侯"的方式统治国家。

镰仓幕府存在于何时？

镰仓幕府是日本幕府政权的开始，武将源赖朝是该幕府的建立者，他于日本平安王朝的末期打败了贵族阶级的实权派平清盛一族，并逼迫曾在源平之战中立下了汗马功劳的兄弟源义经自杀，以此达到自己独揽大权的目的。根据这一经历，作家信浓前司行长写成历史小说《平家物语》。

一方面，镰仓幕府的建立标志着日本由中央贵族掌握实际统治权的时代结束了，以前地位很低的武士开始登上历史舞台，他们鄙视平安朝贵族萎靡的生活，崇尚以"忠君、节义、廉耻、勇武、坚忍"为核心的思想，结合儒学、佛教禅宗、神道，形成武士的精神支柱"武士道"。13 世纪元军侵日战争客观上加强了幕府对日本进一步的统治。另一方面，镰仓幕府的建立也标志着日本天皇成为傀儡，幕府成为实际的政治中心。

室町幕府存在于何时？

室町幕府是日本第二个封建军事政权，又称"足利幕府"。1336 年（延元元年、建武三年）足利尊氏所开创的武家政权，至1392 年。日本一直停留在南北朝对立的时代，直到 1392 年（明德三年），尊氏之孙义满（1394 ～ 1427 年）才以和平统一的口号对南朝提出呼吁，实现南北朝合体的理想，这就成功地结束长达 60 年间的内乱局面。此外，由于战乱而失去庄园，导致公家的经济实力与社会地位日益衰退，幕府便乘机将公家的资源吸收过去，并且确立幕府在全国的统治政权。义满于 1378 年（永和四年）在京都的室町建造了一个豪华邸宅，称为"花之御所"，并在此执行政务，因此足利幕府也被称为室町幕府。

江户幕府存在于何时？

"江户幕府"又称"德川幕府"，是日本第三个封建军事政权。德川氏以江户为政治根据地，开幕府以统制天下，所以又称江户幕府。该幕府存在的时间：自 1603 年德川家康受任征夷大将军在江户设幕府开始，至1867 年第十五代将军庆喜，将政治大权奉还朝廷（即大政奉还）为止，大概 265 年。

日本的幕府时代是如何兴衰的？

幕府原来指的是中国古代将军出征时所建的营幕。日本的幕府先后经历了镰仓幕府、室町幕府和江户幕府。

18 世纪中叶以后，日本逐渐出现了资本主义萌芽，由于商品经济的冲击，新型资产阶级产生了，其主要代表就是幕府中的职业军人——武士。武士的阶级化动摇了幕府政治的统治基础。幕府便想尽办法进行限制。

这样，新兴资产阶级武士不满幕府的封建统治，双方矛盾日益尖锐。同时，武士阶层和新地主阶级的利益紧密地联系在一起，要求实行有利于资产阶级的变革。日本西南部的萨摩、长州、土佐、肥前四蕃中的武士，迅速扩充实力，成为日本资产阶级和新地主阶级的主要政治代表。

日本部民制的兴废是怎样的？

4 世纪末，日本统治集团拥有很多的半自由民。大贵族按其分工编成部，如大伴氏统帅韧负部，其部民负弓矢，作为警卫；忌部掌管祭祀，统帅忌部的部民；土师氏提供陶制品，统帅土师部部民。在地方上，海部提供水产，山部提供山林民产。5 世纪至 6 世纪上半叶，宫廷内设有马饲部、锻冶部、弓削部等。部族的组织由低级氏族贵族领导，有的近似于奴隶。大化革新时，废止了部民制，但宫廷和政府仍留部分手工户为品部或杂户置于主管的官署之下。

丰臣秀吉是怎样的一个人？

丰臣秀吉，出生于尾张国爱知郡中村，贫农之子，原名叫木下藤吉郎。因与浅井长政和朝仓义景作战有功，1573 年被封为近江国长滨城城主。

在本能寺之变中，丰臣秀吉击破明智光秀，因其功绩在清州城重臣会议上占据了主导权，并于贱岳之战击败了柴田胜家、泷川一益和织田信孝，使丹羽长秀和池田恒兴归服，在小牧·长久手之战与德川家康和织田信雄战和，成为织田信长的实际继承者。

1586 年受赐姓丰臣并就任太政大臣，确立了政权。先后经过纪州征伐、四国征伐和九州征伐，征服了西日本全境。1590 年远征关东，包围小田原城并击败北条氏，使陆奥国的伊达政宗等东北诸大名皆归服，统一日本，结束了日本战国时代。期间，他振兴商业、确立税制、彻底实现了地兵农分离，为江户时代的幕藩体制打下了基础。

1592 至 1597 年间，丰臣秀吉先后两次出兵朝鲜，1598 年 8 月 18 日逝世。

《源氏物语》是一部什么样的小说？

《源氏物语》是日本的一部古典文学名著，对于日本文学的发展具有重要的影响，被誉为日本古典文学的高峰。一般认为，作品约成书于 1001 至 1008 年间，因此，《源氏物语》被认为是世界上最早的长篇写实小说。

《源氏物语》，"源氏"是小说前半部男主人公的姓，"物语"意为"讲述"，是日本古典文学中的一种体裁，和中国唐代的"传奇"相似。书中描写了平安京时期日本的风貌，揭露了人性和宫中的斗争，反映了当时妇女的无权地位和苦难生活，被称为日本的"国宝"。

可以说，《源氏物语》在日本开启了"物哀"的时代，在这之后，日本小说中明显带有一种淡淡的哀伤。而"物哀"也成为日本一种全国性的民族意识，随着一代又一代的诗人、散文家、物语作者流传了下来。

德川家康是怎样崛起的？

德川家康（1542～1616 年），为日本江户幕府的创建者。1590 年随丰臣秀吉灭北条氏，领有关东八州，改建江户城。1600 年关原之战打败丰臣氏，掌握全国大权。1603 年任"征夷大将军"，开幕府于江户（今东京）。1614 年 11 月，德川家康消灭了势单力薄的丰臣家族，之后颁布"一国一城令"，只准大名领域内留下一个城池，其余均毁掉。为了加强对大名的控制，德川家康还通过没收和调换领地等手段，把有势力的大名置于边境地区和政治、经济、军事上无关紧要的地方，而把自己家族的成员安置在要害地区。他还颁布《禁中并公家诸法度》，规定天子以学问为第一，使天皇完全脱离政治，并对朝廷有关的皇族、公家的名次、制定年号的办法都做了详尽的规定。它通过这些手段加强了对朝廷的控制。同时，他还制定了限制寺院势力的法规。1615年，德川家康灭丰臣氏，次年病死。

"承久之乱"是怎么回事？

日本镰仓幕府建立后，全国各地园主为幕府的武士所控制，致使皇室经济收入急速减少，从而加深了皇室和幕府之间的矛盾。1221年（承久三年），后鸟羽上皇利用源赖朝将军死后北条义时掌握幕府政治和军事大权，借府中内讧之机，下令征召非幕府系统的武士兵和僧兵讨伐北条义时。北条政子和北条义时组织幕府武士予以反击，攻进京都。幕府将后鸟羽上皇流放到隐歧岛，土御门上皇流放到土佐（今高知县），顺德上皇流放佐渡岛，废掉年仅4岁的仲恭天皇并幽禁起来，另立天皇。上皇还在京都六波罗专门设立监视皇室的长官，又没收有关领地交幕府武士管理。在这之后，上皇就丧失了实权，幕府势力伸展到关西地区。1225年，设置了"评定众"，由北条氏一族及大江氏和三善氏等11名有势力的武士参加，协商决定幕府的主要事务。

日本朱印船制为什么被废除？

朱印船又称为"御朱印船"，是日本持有幕府将军朱红印执照、获得特许对外贸易的商船。1592年，丰臣秀吉为了限制自由贸易，确定了这个制度。朱印船大多航行于南洋各地，靠晚秋初冬的北风从日本起航，向南至马来半岛、柬埔寨、暹罗、吕宋各港。出口的商品有银、铜、铁、樟脑、硫磺、米谷、漆器、瓷器、刀剑等。在返回日本的时候，这些船又可以乘初夏的南风。进口的商品有丝、丝织品、棉布、苏木、皮革、铅、锡、糖等。

德川幕府统治时期，采取对外锁国的政策，严格限制外国贸易船只到日本。1639年，幕府颁布最后一道"锁国令"，禁止对外贸易，朱印船制就此废止。

日本文久改革是怎么回事？

文久改革是日本幕府时期推行的一次体制革新，文久改革的核心是"公武合体"。此次改革标榜"公（朝廷）武（幕府）一合"，以"公武合体"运动对抗反幕派的"尊王攘夷"运动。1863年12月，京都组成了"朝议参予会议"，迈出了"公武合体"体制的第一步。1864年3月成立仅3个月的"参与会议"宣布解散。文久改革随"参予会议"的解散而结束。

日本的锁国体制是怎样的？

为了防范西方殖民主义者利用传教活动对日本进行殖民侵略，1612年，幕府发布了技能值天主教的法令。1616年，规定贸易限制在长崎、平户两港。1624年，幕府拒绝和西班牙通商，从1633年2月起到1639年7月，德川幕府又5次颁布了锁国令，最终确立了锁国体制。这个政策暂时起到了防范西方殖民主义势力的渗透，维护幕府封建统治的作用。与此同时，它也严重地影响了资本主义萌芽的成长，阻碍了日本社会主义经济的发展。

这幅19世纪的木刻画描绘的是两艘日本渡船降帆的情景，是日本奉行锁国政策的真实体现。

强大的蒙古帝国为什么昙花一现？

1227年成吉思汗去世，蒙古帝国分为四个汗国，这四个汗国由成吉思汗的四个儿子分管。

蒙古族人的征服运动影响了中古诸封建

文明，但这种影响主要停留在军事和政治的层面上。虽然它过去甚少往来的国家和地区置于同一大汗政权控制之下，但这种大帝国仅仅是松散的军事行政联合体。帝国境内各个地区、各个民族的社会结构复杂多样，经济发展水平悬殊很大，历史文化传统迥然各异，刚刚跨入文明门槛的蒙古贵族集团本身就无法克服自身的弊端，更缺乏对整个帝国经济、文化的整合能力，因而偌大的帝国必然成为昙花一现的匆匆过客。

你知道缅甸的佛教和仰光大金塔吗？

东方向来以神秘的印度佛教为正宗。因此，东方的封建国王们大兴佛寺。比较有名的寺院有：印度尼西亚的波罗浮屠、柬埔寨的吴哥寺等。

在这些世界闻名的佛教建筑杰作中，有一个不得不提，那就是仰光大金塔。

仰光大金塔位于东南亚佛教圣地——缅甸。大约在 5 世纪，缅甸开始盛行佛教。历代统治者都十分推崇佛教，大约到 11 世纪中叶，在蒲甘王朝的统治者阿努律陀国王统治时期，缅甸从斯里兰卡正式引进佛教，并且用缅文拼写了巴利文的三藏典籍。后代的历代封建国王也十分重视佛教，比如缅甸最后一个王朝曼德勒王朝对于佛教更是推崇备甚。

仰光大金塔不仅是缅甸民族文化的代表，更是缅甸人民独立的象征。19 世纪以来，殖民主义曾在此践踏过它，但是缅甸士兵却用生命进行捍卫。它遭受的凌辱是整个缅甸灾难的见证，同时也鼓舞了缅甸人民的斗志。

印尼的千年佛坛是谁建的？

夏连特拉王朝是 8 世纪中期兴起于印度爪哇的王朝，8 至 9 世纪这个王朝建造了一座举世千年的佛坛——婆罗浮屠。

据考证，夏连特拉本是爪哇的一个王族，崇尚佛教。它兴起之后，声势大振，名扬四海，于是动用数十万人，修起了这座宏伟的佛教建筑。

但印度学者有不同的看法，他们认为夏连特拉是梵文的音译，意译是"山岳之帝"，而"山岳之帝"在当时是印度对湿婆神的尊称。南印度潘迪亚王朝自称是湿婆的后代，因此它可能是潘迪亚王朝的一支，辗转迁徙到了爪哇，建筑了婆罗浮屠。但是在佛教古国柬埔寨的历史上，曾经有过一个扶南王国，也号称"山岳之帝"。所以有人认为是扶南王国的人建造了千年佛坛。但到目前为止，仍没有发现有力的证据能证明以上说法。

吴哥窟为什么神奇？

12 世纪时的吴哥王朝国王苏耶跋摩二世希望在平地兴建一座规模宏伟的石窟寺庙，作为吴哥王朝的国都和国寺，因此举国之力，

吴哥窟

历时将近 35 年，兴建了吴哥窟。古城约占地 15 平方公里，四周环绕着高墙，内有多处宫殿、庙宇、宝塔。吴哥窟的整个结构呈正方形：最外层是壕沟，中间是围墙，里面是 3 道回廊，层层相套，浑然一体。整个建筑象征着佛教传说中的宇宙中心须弥山。由于都是用巨石垒砌而成，因而显得格外庄严肃穆，和谐美观。吴哥窟是柬埔寨古代艺术的代表，其建筑之精细、浮雕之生动、设计之巧妙均堪称绝品。

吴哥窟的中心是巴扬庙，它是王城的主体建筑，高达 45 米，它和周围的 16 座中塔和几十座小塔，构成一组完美整齐的阶梯式塔型建筑群。其中，被称为"吴哥古迹明珠"的女王宫，更是以它精美绝伦的石雕著称于世。这些雕像有精细的刻工，流畅的线条，还有强烈的立体感，堪称石雕艺术的奇瑰宝石。

从建筑上看，吴哥古城无疑是世界建筑史上的奇迹。但令人迷惑不解的是，它到底是谁建造的，它为什么会被丛林的荒草所掩没，这使吴哥古城变得更神奇。

"无人城"是怎么回事？

1431 年，暹罗人用 7 个月的时间攻陷吴哥窟，劫掠大批战利品而去。第二年，他们再度光临吴哥窟，却发现这里变成一座空旷的"无人城"，不但没有人的踪影，也难觅牲畜的踪迹，究竟这些人到哪里去了？传说四起。有人认为可能有一场可怕的传染病侵袭吴哥窟，大部分居民都相继死亡。侥幸生存者将死者焚毁以避免流行，然后怀着哀伤的心情远走他乡。还有人认为国内发生过一场大规模内乱，国民互相残杀，所有的人都被杀戮一空。然而却没有一具尸体被发现！简直是不可思议！最近，有人索性得出了一个令人瞠目结舌的结论：吴哥窟的臣民们全部移民到其他星球，去享受更加文明的生活去了！但实情究竟如何？至今还是一个谜。

文艺复兴时期

什么叫文艺复兴？

14～15 世纪，在西欧封建社会内部，逐渐产生了资本主义萌芽。随着资本主义的产生，资产阶级逐渐形成并且登上历史舞台。为了维护和发展政治、经济利益，资产阶级就想到了在思想界引发一场反封建、反教会的变革。这场运动起源于古希腊、古罗马，因而被称为"文艺复兴"。文艺复兴最早发源于 14 世纪的意大利，以后逐渐扩大到其他国家，16 世纪达到鼎盛时期，17 世纪中期结束，分为三个时期。

早期，从 1321 年到 15 世纪中期。这一时期，文艺复兴的活动主要在意大利，从佛罗伦萨逐渐扩大到罗马、米兰、威尼斯及那不勒斯等地。首先出现的是文学，有著名的文学三杰：但丁、彼特拉克和薄伽丘。

中期，从 15 世纪中期到 16 世纪中叶。新航路的开辟刺激了西欧各国资本主义的发展。文艺复兴运动由意大利扩展到西欧附近的各个地区，文艺复兴运动向纵深扩展。这一时期的特点是：文学艺术高度繁荣，史学和政治学也层出不穷。在意大利产生了著名的"艺术三杰"：达·芬奇、米开朗琪罗和拉斐尔。在英国，具有代表性的是莎士比亚的戏剧，它歌颂乐观主义的生活态度，赞美友谊及爱情，主张自由平等，反对封建束缚和神权桎梏。这其实是一个时代的呼声。

晚期，从 16 世纪中叶到 17 世纪中叶，在文学艺术持续发展、繁荣的同时，近代自然科学和新的人文科学相继诞生并取得了一系列成就，具有划时代的意义。1543 年，哥白尼的《天体运行论》发表，成为近代自然科学的开端。哥白尼提出了"太阳中心说"，对长期以来的"地球中心说"进行了大胆的否定，摧毁了上帝创造世界的谬论。德意志学者开普勒和意大利科学家伽利略进一步继承和发展了哥白尼的学说，揭示了自然科学中的许多定理规律。近代自然科学的产生催生了唯物主义哲学的发展。

总之，文艺复兴具有重要的历史意义。

文艺复兴的意义是什么？

文艺复兴造成了欧洲古典文化的繁荣，在历史上产生过积极的意义，其主要作用可归结为以下三点：

第一，推动了西欧各国的宗教改革，冲击了罗马教会的权威，打破了神学的思想禁锢，解放了人们的思想，为自然科学的发展营造了民主的学术氛围，并且提出了唯物主义的认识方法；第二，进一步传播和发扬了希腊的古典著作和优秀思想，使人们鼓起了彻底摆脱传统观念、倡导理性思考的勇气，为近代自然科学的诞生提供了丰富的思想养料；第三，涌现了一大批文学家、艺术家和思想家，他们当中有同时在自然科学和工程技术方面做出重要贡献的人物。

总之，文艺复兴以反封建、反天主教会为斗争的主要内容，以破除迷信、解放思想和精神文明的创新为特征，是整个人类文明史上的一大转折。此外，文艺复兴还树立了人的自尊自信，肯定了人对今生幸福生活的追求，弘扬了积极进取的精神意识。它还打破了宗教主义思想一统天下的局面，破除了封建迷信思想，有力地推动了宗教改革运动。它也推动了政治学说的发展，为启蒙运动和资产阶级革命做了充分的思想准备。

文艺复兴的中心在哪里？

文艺复兴的中心在佛罗伦萨，因为佛罗伦萨具有非常深厚的文化底蕴，而且产生了许多世界级的艺术家。12世纪中叶以前，佛罗伦萨建立了城市共和国，并逐渐发展为欧洲著名的手工业、商业和文化中心。

1321年建立的佛罗伦萨大学，便是人文主义的早期中心。彼特拉克、薄伽丘先后在这里授课，传播古典文化。15世纪在美第奇家族柯西莫（1431～1464年）和罗棱索（1469～1492年）统治时期，经济和文化出现了空前繁荣的景象。柯西莫执政30年间，积极扶植和支持新文化。作为古典文化的崇拜者，柯西莫邀请希腊文化专家和人文主义哲学家来佛罗伦萨讲学，并成立柏拉图学院学术团体。与此同时，他还同当时的著名艺术家交往甚密，如建筑家布鲁涅列斯奇、雕刻家多纳太罗。此外，他还大兴土木，修建宫殿、教堂，使这些艺术家的才能得以最大限度的发挥。著名的米开朗琪罗就曾在这里学习过雕刻，并备受罗棱索的重视。马基雅维利、伽利略等人也是从这里走出去的，他们为文艺复兴运动做出了不朽的贡献。

意大利复兴运动因何得名？

意大利复兴运动开始于19世纪初"烧炭党"的形成，结束于1870年对罗马的收复。意大利文艺运动的宗旨是争取民族独立和统一，争取以资本主义代替封建制度。"复兴"二字因自由派代表加富尔创办的《复兴报》而得名。

意大利文艺复兴运动胜利后，建立了以艾曼努尔二世为首的自由派贵族和大资产阶级的联合专政，建立了资产阶级地主经济，带有浓重的封建烙印。此外，在统一的过程中不断增长的军国主义和民族情绪都被保存了下来，给欧洲留下了长期动荡不安的阴影。

文艺复兴时期的美术为何多以宗教为题材？

如果你有机会到国外的艺术博物馆去看看，肯定会为这样的景象所惊叹：文艺复兴时期的许多美术名作都以宗教为题材，这是为什么呢？

文艺复兴是欧洲掀起的一场以人文主义思想为指导，复兴古希腊、古罗马文化，反对中世纪宗教桎梏的进步革命运动。当时的宗教势力异常强大，教皇掌握着至高无上的权力，艺术家不得不借助宗教的合法外衣来进行艺术创作，以此表达自己对人生的肯定，对美好生活的憧憬和对禁欲主义的反抗。

也正是因为文艺复兴时期的艺术家们在创作时，仅仅把宗教内容作为表达自己思想的一个介质而非目的，才使得他们的作品突破了宗教艺术说教的模式，着眼于现实生活，歌颂世俗的人生和人的自然美。因此，那些美术作品也更加感人肺腑。

"文艺复兴三巨匠"都是指谁？

15世纪末到16世纪上半叶，文艺复兴进入了繁荣期。在继承和吸收前人成就的基础上，意大利艺术出现了空前繁荣。其中，达·芬奇、米开朗琪罗和拉斐尔并称"艺术三杰"。他们是近代现实主义的先驱，每个人的作品都独树一帜，独步古今。

达·芬奇出生在意大利佛罗伦萨城附近的芬奇镇上，14岁时就师从著名画家和雕刻家佛罗基阿学习绘画，26岁时达·芬奇辞别老师，走上了独立创作的道路，先后在佛罗伦萨、米兰、罗马等城市从事绘画和科学研究，成为多才多艺、学术渊博的文化巨人。

达·芬奇有两幅举世闻名的画作，它们分别是《最后的晚餐》和《蒙娜丽莎》。《最后的晚餐》是达·芬奇为米兰圣玛丽亚修道院餐厅作的壁画，取材于《圣经》中耶稣被他的门徒犹大出卖的故事。为创作这幅画，达·芬奇投入了常人想象不到的精力。为准确刻画犹大这个人物，他还到各种场合观察罪犯、流氓和赌徒，反复揣摸他们的心态、神态和形态，并画了大量的速写，直到塑造出自己满意的形象为止。

达·芬奇的另一杰作《蒙娜丽莎》描绘的是佛罗伦萨商人佐贡多妻子的半身肖像，她姿态优雅，笑容微妙。画家对于面容中眼角唇边等部位进行了细致入微的刻画，表达了复杂的人物心理，给人以丰富的想象，被后人称为"永恒的微笑"。

和达·芬奇同时代的米开朗琪罗（1475～1564年），也是一位多才多艺的博学的艺术大师。他集雕刻家、画家、建筑家、诗人于一身，在长达70余年的创作生涯中，历经磨难，创造出许多天才的作品。

米开朗琪罗最著名的雕刻作品是《大卫》和《摩西》，他们都是《旧约全书》中犹太人的领袖。《大卫》是米开朗琪罗的成名作。雕像强烈地表现了一位正义战士的力量与美的结合。为这座雕像米开朗琪罗花去了大约3年的时间，使它近乎完美。《大卫》的成功，也使米开朗琪罗成为当时最伟大的雕塑家。《摩西》是米开朗琪罗用了4年时间为教皇陵墓而作的塑像。这幅作品作于佛罗伦萨遭受教皇勾结外国侵略者屠杀人民之际，作者借《摩西》表达了对人民的热爱和对叛国者的愤慨。米开朗琪罗的绘画也像他的雕塑一样，有很高的艺术境界，在他的雕塑下，许多感人至深的形象也呈现在了大家的面前。

拉斐尔（1483～1520年）出生在意大利中部的马尔比诺城，后来他来到彼鲁基业，师从画风柔和的著名画家彼鲁基诺。他在21岁时画的《圣母的婚礼》（1504年），可谓是青出于蓝而胜于蓝。流畅的线条、优美的人物、形与空间的和谐以及纯净明丽的情调，都体现着他早熟的天才，也预示了他今后的发展。拉斐尔是西方美术史上最擅长塑造圣母形象的大师。他那一系列圣母像，把感性美与精神美和谐无间地统一起来，从而表达出人类的美好愿望和永恒感情。在他早期的名作《美丽的女园丁》中，拉斐尔吸收了达·芬奇金字塔形的构图方式，以圆润流畅的线条把圣母、耶稣和圣约翰的优美形象和谐地组合起来，创造出充满人间气息的、亲切的"神的世界"。这一世界远离了中世纪的精神，它那明朗、单纯、纯洁、自然的情韵更接近希腊的精神。拉斐尔笔下的圣母，就像人间的母亲一样，以其洋溢着温情的人性，打动了历代渴望美好生活和人间温暖的观众的心灵。

《神圣的寓言》主题是什么？

《神圣的寓言》是意大利文艺复兴时期著名画家乔凡尼·贝利尼（约1430～1516年）的作品，画面优美抒情的情调使之被誉为15世纪意大利最迷人的作品之一，而作品的主题和内涵却引起了很多人的猜测。

这幅作品里描绘了基督教题材。画面在湖光山色中展开，在大理石露台外，站着圣保罗，在围栏内部右侧的两个人显然是圣约翰和以身殉教的圣塞巴蒂安，他们似乎在膜拜着圣婴。围栏的左上角画的似乎是圣母，但她身旁戴冠的少女究竟是谁，人们却找不到答案。从宁静、抒情的画境来推测，作品描绘的似乎是天堂的景象。但是，当我们再把目光移到背景时，却发现这一推论很难成立，因为在画面右上方的山崖下，绘有牧羊人和半人半马的怪物康塔洛，这两个形象使画面内容变得晦涩难懂。在20世纪初，有学者认为作品取材于中世纪诗人吉约姆·多吉维伙的诗篇《灵魂巡礼》，把画面内容阐释为其中的"炼狱精灵群"一节。这个推论有其合理性，但也有学者将画面解释为"正义与邪恶"的象征，究竟孰是孰非，到现在还是个未知数。

著名的西斯廷教堂壁画是谁的杰作？

著名的西斯廷教堂壁画是米开朗琪罗的作品。

1508年，罗马教皇尤利叶斯二世命令他给西斯廷教堂画天顶壁画，这是一个相当有难度的工程。西斯廷教堂是罗马教皇进行登基大典和主持弥撒的地方，因此，在它的顶部作画就更要严格要求。天顶呈穹窿形的教堂非常高大，面积达 800 平方米。"孤军奋战"的米开朗琪罗必须躺在高高的脚手架上画。

1512 年 10 月 31 日，米开朗琪罗的杰作——《圣经·创世记》终于完成了。里面 9 个故事的彩色画面在教堂的天顶上奇迹般地出现了。其中的 350 多个人物，个个惟妙惟肖、栩栩如生，就连十分挑剔的教皇也看得瞠目结舌。

艰苦的工作曾给米开朗琪罗造成了许多不便，但他的努力确实换来了杰出的艺术成就。西斯廷教堂的天顶壁画现在已经是全人类的艺术财富。

米开朗琪罗为何终身不娶？

米开朗琪罗在艺术方面具有无与伦比的天赋，但是在爱情婚姻方面却比较失败。他终生未婚，有人说是由于其貌不扬，致使他有很强烈的自卑情结。在文艺复兴那样一个讲究容貌漂亮和仪容的时代，米开朗琪罗确实是一个不受人欢迎的人。他中等身材，双肩宽阔，躯体瘦削，头大，眉高，两耳突出面颊，脸孔长而忧郁，鼻子低扁，眼睛虽锐利却很小。据说，他不怎么喜欢漂亮女人，当时很多艺术家都认为人的肉体是美的体现和源泉，而他却无动于衷。曾经和他保持过一段友谊的女人是他于 1542 年结识的维托利亚·科隆纳，但他们最终并没有结婚。此外，还有一种说法认为，米开朗琪罗之所以终身未娶，是因为他是同性恋。事实的真相究竟是怎样的，至今还是个未解之谜。

米开朗琪罗的"怪癖"与其创作有关吗？

米开朗琪罗创作的人物雕像气势雄浑，蕴含着无穷的力量。他的大量作品显示了写实基础上非同寻常的理想加工，典型地象征了当时的整个时代。但是生活中的米开朗琪罗却给人以"怪人"的感觉。

年轻时代的米开朗琪罗因酷爱学习而变得异常孤独。别人都觉得他拒人于千里之外，性格乖僻、疯疯癫癫。而且米开朗琪罗的举止也总是很粗俗，与社会格格不入，讨厌社交活动。米开朗琪罗的怪异还体现在他的创作方面。只要旁边有一个人在场，就能将他的情绪完全扰乱。他必须获得一种与世隔绝之感，才能得心应手地工作。也正是因为他有这种投入的激情和对艺术完美追求的精神，才使得他创作了许多优秀的作品。这样看来，米开朗琪罗的"怪癖"与其创作还是有关系的。

伊拉斯谟是什么人？

伊拉斯谟约 1466 年出生于鹿特丹一个神甫家庭，荷兰哲学家，16 世纪初欧洲人文主义运动的主要代表人物。1495 年，伊拉斯谟去巴黎深造，开始接触一些人文主义者。1499 年，他在英国结识了空想社会主义者 T.莫尔，后攻读希腊语和研究宗教改革问题。

1506 年赴意大利，因对教会不满于 1509 年返回英国，发表《愚人颂》，强烈指责教会和贵族的腐败，讥讽经验哲学家和僧侣们愚昧无知的空谈。1511 至 1514 年在剑桥大学任教。1516 年，伊拉斯谟发表《希腊语圣经新约批注》，对当时的宗教理论进行了深刻的批判，同年回荷兰。后任查理五世顾问，编写教育亲王的教材，并著书指责战争。

1521 年，伊拉斯谟前往巴塞尔，继续发表著作。1524 年，他写了《论自由意志》，对路德进行了批评。1536 年 7 月 12 日逝世。

伊拉斯谟知识渊博，忠于教育事业，一生始终追求个人自由和人格尊严，却忽视自然科学，在政治上只重视文字的语言上的批判，而没有像路德那样发动人民。

谁被称为"英国戏剧之父"？

莎士比亚 1564 年出生于英格兰沃里克郡斯特拉特福镇，1616 年 5 月 3 日病逝。他是英国文艺复兴时期杰出的戏剧家和诗人，代表作有四大悲剧，《哈姆雷特》《奥赛罗》《李尔王》《麦克白》；喜剧有《威尼斯商人》，此外，还有100多首十四行诗。他被称为"英国戏剧之父"，本·琼斯称他为"时代的灵魂"，马克思称他为"人类最伟大的天才之一"。他还被赋予"人类文学奥林匹克山上的宙斯"的美称。

莎士比亚的最高艺术成就是什么？

莎士比亚是欧洲文艺复兴时期英国最伟大的剧作家，也是卓越的人文主义思想的代表。

莎士比亚一生创作了 37 部戏剧、2 首叙事长诗和 154 首十四行体诗歌。他的戏剧创作按体裁可分为历史剧、喜剧、悲剧和传奇剧四类。

莎士比亚的喜剧代表作有《皆大欢喜》《第十二夜》《仲夏夜之梦》《无事生非》等。这些喜剧大多描写男女间的爱情、婚姻和友谊。剧中的男女主人公往往是一些高尚、渴望自由、敢于追求爱情的青年，其中的女性更是温婉、热情、聪明、刚毅。他们青春洋溢，意气风发，在争取自由爱情的道路上勇往直前。结局常是人文主义的道德原则得到胜利，坏人弃恶从善。这些喜剧歌颂了生活的欢乐和对幸福的追求，体现了资产阶级在反对封建道德、封建偏见的斗争中取得的胜利，充满着浓郁的生活情趣和浪漫主义抒情色彩。

《威尼斯商人》是莎士比亚喜剧创作中最富有社会讽刺性的一部作品，表达了友谊、爱情、仁慈战胜贪婪、嫉妒、仇恨的主题。

莎士比亚创作的悲剧代表作品有早期写成的《罗密欧与朱丽叶》，以及《哈姆雷特》《李尔王》《麦克白》《安东尼和克利奥佩特拉》《奥赛罗》《雅典的泰门》等。《哈姆雷特》《奥赛罗》《李尔王》和《麦克白》合称为"四大悲剧"，是莎士比亚悲剧中的突出代表。

莎士比亚创作了 9 部历史剧，除《约翰王》是一部独立的历史剧外，其余 8 部可分成两组：《亨利六世》上、中、下三部和《理查三世》组成前四部曲；《理查二世》《亨利四世》上、下部和《亨利五世》组成后四部曲。

图为电影《奥赛罗》剧照——奥尔森与珊娜在一起。莎翁的许多剧作都被拍成电影，像《仲夏夜之梦》《奥赛罗》等。

当然，从剧情发展的时间顺序看，前四部曲应在后四部曲之后。第一个四部曲塑造了暴君的形象，表现了作家反对封建内战的理想；第二个四部曲探索内战的根源，塑造了作家心目中理想君主的形象。

此外，还有莎士比亚的神话传奇剧，如《冬天的故事》《辛白林》和《暴风雨》，他还和别人合作完成了自己最后一部历史剧《亨利八世》。这些作品虽然鞭挞了黑暗的社会现实，但更多的是以宽恕和解为主题，把希望寄托在乌托邦式的理想世界和未来青年一代的身上。

莎士比亚始终保持着人文主义信念，相信人类有前途，充满乐观精神。当然，这种信念缺乏社会基础，也带有一点空想的性质。在艺术上，他晚期的作品还带有几分传奇和浪漫色彩。

莎士比亚诗中的"黑肤夫人"原型是谁？

莎士比亚一生创作了许多惊世骇俗的剧

作，他所创作的十四行诗，以其隽永、清新的风格在世界文坛上独树一帜。"黑肤夫人"是一个莎士比亚十四行诗中颇令世人注目的形象。那么，这个黑眼睛、黑皮肤、黑头发的"黑肤夫人"的生活原型到底是谁？

西方一些研究者认为，这位迷人的"黑肤夫人"就是位于斯特拉特福与伦敦之间的一家客栈老板的妻子，因为莎士比亚诗中描绘的内容与这家客栈的情形十分吻合，而且私下里客栈老板的儿子曾自称是莎士比亚的私生子。但经过调查研究后，研究者们发现，那家客栈在"黑肤夫人"问世之时还不存在，显然时间上不吻合；大部分人认为，宫女玛丽·菲顿就是作品中"黑肤夫人"的原型。玛丽·菲顿是一个美艳动人的佳人，许多风流男子及达官显贵与她的关系都极为暧昧。不过，"黑肤夫人"是一位有夫之妇，身份与独身的玛丽·菲顿大相径庭；也有一些人认为，其实，莎士比亚的妻子安娜就是"黑肤夫人"。安娜在莎士比亚的眼中是多情、美丽、令人销魂的女子。

真相到底是怎样的呢？至今还是个未解之谜。

莎士比亚是怎么死的？

到目前为止，英国大剧作家莎士比亚去世已 400 多年，他的遗骨后来一直被安葬在沃里克郡埃文河畔斯特拉特福市供后人瞻仰。

历史记载称，莎士比亚是在家乡斯特拉特福市病死的，然而随着岁月流逝，一种越传越广的阴谋论却认为：在 52 岁就去世的莎士比亚其实并非正常死亡，而是被他的一名亲戚下毒谋害而死的！有的人认为下毒的亲戚是莎翁的妹夫，还有人说是莎翁的女婿。尽管很多莎士比亚研究者对于这一阴谋论嗤之以鼻，但也有许多支持者支持这一观点。

为了验证莎士比亚的死亡真相，美国乔治·华盛顿大学一流法学专家詹姆斯·斯塔斯教授曾宣称，他计划对莎士比亚的坟墓进

行开棺验尸，不过据说莎翁死后的墓碑上刻有几行墓志铭，称擅动他尸骨的人将永遭诅咒。所以有关莎士比亚死亡的谜底还需要后人进一步揭晓。

为什么勃朗特三姐妹都会成为作家？

在英国文学史上，勃朗特三姐妹是一个奇特的现象，她们几乎在同一时间出版了三部著名的小说，在世界文坛上也是罕见的。那么，是什么原因使她们都能成为作家的？

三姐妹在很小的时候，就学习弹琴、唱歌、绘画，但她们最喜欢的还是写作。她们写书写小说，还有戏剧，而且练笔很勤。三姐妹还有一个共同的特点就是想象力特别丰富，她们曾发挥想象力编了《安格力王国编年史》和《贡达尔王国编年史》。

三姐妹长大后依然热爱文学创作，夏洛蒂把自己写的诗送给知名的作家指导，但遭到冷遇，她的其他两个姐妹也遭受了一系列的打击。然而她们并没有灰心，而是在一起埋头写小说。艾米丽写成了《呼啸山庄》，安妮写成了《艾格妮丝·格雷》，夏洛蒂写成了《简·爱》，勃朗特三姐妹终于成功了，她们为英国文学增添了光辉的一页。

《神曲》产生的背景是怎样的？

但丁，生于意大利佛罗伦萨的一个小贵族家庭，他是中世纪的最后一位诗人，也是新时代最初的一位诗人。

但丁所处的时代正是新兴资产阶级与封建势力之间的斗争日趋白热化的阶段。他积极投身于维护资产阶级利益的圭尔弗党，该党获胜后，但丁当选为城市最高行政官之一。不久，圭尔弗党分裂为黑、白两党，属于白党的但丁遭到了黑党的排挤，被判处终身流放。

从此，但丁广泛地接触了现实社会，分析出了阻碍意大利进步的根本原因，那就是分裂与内讧，这就更加坚定了他统一祖国的决心。长诗《神曲》是其十余载努力的结晶，

寄托了自己的忧愤之情，也使得这首长诗成为欧洲文学史上划时代的作品。

《神曲》里描述了怎样的内容？

《神曲》，采用中世纪文学特有的幻游形式，但丁以自己为主人公，假想他作为一名活人在死人的王国里进行了一次游历。全诗分《地狱》《炼狱》《天堂》三部。

诗中叙述但丁在"人生旅程的中途"，迷失于一个黑暗的森林。他在寻找出口的路上，忽然有三只猛兽（分别象征淫欲、强暴、贪婪的豹、狮、狼）迎面扑来。

但丁高声呼救，这时，古罗马诗人维吉尔出现了，他受贝雅特里奇的嘱托前来营救但丁，并带他走出迷途，引导他游历地狱和炼狱。

在炼狱净界山顶的地上乐园，维吉尔隐退，贝雅特里奇出现。贝雅特里奇责备但丁迷误在罪恶的森林，希望他忏悔，并让他观看表示教堂种种腐败的幻景，饮用忘川水，以遗忘过去的过失，获取新生。随后，贝雅特里奇引导但丁游历天堂九重天，在这里，但丁见到了上帝，但上帝的形象如电光一闪，旋即消失了，于是幻象和《神曲》也戛然而止。

什么地方号称"欧洲最美丽的客厅"？

威尼斯的城市建设中，最值得赞美的当属圣马可广场。它是一个逐步形成的过程，在文艺复兴时期，完成了最后的规划和建筑。圣马可广场位于威尼斯的市中心，是威尼斯唯一的公共活动场所，是城市建设与建筑艺术的典范，多少年来一直为人们所称颂。而拿破仑称它为"欧洲最美丽的客厅"。

其中，圣马可教堂是圣马可广场的主题建筑，始建于830年，是拜占廷式的建筑风格。教堂外部带有明显的罗马风格建筑特点和文艺复兴时期的装饰细节，但教堂总体效果不失和谐统一、庄严华丽的感觉，为世人所称赞。

文艺复兴中的"文学三杰"是指哪些人？

文艺复兴首先发生在意大利，主要成就是彼特拉克、但丁和薄伽丘的文学作品中倡导的人文主义观点，他们三个也被称为文艺复兴的"文学三杰"。

著名诗人和学者彼特拉克第一次提出了和基督教教会抗争的进步思想，因此他被认为是文艺复兴运动的先驱人物，被称为"人文主义之父"。

彼特拉克常和友人寻访古代遗迹，周游名山大川，在当时的人看来，这些行动是不同寻常且引人注目的。彼特拉克赞美纯真的爱情，歌颂美丽的祖国意大利。1341 年 4 月 8 日，彼特拉克获得"桂冠诗人"的称号，成为享誉整个欧洲的著名作家。彼特拉克一生的作品很多，其中《歌集》《阿非利加》《意大利颂》等尤其著称于世。《歌集》是他用意大利文写成的 366 首抒情诗。在《歌集》里，彼特拉克继承了传统十四行诗的形式，让它达到了更完美的境地。以后的欧洲诗歌也深受它的影响。

意大利诗人但丁（1265 ~ 1321 年），是一位杰出的作家，也是一位伟大的诗人。恩格斯称他是"中世纪的最后一位诗人，同时又是新时代的最初一位诗人"。但丁出生于一个没落的贵族家庭，从小喜欢读诗，曾经拜著名学者为师，对拉丁文和古代文学也有一定的了解。他曾积极投身于反抗封建贵族的政治斗争中，后遭到旧势力迫害而被终身流放，在拉文那逝世。

但丁一生著述颇丰，其中以他在流放中写的长篇诗歌《神曲》最负盛名。《神曲》在意大利文中的原意是《神圣的喜剧》。但丁原来只给自己的作品取名为《喜剧》，后人为了表示对它的崇敬而加上"神圣"一词。起名《喜剧》是因为作品从悲哀的地狱开始，到光明的天堂结束，富有喜剧色彩。

但丁在作品中游地狱、天堂，没有摆脱中世纪的神学世界观，但是他的描写却是中世纪晚期意大利生活的写照，讲述了当时佛罗伦萨以至意大利党派斗争的复杂性，涉及教皇和僧侣们的罪恶，也涉及贪官污吏以及新兴资产阶级对人民的剥削压迫等。从《神曲》中，我们也能看出但丁是个爱国主义者。他渴望祖国和平统一，反对分裂和纷争，即使在另一个世界里，他也和鬼魂们谈论意大利的政治形势和国家兴亡问题。《神曲》还表达了但丁对人类智慧和理想的追求。天堂是人类的理想和希望，炼狱则是我们人类从现实到理想中须经过的苦难历程。但丁希望人们认识罪恶，回头是岸，去认识最高真理，达到最理想的境界。这种思想在当时看来，非常可贵，也是新思想的萌芽。

薄伽丘是一个热心研究古籍的人文主义者，精通希腊文，是一个多产作家。著有长篇小说《菲洛柯洛》，史诗《苔塞伊达》《菲洛特拉托》，牧歌《亚梅托》，长诗《爱情的幻影》《菲索塔诺的女神》等。他的短篇小说集《十日谈》是对后世影响最大的作品。

《十日谈》文笔精练，语言生动。作品开端叙述10个男女青年为躲避黑死病，住在佛罗伦萨乡间的一个别墅里，每天每人讲一个故事，在10天中轮流讲了100个故事，故名《十日谈》。它反映了当时意大利的现实社会情况，反对禁欲主义，歌颂男女爱情，反对等级特权，宣扬人类平等，揭露贵族的腐朽和愚昧，抨击僧侣的荒谬和虚伪，对人的智慧和奋斗精神大加歌颂，也向教会发出了大胆的挑战。故事大都取材于历史事件、中世纪的民间传说和东方民间故事。在形式上又突破了中世纪小说单纯讲故事的形式，而是在描写自然风貌、勾勒人物特征、刻画人物心理和雕塑形象上另辟蹊径，开创了新的写作方式，对后来欧洲小说也有着重大的影响。

佛罗伦萨的梳毛工起义是怎么回事？

14世纪，意大利佛罗伦萨共和国经济繁荣，在毛纺织业中出现了资本主义萌芽，梳毛工大量增加，他们在手工工场饱受着残酷的经济剥削。1378年6月，梳毛工向政府请愿，一名领袖反而遭到了政府的逮捕。

听到消息的工人便拿起武器，于7月21日攻占了市府，推翻了旧市政机关老议会，组成了新政府。同年8月，对新政权向大企业妥协不满的梳毛工又一次发动了起义，组成了由梳毛工自己选举的长老议会。8月末，富人雇佣兵和封建主军队联合进攻起义者。因力量悬殊遭到了镇压，梳毛工行会被迫解散。梳毛工起义是历史上第一次雇佣工人反对工场主的起义。

什么是"汉萨同盟"？

13世纪，德国的城市逐渐繁荣。城市手工业和商业进一步发展，但封建割据状态以及诸侯和骑士们的抢劫勒索，严重地阻碍了城市商业的发展。为了维护共同利益，保证商业贸易的安全进行，1356年起，德国北部的贸易城市结为同盟，也就是"汉萨同盟"。之后，"汉萨同盟"不断发展，到14至15世纪处于鼎盛。"汉萨同盟"垄断了北部及波罗的海的商业贸易，享有豁免关税等特权，通过转手经销控制了斯堪的纳维亚地区、德国北部、佛兰德尔地区、英国、法国、意大利及俄国和波兰间的贸易往来。

"石头圣经"指的是什么？

中世纪是专指欧洲封建社会，一般从476年西罗马帝国灭亡到1640年的英国资产阶级革命为止。欧洲封建社会的重要特征就是政权和基督教合一的统治，基督教成了欧洲封建社会的精神支柱。中世纪是上帝主宰的时代，是神灭掉人的最黑暗时代，封建统治阶级利用基督教麻痹和毒害人民。人们纷纷走进教堂，接受上帝的熏陶，忍受现世的苦难，祈盼死后进入天堂。教堂里有《圣经》，但大多数人读不懂、不会读，所以神圣的教义只能通过绘画和石头来讲述——把它雕刻在教堂的墙壁和柱子上。于是圣人的形象和《圣经》的内容，寓言和布道场景都装饰到了教堂上，那里便成了大家都能读懂的"石头圣经"。

此外，基督教美术还作为装饰美表现出来，它不仅能满足人们的感官需求，更重要的是还显示出教堂内部空间的神秘化，使信徒们宛如身临一种超现实的天国之中。事实上，中世纪美术只是宗教教义的图解，给人们以精神上的感染，这就形成了中世纪美术的独特风格，成为超现实的精神形象符号，充满非自然的神性而没有人性。

文艺复兴时期的艺术是怎样的？

文艺复兴是 15 世纪初期的一场思想解放运动，涉及到了艺术、科学、哲学、宗教的方方面面。中世纪的艺术主要关心的是宗教和人死后的生活。到了文艺复兴时，人们的心思逐渐转移到现实和非宗教的生活。在艺术上表现为由原来的保守、严格、枯燥忧郁转而变为快乐、自由和奔放。文艺复兴早期中心在意大利的佛罗伦萨，代表作有波提切利的《维纳斯的诞生》《春》；鼎盛时的中心在罗马，代表人物是达·芬奇、米开朗琪罗和拉斐尔，他们的代表作分别是：《蒙娜丽莎》《最后的晚餐》《最后的审判》以及诸多的圣母像。

"玻璃圣经"指的是什么？

"玻璃圣经"指的是石室教堂的彩绘玻璃圣经故事像，这种画也成为不识字信徒们的圣经。圆形的玫瑰窗象征天堂，各式圣者登上了色彩绚丽的玻璃窗，很像丰富多彩的舞台画面。当人们走进教堂不仅会产生对天国的神幻感，也会感受到教会的装饰美感。由于它是玻璃画，可以依靠光线的穿透而生艳，也可以其光色的奇妙而引人入胜。

你知道凡·埃克兄弟的《根特祭坛画》吗？

《根特祭坛画》是现存最早的带有签名的尼德兰绘画作品。这一组祭坛画共包括 21 幅作品，是当时最伟大的画家胡伯特·凡·埃克应根特市市长多库斯·威德邀请于 1415 年绘制的。这位大画家去世后，作品由他的弟扬·凡·埃克于 1433 年完成。这组盖世佳作自从完成之后就历经磨难，不是遭损于火灾，就是被侵略者掠夺，要不就是被盗，直到 1951 年经过彻底修缮后才重新回到根特的圣贝文教堂之中。

《根特祭坛画》的题材都取自《圣经》，表现了对耶稣牺牲自己而拯救人类的上帝之爱的祈求与赞颂。《根特祭坛画》是一种多翼式"开闭形"的祭坛组画。外面 9 幅，闭合的祭坛内 12 幅。每逢节日的礼拜盛会，祭坛的两翼伴随着音乐打开，人们才能看到这 12 幅杰作。

凡·埃克兄弟以自己的天资奠定了尼德兰文艺复兴运动的基础，同时也开创了欧洲绘画史的新时代。

《裹红包头的男人》画的究竟是谁？

在 15 世纪尼德兰画坛上，扬·凡·埃克是个引人注目的人物。他不仅创作了如《阿尔诺芬尼夫妇像》等为数不多的绘画精品，还和他的哥哥胡伯特·凡·埃克一道改进了油画的材料与技法，首先用掺有稀释油的调料液（主要是亚麻仁油）来调色，使油画技术逐渐成熟，以至有人称凡·埃克兄弟是油画的发明者。现在热爱艺术的人们大概都想一睹这位画家的容貌，这个愿望或许能够实现：有学者认为，现存的这幅《裹红包头的男人》可能就是扬·凡·埃克的自画像！持这种观点的依据是，画中的男子眼睛直盯着观者，这几乎是所有对镜绘制的自画像的特征。而且，绘画对于细节的描绘也细致入微，包头布的纹理纤毫毕现，只有经过长久的精雕细琢才能达到这样的效果。

《阿尔诺芬尼夫妇像》镜子之谜是什么？

《阿尔诺芬尼夫妇像》画中的人是尼德兰的意大利商人阿尔诺芬尼和他的新婚妻子。作品以细致入微的笔法再现了人物的容貌和室内的景物，被誉为"美术史上划时代的作品"。画面里有许多和宗教有关的东西，如阿尔诺芬尼的手势既表示他忠实于爱情，也表示他虔诚的宗教信仰，而念珠和镜框周围的圆盘图案都和基督教信仰有联系。值得注意的是，在后墙上挂着一面镜子，隐约映射出了阿尔诺芬尼夫妇的背影和参加婚礼的人。据说，画家本人曾作为证婚人参加了婚礼，因此有人猜测镜子里有画家凡·埃克的形象。而且墙上的拉丁文题款是"凡·埃克在此，1434 年"，据此也不难推断出镜子里的那个人就是画家本人。

达·芬奇为何钟情于蒙娜·丽莎？

达·芬奇是文艺复兴时期的代表人物，尤其在绘画领域，占据着别人无可替代的地位。据说，达·芬奇一生中对两幅画倍加珍爱，始终携带在身，晚年赴巴黎时也不离左右。他逝世后，这两幅画就留在了巴黎，它们分别是《圣母子与圣安娜》和《蒙娜丽莎》。

《蒙娜丽莎》是一幅肖像画，创作于1503 至 1506 年。画中人物坐姿优雅，笑容微妙，背景山水幽深苍茫，这也是达·芬奇烟雾状笔法最极致的表现。在他笔下，人物的骨骼和肌肉都很结实，可是轮廓线常常消失在若有若无之间，给人一种烟雾笼罩的感觉。

这正是一种"气韵生动"的境界。对于人物面容中眼角、唇边等表露感情的关键部位，他更善于掌握其中精确与含蓄的关系，达到神韵之境，让蒙娜·丽莎的微笑饱含深意。几百年来，人们讨论最多的便是这张脸上的微笑。

不同的观赏者或者在不同的时间去看，都会有不一样的感觉。有时觉得蒙娜·丽莎笑得舒畅温柔，有时又显得面色凝重，有时又好像略带忧伤，表现出几分不屑和揶揄，所以这幅画又常常被称作《微笑》，以其神秘感而为人所津津乐道。

据研究，画中的蒙娜·丽莎是佛罗伦萨商人佐贡多之妻，时年约 24 岁。为了唤起她发自内心的微笑，达·芬奇曾经让人在旁边为她奏乐，请小丑讲笑话。也有人说，请来乐队是为了消除她丧婴的哀伤。

不过，达·芬奇为此画工作数年，并且始终没有把画交给画主而是留在身边，显示出他在这幅画上下的功夫，也绝不是普通的画所能比的，这也是他对人像理想典型的创造。在如此长的时间里，不仅有间歇，也反映出人的心情上的变化，所以根本无法使人物保持同样欣悦而自然的表情，这也显示了达·芬奇敏锐的观察力和鲜明的视觉记忆力。

对于达·芬奇为什么如此偏爱《蒙娜丽莎》，著名的心理学家弗洛伊德曾经有过一番有意思的分析。在他看来，以文艺复兴时期的标准来衡量，蒙娜·丽莎不能算是真正的美丽，不可能对达·芬奇产生太大的吸引力。

他认为，在这幅画中，蒙娜·丽莎的存在与周围的山水风景是融为一体的，她的形象已经跟阳台、山水有机地联系起来了，她那垂落在右肩上的头发连接着一条弯曲的小路，左肩半透明的纱披肩连接着一座小桥，这些朦胧的意境仿佛是通往那些不可知和徒劳无益的境界，也反映了 50 多岁的达·芬奇对女性的心态，那就是对女性的爱恨交织的矛盾心理。

谁获得罗马"桂冠诗人"称号？

弗朗西斯克·彼特拉克是意大利学者、诗人、早期的人文主义者，他以其十四行诗著称于世，被认为是"人文主义之父"。彼得拉克在他的作品中表达了对生活的热爱和对幸福的追求，渴望摆脱中世纪禁欲主义和神学枷锁的羁绊，将人文主义思想贯通全篇，同时也为欧洲抒情诗的发展开辟了道路，后世人尊他为"诗圣"，也有罗马"桂冠诗人"称号。他与但丁、薄伽丘齐名，文学史上称他们为"三颗巨星"。

你知道米开朗琪罗的《创造亚当》吗？

在西方绘画史上，如果要用"宏伟"一词来形容一件美术作品，那么当之无愧的作品就是米开朗琪罗为罗马西斯廷教堂画的天顶壁画——《创世记》了。而《创造亚当》就是其中最为出色的一个画面。

米开朗琪罗（1475～1564年）是意大利文艺复兴鼎盛时期一位多才多艺的巨人。他不仅是伟大的雕刻家、画家，而且也是杰出的建筑家和诗人。在《创造亚当》中，米开朗琪罗描绘了圣父正将生命和力量传给亚当的瞬间。亚当慵倦地斜卧在山坡上，深沉的土色中依稀可以看到他成熟健壮的身躯，他的右臂依在山坡上，左臂伸向圣父，仿佛在一瞬之间，他的体内就可以迸发出无穷的力量。威严而慈祥的圣父不仅赋予亚当智慧，更重要的是给他带来了"神的热情"。作品体现了画家对人性的赞美以及他对人充满信心的人文主义思想。

全欧最高的尖塔是哪一座？

科隆大尖塔是欧洲最高的尖塔，世界第四大教堂。它动工于1248年，中间时停时建，直至1880年才全部竣工，整个工程持续了600多年。科隆大教堂高达157米，整座建筑东西长144米，南北宽86米，面积相当一个足球场。建筑本身全部由磨岩的石块砌成。教堂内绘有大量的宗教壁画，收藏了许多重要的雕像、圣体匣、福音等文物。有不少大主教把科隆大教堂当作自己死后的葬身之所。

《西斯廷圣母》的创作背景是怎样的？

《西斯廷圣母》是拉斐尔"圣母像"中的代表作，它以甜美、悠然的抒情风格而闻名遐迩。这幅画是教皇朱理亚二世送给皮亚琴察西斯廷教堂黑衣修士的礼品，拉斐尔受托而为这一教堂的祭坛作画，《西斯廷圣母》因此得名。画面表现了圣母抱着圣子从云端降下，两边帷幕旁有一男一女，身穿金色锦袍的男性长者是教皇西斯克特，他向圣母圣子做出欢迎的姿态。而稍作跪状的年轻女子是圣母的信徒渥娃拉，她虔心垂目，侧脸低头，微露羞怯，表现出了对圣母圣子的恭敬。位

拉斐尔

于中心的圣母体态丰腴，面部表情端庄安详，文静恬淡，扒在下方的两个小天使睁着大眼仰望圣母的降临，天真稚气跃然画上。拉斐尔的这幅名画对美丽与神圣、爱慕与敬仰的把握都拿捏得恰到好处，显示出高雅、柔媚、和谐、明快的格调，因而让人有一种清新、纯洁、高尚、升华的精神享受。

《凯旋的礼赞》中怪异的海豚是怎么回事？

壁画《凯旋的礼赞》是拉斐尔为装饰当时的银行家阿古斯诺·吉齐的别墅而绘制的。1579年，法内吉纳家族买去了这栋豪华的别墅。作品取材于一个凄美的神话故事：美丽的海中女神加拉提亚和英俊的青年阿齐斯特相恋，遭到了独眼巨人波利菲莫斯的嫉妒，于是波利菲莫斯投掷石块将阿齐斯特杀死。但拉斐尔没有直接描绘这个残忍的场面，而是表现了女神加拉提亚在海面上与海中众神、水怪在一起的欢乐景象。女神站在贝壳上，由两头海豚牵引着向前行进。不过奇怪的是，海豚的形象非常奇特，与其说它是海豚，还不如说它是可怕的怪物。海豚的形象是画家写生得来的吗？似乎不是。因为没有任何现在的资料显示拉斐尔见过这种海洋动物。那么，这个形象从何处得来呢？现在还是个未解之谜。

谁被誉为"政治学之父"？

马基雅维利（1469～1527年）是意大利文艺复兴时期的政治家、思想家、西方资产阶级政治思想的奠基人之一，被誉为"政治学之父"。他主张，为了实现目的，可以不择手段，他的这一主张也被叫作"马基雅维利主义"。马基雅维利的行政组织思想主要体现在他的《君主论》与《讲话集》里。

与 20 世纪的管理有相通之处的原则有：必须依靠群众的支持；组织要有凝聚力；领导要有领导技艺；领导者一定要使组织存在下去的意志。马基雅维利是行政思想史上第一个论述过国家行政组织管理原则的人。

意大利文艺复兴最宏伟的纪念碑是什么？

圣彼得大教堂是世界上最大的天主教堂，它是当时许多优秀的建筑家、画家的智慧结晶，体现了 16 世纪意大利文艺复兴时期的巨大成就，也是意大利文艺复兴运动最宏伟的纪念碑。

圣彼得大教堂建造于 1506 年，历时 100 多年，其间充满了教会反动思想与进步的人文主义世界观的对立与斗争。

几经修改的圣彼得堡大教堂具有很高的艺术成就，不论是入口广场，还是教堂本体都给人以广阔的视野，显示出了宏伟、庄严的气势。

教堂内部更是显示了艺术家高超的艺术技巧。它由 4 根立柱隔成 5 个大厅，墙面用各色大理石砌成，厅内放置着大量名家所作的壁画与雕像。比如，米开朗琪罗的大理石雕像《母爱》，展示的是圣母横抱着瘦弱的耶稣受难后的遗体，双唇紧闭，左手微微摊开，绝望地注视着逝去的儿子的形象，那无声的悲痛在周围的空间弥漫开来，以平民式的圣母形象深深感动着世人。

文艺复兴时期的音乐是怎样的？

15 ～ 16 世纪，西欧的音乐发展到了相当高的程度，和绘画、雕塑一起构成了文艺复兴时期各项活动中最灿烂夺目的领域。假如说视觉艺术的发展是因为通过学习古代模式而受到了促进，那么音乐在中世纪基督教世界里也有了独立的发展，在文艺复兴时期更得到了自然而然的发展。起主导作用的是由那些为教会服务、受到训练的人创作的音乐，但世俗音乐在这个时期也得到了重视。同时世俗音乐的原理和圣乐的原理结合在一起，

在音乐和感染力方面都获得了重大的发展。

哥白尼是怎样创立日心说的？

哥白尼（1473 ～ 1543 年），波兰天文学家，创立了日心说，是近代天文学的奠基人。

1497 至 1500 年间，哥白尼在波洛尼亚大学读书，除教会法规外，他还研究了多种学科，对数学和天文学，他尤为钟爱。

当时的欧洲正处于黑暗的中世纪的末期。亚里士多德—托勒密的地心说早已被改造成基督教义的支柱。然而，随着观测技术的进步，当时一些具有进步思想的哲学家和天文学家都对这个复杂的体系深感不满，哥白尼也接受了这种进步思想。他在意大利时研究过大量的古希腊哲学和天文学著作，了解到古希腊人曾有过地球绕太阳转动的学说，很受启发。因此，哥白尼建立起一个新的宇宙体系——日心体系，即太阳居于宇宙的中心静止不动，而包括地球在内的行星都绕太阳转动。哥白尼把统率整个宇宙的支配力量赋予太阳，各个天体则都有其自然的运动。他系统而明晰地批判了地球中心说，并且从物理学的角度进一步论证了日心说的重要性。

哥白尼用了将近四个九年的时间去测算、校核、修订其学说。但是，他迟迟不愿将《天体运行论》公开出版。因为，他知道自己的书一经刊行，必将遭到各方势力的攻击。后来，哥白尼听从了朋友们的劝告，将他的手稿送去出版时，他想出一个办法，在书的序中写明将他的著作大胆地献给教皇保罗三世。

《天体运行论》还有另外一篇别人写的前言。当时哥白尼已重病在身，他辗转委托教士奥塞安德尔去办理排印工作。这位教士为使这书能安全发行，假造了一篇无署名的前言，说书中的理论不过是为编算星表、预推行星的位置而想出来的一种人为的设计。1543 年，当一本印好的《天体运行论》送到他的病榻的时候，哥白尼已经奄奄一息了。

《天体运行论》出版后，人们对它的关

注并不多。一般人不能了解，而许多天文工作者则只把这本书当作编算行星星表的一种方法。后因布鲁诺和伽利略公开宣传日心地动说，危及教会的思想统治，罗马教廷才开始对这些科学家加以迫害，并于 1616 年把《天体运行论》列为禁书。然而经过开普勒、伽利略、牛顿等人一系列的探索钻研，哥白尼的学说不断获得发展，恒星光行差、视差的发现，使地球绕太阳转动的学说得到了令人信服的证明。

总之，哥白尼的学说在改变了那个时代人类对宇宙认识的同时，也从根本上动摇了欧洲中世纪宗教神学的理论基础。

教会分裂于什么时候结束的？

14 世纪末，天主教会出现了两个教皇，分驻罗马和阿维农。两个教会之间相互攻击和处罚。西方各国封建统治者出于对自己政治目的和经济利益的考虑，也分为了两个敌对的阵营，分别支持两位教皇。1414 年，神圣罗马帝国皇帝西吉斯孟迫使约翰二十三世教皇在康斯坦茨召开主教会议。大会将约翰二十三世废黜，批准罗马教皇格里高利十二世退位，否认阿维农教皇本笃十三世，又选出了新的教皇马丁五世，将教廷设立在罗马。至此，天主教大分裂宣告结束。

美第奇家族是怎样获得专权的？

经营银行业的美第奇家族早在 13 世纪就参加了佛罗伦萨政府。1434 年，科西莫·美第奇利用人民对阿尔毕齐经济政策的不满和对卢卡战争的失败，取代了阿尔毕齐家族的统治，控制佛罗伦萨政权。该家族在罗梭索统治时期，依靠雄厚的银行资本，提高了在国际上的地位，加强了和教权之间的联系，控制了教皇的选举，使教廷为他的政治和银行业服务。1491 年，萨伏那洛发动了平民起义，美第奇家族被迫逃走。1512 年，该家族在西班牙军队的支持下，重新统治了佛罗伦萨。

为什么"日心说"对教会冲击极大？

在中世纪的欧洲，教会和神学统治着整个思想文化领域。《圣经》和教义是绝对不可动摇的"真理"。谁要是宣传同圣经相违背的观点，谁就是"异端邪说"的传播者，就有亵渎神灵的嫌疑，就将遭受严厉的制裁。

哥白尼的"日心说"指出：地球不是宇宙的中心，地球和其他行星一样，都是围绕着太阳运动的；而地球本身也在不停地转动着。显然，这同"地心说"的宇宙观是根本对立的，对教会造成了极大的冲击，因此成为教会的大敌。"日心说"在产生和发展的过程中，夹杂着科学与宗教、唯心论与唯物论、辩证法与形而上学的激烈斗争。许多先进的科学家为了维护哥白尼"日心说"，付出了沉重的代价，有的甚至献出了自己宝贵的生命。

达·芬奇神奇的创造力来源于他人吗？

达·芬奇，是举世瞩目的旷世奇才。他知识广博，在许多领域都有建树。他不但在绘画、雕塑等艺术领域取得了很好的成果，而且在物理、数学、解剖、地质学、天文和建筑、工程制造方面也颇有造诣。人们不禁要问，为何他能集多种才能于一身？后来科学家对他进行了研究，结果惊奇地发现，如果要完成他全部的绘画、雕塑、研究及各种发明等工作，就算一刻不停地做，需要的时间至少也是 74 年，而他本人只活了 67 年。那么，究竟是不是有神秘人物在帮助他呢？

原来，达·芬奇的仆人托马兹·玛奇尼经常跟随在达·芬奇左右，他阅历十分丰富，曾到过东方，受到过东方圣人和统治者的接见，还带回了大量的古阿拉伯和古埃及的书籍。据记载，他是一位出色的水力专家、雕刻家、机械师，对炼丹术和妖法也极为热衷，只是因为他身份低微，故不为人们所知。有些学者从这些史料中得出结论：托马兹·玛奇尼是达·芬奇的有力合作者。

但也有些人认为，这个人只是人们想象出来的。

有些专家认为，达·芬奇可能是立足于古人的创造发明并对它们进行了再创造和改良而得到如此丰硕的成果的。但是，不管怎么说，我们都不得不承认，达·芬奇是一个集崇高美德和天才智慧于一身的奇才。

谁被封为"皇帝的画像师"？

提香·韦切利奥，出生于意大利威尼斯的卡多莱，是威尼斯画派的代表人物。

提香对色彩的性能及其相互关系有着独到的认识和体悟。他用色大胆，色调极其丰富明快、微妙而准确；他的笔触热情奔放，流畅自如，不拘一格；画面响亮而又和谐，洋溢着生命的活力和雄浑、华贵之美。此外，他还擅长肖像画。1533 年，神圣罗马帝国皇帝查理五世封他为"皇帝的画像师"，并授给他"贵族"的称号。他对西方绘画艺术的发展有重大的影响。

布鲁诺为什么被烧死？

布鲁诺，出生于意大利的一个贫苦家庭。他在修道院里读过很多书，24 岁成为牧师，并获得哲学博士学位。此后，他开始对宗教产生怀疑，大胆地批判《圣经》，因冒犯了罗马教廷，只好逃往法国、英国等地宣传哥白尼的日心说，批判托勒密的地心说。在此基础上，布鲁诺还发展了哥白尼的太阳中心说，把人类对天体的认识提升到一个新高度。

布鲁诺广泛宣传他的先进哲学思想，引起了罗马宗教裁判所的恐惧和仇恨。1592 年，罗马教廷用尽各种手段，将他骗回意大利，并立即逮捕。在各种威逼利诱下，布鲁诺丝毫不屈服，经过了 8 年的折磨，他被处以火刑。后来，人们在布鲁诺殉难的鲜花广场上竖立起他的铜像，以此纪念这位为科学献身的勇士。

德国文艺复兴时期最杰出的画家是谁？

阿尔卜列希特·丢勒是德国文艺复兴运动中最杰出的画家。

丢勒生于 1471 年 5 月 21 日，出生地为德国当时的人文主义思潮中心纽伦堡。这个城市十分繁荣，科技文化也有很好的发展。丢勒在很小的时候就逐渐表现出对绘画的极大兴趣。1496 年，丢勒跟随当地著名画家沃尔盖莫特学画，以后又拜了几位名师。1494 年，丢勒回到纽伦堡，成立了自己的画室。后来，他又走进了真正的自我创作阶段。他的一生创作了大量的作品和理论著作，其中有 350 幅木版画、100 幅铜版画、100 多幅素描和 60 多幅油画。除了自传、书信和日记之外，丢勒还对艺术理论进行了深入的研究。他的代表作有《测量指南》《巩固城市之要求》《人体比例论》等。

丢勒不仅是一个伟大的艺术家，还是一个驻城专家、建筑家，可以和当时最伟大人物相媲美。

谁提出了"知识就是力量"这句名言？

大家相当熟悉的名言"知识就是力量"是大哲学家培根提出的，这其中还有一段耐人寻味的故事。

阿基米德是古希腊伟大的数学家，他在物理学、天文学、机械等领域做出的伟大贡献更是为世人称道。不仅如此，他还是一位伟大的爱国者。当罗马帝国的军队向他的家乡进犯时，70 多岁高龄的阿基米德挺身而出，竭尽自己的心智，为保卫国家而战斗。当时，阿基米德制作了一面巨大的抛物镜，把阳光聚焦后反射到罗马的战场上，燃起熊熊大火，罗马士兵全部溃败。他还发明了一种投石器，可以迅速抛出成批的石子，能将逼近城墙的士兵打得头破血流。罗马军队的统帅马塞尔无奈地说："我们是在同数学家打仗！他（阿基米德）安稳地待在城里，却能焚烧我们的战场，一下子掷出铺天盖地的石子，真像神话中的百手巨人。"

后来，培根在回忆上述历史时，写下了"知识就是力量"的名言。

谁被称为"法国绘画之父"？

尼古拉斯·普桑出生于法国西部的一个退役军人家庭，家境贫寒，少年时代就有在巴黎学画的经历。1630 年普桑来到罗马，他的生活与艺术道路也从此开始改变。期间，他不仅认真研究古希腊和罗马的艺术遗产，而且深受意大利文艺复兴大师们的思想、理论和作品的启发，逐渐形成了自己独具特色的古典画风。普桑将古典形式美的法则运用到创作中，追求画面的统一、和谐、庄重、典雅和完美。他坚定不移地站在古典主义的立场上，反感巴洛克风格。他的人物造型一般都是按照希腊、罗马的雕刻形象进行塑造，他所作的一系列具有"崇高风格"题材的作品令人肃然起敬。普桑的代表作是《阿卡迪亚的牧人》。

虽然他一生的大部分岁月都在罗马度过，但他的作品在法国却受到极大的推崇，是法国古典主义绘画的奠基人。他去世后，巴黎皇家绘画雕塑学院出现了"普桑主义"学派，普桑也就成为名副其实的"法国绘画之父"。

哪位作家称得上是站在时代巅峰的巨人？

弗朗索瓦·拉伯雷，法国文艺复兴运动的代表人物之一。他出生于 1494 年，诞生在法国中部都兰省的施农城。

拉伯雷童年过着自由自在的田园生活，也就是因为这样的农村风俗使他形成了追求人性自由的理想。拉伯雷曾在修道院精研希腊文学和哲学，同时在天文、地理、数学、医药、考古、植物学方面也颇有造诣，拉伯雷的人文主义思想在这里得到自由地成长。

后来，拉伯雷离开修道院，广泛接触社会，惊讶于封建法律制度黑暗的内幕与经院教育对人性的摧残，他对法国社会有了更为深刻的了解。当拉伯雷从蒙帕利埃大学医学院毕业的时候，他就想在医治人们身体的同时诊断社会的疾病，于是又开始了写小说的历程。

他的第一本小说《庞大固埃传奇》一出版，立刻被抢购一空。后来出版的《高康大》也如飓风一般扫荡了整个法国。他的书中有许多进步思想，以至引起了教会和贵族的仇恨。他留给法国人的是一个巨人的形象、一个不畏强暴的形象。

撒尿小孩铜像有什么来历？

比利时首都布鲁塞尔有一座闻名遐迩的"撒尿小童"铜像，它处于距布鲁塞尔大广场不远的一条街的角落，是布鲁塞尔标志性的雕塑。只要是来布鲁塞尔观光旅游的人，都会在此处观光留影，人们把它称为是不可或缺的乐趣。

"撒尿小童"是一个光着身子、身体结实、面带微笑、叉腰腆肚、正在撒尿的小男孩。他那天真顽皮、旁若无人尽情撒尿的形象实在让人喜爱。

"撒尿小童"终日不停撒尿，平时撒的尿是泉水，遇到节日或庆典，就会撒出啤酒。游人或伸头接喝，或取杯接饮，把它视为乐趣和吉祥的象征。

至于"撒尿小童"的来历，有多种版本。有人说，8 世纪时，布鲁塞尔领主膝下无子，十分着急，便请主教圣云狄仙帮助他得子。后经主教代他祈福，他果然得了一个儿子，但奇怪的是，这孩子刚一出世便撒尿，而且射得很高，射到了圣云狄仙的胡子上，故此他得名"撒尿小童"。领主很开心，便为他塑了这个塑像。也有人说，是一位富翁遗失了他的独子，四处苦寻不着，后来在一街道角落发现他正在撒尿，于是，便在这里为他造了一个撒尿的塑像。传统的说法是，西班牙军队侵占了布鲁塞尔，撤退时在城里埋下了炸药，准备炸毁城市，一个男孩看到了导火线在燃烧，便急中生智，撒尿把导火线浇灭，救整个城市于危难之中。市民感激他，称他为小英雄，给了他"布鲁塞尔第一公民"的称号，并在他浇灭导火线的地方建造了塑像。

最早的"撒尿小童"是石雕的。由于风

化，石雕不能持久，后改为铜像。现在的铜像是布鲁塞尔著名冶金匠布列克按照雕刻家杜奇士奈的石雕像铸成的。雕像其实很小，只有 53 厘米高。18 世纪时，曾被英国军队偷走，后来又被带到法国。据说，法国皇帝路易十五得知后，下令将其送回布鲁塞尔，同时还给小童铜像赠送了一件镶金绣袍。

"撒尿小童"铜像是赤身的，但不久就被穿上了衣服，他的衣服是世界各国送的。目前，他已有 700 多套衣服。比利时为他专门成立了一个协会，协会规定，世界上任何人、任何国家、任何团体都可以给"撒尿小童"赠送衣服，但是绝对禁止一些商业性质的赠送。送衣服的申请被核准后，可以得到"撒尿小童"身材的纸样，按这纸样便可给他制作合身的衣服了。1987 年，中国也给他制作了一套杭州织锦的服装。他的衣服有专人管理，定期更换，更换的日期由告示提前预告，人们便可以目睹到隆重的更衣仪式。

你了解西方贵族的爵位吗？

西方爵位从高到低依次为公爵、侯爵、伯爵、子爵、男爵。

公爵：在贵族中，公爵是第一等级，地位最高。随着封建关系的发展，王权日益强化，公爵成了统治阶级中的上层人物。

侯爵：最初是日耳曼人对镇守边疆的军政要员的称呼，以后用来专指低于公爵而高于伯爵的贵族称号。

伯爵：在罗马帝国时，伯爵是皇帝的侍从，掌管军、民、财政大权，有时也出任地方官吏。封建制度强化后，伯爵可割据一方，成为世袭的大封建领主。

子爵：系法兰克王国的国家官吏名，最早是由国王查理曼于 8 世纪时封的，后来传到欧洲其他大陆国家。

男爵：原意指男人。在 11 至 12 世纪，它是欧洲君主国国王或大封建主的直接附庸。以后这个词才渐渐演变为下层贵族的称号。

伊凡雷帝暴死的原因是什么？

伊凡四世的一生留下了几个谜团，让世人迷惑不解的首先是他的暴死之谜。

当时俄国统治阶级上层对于他的猝死进行了种种揣度和议论。为了平息这些议论，官方对此做了一个正式的说明。伊凡雷帝死后两个月，他的儿子费多尔伊凡诺维奇继位加冕，同时郑重讣告伊凡雷帝完全是自然死亡。基于这个论断，后来人们具体解释认为，伊凡之所以暴死，主要因为心理压力过大。当时连年战争，损耗惊人，国库空虚，遭遇财政危机，沙皇的威信下降。他执意建立直属个人的沙皇特辖区，摧毁诸侯和大贵族的经济力量，并且对其进行镇压和屠杀，以致民怨沸腾，国内局势动荡不安。再加上疾病的折磨，还有年老丧子的打击，使得伊凡雷帝神志恍惚。总之，当时伊凡雷帝身心俱疲，随时都可能撒手人寰。

"当众行刑"是怎么回事？

当众行刑的做法，存在于欧洲早期，罗马帝国的角斗场将这一集体行为发挥到极致，对犯人的惩罚演变成了集体的狂欢。当然，角斗士并不全是犯人。教会统治欧洲以后，集体观看行刑的传统被保留了下来，教会的宗教裁判所当众烧死犯人的做法屡见不鲜。在今天看来，其中很多人并不是刑事犯，只是思想犯。启蒙运动后，教会的统治失去了以往的权威，然而，集体行刑在欧洲依然保留。当时欧洲城市里的贵族和平民，像看戏一样观看真实杀人的"表演"。贵族在观看当众行刑时，还有视线最佳的座位，他们喝着茶，聊着天，吃着小点心，打扮得花枝招展。几万人同时观看行刑在欧洲历史上并不少见。由于众多人观看，死刑执行的时间就要适度地延长，一两个小时都是很正常的事。如果受刑的死者不是乞丐、强盗之类的普通人，而是国王、贵族等有身份地位的人，行刑之后，人们还会争抢犯人的衣物，争食犯人的肉体。

以自由、民主、人权为口号的法国大革命，当众行刑的狂欢更为频繁。直到 20 世纪早期，美国依然有这种集体狂欢的酷刑，不过，对象仅限于黑人。

中世纪欧洲人对妇女是怎样行刑的？

从中世纪到文艺复兴，欧洲人对妇女的刑法是极其残忍的。

英国早期最有权威的律书《黑石评注》中写道："有鉴于其性别所致之体面要求，不容其肉体暴露于外，也不容当众损毁，女性之刑罚，通常须以绞架为基，并以拖至此处活活烧死为宜。"

在欧洲大陆上，至少在北欧的一些国家里，对妇女的极刑处理有了转变。"妇女的火刑处理，不仅其场景令人胆战心惊，而且，也是极不文雅的做法，对北欧的雅致而言，那是不能容忍的。"这是史家朱尔斯·米克莱在《宗教之战》（1856 年）中所说的话。"在对圣女贞德的行刑活动中，第一支火苗就窜到了她的衣服上，烧掉了她身上的衣服，并残忍地使她那扭动的可怜裸身，暴露于公众眼前。"而在北欧，直到 1545 年，出于对妇女雅致的尊敬，人们会将这些妇女活埋掉。米克莱描述过这么一种过程："没有盖盖子的棺材放到地下去，里面有三根铁杆关住犯人。然后将土掀下去，盖到这活人身上。有时候，出于怜悯的原因，行刑的人为了减少其痛苦，事先会将犯人扼死。"

欧洲为什么会发生宗教改革？

中世纪的罗马天主教会，是西欧各国最有势力的封建主。教会的政治权力及其对人们的精神统治，严重地阻碍了资本主义生产关系的发展。

1517 年，教皇利奥十世派人去德意志兜售赎罪券，宣称只要购买赎罪券的钱一敲响钱柜，灵魂就会立刻升入天堂。这种无耻的勒索，激怒了德意志人民。于是，在宗教改革激进派闵采尔的率领下，于 1524 至 1525

1524 年，农民们再也忍受不了封建主和教会的残酷剥削，揭竿而起。图为农民们举着起义旗帜，上面画着一只系带的鞋子，将一个抓获的骑士围了起来。

年掀起了大规模的农民战争。很快，德意志宗教改革波及西欧其他国家，其中影响最大的是加尔文的宗教改革。

从 15 世纪开始，在资产阶级和新贵族的支持下，英国专制主义王权大大加强。强大的王权无法容忍教会的特权，于是，国王亨利八世便进行了自上而下的宗教改革。

宗教改革是西欧反封建斗争的重要形式。这次改革摧毁了封建制度，在西欧建立了资本主义制度，翻开了人类历史新的一页。

德国的宗教改革你知道多少？

中世纪时期，德国政治分裂，教会势力庞大，每年要从德国拿走巨额财富。1517 年，教皇以修缮圣彼得大教堂为名，下令在天主教各国发售赎罪券。在德国发售赎罪券的使者声称"只要购买赎罪券的钱一敲响钱柜，罪人的灵魂立刻就可以从炼狱升上天堂"。在德国人看来，这种行为简直就是敲诈。

10 月 30 日，维滕堡大学教授马丁·路德在教堂门口贴出《九十五条论纲》，要求辩论赎罪票的功效，但无人向路德应战。由此，宗教改革运动便开始了。此后，马丁·路德又发表了一系列文章，提出了宗教改革的内容。

这次改革在很短时间内传遍了全国。1520 年 6 月，教皇宣布路德的学说为异端，而路德也发表了学说反对教皇。随后，路德的学说得到了瑞士等国的支持，人们将路德的学说称为新教，而且逐渐将其合法化。

你知道德国的农民战争吗?

德国农民战争是中世纪西欧规模最大的一次农民起义,它发生于 1524 至 1525 年间。

起义的原因起源于德国的宗教改革。以马丁·路德为代表的德国宗教改革运动,在精神上解放了广大人民群众,但路德本人其实比较反对政治上的激进行为。另一个宗教改革领袖闵采尔是激进派的首领,他要求将宗教改革运动和社会改造结合起来,号召以暴力革命推翻封建社会。在他的宣传号召下,宗教改革运动终于演变成了一场声势浩大的农民战争。

1524 年夏天,德国南部的士瓦本地区农民揭竿而起,起义很快波及全国。1525 年 4 月,贵族们组成了以菲力普为首的贵族联军。5 月 16 日,农民军和贵族联军展开激烈的斗争,农民军被击溃,闵采尔英勇牺牲。

基督教加尔文教的创始人是谁?

约翰·加尔文,法国人,著名的宗教改革活动家,是加尔文教的创始人。1509 年 7 月 10 日出生于法国北部皮卡迪的努瓦荣城一个律师的家庭,受到了良好的启蒙教育。1528 年,加尔文毕业,获得文学硕士的学位。这时,路德宗教改革之风已吹入校园,有人对宗教改革表示支持,学院领导则加以反对,斗争激烈。一位支持路德的学生领袖竟被活活烧死,这件事让加尔文很受震动。

1531 年,他决定去巴黎专攻神学。其间,他研究了希腊文、希伯来文和拉丁文《圣经》,并且逐渐倾向于宗教改革。3 年后,加尔文成了一名新教徒。1536 年,加尔文在巴塞尔出版他的名著《基督教原理》,系统地阐述了新教教义,否认罗马教皇的权威。1541 年后,加尔文长期定居日内瓦,创立加尔文教,因此,他被人们称为"新教的教皇"。

"乌托邦"是什么意思?

"乌托邦"这个词来自两个希腊语的词根,描述的是一个理想国,并非真实的国家,而是一个虚构的国度,没有纠纷,至善至美。

《理想国》涉及柏拉图思想体系的方方面面,包括哲学、伦理、教育、文艺、政治等内容,主要是探讨理想国家的问题。

今天的"乌托邦"具有更多的外延,它一般用来描写任何想象的、理想的社会。有时它也用来描写今天社会试图将某些理论变成现实的尝试,有时乌托邦也常常用来表示某些好的,但是无法实现的建议。

你知道安格尔的《泉》吗?

让·奥古斯特·多米尼克·安格尔,法国画家。自小父亲就培养他对艺术的兴趣,那时,他非常热衷追求原始主义。由于用功、认真,17 岁的安格尔已经是一个很好的画家了。《泉》是安格尔一生追求的美神,也是他一贯倡导的"要拜倒在美前去研究美"的典范。西方一位评论家说:"这位少女是画家衰老的产儿,她的美姿却超过了所有女子,她集中了她们各自的美于一身,形象富有生气和更理想化了。"的确,像画中如此完美的女子在现实生活中几乎是不存在的。

在《泉》中,安格尔将他心中长期积淀的古典美与写实的现实美完美地结合起来,画家表现了人体姿态从不平衡到平衡的变化,抓住了人体内部力的微妙关系,即左倾斜的双肩和向右倾斜的胯部、向上的用力和向下倾倒的水罐,前趋的右膝和后绷的左腿都体现了力量之美,但又不拘泥于传统的平衡。在她身体的这种曲线运动中,展示出一种类似水波的曲线,这种身体的曲线使得那从水罐里流出来的直线形水柱也逊色几分,通过这些艺术表现形式,画家赋予了少女更多的活力。

戏剧大师马洛是怎么死的?

1593 年 5 月,英国著名剧作家克里斯托弗·马洛在 39 岁的时候被一个名叫英格拉姆·弗雷泽的仆役刺死。弗雷泽获得了皇家特赦,而马洛之死的内幕却成了一个谜。

后来，利兹大学荣休教授帕克·霍南得出结论，杀害马洛的主谋可能正是马洛的主要赞助人、弗雷泽的东家托马斯·沃兴汉。霍南认为，沃兴汉指使杀害马洛的原因是马洛当时正面临"无神论异端"的严重指控，这对沃兴汉在宫廷中的地位造成了威胁。

霍南还找到了关键的文件记录，其中显示弗雷泽在马洛死后从沃兴汉的妻子手里租到了大量田地。他后来还成了沃兴汉妻子的商业代理，并在沃兴汉权势增长的过程中大发其财。

谁被称为"天使博士"和"全能博士"？

托马斯·阿奎纳，中世纪经院哲学的哲学家和神学家。他把理性引进神学，用"自然法则"来论证"君权神圣"说。去世后，托马斯·阿奎纳被封为"天使博士"（天使圣师）和"全能博士"。他是自然神学最早的提倡者之一，也是托马斯哲学学派的创立者，为天主教长期研究哲学提供了重要的根据。他撰写的著作是《神学大全》，天主教教会把他当作历史上最伟大的神学家，将其评为三十三位教会圣师之一。

你知道米勒的《拾穗者》吗？

弗朗索瓦·米勒出生在法国诺曼底的农民家庭。他的童年和青年时代都是在农村劳动中度过的，敦厚朴实的农民性格对米勒后来的绘画风格产生了决定性的影响。在弗朗索瓦·米勒看来，大自然有着无穷无尽的壮观。他曾因乡下佬模样和质朴的画风被巴黎沙龙中的某些同行冠以"森林中的野人"的绰号。米勒试图用绘画的方式把人们带到土地的深处，在开阔而又静穆的景观中去感受它的沉重与充实，体会土地与土地上的农民自然般运行的命运。在《拾穗者》中，米勒采用横向构图描绘了三个弯着腰、低着头，在收割过的麦田里拾剩落的麦穗的妇女形象。她们穿着粗布衣裙和沉重的旧鞋子，身后是一望无际的麦田，人们可以隐约想象到她们劳动的场面。米勒没有正面描绘她们的面部，只是用简单朴素的方法呈现出她们默默劳动的场景。在造型上，米勒用较明显的轮廓使形象坚实有力，很好地表现了农民特有的气质，而沉着的色彩和丰富细腻的暖调子，更是淋漓尽致地展现了画面的浑厚感。

为什么培根被称为"不列颠的百科全书"？

弗兰西斯·培根是一个唯物主义哲学家。他从哲学原理出发，深入研究和论述了科学的方法问题。他反对经院哲学和唯心主义，极力批判经院哲学，主张打破"偶像"，铲除各种偏见和幻想。他主张双重真理说，强调发展自然科学在人类生活中占有重要的地位。

培根是近代哲学史上首先提出经验论原则的哲学家。他重视感觉经验和归纳逻辑在认识过程中的作用，开创了以经验为手段，研究感性自然的经验哲学的新时代，对近代科学的建立起了积极的推动作用，对人类哲学史、科学史都做出了重大的历史贡献。

培根思想上的进步性，反映出了英国资产阶级在上升时期对发展科学的要求。他未完成的《伟大的复兴》在该世纪下半叶产生了非常重要的影响，为此，罗素尊称培根为"给科学研究程序进行逻辑组织化的先驱"，他也被别人称为"不列颠的百科全书"。

尼德兰革命是怎么爆发的？

尼德兰以前属于神圣的罗马帝国，16世纪初归属西班牙。西班牙对尼德兰进行了残酷的经济剥削。到了16世纪中叶，尼德兰资本主义有了较为迅速的发展。新兴的资产阶级不愿忍受西班牙的剥削，于是决定用资产阶级革命的方式表示自己的反抗。

1566年，尼德兰城市平民和城郊农民捣毁教堂，破坏圣像，成为革命爆发的导火线。西班牙统治者派出大军镇压，试图把革命镇压下去。而此时的尼德兰人民组织了游击队，从海上和陆上双面夹击敌人。1572年，尼德兰北方爆发大起义。在莱顿城的战斗中，尽管尼德兰守军困在城中数月,弹尽粮绝,却仍然拒绝敌军的劝降。经过旷日持久的战争,西班牙被迫于1609年签订停战协定。此时,独立的荷兰共和国诞生了。

尼德兰革命是人类历史上第一次成功的资产阶级革命,建立了第一个资产阶级共和国,为以后欧洲资产阶级革命树立了榜样。

谁被称为"灵魂的肖像画家"?

埃尔·格列柯,原名多敏尼柯·西奥多柯波利,于1541年出生在希腊克里特岛上。在青年时代,他就显示出了过人的艺术才能。由于在拜占廷艺术的氛围中长大,他深受拜占廷的圣像画与壁画风格的影响。

在格列柯25岁的时候,他来到了意大利,受到威尼斯画派的影响。之后,他又到意大利,在意大利生活的时间里,格列柯很容易地接受了人文主义的精神。这一时期,他创作了《三位一体》《基督被捕》《吹松明的男孩》《卡沓涅的婚礼》等优秀作品。

在拜占廷艺术起步的时候,他先后接触到自由自在的威尼斯风格、佛罗伦萨的雄伟、奔放以及西班牙神秘的怀疑主义哲学,又因为处于社会变革之际,因而对他的心灵造成了极大的冲击。埃尔·格列柯不但以宗教画享誉画坛,他还是一个肖像画圣手。由于他擅于刻描对象的心理,因此亦被称为"灵魂的肖像画家"。后来,格列柯把这些新的元素带回西班牙,因而产生了一批优秀的画家。格列柯这个"希腊"的子民,为西班牙画坛送来了圣火,带来了更多的生机。

英国首席大法官为什么被斩首?

1535年7月6日,英国首席大法官托马斯·莫尔被斩首。第二天,他的头被挂在伦敦桥上示众。他究竟为什么要被斩首呢?

在很小的时候,莫尔就接受了良好的教育。人文主义的思想影响,也使他养成了独立思考的习惯,并且广泛研究人文科学和自然科学。

在出使欧洲的时候,莫尔写下了他的不朽之作《乌托邦》。他一方面抨击当时的英国社会,批评君主专制制度和资本主义的生产关系,对"羊吃人"的血腥场景进行了细致入微的刻画。另一方面,莫尔以丰富的想象力和对未来理想社会的向往,给人们描绘了一个理想的生活场景。这就使得他把人道主义发展到一个新的高度。

莫尔博学多才、政绩卓著,得到亨利八世的器重,但是因反对英国的宗教改革,并三次公开对抗国王,被定为叛国罪,处以死刑。

你了解十四行诗吗?

十四行诗是欧洲的一种格律严谨的抒情诗体。最早流行于民间,后来为文人所采用。最早兴起于意大利,以后便开始在英、法、德各国流行起来。意大利的诗人彼特拉克成了运用十四行诗体最主要的代表。他一生写了375首十四行诗,汇集成《抒情诗集》,献给他的情人劳拉。在他笔下的十四行诗,每首分成两部分:前一部分由两段四行诗组成,后一部分由两段三行诗组成,即按四、四、三、三编排。到16世纪末,十四行诗已成了英国最流行的诗歌体裁,产生了锡德尼、斯宾塞等著名的十四行诗人。成就最为显著的是莎士比亚,他进一步发展并丰富了这一诗体,一生写下154首十四行诗,后人将之称为"莎士比亚体"。

古典主义文学有哪些特点?

古典主义文学是17世纪在西欧流行特别是在法国流行的一种文学思潮。因其在文艺理论和创作实践上以古希腊、罗马文学为典范,故称为"古典主义"。古典主义主要有以下几个特点:

基本精神是"理性"至上,注重正常情理,要求作家正常地理解世界,并且用明确的方式加以表现;号召"模仿自然",这里的自然不是指客观世界,而是经过主观选择的现象;要求"逼真",但并不要求写真实;

要求"得体",作品中所描写的事物不能引起读者的反感;文学的任务在于道德说教,在于劝善;崇尚古希腊罗马的大作家,把他们的作品奉为圭臬;各种文学作品的体裁要有严格的界限与规律;要以简洁、洗练、明朗、精确的文风,反对烦琐、枝蔓、含糊和晦涩。

古典主义文学先后在欧洲流行了 200 多年,但是它的读者和观众仅限于朝廷和城市。

你知道比萨斜塔吗?

意大利比萨斜塔修建于 1173 年,由著名建筑师那诺·皮萨诺主持修建。该塔位于罗马式大教堂后面的右侧,是比萨城的标志。刚开始,预定塔高为 100 米左右,但动工五六年后,塔身从三层开始倾斜,直到完工还有继续倾斜的趋势,在其关闭之前,塔顶已南倾(即塔顶偏离垂直线)3.5 米。1990 年,意大利政府将其关闭,进入了整修阶段。

在实际工作中,许多有关专家对比萨斜塔的全部历史以及塔的建筑材料、结构、地质、水源等方面进行充分的研究,他们采用各种先进的仪器设备进行测试。在比萨中古史学家皮洛迪教授看来,建造塔身的每一块石砖都是一块石雕的艺术品,石砖与石砖间的粘合极为巧妙,能有效地防止塔身倾斜引起的断裂。

为什么欧洲中世纪男人喜欢秀大腿?

欧洲历史上,从古希腊到中世纪,秀大腿都是男人的权利。古希腊男人下面的衣服都比较短,通常会把大腿暴露在外面,这种习惯到欧洲中世纪依然流行。

中世纪的男人喜欢穿紧身裤,为了显示自己大腿的魅力。他们穿的上衣变得越来越短,其中一种形式就是现在的紧身夹克。而且有钱有地位的贵族男子,一般都会在短上衣的下摆弄出一圈装饰,这便成为现代超短裙的前身。为了美观,他们还会在前面挂一个"荷包",渐渐地,这个"荷包"越来越大,就是所谓的"挎包",法国作家拉伯雷曾经对此有过讽刺。在我们看来,从露大腿、紧身裤到超短裙、带挎包,时尚的风气在那个时候几乎发生了逆转,不过这确实是中世纪男人的"特权"。

《茶色和银色装束的菲利普四世》暗示了什么?

委拉斯贵支生于塞维利亚,西班牙画家。早年在老埃连拉画室学画,后拜在画家 F. 帕里切科门下。早期绘有《卖水人》《煎鸡蛋的老妇》,形象真实,有浓郁的生活气息。1623 年进入马德里宫廷为国王服务,但受到原在宫廷服务的保守派画家的排斥。1627 年,他和保守派画家按同一命题作画,进行了一场艺术竞赛,获得了胜利,巩固了他在宫廷的地位。

他的《茶色和银色装束的菲利普四世》是其 1631 年从意大利回国后为国王绘制的第一幅肖像画。在委拉斯贵支访问意大利期间,菲利普四世没有允许其他画家为自己绘制肖像。委拉斯贵支的这幅作品出色地描绘出服装上的刺绣纹饰,这个装束与国王平常朴素的黑色服装不太一样,似乎暗示着这幅画是为某个特别的事件绘制的。桌子上放着国王的帽子,似乎表明菲利普四世要出席某个重要的场合或参与某一重大事件。国王手里拿着一张小纸片,写有委拉斯贵支的名字。委拉斯贵支很少在作品上签名,这个细节也暗示了作品的不同寻常之处。不过作品具体暗示了什么内容,至今人们还不清楚。

你知道《绞刑架下的舞蹈》吗?

彼得·勃鲁盖尔,16 世纪尼德兰地区最伟大的画家。他一生以农村生活作为艺术创作题材,人们称他为"农民的勃鲁盖尔"。他早期的作品多以尼德兰的民间传说和谚语为题材,但他晚年的作品逐渐转入社会生活,广泛而深刻地描绘了尼德兰人民在西班牙统治下的生活与反抗斗争,可是迫于政治环境,这些作品也和画家的前期作品一样曲折隐晦,留下了不少令人费解的谜团。《绞刑架下的舞蹈》作于 1568 年，这幅画描绘了在牺牲者坟地附近三个人在欢乐歌舞，表达出一种反抗西班牙统治的乐观主义精神，也表达了对统治者残酷镇压的嘲讽。这是一幅风景画，但带一些神秘性。全画以较高的视点画出尼德兰平原的纵深远景，而引人注目的绞架作为死亡的象征物，显然包含着生与死的矛盾冲突，但我们可以从这幅画中看到生命的希望。

谁画的《戴金盔的男子》？

在德国柏林达雷姆美术馆内收藏有一幅油画《戴金盔的男子》。长期以来，它一直被认为是荷兰 17 世纪著名画家伦勃朗的真迹。世界各地的艺术爱好者们曾怀着崇拜的心情前去欣赏它，大量的美术出版物也对它做过不计其数的介绍与论述。然而，在 1985 年后，这样的现象不复存在，因为学者们经过认真鉴定，最终得出了一个惊人的结论：这幅画并非出自伦勃朗之手！专家们推测，真正的作者应当是伦勃朗的一位学生。这名高足长期在伦勃朗的作坊里学习绘画，他熟悉并继承了老师的风格。晚年的伦勃朗穷困潦倒，大家猜测他可能是为了缓解手头拮据的状况，因而在学生的优秀作品标上了自己的名字出售了。对美术爱好者而言，虽然《戴金盔的男子》没有以前那么具有吸引力了，但作品的艺术魅力丝毫没有减退。而这幅杰作的真正作者叫什么名字至今还是个未解之谜。

新航路的开辟与各国嬗变

新航路是怎样开辟的?

15 世纪，商品经济发展，资本主义开始萌芽，欧洲各国对货币的需求大大增加。欧洲人狂热地追求货币，渴望获得制造货币的黄金。自从《马可·波罗游记》在欧洲流传以来，欧洲人一直把东方，特别是中国看成是黄金遍地的人间天堂，所以都希望在东方实现淘金梦。

在这之前，西方通往东方的重要商路有三条：一条在北部，经小亚细亚、黑海、里海至中亚细亚；一条在中部，从地中海东岸经两河流域至波斯湾，再从海路到达东方各地；还有一条在南部，经埃及的亚历山大港到红海，再从海路到东方。北部的一条被土耳其人占据着，另外两条被阿拉伯商人长期控制。一直以来，欧洲的贵族和商人迫切希望有一条更加便捷的路能到达中国和印度。

1492 年 8 月 3 日，在西班牙的支持下，哥伦布率领船队从西班牙一直向西航行，来到了一个岛屿。哥伦布以为到了印度（其实是美洲），所以把当地人称为印第安人（即印度人）。哥伦布向南继续航行，又到达了附近的古巴和海地，发现了许多岛屿。1493 年 3 月 15 日，哥伦布回到西班牙，向欧洲人宣布他已经找到了通往印度的航路。

此后，哥伦布又多次到达美洲，并且在他的意识里都认为自己到过的地方就是印度。后来一个叫亚美利加的意大利冒险家证实了哥伦布发现的并不是印度，而是欧洲人过去不知道的一个新大陆。后来，人们又把它称为亚美利加洲，即美洲。

西班牙人虽然发现了美洲，但当时获得的利益远远不如葡萄牙人在印度获得的多，于是西班牙人决意继续向西航行，以求从西面到达印度。1519 年 9 月 20 日，葡萄牙人麦哲伦在西班牙的资助下，率领探险船队出航，先是沿着已经知道的航路向西航行，然后转向南，沿着美洲大陆继续南下。这样，美洲南部的海峡就被他发现了，后来人们把这里称为麦哲伦海峡。

新航路的开辟，使欧洲同非洲、亚洲之间的贸易不断扩大，与美洲的联系也日益紧密，欧洲市场上陆续出现了各地区的商品，于是世界市场便形成了。

"香料之路"又称"海上丝绸之路"吗?

印度尼西亚东北的马鲁古群岛，是一个以盛产胡椒、丁香、豆蔻等香料闻名的群岛，人们把它称为香料群岛。

香料对于欧洲人来说十分重要，但是欧洲并不出产这些东西，必须从东方运来。在新航路开辟以前，从东方到西欧的主要商旅通道只有丝绸之路。那些阿拉伯商人几经辗转进行香料贩卖一般都获利巨大，这就使得欧洲人十分眼红，他们想绕开丝绸之路重新找一条通往香料群岛的航路。

于是，他们开辟了一条经印度洋到红海或波斯湾沿岸再转往欧洲的航路，就是"香料之路"。1509 年 9 月，葡萄牙的 5 艘商船乘着强劲的西南风第一次到达香料群岛。两个月后，他们沿着香料之路航行到印度。香料之路的航程很长，途中少不了要补充淡水、食物等东西。这样，葡萄牙人用武力控制了亚洲南部马来半岛南端的一个港口——马来王国的首府马六甲。有了马六甲，不仅解决了航行必须品的补充，还可以牢牢地控制住这条香料贸易的必经之路。

从此，葡萄牙人控制马六甲海峡长达一个世纪之久。他们依靠香料之路，垄断了欧洲人所需要的香料，从中大发其财。由于"香料之路"的作用同"丝绸之路"相似，人们就把"香料之路"称作"海上丝绸之路"。

最早的殖民帝国是哪个国家？

葡萄牙，一个位于欧洲西端的小国家，人口不过百万，然而它却是最早开始海外殖民、最早建立海外帝国的国家。

葡萄牙的殖民目标是与它隔海相望的非洲，那里有很多黄金、象牙、奴隶等，都具有相当的价值。1415年，亨利王子攻占了直布罗陀海峡西岸的一个要塞，这是葡萄牙在非洲的第一块殖民地，也是欧洲跨海殖民的第一步。

之后，葡萄牙就把殖民的范围进一步扩大。1496年，航海家达·伽马找到了通往香料之国——印度的路线。从此，葡萄牙人开始正式建立起他们的殖民帝国。尽管它的面积不大，却涵盖了东西贸易的咽喉要地。依靠这种贸易，葡萄牙一度成为欧洲最富有的国家。

荷兰为什么被称为"海上马车夫"？

荷兰，原是西班牙属地尼德兰的一个省。1581年，荷兰共和国脱离西班牙走上独立，成为世界上第一个资产阶级共和国。本来工商业发达的荷兰，在资产阶级革命胜利后，有了更为迅猛的发展。整个17世纪，它在商业、海洋运输业、金融业各方面都占有绝对优势。在当时，世界各国间贸易的往来主要靠海上交通，哪个国家的造船业发达，拥有的商船数量和吨位最多，它就能控制东西方贸易，称霸海洋，从事海外殖民掠夺。而船只就像陆上运输的马车一样，哪个国家掌握了海上的马车，它便是海上的马车夫。因此，荷兰就有"海上马车夫"的称号。

英国是如何成为"海上马车夫"的？

荷兰的海上霸权没有持续多长时间就受到了英国的挑战。

英国于16世纪晚期，打败了西班牙海上霸权，并且逐渐发展为强大的殖民主义国家。1651年，英国议会通过了新的《航海条例》，规定一切输入英国的货物，必须由英国船只载运，或由实际产地的船只运到英国，任何有航运能力的国家均不得插手。荷兰成为贸易中介国家、全世界商品集散的中心的优势

这是17世纪50年代的一幅图画，新阿姆斯特丹的这种景象到1664年被英国占领、更名为纽约后最终定型。

就在于：商船多、体积大、效率高、组织完善。英国的新航海条例显然是为了对付荷兰，打击它在英国对其他国家贸易中的中介作用。荷兰反对英国的航海条例，英国拒绝废除航海条例，这就导致了英荷海上大战，这样的海上大战总共进行了三次。

第一次英荷战争（1652～1654年），荷兰被击败，英国掌握了制海权，使依赖贸易生存的荷兰经济瘫痪。1654年4月，两国签订《威斯敏斯特和约》，根据这一和约，荷兰其实默认了英国的航海法案。

第二次英荷战争（1665～1667年），是由于英国占领荷兰在北美的殖民地新阿姆斯特丹而引起的。1666年2月，法国、丹麦与荷兰结成同盟。在1666年6月11日至14日的敦刻尔克海战中，廖特尔海军上将统率的荷兰舰队击败了英军，但并没有巩固已经取得的战果。同年8月4至5日于北福伦角再度交战，荷军败北。1667年6月，荷兰海军封锁泰晤士河口，歼灭部分英国舰队。由于伦敦直接受到威胁，于是英国被迫于1667年7月31日缔结《布雷达和约》，英国占有新阿姆斯特丹，但英军必须将战争期间占领的苏里南（在南美）归还荷兰。

第三次英荷战争（1672～1674年），1672年5月，英法联合对荷兰宣战，并且采用了陆海两线作战的方式，荷兰无法抵挡法军进攻，被迫掘开海堤淹没国土，才使得法军撤退。1673年3月，荷兰海军击退英国舰队。6月，英法联合舰队与荷兰进行了两次斯库内维尔海战。8月，法国退出战争，英荷再也没有精力进行战争，于是在1674年2月签订《威斯敏斯特和约》，战争结束。

英荷海上争霸战争前后持续了20多年，尽管荷兰在军事上没有完全输给英国，但整体而言，荷兰海上实力大为削弱。荷兰在经济、贸易、海运方面的实力也大为下降，从此"海上马车夫"的称号就属于英国，英国成为海上霸主。

"好望角"的名字是怎么来的？

好望角初名"风暴角"。1486年葡萄牙著名探险家巴托罗·迪亚士奉葡萄牙国王约翰二世的命令，率探险队沿非洲西岸南航行，寻找通往东方的航道。

迪亚士首先到达非洲南端，在那里遇到了特大的风暴，他乘坐的帆船几乎沉没在惊涛骇浪中，最后飘落在一个无名的岬角岸边。后来被迫返航，迪亚士将其称为"风暴角"。回国以后，迪亚士向葡萄牙国王汇报了到达"风暴角"的情况。国王认为这种名称会不利于进一步探索通向东方的航道，而且认为只要越过这个岬角，就有希望开辟一条新航路。于是，他于1487年正式将"风暴角"命名为"好望角"。

"教皇子午线"指的是什么？

1492年哥伦布到达美洲后，西、葡两国为争夺殖民地、市场和掠夺财富，进行了长期的战争。为缓和两国日益尖锐的矛盾，1494年经教皇仲裁，西班牙和葡萄牙在世界上划分势力范围的分界线：在大西洋中部亚速尔群岛和佛得角群岛以西100里格（1里格合3海里，约为5.5千米）的地方，从北极到南极划一条分界线，史称"教皇子午线"。线西属于西班牙人的势力范围；线东则属于葡萄牙人的势力范围。根据这条分界线，大体上美洲及太平洋各岛属西半部，归西班牙；而亚洲、非洲则属东半部，归葡萄牙。

葡萄牙国王若昂二世（1481～1495在位）对此表示不满，要求重划。1494年6月7日，西、葡两国签订了《托德西利亚斯条约》，将分界线再向西移270里格，巴西即根据这个条约被划入葡萄牙的势力范围。这条由教皇作保规定的西、葡两国同意的分界线，开近代殖民列强瓜分世界、划分势力范围之先河。

当麦哲伦的船队航抵摩鹿加群岛（今马

鲁古群岛）以后，对于该群岛的归属问题，西、葡两国又发生了分歧。1529年双方又签订《萨拉戈萨条约》，在摩鹿加群岛以东17°处再画出一条线，作为两国在东半球的分界线，线西和线东分别为葡萄牙和西班牙的势力范围。西、葡两国首次瓜分了整个地球，开始了疯狂的殖民掠夺。

麦哲伦为什么要环球航行？

麦哲伦环球航行的主要目的是为了做一次环球探险。他是地圆说的信奉者，如果能证明这一说法，就意味着从欧洲到达亚洲的航线不只有陆路或者经过好望角那么几条。在环球航行的过程中，麦哲伦历经艰难险阻，但他丝毫没有退却，在他身上体现出了相当的骑士精神和冒险主义精神。

达·伽马如何开辟了西欧到印度的新航路？

达·伽马，葡萄牙著名的航海家，通过绕航非洲，开辟了西欧到印度的新航路。

1497年7月8日，达·伽马率领4艘船、170名船员从里斯本出发。船队最初向佛得角群岛前进。他们走过的路线呈现出弧状，先向西南，后转东南，为了避免进入几内亚湾的无风带和遭遇险恶的海流。

随后达·伽马一行又沿非洲东海岸向北航行。在马林迪，一个印度引航员为他引航30天，从阿拉伯航海至印度。1498年5月20日，大约在离开葡萄牙10个月之后，达·伽马到达印度南方最重要的贸易中心卡利卡特。

在当地停留的三个月内，达·伽马会见了卡利库特国王。经过几番周折，国王才请达·伽马交给曼努尔王一封信，同意与葡萄牙人进行商品贸易。

在归国途中，达·伽马又经历了许多风险。达·伽马于1499年9月初返回葡萄牙，全程共计26个月，人数也由出发时的170人变为55人。

达·伽马以其充沛的精力和坚强的意志完成了艰巨的任务，受到了曼努尔王的隆重礼遇，被他封为英雄。

葡萄牙人以什么方式计算纬度？

1484年，葡萄牙国王约翰二世任命数学专家编写了欧洲第一部航海手册和航海历书。航海方位的确定，传统的方法是依靠记录航海的距离和方向，但这种方法并不可靠，而且在南半球海域也看不到北极星，于是，约翰二世希望通过用观察太阳的方式来确定纬度。但太阳运行的轨迹相对于地球又在发生着变化，数学专家研究了犹太天文学家扎克特关于太阳运行的一系列图表，便将其简化，制作成了手册和日历。这样，海员们通过查询手册和日历就可以确定出所处的纬度。

西班牙和葡萄牙合并是怎么回事？

在历史上，西班牙和葡萄牙曾经合并过。1578年，葡萄牙国王塞巴斯提远征摩洛哥，结果兵败身亡。葡萄牙王位因此发生空缺，而且腓特烈二世也觊觎葡萄牙已久。于是，他趁此机会给里斯本下达了最后通牒：如果葡萄牙人拒绝他继承王位的要求，他将派阿尔发公爵血洗葡萄牙。出于政治、经济和外交等多方面的考虑，葡萄牙人只好答应了腓特烈二世的请求。1580年，西班牙国王腓特烈二世继承葡萄牙王位，就这样，两国合并了。

亨利王子对航海有什么贡献？

15世纪中叶，在航海技术日益成熟的时候，出现了一位航海家，他是葡萄牙王子亨利。

对权力没有野心的亨利常常让自己置身在激烈的王室争权夺利斗争之外，全身心投入到航海探险事业上。亨利在一张1351年的意大利地图上注意到所标示的亚速尔群岛，于是他派遣卡夫拉尔前往勘探，结果取得了很大的成功。在1432年到1444年间，在亨利的航海冒险下，这些具有很高经济价值的海上岛屿被一一纳入葡萄牙的版图。

后来的很多航海家受其启发进行了轰轰烈烈的探险事业。尽管亨利王子逝世了，但他留下了巨大的功绩：大力提倡远航探险、建造船队、改进测绘技术和推动海路贸易。

航海家麦哲伦是怎么死的?

菲律宾群岛是麦哲伦环球航行中最繁荣的地方,也是他辉煌生命的终点。1521 年 4 月 7 日,麦哲伦的船队到达了宿务岛。在隆隆的炮声中,西班牙人宣称该岛属于西班牙国王。随后他们又要求当地土著人接受基督教的洗礼,接着又强迫宿务岛周围岛屿的土著人屈服,这就引发了最为激烈的马克坦岛反抗。

让麦哲伦没有想到的是,4 月 27 日清晨马克坦岛人奋力抵抗,他们用弓箭和标枪同麦哲伦的船员激战,麦哲伦不幸腿上中箭,火速撤退。在浅海处,马克坦岛人把麦哲伦和其他 6 名受伤的船员团团包围。

麦哲伦试图反击,但拔剑的右臂被刺伤,一把弯刀也重重地砍在了他的腿上,他痛苦不堪地栽入海里,马克坦岛人蜂拥而上,结束了冒险家的性命。麦哲伦的生命之舟随着这次冒险活动就此搁浅了。

火地岛的名字是怎么来的?

麦哲伦率领船队沿麦哲伦海峡航行的时候,峡道弯弯曲曲,时宽时窄,两岸山峰高耸直立,奇幻莫测。海峡两岸的土著居民喜欢燃烧篝火,白天蓝颜绿绿,夜晚火光点点,仿佛是专门为迎接麦哲伦到来设计的仪仗队。看到这一切,麦哲伦很高兴,他便把海峡两岸的这块陆地命名为"火地",这就是今天地处智利的火地岛。

太平洋是谁给取的名?

太平洋这个名字是葡萄牙航海家麦哲伦在环球航行中取的。

1519 年 9 月 20 日,麦哲伦率西班牙探险队从塞维尔动身,途中经过直布罗陀海峡,沿大西洋向西,开始了环球航行。一年多以后,当他们的船队来到南美洲南端时,只见惊涛拍岸。于是麦哲伦的船队顶着狂风巨浪继续向前驶进。经过 38 天的艰难航行,船队终于平安驶进海峡。这时,出现在他们面前的是茫茫海洋,海水舒缓平静,向远方流去。麦哲伦的船队从南美洲越过关岛,来到菲律宾群岛。此后的航行中,他们再也没有遇到大风大浪。同行的队员兴奋地说:"这里真是个太平之洋呀!"

因此,后来人们就把美洲、亚洲和大洋洲之间的一片大洋,取名为"太平洋"。

哪个海峡是分界线众多的地方?

白令海峡是连接太平洋和北冰洋的水上通道。它是两大洋(太平洋和北冰洋)、两个海(白令海和楚科奇海)、两个洲(亚洲和北美洲)、两个国家(俄罗斯和美国)、两个半岛(阿拉斯加半岛和楚科奇半岛)的分界线,还有国际日期变更线,也通过白令海峡水道的中央。

白令海峡长 60 千米,宽 35 至 86 千米,水深 30 至 50 米。海峡中有一个群岛,名叫代奥米德群岛,把海峡分隔成三条通道。1728 年 6 月,沙皇派遣俄国海军军官白令去查明在俄国东北方的亚洲大陆和北美洲大陆是否相连。结果证明亚、美大陆之间并不相连,其中隔着一条很宽的海峡。后来,人们为了纪念白令,就把这个海峡叫作"白令海峡"。

你知道最神秘的海域是哪个吗?

在大西洋上,美国东南沿海区,大小安的列斯群岛和北大西洋海岭之间,有一片广阔的海域,叫作马尾藻海,这个海上有一个百慕大三角,近几十年来引起全世界的关注。

然而,"百慕大三角"这个地理名称,竟同死亡和灾难联系在一起。长期以来,无数飞机、船只和人员在这里失踪,甚至连失踪飞机、船只的残骸和死难者的遗体也难以找到。在遇难事件发生的同时,还常常伴有许多奇异的自然现象。这对百慕大三角海域的航空和航海事业都带来严重的威胁,于是,人们便把这个令人生畏的百慕大三角叫作"魔鬼三角"。

为了解开这些谜底，科学家和探险家纷纷前往考察探险，运用了事件分析、模拟实验等多种方法，提出了各种各样的猜测和假说：百慕大三角海域有强大的磁场，干扰飞机和船只的正常航行，并导致机、船遇难；百慕大三角区海底有一个巨大的暗洞，它会产生一股极大的吸力，过往的飞机和船只，很可能被吸到海底；此外，还有人提出，海啸或特大龙卷风、晴空湍流与神秘百慕大三角的关系，海啸能形成巨浪，使过往船只突然倾覆或沉没；也有人认为，海底有金字塔，因而造成了百慕大三角之谜。

总之，关于百慕大三角的猜测还有很多，人们一直为它的神秘性深深吸引。

资本主义国家是如何进行殖民扩张的?

16世纪初新航路的开辟后，欧洲各国普遍在海外大肆推行殖民扩张的政策，掠夺财富、赚取更多的利润。17至18世纪，荷兰、英、法等国成为继西班牙、葡萄牙之后的新殖民强国。他们的殖民掠夺充满暴力色彩，其基本动因即为资本原始积累。

19世纪资本主义在世界范围内的确立，西方殖民国家采用隐蔽的侵略手段，即通过商品输出，将东方广大地区变成其商品销售市场和原料产地，再辅以炮舰政策。

19世纪末20世纪初，资本主义世界体系最终确立起来。在殖民扩张中，帝国主义国家为了寻求更多的投资场所，利用殖民地半殖民地的廉价原料、劳动力和东西方之间不平等的经济秩序，榨取超额利润。

第一次世界大战后，殖民扩张主要表现在帝国主义国家内部对殖民地的再分配。

"二战"后，大批亚非拉国家摆脱殖民统治而独立。至90年代，帝国主义世界殖民体系彻底崩溃。

总之，资本主义国家进行的殖民活动，完全是为了满足本国资本主义发展的利益需求，给亚、非、拉地区带来了重大的灾难。

但是客观上也加强了世界各地区之间的联系，加快了整个世界的资本主义进程。

奴隶贸易是如何开始的?

欧洲新兴的资产者为从殖民地获得更多的财富，除加紧对海外洗劫、掠夺外，还着手经营殖民地，进行奴隶贸易。初期在种植园和矿山劳动的多数是白人契约工，他们是欧洲各国横渡大西洋而来的贫苦移民，这些人在原居住地与种植园主或海外劳务公司签订契约，到美洲后用几年劳动来偿付为他们垫付的旅费，契约到期后，才能成为自由民。随着种植园的发展，劳动力严重短缺，于是欧洲殖民者不得不寻找新的劳动力来源，他们便把猎取劳动力的目标锁定在非洲的黑人身上。在种植园或矿山使用奴隶劳动要比使用白人契约工便宜得多，而且还易于管理。所以奴隶贸易成为殖民者的一桩赚钱的买卖。

非洲的贸易繁荣表现在哪些方面?

非洲贸易的繁荣得益于其富饶的金、铜、岩、盐等自然资源。非洲的商人把这些资料输出到阿拉伯半岛、中国、印度、欧洲等地，然后又输入陶器、金属制品、棉布、绢等昂贵的物品。在西部非洲，8世纪的加纳王国、13至14世纪的马里王国以及15世纪的桑海王国都因黄金交易而繁荣起来。到了16世纪，黄金在欧洲的需求量增大。北非的商人把黄金输出到欧洲，他们在拉库达组成商人队伍，穿过撒哈拉沙漠运送黄金。在非洲南部，津巴布韦的铜和金还沿东海岸运输到印度和中国。非洲的贸易日益繁荣起来，而且和欧洲的贸易也促使奴隶贸易进一步扩大。

谁最早靠贩卖奴隶成为最富有的人?

约翰·霍金斯，英国16世纪著名的航海家、海盗、奴隶贩子，伊丽莎白时代重要的海军将领，他对英国海军进行的改革是战胜西班牙无敌舰队的重要因素之一。

霍金斯于1532年出生在英国西南部德文

郡普利茅斯的一个商人水手家庭。1554 年父亲死后，他继承父业，开始从事到西班牙和加那利群岛的贸易。通过这些活动，他不仅积累了财富，而且获悉，西班牙在西印度的殖民者正急需大量奴隶劳动力。于是霍金斯决心排除西班牙政府的限制，在非洲和西印度之间从事这种获利甚丰的奴隶贸易。

1559 年，霍金斯娶海军财务官本杰明·冈森的女儿凯瑟琳·冈森为妻。在本杰明·冈森和他的同僚以及伦敦商人的资助下，霍金斯于 1562 年 10 月率领一支船队出海，开始了他的第一次奴隶贸易航行。船队由三艘船组成，其中最大的"萨洛蒙"号为 120 吨。为了更方便地在新海域航行，霍金斯在加那利群岛的特内里费岛带上了一名西班牙人担任领航员，然后驶向几内亚海岸，在那里他很轻而易举地捕获了 300 名黑人。他们带着这些"活货物"穿过大西洋，前往西印度群岛的小西班牙岛（即海地岛）卖给西班牙殖民者，换取当地大量的兽皮、生姜、糖和珠宝。1563 年 9 月，他们满载而归。这是英国最早的"三角贸易"。作为英国奴隶贸易的创始人，霍金斯不仅赢得了名声和大量财产，也因此成为英国历史上最早进行贩卖奴隶勾当的海盗头子。

回国后，霍金斯又准备第二次航行。霍金斯的奴隶贸易引起了英国王室浓厚的兴趣，伊丽莎白女王和枢密院官员对他的第二次航行进行了投资。他按照前一次的步骤满载一船白银而回，成为了英国最富裕的人。正是因为政府对奴隶贸易的默许，使得奴隶贸易越来越猖獗，欧洲殖民国家纷纷参与其中。

《托尔德西拉斯条约》是怎么回事？

15 世纪末至 16 世纪初，葡萄牙和西班牙两国对其探险队所到之处都宣布为本国的属地，并为争夺市场和属地进行长期的争执。在罗马教皇亚历山大六世的仲裁下，1491 年 6 月 7 日，葡、西两国在西班牙的托尔德西拉斯城正式缔约，即《托尔德西拉斯条约》。

条约的内容有：在佛得角群岛以西约 2220 公里处（约西经 43°40′），从北极到南极划出一条分界线，就是"教皇子午线"。线以东"发现"的土地属西班牙。根据这个条约，葡萄牙占领了亚洲和非洲；西班牙则几乎独占了葡属巴西以外的整个美洲。

荷兰自何时直接统治了印度尼西亚？

1602 年，荷兰国会通过决议，把当时经营东方香料、物品的各公司联合成一个大公司，称"联合东印度公司"，简称为"东印度公司"。东印度公司成立后，攻占了西班牙和葡萄牙人在印尼的据点，并把以前各公司分别设立的收购站统一起来，改为商馆。1916 年，荷兰占领雅加达。1621 年，将雅加达改为巴达维亚，巴达维亚成为荷兰侵略印尼和亚洲各国的大本营。东印度公司在爪哇建立两种占领制度，同时，还通过贩卖奴隶、垄断贸易等奴役方式掠夺了印尼的大量财富。为了加强对殖民地的统治和适应国内工商业的发展需要，荷兰政府接管了东印度公司的营业。1800 年，东印度公司正式解散，荷兰政府接管了它的全部财产，承担了它的全部债务。从此，开始了荷兰政府直接统治印度尼西亚的阶段。

烟草是如何传播到世界各地的？

烟草起源于美洲、大洋洲和南太平洋的一些岛屿，目前发现有 66 个品种。栽培利用烟草最早的是美洲印地安人。1492 年 10 月，哥伦布率领探险队到达美洲，看到当地人在吸烟。于是就在 1558 年命航海水手们将烟草种子带回葡萄牙，随后传遍欧洲。16 世纪中叶烟草传入中国，刚开始传入的是晒晾烟，距今已有 400 多年的种植历史。

马铃薯是怎样在世界各地风靡的？

马铃薯的产地是南美洲的秘鲁和玻利维亚等地。大概在 1570 年时，西班牙人将其带到了西班牙和葡萄牙，后来又辗转进入意大利和欧洲各地。根据有关资料推测，马铃薯可能于17世纪初（明末）跟随欧、美传教士进入了中国。在中国，马铃薯被称为洋芋、荷兰薯等。

马铃薯迁徙到世界各地只有400年左右的历史，它的单位面积产量高，块茎含有多种营养成分，品种类型多，既适合扎根于多种生态地区，抗旱本领又大，关键时刻还能当作救灾物资，所以很快就成了世界上仅次于稻、麦、玉米的四大金刚粮食作物之一。此外，它也是英美人餐桌上必不可少的食物。

总之，马铃薯的发现、传播和人类的活动有着紧密的联系。

亚马孙河是怎样得名的？

亚马孙的得名可追溯至16世纪。1541年，西班牙殖民者弗朗西斯科·奥雷利亚纳率领一支探险队对亚马孙河进行了全面考察。他们起航之后，由于大河两岸森林密布，猛兽出没，杳无人迹，带来的食物已经消耗殆尽。正在一筹莫展之际，他们看到一个印第安人的村庄。上岸后，他们疯狂地抢劫村里的粮食，和印第安人进行了激战。印第安人勇敢不屈的行为使奥雷利亚纳和其他殖民者万分惊恐。尤其是印第安妇女，更是给他们留下了深刻的印象。于是，他们想起了希腊神话中有一个叫亚马孙的女人王国，她们英勇善战，尤善骑射。于是奥雷利亚纳便把这条世界上最长的河，取名为亚马孙。

亨利八世与英国国教的创立有什么关系？

英格兰国王亨利八世，在加冕典礼结束后，迎娶寡嫂凯瑟琳为自己的王后。1525年，亨利八世提出要与王后凯瑟琳离婚，一是因为她年老色衰，二世因为除了生了玛丽公主外，凯瑟琳未能给亨利八世带来一个男性继承人。亨利八世看上了凯瑟琳的侍女安妮·博林。但亨利八世离婚一事非同小可，中世纪的欧洲，贵族离婚必须得到罗马教廷的许可。自1527至1529年，亨利八世的离婚案屡经周折，教皇就是不批。直到1533年，教皇仍发布诏书，判决他的离婚无效，并以开除教籍相威胁。亨利八世则针锋相对地发布了一系列对抗罗马教廷的法令，这就标志着英格兰教会与罗马教廷的正式决裂。在国会和贵族的支持下，亨利八世终于在全国实现了宗教改革。宗教改革后的英国基督教会称"英国国教会"，又称"安立甘宗"或"圣公会"，它保留了基督教天主教派的大部分内容。

伊丽莎白一世为何处死苏格兰玛丽女王？

玛丽·斯图尔特，苏格兰女王（1542～1567年在位）。17岁那年，玛丽女王嫁给了同龄的法国皇太子弗朗索瓦，弗朗索瓦死后，玛丽结束了在法国的生活，回到了苏格兰。1565年7月，玛丽嫁给了表兄亨利·斯图尔特·达恩利爵士。1567年2月9日，正在爱丁堡柯克欧菲尔德宫养病的达恩利勋爵被离奇地掐死在花园，而且当晚柯克欧菲尔德宫还发生了爆炸。人们认为这是女王的情人博斯韦尔伯爵所为。

1567年5月15日，女王和达恩利勋爵的博斯韦尔伯爵成婚，这次不得人心的婚姻使苏格兰贵族们开始公开反对玛丽的统治，他们将女王囚禁在列文湖畔的城堡里。1568年玛丽从列文湖城堡逃了出去，组织了几次未遂的军事政变，之后被迫逃到英格兰寻求她的表姐伊丽莎白一世的庇护，不料却被伊丽莎白软禁在卡莱尔城堡。

虽然玛丽被囚禁了20年，但反对新教的起义接连不断，直接威胁着新教女王伊丽莎白一世的统治，于是伊丽莎白便下令处死了玛丽。

伊丽莎白一世为何终身不嫁？

世人对伊丽莎白最大的批评是她没有提供一个继承人。当别人质问她为什么她不结婚时，她提到她姐姐统治时期她的处境。当时她不但是玛丽最忌讳的人，而且也是造反者托马斯·怀特爵士试图要利用的人。因此她明智地认识到假如她指定一个继承人的话，她的地位会被削弱，而且这也会给她的敌人提供一个刺激，因为他们可以利用这个继承人来反对她。

尽管伊丽莎白不乏追求者，但是考虑到种种政治上的原因，她还是终身未嫁。

伊丽莎白被称为"童贞女王"。她的宣言就是"我嫁给了英格兰"。

伊丽莎白一世总是陶醉于臣民顶礼膜拜之中，但是她的侍女想得到伊丽莎白一世永远都不可能得到的东西——家世之乐时，伊丽莎白一世就会表现出极端的憎恨。伊丽莎白会要求这些侍女和自己保持一致的生活方式。任何侍女想结婚，必须经过女王的恩准，而这个嫉妒的女王绝不可能广赐恩准，她必定会设下重重障碍。往往一对新人要等上十几年才能盼来女王的宽容和许可，这样就使得伊丽莎白一世看起来不近人情。

英国是怎样打败"无敌舰队"的？

1588 年 7 月中旬的一天，一支庞大的西班牙舰队浩浩荡荡地向英国海域进发。西班牙人骄傲地称它为"无敌舰队"。英国女王伊丽莎白得知敌舰来犯，立刻派遣早已等候多时的英国舰队前去拦截。

在与西班牙交战的过程中，英国舰队抢占了上风的位置，他们排成"一"字长蛇的纵队，一面行驶，一面从远距离发炮轰击。不仅如此，这些小巧灵活的英国舰只，原本大都是海盗船，竟能够横过来开炮，而且火力猛，弹无虚发。不一会儿，又有几艘西班牙战舰被击沉。7 月 28 日午夜，在西班牙舰上的水手酣睡的时候，英国人巧施妙计，把 8 艘小船装上沥青、油脂和柴草，趁着顺风点燃后向西班牙舰队驶去。顿时，一片火海，烈焰熊熊，"无敌舰队"陷入了混乱中，就这样，"无敌舰队"几乎全军覆没，西班牙从此一蹶不振。而英国一跃成为海上强国，开始走上了称霸世界的道路。

海盗头子摩根是怎样当上总督的？

亨利·摩根，世界历史上著名的海盗，1635 年出生于英国的威尔士，1688 年病死。

摩根的童年无法追溯，他最初也许是作为契约工人来到加勒比海的，后来变成了牙买加岛上的一名英国士兵，结识了一帮小偷、骗子、逃奴和杀人犯，这些人纠集成很多帮派的海盗。那时候英国正在抗击西班牙人，

1588 年侵入英国的西班牙"无敌舰队"，在英国舰队的炮火轰击下慌张撤退。

海盗们就可以肆无忌惮地攻击西班牙的商船和居民点。

1663年，摩根率人去中美洲大陆袭击西班牙人的地盘，抢夺了大量财宝，之后回到牙买加的皇家港，娶了叔叔的女儿，被任命为皇家港的准军事部队的司令官；1668年，他已经成为英国海军中将，掌管一支由15艘船和900多船员组成的舰队。与此同时，海盗们还推举他为牙买加海盗的总头目。

同年，摩根进攻西印度群岛第三大城市贝略港，该城固若金汤，很难攻克，于是摩根命令手下做好城梯，将所有能抓到的牧师、修女全都抓来，利用西班牙人对宗教的虔诚攻城。在第二年的第二次远征中，摩根在旗舰"牛津"号上举办了一次疯狂的起航派对，一名醉酒的枪手射击时产生的火药点燃了火药桶，350人被烧死，摩根大获全利。

彼时西班牙和英国还处于和平状态，西班牙国王威胁，如果不将海盗绳之以法，就要向英国宣战。由于摩根太有影响力，国王决定以毒攻毒，授予他爵士爵位，任命他当牙买加副总督，并担任海事法庭法官，审判海盗。

印加帝国是怎样形成的？

6世纪时，安第斯山区和沿海地带大约共生活着100多个部落，居住在库斯科谷地的克丘亚部落还十分原始，然而这个部族却很快吸收了其他文化中心的成就，从而迅速发展起来，萌生了印加文化之源。

到了13世纪，克丘亚部落群中的印加部落开始崛起，建立了奴隶制国家。随着国势日益强大，印加国家开始谱写自己的征服史。印加王国所到之处有今天秘鲁的莫克瓜、阿雷帕和玻利维亚。1438年，帕查库蒂（又称做帕查库特克）上台执政。他对外进行大肆扩张，屡建奇功。为印加王国走出库斯科谷地并向安第斯山区扩张扫清了道路。此外，印加国王不仅立法、独揽行政大权，还是军队的最高指挥和首都库斯科太阳神的祭司长。

就这样，强大的印加帝国逐渐形成。

你知道古印加帝国黄金藏匿地之谜吗？

印加帝国被人们称为"黄金帝国"。他们国内所有神庙和宫殿，都使用了大量的黄金，大多数印加人都佩戴黄金制品和收藏着黄金。当时有关印加国黄金的传说引起了殖民主义强烈的占有欲望。

1525年1月，西班牙殖民者弗朗西斯科·皮萨罗率领西班牙殖民军，开始入侵印加帝国，一心想把印加帝国的大量黄金掠为己有，但是接连遭到挫折。这就使得原来关于印加帝国藏有巨量黄金的传说，变得玄虚起来。当时有不少人，尤其是一些西班牙殖民者，对传说却是深信不疑。他们了解到位于印加帝国首都库斯科北面两公里处有一个名叫萨克萨伊瓦曼的要塞，于是，他们就一次次到萨克萨伊瓦曼进行搜寻，但始终找不到秘密入口处。后来又有人听说印加帝国的大量黄金和珍宝隐藏在安第斯山脉中一个叫作马丘比丘的神秘城堡中，寻了好久，仍不见黄金的踪迹。

1911年，美国耶鲁大学研究拉丁美洲史的教师海勒姆·亚·宾厄姆，来到安第斯山考察。他在古城废墟中夜以继日地工作，令人遗憾的是，最终他却未能如愿以偿地找到印加人隐藏的巨量黄金。

在海勒姆之后，还有不少世界各国的科学家曾经去马丘比丘考察。不过，他们仍旧一无所获。到底古印加帝国黄金藏在哪里，至今还是一个谜。

马丘比丘为何建在高山上？

马丘比丘是古印加帝国的古城废墟，四周崇山峻岭，两侧是数百米深的悬崖峭壁，占据了整个山冈，宽1.5米，厚1.5米，面积13平方公里，海拔2280米，是一座用石头建在高山上的城堡，被人视为崇拜物。

很多人不禁要问，马丘比丘缘要建在山上呢？

人们认为马丘比丘是印加统治者帕查库蒂于 1440 年前后建立的，直到 1532 年西班牙征服秘鲁时都有人居住。考古学的发现加上对早期殖民文件的解读显示了马丘比丘并非普通城市，而是印加贵族的乡间休养场所，那里曾经十分繁荣，呈现出一派祥和宁静。

也有人说，这个城市是不多的未遭到西班牙殖民者摧毁的城市，这里曾是印加人最后的秘密避难所。

还有人说印加王国选择在此建立城市可能是由于其独特的地理和地质特点。据说马丘比丘背面的山的轮廓代表着印加人仰望天空的脸，而山的最高峰瓦纳比丘代表他的鼻子。印加人认为不该从大地上切削石料，因此从周围寻找分散的石块来。

有关马丘比丘为什么建在高山上的说法众说纷纭，但是都没有确凿的证据。它为什么突然神秘失落，几百年来默默深藏，因为印加没有文字记载，这些问题至今还是未解之谜。

皮萨罗是怎样毁灭印加帝国的？

印加帝国是印第安文明的最高代表，但就是这样一个强盛的帝国，被一个叫皮萨罗的西班牙人摧毁了。

1531 年 1 月，皮萨罗从现在的巴拿马出发，开始了他的远征帝国之行。11 月 16 日，皮萨罗和国王阿塔瓦尔帕见过面，先让一个西班牙神父对他进行说教，但是阿塔瓦尔帕完全不把它放在心上。他坚决地说："我不向任何人称臣。"于是皮萨罗就以此为借口，挑起了战争，他喊道："圣地亚哥"，埋伏在广场四周的西班牙人一起冲出来，皮萨罗乘势将国王抓起来。后来，他还要求印加王国用金银财宝交换国王。可是当印加人不断地将财富运来，王国内部财富几乎殆尽的时候，帕萨罗却出尔反尔，非但没有释放国王，反而将其杀死。这样，群龙无首的印加帝国很快就被皮萨罗攻占了，这座城市被洗劫一空，成为废墟。

印加帝国就此灭亡。

海盗德雷克为什么被封为英国勋爵？

弗朗西斯·德雷克，出生于英国德文郡一个贫苦农民的家中，他的地位和经历在历史上最为特殊。1568 年，德雷克和他的表兄约翰·霍金斯带领五艘贩奴船前往墨西哥，由于受到风暴袭击而向西班牙港口寻求援助。但是西班牙人却对他们进行了欺骗，险些让他丢了性命。他发誓以后一定要向西班牙复仇。

1572 年，德雷克召集了一批人横穿了美洲大陆，首次见到浩瀚的太平洋，同时在南美丛林里抢劫了运送黄金的骡队，接着又打下几艘西班牙大帆船，最后成功返回英国。就这样，他很快成为了女王的亲信。

1577 年，德雷克乘着旗舰"金鹿"号直奔美洲沿岸向西班牙船队发起了进攻。在西班牙军舰追击下德雷克逃往南方并发现了今天的德雷克海峡。而且德雷克一直向西横渡了太平洋并于 1579 年 9 月 26 日回到普茨茅斯港，这是继麦哲伦之后的第二次环球航行。此后，太平洋再也不是西班牙一家的天下。1587 年，英西海战爆发，德雷克的海盗船队在这次英国击败西班牙"无敌舰队"的战争中起了关键性的作用。而德雷克也被封为英格兰勋爵，登上海盗史上的最高峰。

欧洲人是怎样掠夺印第安人的？

印第安人是美洲最古老的居民，约 1500 年至 2000 年前由亚洲经白令海峡陆续迁入，分布遍及南北美洲。

1492 年 10 月 12 日拂晓，意大利航海家哥伦布踏上了美洲的土地。哥伦布的"发现"结束了美洲与其他大陆的长期隔绝状态，却给勤劳、善良的印第安人带来了无尽的痛苦、灾难和死亡。

1494 年，当哥伦布离开殖民据点伊萨贝拉到古巴和牙买加探险时，他手下留守的两个海军上尉带领部下闯进印第安人的村舍，勒索黄金，强奸妇女，吃光印第安人储备的粮食。回来后，哥伦布不仅没有惩罚部下，反而骑上马，带着凶猛的猎犬，去追捕那些敢于反抗的印第安人，并挑选其中的一部分印第安人运回西班牙当奴隶。西班牙殖民者在疯狂屠杀印第安人的同时，还继续寻找传说中的黄金。

此后，欧洲各主要国家纷纷来到美洲建立自己的殖民地。葡萄牙抢占了巴西，西班牙征服了除巴西以外的拉丁美洲，法国和英国则瓜分了北美洲，其他一些殖民者也很有所获。就这样，欧洲殖民者的足迹踏遍了美洲大陆。从此，印第安人丧失了美洲大陆主人的地位，成了被剥削、受奴役的人。

哪位欧洲探险家最先发现了澳大利亚？

1605年4月，吉罗斯船长和他的副手托雷斯从卡亚俄城起航，沿着西南方向航行，1906年5月发现了所罗门群岛东南面的新赫布里底群岛。他们认为自己到了大洋洲，宣布该群岛南部及南极的广大地区均为西班牙所有。

现在，大洋洲和欧美的一些学者打破了欧洲人最早发现澳大利亚的传统说法，他们认为中国人早就到过这个地方。早在元末明初之际，也就是14世纪时，已经有中国船队的队员在澳大利亚的北海岸登陆，比欧洲人早了近200年。

"五月花"号船与美利坚民族的形成有什么关系？

世界上有过无数的大小船只，不过像"五月花号"帆船这样对美国和世界产生深远影响的，却绝无仅有。因为在这艘船上，诞生了《五月花号公约》。

17世纪初，一艘曾被用来运酒的三桅帆船，名叫"五月花"号，从英国出发，一路向西航行。在今天美国马萨诸塞的科德角登陆之前，他们没有忙于上岸各自开荒掘金，他们当中的51个男人，集中在船舱里开了个会，以英国教堂里采取的社会契约为样本，制定了一份民间守则。这份翻译成汉语也不足300字的短文，便是《五月花号公约》。他们没有想到这个约束他们百余人小团体的民间契约会成为之后美国法律体系中的重要奠基石。

在整个人类文明史上，《五月花号公约》的意义几乎可以与英国的《大宪章》、法国的《人权宣言》等文献相比肩。美国几百年的根基就建立在这短短的几百字之上，信仰、自愿、自治、法律、法规……这些关键词几乎包含了美国立国的基本原则，今天美国总统宣誓就职时依然是手按《圣经》，向全体公民保证遵从和信守宪法与法律。

美国人为什么被称为"扬基佬"？

"扬基佬"这个词已经被说了300年。它原来是人们送给定居在美国东北沿岸的地区的新英格兰移民的绰号，原本德国人是把制作干酪的荷兰人称为"扬基佬"。17世纪初，这些荷兰人来到了美洲，他们定居的地方离新英格兰移民很近，当他们看到当地居民想在殖民地北部建立农场时，觉得很好笑，于是就把自己的绰号送给新英格兰移民。这些新英格兰人不但没有生气，反而接受了这个称呼。于是新英格兰人就成为"扬基佬"了。美国南北战争时期，"扬基佬"一词有了新的内涵，比如南部军队就称北部军队为"扬基佬"。

大津巴布韦的繁荣时期是什么时候？

到1000年，黄金和铜的贸易致使中南非洲受到了印度洋的商业和文化影响。起自亚洲的印度洋商路把波斯陶器、印度的玻璃器皿和中国的瓷器带到了津巴布韦的贵族手里。沿海地区对加丹加的铜和津巴布韦黄金的大量需求致使领导权由负责礼仪的祭祀手中转到掌握大量军事力量和经济力量的世俗国王手中。13世纪的大津巴布韦是第一个得到巩固的非洲国家，在其两百年的时间里，大津巴布韦达到了繁荣的顶峰。

俄罗斯主体民族是怎样形成的?

862 年以前,在今俄罗斯的北部地区覆盖着广袤的森林,斯拉夫人——俄罗斯人的祖先就在此生息繁衍。俄罗斯民族是东斯拉夫人的一个支系。

俄罗斯人与乌克兰人和白俄罗斯人源于同一祖先,他们的祖先是 9 至 13 世纪形成的古罗斯部族。13 世纪,蒙古人征服了古罗斯地区,统治了该地区长达 240 年之久。在与蒙古征服者斗争和建立以莫斯科为中心的中央集权国家的过程中,古罗斯人逐步分化为三个民族,俄罗斯主体民族逐渐形成。随着沙皇俄国的对外扩张和领土的扩展,俄罗斯人于 16 至 17 世纪占据了伏尔加河下游、乌拉尔、北高加索和西伯利亚的广大地区,18 至 19 世纪又扩展到波罗的海沿岸、外高加索、中亚、哈萨克斯坦和远东地区。在与其他民族广泛的接触和杂居过程中,俄罗斯人又接受了其他民族的许多优秀文化成分和生产技术。俄罗斯主体民族就是在这样漫长的经历中不断发展壮大的。

莫斯科公国是怎样兴起的?

莫斯科公国是 13 世纪由弗拉基米尔大公国分封而成的,首都在莫斯科。14 世纪初起,莫斯科公国陆续合并四周王公领地,国势渐强。14 世纪 20 年代后,接受金帐汗国册封,取得代征全俄贡纳的权力。40 年代时成为全俄最强的公国。1480 年莫斯科大公伊凡三世击败金帐汗国,迫使其从俄罗斯撤退。到 16 世纪 30 年代,以莫斯科公国为中心的俄罗斯中央集权国家基本形成。1713 年,以莫斯科公国为核心的俄罗斯统一集权国家正式形成,并且改名为俄罗斯帝国。

第三篇

资本主义世界市场的
形成和发展
近代世界

资本主义时期

英国为什么会爆发资产阶级革命？

16 世纪以来，英国新兴的资产阶级主要包括银行家、大商人、金融家和手工工场主；在农村的牧场主和农场主，有的还兼营工业或商业，这些人被称为新贵族，同资产阶级有共同的利益。随着资产阶级、新贵族的势力不断壮大，他们要求掌握政权，并且发展资本主义经济。

17 世纪初，斯图亚特王朝开始统治英国。国王詹姆士一世及其继任者查理一世都相信"君权神授"，于是实行封建专制统治，严重阻碍了资本主义的发展。他们还实行宗教专制，严厉对待非国教徒，对其中的清教徒，更是予以惨无人道的迫害。这就造成了政局紧张，社会矛盾激化。

资产阶级和新贵族对此深为不满，人民群众也怨声载道。首先起来反抗查理一世统治的，是苏格兰人民起义，这就是英国资产阶级革命的导火线。1640 年查理一世为筹集军费对付苏格兰人民起义，被迫恢复长期关闭的议会，英国资产阶级革命由此开始。

内战开始后，英国国内的两大敌对阵营，王党势力和议会势力，在资产阶级和新贵族的代表人物克伦威尔的率领下，经过反复斗争，以农民、手工业者与城市贫民为主力的议会军最终战胜了王军。1649 年初，查理一世以"暴君、叛徒、杀人犯和人民公敌"的罪名被送上断头台。同年，英国宣布成立共和国，克伦威尔实行独裁统治。克伦威尔死后，英国政局动荡不安。在这种情况下，1660 年，斯图亚特王朝复辟。国王查理二世、詹姆士二世推行了一系列政策，尤其是在宗教上，

提出恢复英国国教，迫害非国教徒的法令，严重侵犯了资产阶级和新贵族的利益，因而招致他们的反对。为了阻止封建制度的进一步复辟，防止人民革命运动再次兴起，1688 年，议会中的辉格党和托利党人共同发动了一场不流血的宫廷政变"光荣革命"，废黜詹姆士二世，推翻了斯图亚特王朝的封建统治，邀请其女婿、荷兰执政者威廉三世及其妻子继承英国王位，这样就确立了资产阶级、新贵族的联合统治。

英国资产阶级革命，是人类历史上资本主义制度对封建制度的一次重大胜利。它推翻了英国的封建专制君主制度，为资本主义的发展扫清了障碍。

英国资产阶级革命对欧洲和世界其他地区都产生了重要的影响。它宣告欧洲新的政治制度的诞生，为欧洲和北美资产阶级革命运动揭开了序幕，推动了世界历史发展的进程，在很大程度上都反映出当时整个世界的要求。

什么是"光荣革命"？

1685 年，查理二世去世，他的弟弟詹姆士二世即位。詹姆士二世是个狂热的天主教徒，他一心想恢复天主教在英国的统治，恢复封建君主专制。他对不听从自己命令的主教实行残酷迫害，将他们交给法庭审判。这样双方的冲突日益激烈，预示着一场革命的到来。

资产阶级和新贵族决定发动一次政变，结束詹姆士二世的统治。他们开始同荷兰国王威廉谈判，要求他对英国进行武装干涉。1688 年 6 月 10 日，詹姆士二世的王后生了

威廉在英国西海岸登陆，受到资产阶级和新贵族的欢迎。

一个儿子，王位的继承权发生了变化。30 日，英国议会向威廉发出邀请书，请他马上到英国保护他们的自由，威廉同意。

　　1688 年 11 月 5 日，威廉率领 600 艘军舰和 1.5 万名士兵，在英国西南部的托匀基海港登陆，随即向伦敦进军。威廉进入英国后，得到了贵族和乡绅们的支持，甚至詹姆士二世的第二个女儿和女婿都背叛了他，投向威廉。

　　1689 年 2 月，议会宣布威廉为英国国王，玛丽为女王，实行双王统治。之后，议会又通过了《权利法案》和《王位继承法》，规定：未经议会允许，国王不得下令废止法律，不得任意征税，不得任意招募军队和维持常备军。王位继承问题也不能由国王个人决定，必须由议会讨论通过。

　　1688 年政变，是一次没有经过流血的政变，因此称为"光荣革命"。"光荣革命"彻底结束了英国的专制主义统治，为君主立宪制的统治开辟了道路。

英国资产阶级革命的导火线是什么?

　　吨税和磅税是英国专制王权收入颇多的两种税收。吨税是指进口酒按吨征收的进口税，磅税指的是羊毛出口征收的出口税。

　　在过去的 200 年间，英国每位新国王即位后，国会的第一次集会必授权国王终身征收这两种税。但查理一世即位后召开的第一届国会却只准许他征收一年。国会的目的是迫使国王接受他们的要求，再授予他征收这两种税的权利。但是查理时代第一届国会不久便解散了，因此征收税法的方法就不能按以前的规定继续执行。一年后，查理一世又下令继续征收。1629 年国会开会时，允许国王再征收一年。查理一世致函国会，要求允许终身征收这两种税。国会不同意，国王则依旧下令征收。国会根据《权利请愿书》提出抗议。国王表示《权利请愿书》是指内地征税，而吨税和磅税是指关税。吨税和磅税之争，不只是税收问题，还涉及国王和国会之间的关系问题。吨税和磅税占王室收入的四分之一，若这两种税不再经过国会同意而征收税款，国王便可以不需要依靠国会，取得财政的独立权。1629 年国会开会时，围绕吨税和磅税的争论十分激烈。

　　长期的关于税收问题损害了人民的利益，引起了人民的不满，这就成为英国资产阶级革命的导火索，于是 1637 年苏格兰人民开始起义，革命由此爆发。

议会制度是怎么起源的?

　　议会制又称内阁制。议会是名义上的国家组织权力机关，议会有行使立法和监督立法的权利，议会制包括"内阁君主立宪制"和"内阁共和制"，是民主政治制度的一种。议会制的特点是其政府首脑的权力来自议会（国会）的支持，而这种支持通过两种途径落实：第一是议会改选后的多数议席支持，第二是政府首脑赢得议会的信任投票。因此，所属政党没能赢得议会大选的政府首脑连同其内阁必须提出辞职，而没能通过议会信任投票的政府首脑，连同其内阁也必须辞职。新的首脑与内阁由议会重新在席位居多数的党派中协商选举产生。议会制下政府首脑（总理）的权力普遍较大。

什么是"影子内阁"?

　　"影子内阁"于 1907 年由英国的保守党提出。在英国议会的下议院获得多数席位的政党，组成内阁，上台执政。在议会下院获得多数议席的政党，就成为反对党。该党可以任命一套相当于政府各部大臣的班子，宣布在野党的各项政策，同时为将来上台做好了充分的准备。这一套班子就被称为"影子内阁"，也可以叫作"预备内阁"或"在野内阁"，相当于"后备政府"的作用。

什么是上议院？

上议院是两院制议会的组成部分，源自英国的贵族院，后来许多资本主义国家效仿。上议院有权否决下议院所通过的法案，议员由间接选举产生或由国家元首制定，任期比下议院议员长，有的终身任职，也有世袭产生的。上议院名称各国叫法不一，如英国叫贵族院，美国、日本叫参议院，荷兰叫第一院等。

什么是下议院？

下议院是两院制议会的组成部分。根据法律规定，下议院一般享有立法和监督政府、监督财政的权利。尤其在议会制国家，下议院一般会被赋予更多的权利，居于比上议院优越的地位，但往往受内阁的操纵和上议院的牵制。议员通常按人口比例由选民分选区选举产生，定期改选。选举时，对议员有一定的年龄、居住年限、教育程度和财产的限制。下议院名称各国叫法不同，美国、日本称"众议院"，法国称"国民议会"，荷兰称"第二院"。

什么是圈地运动？

15～16 世纪，英国、尼德兰（荷兰）等国的毛织业很繁荣，羊毛的需求量很大，养羊就成为获得高利润的重要手段。养羊需要大片的土地，于是贵族们纷纷把原来租种他们土地的农民赶走，甚至拆除他们居住的房屋，把这些地圈占起来用来养羊。一时间，在英国到处可以看到被木栅栏、篱笆、沟渠和围墙分成一块块的草地。那些被迫离开家园的农民，则变成了无家可归的流浪者，这就是有名的"圈地运动"。

当时一位著名的作家托马斯·莫尔在一本叫作《关于最完美的国家制度和乌托邦新岛的既有益又有趣的金书》的书中写道："绵羊本来是很驯服的，所欲无多，现在它们却变得很贪婪和凶狠，甚至要把人吃掉，它们要踏平我们的田野、住宅和城市。"

血腥立法是怎么回事？

圈地运动使大批农民流离失所，引起了社会秩序的动荡不安。都铎王朝颁布了一系列迫害破产农民和禁止流浪的法令，目的是迫使他们习惯于雇佣劳动制度所必须的纪律。在亨利八世统治时期，被处死的失地农民达 7 万多，被送上绞刑架的每年达 300 多人。

东印度公司的作用是什么？

东印度公司创建于 1600 年，是英国、法国、荷兰等 17 世纪的新兴殖民国家继葡萄牙和西班牙殖民扩张后，为了处理殖民地的相关事务而成立的机构。最初，英国人主要是利用东印度公司做生意，后来变成了英国殖民者侵略印度的工具。

该公司有如下作用：扩张了英国的领土；方便了英国的殖民掠夺，积累更多的商业资本；战略要地，北指阿富汗，南指东南亚，东指中国，成为有力的战略支撑点；加深殖民化，成为英国工业品的销售市场，支持了国内资本主义的发展，从而加快了殖民化的步伐；排挤了欧洲其他殖民大国；为日后帝国政府的直接统治管理积累了经验。

重商主义对英国资本主义发展有何影响？

都铎王朝是 1485 至 1603 年间统治英格兰王国和其属土的王朝。历时 118 年，共经历了五代君主。开始于亨利七世 1485 年入主英格兰、威尔士和爱尔兰，结束于 1603 年伊丽莎白一世的去世。尽管历时不长，但都铎王朝处于英国从封建社会向资本主义社会转型这样一个关键时代，对英国资本主义发展产生了重要的影响。

1.重商主义政策振兴了英国的民族工业，为英国资本主义工业腾飞提供了前提条件。都铎王朝扶植、鼓励发展呢绒制造业，以出口呢绒换取货币；大力发展海外商业，鼓励发展造船业。

2.重商主义揭开了农业资本主义的序幕。都铎王朝的重商主义政策是引发圈地运动的主要原动力；加速了寺院土地所有制的崩溃；瓦解了封建贵族的领地所有制，导致了土地所有权的再分配。

3.重商主义推动英国走向世界。重商主义者认为，货币是财富的唯一形态，是衡量国家富裕程度的标准，而对外贸易是国民财富的源泉。在这种思想指导下，都铎王朝的统治者放眼世界，把目光投向海外，将本国经济纳入世界经济范畴，以海外市场作为导向，建立起外向型经济模式，积极推动本国经济走向世界，努力开拓世界市场。

爱尔兰问题究竟是怎么回事？

北爱尔兰问题可以追溯到几百年前。从12世纪起，英格兰人开始入侵爱尔兰，在以后的数百年间，整个爱尔兰岛一直处于英国的统治之下。1801年，英国根据英、爱同盟条约建立"大不列颠及爱尔兰联合王国"，正式将爱尔兰划入英国版图。

在英国侵占爱尔兰的几百年中，爱尔兰的民族解放斗争从来没有间断过。1905年成立的新芬党的斗争目标就是要争取独立。1913年，爱尔兰的爱国志士又建立起爱尔兰义勇军，发动了城市游击战，打击英军。由于爱尔兰人民长期坚持不懈的斗争，1921年12月6日英国被迫与爱尔兰签署了"爱尔兰和平协定"，承认爱尔兰南部26个郡自治，称爱尔兰自由邦。1937年爱尔兰宣布独立，1948年12月21日爱尔兰宣布正式脱离英联邦。

什么是爱尔兰人联合会？

爱尔兰人联合会是爱尔兰争取民族独立和宗教政治改革的组织，于1791年10月成立。该组织领导人是青年律师汤恩，总部在贝尔法斯特。主要成员有工人、农民、中小资产阶级和知识分子，当中有天主教徒和新教徒。联合会旨在废除一切人为的宗教差别，联合全体爱尔兰人反对英国的殖民统治，争取自治独立，进行议会、土地及宗教改革。1798年5月23日，爱尔兰人联合会准备起义。但因没有统一的计划和指挥，起义遭到了残酷的镇压，该组织随之解散。

短期国会和长期国会是怎么回事？

15世纪的英国，批准征收新税的权利在国会的下院，这就极大地限制了王权。

1629年国会因反对查理一世的税收政策而被迫解散，从此开始了长达11年之久的无国会统治时期。

由于查理一世的暴政同时也在他兼任国王的苏格兰推行，因而导致了1637年苏格兰起义的爆发。1639年，起义队伍开始进入英国北部。镇压起义需要大量的军费，于是查理一世不得不在1640年4月召开国会，结束了无国会统治期。但新国会一开幕就对查理一世的暴政进行猛烈的抨击，很快又被解散。这届国会仅存在三个星期，史称"短期国会"。

国会解散后，人民极为愤怒，因此他们在伦敦举行大示威，并冲进大教主洛德的住宅。而此时苏格兰起义正在进行，并于1640年8月发动了强大的攻势。走投无路的查理一世只好再次下令召开国会。11月3日新国会开幕，这届国会存在13年之久，史称"长期国会"。

英国资产阶级革命有何历史意义？

英国资产阶级革命具有重要的意义，它是人类历史上资本主义制度对封建制度的一次重大胜利，为英国资本主义迅速发展扫清了道路；揭开了欧洲和北美资产阶级革命运动的序幕，推动了世界历史发展的进程，是世界近代史的开端；资产阶级革命后，出现了长期的政治稳定的局面，为资本主义的顺利发展创造了良好的条件；推翻了封建君主专制，确立了自己的统治地位，以后君主立宪制的资产阶级统治正式确立起来。

你知道英王威廉二世的死因吗？

自古宫廷多纷争，对于"红面庞"威廉二世的死因，人们有颇多猜测。

传说 1100 年 8 月的一天，英王威廉二世在新林骑马狩猎。威廉的弟弟亨利和一些随从同行。一行人分为几个狩猎小组，国王和他的亲信顾问蒂雷尔一组猎鹿。国王看见一只赤鹿跑过，便立刻射了一箭，但这一箭并没有将赤鹿致死。就在此时蒂雷尔射了一箭，鹿没有射到，却射中了国王，国王向前面倒下去，那支箭在国王摔到地上的时候更深地插入他的胸膛，国王当时便没了气息。但是也有人说威廉二世的弟弟为篡夺王位，将威廉二世害死。

毕竟历史已经离我们远去，很多推测还没有确凿的证据，想知道事实的真相，还需要拭目以待。

君主制是怎么回事？

君主制是以君主为国家元首的政体形式。君主掌握着国家的最高权力，一般由世袭产生，不需要经过选举，没有任期，可终身任职。

君主制有不同的类型，无限君主制拥有无限的权力，在古代东方国家中曾普遍实行。有限君主制的权利有限，有限君主制又可分为等级君主制和君主立宪制。

英国的保守党和工党是怎样的？

保守党是英国的老牌大党，距今已有 300 多年的历史，是英国两大主要执政党之一。英国保守党的前身是 1679 年成立的托利党，1833 年改称保守党。其最高领导人称领袖、副领袖，党主席是第三号人物。在保守党执政时，其领袖出任首相。1868 年开始，与自由党轮流执政，逐步演变为代表垄断资产阶级、大地主和贵族利益的保守主义政党。

英国工党原名为"劳工代表委员会"，1902 年 2 月在伦敦成立，1906 年更名为工党。从 1906 至 1914 年，该党在议会中依附于自由党，反对保守党。后来，逐渐取代自由党在两党政治体制中的地位，成为英国轮流执政的两大政党之一。党报是《劳工周刊》，理论刊物是《新社会主义者》。

英王宠臣斯特拉福为什么被处死？

斯特拉福，约克郡的旧式绅士。1613 年当选为众议院议员，属反对派。他参加反对派的原因是认为政府无能。1629 年国会解散后，他脱离反对派，成为王权的忠实拥护者。

他在爱尔兰任职的 7 年中，大力推行殖民政策，没收爱尔兰人土地，搜刮爱尔兰人钱财，因此民怨沸腾。长期国会开幕之时，他正在北方处理爱尔兰问题。他返回伦敦后，力劝英王逮捕皮姆等反对派领袖。他的反动意图暴露后，遭到反动派的逮捕，并且皮姆在众议院控诉斯特拉福犯有叛国罪。虽然贵族院议员和国王并不想就此结斯特拉福的生命，但是长期遭受压迫的人民群众怎肯罢休，他们到威斯敏斯特前举行示威游行，要求马上处死斯特拉福。上院被迫通过"褫夺公权案"，查理一世只好签字。于是，斯特拉福被枭首示众。

查理一世是在哪里挑起英国内战的？

1642 年 1 月 10 日，英王查理一世北上，以约克城作为反革命据点，希望在北方封建贵族支持下反扑。而长期国会也频频派人前往约克城，请国王回伦敦，希望同国王妥协。1642 年 2 月 2 日，国会向国王呈送请愿书，要求由国会任命的人驻守伦敦塔和其他堡垒，但遭到了国王的拒绝。3 月 5 日，国会通过民兵法案，规定只有国会同意才能招募和指挥民兵。国王要求国会同意他招募 2800 名步、骑兵去镇压爱尔兰起义，也遭到了国会的反对。4月23日，国王亲自率领队伍去约克郡的赫尔要塞，夺取储存在那里的武器，但要塞司令约翰·霍塔姆（国会任命）拒绝国王入城。国王宣布霍塔姆为叛徒，并宣布拒绝批准民兵法案。这样，双方剑拔弩张，战争一触即发。

1642年8月22日，英王查理一世在诺丁昂城堡正式树起国王旗帜，向国会宣战。由此，英国内战爆发了。

克伦威尔是如何建立军事独裁政权的？

在英国资产阶级革命的过程中，克伦威尔是一个非常重要的人物。他推翻了查理一世的统治，建立了军事独裁政权。克伦威尔于1599年出生于英国的亨廷顿，他的父亲是亨廷顿市议会的议员。小时候的克伦威尔任性乖张，非常淘气。17岁时进入剑桥大学学习，受到了很多清教徒思想的影响。但由于父亲的去世，他被迫弃学，返回家中支撑整个家庭。两年后，他又在伦敦学习法律。21岁时，他与伊丽莎白·波琪结婚。波琪是商人的女儿，为克伦威尔带来了一笔可观的嫁妆，而且是位能干的主妇。克伦威尔在当地逐渐建立了自己的声望，28岁时，克伦威尔被选为亨廷顿郡的代表出席国会。

1642年，国王的军队与议会的军队发生了内战，克伦威尔坚决地站在议会一边。他回家乡招募了一支骑兵队，这支军队训练有素，善于作战，被人们称为"铁骑军"。内战初期，议会军因没有强有力的领导而屡遭败绩。克伦威尔的出现改变了这种局面，他率领铁骑军于1644年赢得了马斯顿荒原战役的胜利，这也是一场具有转折性意义的战役，此后议会军节节胜利。1645年，议会军改组成"新模范军"，由战功显赫的克伦威尔出任副总司令。克伦威尔虽然只是副总司令，但因总司令无能，他掌握着实际指挥权。1645年，"新模范军"在纳斯比战役中歼灭国王军的主力。次年，国王的大本营牛津被

攻克，内战以议会军的胜利而告终。克伦威尔在内战中立下了赫赫战功，凭借军事实力掌握了英国的统治权。

1649年1月30日，克伦威尔处死了在内战中被俘虏的国王查理一世。随后他平定了各地叛乱，稳定了战局。9月，他率军出征爱尔兰和苏格兰。3年后，爱尔兰和苏格兰都被纳入克伦威尔的统治之下。1653年12月16日，克伦威尔在人们的一片欢呼声中就任英格兰、苏格兰、爱尔兰的护国主，并担任军队的统帅，建立了军事独裁政权。克伦威尔当政期间，在外交上取得一系列成就：打败横行海上一个多世纪的荷兰，使荷兰人被迫接受《航海条例》，使丹麦承认英国船只有权自由出入波罗的海；夺得西班牙在加勒比海上的奴隶贸易中心牙买加；垄断了葡萄牙殖民地的对外贸易；1657年，英国国会呈递《恭顺的请愿建议书》，请克伦威尔就任英国国王。克伦威尔虽然婉言谢绝了这一请求，但用世袭制代替了护国主制，成为英国实际上的无冕之王。

1658年，克伦威尔在白金汉宫病逝，被葬于威斯敏斯特大教堂。两年后，新选举产生的国会决定让查理一世的儿子回国继承王位，克伦威尔殚精竭虑推翻的斯图亚特王朝最终复辟了。

纳西比会战有什么重要意义？

纳西比会战是以克伦威尔为首的国会军队与英国国王查理一世的军队之间进行的一场决战，发生于17世纪中叶的英国资产阶级革命期间。

当时，在战争的关键时刻，克伦威尔命令国会军右路的3600名骑兵向敌军左翼实施反复的冲锋，将国王军南格达里的军队全部击溃。而此时的查理一世完全没有了招架，渐渐丧失了指挥权，整个军队兵败如山倒，一直溃退到莱斯特，从此一蹶不振。

而这一战却使得克伦威尔掌握了国会的军事力量，也使英国形势向有利于革命的方

面转化。不久，国王查理一世沦为阶下囚，以叛国罪的名义被处以死刑。

英国为什么撤销东印度公司？

1600 年 12 月 30 日，东印度公司成立，它是英国政府特许设立经营垄断贸易、进行殖民扩张的组织。刚开始成立的时候获得英王颁发的特许状，长期独占好望角以东各国的贸易垄断权，后来又成为英国在印度的代理人。1773 年和 1784 年英国国会分别通过《东印度公司管理改进法案》和《皮特印度法案》，东印度公司逐渐失去了贸易上和政治上的控制权。英国工业革命后，为了满足和适应工商业资本发展的需要，英国政府先后取消了东印度公司对印度和中国的贸易垄断权。1834 年起，东印度公司发展为英国政府管理印度的代理机构。1858 年，在印度民族大起义的打击下，英国国会通过法案并撤销了东印度公司。

英国通过哪条公约实现了遏制俄国的愿望？

1841 年 7 月 13 日，由英、俄、法、奥、普和土耳其签订了对海峡制度作国际规定的第一个多变公约《1841 年伦敦海峡公约》。该公约确认了初次载入 1809 年的《英土条约》，而后又载于 1840 年《伦敦协定》的有关奥斯曼土耳其帝国的"古代规则"。依照这项规则，土耳其将在平时禁止一切外国军舰通过博斯普鲁斯海峡和达达尼尔海峡；土耳其苏丹有权准许友好国家的使馆所管辖的轻级军舰通过。《1841 年伦敦海峡公约》使波斯普鲁斯海峡和达达尼尔海峡处于欧洲列强集体监控之下，俄国军舰丧失了通过黑海海峡的权利。英国通过该公约实现了遏制俄国的愿望。

英国为什么爆发第二次内战？

英国内战是 1642 年至 1651 年在英国议会派与保皇派之间发生的一系列武装冲突及政治斗争。在第一次内战中，克伦威尔领导的国会军队战胜了国王的军队，最终以议会的胜利而告结束，国王也成了议会的阶下囚。

1648 年春，一些士气大败的军队并不甘心，于是在南威尔士、肯特、埃赛克斯等地王党发生暴动，他们与苏格兰军队结成同盟，发动了第二次内战。克伦威尔在 8 月的普雷斯顿战役中击溃苏格兰军队，并将苏格兰并入英国，第二次内战结束。

英国独立派是如何掌握政权的？

第二次内战结束后，长老会派占优势的长期国会继续和国王谈判，把矛头指向军队。此时查理一世正需要外援，故意拖延谈判，这就使得人民极为不满。在广大人民群众革命情绪的推动下，独立派高级军官于 1648 年 11 月 18 日在圣·阿尔班斯举行军事会议，通过爱尔顿起草的军队抗议书，指出了国王的罪行，要求惩办国王。11 月 22 日国会通过遣散军队的决议，只留下部分军队作为卫戍部队驻扎在各地。军队发表宣言，表示要进驻伦敦，清洗国会。独立派也采取相应措施，把国王从怀特岛押解到汉普什尔郡的赫斯特城堡。12 月 6 日，普莱德上校亲率步骑兵包围了国会。普莱德逮捕了 47 名下院长老会派议员，开除了 96 名长老会派议员，只剩下 50 余名独立议员。这样，长期国会便成为残缺国会，独立派掌握了政权。

掘地派是怎么得名的？

掘地派也叫"真平等派"，是英国资产阶级革命时期最激进的派别。温斯坦莱是其主要代表人物。掘地派认为王权产生于土地私有制，于是提出了土地公有，人民生活在

反映掘地派运动的图画

公社中，"共同劳动、共同吃饭"，人人平等的要求，具有空想社会主义的色彩。掘地派始创于 1649 年 4 月，当时有二三十人在塞雷郡的圣乔治山占据公用地和荒地，从事共同耕作、垦殖，因此得名。

克伦威尔为什么解散长期国会？

自 1640 年 11 月 3 日召开长期国会以来，经历了两次内战和共和国，国会越来越不得人心，议员滥用职权，贪污腐化，贿赂成风。而这时，克伦威尔也想在高级军官支持下建立军事独裁，于是在 1653 年 4 月 19 日，克伦威尔在白厅召集军官和一些议员开会，要求解散长期国会，成立新国会，草拟新宪法。

国会的解散其实是一次政变，为克伦威尔建立军事独裁扫清了道路。

克伦威尔为何成了"无冕之王"？

1599 年，克伦威尔出生于英国亨廷顿。在他的青年时期，英格兰处于宗教分裂状态，国王希望实行绝对的君主制。1640 年，国王再次召集国会，克伦威尔任议员。新的国会猛烈抨击宗教迫害、滥征税收，国王无意服从国会，而克伦威尔坚定地站在了议会一边，他返回亨廷顿，组织了一支骑兵队同国王作战。

在历时 4 年的战争中，他表现出了杰出的军事才能。在使战争出现转机的关键性的马斯顿荒原战役中，克伦威尔都起了举足轻重的作用。

然而和平并没有到来。议会派内部发生了分裂，各派别间在很多问题上达不成共识。于是国王重新纠集军队，挑起了第二次内战。在这场战争中，克伦威尔击败了国王的军队，从议会中解除了占多数的温和派议员，并于 1649 年 1 月 30 日把国王推上了断头台。1649 年 5 月，英国宣布为共和国。

克伦威尔成了共和国的领袖，他一面打击王党分子的复辟活动，巩固资产阶级和新贵族的联合专政，同时又镇压了平等派和爵士派的革命运动，巩固了共和国的统治。后来，

克伦威尔领导的军队又成功占领了爱尔兰和苏格兰。因此，克伦威尔也获得了"常胜将军"的称号。

从 1653 年到 1658 年，克伦威尔使用护国主的头衔统治着英格兰、苏格兰和爱尔兰。在这 5 年期间，他在不列颠建成了大体完好的政体和井然有序的行政机构；改善了粗暴的法律，扶持文化教育；提倡宗教信仰自由，允许犹太人再来英格兰定居，在那里实行他们自己的宗教（他们在三个多世纪以前被国王爱德华一世驱逐出境）；推行了成功的外交政策。

1658 年，克伦威尔因患疟疾在伦敦去世。他成为了人们争论不休的对象。有人说他是伪君子，他虽然总是在口头上赞成议会有至高无上的权力和反对独断专行的统治，却建立了一种军事独裁统治。大多数人认为，虽然克伦威尔在局面失控的情况下不得不实行独裁统治，但他对民主政体的献身精神是十分真诚的，而且他的军事领导才能和政治才能也确实值得称赞。

英国为什么要"进口"国王？

翻阅英国历史，你可能会发现英国很钟情于"进口"国王，这是为什么呢？具体原因不外乎以下几条。

首先，欧洲各国王室之间都相互通婚，彼此都有血缘关系。

其次，欧洲贵族普遍实行的是准长子继承制，即女性虽然没有继承权，但女性所生的儿子仍有资格继承王位，而且欧洲人的家族观念远远没有东亚强，没有内子外子之分。

最后，英国资产阶级革命之后，为了确保英国国教的地位不变，规定英国之君主必须是新教的信徒，决不能是天主教徒。因此，当国内没有合适的人员继承，只好请来外国信仰新教的人当自己国家的国王。

马斯顿荒原战役是怎么回事？

马斯顿荒原战役是英国资产阶级革命

时，国会军和国王军队之间的一次著名战役。1643 年，议会和苏格兰签订了一份"神圣的同盟和公约"。根据这个条约，1644 年，苏格兰军队与托马斯·费尔法克斯所领导的北部军队以及曼彻斯特和克伦威尔领导的东部联盟组成了联军，在英格兰北部的马斯顿草原与王党军队展开大会战，国会军包围约克镇，国王查理一世命令鲁伯特王子前往约克镇解围。鲁伯特在约克镇解围后把国会军赶到马斯顿，并紧追国会军至马斯顿荒原。7 月 2 日，克伦威尔率部在此击溃鲁伯特军的左翼，并猛攻王军的中路。王军损失惨重，死亡三四千人。这次战役是国会军从失败走向胜利的转折点。

是谁提出了君主专制理论？

17 世纪，英国政治思想家托马斯·霍布斯提出了资产阶级君主专制理论。霍布斯出生于英国南部维斯堡镇的一个牧师家庭。牛津大学毕业后，任贵族家庭教师，曾随主人三次游历欧洲大陆，因此结识了伽利略、笛卡儿等许多著名学者。1621 至 1625 年任培根的秘书，逐渐形成机械唯物论的哲学观。英国革命爆发时，逃亡巴黎，曾一度任威尔士王子（后来的查理二世）的数学教师。在巴黎期间，他目睹了英国革命形势的变化，写出了大量的著作，他的代表作是《利维坦》，系统地论述了他的君主论，并且阐释了一系列的个人主张。

托马斯·霍布斯是英国大资产阶级和上层新贵族的代表，他的观点促进了 18 世纪资产阶级政治思想的发展。

谁是"力学之父"？

艾萨克·牛顿于 1643 年 1 月 4 日生于英格兰林肯郡格兰瑟姆附近的沃尔索普村，1661 年就读于英国剑桥大学圣三一学院，1665 年获文学学士学位。

牛顿是英国伟大的数学家、物理学家、天文学家和自然哲学家，他的研究领域包括了物理学、数学、天文学、神学、自然哲学

和炼金术。牛顿的主要贡献是：发明了微积分，发现了万有引力定律和经典力学，设计并实际制造了第一架反射式望远镜等，因此，牛顿被誉为人类历史上最伟大、最有影响力的科学家。由于在力学上做出的杰出贡献，他被世人称为"力学之父"。为了纪念牛顿在经典力学方面的杰出成就，"牛顿"后来成为衡量力的大小的物理单位。

哪次政变标志着英国资产阶级革命的结束？

1688 年政变是英国国会推翻复辟的斯图亚特王朝的政变，英国历史学家把这次没有人民群众参加的政变称为"光荣革命"。这次政变粉碎了查理二世和詹姆斯二世复辟封建专制统治的计划，巩固了资产阶级和新贵族在革命中取得的胜利，这标志着英国资产阶级革命的结束。

英国是如何开始占领印度的？

1757 年普拉西战役的爆发标志着英国征服印度的开始。这次战斗是东印度公司军队和孟加拉王公军队的较量，事实上也是英国殖民者与印度的第一次正式较量。这次战斗的起因是：东印度公司在孟加拉修筑了殖民城市——加尔各答，在该地区横征暴敛。除了收缴巨额贡赋外，还设立了 100 多个贸易站和 10 多个英国代理店，从事贸易和掠夺活动。这就激起了孟加拉人民的反抗。当时指挥英国军队的是罗伯特·克莱武，他利用收买手段，拉拢地方上的贵族和王公西拉吉争权夺利，分化瓦解了西拉吉的军队，仅用 3000 人的部队，打败了孟加拉王公的 5 万军队。西拉吉战败后被处死，克莱武扶植了一个傀儡政权，从此以后，英国人实际上成了孟加拉的统治者，并为进一步侵略和控制印度全境奠定了基础。

什么是反《印花税法》大会？

1765 年 3 月 22 日，英国议会颁布了《印花税法》，严令所有报纸、执照、商业文件、

小册子、法律证件和各种印刷品，甚至毕业文凭都一律要贴上印花，交付印花税。《印花税法》给很大一部分人的生活造成了直接的威胁。1765 年 10 月，9 个殖民地代表在纽约举行反《印花税法》大会，并于 19 日通过了《权利与自由宣言》，宣布殖民地居民享有英国本土居民所固有的一切权利和自由，未经殖民地人民及其代表同意，不得强迫他们缴纳苛税，取消《印花税法》和限制北美工商业发展的法案。

反《印花税法》大会旗帜鲜明地表明了新兴资产阶级反抗英国殖民掠夺、争取民主和自由的立场和决心，它是殖民地人民反英斗争的第一个高潮。

"七年战争"是怎么回事?

七年战争发生于 1756 至 1763 年间，是欧洲主要国家组成的两大交战集团在欧洲、北美洲、印度等广大地域和海域进行的争夺殖民地和领土的战争。

战争的起因是英国与法国以及普鲁士的侵略政策与奥地利和俄国的国际政治利益发生冲突。经历了 7 年激烈、曲折、复杂的角逐之后，一场规模空前的世界性战争宣告结束。结果是英国和法国于 1763 年 2 月 10 日签订《巴黎和约》（1761 年参战的西班牙和葡萄牙也加入了该和约）。1763 年 2 月 15 日，以普鲁士为一方、奥地利和萨克森为另一方，签订了结束七年战争的《胡贝尔图斯堡和约》。

这次战争对于 18 世纪后半叶国际战略格局的形成和军事学术的发展均产生了重要的影响。由于参战国家众多，英国首相丘吉尔认为这才是真正的第一次世界大战。

英国国会为什么通过"五项高压法令"?

"五项高压法令"是英国国会为报复北美殖民地的反抗而通过的惩罚性法案的统称。

"七年战争"之后，英国统治阶级试图将战争经费转嫁到北美殖民地人民身上，于是进一步加强了对北美殖民地的经济剥削和政治控制，因此，激化了殖民地人民同英国统治者的矛盾。1773 年，英国国会又通过一项《茶叶税法》，这一法令立刻引起了北美殖民地人民的一致反抗。当东印度公司的茶船驶入波士顿港时，愤怒的波士顿人民把 300 多箱茶叶倒进海里，这就是著名的"波士顿倾茶事件"。此时的英国统治集团十分愤怒，立刻采取行动准备报复，从 1774 年 3 月起，英国国会先后通过"五项高压法令"，但是这个法令的颁布，不但没能使马萨诸塞殖民地人民屈服，反而激起了北美殖民地人民更强烈的反抗。

亚当·斯密的《国富论》有什么影响?

亚当·斯密是英国古典政治经济学的代表人物，他于 1776 年出版了《国富论》，奠定了现代经济学的基石。

可以说，亚当·斯密是英国古典政治经济学最伟大的代表，是工场手工业和产业革命前夕的集大成的经济学家，经济自由领域的主要创建者。《国富论》提出了经济自由理论，构成了市场经济的理论基础和商品经济运行的原则。《国富论》的内容极为丰富，不仅包括了经济学，也囊括了经济史和财政学。在该书中，斯密缔造了古典政治经济学的理论体系，概括了古典经济学在它的形成阶段的理论成就，最先系统地阐述了政治经济学的各个主要学说，对它的形成和发展起了极其重要的作用。

国防动员的由来是怎样的?

在部落氏族时代，战争关乎一个部落族群的兴衰存亡，后来有了国家，战争关乎着一个民族的荣辱生死。石器时代，战争的形态很简单——肉搏战，人口是作战最必要的准备。铁器时代，战争进入冷兵器时代，兵器开始发挥作用，战争开始变得复杂，动员对象也随之增多。隋唐时期，中国出现了专司兵员、粮草、车马、器械筹集和补充的后勤机构，史称"兵部"，宋代又改称"枢密院"。

在西方也出现了大规模动员的雏形，8 世纪，英格兰为抵御丹麦的入侵，动员组建了世界上第一支正式后备军——"国民军"和"海军商船队"。然而，当时广泛的动员活动始终是由国家统治机构兼任，集动员领导、决策和执行事宜于一身，真正意义上的战争动员机构还没有出现。

18 世纪中叶，工业革命在欧洲兴起，西方人发明了枪械和大炮，战争迈向线膛武器时代。而坦克、飞机的出现又把人类推向机械化战争时代。兵器的杀伤能力、打击空间有了新的飞跃。战争开始变得复杂，动员的深度和广度也发生了变化。人们逐渐意识到应对新型战争，必须建立一支稳定的动员机构，出台一套完备的动员法规，以规范战争动员活动。1793 年，法国颁布了《全国总动员法令》，首次成立了一个专门的动员领导机构——公安委员会，全面负责战争动员的组织领导与决策工作。此后，独立的动员体制开始在世界范围内得以建立。尤其是 20 世纪上半叶，世界各国形成了一整套包括基本动员法和不同层次的专项动员法规的法律体系，如德国 1933 年颁布的《战时授权法案》、苏联 1941 年颁布的《关于战时状态法令》，等等，这些法规的颁布施行，保证了战时动员体制的顺畅运转。

为什么称英国为"日不落帝国"？

大英殖民帝国的发家史实际上走的是一条火与血的路程，主要有三种手段：海盗起步、战争开路和工业革命。早在资本原始积累时期，英国就依靠商业冒险家、远征队到各地建立贸易据点。

到了 19 世纪 60 年代，英国进入了资本主义黄金时代，它是"世界工厂"、世界贸易中心和金融中心。这种第一工业强国的地位，为它向外扩张创造了雄厚的经济基础，因此，从 60 年代至 80 年代是巩固侵略、扩张殖民地的高潮，到了 20 世纪初它占领了世界上最多的殖民地。

当时，英国不仅是世界上最富有的国家，还是世界上最强的海军强国。在对外侵略的过程中，英国除了军事占领外，还直接派海军打败弱国，甚至将其强行占为己有。

总之，英国的财富是建立在掠夺殖民地人民血汗的基础之上，在当时世界上具有强大的国力，因此被称为"日不落帝国"。

英国首相狄斯累利有什么政绩？

狄斯累利，1804 年 12 月 31 日出生于伦敦一个犹太人后裔家庭，是 19 世纪下半叶英国著名的资产阶级国务活动家、政治家、文学家、保守党领袖，三次出任财政大臣，两次出任首相，被视为保守党的缔造者。狄斯累利是维多利亚女王时代与格拉斯顿齐名的最重要首相之一。

幼年时代的狄斯累利没有受过正规教育，但喜爱读书。1826 年后开始写诗和短篇小说。其中最具代表性的作品是《康塔里尼·佛来明》。此后，他又积极投身伦敦社交活动，1835 年参加托利党，1837 年当选为下院议员。当 19 世纪 40 年代《谷物法》被废除之后，狄斯累利成为下院托利党领袖。1852 年，狄斯累利出任财政大臣，提出 1867 年议会改革法案。

1874 年，狄斯累利出面组阁，担任首相。在此期间，他对内实施社会改革，颁布社会立法，对外推行殖民扩张政策。为表彰他的功绩，女王授予他"孔斯菲尔德伯爵"封号。1881 年 4 月 19 日，狄斯累利在伦敦病逝，维多利亚女王亲自参加葬礼并致哀。

你知道连续发生的五起海难事件吗？

1829 年 10 月 16 日早晨，一艘名叫"玛梅德"的英国快速帆船载着 21 名水手，乘风破浪驶出悉尼港。

帆船出发以后，连续四天是风和日丽的好天气。可是，天有不测风云，到了第五天晚上，海面上掀起了惊涛骇浪。大风暴刮翻了帆船，船员全部落水，他们顽强地搏斗着。

庆幸的是，船员们发现一块礁岩，于是他们纷纷攀上礁岩，等待救援。

三天以后，一艘名叫"斯依芙特修阿"号的轮船通过附近海面时发现了遇难者，把他们全部搭救上船。可是三天后"斯依芙特修阿"号也陷入了强大的海流之中，不过幸好被后来的"嘎巴拿·莱迪"号救了。但是，灾难接踵而来，"嘎巴拿·莱迪"号仅航行了三个小时，船上突然发生火灾，船员们只好乘上救生艇仓皇逃命。途中，他们看到一艘澳大利亚政府的独桅快艇"库梅特"号正朝他们驶来，船员们再一次获救了。然而没多久，"库梅特"号遇到风暴在海上沉没，不过18个小时之后，在海上挣扎的遇难者们又奇迹般地被邮船"丘比特"号发现救了起来。人们以为这次彻底摆脱了死神。意外的是，"丘比特"号又撞上了暗礁！绝望之际，又出现了救星！英国客船"希蒂·奥普·里兹"号正好经过附近海面，船员在第五次终于得救了。

令人不可思议的是，在不到两个星期的时间里，竟然连续五次遇难，五次获救，而且没有一个人死亡！更叫人吃惊的是，"玛梅德"号上有个船员因为意外的海难事故和阔别多年的母亲重逢了！

斯宾塞的政治理论是什么？

斯宾塞，1820年4月27日出生于英国德比郡的教师家庭，英国社会学家。

斯宾塞认为进化是一种自然过程，应遵循其自身的规律，而不应该人为干涉。他反对社会福利和国家计划，也反对社会改良和社会革命。斯宾塞的国家政治观、伦理道德观和自由观是在其社会有机体理论的基础上提出的，提倡国家应该扮演分配者和保护者的角色，尽可能少地干预社会生活，保证人的同等自由和自由的社会生活；在伦理道德问题上，他认为同等自由是它的原则，在这一原则下实现人的同等自由即最大幸福才是符合道德的；他的自由观是指实现同等自由，实现人的个体化和完全自由，这必然伴随着人的完全道德和生命的实现。

谁自诩为"太阳王"？

路易十四是欧洲历史上统治期最长的君主，在漫长的统治期里，他按部就班地使自己成为了荣誉及威望的化身。

作为有点独断专行的君主，路易十四的统治范围深入法国人民生活的方方面面，所有的事情都得按他的意愿进行，即使他的目光很短浅。作为路易十四的臣民，谁都没有表达自己意见的权利。

路易十四挑选太阳图案作为王室徽章并自诩为"太阳王"。为了彰显"太阳王"的显赫与尊贵，路易十四于1682年把政府和王宫迁移到凡尔赛城。从此，那里就成了他奢华的舞台。熠熠生辉的凡尔赛宫到处都彰显着王者的气息，任何人都可以进去参观路易十四每天雷打不动的日常起居。

路易十四不惜成本地把贵族云集的凡尔赛城打造成威望和荣耀的代表，而他自己正是太阳般光芒四射的中心，在这方面他的确很有天赋。路易十四人为地制造出很多虚假的利益，并用它们来吊贵族们的胃口。就这样，他完全废除了千百年以来贵族手中所沿袭的权力。那些曾经地位显赫的贵族们开始争先恐后地为了获取在王宫中狭窄的房间的居住权，为了得到清晨能亲手给国王递衬衫的资格，为了享受为国王举烛的荣誉，以及获得陪伴国王打猎的机会等而进行激烈的竞争。

为了让臣民心怀崇敬和感激之情地追捧权贵，路易十四制定了一套严格而细致的礼仪规范，这套规范曾在凡尔赛颇为流行。路易十四大兴争权夺利之风，同时还要求别人把他当偶像，结果大批奴颜婢膝的奉承者蜂拥而至。世风如此，不同等级身份的人都纷纷加入溜须拍马者的行列。比如，路易十四问起时间的时候，马上就有人回答："陛下，您希望现在是几点就是几点。"而他的儿子曼恩公爵在一次法军取胜后向他汇报："啊，父王，我的学业就要荒废了，因为每次您的军队打了胜仗，老师就给我放假。"

君权的光环如此夺目，为了享受恩泽，人们甚至不惜做出荒谬十足的举动。路易十四曾经饱受直肠瘘的折磨，不得不做手术，结果患这种病一下子成了社会风尚，那些能够分享"王者贵恙"的幸运儿一下子成为别人嫉妒的焦点，很多没有直肠瘘的人甚至恳求或贿赂医生在自己身上比划几下。

路易十四用自己的言论和行动给欧洲"君主制"以新的注解，在英国的民主宪政取得了一系列胜利的同时，欧洲大陆上却出现了一股强化君主专制的热潮。因为，它进一步消除了地方领主的封建割据，为民族国家的形成奠定了基础。但是，路易十四时期无休止的战争、晚年奢靡浪费的生活和贪污腐化的蔓延，使得法国财政状况岌岌可危，也使得有识之士对君主专制有了新的看法和考量。虽然路易十四离世之年到法国大革命爆发还有 70 多年，但多数史评家认为两者之间有必然联系。

高跟鞋是怎么来的？

相传，现代样式的高跟鞋诞生于 18 世纪路易十四王朝的法国。

当时宫里养着很多年轻貌美的宫女，她们耐不住宫廷生活的寂寞，常常溜出宫外玩耍。尽管路易十四颁布了一系列宫廷禁令，但仍阻止不了宫女们的外出。后来，有人向路易十四献计，说在脚上做文章，就可以束缚她们的行动自由。于是，路易十四授命鞋匠设计出了高跟鞋。

不过还有一种说法是：当时路易十四身材矮小，觉得自己不能在臣民面前展示他高贵的气度，于是就吩咐手下的人为他定制高跟鞋。后来，大家纷纷效仿，一直流传至今。

谁被称为"业余数学家之王"？

费马是一个伟大的数学家，但是他非常低调，以至于人们称他为"业余数学家之王"。

费马出生于法国南部，在大学里学法律，之后以律师为职业，并被推举为议员。费马喜欢利用业余时间读书，其中涉及哲学、文学、历史、法律的方方面面。30 岁时他迷恋上数学。费马对数学的贡献包括：与笛卡儿共同创立了解析几何；创造了作曲线切线的方法，被微积分发明人之一的牛顿奉为微积分的思想先驱；通过提出有价值的猜想，指明了关于整数的理论——数论的发展方向。他还研究了掷骰子赌博的输赢规律，从而成为古典概率论的奠基人之一。

尽管他有许多伟大的发现，却极少公开发表论文、著作，主要通过与友人通信透露他的思想。费马死后，后世数学家从他的诸多猜想和大胆创造中受益匪浅。

凡尔赛宫有何来历？

凡尔赛宫是法国封建时代帝王的行宫，极为华丽典雅，被称为"举世无双的宫殿"，位于巴黎市西南凡尔赛城。

凡尔赛宫源于 17 世纪 60 年代。路易十四上台后，好大喜功，崇尚奢华。1661 年 7 月，他得知财政总监富凯新建了一所漂亮官邸时，便前去参观。富凯原只是一个地位不高的法院审查官，由于善于逢迎，谋到了财政总监之职。仅 8 年时间，他就捞到了万贯家财，在巴黎郊外的乡间建造了一座富丽堂皇的府邸。得知皇帝要来参观，富凯认为这是一个讨好皇帝的好机会，于是为路易十四陈列了数不尽的金银珠宝，准备了豪华的晚会。可是路易十四不能容忍富凯的府邸其豪华富丽超越自己的王宫，更何况这府邸还是在国家财经紧张的时候建成。路易十四以"贪赃枉法、营私舞弊"的罪名下令逮捕富凯，查抄了他的全部家当（后富凯死于狱中）。接着，路易十四派人抄去了全部图纸，调走了勒伏、勒亨、勒诺特尔等为富凯府邸搞设计的大师，于 1661 年至 1681 年，在原来路易十三打猎之地，模仿富凯官邸的格局，建造了规模更大、更豪华的凡尔赛宫。1682

年 5 月 6 日，凡尔赛宫正式宣布为王室住宅和政府所在地。

法国投石党运动是怎么回事？

投石党运动指的是 1648 至 1653 年反对专制王权的政治运动。1648 年 8 月 26 日，法军战胜西班牙人的捷报，使政府觉得自己力量增强，逮捕了两个敢于直言的法官。巴黎人民起义支持高等法院，政府只好在两天后予以释放。1649 年 1 月，首相马扎然和王室逃离巴黎，将宫廷迁至圣日耳曼，随即派孔代亲王路易二世围攻巴黎。对于民众起义，高等法院感到恐惧，决定与宫廷妥协。3 月 11 日，他们与马扎然签订和约，从而结束了"高等法院投石党运动"。

第二阶段是 1650 至 1653 年的亲王投石党运动。孔代亲王想谋取首相马扎然的职位未遂，他便与对宫廷不满的贵族联合起来，密谋推翻马扎然政府。1650 年 1 月，马扎然下令拘捕孔代亲王。亲王的拥护者在外省掀起一系列暴动，1650 年底，在孔代亲王支持者和巴黎党人联合行动下，孔代亲王获释。获释后，他同西班牙结盟与政府军激战，国王和马扎然再次逃离巴黎。

亲王投石党运动缺乏民众支持，内部又争权夺利，被宫廷分化瓦解。1650 年 10 月 21 日，国王胜利返回巴黎。1653 年 2 月，马扎然回到巴黎。许多贵族被迫流放，高等法院不能干涉王政，投石党运动遂告结束。此后，专制王权在法国日趋巩固。

电影《铁面人》中的"铁面人"究竟是谁？

在巴士底狱的众多囚犯中，其中最神秘的是路易十四时的"铁面人"。1698 年，巴士底狱的监狱长奉路易十四之命，亲自将这个神秘囚犯押解到巴士底狱。在巴士底狱，他仍受到特殊照顾。1703 年，这名神秘莫测的囚犯死于狱中，死后被埋葬在圣保罗教堂。

对于这名神秘囚犯的身世，人们一直有颇多揣测。大仲马认为，囚犯是路易十四的

法国大革命期间巴黎人民攻占巴士底狱

兄弟，因与路易十四争夺王位失败而被关押。因为有血缘关系，路易十四不愿意将其处死，但又不愿让别人得知他的身份，所以给他戴上了面罩。

还有人认为，囚犯是路易十四的生父。路易十三与皇后安娜的关系不好，长期分居。安娜与此囚犯相爱，生下了路易十四。得知此事的路易十四在上台后，将生父囚禁，他的目的就是为了保住王位和名誉。

也有人认为，囚犯是路易十四的财政总监尼古拉富凯，他因侵吞公款罪被关进了巴士底狱。还有人曾大胆设想，囚犯是英国国王查理一世，当年他并没死在断头台上，而是逃到了法国，路易十四将他囚禁在巴士底狱，并给他戴上了面罩。此外，还有其他各种各样的猜测。铁面人究竟是谁，至今仍没有定论，但有一点是清楚的，即此人身份非同一般。

腓特烈大帝为什么被称为"战神"？

普鲁士精神是建立在它的军国主义体制的基础之上的。"普鲁士精神"在腓特烈大帝时代发展到了极点，这个国王就以"战神"的形象被永远地载入史册。

腓特烈不仅是一个军事统帅还是一个智慧的军事理论家。他创立了著名的"斜进战斗队列"的理论，还确定了很多著名的作战原则，如"保护你的侧翼和后方""迂回敌

人的侧翼和后方""以歼灭敌人主要力量作为有生目标"等。

腓特烈大帝在欧洲军事史上占据了重要的地位，他改变了欧洲的政治格局，为后来德意志的统一积蓄了力量。但是也有人认为，正是因为他统治时代的普鲁士精神为后来的纳粹思想埋下了伏笔。

彼得大帝为何被称为"俄罗斯之父"？

在俄罗斯历史上，有一个伟大的皇帝被人称为"大帝"和"祖国之父"，因为他为俄罗斯帝国的建立做出了杰出的贡献。也就是在他在位的时间里，俄国的国号首次被定为"俄罗斯帝国"。这个人就是彼得·阿列克赛耶维奇·罗曼诺夫，是统治俄国的第四代沙皇，也是俄国历史上思想最开放、最富有改革精神的帝王。

1712 年，彼得大帝从莫斯科迁都圣彼得堡，让自己统治的帝国成为全国的政治、经济和文化中心，一个全新的俄罗斯帝国就这样形成了。他的才能和为俄罗斯做出的卓越贡献也将永远为俄罗斯人们怀念。

什么是启蒙运动？

启蒙运动是发生于 17 世纪欧洲的一场反封建、反教会的思想文化革命运动，它为资产阶级革命做了思想准备和舆论宣传。

"启蒙"一词，在法语中的解释是"光明"。当时先进的思想家认为人们处于黑暗之中，应该用理性之光驱散黑暗，把人们引向光明。他们著书立说，激烈地抨击专制主义和宗教愚昧，宣传自由、平等和民主。启蒙运动的中心在法国，伏尔泰是法国启蒙运动的领袖。

启蒙运动最初产生于英国，而后发展到法国、德国与俄国，此外，还波及到了荷兰、比利时等国。表面上看，启蒙运动是启迪蒙昧、反对愚昧主义、提倡普及文化教育的运动。但从本质上讲，它是宣扬资产阶级政治思想体系的运动，而非单纯的文学运动。它是文艺复兴时期资产阶级反封建、反禁欲、反教会斗争的延续和发展，直接为 1789 年的法国大革命奠定了思想基础。

谁被称为"启蒙运动的旗手"？

伏尔泰（1694 ～ 1778 年），法国启蒙思想家、文学家、哲学家，是 18 世纪法国资产阶级启蒙运动的旗手，有"思想之王""法兰西最优秀的诗人""欧洲的良心"的美称。他提倡天赋人权，认为人生来就是自由和平等的，一切人都具有追求生存、追求幸福的权利，这种权利是天赋的，不能被剥夺。他主张人一生下来就应当是自由的，在法律面前人人平等，他曾经说过："我不能同意你说的每一个字，但是我誓死捍卫你说话的权利。"此外，伏尔泰还尖刻地抨击了天主教会的黑暗统治，他把教皇比作"两足禽兽"，把教士称为"文明恶棍"，说天主教是"一切狡猾的人布置的一个最可耻的骗人罗网"，号召每个人都按照自己的方式同骇人听闻的宗教狂热做斗争。

谁是法国大革命的思想先驱？

让·雅克·卢梭（1712 ～ 1778 年），法国著名启蒙思想家、哲学家、教育家、文学家，是 18 世纪法国大革命的思想先驱，启蒙运动最卓越的代表人物之一。在法国启蒙思想家中，卢梭对法国封建社会进行了最为严厉、最为激烈的批评。卢梭是一位激进的民主主义者，他的思想精华和基本原则是人民主权思想。他认为一切权利属于人民，政府和官吏是人民授予的，人民有权委任他们，也有权让他们下台，甚至有权举行起义，消灭奴役压迫人民的统治者，这就是人民主权思想。卢梭还强调"公共意志"，他认为这一点相当重要，公民应接受它的统治。"公共意志"的具体形式就是法律，遵守法律的行为就是自由的行为。卢梭的思想主张是法国大革命中成为罗伯斯庇尔领导的雅各宾派的行动指南，对欧美各国的资产阶级革命有重要的影响。

谁提出了三权分立学说？

查理·路易·孟德斯鸠（1689～1755年），出生于法国波尔多附近的拉伯烈德庄园的贵族世家，法国伟大的启蒙思想家、法学家。孟德斯鸠不仅是18世纪法国启蒙时代的著名思想家，也是近代欧洲国家比较早的系统研究古代东方社会与法律文化的学者之一。他的著述虽然不多，但影响不容小觑，尤其是《论法的精神》这部集大成的著作，为近代西方政治与法律理论发展奠定了基础，也在很大程度上影响了欧洲人对东方政治与法律文化的看法。他所提出的三权分立学说对现在很多国家的政治也有很重要的意义。

你知道百科全书派代表狄德罗吗？

狄德罗是法国唯物主义哲学家、文学家、美学家、教育理论家，百科全书派代表人物，第一部法国《百科全书》主编。狄德罗在坚持唯物主义哲学观点的同时，又具有同时代唯物主义者缺乏的辩证法思想，有些学者说他的唯物主义其实是过渡式的唯物主义。狄德罗站在法国第三等级的立场上，坚持国家起源于社会契约，君主的权力来自人民协议的观点。他指出，能够实现人民自由平等的是政体，任何政体都需要改变，它的生命同动物的生命一样，必将走向灭亡。封建专制政体终会消逝，由适合人性的政体取而代之。

启蒙运动有何重要意义？

18世纪的法国是一个封建专制的国家，腐朽没落，统治黑暗。但统治者仍然唱着"君权神授"的高调，企图以此来迷惑人民，使其不违抗指令。

就是在这个时期，出现了几位思想家，如狄德罗、卢梭、伏尔泰、孟德斯鸠，他们提出了一系列的政治主张。这些政治主张有反对君权神授、人天生是平等的、国家主权属于人民、反对封建专制、提倡三权分立等。

这次启蒙运动中的思想家以大无畏的精神，高举着理性的大旗，冲破思想牢笼，对封建意识形态发动了全面的批判，是一场解放思想、规划未来的伟大运动。它很快波及其他国家，为欧美资产阶级夺取政权做好了舆论准备。启蒙运动具有历史进步意义，它标志着人类进入了成熟阶段。

法国卡米撒起义是怎么回事？

卡米撒起义是法国南部下朗格多克和塞文山区胡格诺派新教徒发动的反对路易十四对新教徒迫害的武装起义，发生于18世纪初。

1685年，路易十四废除胡格诺派新教徒有信仰自由的南特敕令后，新教徒遭受迫害。于是他们计划劫掠和焚毁教堂，赶走甚至杀死教士。1702年6月24日，一群愤怒的新教徒在蒙维耶特桥杀死监管新教囚犯的合拉修道院院长，拉开了起义的序幕。后来，下朗格多克的农民也参与其中，并且提出"取消一切捐税和信教自由"的口号。

波拿巴家族为何矛盾重重？

自从拿破仑当上法国皇帝后，他周边的那群性情暴戾的家族成员就都想占山为王。对拿破仑的长兄约瑟夫来说，拿破仑的迅速崛起是一件很难接受的事情。后来，拿破仑让约瑟夫做了西班牙国王，西班牙民众反法浪潮很高，约瑟夫如坐针毡，对拿破仑的西班牙政策表示了强烈的愤慨。

1806年，拿破仑让他的弟弟路易做荷兰国王，虽然他没有直接把荷兰吞并过来，但所谓的自治权也只是徒有其表。拿破仑把法国的所有资源都用在了对欧洲各国的战争中，他还责怪路易没能协助他保持住欧洲的稳定。这时，英国发动了对荷战争，正好给拿破仑夺走弟弟的统治权提供了绝佳的借口。路易不想退位，他认为自己还有选择权，于是就给拿破仑写信讲条件。拿破仑早已对荷兰觊觎已久，很快拒绝了路易的要求。

拿破仑还有个弟弟叫吕西安。吕西安和所有波拿巴家的人一样贪婪。他肆无忌惮地将大量国家财产据为己有，供自己和情妇们肆意挥霍。不得已，拿破仑只得革了弟弟吕西安的职位，并把他派去西班牙做苦差。但是，这个决定也伴随着一场灾难。吕西安从西班牙国王卡洛斯五世那里收受了巨额贿赂，并保证促使法西双方签订和平条约，然后席卷了国王赏给他的所有财产从西班牙仓皇而逃，这件事导致了吕西安和拿破仑的最后决裂。

此外，波拿巴家族的人们把新王国当成自家的游乐场一般胡闹，拿破仑与波拿巴的女性成员——他的母亲和 3 个姐妹之间的关系也可以用"深仇大恨"四个字来形容。他的母亲拒绝出席他的加冕典礼，宁愿选择去意大利陪伴流放中的儿子吕西安，这深深地刺痛了拿破仑的心。加冕典礼那天，他的 3 个姐妹心里也和约瑟夫与路易一样极其难受，因为她们的身份低于拿破仑的妻子约瑟芬而愤愤不平。她是皇后，而她们只是公主，所以在仪式当中，她们必须跟在约瑟芬的后面牵着她的曳地长裙。

事实上，只有一件事能让这火暴脾气的一家人达成共识，那就是他们对约瑟芬咬牙切齿的仇恨。

而与拿破仑关系最坏的是他那放荡不羁的妹妹卡罗琳。她竭力反抗拿破仑干涉并控制她的生活，并在他反对的情况下嫁给了若阿希姆·缪拉（他和约瑟芬也有过私情）。而且在拿破仑的命运急转直下面临四面楚歌的时候，卡罗琳和缪拉却做了最彻底的叛徒，那就是他们竟然加入了反拿破仑的联盟。

由此看来，波拿巴的家族成员确实是钩心斗角，矛盾重重。想必拿破仑在厄尔巴岛上的流放生活更显得格外静谧祥和。

卢梭为什么否定拉封丹？

17 世纪以来，拉封丹寓言一问世，就迎来了法国文坛的一阵好评声。但在启蒙运动的高潮迭起的时候，启蒙思想家、反封建战士卢梭却对拉封丹的思想进行了否定。

在卢梭看来，拉封丹的寓言既虚妄又无技巧趣味，他认为寓言中的道德观念，很难让儿童接受。而寓言的形式，也妨碍了寓言的明确程度。

但是，拉封丹的寓言照样在法国一版再版，直到今天仍为人们所称道和传颂，成了法兰西民族的骄傲。

听诊器是怎么来的？

一个偶然的游戏，刺激了一个简单而又实用的发明。

1809 年，法国医生利奈克斯在巴黎的广场上散步，一群孩子在做游戏。广场边上有一根很粗很圆的大木头，被刨了皮。一个孩子在木头的一边，耳朵紧紧地贴在木头的截面上，在认真地听着什么。

忽然他高兴地喊了起来："听到了！我听到了，你敲了 6 下！"

利奈克斯循着孩子的目光望去，木头的另一端也有一个孩子趴着。

利奈克斯很惊奇，就走上前去问了个明白。当他在木头的一端听到清脆的敲击声后，突然有了一个想法。

利奈克斯迅速回到了医院，恰好有患者来检查。于是就用一个卷筒听病人的心跳声，效果挺好。从此，利奈克斯按照这个模糊的思路开始试验。经过反复试制，利奈克斯做出了胸部检查器，也就是现在听诊器的雏形。从此，听诊器就在世界各地被广泛使用。

你了解征兵制吗？

古代，以农业为主的国家或族群，从军常为被迫性或半被迫性的选择，而在一定条件下，国民有其从事军职的必要和义务，其制度为征兵制。

近现代征兵制的合法性与理论规模起源于法国大革命之后的民族国家理念。该理念认为除了进行传统战争的必要性外，国家应该是民族的国家，这样，只有征兵制才能达成公民军队或国民军队的拥护。

"19世纪生物学界的独裁者"指的是谁?

居维叶是一名神童,据说他4岁时就能自己看书学习,14岁考入德国斯图加特大学学习生物学。他最出众的领域是比较解剖学研究。他提出了系统性原则和类比性原则。系统性原则可以从动物的一个部分推断另一个部分,类比性原则可以从已知动物的局部结构推出未知动物的局部结构。后来,他还确立了动物在动物序列中的进化位置,确立了各物种间的亲缘关系。这样,他就成为比较解剖学和古生物化石分类的奠基人。

然而,1825年居维叶出版了《地球表面的革命》一书,书中阐明了反对进化论的观点。居维叶还从学术以外的角度攻击自己的提拔者和举荐者,并且利用自己与政府的密切关系,背信弃义地打击拉马克。

居维叶积极投入政治斗争中。投入政治本来是个人选择,无可厚非,但是他利用手中的权势进行个人压制,就不合情理,因此,被称为"19世纪生物学界的独裁者"。

巴赫为什么被誉为"欧洲音乐之父"?

约翰·赛巴斯蒂安·巴赫(1685~1750年),德国最伟大的作曲家之一,出生于爱森那赫市音乐世家。

巴赫家族中几代人都是宫廷乐师,但从巴赫的曾祖父起,家族的人地位就变得卑微,成为只能靠音乐谋生的贫民阶层。由于家庭贫困,巴赫无法得到系统正规的音乐教育,只能靠自己刻苦学习。后来,巴赫终于成为一名优秀的风琴演奏家。

由于当时的音乐家只能附属于宫廷或教堂,这就使巴赫面临终生只能处于困难的境遇和屈辱的地位,但他却始终没有停下创作的脚步。

在德国民乐的基础上,巴赫创作了几百部作品。虽然很多是宗教音乐,但是又不拘泥于教会音乐的规则。在音乐方面,巴赫进行了大胆的改革,对欧洲古典音乐和世界音乐的发展都具有重要的影响,因此,他被称为"欧洲音乐之父"。

哪一次战役被誉为"德意志民族之光"?

18世纪的普鲁士,在地理上处于法、奥、俄、瑞等欧洲列强的包围之中。1740年5月,新国王腓特烈继位,他一直想改变本国的不利形势。

要打破五国的战略包围,就必须首先击败奥军。腓特烈当机立断,他趁严冬敌人宿营之机,在15天内急行军170英里,直驱鲁腾,与奥军对峙。

对于鲁腾一带的地形,腓特烈大帝在过去的演习中就非常熟悉。针对奥军部署,腓特烈大帝决定首先攻下中路的波尔尼高地,然后佯攻奥军北翼,将其主力吸引到北端;继而用斜行攻击序列,以主力集中攻击奥军南翼,以达到切断其退路、全歼奥军于鲁腾的目的。

鲁腾会战结束后,普军大获全胜。腓特烈因此名声大振,他以劣势兵力,歼灭了3倍于自己的奥军,重新获得了西里西亚,也彻底瓦解了法、俄、瑞、奥联军的战略包围,将危亡中的普鲁士拯救出来,这一战被后人誉为"德意志民族之光"。它唤起了普鲁士人的德意志民族意识,增强了他们的民族凝聚力,使德国走上了统一的建国道路。

瑞典两党之争是怎么回事?

1738年,瑞典议会中霍恩的政敌——"平帽派"获胜。他们认为霍恩一派的政策只能被比作"睡帽",因此,人们把霍恩一派人称为"尖帽派"。"平帽派"掌权后,希望能获得法国的援助,准备对俄战争,收复在北方战争中失去的土地。他们同法国结成同盟。法国大使供给他们金钱。"尖帽派"和"平帽派"两个贵族集团长期互相倾轧,争权夺利。1741年,俄瑞战争爆发。1743年,瑞典战败,双方签订了《阿波和约》。1739至1765年"平帽派"掌权。

谁是德国古典唯心论的创始人？

伊曼努尔·康德，德国古典唯心论的创始人，在近代西方哲学史上起过划时代的革命作用，并在自然科学领域做出了杰出的贡献。

康德于 1724 年出生在东普鲁士的滨海城市哥尼斯堡的一个手工业家庭。早年曾就读哥尼斯堡大学，后任该大学讲师、教授和校长。其间，先后讲过形而上学、逻辑学、数学、力学、物理学、地理学、人类学、自然学等课程。

康德哲学分两个时期。1770 年以前为第一时期，也称"前批判时期"，这一时期的代表作是《宇宙发展概论》；1770 年以后为第二时期，又称"批判时期"，这一时期的代表作是《纯粹理性批判》《实践理性批判》《判断力批判》。康德哲学的基本特征是调和唯物主义和唯心主义，使二者互相妥协。

康德的思想和主张反映了德国资产阶级向往革命的积极性，也有担心革命的软弱性和妥协性。他在自然科学领域的主要贡献是"星云说"。1804 年 2 月 12 日，康德去世。

贝多芬为什么被称为"乐圣"？

贝多芬，于 1770 年出生在德国波恩的一个平民家庭里，他的父亲是一位宫廷歌手。

他的音乐启蒙老师是聂耶菲。聂耶菲是一位精通作曲技术的音乐家，他给贝多芬打下了坚实的音乐基础，并协助他去维也纳向莫扎特学习。贝多芬后来又向海顿学习对位法。到 30 岁时，贝多芬才举行了首次个人音乐会，从而巩固了自己的作曲家地位。由于深受法国资产阶级革命的影响，贝多芬的音乐创作中体现了革命的热情和英雄气概。他勇于创新，在音乐史上起到了承前启后、继往开来的作用，因此人们将其称为"乐圣"。

为什么会发生安妮女王之战？

安妮女王之战是英国为争夺北美殖民，对法国发动的战争。

欧洲爆发西班牙王位继承战争后，英、法两国争夺对密西西比河的控制权。法国和印第安人先占领了马萨诸塞的迪尔菲尔德和罗尔港。英国又于 1711 年派出 1.2 万人的舰队，配合新英格兰的武力进攻魁北克，同时陆军沿哈得孙河谷北上，直指蒙特利尔，此时的英国具有绝对优势。1713 年 4 月，英、法订立《乌特勒支和约》，法国承认英国占有新斯科舍和哈得孙港，严禁西班牙在北美进行皮毛和商业贸易，同时英国可占据直布罗陀和梅诺卡。从此，英国逐渐成为海上最大强国，逐渐取代了法国和西班牙在北美的统治势力。

《阿亨和约》的主要内容是什么？

奥地利王位继承战争爆发后，包括法国、普鲁士、巴伐利亚、萨克森、撒丁在内的一方与包括英国、荷兰、奥地利在内的另一方在欧洲、美洲和印度殖民地展开了激烈的厮杀。

双方停止军事行动后，在阿亨进行和平谈判，缔结了《阿亨和约》。和约的主要内容是：第一，确认查理六世的诏书，承认玛丽亚·泰利萨继承奥地利帝位的合法权利；第二，普鲁士夺得西里西亚；第三，西班牙、撒丁五国取得奥地利在意大利的部分属地；第四，法国把在纪德兰境内所占领的地区、在美洲占领的地区、在印度占领的马德拉斯归还给英国；第五，法国拆毁敦刻尔克的防御工事；第六，英国将有关贩卖非洲黑人奴隶权利的条约延长 4 年。

《阿亨和约》不仅没有消除英法之间、普奥之间的矛盾，反而使它们的矛盾更加激化，也因此导致了七年战争的爆发。

俄国参议院是什么时候设立的？

彼得一世重视国家中央行政机构的改革。1711 年，彼得正式签署了有关建立参政院的诏令。参议院取代了贵族杜马，由 9 个参议院组成。参议院成为一个直属沙皇的最高国家管理机构，从中央到地方的整个行政系统，从财政预算、贡赋征收到陆、海军的编制，都处于它的管理之下。参议院还有权力制定各项重大法令。为了监督法令的执行，彼得又设立了监察厅。参议院本身的活动也要受到总检察官的监督。参政院成立后，彼得就着手改造旧的衙门机构。彼得一世逝世后，参议院的职权也相应地发生了一些变化。

什么是"逆转联盟"？

1748 年奥地利王位继承战争结束后，欧洲国际关系发生了很大的变化，之前的普法同盟瓦解，英奥同盟崩溃，到 1756 年七年战争爆发之前，在欧洲形成了以英国、普鲁士为一方和以法国、奥地利、俄国为另一方的两大对立集团，史称"逆转联盟"。

18 世纪以来，英奥一直是同盟者，哈布斯堡王朝的奥地利同波旁王朝的法国一直存在矛盾。在西班牙王位继承战争和奥地利王位继承战争中，英国还奉行亲奥、援奥政策。但到 18 世纪中期，英奥同盟关系发生了转折性的变化。奥地利在 1740 至 1748 年的战争中受到重创，英国对其能否保护英王领地汉诺威产生怀疑。同时，普鲁士由于进行了军事改革而成为中欧的强国。英国便想脱离与奥地利的同盟关系，转而向普鲁士靠近，雇用普鲁士保护汉诺威，并利用普鲁士强大的军事力量在欧洲大陆牵制法国。而普鲁士也有意通过寻找新同盟者的方式保住西里西亚。英普各有所求，双方于 1756 年 1 月订立《威斯敏斯特条约》。1756 年 5 月 1 日，法奥订立《凡尔赛条约》，12 月 31 日俄国加入该条约，法奥俄同盟形成。七年战争爆发后，"逆转联盟"成为交战双方，战争以英国和普鲁士的胜利告终。

"北方同盟"是怎么形成的？

"北方同盟"是 17 世纪末期俄国为发动北方战争，与萨克森、丹麦、波兰订立的反对瑞典的军事同盟。彼得一世亲政后，试图把俄国从一个内陆国家变为濒临海洋的大帝国，争夺瑞典控制下的波罗的海出海口便是彼得一世实现上述计划的关键步骤。为了在外交和军事上掌握主动权，俄国利用北欧各国的矛盾，积极为自己寻求同盟者。1698 年 8 月，彼得一世与萨克森选帝侯兼波兰国王进行了谈判，并于次年 11 月 11 日缔结俄萨同盟。

1699 年 11 月 26 日，俄国又与丹麦订立俄丹条约，至此，旨在反对瑞典的"北方同盟"正式建立。后来，彼得一世利用"北方同盟"进一步打击瑞典，取得了北方战争的胜利。

俄国为什么迁都圣彼得堡？

俄国和瑞典的"北方战争"爆发后，彼得一世于 1703 年在涅瓦河右岸建彼得保罗要塞。1709 年，经波尔塔瓦战役对瑞战役取得决定性胜利后，彼得决定以彼得保罗要塞为基础，在涅瓦河口两岸建了新的都城——圣彼得堡，使它成为俄国面向欧洲的一个窗口。根据彼得的命令，从全国各地调集成千上万的农民前来筑城。彼得更是用砖石建成了新首都，且调集了全国优秀的石匠。1713 年，彼得正式将首都从莫斯科迁到了圣彼得堡。

彼得大帝遗嘱到底是真是假？

1836 年，法国人德奥出版了一本回忆录。这本回忆录的问世在当时引起了一阵骚动，而引起骚动的原因则是书中所披露的一份所谓的《彼得大帝统治欧洲的计划》。

据德奥在回忆录中记述：有一年夏天，他意外地发现了《彼得大帝统治欧洲的计划》。据说，这份计划书是彼得临终时当作遗嘱而留下的。当时他欣喜若狂，立即一字不漏地抄录了一份。1757 年，德奥将该抄录件呈献给法王路易十五。这个遗嘱究竟是真是假？

一般认为，遗嘱是杜撰出来的。据史料记载，1724 年冬，彼得大帝在巡视完芬兰湾后，得了急性肺炎，卧病在床。第二年的 1 月 7 日下午，彼得大帝预感死神即将来临，想要留下遗嘱传位，可他仅仅提笔写了"将一切传位"这几个字，便昏迷过去。第二日上午 8 点，彼得大帝与世长辞。既然如此，他就不可能指定新的皇位继承人，又怎么可能写下这么长的一份有头有尾的文件？而且在俄国的相关历史记载中，也从未提到过彼得大帝留有任何遗嘱。尤其是回忆录披露"计划"后，俄国的历史学家遍寻历代沙皇的档案，始终未能找到"计划"的原件。另据记载，在德奥将《彼得大帝统治欧洲的计划》呈献给路易十五的 40 年后，一个流亡法国的波兰将军也曾向大革命时期的法国政府提交一份文件，并称该文件是从俄国沙皇的档案中发现的。这份档案名为《俄罗斯扩张计划概要》，可内容和德奥呈献给路易十五的完全相同。是偶然的巧合，还是另有起因？或许谜底永远无法揭开。

哪次起义是俄国解放运动的起点？

1825 年俄国发生了第一次公开反对农奴制度和沙皇专制统治的武装起义。这次起义发生在俄历 12 月，起义者称为"十二月党人"，这次起义称为"十二月党人起义"。此次起义中的一批具有民主主义思想的贵族军官成立革命组织，他们主张建立共和国或君主立宪政体，先后在彼得堡和乌克兰发动起义。结果是有五百多人受审，五位首领被处死，一百多人被流放。虽然这次起义失败了，但它强烈地震撼了沙皇专制统治和俄国农奴制度，促进了人民的觉醒。1825 年成为了俄国解放运动的起点。

华沙反俄起义是怎么回事？

从 1815 年起，沙皇兼任波兰的国王，在波兰实行专制的野蛮统治。1830 年 11 月 29 日，华沙人民举行了声势浩大的反俄起义，起义军夺取了华沙军火库。1831 年 1 月 13 日，起义者成立了国民政府，宣布波兰独立。1831 年 2 月，沙皇尼古拉一世前来镇压波兰人民的民族起义。9 月 6 日，华沙陷落，波兰民族大起义以失败而告终。这次起义沉重地打击了欧洲的反动势力，并且牵制了沙皇的兵力，从而使以沙皇为首的国际势力准备武装干涉比利时和法国的计划化为泡影。

俄国是怎样成为土耳其的"保护者"的？

19 世纪初期，土耳其的属国埃及在阿里领导下，进行了政治、经济和军事改革，国力不断增强。希腊独立运动结束后，土耳其把克里特岛送给阿里作为酬谢，但阿里并不满足，他还想占有叙利亚。土耳其拒绝了埃及的要求，阿里起而反抗土耳其的统治。1831 年 11 月，埃及派军入侵土耳其所辖的叙利亚，土埃战争正式爆发。处于劣势的土耳其向美、英、法求援，恰好俄国也想插手

1825 年 12 月 14 日晨，3000 名士兵及其支持者冒着严寒聚集在圣彼得堡议会广场彼得大帝的塑像前，要求废除农奴制，卫兵对他们进行了镇压，十二月党人纷纷被捕入狱或被流放。

土耳其事务，于是就于 1833 年 2 月 20 日驶入了波斯普鲁斯海峡。俄国的军事行动危机到了英、法的利益，于是出面调停，迫使土埃双方媾和。之后，土埃签订了《屈塔西尼和约》。合约签订后，俄军被迫撤退，但在撤退之前还和土耳其签订了《温加尔—斯克利西条约》，使其成为"土耳其的保护者"。

俄国农奴制是怎样废除的？

俄国在克里米亚战争中失败，农奴制的落后逐渐暴露了出来，加剧了俄国的各种矛盾。在这内忧外患的情况下，沙皇亚历山大二世为了缓和阶级矛盾，巩固统治，进行了自上而下的改革。改革的内容包括：给农奴人身自由，地主不能任意买卖、典押、交换和转让农奴，农奴享有家庭和婚姻生活的自由，农奴有权享有财产、担任公职、从事工商活动以及同他人或机关订立契约或进行诉讼。但是，农奴要向地主缴纳赎金，才能成为自由农民，否则继续受地主的奴役和剥削；农奴在获得人身解放时，可分到一块份地和宅旁园地。但是，在法律上份地仍属地主财产，农奴仅有永久使用权，但要缴纳高于地价 50% 的赎金；取消地主对农奴的行政和司法权后，保留由政府和地主贵族掌握的村社作为管理农民的自治机构，并实行连保制，农民未经许可，不得到外地谋生。

这次改革废除了农奴制度，使农奴获得了人身自由，客观上推动了俄国资本主义的发展。

密拉特起义的原因是什么？

19 世纪上半叶时，英国在印度实行疯狂的殖民掠夺，给印度人民造成了沉重的灾难。当时，英国在印度的军队大部分是殖民当局招募的士兵，他们备受民族压迫和宗教歧视，生活条件非常恶劣。1857 年初，英国殖民当局发给印度士兵一种涂有牛脂和猪油的纸包装的新子弹，并且要求他们使用时必须用牙咬开。士兵认为这是对他们宗教信仰的侮辱，

大为恼火。于是印度教士兵发誓要消灭英国殖民者。四月底五月初，密拉特 85 名士兵拒绝使用新子弹，殖民者给他们判了七年徒刑。5 月 9 日，英国军官召集全体军官集会，当众剥去 85 名士兵的军装，把他们戴上脚镣押往监牢。士兵忍无可忍，立刻发动起义。5 月 10 日，当英国军官在教堂里祈祷时，士兵们打开了牢房，释放了被捕者，封锁了交通要道，"杀死英国人"的呼声响彻密拉特的上空。起义军民烧毁了英国殖民者的住宅、教堂、兵营和衙署，惩罚了英国殖民军政官员，并在当夜向德里挺进，印度民族大起义因此爆发。

俄国于何时吞并了中亚三汗国？

19 世纪下半叶，俄国先后征服了中亚的浩罕、布哈拉、希瓦三个独立汗国。

俄国对资源丰富、具有重要战略意义的中亚诸汗国觊觎已久。1717 年，彼得一世派遣别科维奇远征希瓦，几乎全军覆灭。19 世纪上半期，随着对哈萨克斯坦的征服接近尾声，俄国对中亚诸汗国发动新的攻势。1834 年，在曼格什拉克半岛建立新亚历山大罗夫斯克要塞。1839 年秋，奥伦堡总督彼得罗夫斯基再次远征希瓦，未能得逞。此后俄国的主攻方向转向浩罕汗国北部一带。1847 年，在锡尔河口修建赖姆堡。1853 年，占领浩罕要塞阿克·麦吉特，形成锡尔河碉堡线。与此同时，俄军从塞米巴拉金斯克向南推进，1847 年，在巴尔喀什湖东南中国境内建立科帕尔堡。1854 年，建立维尔诺堡，形成另一条包抄哈萨克草原、进攻中亚诸汗国的碉堡线，即西伯利亚线。克里木战争后，俄国加快了侵略中亚的步伐。1858 至 1859 年，沙皇政府派遣 3 个使团分赴中国喀什噶尔、呼罗珊、希瓦和布哈拉收集情报，这就标志着它在中亚的扩张政策进入新的阶段。

普希金之死和沙皇尼古拉一世有关吗？

普希金（1799 ~ 1837 年）是 19 世纪俄国的著名诗人。1837 年 2 月，他在和情敌丹

特斯的决斗中身亡，人们在悼念他的同时也在思考一个问题：他究竟是怎么死的？

年轻的普希金风流倜傥，才华横溢，与莫斯科的绝色佳人娜塔莉娅·尼古拉耶芙娜·冈察洛娃一见钟情，后来结为夫妻。

几年后，沙皇禁卫军军官、法国纨绔子弟乔治·丹特斯在一次舞会上偶然结识冈察洛娃，对她展开猛烈的攻势。气急败坏的普希金毅然决定同丹特斯决斗，最后普希金不幸死于枪下。

但普希金难道真的是死于情场上的一场决斗吗？有关史料记载：普希金之死，完全是一个阴谋。原来沙皇尼古拉一世在此之前，就已经觊觎普希金妻子冈察洛娃的美色。丹特斯受沙皇指派，在各种公开场合引诱冈察洛娃，故意把普希金激怒，使其与他决斗，趁机把普希金杀害。

普希金是怎么死的，至今还有很多疑问，我们在诵读诗人美妙诗句的同时也希望能早日找出杀害诗人的真正的凶手。

"俄国文坛盟主"果戈理是怎么死的？

尼古莱·瓦西里耶维奇·果戈理（1809～1852年），俄国19世纪上半叶最优秀的讽刺作家、讽刺文学流派的开拓者、批判现实主义文学的奠基人之一。

1852年1月，果戈理《死魂灵》的第二部已用工整的字迹清清楚楚地誊写，就等着通过检查后送去复印。就在此时，果戈理在精神上已完全被向他施加不良影响的马蒂厄神父所控制。马蒂厄神父是他的牧师，他一遍又一遍地以上帝的旨意劝说果戈理放弃文学，献身上帝。在马蒂厄神父的鼓吹和控制下，果戈理的世界观中根深蒂固的宗教赎罪思想、神秘主义和害怕革命变革的情绪迅速膨胀。他竟然要回到宗教迷信和宗法制度中去拯救自己的灵魂，甚至还对过去发表的揭露社会矛盾的作品表示了公开忏悔。更令人吃惊的是，他改变了出书的想法，对曾经的成果产生了怀疑和不满。比如，他认为自己已写完

的第二部竟是一部未完成的作品。他也曾预感自己在完成任务后就会死去。

2月11日夜间，在马蒂厄神父的授意下，果戈理用火点燃了《死魂灵》第二部的手稿，将多年来的劳动，以及为这一劳动所付出的心血和对生活的希望，付之一炬。就这样，一部伟大的作品化为灰烬。此后，果戈理便进行守斋。晚上，为了不让自己做梦，他努力克制自己不睡觉。守斋的恶果接踵而至，他终于大病一场。

生病期间，他非但没有放弃苦修，反而变本加厉，也只是在等待死亡的来临。医生不得已试图对他进行强制性治疗。2月20日夜间11点，果戈理已生命垂危。第二天上午8时，果戈理便停止了呼吸。

"欧洲宪兵"指的是什么？

1848年2月12日，当俄国宫廷正在举行舞会的时候，尼古拉一世着急地说："诸位军官，备上你们的战马，巴黎发生革命了。"

这场资产阶级性质的民主革命席卷欧洲各地，首先从意大利开始，然后蔓延到巴黎、柏林、维也纳等广大地区。为了遏制革命"瘟疫"的传播，尼古拉一世和欧洲各国反动政府联合起来，共同镇压革命。1848年，俄军先后进入摩尔多瓦和瓦拉几亚，镇压了两公国的革命运动。后来，他又将下一个目标瞄准了匈牙利。5月，15万俄军侵入匈牙利，匈牙利革命遭到了俄军的血腥镇压。事实证明，沙皇俄国不但镇压了国内人民革命，而且镇压了欧洲其他国家的革命运动，成为欧洲反动势力的主要堡垒。因而，人们将沙皇俄国称为"欧洲宪兵"。

彼得一世为什么处死太子阿列克赛？

彼得一世的改革触犯了世袭贵族和教会的切身利益，招致了旧贵族和反动僧侣的不满，太子阿列克赛案件是这场斗争的高潮。

阿列克赛生于1690年，是彼得一世和第一个妻子的儿子，彼得不喜欢他的生母，

因而父子关系并不融洽。而且反对改革的旧贵族和神甫们也极力拥护阿列克赛，形成一个"太子帮"，经常向太子灌输仇视改革的情绪。阿列克赛便成了反改革派的总代表。彼得一世多次争取皇太子支持改革事业，未果。1716年阿列克赛逃往维也纳，请求奥皇查理六世给予援助，夺取皇位。1718年1月，彼得亲自审问了返回莫斯科的阿列克赛，并将他和同谋者押送到彼得堡，继续受审。6月24日，由127人组成的最高法庭宣判皇太子犯了借助外国军队、企图阴谋暴动、颠覆国家政权、以篡夺皇位罪，处以死刑。

彼得一世"书信退敌"是怎么回事？

18世纪初，为争夺在波罗的海的制海权，瑞典与英国发生了大规模的战争。遭受第一次进攻失败的瑞典经过认真的准备，纠集强大的海军和陆军，向俄国发起了猛烈的进攻。

来势汹汹的瑞典军队使俄国军民人心浮动，统治阶级内部也出现了严重的分歧。在危难之中，彼得一世异常冷静。他深知瑞典国王查理十二和瑞典军队的将领们，一向谨慎行事，优柔寡断，缺乏果敢的精神和坚定的意志。如果利用瑞典人的这一弱点，俄国必定转危为安。

于是，彼得一世派遣一大批紧急信使携带着他的亲笔命令奔赴各地。信中要求各地的指挥官立刻派援军支援沿海地区，其实，信中提到的这些援军根本不存在。负责传送命令的信使故意乱走，暴露身份。瑞典人将其俘虏，搜出密信。瑞典将领对彼得一世的绝密命令十分注意，他们认为俄国有着更深远的阴谋。在这种思想的支配下，瑞典军队放弃已占领的俄国沿海地区，迅速回国。

这就是"彼得一世书信退敌"的故事，他不费一兵一卒就解除了对沿海地区的围困，使俄国渡过了难关。

为什么俄国执意要发动第四次俄土战争？

18世纪初，俄国通过"北方战争"夺得波罗的海出海口。但在南方的彼得一世却屡屡受挫，始终打不开黑海的出海口。因此，彼得一世之后的历代沙皇都把控制土耳其、争夺君士坦丁堡和达达尼尔海峡及博斯普鲁斯海峡当作俄国对外政策的重点。为了实现这一对外政策，俄国女皇安娜·伊万诺夫娜继位之后发动了对土战争。1735年，安娜·伊万诺夫娜乘波兰王位继承战争爆发之机，派军队从南面向土耳其发动战争，俄土战争爆发。在战争中，俄军一直掌握军事主动权。其间，奥地利也站在俄国一方。1739年7月，奥军主力在克洛茨卡战役中几乎全军覆没，被迫撤出战斗。9月，奥地利同土耳其媾和，单独退出战争。之后，俄国亦同土耳其谈判，俄土双方签订《贝尔格莱德和约》。

"巴尔同盟"是个什么样的组织？

"巴尔同盟"是波兰爱国者组织的反俄武装组织。1763年9月，奥古斯都三世辞世，叶卡捷琳娜二世联合普鲁士，以武力胁迫的方式将自己的情夫波尼亚托夫斯基推上波兰王位的宝座。1768年，叶卡捷琳娜二世又强迫波兰国会通过所谓"国家根本法"，规定保留自由选王制和自由否决权制。

1768年2月，波兰爱国者在巴尔城建立反俄武装组织"巴尔同盟"，该同盟得到了法国、奥地利和土耳其三国的大力支持。俄国试图派军镇压"巴尔同盟"，但"巴尔同盟"有生力量已经撤至土耳其。土耳其在法国支持下多次向俄国发出抗议，要求俄军撤出波兰和土耳其，但遭到了俄国的拒绝。"巴尔同盟"给俄国入侵者以沉重的打击，同时也显示了波兰人民不屈不挠的斗争意志。

叶卡捷琳娜是怎样登上沙皇宝座的？

叶卡捷琳娜是俄皇彼得三世的妻子，在

她为俄皇室完成传宗接代任务后，就遭到了丈夫的冷遇，一直忍受着孤独和寂寞。

但是叶卡捷琳娜不甘心做一名忠实的妻子和殉难者。她卧薪尝胆，耐心地等待着能使她成为女皇的机会。

为了达到目的，叶卡捷琳娜开始培植私党。她把禁卫军军官格里戈利·奥尔洛夫列为首选对象，奥尔洛夫的 4 个兄弟阿列克谢、费多尔、伊凡和弗拉基米尔都是禁卫军军官。后来奥尔洛夫成了她的情夫，为她的宫廷政变提供了很好的机会。

彼得大公对叶卡捷琳娜的阴谋早有所闻，他积极行动。叶卡捷琳娜清楚地认识到，必须先下手为强，否则就只能做阶下囚甚至是命归黄泉。

1762 年，在奥尔洛夫兄弟的支持下，叶卡捷琳娜发动宫廷政变，政变之后，叶卡捷琳娜便登上了沙皇宝座。

掀起反对叶卡捷琳娜二世大起义的人是谁？

掀起反对叶卡捷琳娜二世大起义的人叫普加乔夫，他于 1742 年出生在顿河沿岸齐莫维斯克镇的一个贫穷哥萨克家庭。年少时终日为生活奔波。他 18 岁时，刚结婚不久就参加了七年战争，在军队里当传令兵。战争结束后，便回家务农。1768 年俄土战争爆发后，普加乔夫再度应征入伍。由于作战勇敢，他很快被提升为少尉。他在战争环境中得到了很好的锤炼，掌握了基本的军事技能和指挥才能。

在叶卡捷琳娜二世统治时期，她的治国政策不得人心，因而英勇善战的普加乔夫发动了反对叶卡捷琳娜二世的起义。尽管普加乔夫起义失败了，但这次起义沉重地打击了俄国农奴制，动摇了农奴制国家基础，使女皇叶卡捷琳娜二世不得不改变统治策略，加强了与贵族地主的政治联盟。

命运最悲惨的俄国沙皇是谁？

俄国沙皇伊凡六世是众多沙皇中命运最悲惨的一位。

伊凡·安东诺维奇为彼得一世的侄孙女安娜所生，1740 年 10 月，还在襁褓中的伊凡当上了俄国沙皇。1741 年 11 月 24 日，俄国宫廷再次发生政变，彼得一世的女儿伊丽莎白逮捕了伊凡六世及他的父母，自立为皇，于是"执政"仅 13 个月的伊凡六世成了阶下囚。

为防止有人假借伊凡六世名义叛乱，伊丽莎白女皇又下令将他从母亲怀中夺走，对于伊凡六世实行单独看押。从此，伊凡便终日与牢房为伴。

1756 年，年满 16 岁的伊凡被秘密押送到施利色堡，编号为"一号囚徒"。长年的监狱生活使伊凡的体质、心理、性格都发生的严重畸变。

1762 年，叶卡捷琳娜二世登上了沙皇宝座，她担心有人拥戴伊凡六世而危及她的统治，于是她亲下手谕，将其处死。

这样年仅 24 岁的伊凡，在度过了 23 年的铁窗生涯后，最终成为俄国宫廷政治的又一牺牲品。

沙皇彼得三世死于叶卡捷琳娜之手吗？

雄才大略的彼得大帝在 1725 年驾崩后，俄国就陷入了长期动荡中。1762 年，沙皇彼得三世的王后叶卡捷琳娜发动宫廷政变，推翻了他的统治。7 月彼得三世在狱中突然死去。彼得三世因何而死？他的死与叶卡捷琳娜是否有关呢？

当叶卡捷琳娜发动宫廷政变后，软弱无能的彼得三世被迫退位，接着又被软禁起来。尽管彼得对叶卡捷琳娜已构不成威胁，但叶卡捷琳娜并不愿轻易放过曾给她耻辱的彼得三世，彼得三世不久就遭谋杀。叶卡捷琳娜的诏示说彼得三世死于剧烈绞痛。实际情况真是这样吗？一种说法称他是被人毒死的，当时法国外交部档案记载：一些人按照俄国风俗吻彼得三世的遗体以示告别，这些人的嘴唇后来却奇怪地肿了起来。还有种说法称彼得三世是在酒后与人打骂被人失手打死的。还有的说法则是为除后患，女皇派人勒死了彼得三世。彼得三世的真正死因是什么？叶卡捷琳娜又是否做了手脚呢？这一切都不得而知。

为什么爆发普加乔夫起义？

普加乔夫起义是因阶级矛盾激化而引起的。当时，俄国封建农奴制关系即将崩溃，资本主义关系日趋形成。贵族和专制国家不断加强农奴主压迫，激起了人民群众的强烈反抗。这次农民战争的主要动力是农民，此外，哥萨克劳动阶层和矿业工人也参加了这一运动。闻风举义的还有巴什基尔、鞑靼、卡尔梅克及伏尔加河中下游左岸地区的其他非俄罗斯民族。在这场农民战争爆发前不久，1771年，莫斯科就爆发了市民下层群众的起义。1772年，亚伊克哥萨克奋起反抗哥萨克上层首领，同年，伏尔加河和顿河哥萨克村镇也发生骚动。叶卡捷琳娜二世政府依靠军事力量，勉强驾驭庞大帝国蒙受压迫的各族人民。之后爆发的俄土战争又使国内社会矛盾更加尖锐，日益沉重的负担激起了劳苦大众的不满。

1773年9月普加乔夫率领群众起义

《武装中立宣言》的基本内容是什么？

北美独立战争爆发后，英国实行海上封锁政策，不仅攻击交战国船只，还经常抢劫、搜捕中立国的船只，这就触犯了俄国等中立国的利益。因此，俄国女皇叶卡捷琳娜二世发表著名的《武装中立宣言》。基本内容是：第一，中立国船只可以自由同交战国进行贸易；第二，对于在中立国国旗下的敌方货物应予放行，不得侵犯；第三，只承认武器、军需品及其他直接用于战争目的的物品为战时违禁品；第四，为了保证这些规定的实行，俄国将派出强大的海军。之后，俄国又在武装中立宣言基础上同欧洲一些国家签订其他相关的条约，由此便出现了武装中立同盟。

路易十六有什么癖好？

法国历史上的路易十六，其实称不上是一个真正的暴君，他是一个优柔寡断、有点木讷的男人，对金钱的贪欲不是很强，也不沉溺于女色，最喜欢把自己关在铁匠房中制锁。这个癖好和中国明熹宗有些相似，熹宗喜爱木匠活。而且他们还有一个相同之处就是葬送了自己的王国。

现在，法国的博物馆中仍有十几把由路易十六亲手制作的精美锁具，叙述着这位古怪国王的高超技艺和昏庸的治国之道。

瓦尔密战役胜利的真正原因是什么？

在1792年9月，路易十六因阴谋复辟而被废黜。此时，法国正处在危机之中，外部也面临欧洲联盟的入侵。国内山岳派和吉伦特派争斗正酣，到处是失业与饥荒、恐怖与暗杀。在这严峻的时刻，珍宝储藏室贴上了封条，但令人惊奇的是，这么多奇珍异宝竟无人看守。9月17日，内务大臣罗兰在国民议会突然宣布："珍宝储藏室门被撬，钻石全部丢失！"当时的法国正在进行瓦尔密战役，在短时间内就因敌方撤军而取得了胜利。从战略上讲，敌方指挥官不应发布撤退命令。这使人怀疑在战线后是不是进行了某种交易。事实上，当双方军队打仗时，举行了一次秘密会议，法国得花巨额资金以使敌方撤军。8月11日，法国特使就已答应付给敌方3000万法郎。法国议员帕尼斯知道这笔交易后，就建议从珍宝储藏室找差额部分，后来他的建议被采纳了。现在，人们只知道拿破仑指挥瓦尔密战役取得了胜利，拯救了巴黎和法兰西民族，但是瓦尔密战役胜利的奥秘，过去、现在以至将来可能永远都不会为人所知。

1652 年英荷战争的导火线是什么？

《航海条例》的颁布是英荷战争的导火索。1651 年 10 月 9 日，国会针对当时英国海上贸易的主要竞争者荷兰，颁布了《航海条例》，规定凡是从欧洲运往英国的货物，必须由英国船只或商品生产国的船只运送；凡是从亚洲、非洲、美洲运到英国或爱尔兰以及英国各殖民地的货物，必须由英国船只或英属殖民地的船只运送。这就危及了荷兰的海上利益，于是爆发了第一次英荷战争，荷兰战败，不得不承认这一条例。

为什么会爆发第二次英荷战争？

1664 年，英国占领荷兰在大西洋的戈雷岛及其在北美的殖民地新阿姆斯特丹等地，导致了第二次英荷战争爆发。

1665 年初，荷兰正式对英国宣战。战争在欧洲及殖民地同时进行。刚开始，荷兰屡战屡败。1666 年，荷兰利用法国、丹麦与英国的矛盾，与法国、丹麦结成同盟并赢得了两国有力的支持，逐渐掌握主动权，并在同年 6 月的敦刻尔克海战中，将英军击败。一年后，荷兰海军封锁泰晤士河口，歼灭 16 艘英国船只，使英国首都伦敦遭受直接的威胁。此时，斯图亚特王朝的腐败也大大削弱了英国海军的实力，再加上伦敦当时正发生流行性疾病，英国被迫妥协。

你了解"圣荷西"号沉船事件吗？

1708 年 5 月 28 日，一艘戒备森严的西班牙大帆船"圣荷西"号载满了金条、银条、金币、金酒杯、金台灯和许多珠宝，据估计这些珠宝的价值达 10 亿美元。

当时，西班牙和英国、荷兰等国处于敌对状况。英国著名的海军将领韦格正率领一支强大的舰队在海上日夜巡逻，碰到西班牙的船只是不会放过的。但是这一次船长和船员放松了警惕。当他们看到英国舰队时，早已措手不及。随着韦格将军一声令下，军舰开火了，"圣荷西"上的 600 多名船员和那无数的黄金、珍宝一起，全部沉入了海底。

1983 年，哥伦比亚政府正式宣布："圣荷西"号沉船是哥伦比亚的国家财产，于是哥伦比亚政府便着手进行打捞，尽管打捞这艘沉船需要的花费远比那些宝藏的代价高。正因为此，"圣荷西"号才一直为人所关注。

哪次战役是北方战争的转折点？

波尔塔瓦战役是 1700 至 1721 年北方战争中的著名战役。北方战争爆发后，俄国军队曾一度处于劣势。1700 年 11 月 19 日，俄、瑞军队在纳尔瓦交战，俄国战败，被迫由战略进攻转入战略防御。之后彼得一世总结纳尔瓦战役的教训，开办新式工业，创建新式军队，为赢得战争、打败瑞典奠定了良好的基础。1709 年 6 月 27 日，俄、瑞双方在波尔塔瓦遭遇，俄军大获全胜。波尔塔瓦战役改变了俄国在外交上的孤立处境，在战争爆发后抛开俄国的波兰和丹麦重新同俄国订立反瑞军事同盟，"北方同盟"重新建立。之后，俄国一度处于领先地位，最终战胜瑞典，并通过《尼斯塔和约》夺得波罗的海出海口。所以，人们通常认为波尔塔瓦战役是北方战争的转折点。

《五·三宪法》为什么夭折了？

《五·三宪法》指的是 1791 年 5 月 3 日波兰国会通过的新宪法，由波兰著名爱国志士、"爱国党"领袖胡果·科旺泰起草。《五·三宪法》的宗旨是：革除波兰腐朽的贵族国会制，消除封建无政府状态，实现波兰政治制度的根本变革，避免外国以王位继承问题插手波兰事务，干涉波兰内政，瓜分波兰领土。

这就引起了俄国的不安和仇视。叶卡捷琳娜二世以防止"雅各宾瘟疫"蔓延为借口，策划发动叛乱，并于 1792 年 5 月派 10 万大军对波兰实行武装干涉。俄军占领华沙后，组建傀儡政府，废除新宪法，《五·三宪法》就此夭折。

波兰是怎样被瓜分的？

早在 965 年，波兰就建立起了大公国。16 世纪时，波兰已经成为东欧的大国。但 18 世纪后，波兰就遭受了接连三次被瓜分的命运。究竟是为什么呢？

经过"彼得改革"以后的俄国，国势日盛，对外侵略扩张的野心也日益膨胀。而波兰的西邻普鲁士和波兰也有土地之争，所以也一心想攫取波兰领土。

此外，沙皇叶卡捷琳娜二世屡次要求波兰解决信奉东正教的一系列问题，遭到波兰人民的抵制。于是，叶卡捷琳娜二世开始发动武装入侵波兰，但是因为土耳其、奥地利和普鲁士力量的牵制，俄国进攻波兰的计划并没有迅速得手，而且俄国还担心自己会陷入两面受敌的孤立境地，便暂时放弃了独吞波兰的计划，转而勾结普、奥两国，一起来瓜分波兰，并签署了瓜分波兰的协定。1793 至 1795 年，俄、普、奥又接连两次瓜分波兰。

大西洋奴隶贸易是怎样进行的？

因为奴隶贸易主要在大西洋东西两岸进行，所以"大西洋奴隶贸易"由此得名。大西洋奴隶贸易大体可以分为三个阶段：

第一阶段，15 至 17 世纪中叶。最早侵入非洲的是葡萄牙、西班牙和荷兰等国，此时的奴隶贸易多由私人出面，由国家支持而经营。他们的重要贸易据点和军事要地均设在大西洋两岸。

第二阶段，17 至 18 世纪中叶。在此期间，欧洲海运发达的国家纷纷来到非洲西部海岸，参加奴隶贩运，并成立了众多的奴隶专卖公司，建立起组织严密的贩奴系统，而且动用

正规军队以保障其垄断贸易的利益。

第三个阶段，从 18 世纪下半叶至 19 世纪下半叶。欧洲废奴运动蓬勃兴起，致使大西洋奴隶贸易日趋衰落。

在对长达数百年之久的大西洋奴隶贸易中黑人奴隶的数量进行分析之后，世界各国的历史学家做出了各种不同的估计，尽管没有确切的数字，但不可否认的是罪恶的奴隶贸易给非洲人民带来了深重的灾难。

帝国主义国家是怎样瓜分非洲的？

帝国主义瓜分非洲是一个逐步深入的过程，大致可以分为以下几个阶段：

15 至 18 世纪中期：在非洲沿海地带占据据点。帝国主义国家从事奴隶贸易，还没有深入非洲腹地；18 世纪晚期至 19 世纪晚期：到非洲内地探险，其中以英、法两国表现最为积极；19 世纪晚期：掀起瓜分非洲的狂潮，几乎侵占整个非洲。1884 年柏林会议标志着帝国主义瓜分非洲新高潮的到来，列强分别制订了侵略非洲的计划，如英国的"二C"计划、法国的"二 S"计划、德国从西南非到东非斜跨大陆的计划，等等；到 19 世纪晚期，欧洲殖民国家侵占了除埃塞俄比亚和利比里亚的整个欧洲。

美国独立战争爆发的导火线是什么？

美国独立战争的导火线是波士顿倾茶事件。波士顿倾茶事件又称波士顿茶党事件。1773 年发生的北美殖民地波士顿人民反对英国东印度公司垄断茶叶贸易的事件。1773 年，英国政府为倾销东印度公司的积存茶叶，通过了《救济东印度公司条例》。该条例给予东印度公司到北美殖民地销售积压茶叶的专利权，免缴高额的进口关税，只征收轻微的茶税。条例明令禁止殖民地贩卖私茶。东印度公司因此垄断了北美殖民地的茶叶运销，而且价格也较为便宜。该条例引起北美殖民地人民的极大愤怒，人们饮用的走私茶占消费量的十分之九。纽约、费城、查尔斯顿人

民拒绝卸运茶叶。在波士顿，一批青年以韩柯克和萨姆尔·亚当斯为首，组成了波士顿茶党。1773 年 11 月，东印度公司装载 342 箱茶叶的船只开进波士顿港。12 月 16 日，波士顿 8000 群众集会，要求停泊在那里的东印度公司茶船开出港口。被拒绝后，反英群众在波士顿茶党组织下，将东印度公司船上的 342 箱茶叶（价值 1.8 万英镑）全部倒入大海。英国政府采取高压政策，1774 年先后颁布法令，封锁波士顿港口，取消马萨诸塞州的自治，在殖民地自由驻军等。这就更激起殖民地人民的强烈反抗，使英国政府与北美殖民地之间的矛盾尖锐，公开冲突日益扩大。至此，美国独立战争爆发。

美国第一届大陆会议通过了哪些措施？

"波士顿倾茶事件"后，英国当局通过了惩治波士顿的 4 个法令，这些法令侵犯了殖民地人民的权利和自由，剥夺了殖民地人民的政治和司法权利。之后，在人民内部掀起了反对"强制法令"的浪潮。为了统一各地反抗运动，1774 年 9 月 5 日至 10 月 26 日，北美殖民地代表在费城召开了第一届大陆会议。10 月 14 日，大陆会议重申北美殖民地人民反对英国殖民统治的基本主张，要求实现殖民地内部自治；要求英王取消对殖民地工商业的限制；废除各项高压法令，同意议会有权管理殖民地的商业。会议还通过决议，成立"大陆协会"进行对英贸易抵制。大陆协会负责在市镇和县成立"安全和视察委员会"，进行全面贸易抵制，以后，这些委员会掌握在革命者手中成为事实上的地方政权。此外，会议还决定，如果殖民地问题没有得到解决，将于第二年 5 月继续召开大陆会议，大陆会议的召开是北美殖民地朝着建立全国性政权方向发展的开始。

什么事件拉开了美国独立战争的序幕？

1775 年 4 月 19 日，当英军行进至莱克星顿和康科德一带时，遭到了早已严阵以待的民兵的袭击。莱克星顿的枪声，揭开了美国独立战争的序幕。从此以后，北美殖民地人民进行了为期 8 年的摆脱英国殖民统治的独立战争，并于 1776 年 7 月 4 日宣布独立。1783 年，英国殖民者被迫签订和约，承认美国独立。

北美独立战争第一枪是谁打响的？

1775 年莱克星顿枪声是北美独立战争的第一枪，它标志着北美人民武装反抗英国殖民统治的开始。但是，这第一枪究竟是谁打响的，历来众说纷纭。

一种说法是英军开了第一枪。事件发生时，一个叫宾逊的民兵当时排在最前面，他于 1775 年 4 月 24 日对此事做了陈述："走在最前面的三个军官向士兵下令：'开火！'霎时间，他们向我们射来密集的弹雨，我受伤倒地。据我所知，派克上尉的人那时没有一人开枪。"

另一种说法是英国人的结论。1775 年 6 月 10 日，伦敦报刊中提到是英军先遭到枪击才进行了反击。

第三种说法认为，没有办法确认当时是谁在莱克星顿开了第一枪。有的美国史著作认为，当时形势异常混乱，当人们处于高度紧张亢奋之中时难免会失误走火。因此，很难确定肇事者是谁。

美国为什么能够赢得独立战争的胜利？

1775 年 4 月 18 日，莱克星顿的战斗打响了武装反抗英国殖民统治的第一枪，美国独立战争的序幕就此揭开。

莱克星顿的枪声响起后，武装反抗英国统治的浪潮在短时间内席卷了 13 个殖民地，国内外人民群众积极地拥护和支持（参加独立战争的国际志愿人员约 7000 人），广大军民英勇奋战，对战争的胜利起了决定作用；战争中，美国还采取了灵活的外交政策，取得法、西、荷等国的援助；美军战略战术灵活，采取正规战与游击战相结合的作战样式，摒弃传统的线式战斗队形，根据地形地物采用疏开队形作战，不拼消耗，不计一城一地之得失，而是集中精力消灭敌人有生力量。

1777 年，大陆军和民兵在萨拉托加一举歼灭英军 5000 人，这也成为整个战局的转折点。1781 年，被围困在约克顿的英军统帅康华利走投无路，只好投降。1783 年，英国承认了美利坚合众国，美国取得了最后的胜利。

独立战争的胜利，为美国资本主义的发展开辟了道路，对后来法国大革命和拉美民族解放运动均产生了重大影响。

北美独立战争有何历史意义？

北美独立战争的胜利使北美人民摆脱了英国的殖民统治，北美建立了第一个资产阶级共和国。这次战争不但是争取民族解放和民族独立的战争，也是一次资产阶级革命。不仅使北美人民从长期的殖民统治中挣脱出来，而且也消除了北美在大陆上的封建残余。此外，也在一定程度上打破了半封建和封建的土地制度，消灭了中间和北部各州的奴隶制度。

北美独立战争给美洲人民争取民族独立的斗争树立了榜样，拉丁美洲反西班牙殖民统治的斗争也日益高涨起来。同时，还有力地推动了欧洲资产阶级反封建斗争。

谁拥有诸多"第一人"的称号？

华盛顿于 1732 年 2 月 22 日出生在弗吉尼亚一个大种植园主的家庭。当他慢慢长大的时候就离开家，在英国殖民军中服役，并参加过七年战争。1755 年，他担任弗吉尼亚民军上校，积累了一些作战经验。1773 年波士顿倾茶事件后，华盛顿呼吁各殖民地联合起来对抗英国，并出钱招募 14 名士兵支援波士顿。在第一届大陆会议上，他力主通过《萨福克决议案》，建立十三州联合政府，以武力反抗英国的殖民统治。第二次大陆会议上，

他被推选为"大陆军"总司令。上任两天后他即取得邦克山战役胜利，同年 12 月，又取得特仑顿战役的胜利。1781 年又联合进军约克镇，迫使英军统帅投降，取得了独立战争的胜利。

华盛顿曾明确表示主张民主共和国，反对君主制。在这次会议上还通过了联邦宪法。1789 年华盛顿被选为美国第一任总统。连任两任后，他发表了《告别辞》，急流勇退。这一举动开创了总统连任不超过两届的先例，赢得了美国人民的衷心拥护。

1799 年 12 月 14 日晚，华盛顿病逝，临终遗言是："葬礼不要过分。"噩耗传来，举国悲痛。亨利·李在国会演说中称华盛顿是"战争中第一人，和平中第一人，国人心目中第一人"。

为什么把美国总统府称为"白宫"？

白宫的名字来源于美国第一任总统华盛顿和他妻子的一段爱情生活。1759 年，27 岁的军官华盛顿奉命去威廉斯堡执行任务。途中，他在好友张伯伦的家里遇见了一位叫马凑·卡斯蒂斯的年轻女子。她高雅的谈吐和美丽的面容深深地吸引了华盛顿。两人相谈甚欢，直到黑夜降临，华盛顿还不想与卡斯蒂斯小姐告别，于是就在朋友的庄园里过了一夜。

第二天，华盛顿依依不舍地与卡斯蒂斯小姐告别，奔赴威廉斯堡。而斯蒂斯小姐的家也正好在这一带，她居住的房子也被邻居称为"白屋"。从此，华盛顿就经常与卡斯蒂斯在白屋约会，两人的感情迅速升温，很快就正式结了婚。

独立战争胜利后，当选美国第一任总统的华盛顿为了纪念那段美好的爱情生活，便提议将正在建造的总统府定名为"白宫"。1800 年，总统府落成，但不幸在美英战争中被英国人烧毁。1817 年美国政府重建总统府，1902 年，美国总统西奥多·罗斯福将其正式定名为"白宫"。

你了解《美国独立宣言》吗？

美国《独立宣言》是一份由托马斯·杰斐逊（1743～1826年）起草，并由其他13个殖民地代表签署的最初声明北美13个殖民地摆脱英国殖民统治的文件。

《独立宣言》由四部分组成：第一部分为前言，阐述了宣言的目的；第二部分高度概括了当时资产阶级最激进的政治思想，即自然权利学说和主权在民思想；第三部分历数英国压迫北美殖民地人民的种种罪状，说明殖民地人民是在忍无可忍的情况下被迫拿起武器的；宣言的最后一部分庄严宣告独立。

杰斐逊曾写道，《独立宣言》是"吁请世界的裁判"。自1776年以来，《独立宣言》中所体现的原则就一直在全世界传诵。

《独立宣言》的意义是什么？

《独立宣言》是人类历史第一次提出的诸如人生而平等，人具有不可剥夺的生命、自由和追求幸福的权利等原则。宣言中规定的原则为美国此后200多年的发展奠定了思想基础，也成为了后来美国的意识形态。《独立宣言》的发表大大鼓舞了北美人民的革命斗志，为实现崇高的目标而英勇地战斗。它也直接影响了法国大革命，是1789年法国《人权宣言》的范本，同时，它也推动了亚洲、拉丁美洲独立运动的发展。

《独立宣言》公开宣读后，激动的纽约市民冲到百老汇街尾的滚木球游戏草坪，捣毁乔治三世的塑像。

美国联邦制是怎样形成的？

美利坚合众国是典型的资产阶级联邦制国家。其形成有一个由"邦联"到"联邦"的曲折历程。

北美13州殖民地人民为反对英国殖民者，争取独立，于1775年5月召开了第二届大陆会议，这次会议通过了《邦联条例》，要求北美13个殖民地联合起来组成自己的政府。但是建成的这个政府组织极为松散。于是美国统治阶级就需要制定一个新宪法来取代《联邦条例》，以便建立强大的国家机器，这样，一场制宪运动就在美国展开了。由于担心《邦联条例》的废除会招致人民对政府的攻击，因此制定新宪法是秘密进行的。1786年9月，汉密尔顿和麦迪逊提议于次年召开各州会议，讨论修改《邦联条例》，共同起草了《美利坚合众国宪法》。1788年6月21日，联邦宪法正式生效，联邦制取代了邦联制，美国联邦制正式形成。

杰克逊总统在政治上的重要贡献是什么？

安德鲁·杰克逊于1767年3月15日出生在北卡罗莱纳和南卡罗莱纳交界地的一个新开拓的边远地区。他是美国历史上第一位平民出身的总统，他从一名边区律师起家，当过众议员、参议员、州最高法院法官和州民兵少将。杰克逊在任内大力加强总统职权，维护联邦统一，颇有政绩，史称"民主政治"。

杰克逊总统第一任期内的冲突主要是关税问题。自1816年实行保护关税后，1824年和1828年又两次提高关税。高关税保护了制造业主和种植大麻与生产羊毛的农场主，但不利于北部新英格兰地区的海运集团和南部种植园，南卡罗莱纳州对此怨言更大。

1830年，代表工业、金融业利益的丹尼尔·韦伯斯特同代表南部种植园主利益的罗伯特·海恩在参议院进行了辩论。1837年2月，国会通过了新关税法案，但南卡罗莱纳州仍不满意。于是杰克逊发布公告，指出一个州擅自废止国会法令是违反宪法精神的。他要求国会通过《动用军队法案》，授权他必要时以武力强制南卡罗莱纳就范，同时，杰克逊恩威并施，建议降低关税。于是国会通过了妥协性关税法案，扩大了免税商品的种类，这一妥协性协定解决了危机，维护了联邦的统一，阻止了国家分裂，是杰克逊总统在政治上的重要贡献。

在美国地图上为什么边界线都是笔直的？

通常情况，无论国家和国家之间，还是一个国家内部各级行政区之间，界线划分大多是山川、河流的走向等自然地理条件，或者以长期的社会历史沿革为依据的，这样的边界线多蜿蜒曲折，犬牙交错。但是如果你留意一下美国地图就会发现，它在这方面跟其他许多国家大相径庭。

先看美国的国界线，美国国土号称"从洋到洋"，这是几百年扩张的结果。除了东、西两面（大西洋和太平洋海岸）以及东南面（墨西哥湾沿岸）外，它同北邻加拿大的漫长边界线基本呈直线（东段以五大湖区天然分界），西南部和墨西哥的边界线也有将近一半的分界线呈直线状。

至于美国的州界线，从东到西，由南向北，基本都是"笔管条直"。这和美国短暂独特的建国历史、持续不断的开拓扩张，以及飞速发展的社会经济是密切相关的。

美国独立以后，大批拓殖者纷纷涌入。许多人从很远的地方赶来，其中不乏土地投机者，为了更好地管理和利用土地，美国国会先后在1784年、1785年和1787年颁布了三个有关的土地法令。其中1785年颁布的法令规定对西北领土进行勘察，大致内容有：土地划分的基本单位是镇，为每边长6英里的正方形区域。然后，镇依据长方形格子再行划分属于个人的土地。土地买卖最小为一平方英里，每镇均预留土地以做建立学校之

用。1862年《宅地法》通过前，这些条例为美国公共土地政策的基础。

就是根据这个法令使得美国中西部领土被按照棋盘形格局划成了一个个农场、乡镇和城镇，它们可以很方便地组成县和州，从而形成了我们今天看到的美国大小行政区划边界线笔直的格局。

复活节岛最后的秘密是什么？

你也许只看到复活节岛的一面，却没有看到它隐而不露的另一面，正如探险家描述的那样：那些洞穴、隧道和当地居民分享的神秘传说。那个岛屿的历史迷失于时间的迷雾但那个岛屿也被科学家、艺术家、旅行者描绘下来。

复活节岛是迄今唯一一个发现有古代文字的波利尼西亚岛屿，这些文字的意义至今仍是不解之谜。尽管这些文字存在的范围很小，而且仅被少数当地居民使用过，但它们都是高度发达的文明的证据。这些文字的发明人是谁？这些深奥晦涩的符号曾经是要表述一种什么样的情感、思想和价值？

1862年，一支贩运奴隶的海盗船队把国王凯莫考、他的儿子莫拉塔和那些能读懂石板文字的人都掠夺走了。后来，驻利马的法国领事最终将100多个被贩卖的岛民遣返回岛。但那时他们都已染上了天花，并且回去之后又传染给其他岛民。或许复活节岛文字的秘密就是随着这场灾难性传染病的受害者一起被埋葬了。

美国国旗是如何演变而来的？

星条旗是美国的国旗。相传1775年5月的一天，费拉德尔菲亚的女裁缝伊丽莎白·罗斯的店铺里来了一位贵客——华盛顿将军。华盛顿开门见山地说："罗斯太太，你能为我们做一面旗吗？"罗斯太太很爽快地答应了下来。她在原方案的基础上精心剪裁并缝制了美国第一面由红、白、蓝三色，13道条纹和13颗星组成的国旗，以象征刚刚从英国

殖民统治下获得独立的北美 13 州。1776 年 6 月 14 日大陆会议批准它为美国的正式国旗。

1791 年和 1792 年，费蒙特州和肯塔基州先后加入美国联邦。1974 年 1 月 13 日，国会通过决议在国旗上增加两颗星和两道条纹以代表这两个州。1818 年美国诗人弗朗西斯科为美国写了名为《星条旗》的国歌，从此，美国国旗就被称为"星条旗"。随着各殖民地加入美利坚合众国，美国国旗的星数增加到了 50 颗。现在美国国旗的图案是：7 道红色条纹，6 道白色条纹，50 颗白色小五星在蔚蓝的底上排成 9 排。

北美独立战争的转折点是什么？

1777 年 6 月，由布尔贡率领的英军从加拿大出发，沿哈得孙河南下，企图和从纽约北上的英军会合，以钳形攻势切断新英格兰和其他各州的联系，并击溃华盛顿的主力。

但孤军深入的布尔贡军在新英格兰遭到各州民兵的分割和伏击，被迫退守纽约州北部的萨拉托加城，被军民和大陆军包围。10 月 17 日，布尔贡在多次突围失败的困境下，率部 5600 余人向美方盖茨将军投降。这次战役是独立战争的转折点，从此，美国从战略防御转为战略进攻。

最早的一部成文宪法是什么？

世界上最早的一部成文宪法是美国于 1787 年制定的宪法。独立战争结束后，美国建立了联邦国家。政权建立初期，美国的内政外交还处于动荡之中，于是各联邦决定召开制宪会议，加强统治。1787 年 5 月，各代表开始讨论宪法草案，1789 年正式宣布这一宪法为《美利坚合众国宪法》。这部宪法由序言和 7 条正文组成，以三权分立作为政府组织的原则，规定国会享有联邦立法权，而国会由参议院和众议院组成，掌管国家的行政权。总统任期 4 年，由选举产生；联邦最高司法权归联邦最高法院所有。它确定的三权分立的管理形式，为后来的许多资本主义

国家树立了榜样，也对美国政治、经济的发展产生了积极的作用。

美国爆发谢斯起义的原因是什么？

1786 年秋，马萨诸塞州爆发了美国独立革命后最大规模的农民起义——谢斯起义。北美独立革命后，由于捐税暴涨、债台高筑、纸币贬值、通货膨胀，农民生活日趋恶化。以农民为主体的美国士兵，战时忍受欠饷，战后回家，发现家中妻儿负债潦倒，只得被迫将服役期间领取的土地证低价出售。而不能如期偿付债务的农民，就要遭受逮捕入狱的惩罚。马萨诸塞州的情况尤为严重，于是爆发了谢斯起义。

起义军来势凶猛，震撼着整个马萨诸塞州。马萨诸塞州州长鲍杜温宣布废止人身保护法，动员全州兵力和物力、财力来镇压这支起义队伍。邦联政府陆军部长诺克斯也率骑兵团来围歼起义军。1787 年 1 月底 2 月初，本杰明·林肯和威廉·谢泼德指挥部队进攻起义军，起义军寡不敌众，被镇压。谢斯起义是独立战争后第一次对美国制度的挑战，起义也使力主建立强大中央政权保护富商、债权人和大土地投机者利益的联邦派获得了更多的支持。

什么是西进运动？

西进运动是美国人民由北美东部向西部地区开发、移居的过程。此运动开始于美国建国后，当初移民越过阿巴拉契亚山脉，进入密西西比河以东地区。从 19 世纪 20 年代起，移民开始越过密西西比河，进入美国新扩张的地区。40 年代，加利福尼亚发现金矿，形成移民的"加利福尼亚热"。19 世纪末，西进运动结束。

英国如何把埃及变成殖民地的？

英埃战争是 19 世纪后期英国为镇压埃及人民民族解放运动、在埃及建立殖民统治而进行的侵略战争。这场战争以埃及资产阶级

领导的民族革命为开端,以英国侵略军彻底占领埃及宣告结束战争,结果是埃及从半殖民地完全沦为英国的殖民地。

1801年,英国乘埃及人民反法斗争高涨之际,和土耳其军队联合起来打败法军。法国退出后,英国势力乘虚而入。英军先是唆使土耳其进攻埃及,发动第二次土埃战争,土耳其战败后,它又联合俄、普、奥等国给埃及施加压力,并出兵干涉。1840年11月,埃及战败,被迫签订《英埃协定》:埃及承认土耳其的宗主权,把军队从25万减至1.8万,关闭造船厂,接受1838年英土商约(外国商品只交5%的关税,外国人有权在埃及从事贸易,禁止对任何物资实行专卖)。《英埃协定》使埃及的独立遭受重创,标志着阿利改革的失败和埃及朝殖民地发展。

缅甸是如何沦为英国殖民地的?

18世纪中叶,英国取得对印度的控制权后,就开始觊觎缅甸,曾多次派兵到缅甸谈判,企图迫使缅甸与其签订不平等条约,并以此为名进行侦查活动,积极对缅甸殖民扩张做准备。19世纪初,英国将侵略的矛头指向了缅甸。在1824年至1885年的60多年时间里,英国殖民者连续对缅甸发动了三次侵略战争,最终侵占了缅甸全境,使缅甸沦为英国的殖民地。

英缅战争对缅甸的社会历史发展产生了巨大的影响,中断了缅甸封建专制王朝独立发展的进程,使缅甸从一个独立的国家沦为英属印度的一个省,为英国大量掠夺缅甸资源、扩大殖民侵略打开了通路。

英国殖民军为何兵败阿富汗?

阿富汗特殊的地理位置和地形,使其成为南亚与中亚和西亚的交通要冲,历来是兵家必争之地。19世纪初,英国殖民者为建立从北非到印度的势力范围带,把矛头指向了阿富汗。这时,野心勃勃的沙俄也为南下印度洋,争取出海口,将侵略矛头对准了阿富汗。

英国殖民者为与沙俄政府争夺在中亚地区的控制权,不惜组织兵力进攻阿富汗,从1839年至1919年连续对阿富汗发动了三次侵略战争。但由于阿富汗军队的英勇抗击和印度解放运动的高涨,英军处境十分困难,被迫放弃了继续作战的计划。6月3日,双方停火,进行谈判。1921年11月22日,英阿签订和约,英国承认阿富汗独立。

维多利亚时代为什么是英国最强盛的时代?

维多利亚时代被认为是英国工业革命的巅峰时期,也是大英帝国最强盛的时代。

维多利亚时期以崇尚道德修养和谦虚礼貌而闻名,是一个科学、文化和工业都有很大发展的繁荣昌盛的太平盛世,印刷术的发展促进了文学艺术的空前繁荣,

维多利亚时代的文艺运动流派包括古典主义、新古典主义、浪漫主义、印象派艺术,以及后印象派等。维多利亚时代还涌现出了许多伟大的作家、诗人和他们的传世之作,如英国女作家夏洛蒂·勃朗特的《简·爱》以及著名现实主义小说家查尔斯·狄更斯的《雾都孤儿》等。

此外,这一时期还形成了男女平等和种族平等的进步观念,美国的废奴运动正是这一进步思想的体现。

总之,维多利亚时代是一个令人神往的时代,它没有随着维多利亚女王的去世而结束。直到第一届世博会时期的水晶宫倒塌后,才宣告了维多利亚时代的终结。

英国的托利党和辉格党各有什么主张?

辉格党和托利党是17世纪末在英国出现的两个正在形成中的政党。事实上刚开始它们还算不上真正意义上的政党。"辉格"一词起源于苏格兰的盖尔语,意为马贼,"托利"一词起源于爱尔兰语,意为"不法之徒"。

1679年,当议会讨论詹姆士公爵(即后来的詹姆士二世)是否有权继承英国王位时,议员们进行了激烈的讨论。赞成的人被对方

称为"托利",反对的人则被称为"辉格"。但到了后来,双方的观点都发生了变化,辉格党对君主不再持完全否定的态度,因为"光荣革命"后英国君主的权力已经受到种种限制;托利党也逐渐改变了坚决拥护专制君主制的立场,因为他们之前想恢复旧王朝的企图因遭到了大多数人的反对而失败。久而久之,国王发现,不管是哪个党,只要其中的一个在议会中占多数,就最好任命这个党的成员为内阁大臣。18 世纪上半叶,辉格党在政治上占优势,是议会多数党,因而辉格党执政近半个世纪。18 世纪后半叶,托利党才开始执政。工业革命以后,两党的主张发生一些变化。大约在 19 世纪 30 年代,托利党改称保守党,辉格党改称自由党。

法国是怎样侵略越南的?

17 世纪初,法国的传教士和商人就已进入越南。1787 年,越南的法国传教士头目阿德兰区主教代表越南同路易十六签订了军事援助条约,以恢复阮福映王位。但阮朝建立不久,就发生了危机。法国便乘此机会推进了对越南的殖民化进程。为了镇压人民的反抗,法国侵略军毁灭了几十个村庄,杀害了村中的老人、妇女和儿童。1862 年,阮朝同法国和西班牙签订了第一次西贡条约。

此后,法国决心夺取越南统治者的全部权力。1867 年,法军侵占了整个越南南部。1873 年 10 月,法国侵略军向越南北部发动了突然袭击,侵占了古都顺化;接着又于 11 月侵占了河内和红河三角洲一部分地区。1874 年 3 月,法国强迫阮朝签订了第二次西贡条约。1883 年法军再次侵犯顺化,迫使阮朝签订"顺化条约",以此取得对越南的保护权和外交监督权。法国在顺化设立总督,成为阮朝的太上皇。1884 年 6 月,法国又拟定《巴德诺条约》,强迫阮氏王朝签字。这样,法国最终确立了其在越南的殖民统治。

"XYZ 事件"是怎么回事?

"XYZ 事件"是法国督政府官员向美国代表索贿的事件。1794 年《杰伊条约》签订后,美法关系紧张。法国政府拒绝接纳美国派遣的公使,为避免发生公开冲突,美国总统约翰·亚当斯派平克尼、马歇尔和格里出使法国,商谈新的商务协定。但是三人遭到了法国的冷遇。法国外长塔列朗派康拉德、豪特伏和贝拉米三名代理人与美国代表接洽,提出谈判须在美国支付 1200 万美元贷款,并在给塔列朗私人 25 万美元的基础上进行,遭到美国代表拒绝。次年 3 月 19 日,亚当斯总统向国会提交报告,里面涉及了谈判经过和美国代表与塔列朗代理人之间来往的文件,并对法国的无理行径予以强烈的谴责。4 月,此消息引起美国人民的公愤。因法方三代理人在以上报告和文件中用 X、Y、Z 代替,故称"XYZ 事件"。

华盛顿为什么拒绝连任美国总统?

依据 1787 年美国联邦宪法,1789 年 4 月 6 日,在第一届国会期间,华盛顿被选为美国第一任总统。4 月 30 日,华盛顿在纽约市联邦厅参议院会议室宣誓就任美国总统。

在任期间,华盛顿取得了一些卓有成效的成就,1792 年他再次当选总统。1796 年华盛顿拒绝了第三次连任的请求,1796 年 9 月 17 日,华盛顿在致合众国人民的著名告别辞中宣布放弃竞选连任。他说:"我已下决心,谢绝将我列为候选人,我应当退出政坛。"

有些历史学家认为,华盛顿担心会卷入激烈的党派斗争,因而不想继续从政。

另一些历史学家认为,舆论的攻击对华盛顿做出拒绝连任第三任总统的决定起了主要影响。英国一位历史学家则说得比较明确,他说:"由于想要空闲,由于感到体力衰退和受到反对派的谩骂而气馁,华盛顿拒绝接受要他担任第三任总统的要求。"

严格说来,上述两种意见有紧密的联

系。究竟哪一种在华盛顿的思想深处占主导地位，并产生了决定性影响，仍然没有得出结论。还有可能是华盛顿本人对"权力欲"的淡薄。

不管怎样，华盛顿不顾公众的压力，坚决拒绝连任第三任国家总统，从而创立了美国总统两任传统之举，是有深远影响和意义的。

美国何时迁都华盛顿？

1800 年 11 月，美国政府将首都迁往华盛顿。美利坚合众国宪法生效后，1788 年 9 月 13 日，即将卸任的邦联国会确定纽约市为美利坚合众国的临时首都。1789 年新的联邦政府成立后，面临了一个问题就是确定和建设首都。1790 年 8 月 12 日，费城被新政府指定为临时首都，12 月 6 日，迁都费城。1790 年国会选定了新首都的地址。1791 年 4 月 15 日，政府在弗吉尼亚州亚历山德里附近举行典礼，将这里 10 平方英里的土地和马里兰划出的土地合成未来的哥伦比亚特区，并决定在这里建设美利坚合众国的首都。首都地址确定后，华盛顿总统邀请年轻的法国工程师皮埃尔·夏尔·朗方为新城市制定规划。1792 年 10 月 13 日，华盛顿选定的总统官邸白宫举行奠基典礼。1793 年 9 月 18 日，联邦国会大厦举行奠基仪式。1800 年 11 月，美国政府正式定都华盛顿。华盛顿也成为世界上少有的专门建为政府驻地和国际都会的首都城市之一。

三级会议是怎么来的？

三级会议是法国中世纪的等级代表会议，由国王召集，僧侣、贵族和市民三个等级的代表参加。会议通常在国家遇到困难时，国王为寻求援助时而召集。会议不定期，主要职能是批准国王征收新税。

三级会议本身并没有独立性，而是作为君主制度的补充而出现的。随着 12 世纪封建制度的解体，一种新的能从政治上整合国家

的联系方式呼之欲出。国王不断增加权利是一种新的联系方式，但这种联系方式仅能接收到自上而下的信息，对于自上而下信息的接收不是很顺畅。于是，为了实现广大臣民和君主之间的沟通，三级会议便产生了。

三级会议的构成是怎样的？

三级会议由三个不同等级的臣民构成。第一等级是教士，第二等级是贵族，第三等级是代表大多数人们意志的市民。三级会议的起源可以追溯到 13 世纪行会代表机构有关提供咨询和协助的传统做法。法王腓力四世因向教会征税和教皇卜尼法斯八世有了矛盾，为了寻求帮助，于是在 1302 年 5 月 10 日召开法国历史上第一次三级会议。之后，法王为了征税和索取现金，不时召开三级会议。1614 年后，百余年未召开此次会议，直到 1789 年，法国资产阶级革命爆发前才重新召开。

美国第一个建设太平洋铁路法案是什么？

1862 年 7 月 1 日，美国国会通过了经过修改的第一个建设太平洋铁路法案。7 月 2 日，林肯总统正式签署生效，法案规定了联合太平洋铁路和中央太平洋铁路各自的起点。联合太平洋铁路公司自西经 100° 的共和谷南岸和普拉特河谷北岸之间地向西修筑，在南山口越过落基山脉，到内华达准州的西部边界，其后在向西延伸。中央太平洋铁路公司则起自太平洋岸到加利福尼亚州的东部边界，其后再向东延伸。中央太平洋铁路的建设是史无前例的，在艰难的时刻和艰难的路段中国劳工的参与突破了难点，顺利地实现了和联合太平洋铁路建筑合拢的艰难任务。

法国资产阶级革命的序幕是什么？

在革命的前夕，路易十六为了解决财政危机，在新任财政总监内克的教促下被迫宣布于 1789 年 5 月召开三级会议，并同意将原来的 300 名的第三等级代表增加到 600 名，与两特权等级代表的名额相等。5 月 5 日，

三级会议在凡尔赛开幕。第三等级代表提出取消等级区分，按人数表决，三个等级一起开会，共同审查代表资格的建议。6月17日，根据西哀士的提议，第三等级单独组成国民议会。经过斗争，三级会议于7月9日改组为制宪议会，着手准备制定宪法，改革国家体制。7月11日，国王秘密罢免内克，并秘密调集军队准备镇压第三等级的反抗。群众被激怒了，7月14日巴黎人民爆发武装起义。三级会议的召开，成为革命的导火线，揭开了法国资产阶级革命的序幕。

法国大革命中提出的政治口号是什么？

"自由、平等、博爱"是法国大革命中首先具体形成和提出的一个三位一体的政治口号。"自由"，就是崇尚人权，解放个性，反对王权，提倡人道，反对"神道"；"平等"就是法律和道德给了人们一定的约束，每个人都不能享有特权；"博爱"，用卢梭的话讲就是人类是同一个上帝的儿女；由于这种神圣的、崇高的、真正的宗教，人们就会意识到大家都是兄弟，从而紧紧地团结在一起。

法国大革命中是谁率先攻打巴士底狱的？

16世纪以来，巴士底狱逐渐丧失军事要塞的作用，成为一个禁锢重要政治犯的监狱。巴士底狱不仅是控制巴黎的制高点，同时也是封建统治阶级镇压革命的工具，是法国封建专制主义的象征。人民仇视它、憎恨它。终于有一天，巴黎人民发起了摧毁这座封建地狱的革命行动。

第一个提出攻打巴士底狱的人是拉布吕耶尔。他原本是虔诚的天主教徒，但因其反对封建专制制度，曾写过一些思想自由的文章，就锒铛入狱，被关进巴士底狱。1789年7月14日，拉布吕耶尔佩戴着象征革命的三色帽徽，带领巴黎的民众冲向巴士底狱。

第一个冲进巴士底狱的起义者叫约瑟夫·阿尔纳，他是个木匠，当过上尉。据事后统计，参加攻打巴士底狱的勇士共有954

人，他们的这次行动并没有周密的计划和组织，只是临时凑在一起，他们能在45分钟内一举攻下了这座城堡，实在是一个奇迹。

人民的力量是伟大的，后来法国人把7月14日这一天定为国庆日，直至今天。

你知道法国国旗的由来吗？

法国的国旗呈长方形，长和宽的比例为3：2。旗面由三个平行且相等的竖长方形构成，从左至右分别为蓝、白、红三色。关于法国国旗的来历说法有多种，其中最具代表性的是：1789年法国资产阶级革命时期，巴黎国民自卫队就以蓝、白、红三色旗为队旗。白色居中，代表国王，象征国王的神圣地位；红、蓝两色分列两边，代表巴黎市民；同时这三色又象征法国王室和巴黎资产阶级联盟。三色旗曾是法国大革命的象征，三色分别代表自由、平等、博爱。

法国历史上第一部成文宪法是什么？

1791年宪法是法国资产阶级革命初期通过的君主立宪制宪法。1789年7月，制宪议会制定了该宪法，1791年9月通过。1791年宪法将《人权宣言》置于篇首。宪法序言确认《人权宣言》为宪法依据的原则，宣布废除封建等级特权，主权属于国民全体，人民有迁徙、集会、请愿、言论和信仰自由。宪法宣布法国为中央集权的君主立宪制国家，实行三权分立原则。立法权属于一院制立法议会：它有权提出法案并通过法律，有权支配武装力量，管理财政和国家财产，签订条约，并根据国王建议最后决定媾和或被宣战；议员由两级选举产生，每隔两年选举一次；将公民划分成积极公民和消极公民，只有能缴纳直接税的积极公民才有选举权和被选举权；行政权属于世袭国王，国王人身神圣不可侵犯，有权任命各部部长、驻外使节、高级军官，有权在法律范围内行使职权，有对法律的延搁权；司法权属于选举产生的法官，实施陪审裁判制。法国是近代世界各国中制定宪法最多的国家，1791年宪法是法国历史上第一部成文宪法。

法兰西第一共和国建立于哪一年？

法国资产阶级革命初期由君主立宪派掌权，1791 年宪法规定保留君主政体，路易十六仍是国王，对此，人民表示了强烈的不满。1792 年 8 月 10 日，巴黎人民举行第二次武装起义，推翻了国王，结束了君主立宪派的统治，代表工商业资产阶级利益的温和共和派——吉伦特派掌权。9 月 21 日召开国民公会，此次会议宣布废除君主政体，通过了建立共和国的决议。9 月 22 日，正式宣告法兰西共和国成立，在法国历史上这是第一次出现的共和国，史称"法兰西第一共和国"。国民公会还规定 9 月 22 日为共和新纪元的开始。这一年也叫自由第四年，即共和元年。共和国的政治口号是"自由、平等、博爱"。

你知道罗兰夫人的死因吗？

罗兰夫人的际遇相当诡异：她是革命信徒，却死在革命者手里；她为人民追求自由，临死前却留下了一句流传于世的名言："自由，多少罪恶假汝之名以行。"

作为吉伦特派领袖罗兰的妻子，她不仅是吉伦特派的核心人物，也是法国大革命年代最受人瞩目的沙龙女王。

当大革命风行一时的时候，她和吉伦特派的同事们齐心协力，呼喊着要推翻贵族，限制国王，让平民获得权力。但让他们没有预料到的是，革命并不满足于在他们划定的界限内止步。革命者不光要获得权力，他们还要独裁。这就注定使他们成为被革命吞噬的革命之子。罗伯斯庇尔上台后，吉伦特派由革命的推动者变成了革命的绊脚石，他们遭到全城搜捕，有的被投入监狱，折磨至死，有的逃到郊野，自杀身亡。才华横溢、风情万种的罗兰夫人，也自然逃不过走上断头台的结局。

"德雷福斯事件"是怎样回事？

"德雷福斯事件"指的是 19 世纪 90 年代法国军事当局对军官 A.德雷福斯的诬告案。

德雷福斯出生于阿尔萨斯的犹太商人家庭，在总参谋部任上尉军官。1894 年 9 月，情报处副处长亨利以德雷福斯向德国武官出卖军事机密为由，以间谍罪对其加以逮捕。1894 年 12 月 22 日，军事法庭在证据不足的情况下判处他在法属圭亚那附近的魔鬼岛终身监禁。1896 年 3 月，新任情报处长皮卡尔在调查中发现，真正的罪犯其实是亨利的朋友埃斯特哈齐，便要求军事法庭重审。亨利伪造证件，反诬皮卡尔失职，后者被调往突尼斯。1898 年 1 月，经军事法庭秘密审讯，埃斯特哈齐被判无罪，社会上一阵哗然。1 月 14 日，作家左拉在《震旦报》发表致总统的公开信《我控诉》，要求重审德雷福斯案件的社会运动风起云涌，法国社会分裂为德

1792 年 8 月 10 日，巴黎人民打败了仍在保护皇室的瑞士卫兵队，攻占了杜伊勒里宫，一个月后法兰西共和国宣布成立。

雷福斯派和反德雷福斯派两个阵营。民族主义右翼分子妄图借此推翻共和政府。不久，亨利伪造证件的事实败露，被捕供认后自杀，埃斯特哈齐也畏罪潜逃至伦敦。在强烈的舆论压力下，1899 年 8 至 9 月，经军事法庭重审，德雷福斯仍被判有罪，但改判 10 年徒刑。9 月 19 日，总统决定赦免德雷福斯，以平民怨。直到 1906 年 7 月，最高法院才撤销原判，为其昭雪。德雷福斯恢复名誉，被晋升为少校。

救国委员会是个什么样的机构？

救国委员会是法国大革命中雅各宾派专政时期的最高领导机构，1793 年 4 月 6 日由国民公会创立。刚开始建立时有 9 个成员，主要领导人为温和派的丹东、B.巴雷尔·德维约扎克、康邦等，负责在紧急状况下决定内外政策和国防事宜。5 月 30 日增至 14 人。7 月 27 日至 9 月 6 日又有罗伯斯庇尔等 5 人先后加入，救国委员会最后由 12 人组成，称"大委员会"，以区别于救国委员会。

救国委员会不设主席，但权力十分集中，采取集体负责制，内部有明确的分工。据 1793 年 12 月 4 日国民公会法令，救国委员会成为国民公会所有各委员会的领导者，有权遴选各委员会委员并监督其活动，各部长和将领须执行其决定。它有权派遣全权特派员到各郡和各部队，外交活动也由它领导。1794 年 4 月起，它又拥有逮捕权。取消各部，代之以 12 个行政委员会。

救国委员会对捍卫法国革命成果有积极的作用，但对恐怖统治的扩大化负有一定的责任。1795 年 10 月 26 日，和国民公会同时解散。

雅各宾是如何倒台的？

1793 年底到 1794 年初，尽管雅各宾专政采取了一系列措施在一定程度上巩固了大革命成果，但政府仍然控制着外贸，还用最高限价来监督商业，这就引起新兴的大资产阶级的不满。另外，雅各宾专政在革命中实行的一些革命措施，也没能完全满足工人、

农民及其他劳动群众的要求，劳动人民的生活仍得不到改善。工人对雅各宾专政也极为不满。这样，雅各宾专政的社会基础日益削弱了。

而此时的雅各宾专政的内部也产生了严重的分裂。政权内部开始形成两个反对派集团：一个是以丹东和德穆兰为首的丹东派，他们主要代表在革命中发了财的资产阶级。他们要求政府成立"宽赦委员会"，大赦那些反革命分子和嫌疑犯。同时，他们还要求取消最高限价，使商业活动完全自由。在对外政策方面，他们主张同反法联盟妥协。丹东派的这种态度引起群众的不满，却赢得了共和国敌人的青睐。因此，丹东派同罗伯斯庇尔派发生分裂。而另一个反对派是以艾贝尔和肖梅特为首的艾贝尔派，他们反映广大贫民阶层的要求，进一步批评政府。为了镇压反对派，罗伯斯庇尔采用恐怖政策，规定可以随意处死反对派。就这样，雅各宾派日益陷入孤立的处境，走向倒台的边缘。

罗伯斯庇尔为什么被杀？

罗伯斯庇尔是 18 世纪法国资产阶级革命时期雅各宾派政府的实际首脑。1972 年起义后，当选巴黎公社和国民公会领袖，领导雅各宾派反对吉伦特派，坚决要求处决国王路易十六并抗击普奥干涉军。1793 年，罗伯斯庇尔领导法国人民粉碎了欧洲君主国的武装干涉，镇压了吉伦特派的反革命叛乱。但由于雅各宾派实行专治统治，采取高压手段打败政见不和者，引起了民众的反抗。1794 年，热月党人发动政变，逮捕了罗伯斯庇尔，并把他处以死刑。

罗伯斯庇尔是革命领袖还是暴君？

罗伯斯庇尔是一个颇有争议的人物。

有人说他是杀人狂，有人讴歌他的革命功绩，那么他究竟是个暴君还是革命领袖，还得从两个方面来看。

罗伯斯庇尔 1758 年生于阿拉斯，在少年

时期接连遭受不幸。1789年，他三十出头，革命改变了他的命运。在5月召开的三级会议中，他被选为第三等级的代表。在这场大革命的风暴中，他极力将自己塑造成大众代言人的角色。从一开始，他就是一个激进派，一个民主主义者，捍卫"主权在民"的原则，认为权力应该扩及所有人，包括在殖民地的奴隶。在革命早期，权力掌握在特权阶级手中，作为一个反对派的发言人，罗伯斯皮尔无所畏惧地批评政府。很长时间里，他一度反对死刑。

但是从另外一个角度讲，他又是个追求美德的暴君。在1794年1月发表的演说中，罗伯斯庇尔说："我们的目的是什么？享受自由和平等，最高正义的法则不是写在大理石上，而是写在包括奴隶和暴君在内的所有人的心中。"罗伯斯庇尔认为，恐怖有比赢得内战胜利具有更深远的意义。

现在我们能否对罗伯斯庇尔做出公正的评价呢？相信很多人都会有自己的答案。尽管罗伯斯庇尔有过失，但是他不愧是一个资产阶级革命家、大革命时期雅各宾政权的领袖。

谁被称为"里昂屠夫"？

富歇，出生于南特，法国大革命时期政治活动家，警务首脑。毕业于南特奥拉托利会中学，曾任中学教师。1781年入巴黎奥拉托利学院学习，后在阿拉斯加入一自由主义俱乐部。与罗伯斯庇尔结识。1789年，富歇参加三级会议，1790年任南特雅各宾俱乐部主席。1792年被选入国民公会，属吉伦特派，后投票赞成判处国王死刑。1793年10月，作为埃贝尔派代表，被国民公会派往里昂平定联邦派和保王党叛乱。其间因肆行杀戮，被称为"里昂屠夫"，后罗伯斯庇尔将其召回。

富歇是热月政府的主要策划者之一，但政变后被排斥出国民公会，并一度被捕，后获释。1799年，参与"雾月十八日政变"。"百日王朝"时期续任警务大臣。滑铁卢战役后为临时政府成员，为波旁王朝复辟效力，曾任路易十八的警务大臣，1815年9月离职。次年《弑君者法》颁布后，富歇亡命奥地利，后客死意大利的里雅斯特。

谁被称为"平民中的米拉波"？

丹东，法国大革命时期山岳派主要领袖之一。他生于一个检察官家庭，曾就读于特鲁瓦宗教学校。1789年7月14日起义后，丹东参加巴黎科尔得利区国民自卫军，10月任该区区长。次年创建科尔得利俱乐部，后又加入雅各宾派俱乐部。因丹东善于雄辩，被称为"平民中的米拉波"。1791年1月，丹东任塞纳省行政长官，同年7月，"马尔斯广场事件"发生后，因受拉法耶特迫害，丹东逃亡伦敦。1792年8月10日起义后，丹东任吉伦特派内阁司法部长，号召人民抵御外敌入侵。9月进入国民公会，主张处死国王。1793年3月至4月，丹东倡议建立革命法庭、各级革命委员会和救国委员会，并主持救国委员会工作，成为共和政府。他对外主张合并比利时，实现自然疆界，并同敌人谈判。7月，在罗伯斯庇尔改组救国委员会后被排斥。同年底，因反对疯人派、埃贝尔派的极端恐怖主义和非基督教化运动，抨击罗伯斯庇尔的各项政策，要求实行"宽容政策"，结束恐怖统治，被称之为"宽容派"。1794年3月被捕，4月5日被处死。

圣西门的设想是什么？

圣西克劳德·昂列·圣西门，法国思想家，世界著名的三大空想社会主义者之一。虽然它出身贵族，却是一个封建制度的叛逆者。

法国大革命初期，他热烈地投身革命运动。革命后，他看到了劳动群众仍然受苦，于是对资本主义保持了否定的态度。为了从事科学研究，他逐渐花掉了全部家产，生活十分艰苦，时常疾病缠身，妻子也离开了他。尽管环境十分恶劣，圣西门却一直孜孜不倦，顽强地从事他的理想社会的研究。圣西门一生写了许多著作，1825年4月，他发表了《新基督教》，这标志着他创建的空想社会主义大厦最终完成。

圣西门设想，在未来的新社会中，人人都要劳动，没有不劳而获之人。他相信，只要大家都接受这个理想，新的社会马上就会来临。

圣西门的思想反映了早期工人阶级对资本主义的抗议和对理想社会的追求，是人类文化中的宝贵遗产。

谁与罗伯斯庇尔、库东结成"三头联盟"？

圣鞠斯特，法国大革命时期雅各宾专政的主要领导人之一，生于德西兹一个军人家庭，曾就学于苏瓦松奥拉托利会中学和兰斯大学。1789 年，圣鞠斯特发表了长篇讽刺诗《奥尔甘》，被当局查禁。大革命爆发后，圣鞠斯特回家乡布莱朗库尔参加国民自卫军，任市政府秘书和自卫军中校。1790 年 7 月，出席全国结盟节，成为罗伯斯庇尔的忠实支持者。第二年，他又发表了《法国大革命和宪法的真谛》，成为革命理论家。1792 年 9 月，他入选国民公会，属山岳派，主张处死国王，反对吉伦特派的政策及其联邦制宪法草案。1793 年 5 月底进入救国委员会，与罗伯斯庇尔、库东结成"三头联盟"。

法国资产阶级革命经历了几个阶段？

1789 年 7 月 14 日，法国人民攻占巴士底狱，标志着法国大革命的开始。从那时开始到 1792 年 8 月，是法国资产阶级革命的第一阶段。

1792 年 8 月 10 日，巴黎人民再次举行武装起义，推翻了立宪派的统治，成为法国大革命进入第二阶段的标志。

1793 年 6 月 2 日，巴黎上空又响起了警钟，8 万武装人民包围了王宫，逮捕了吉伦特派头目，并把他们送上断头台。从此开始

到 1794 年 7 月 27 日，成为以雅各宾派为首的专政时期，法国大革命被推向了高潮。

1794 年 7 月 27 日，大资产阶级发动"热月政变"，逮捕了罗伯斯庇尔等革命首领，颠覆了雅各宾派专政，建立了大资产阶级政权，法国大革命由此结束。

哪次战役被誉为"法兰西共和国诞生的礼炮"？

18 世纪，法国爆发了资产阶级革命。1792 年 2 月，奥地利和普鲁士结成反法联盟。4 月 20 日，法国对奥地利宣战。8 月，普奥联军入侵法国，先后占领了龙威要塞和凡尔登要塞，并且向巴黎推进。法国军团里共 50 万人，9 月 19 日在瓦尔米附近设防。20 日早晨，普奥联军约 4 万人绕过法军，在瓦尔米西南向法军发起了炮攻。联军两次发起攻击均未取得成效，被迫停止了进攻；而后联军后勤补给困难，10 月 5 日被赶出法国境内。瓦尔米大捷对挽救法国革命具有重要的历史意义，被称为"法兰西共和国诞生的礼炮"。

什么是"十二人委员会"？

"十二人委员会"是法国大革命时期国民公会中吉伦特派成员组成的调查委员会。1793 年春，吉伦特派同山岳派的斗争日益激烈，5 月 18 日提出解散山岳派的主要堡垒巴黎公社。在巴雷尔的提议下，成立该委员会，负责调查巴黎公社的行动。24 日，"十二人委员会"以叛乱嫌疑下令逮捕巴黎公社副检察长埃贝尔等人，遭到强烈反对。27 日，巴黎公社要求国民公会释放被捕者，并撤销"十二人委员会"。31 日，巴黎公社领导巴黎人民起义，包围国民公会，迫使他解散该委员会。6 月 2 日，巴黎人民又一次发动了起义，委员会成员被捕。

革命与统一时期

英国以什么为借口发动了第二次英马战争？

1803 至 1805 年第二次英马战争，就是英国东印度公司对印度马拉特地区发动的又一次侵略战争。1802 年，马拉特公国联盟领袖帕什瓦巴吉·罗二世和英国签订《巴赛因条约》，条约规定：英国派总督进驻马拉特各公国；马拉特各公国负担英军驻防部队的一切费用。这项条约如果付诸实施，将会使马拉特各国丧失独立。公国的军队甚至和帕什瓦的军队发生武装冲突，马拉特地区出现内讧。为了消灭马拉特人的力量，进一步扫清把印度变为殖民地的障碍，英国殖民者以保护帕什瓦、平定马拉特内讧为借口，于1803 年发动了对马拉特的战争。

这次战争结束后，英军占领了格瓦里奥、那格普尔的大部分领土，这些公国则成为英国东印度公司的附庸，英国进一步控制了马拉特地区。

英国"红色星期五"是怎么回事？

1925 年，英国煤炭工业受德国煤炭工业竞争的影响发生了危机。6 月，煤炭主决定降低矿工工资，取消最低工资限制，延长工作时间，并以同盟歇业相威胁。这一决定遭到工人阶级的坚决反对。7 月 31 日（星期五），运输、煤矿、铁路工人的"三角同盟"举行罢工。保守党政府被迫做出让步，于当天宣布向矿主提供一笔 9 个月的补助金，使他们如期给工人发放工资，这样，一触即发的劳动冲突暂时得以缓解。这是英国工人取得的第一次重大胜利，显示了团结的力量。因此，7 月 31 日被称为"红色星期五"，这是 1926年总罢工的序幕。

哪次会战促使第一次反法联盟彻底瓦解？

1795 年 4 月，拿破仑率军 4.2 万人远征意大利。法军接连取得蒙泰诺特、玢瓦、蒙多维、洛迪会战的胜利，并攻克米兰。6 月 4 日，法军包围了奥军在意大利北部的要塞曼图亚。奥军统帅部三次派兵救援曼图亚，均被法军击败。1797 年 1 月，奥援军第四次进入意大利，企图解救曼图亚。1 月 13 日，法军 1 个师（约 1 万人）阻击奥军（约 2.8 万人）进攻，被迫退守里沃利。1 月 14 日，拿破仑亲率两个师（约 1.3 万人）奔赴里沃利组织反击，打败奥军。15 日，奥军全线溃退，损失约 1.4 万人。困守曼图亚的奥军（2 万人）于 2 月 2 日投降。3 月，拿破仑率军进攻奥地利。4 月 18 日，奥军与法军签订了莱奥本停战协定。拿破仑在意大利战场的胜利，使得第一次反法联盟彻底瓦解。

阿布基尔海战是怎么回事？

1798 年 5 月，拿破仑在土伦港集结庞大舰队准备远征埃及。英国命海军少将纳尔逊率舰队追踪。8 月 1 日下午，由 12 艘兵舰和一艘三桅舰组成的英国舰队出现在亚历山大港附近的阿布基尔湾，还有两艘主力舰隐匿在亚历山大港西面。当晚英舰乘法军不备，突然发起猛烈进攻。晚上 10 点，法军旗舰"奥里安"号起火爆炸。2 日正午，战斗结束。法舰队司令、海军上将布吕埃斯阵亡。法军损失约 3000 人，英军伤亡 800 人。阿布基尔海战使英军切断了法国远征军和本土的联系，控制了地中海。

特拉法尔加角海战的重要结果是什么？

特拉法尔加角海战是拿破仑战争期间，英国舰队与法国、西班牙联合舰队进行的一场海战。1804 年，英国、俄国、奥地利等国组成第三次反法联盟。10 月 21 日 12 时，法、西联合舰队和纳尔逊海军上将指挥的英国舰队在西班牙大西洋沿岸的特拉法尔加角附近相遇。维尔纳夫命令舰队返回加的斯港，以便在战斗失利时在港内躲避一下。英国舰队是排成两列纵队与法、西联合舰队的战斗线成锐角进行接近的。12 时 30 分，科林伍德海军中将指挥的英国舰队一路纵队突破了法、西联合舰队的队形，切断了法、西的 16 艘军舰与其他军舰的联系，采取果决的行动，向敌舰猛烈开火。特拉法尔加角海战持续到 17 时 30 分，以法、西联合舰队失败而告终。这次海战中，英军俘获 8 艘法国战列舰，9 艘西班牙战列舰，消灭了 1 艘法国军舰。特拉法尔加角海战的重要结果是英国掌握了制海权，阻碍了法国同殖民地的联系。

拿破仑是如何建立法兰西第一帝国的？

1769 年，拿破仑出生于科西嘉岛的阿雅克修城。16 岁时他就获得了少尉头衔。作为一名军事家，拿破仑相当出色。1796 年 3 月，26 岁的拿破仑被任命为法国意大利方面军总司令。在意大利，拿破仑统帅的军队多次击败了奥地利与萨丁组成的第一次反法同盟联军，最后强令对方签署了对法国有利的停战条约，凯旋而归。

在军事上取得了一系列胜利，拿破仑的威信自然越来越高，但同时，他的崛起又令督政府有种如临大敌的感觉，因此任命他为埃及军司令，派往东方以抑制英国在该地区势力的扩张。然而 1798 年远征埃及本身就是一个失策的行为。拿破仑的军队被英国的海军上将纳尔逊完全摧毁，只得困在埃及。1799 年回国时，400 艘的军舰只剩下 2 只小舰，原本侵略印度的计划被迫停止，人员损失惨重。而此时欧洲反法联盟逐渐形成，而法国国内保皇派势力则有了上升的趋势，国内政局动荡不安。甚至连国民政府内部也对政府深为不满，很多人要求政府采取有力措施，向国内外敌人发起进攻。

在这种形势下，头脑清醒的拿破仑立刻意识到未来发展的走势。于是，他抛下法国远征军，于 1799 年 10 月，只带领着少数随行人员，偷偷地离开埃及，在月色朦胧的夜

拿破仑加冕仪式

晚急匆匆地赶回巴黎。拿破仑刚一进入巴黎，他的支持者便奔走相告，一传十，十传百，巴黎沸腾了。人们欢呼雀跃，激动异常地高呼着拿破仑的名字。拿破仑也觉得很意外，他竟然能够得到这么多人的狂热支持，于是他马上把他周围的人召集起来，商量下一步要怎么办。这是一个难得的机会，有着雄狮般野心的拿破仑当然不会轻易放过。经过一番精密的筹划，他们一致认为应该采取行动取消现在掌握权力的督政府，进而成立执政府，让浩浩荡荡的大革命彻底进行下去！

11 月 9 日，拿破仑开始行动，他派军队控制了督政府，接管了革命政府的一切事务。这一天是法国共和历雾月 18 日，所以，历史上把拿破仑发动的这次政变称为"雾月政变"。第二天，拿破仑把法国议会——元老院和 500 人院全部解散，控制了议会大权，并宣布成立执政府。在执政府中，他自认第一执政，独揽大权，开始了为期 15 年的独裁统治。1804 年 12 月 2 日，拿破仑在巴黎圣母院大教堂举行了隆重的加冕典礼，自称"皇帝"，并且把法兰西共和国改为法兰西第一帝国。

什么标志着拿破仑军队开始覆灭？

在拿破仑战争期间，俄、法两军于 1812 年 9 月 7 日，在莫斯科以西 124 公里的博罗季诺村附近展开了一次重大会战。

1812 年夏，拿破仑从法国本土及其欧洲盟国与附庸国中征集了一支大军，约 60 万人，他们决心入侵俄国，试图称霸欧洲。

6 月 24 日，法军深入俄境，第一批三个集团近 45 万人，很快深入俄国内地。战争初期，俄军面对法军咄咄逼人的攻势，被迫撤离，沿途进行坚壁清野，以阻滞法军前进。8 月 16 至 18 日，俄法军在斯摩棱斯克发生激战。俄军抵挡不住法军进攻的锐势，放弃斯摩棱斯克，向莫斯科撤退。8 月 29 日，新任俄军总司令库图佐夫抵达前线，率军继续后撤。

9 月 3 日，俄军在博罗季诺附近预先选定阵地，用来切断法军通往莫斯科的两条主要通道，库图佐夫决心依托阵地与拿破仑军队进行一次决战。9 月 4 日，库图佐夫向亚历山大一世报告，内容是这样的：阵地选在莫扎伊斯克前方的博罗季诺村。博罗季诺阵地正面宽 8 公里，前沿位于马斯洛沃、戈尔基、博罗季诺、谢苗诺夫斯科耶一线；右翼在马斯洛沃村附近，紧挨莫斯科河；左翼与难以通行的乌季察森林相连；中央以库尔干纳亚高地为依托；后方有森林和灌木林，便于隐蔽配置军队和实施机动。阵地构筑有完备的工事，迫使法军在对其不利的地形上与俄军交战。

9 月 7 日，双方开始激战。拿破仑率法军（约 13 万人）向俄军（约 12 万人）发起猛烈进攻，交战开始时，俄军在炮兵方面，特别是在大口径火炮方面略占优势。俄军有火炮 640 门，法军有火炮 587 门。库图佐夫的作战企图就是以积极防御的手段尽量杀伤法军，改变双方力量对比，为以后交战和歼灭法军保存了实力。而拿破仑的战略主张，是以一次总决战粉碎俄军。面对俄军的防御，法军很难从两翼包抄，于是决定在博罗季诺会战中采取正面突击，以求在狭窄地段上突破俄军防线，楔入俄军后方，将俄军逼至莫斯科河并予以歼灭，从而打开通向莫斯科的大门。

在博罗季诺会战前，俄法军为争夺多面堡展开激战。结果，俄军顽强抵抗了法军的进攻，为俄军赢得了在主阵地完成防御的时间。

9 月 7 日拂晓，双方炮战宣告了博罗季诺会战的开始，法军向博罗季诺村发起进攻。在法军优势兵力的猛攻下，俄军渡过科洛查河，退守防御。法军尾随其后渡河，但遭到了俄军的反冲击，受到重创，一度被迫退守科洛查河西岸。清晨 6 时许，法军开始向俄军防守的巴格拉季昂棱堡进行冲击。7 时，法军再次发起进攻，攻占了左面一个棱堡，俄军以勇猛之势将其击退。

双方遂派增援部队。8 时，法军对巴格拉季昂棱堡发起了第三次冲击，攻占了左右两座棱堡。从 9 时至 11 时，法军先后四次对棱堡发起冲击，但都没有起到效果。12 时许，法军开始了对棱堡的第八次冲击。拿破仑以 4.5 万军队和 400 门火炮对付在狭窄地段（1.5 公里）上的俄国 1.8 万军队和 300 门火炮。双方短兵相接，战斗进行得异常激烈。俄军巴格拉季昂将军在一次激战中，身负重伤，几近致命。最终，法军夺得阵地，遂占领博罗季诺。

拿破仑由于不敢轻易将最后的预备队——近卫军投入战斗，因而没有继续扩张。俄军顽强抵抗，由于无法补充军队的损失，因此不能投入全部预备队，只得撤回内地，敞开了莫斯科的大门。而拿破仑于 9 月 14 日进入莫斯科。

此役双方损失惨重：俄军伤亡 5.2 万人，法军伤亡 5 万以上（一说俄军 4.4 万人，法军 3 万余人）。博罗季诺会战，双方还不能区分出胜负，但为俄军消耗法军和转入反攻创造了条件。

博罗季诺会战对俄国 1812 年卫国战争的整个进程影响深远。尽管没有直接导致战争进程发生根本性转折，但这是拿破仑军队覆灭开始的标志。拿破仑后来曾写道："在我一生的作战中，最令我胆战心惊的，莫过于莫斯科城下之战。作战中，法军本应取胜，而俄军却博得了不可战胜的权利。"由此，也不难看出，当年拿破仑进军莫斯科的时候的确非常艰难。

你知道《拿破仑加冕》跑题之谜吗？

《拿破仑加冕》这幅画是法国新古典主义画家大卫的作品，描绘的是 1804 年 12 月 2 日，拿破仑在巴黎圣母院为自己举行皇帝加冕式的宏大场面。为了巩固帝位，也为了使自己的地位显得合法，拿破仑傲慢地让罗马教皇庇护七世来到巴黎为他加冕。可令人惊奇的是，这幅画没有再现拿破仑自己的加冕式，而是描绘了他给皇后加冕的场面。但是根据历史记载，在加冕时，拿破仑拒绝按常规跪在地上让教皇为他加冕，而是夺过皇冠自己戴上。大卫为什么不直接描绘教皇为拿破仑加冕的情形？他究竟有哪些难言之隐？大卫回避了这一事实而创作出一幅"跑题"的作品，有人猜想，画家这样做的目的很大一部分原因是不愿意让教皇难堪。

奥斯特里茨战役的始末是怎样的？

1805 年 12 月，著名的奥斯特里茨战役打响了。奥、俄皇帝在一条战线上，两国联军和法国军队展开了空前的大决战。战争一开始，拿破仑就命令一侧的法军佯败，引诱联军深入。在激烈的战火中，拿破仑来到战场的高地，并且命令多门大炮对准不远处空无一人的冰湖。

此时，俄、奥联军已经包抄过来，自负的亚历山大自以为稳操胜券。在他一声令下的时候，法军发起了全线反击，侧翼诈败的法军突然反扑，占领高地的法军主力居高临下，冲下山坡。联军阵脚大乱，溃不成军，法军从两面挤压过去，把溃逃的联军逼进冰湖，联军无路可逃。高地上接到命令的法军炮兵立刻开炮，密集的炮火炸碎冰面，联军几乎全军覆没，两国皇帝仓皇逃离战场，法军大获全胜。

普鲁士何时成为法兰西第一帝国的附庸？

1806 年 9 月，英国策划组成了第四次反法同盟，作为同盟国的普鲁士因与法国有矛盾，遂联合俄国首先与法军开战。10 月初，普鲁士即准备行动，而在奥斯特里茨战役取胜的法军也实力大增。10 月 8 日，拿破仑率大军进入萨克森，并向北推进，欲在俄军主力与普军会师前，和普军单独决战。14 日拂晓，拿破仑向霍亨洛厄亲王率领的驻在耶拿的普萨联军发起进攻。尽管联军获得了 1.5 万多人的增援，但仍大败于法军。战斗结束后，联军损失惨重。同日，在距耶拿 21 公里处的奥尔施塔特，法军元帅达武率军与不伦瑞克公爵卡尔率领的普萨联军主力相遇。两军激战，卡尔受重伤，联军遂由普王腓特烈·威廉三世亲自指挥，达武也调来炮兵向联军全线轰击。下午4时，在俄军到达前，战斗宣告结束。联军伤亡2.4万人，被俘约2万人，法军伤亡1.2万人。此战后，普军士气衰微，法军乘胜全线出击占领柏林。次年，普鲁士被迫签订《提尔西特和约》，成为法兰西第一帝国的附庸。

什么标志着拿破仑军事优势的最后丧失？

1813年春，英国、俄国、奥地利、普鲁士、西班牙、葡萄牙、瑞典等国组成第六次反法联盟。战事爆发于5月，8月27日德累斯顿战役法军告捷，10月16至19日双方在莱比锡地区进行会战。整个会战有如下几个激烈的争夺战：利伯特沃耳科维茨争夺战、瓦豪争夺战和马克勒贝格争夺战，以及康涅维茨渡口和廖斯尼格渡口争夺战。法军败北，向莱茵河方向撤退。为时4天的莱比锡会战，是拿破仑战争中规模最大的一次会战，标志拿破仑军事优势的最后丧失。

法国的君主专制制度是怎样的？

法国的君主专制时期，封建贵族要求用强大的王权来保护他们在经济上和政治上的特权，新兴资产阶级为了抑制贵族、镇压人民反抗，也拥护强化君主的权力。但封建贵族和新兴资产阶级之间的利益是互相矛盾的。而国王正好左右双方，凌驾于二者之上。于是法国封建君主专制制度便发展起来了。法王法兰西斯一世（1515～1547年）时，专制制度有了明显加强，国王集大权于一身，拥有绝对的专制统治权力。法国的法学家公然宣称"国王的权力不受任何人和任何事物的限制"。国王颁布的诏令往往用"这就是朕的意志"作为结束语，这就说明当时法国的君主专制制度下君主的命令已成为必须遵守的法律。但法国专制王权建立的过程也是曲折的，16世纪上半叶的意大利战争以及随后发生的长期封建内战，使王权发生了动摇。

波旁复辟王朝是怎么回事？

法兰西第一帝国覆亡后，波旁王族恢复封建贵族统治的王朝（1814～1815年、1815～1830年）。1814年3月31日，反法联军攻入巴黎，4月6日拿破仑一世退位，5月3日路易十八回国即位，6月4日颁布《一八一四年宪章》，实行君主立宪制，封建贵族重新掌权。1824年，查理十世即位后加紧推行反动政策，企图恢复君主专制统治，镇压革命者。为恢复天主教和贵族的权威，查理十世又先后颁布《渎神法》和《关于补偿亡命贵族十亿法郎的法令》。严格限制出版、新闻等自由，经济上仍为农业国，实行自给自足和保护关税政策，使得工业革命缓慢发展。对外则听命于封建列强，1823年，波旁王朝出兵镇压西班牙革命，实行保守的殖民政策。1830年7月，查理十世签署《七月敕令》，企图制服反对派，却引发了七月革命，波旁复辟王朝就此瓦解。

什么是热月政变？

热月政变发生于1794年7月27日（按照当时共和历为八月九日），是法国为反对山岳派独裁而发动的政变。

1794年7月26日，罗伯斯庇尔在国民公会发表演说，表示"国民公会中还有尚未肃清的议员"，当时议员要求罗伯斯庇尔将议员的名字说出，然而罗伯斯庇尔并没有说出，于是引发了议员们的恐慌，进而发动了政变。

7月27日，罗伯斯庇尔前往国民公会，但遭到了议长的打断；场内开始出现"打倒暴君"的呼声以及逮捕罗伯斯庇尔等人的要求，并且国民公会于下午三点通过逮捕罗伯斯庇尔的法令。

7月28日（共和历八月十日），罗伯斯

庇尔、圣鞠斯特等 22 人被送上断头台。由于法国革命历的八月为热月，因此这次事件被称为"热月政变"。

《海牙条约》有怎样的内容？

1794 年 4 月 19 日，英国、荷兰和普鲁士在荷兰的海牙签订了《海牙条约》，旨在促使普鲁士出兵比利时，参加反法军事行动。普承诺提供 6.24 万人供英、荷调遣；英、荷承诺每月付给普 5 万英镑补助金，并且一次付 30 万磅酬金，普军遣返时还会得到 10 万磅和每人 1 磅 12 先令的报酬。签约后，普鲁士没有出兵比利时攻法，而是将兵调到波兰，谋求瓜分波兰领土。同年，驻比奥军被法击败。英、荷谴责普背信弃义，英政府停止支付补助金，并声明废除《海牙条约》。

拿破仑远征意大利是怎么回事？

1796 年 3 月 2 日，法国督政府任命拿破仑为意大利方面军总司令，出征意大利。拿破仑带领 3.8 万名士兵投入战争。仅几天的时间，拿破仑就通过了蒙特诺特战役、米尔西莫和蒙多维战役，打败了 9 万意大利、奥地利联军，迫使撒丁国王于 1796 年 5 月 15 日签订了《巴黎和约》，退出了反法联盟。拿破仑还从意大利掠夺了大量的黄金、钻石和珍贵的艺术品。征服了意大利之后，拿破仑又率军越入了阿尔卑斯山攻入了奥地利本土，为法国战胜第一次反法联盟立下了汗马功劳。

拿破仑远征埃及是怎么回事？

1798 年 6 月，法国督政府派拿破仑率军远征埃及。这一举动反映出法国领土扩张的意图。7 月 20 日，法国军队在金字塔下击败了埃及骑兵，占领了开罗。但是英国舰队在海上歼灭了法国舰队，于是地中海就被英国控制。拿破仑军队和法国国内的联系被切断。1798 年底，英国组织第二次反法联盟。法国大败，拿破仑只好一个人从埃及回国。

什么是海尔维第共和国？

海尔维第是 1798 至 1803 年法国占领下的瑞士大部分领土的名称，分为 18 个邦，实行代议制民主政治。1798 年初，拟定《海尔维第宪法》。按照宪法，原松散的联邦成为统一而不可分割的共和国，取消了邦和邦之间的边界；行政权仿照法国由 5 人组成的督政府行使。共和国得到 1801 年法、奥《吕内维尔和约》的确认。后因内部主张中央集权的"统一派"与要求恢复各邦主权的"联邦主义者"争斗更加频繁。1803 年，拿破仑颁布了新宪法——《调解法令》。该法令恢复了联邦，并以新的瑞士联邦代替统一的中央集权共和国。

拿破仑的许诺引起了怎样的风波？

1793 年 3 月，法兰西总统拿破仑在卢森堡第一国立小学演讲时，潇洒地把一束价值 3 路易的玫瑰花送给该校的校长，并且许下了这样的承诺："为了答谢贵校对我，尤其是对我夫人约瑟芬的盛情款待，我不仅今天呈献一束玫瑰花，而且在未来的日子里，只要我们法兰西存在一天，每年的今天我都将派人送给贵校一束玫瑰花，作为法兰西与卢森堡友谊的象征。"

从此，卢森堡这个国家便对这"欧洲巨人与卢森堡孩子亲切、和谐相处的一刻"念念不忘，并载入史册。

后来，拿破仑因穷于应付连绵不绝的战争和此起彼伏的政治危机，并最终因失败而被流放到圣赫勒纳岛，以致把之前的承诺忘得一干二净。

谁也没有想到，1984 年底，卢森堡人旧事重提，向法国政府提出"赠送玫瑰花"的诺言，并且索要赔偿。他们提出两个方案供法国政府选择：要不从 1798 年起，用 3 个路易作为一束玫瑰花的本金，以五厘复利利息全部清偿；要不在法国各大报刊上公开承认拿破仑是个言而无信的小人。

法国政府当然不想有损拿破仑的声誉，但电脑算出来的数字让他们惊呆了：原来拿破仑的许诺，至今本息已高达 1375596 法郎。最后，法国政府绞尽脑汁，才找到一个让卢森堡比较满意的答复，即"以后无论在精神上还是物资上，法国将始终不渝地对卢森堡大公国的中小学教育事业予以支持和赞助，来兑现我们的拿破仑将军一诺千金的玫瑰花诺言"。

拿破仑是怎样遭遇滑铁卢的？

1815 年 6 月 18 日，在拿破仑战争期间，拿破仑一世的军队和英、荷、普联军在滑铁卢（比利时布鲁塞尔以南 20 公里处的居民点）进行了一次交战。

为了对抗反法同盟（英国、俄国、奥地利，普鲁士、荷兰等国），拿破仑率 12 万法军进入比利时，企图在比境内将英军元帅惠灵顿率领的英荷联军及布吕歇尔元帅指挥的普鲁士下莱茵集团军各个击破。6 月 16 日，拿破仑在利尼附近和普军交战，取得较小的胜利，迫使普军向瓦夫勒撤退。格鲁希元帅指挥的步兵军（3.3 万人）受命追歼普军，但行动不果断，使得布吕歇尔的集团军趁机得以保存实力并和惠灵顿的集团军会合。最终，格鲁希的军队未参加决战。这成了后来拿破仑失败的重要因素：原准备与一路英荷联军作战的拿破仑，将被迫与两路联军同时作战。

6 月 17 日，拿破仑率法军主力（7.2 万人，243 门火炮）前往贝尔阿利扬斯、罗索姆、普朗瑟努瓦地域。拿破仑确信格鲁希定能阻止住布吕歇尔，因此，没有急于向在滑铁卢以南有利地形设防的惠灵顿军队（6.8 万人，159 门火炮）发起攻击。6 月 18 日 11 时，当普军前卫接近交战地点时，双方开始了交战。拿破仑决定对惠灵顿军队的左翼实施主要突击，以阻止普军与联军会合。法国雷耶军首先应对惠灵顿军队的右翼实施佯攻。但联军从战斗一开始就进行了顽强抵抗，将拿破仑

的军队完全打乱了。雷耶开始用少量兵力发起攻击，尔后陆续将全军兵力投入战斗，到最后也没有取得胜利。对惠灵顿左翼的攻击于下午 2 点左右开始，进攻兵力是德尔隆军的 4 个师，各师均按营展开成大纵深的纵队。由于采用这种队形不能同时投入较多的力量发起攻击，而进攻部队在对方枪炮火力下伤亡惨重，所以攻击并没有产生任何效果。法军炮兵的射击效果很差，因为它配置的位置不当，距进攻纵队太远。下午，普军布吕歇尔的前卫抵达菲舍蒙地域，拿破仑被迫派洛博军 1 万人迎战普军，后又派部分近卫军前往支援。与此同时，拿破仑改变了主要突击方向，集中主要兵力攻击惠灵顿军队的中部。法军多次发起攻击，同样没有成功。拿破仑的重骑兵曾两度进入英军阵地，由于步兵未及时支援，法军被打退了。于是拿破仑把自己的预备队 10 个老近卫军营投入该阵地，最后一次试图突破英军中央，结果又以失败告终。此时，普鲁士 3 个军（比洛军、皮尔希军、齐滕军）到来，兵力的对比已对盟军有利。盟军兵力计达 13 万人。晚上，英荷联军主力从正面转入进攻，普军则突击法军右翼。法军支持不住，开始退却。退却很快变成了狼狈逃窜。在滑铁卢交战中，法军损失了 3.2 万人和全部火炮，盟军伤亡 2.3 万人。拿破仑丢弃甲曳兵逃回巴黎，6 月 22 日再度退位，后被流放到圣赫勒拿岛。

拿破仑在滑铁卢惨败另有原因吗？

1815 年 6 月 18 日，在比利时小镇滑铁卢，爆发了一场日后被载入史册的战役——滑铁卢战役。军事才能卓越的拿破仑在这场战役中大败，被迫结束自己在法国的统治。那么，拿破仑在滑铁卢惨败是另有原因吗？

历史学家对于拿破仑的"滑铁卢"败绩有多种解说，但心理学家却提出了另一种解说，失败缘于拿破仑的自恋型人格障碍。自恋型人格障碍，是一种由强烈的自我中心意识而产生的人格障碍。主要表现为：强烈的

自我重要感，高估自我的能力，缺乏同情感，以自我为中心，为所欲为。拿破仑的疯狂自恋使他陷入了过度自我膨胀的泥潭，分不清梦想与现实之间的巨大鸿沟，梦想意志可以战胜一切。拿破仑是与亚历山大、恺撒并列的军事天才，大小征战百余次，基本上攻无不破，战无不胜。他曾被誉为有史以来的常胜将军。在他最得意的时候他还说过："在我的字典当中是没有'不'字的。"但拿破仑一生的悲剧也在于他这个"不"。正是因为拿破仑的狂妄自大和刚愎自用导致了他在滑铁卢的败绩。

有关拿破仑兵败滑铁卢还有诸多的猜测。来自美、英、法、德等国的军官曾齐聚滑铁卢，试图破解拿破仑战败的真相。他们认为一个可能的原因是，在滑铁卢战役之前，拿破仑已经连续指挥作战近3个月，身体状况非常不好。在极度疲惫的情况下，拿破仑下达的命令十分混乱，使得手下的将领和士兵们无所适从，最终导致了失败。

此外，还有一种说法是当时的格鲁希元帅迟到没有准时到达救援地点导致了拿破仑的失败。总之，关于拿破仑滑铁卢失败的原因还尚无定论，至今仍是个未解之谜。

"三皇会战"是指哪一次会战？

拿破仑建立帝国后，试图在欧洲建立霸权，这引起了欧洲各国的极度恐慌。欧洲各国多次组织反法同盟。在第三次反法联盟对法战争期间，1805年12月2日，法军和俄奥联军在奥斯特里茨地域进行了一次决定性的战役，因参战方是法国皇帝拿破仑·波拿巴、俄国沙皇亚历山大一世、奥地利皇帝弗朗西斯二世，所以又称"三皇之战"，它是世界战争中的一场著名战役。7.3万人的法国军队在拿破仑的指挥下，在奥斯特里茨村（位于今捷克境内）取得了对8.6万俄罗斯—奥地利联军的决定性胜利。此后，第三次反法同盟瓦解，奥地利皇帝也被迫取消"神圣罗马帝国皇帝"的封号。

维也纳会议的主要内容是什么？

维也纳会议是第六次反法联盟打败拿破仑一世后举行的一次国际会议，地点在奥地利首都维也纳。它的主要内容是：恢复欧洲的统治秩序；限制法国，保证欧洲均势，按照大国的意志重新划分欧洲版图；分割海外殖民地，英国可以获得更多的原属法国的海外殖民地，进一步确立了世界殖民霸主的地位；继续维持德意志和意大利的分裂局面。

总之，维也纳会议是欧洲专制君主们企图采取高压手段，维护封建统治秩序的体现；它反对社会进步，任意践踏弱小民族的利益，是一种历史的反动。在维也纳体系下，各国常用召开会议的办法解决国际间的争端，客观上促进近代国际关系进入了一个新时代。

"为德国织裹尸布的人"是谁？

海涅是为德国织裹尸布的人。

海因里希·海涅（1797～1856年），出生于德国杜塞尔多夫，童年和少年时期经历了拿破仑战争，拿破仑对德国进行的民主改革使犹太人的情况有所好转，因此，海涅就视拿破仑为偶像。青年时的海涅开始创作诗歌，抒发个人在封建专制下的压抑和苦闷，他的代表作有《青春的苦恼》《抒情插曲》《还乡集》等。大学毕业后，海涅广泛接触社会，期间写了四部散文旅行札记，在描绘自然风光的同时也表达了对封建反动势力和教会黑暗统治的痛恨。

人们把海涅称作"为德国织裹尸布的人"是因为他在《西里西亚织工之歌》中写道："忧郁的眼睛里没有泪花，他们坐在织机旁咬牙：德意志，我们织你的裹尸布，我们织进三重咒诅——我们织，我们织！"

海涅晚年思想上的矛盾与怀疑突出地表现在他对共产主义的信念与理解上，他思想上的矛盾是那个时代的产物。1856年2月27日，海涅逝世，但是他的战斗激情和他伟大的诗篇，光辉的形象还将激励人们前进。

为什么德国国旗是三色旗?

1990 年 10 月 3 日，统一后的德国国旗是黑、红、金三色旗。人民不禁要问：为什么德国国旗是黑、红、金三色旗，而不是其他颜色呢?

原来，黑、红、金这三种颜色最开始是 19 世纪初反抗法国拿破仑占领军的一个德国志愿军团的制服颜色。19 世纪 40 年代，德国人民为了争取德国统一，反对封建压迫，展开了轰轰烈烈的革命斗争。1848 年 3 月，柏林工人发动武装起义，迫使普鲁士国王改组政府，并在法兰克福召开了国民大会。会上，黑、红、金三色第一次成为德国国旗的颜色。此后，德国就一直沿用这个传统，将德国国旗定为三色旗。

谁是古典主义和浪漫主义的折中者?

门德尔松，德国 19 世纪三四十年代最著名的社会音乐活动家之一。由于家庭背景及门德尔松从小就接受了第一流专家的教育和引导，养成了他谦和的性格和高尚的品质，给人温文尔雅和安静的感觉。

门德尔松自小接受的传统文化的教育很深，他拜访过歌德，听过黑格尔的演讲，并且崇拜巴赫和莫扎特。门德尔松曾站在时代的立场上，在浪漫主义的基础上又发扬了古典主义的精髓。他组织并指挥演出了巴赫的《马太受难曲》，使巴赫重新复活。此外，他还领导了莱比锡的爱乐协会"格万大厅"，上演的曲目主要是传播亨德尔、巴赫维也纳古典乐派作曲家和舒伯特等德国民族的古典音乐作品。但是门德尔松的许多作品也缺乏开阔的眼界，有秩序、规范、控制，这与浪漫主义的自由、运动和不受拘束是相违背的，因而，有人说他的作品缺乏感情和戏剧性，十分保守。

也正因为此，门德尔松被人称为古典主义和浪漫主义的折中者。

你知道莫扎特和"黑衣使者"之谜吗?

美国影片《莫扎特》曾获奥斯卡 8 项大奖，其中有这样一组镜头：在天空阴沉、大雪纷飞的维也纳，一个高大的黑衣人四处游荡，直到莫扎特寓所。"砰砰"的敲门声令作曲家非常害怕。开门后，黑衣人毫无表情的面孔使莫扎特惊恐万分。以后莫扎特每次听到"砰砰"敲打铁门的声音，就不寒而栗。这就使得莫扎特的健康状况不断恶化，加速了他的死亡。

这位神秘人物到底是谁? 历来存在着争议。传统的传记作品中，都没有明确指出他是嫉贤妒能的宫廷作曲家萨里埃利手下的人。有人说是共济会派去的黑衣使者，因为莫扎特曾是这一组织的成员。莫扎特在其歌剧《魔笛》中将该组织的某些秘密泄露而惹恼了这个秘密民间组织的领导者们，于是他们就试图用这个方法害死莫扎特。还有人认为此人是一个与名人贵族和大型组织没有任何关系的人，他只是一位平庸的作曲家（还有人认为他是一位受有钱的平庸作曲家雇佣的人）。他对莫扎特的情况了若指掌，因此想抓住莫扎特健康状况恶化、濒临死亡的时机，用重金购买其作品为自己所有。

著名作曲家舒伯特为什么终身未婚?

弗朗兹·舒伯特，出生于维也维近郊，在 19 世纪著名大作曲家中，他是唯一一个地道的维也纳人。然而这位著名的作曲家却终身未婚，这究竟是什么原因呢?

有人把舒伯特终身未婚归结于其相貌。这位作曲家也深知自己在这方面的缺陷，他个子矮小，大肚子，皮肤黝黑，有厚厚的嘴唇，脑门很大，维也纳人称他为"蘑菇"。除此之外，他性格羞怯内向，自然不受女性欢迎。有人把舒伯特的经济状况及他的性格作为他不恋爱结婚的原因，他的一生都是在穷困潦倒中度过。

另外，还有人认为舒伯特独身可能是受到贝多芬的影响。舒伯特把一生未婚的贝多芬视为自己心中的偶像，贝多芬在他心中像神一样神圣。舒伯特预感到自己可能会像莫扎特一样不久于人世（他在 25 岁时便染上了性病）。不过也有人提出质疑，舒伯特一生命运坎坷，从没有真正恋爱过，也未与女性接触过，却在 1822 年染上性病（可能是梅毒），这个说法显然不属实，不过这也给他为何终身未婚蒙上了一层神秘色彩，以致现在还成为萦绕于人们脑海中的一个谜。

谁被称为"诗人音乐家"？

舒曼，1810 年 6 月 8 日出生于德国萨克逊州的茨维考城，作曲家、音乐评论家，曾在莱比锡大学学法律。19 岁起师从维克学钢琴，1834 年创办《新音乐报》，刊发了大量评论文章，成为当时德国音乐艺术生活中革新与进步艺术倾向的喉舌。1840 年与维克之女德国钢琴家克拉拉结婚。代表作有钢琴曲《蝴蝶》《狂欢节》《童年情景》等，声乐套曲有《妇女的爱情和生活》《诗人之恋》，此外还有艺术歌曲《月夜》《奉献》《核桃树》等。舒曼在继承发展舒伯特歌曲创作传统的基础上，又进一步丰富了钢琴伴奏的表现方法，注重选择富有诗意的歌词，因而有"诗人音乐家"的称号。1854 年，舒曼精神错乱，后死于精神病院。

舒曼与其妻的版画肖像

你知道歌剧大师瓦格纳吗？

瓦格纳，德国作曲家、剧作家、指挥家、哲学家。自贝多芬后，德国的音乐界里还没有出现一个作曲家像瓦格纳一样具有巨大的改革精神。他顽强地制定并实施自己的目标与计划，改革歌剧、倡导乐剧，从而奠定了在音乐史上的地位。同时，在世界音乐史上很难找到像瓦格纳一样在世界观和创作之间存在矛盾的音乐家。

瓦格纳的主要领域是歌剧，代表作是《尼伯龙根的指环》《莱茵的黄金》《纽伦堡的名歌手》《帕西法尔》等，另外还有管弦乐曲《浮士德序曲》等。

瓦格纳不仅对传统歌剧进行了彻底的改革，还扩大了歌剧中管弦乐队的编制（三管制或四管制），加强了乐队的表现力，使其处于人声伴奏的状态。另外，他还建立了半音化和声，淡化了调式调性，创建了"特里斯坦"和弦，对 20 世纪音乐观念产生了重要影响。

什么是"神圣同盟"？

"神圣同盟"指的是拿破仑帝国瓦解后，欧洲大多数国家参加的一个松散的政治组织。1815 年维也纳会议结束后不久，由俄国沙皇亚历山大一世发起，得到奥地利皇帝弗兰茨一世和普鲁士国王腓特烈·威廉三世的赞同，并于同年 9 月 26 日在巴黎签署《神圣同盟宣言》。同盟假借基督教教义处理相互关系的名义，宣布：三国属于上帝统治下的同一家庭的三个分支，三国君主以手足之情互相救援。引导臣民和士兵保卫宗教、和平与正义，要求人民遵守教义，尽职尽责。另外，同盟还邀请承认盟约原则的国家参加同盟，同年 11 月 19 日，法国国王路易十八加入。最后除英国摄政王、奥斯曼帝国苏丹及教皇外，欧洲各国君主也纷纷加盟。

19 世纪 20 年代，神圣同盟先后镇压了意大利革命和西班牙革命，还曾企图干涉拉丁美洲的独立运动，导致了美国抛出"门罗主义"。后来欧洲革命蓬勃发展，列强间矛盾加剧，神圣同盟名存实亡。经历了 1830 年法国七月革命和欧洲 1848 年革命的冲击，同盟瓦解。从本质上讲，神圣同盟是维护维也纳体系、维护君主专制政治秩序的君主互助同盟。

谁被称为"蝴蝶大使"？

19 世纪上半叶，有一位活跃在欧洲外交舞台上的风云人物，他就是任奥地利外交大臣和首相之职的梅特涅。凭借自己敏锐的判断力和出众的外交才干，他最大限度地维护了奥地利的安全利益，因此，获得了"蝴蝶大使"的美誉。

1809年，在他担任奥地利外交大臣的时候，拿破仑刚刚粉碎了第五次反法联盟。而反法联盟中的主要成员国——奥地利，则成了战败国，只好被迫与法国签订了《维也纳和约》。在这危难之际，梅特涅开始施展他的"均势外交"。

当时国力并不十分强大的奥地利，在梅特涅均势外交的影响下，一时竟成为欧洲国际社会的外交中心，国际地位也有了很大的提升，到1815年已跻身于欧洲强国之列。

1821年，梅特涅升任奥地利首相。从此他更全力维护封建君主体制，维持神圣同盟，残暴地镇压欧洲各国人民反封建的民主革命运动。1848年，在革命浪潮中，梅特涅被迫下台，逃亡英国。

卢德运动是怎么回事？

卢德运动是英国工业革命期间工人自发组织的工人运动。它以破坏机器为手段，反对工厂主的压迫和剥削。据传，运动是由名叫卢德的工人首先发起的，因此得名。工业革命时期，大批手工业者破产，工人失业，工资下滑。当时的工人尚未认识到资本主义剥削的实质，他们把机器视为贫困的根源，用捣毁机器的方式作为反对工厂主、争取改善劳动条件的手段。1811年初，卢德运动的高潮到来了。诺丁汉郡针织工人首先成立争取提高工资的群众组织，并开始了大规模破坏新发明的织机的行动，不久这些活动进一步扩展。1812年，英国国会通过《保障治安法案》，动用军队进行镇压。1813年，政府颁布《捣毁机器惩治法》，规定可用死刑惩治破坏机器的工人。1814年，企业主又成立了侦缉机器破坏者协会，残酷迫害工人。但是，卢德运动仍在继续。

什么是宪章运动？

宪章运动是19世纪30至50年代英国发生的争取实现"人民宪章"的工人运动。1832年英国议会改革为工业资产阶级打开进入议会的大门，而在改革斗争中起重要作用的人民群众仍无实权。他们决心进行独立的政治斗争，争取新的选举改革。1836年伦敦工人协会成立。次年6月，协会拟定一个争取普选权的纲领性文件，提出年满21岁的男子普选权、秘密投票、废除议员候选人的财产资格、议员支薪、设立平等的选区和议会每年改选一次等6条要求，并于1838年5月8日以《人民宪章》名称发表，宪章运动由此得名。宪章拥护者在全国各地集会、游行，要求实现宪章。宪章运动共经历了三次高潮，1848年出现第三次高潮，约197万人在请愿书上签名，但都遭到了政府的镇压。1848年后，运动逐渐衰落。

英国第一次国会改革的内容是什么？

1830年10月，英国辉格党首领格雷伯爵受命组阁。1831年12月，格雷内阁提出了国会改革法案。虽然下议院通过了法案，但上议院又将其否决。格雷决心不再让步，遂辞职。国王威廉四世拟请托利党威灵顿组阁，激起工业资产阶级和工人群众的普遍不满，他们要求改革。在内外夹攻下，国王被迫收回成命，召回格雷。1832年6月4日，改革法案终于通过。

法令中提到了改革内容大致如下：取消56个人口不满2000的衰败选区及其选派的111名议员名额；30个人口在2000到4000之间的选区各减少1个议员名额；另有1个联合选区的议员名额由4个减至2个。空出来的143席，分配给人口增多又无议员席位的大中工业城市和一些名额不足的郡。65席分配给新兴的工业城市，65席分配给英格兰工业发达的各郡；8席分配给苏格兰，5席分配给爱尔兰。苏格兰议员名额自46人增至 54 人；爱尔兰则从 100 人增至 105 人；英格兰和威尔士自 512 人减至 499 人。关于选举权的规定如下：在郡选区，凡年净收入不少于 40 先令以上的男性自由持有农享有选举权；凡年净收入在 10 镑以上的公簿持有农或租期在 60 年以上的长期租地农和凡年净收入在 50 镑以上，租期在 20 年以上的短期租地农或每年按时纳租 50 镑以上的任意租地农，都有选举的权利。在城市选区，凡在其居留地占有年净收入 10 镑以上的房屋持有人，可享有选举权。

这次国会改革仅仅满足了工业资产阶级的需求，广大工农群众仍然没有选举权。工业资产阶级在国会中获得一定数量的席位，和土地贵族、金融资产阶级结成联盟，共同统治英国。

宪章运动经历了哪三次高潮？

1836 年伦敦工人协会成立，是第一次宪章运动的高潮。

1837 年，伦敦工人协会向国会发出一份请愿书，它提出年满 21 岁的男子都有普选权，选举投票应秘密进行，废除议会候选人的财产资格限制，国会每年举行一次改选，平均分配选区。1839 年有 125 万人在请愿书上签名。1840 年 7 月，各地宪章派的代表在曼彻斯特召开了大会，宣告成立全国宪章派协会。其宗旨是实现下院的彻底改革，使下院能全面地忠实代表联合王国的全体人员，为了达到这一目的，只宜采取和平和合法的手段。协会在全国各地设有几百个分会，入会者须缴纳会费。1841 年，协会拟定一个争取普选权的纲领性文件，提出年满 21 岁的男子普选权、秘密投票、废除议员候选人的财产资格、议员支薪、设立平等的选区和议会每年改选一次等 6 条要求，并于 1838 年 5 月 8 日以《人民宪章》名称发表，宪章运动由此得名。

1842 年，经济危机爆发，迎来了第二次宪章运动的高潮。

1842 年 5 月 2 日，浩浩荡荡的工人队伍来到国会下院，宪章派全国协会的负责人向下院递交了全国宪章派第二次请愿书。请愿书中指出："尊敬的贵院就它现在的组成来说，既不是由人民选出来的，也不是由人民做主的。它只为少数人的利益服务，而对多数人的贫困、苦难和愿望却置之不理。"请愿书还指出社会上存在的一些不公平现象。这份有 300 万人（约占英国成年男子的一半）签名的请愿书再次要求把《人民宪章》定为法律。

1848 年，在欧洲大陆革命风暴的推动下，宪章运动再度高涨。第三次全国请愿书进一步提出，只有劳动才能创造财富，而劳动者可优先分享自己的劳动果实。在请愿书上签名的有 197 万人。伦敦、曼彻斯特、伯明翰、利物浦、格拉斯哥等城市的工人举行了声势浩大的示威游行。

牛顿为什么一度精神失常？

艾萨克·牛顿（1643 ~ 1727 年），出生于英格兰林肯郡乌尔斯普镇。英国伟大的物理学家、数学家和天文学家，经典物理学理论体系的建立者。因此，牛顿被称为"历史上最杰出的科学家"与"近代物理学之父"。

然而，在 1692 年前后几年内，牛顿曾一度突患精神失常疾病。1692 年，50 岁的牛顿开始表现出心理疾病的严重症状。直至数年后，牛顿才逐渐恢复正常。科学家们一直试图能够找出最合理的病理解释，一般认为是由于劳累和打击所导致的。

首先是因为牛顿的母亲去世了，牛顿在处理完丧事后，曾一度精神不振；另一件事是他《光学》《化学》等科学手稿的意外烧毁，牛顿几欲崩溃。此外，牛顿还面临论敌的攻击，使他承受着极大的压力。

芬尼运动是怎么回事？

芬尼运动是 19 世纪 50 年代开始的爱尔兰反对英国殖民统治、争取独立的运动，它以芬尼社为核心。芬尼运动主要在英格兰、爱尔兰和美国等地进行，主张推翻英国殖民统治，废除大地主土地所有制，建立独立的爱尔兰共和国。1866、1870 年，美国的芬尼社社员先后两次攻入加拿大，企图迫使英国政府放弃对爱尔兰的统治，但没有取得成效。1867 年，芬尼社社员在爱尔兰的一些城市发动起义，但均以失败告终。

芬尼运动不仅得到农民和市镇平民的大力支持，此外，第一国际也曾发动各国无产阶级支持芬尼运动。但由于领导内部的分歧、英国的镇压和美国政府的压力，19 世纪 70 年代后，芬尼运动渐趋衰落。

清教徒革命是怎么回事？

16 世纪开始，英国出现圈地运动，资本主义迅速地发展起来，但是这不可避免地与当时的保守势力有了冲突，因而到了 1560 年英国出现清教徒运动，开始抨击教会。

17 世纪初，斯图亚特王朝的詹姆斯一世和查理一世时期议会中形成了反对派。1628 年，议会通过了限制王权的权利请愿书。次年查理一世将议会解散。17 世纪 30 年代末发生了苏格兰人起义。查理一世为了筹措军费，于 1640 年 4 月 13 日召集议会。但议员拒绝了国王的要求，查理一世便于 5 月 5 日再次解散议会。后来苏格兰起义军又大举进攻，查理一世被迫于 11 月 3 日重开议会，这次议会的召开就成为革命开始的标志。

第一次内战长期议会召开后，议会处死了国王的宠臣斯特拉福伯爵温特沃思；通过《三年法令》，规定议会应定期召集，不经议会同意不得将其解散；废除了皇室法庭。经过多次的斗争，查理一世无计可施，后来便宣布讨伐国会，挑起了内战。在纳斯比战役中，克伦威尔领导的国会军队战胜了国王的军队，掌握了战争的主动权。最后，第一次内战以议会的胜利而结束，国王成了阶下囚。

什么是护国公制？

护国公制是英国资产阶级革命后期，由护国公担任国家首脑的政治制度。实质上，护国公制是集立法、行政及军事大权于一身的军事独裁制。

1653 年，随着《施政文件》的颁布，护国公制建立。护国公的权利受到国务会议的限制，但是由于护国公拥有任免国务会议委员的权利和最高行政决定权，因此护国公的权利是超越于议会和国务会议之上的。而且行政权和立法权都掌握在护国公手中，所以护国公制跟君主独裁差不多。尽管护国公制违背了民主的意义，却在镇压王党叛乱、保护革命果实方面，起到了积极的作用。

法国大革命是怎样爆发的？

18 世纪资本主义在法国部分地区已相当发达，出现许多资本主义性质的手工工场，少数的企业雇佣数千名工人并拥有先进设备，金融资本雄厚。资产阶级已成为经济上最富有的阶级，但在政治上仍无实权。农村绝大部分地区保留着封建土地所有制，并实行严格的封建等级制度。由天主教教士组成的第一等级和贵族组成的第二等级，是居于统治地位的特权阶级。由资产阶级、农民和城市平民组成的第三等级则处于被统治地位。特权阶级的最高代表是波旁王朝国王路易十六。18 世纪末第三等级同特权阶级的矛盾日益加剧。1789 年 7 月 13 日，愤怒的巴黎市民成千上万地涌上街头，攻占了一个又一个的阵地，法国大革命由此爆发。

什么是波旁王朝？

波旁王朝（1589～1792 年，1814～1830 年）是一个在欧洲历史上曾断断续续地统治纳瓦拉（1555～1848 年）、法国（1589～1848 年）、西班牙（1700 年至今）、那不勒斯与西西里（1734～1816 年）、卢森堡（1964 年至今）等国和意大利若干公国的跨国王朝。由于其父系祖先为卡佩王室成员，因此亦被某些人称为卡佩王朝波旁分支。波旁王室的近代成员都以保守而闻名，因此在美式英语中，"波旁"一词成为对极端保守主义者的称呼。

法国为什么会发生七月革命？

波旁王朝第二次复辟后，路易十八逝世，其弟阿多瓦伯爵即位，称查理十世。1825 年 4 月，查理十世颁布法令，变相地归还了法国革命时期没收的贵族土地。1830 年 7 月 26 日，国王颁布敕令，限制言论、集会、出版自由，取缔一切反政府报刊；解散新议会；实行新选举法，进一步提高选举权资格，剥夺了劳动人民和工商业资产阶级的选举权。敕令引起人民的普遍愤慨，巴黎人民高喊"打倒波旁王朝！自由万岁"的口号。他们走上街头，举行集会并与警察发生冲突。7 月 28 日，巴黎出现了数千个街垒，革命渗透更加猛烈，几个团的政府军走入了起义者的行列里，形势发生了很大的变化。7 月 29 日，起义人民占领了推伊勒里宫并在那里升起三色旗。自由派议员组成了以拉菲特为首的临时政府，并且让拉菲特出任国民自卫军司令。8 月 2 日，查理十世逃亡英国，复辟的波旁王朝终于被推翻了，七月革命取得了胜利。但是此次的胜利果实被大资产阶级和金融贵族所攫取，他们建立了"七月王朝"。

为什么埃菲尔铁塔会成为巴黎的象征？

也许你知道埃菲尔铁塔是巴黎的城市地标之一，但你可曾知道，它的建造缘起于 1889 年的巴黎世界博览会？

1889 年正值法国大革命爆发 100 周年，法国人希望借举办世博会之机留给世人深刻的印象。法国人一直想建造一个超越英国"水晶宫"的博览会建筑，于是在 1886 年开始举行设计竞赛征集方案，其宗旨为"创作一件能象征 19 世纪技术成果的作品"。在 700 件应征作品中，最后中选的是建筑师埃菲尔提交的有关建造一座 1000 英尺高铁塔的设计方案。

1887 年 1 月 28 日，埃菲尔铁塔工程正式破土动工。基座建造花了一年半时间，铁塔安装历时 8 个多月时间，1889 年 3 月 31 日全部结束。共有 50 名建筑师和设计师画了 5300 张蓝图，计算极其精确。

埃菲尔铁塔体现了整个世纪的建筑技术成就，体现了最大胆、最进步的建筑工程艺术。此外，铁塔使博览会取得了极大的商业成功。直到 1930 年代，埃菲尔铁塔还是世界最高的建筑物，至今仍是世界著名的城市地标和符号。

法国的"七月王朝"是如何结束的？

1830 至 1848 年间的法国君主立宪制王朝，也称奥尔良王朝。1830 年七月革命推翻了波旁复辟王朝，宣布奥尔良公爵路易—菲利普为国王，金融资产者掌握政权。1830 年 8 月颁布了经过修改的宪法。新宪法限制国王权力，扩大了众议院权力，将选民的财产资格进一步放宽，并且对国民自卫军实行改组。

1840 年起，"七月王朝"组成苏尔特—基佐内阁，基佐掌握实权，坚决反对改革，但是国内要求改革的呼声日益高涨。1845 和 1846 年法国农业发展不景气，1847 年发生工商业危机，革命形势逐渐形成。1847 年在巴黎举行的宴会演讲、示威等活动都要求改革。1848 年 2 月 22 日工人们在巴黎街头开始建筑街垒。23 日基佐被免职，24 日，起义群众进攻杜伊勒里宫，路易—菲利普被迫将王位让与其孙巴黎伯爵后，逃往国外。25 日早上，革命临时政府宣告法兰西第二共和国成立，七月王朝结束。

你知道法国革命期间的共和历吗？

共和历是法国大革命中一度实行的历法。1793 年 10 月 5 日国民公会决定废止基督教的格里历法（即公历），采用革命历法，即共和历。共和历以法兰西第一共和国建立之日（1792 年 9 月 22 日）为历元，每年分四季、12 个月，每月 30 天，每 10 天为一旬，每旬第 10 日为休息日。12 个月之外余下的 5 天（闰年为 6 天，包括 1796 年、1800 年、1804 年）作为"无套裤汉日"。

根据 10 月 24 日 P.N.F. 法布尔·戴格朗丁的提议，共和历将 12 个月依次定为葡月、雾月、霜月、雪月、雨月、风月、芽月、花月、牧月、获月（或收月）、热月、果月。附在格里历日期上的圣徒名字则用种子、树木、花和水果的名字加以代替。

法国大革命中发生的热月政变、芽月起义、牧月起义、葡月暴动、果月政变、花月政变、雾月政变等事件以及牧月法令、风月法令，等等，就是按照共和历的月份进行命名的。

1806 年元旦开始，拿破仑一世政权恢复格里历法，正式废除了共和历。

督政府是法国什么时期的政府？

法国大革命中 1795 年 11 月 2 日至 1799 年 10 月 25 日期间，督政府是掌握法国最高政权的政府，前承国民公会，后启执政府。

1795 年 8 月，热月党控制的国民公会颁布了新的共和三年宪法，规定新立法机构分为上、下两院，上院称元老院，由 250 人组成，下院称五百人院，由 500 人组成。宪法规定现政府代表必须在新立法机构中占据三分之二以上的席位。根据五百人院的提名，元老院选举出 5 名督政官组成督政府，每年改选其中 1 人。督政府成员以 3 个月为期，每人轮流担任主席。

这个宪法遭到人们的反对。10 月 2 日，反对派在法兰西剧院集会反对新宪法，并于 10 月 3 日发动暴动，即"葡月暴动"。同日，国民公会任命保罗·巴拉斯为军事领导人，并让拿破仑·波拿巴进行指挥。在拿破仑炮兵的轰击下，葡月暴动在 10 月 5 日被镇压。

根据新宪法，国民公会解散，新的立法机构选举出督政府，首任五人是保罗·巴拉斯、艾蒂安—弗朗索瓦·勒图尔纳、路易·玛丽·德·拉·拉勒维里、让·弗朗索瓦·勒贝尔和拉扎雷·卡尔诺。

欧美许多国家制定民法的范本是什么？

《拿破仑法典》又称《法国民法典》或《民法典》。这部法典的立法原则是自由和平等原则、所有权原则和契约原则，充分反映了资产阶级革命的成果。

除总则以外，《拿破仑法典》的内容共有 3 编 2281 条。第一编是人法，是关于个人和亲属法的规定，事实上是关于民事权利主体的规定；第二编是物法，规定了各种财产和所有权及其他物权；第三编是关于取得财产的各种方法。

《拿破仑法典》是资产阶级的第一部民法典，是日后欧美许多国家制定民法的范本。例如，卢森堡和比利时至今仍然把它作为自己的法典使用，一些法国的前殖民地也在使用这部法典。同时，很多国家在制定本国的民法典时也把这部法典作为参考。如丹麦、德国、瑞士、葡萄牙、巴西等国的民法典明显受到了《拿破仑法典》的影响。

法兰西第二共和国是怎么灭亡的？

1792 至 1804 年，法国曾建立共和国，史称第一共和国，故将 1848 年二月革命后建立的共和国称为第二共和国。

1848 年的二月革命推翻七月王朝，成立临时政府，即法兰西第二共和国。2 月 25 日共和国宣布成立。5 月 9 日成立执行委员会代替临时政府。6 月 22 日，执行委员会下令解散国家工厂，引起了工人的不满。23 日，工人开始起义。24 日，卡芬雅克将军掌握了独裁权，残酷镇压起义。

11 月，制宪议会制定共和国宪法，确立立法和行政分立原则。议会和总统皆由男性公民直接普选产生。参政院由议会任命，它预先审定政府的法案，并监督行政机构。12 月 10 日，路易·拿破仑·波拿巴当选总统。1849 年 5 月 13 日，选举立法议会，以保王派和天主教教士为核心的秩序党获多数席位，但宪法规定总统不能直接连任，波拿巴要求

曾先后担任法兰西第二共和国总统和第二帝国皇帝的路易·波拿巴

修改宪法，遭到立法议会多数人的反对。波拿巴于 1851 年 12 月 2 日发动政变，解散议会，建立专政体制。1852 年 12 月 2 日宣布成立帝国，波拿巴被封为皇帝，即拿破仑三世，第二共和国就此结束。

什么是"无政府主义"？

无政府主义是 19 世纪上半叶产生于欧洲的一种小资产阶级政治思潮。它以德国的施蒂纳为前驱，以法国的蒲鲁东和俄国的巴枯宁、克鲁泡特金为代表人物。他们反对所有国家和政党，认为一切权力和权威都是屠杀人类智慧与心灵的罪恶，国家是产生罪恶的根源，鼓吹个人绝对自由无限自由、以"我"为中心，自己只管自己，主张建立所谓"无命令、无权利、无服从、无制裁"的"无政府状态"社会。它虽然攻击了资产阶级，但反对工人罢工、组织工会和参加任何形式的政治斗争，反对无产阶级革命和无产阶级专

政。事实上，无政府主义只是改头换面的资产阶级个人主义。

《人间喜剧》为何被称为"社会百科全书"？

巴尔扎克（1799～1850 年）是法国 19 世纪批判现实主义文学的伟大代表。他的《人间喜剧》被称为"社会百科全书"，由 91 部小说组成，共写了 2400 多个人物，展示了 19 世纪前期整个法国的社会生活。

《人间喜剧》是一部生动、形象的法国社会史，尤其是巴黎上流社会的现实主义历史。它首先描写了封建贵族在资产阶级金钱势力的逼攻下，慢慢走向衰亡的过程以及资产阶级靠着残酷剥削劳动人民发迹的罪恶历史。

《人间喜剧》的另一个重要内容，揭露了资产阶级的自私和贪得无厌的本性。《高老头》中两个女儿没心没肺地榨取父亲的钱财，将自己孤贫的父亲遗弃在一家破烂公寓的阁楼上。

《人间喜剧》在揭露贵族没落和资产阶级残酷剥削的同时，也描写了劳动人民的贫困生活，赞扬了他们的优秀品质。

普法战争是怎样的？

普法战争是普鲁士王国为了统一德国并与法国争夺欧洲大陆霸权而爆发的战争。法兰西第二帝国企图保持多年欧洲霸权地位，竭力阻止德意志的统一，同时还想侵占莱茵河左岸的德意志领土，于是对德国挑起了战争。战争后期，普鲁士将战争由自卫战争转化为侵略战争，最后普鲁士大获全胜，并且于 1871 年 1 月 18 日建立德意志第二帝国。在德、法两国，此战役又称为"德法战争"。

世界上最早的工人武装起义是什么起义？

1831 年 11 月和 1834 年 4 月，法国里昂爆发了两次工人起义，这是世界上最早的工人武装起义。

当时，里昂是法国的丝织业中心，约有

9 万名纺织工人。他们每天超负荷工作，却只能获得微薄的收入，甚至还有一些童工，处境极为悲惨。工人们曾多次要求增加工资、缩短工时，但均遭到拒绝。1831 年 11 月 21 日，里昂工人举行了罢工示威，2000 多名工人唱着《巴黎进行曲》向市中心前进。虽然遭到守军的残酷镇压，但仍不畏高压，顽强抗争。

虽然第一次起义失败了，但工人们仍决定用鲜血捍卫自身权利。1834 年 4 月 9 日，里昂工人又组织了第二次武装起义，充分显示了工人阶级的力量，表明法国无产阶级已作为一支独立的政治力量登上了历史舞台。

巴黎公社的"五月流血周"是怎么回事？

普法战争结束后，失败的法国建立了以梯也尔为首的临时政府，实行投降卖国和敌视工人的反动政策。随后，巴黎成立了国民自卫军。1871 年 3 月 18 日凌晨，政府军企图偷袭蒙马特尔高地并抢走国民自卫军的大炮。这次行动被发现，就引发了革命，并成立了巴黎公社。

巴黎公社成立后，资产阶级卖国政府逃往离巴黎不远的凡尔赛，他们在那里组织反革命军队，并勾结普鲁士军队对巴黎公社进行镇压。

到 5 月 26 日，政府军已经占领巴黎的大部分地区，那些被俘的公社战士被押至拉雪兹公墓，在东北角的一堵墙前被枪杀。

巴黎公社的社员们为了捍卫成果，与政府军展开了一周的激战，时间为在 5 月 21 日到 5 月 28 日，这就是著名的"五月流血周"。

尽管巴黎公社失败了，但巴黎公社社员们英勇战斗的精神鼓舞了一代又一代的人。

为什么巴黎公社会失败？

巴黎公社是一个在 1871 年 3 月 18 日到 5 月 28 日期间短暂地统治巴黎的政府，巴黎公社失败的原因大致有以下几个。

从主观上说，巴黎公社失败是由于当时法国工人阶级在政治上还不成熟。3 月 18 日革命后，公社没有乘胜向凡尔赛反革命巢穴进军，消灭已濒于瓦解的梯也尔政府的反动军队；在同凡尔赛的战争中，公社缺乏统一的军事指挥中心，并错误地采取了消极防御的战略；公社没有没收法兰西银行以加强自己的经济实力，也没有用它对凡尔赛政府施加政治压力；没有最大限度地团结广大农民，没能建立工农之间的联盟；公社委员会内部始终没有形成一个权威的领导核心，在宗派斗争上浪费了不少时间和精力，从而削弱了革命的力量。

不过从深层次上分析，当时法国的无产阶级缺乏取得革命胜利的客观历史条件。19 世纪 70 年代初的法国，还处于资本主义的"青年时代"，小生产仍占绝对优势，经济发展的状况还没有成熟到可以铲除资本主义生产方式的程度。以上一系列的原因导致了巴黎公社的失败。

种族论是由何人首创的？

种族成分决定文化命运的理论，由戈宾诺首创。他是法国的外交官、作家、人种学者和社会思想家。戈宾诺出身贵族家庭，主要从事语言和东方文化的研究。

戈宾诺最有影响的著作是《人种不平等论》，书中提出了种族成分决定文化命运的理论。他认为，只有在没有黑人和黄种人血缘时，雅利安人社会才能保持繁荣，而且一个种族的特征如果经过混血而变得越发不明显时，它的文明便很容易失去生命力和创造性，并且陷入腐败和道德败坏的人手中。

现已被人摒弃的戈宾诺的理论是多年以来历史学、人类学和人种学研究中的产物，它是一般欧洲人感兴趣的生物决定论和社会决定论的一部分。戈宾诺的论点对于德国的瓦格纳和尼采等人的思想具有明显的影响，并且后来还发展成为戈宾诺主义运动。

你知道"诗人哲学家"尼采吗？

在西方的哲学史上，尼采（1844 ~ 1900年）一直备受争议。他本身提出"重估一切价值"，对所有的哲学进行批判，但在二次大战后，自己却成了被批判的对象。尼采是一个充满矛盾的复杂人物，很难让人真正地理解。

1844 年，尼采出生于德国东部吕茨恩市附近的勒肯村，其祖父是一个写有神学著作的虔诚信徒，父亲和外祖父都是牧师。对于一个牧师世家的子弟来说，尼采无疑是基督教的死敌。与此同时，尼采渐渐变得成熟起来，他整日神情恍惚，冥思苦想。

1869 年，尼采在李契尔的推荐下到巴塞尔大学任古典语言学教授。其间，他安心地做着自己的学问。仅两年后，尼采就出版了处女作《悲剧的诞生》。这本以全新的眼光研究希腊悲剧起源的小册子，也宣告了尼采悲剧生涯的开始，批判声和赞扬声席卷而来。

这让尼采尝到了孤独的滋味。但是，他有自己的慰藉方式——叔本华的哲学和瓦格纳的音乐。他后来回忆说，当时他漫游在一个愿望的世界里，梦想找到一位真正的哲学家，能够把他从时代的缺陷中拯救出来，教他在思想和生活中重新变得单纯和诚实。

你知道一代文豪雨果吗？

雨果（1802～1885 年），出生于法国东部的省城贝桑松，他的父亲是拿破仑手下的一位将军。儿时的雨果就对写作有浓厚的兴趣，20 岁时出版了诗集《颂诗集》，因歌颂波旁王朝复辟，获路易十八赏赐，之后写了大量异国情调的诗歌。

1841 年，雨果被选为法兰西学院院士，1845 年上任院议员。1848 年二月革命后，任共和国议会代表。1851 年拿破仑三世称帝，雨果奋起反对而被迫流亡国外，流亡期间写下一部政治讽刺诗《惩罚集》。

1870 年，拿破仑三世政权被推翻后，雨果返回巴黎。雨果几乎经历了 19 世纪法国的所有重大事变。一生写过多部诗歌、小说、剧本，各种散文和文艺评论及政论文章，是法国有影响力的人物。

评论家认为，他的创作思想与现代思想最为接近。他死后法国举国哀悼，被安葬在聚集法国名人纪念牌的"先贤祠"。

你知道独行的乔治·桑吗？

乔治·桑（1804～1876 年），本名奥萝尔·杜邦，1804 年 7 月 1 日生于巴黎梅莱街的一个寒酸的公寓内。她的祖母是萨克斯元帅的私生女，身为贵族，她向乔治·桑灌输启蒙思想和贵族的优雅、宽容思想，这便造就了乔治·桑的民主信念。

1822 年，乔治·桑嫁给卡西米尔杜德望，但是婚姻生活并不幸福。1836 年她毅然离开丈夫，从外省来到巴黎，开始了写作生涯。她的文采很快引起巴黎文化界的注意，1832 年，她的第一部小说《印第安娜》出版，由此确立了她的作家地位。自此，她取笔名为乔治·桑，且穿着男人服装，以使自己的行动更自由。

乔治·桑一生写了 100 卷以上的文艺作品。在很多作品中，她都提出了资本主义社会妇女的命运问题，进而提出空想社会主义的理想。而且她的兴趣并不局限于文学领域，她热爱其他艺术以及自然科学，她擅长做果酱，爱骑马，会射击，喜欢旅游，仿佛一个独行侠。1876 年 6 月 7 日，乔治·桑逝世。

什么是浪漫主义？

浪漫主义是 18 世纪到 19 世纪初资产阶级革命时代出现在欧洲的一种文艺思潮，它在政治上反对封禁制度，在文学艺术上代替了古典主义。尽管它的鼎盛时期时间不长，但对欧洲文学乃至世界文学都有重要的影响。

浪漫主义重在抒发作者内心的情感，善于运用大胆的想象和夸张手法，赞美大自然和城市文明。

资本主义制度在欧洲确立以后，社会动荡不安，社会各阶层都产生了不满的情绪。

文学家们都致力于通过自己的想象来解决社会问题，于是浪漫主义便产生了。代表作家有英国的"湖畔派"诗人华兹华斯、拜伦、雪莱，法国的雨果和乔治·桑，德国的荷尔德林和海涅等。

什么是批判现实主义？

批判现实主义特指 19 世纪在欧洲形成的一种文艺思潮和创作方法，它是在继承以往文学中的现实主义传统的基础上形成的。批判现实主义深刻地揭露和批判了社会的黑暗面，较为生动地反映了社会复杂而丰富的生活图景和风俗历史。批判现实主义文学以人道主义作为创造的思想基础，主要描写处在下层的小人物的生活命运，对劳动者寄予深切的同情。代表作家有法国的司汤达、巴尔扎克，英国的狄更斯，俄国的托尔斯泰等。代表作品有《红与黑》《人间喜剧》《艰难时世》《复活》等。

托尔斯泰晚年为什么离家出走？

列夫·托尔斯泰（1828～1910 年）是俄国著名的大文豪，其一生创作颇丰，但是他晚年的时候竟然做了一个惊人的举动——离家出走，这到底是为什么呢？

晚年的托尔斯泰开始笃信宗教，宗教观、社会观都发生了很大的变化。当他看到农庄劳苦人民的时候，就感到十分不安和内疚，为了减轻自己的内疚感，托尔斯泰开始改变自己的生活方式，甚至开始自我折磨。他觉得朋友亲人都不理解他的社会观、宗教观；家里的人也不时地和他发生冲突；在社会上，许多报刊攻击他；科学家、宗教界、沙皇政府都对他表示不满。

就在作家受到了孤立与打击之时，切尔特科夫出现了，他用花言巧语骗取了托尔斯泰的作品。托尔斯泰的妻子索菲亚知道这件事后，非常生气，就把怒气全撒在了作家的身上。

就是各种复杂的因素，最终导致了托尔斯泰的出走，但这并不会影响这位文学巨匠在人们心中的地位。

什么是施泰因－哈登堡改革？

施泰因—哈登堡改革是普鲁士的资产阶级性质的改革。1806 年，在拿破仑战争中遭到毁灭性失败的普鲁士丧失近一半领土，并承担大量赔款。亡国的危机、财政的崩溃，迫使普鲁士封建王朝实行改革。改革始于 1807 年，先后由开明贵族、爱国改革家施泰因男爵及哈登堡侯爵主持。

1807 年 7 月，施泰因到职后，即着手进行改革。改革的内容是：解放农民、城市改革、行政改革和军事改革。1807 年 10 月 9 日的《十月敕令》，宣布取消全普鲁士农民的人身依附关系，废除等级限制，农民可以自由获得地产、离开土地，自由地选择职业和结婚等。1808 年 11 月 19 日的《城市法规》规定城市自治，建立市参议会和市政府，使得城市获得完全的财政管理权。1808 年 11 月 24 日的敕令宣布建立近代王家政府——国务院，下设内政、外交、财政、军事和司法五个部，统一领导国家事务。军事改革方面设想实行义务兵役制，组织地方武装，革新军官团和废除贵族特权。改革遭到了容克的竭力反对，而且施泰因也于 1808 年 11 月 24 日在拿破仑一世的压力下被迫解职。

1810 年出任普鲁士首相的哈登堡继续施泰因的改革事业。哈登堡于 1811 年 9 月 14 日发布《调整敕令》，规定农民在把世袭耕地变成自由地产时，必须割让土地的三分之一给领主，农民只有缴纳赎金才能免除徭役和租税。改革还有一些其他的内容：宣布工商业自由，取消行会特权，承认犹太人的平等权利等。此外哈登堡根据施泰因的设想进行了军事改革。施泰因－哈登堡改革使普鲁士开始从封建庄园制过渡到资本主义容克地产制，从封建等级制的专制国家开始转向资产阶级君主立宪制国家，是普鲁士发展史上的转折点。

"正义者同盟"是个什么样的团体？

"正义者同盟"是侨居法国的德国政治流亡者、工人和手工业者的秘密革命团体，它的前身是德国"人民联盟"和"流亡者同盟"。在此基础上，1834 年建立的"流亡者同盟"的成员发展到几百人。政治上，正义者同盟主张推翻德国君主制，建立自由、平等、统一的共和国。组织上，同盟奉行内部等级森严的原则。1836 年，"流亡者同盟"中的部分激进成员分裂出来，在巴黎正式成立了"正义者同盟"，主要领导人有魏特林、沙佩尔等。该同盟的指导思想是魏特林的空想社会主义，宗旨是使一切人享有自由与平等，主张通过少数人的密谋活动来建立财产公有的新社会。该同盟的口号是"人人皆兄弟"。

1839 年 5 月，"正义者同盟"密谋起义，最终失败。1847 年 2 月，马克思、恩格斯应"正义者同盟"中央执行委员会之邀，加入了"正义者同盟"。6 月，"正义者同盟"改组为"共产主义者同盟"。

德意志西里西亚纺织工为什么要起义？

19 世纪 40 年代的德意志，资本主义得到了迅速的发展。西里西亚地区是当时德意志的纺织业中心、亚麻布的主要产地。纺织工人一面受到厂主们日益加深的剥削，一面又须向封建地主缴纳一种名为"纺织税"的特别税，工人在沉重苛繁的资本主义和封建的双重压迫下，极为痛苦，这就更引起工人的强烈愤懑。织工们编唱一支名为《血腥的屠杀》的歌曲，表示对企业主特别是对其中最残暴的企业主茨凡奇格尔的痛恨。1844 年 6 月 4 日，西里西亚纺织业中心——彼得尔斯瓦尼达渥镇的织工们高唱这支激越的革命歌曲，走过企业主茨凡奇格尔住宅窗下，遭到反动军警的毒打和逮捕，这就成为西里西亚纺织工人起义的导火线。为了反对资产阶级剥削，工人的斗争日益广泛展开，并于 1844 年爆发了震撼全欧的西里西亚纺织工起义。

这次起义标志着德意志工人阶级已开始成为独立的力量登上政治舞台，不断冲击着资产阶级统治。

西班牙第一次资产阶级革命的情况如何？

1805 年，法兰西第一帝国皇帝拿破仑一世进军西班牙，囚禁西班牙国王裴迪南七世，并另立拿破仑一世之兄约瑟夫·波拿巴为西班牙国王。西班牙人民群众强烈反对，广泛开展了游击战争，西班牙第一次资产阶级革命由此爆发。在革命中，西班牙各地纷纷建立政权，并于同年 9 月成立了以弗劳利达布朗加为首的资产阶级革命和自由贵族新政府，即"军政府"。军政府与英国建立反法同盟，一起对抗法国。

1809 年 10 月，军政府在西班牙人民的推动和要求下，宣布召集制宪议会，随后军政府解散。1812 年 3 月，制宪议会在加的斯通过《西班牙 1812 年宪法》宣布实行君主立宪制。1814 年，裴迪南七世复辟，废除《西班牙 1812 年宪法》，恢复反动统治，西班牙第一次资产阶级革命的成果遭到彻底破坏，革命以失败告终。

谁领导了第二次西班牙资产阶级革命？

1808 年至 1814 年西班牙第一次资产阶级革命后，斐迪南七世复辟，逐渐恢复了旧的专制统治，废除了带有资产阶级自由主义色彩的《西班牙 1812 年宪法》。这一举动引起西班牙人民的强烈不满。1820 年 1 月 1 日，拉斐尔·黎亚哥在驻扎于加的斯近郊的远征军中发动起义，西班牙第二次资产阶级革命爆发，目的是反封建。1820 年 1 月，具有自由主义思想的贵族军官拉斐尔·黎亚哥上校率领团队在加的斯附近起义，成立了革命政府，宣布恢复《西班牙 1812 年宪法》。斐迪南七世被迫召集议会，组织新政府。1822 年，黎亚哥当选为议会主席，其参谋长任政府首脑。议会进行了一些资产阶级性质的改革，但并没有触动封建土地所有制，而且也缺乏人民群众的支持。1823 年 5 月，神圣同盟派法军占领马德里，革命在 11 月遭到了镇压，黎亚哥被处死，原封建王朝再次复辟。

索科罗的市民为什么起义？

1779 年，西班牙为筹措军费，下令对其美洲殖民地增收赋税。第二年，提高烟草等专卖品价格的敕令下达后，人民普遍表示了不满。1781 年 3 月 16 日，索科罗市民发起了抗税活动，迫使市政府暂停征税。抗税活动波及邻近地区，并演变为起义，组织了以贝尔维奥为首的起义领导委员会、招募军队，和前来镇压的西班牙军队作战。参加起义的人近 3 万人，其中有印欧混血种人、印第安人和土生白人。起义波及桑坦德、波亚卡和昆迪纳马卡等地。6 月，殖民当局以废止新税、任命贝勒维奥为索科罗督办等条件和起义者达成协议。贝尔维奥同意解散起义队伍，但遭到以加兰为首的激进派的反对。他们拒绝执行协议，要求进行社会革命。8 月，当局单方毁约，市民重组武装与之作战。10 月，起义失败。

为什么说西班牙有"黑暗的十年"？

1820 至 1823 年西班牙第二次资产阶级革命结束后，裴迪南七世再次复辟。在其统治期间，他进行恐怖统治，变本加厉地对革命人民进行报复。从 1823 年至 1833 年的 10 年间，有 5 万余名革命者被投入监牢，3 万余人被枪杀或绞死，因此，1823 至 1833 年这 10 年在西班牙近代史中被称为"黑暗的十年"。

哪位作家享有"荣誉侍从"的称号？

威廉·萨默塞特·毛姆（1874～1965 年），1874 年 1 月 25 日生于巴黎，父亲是律师，当时在英国驻法使馆供职。毛姆不满 10 岁，父母就先后去世，只好被送回英国由伯父抚养。童年时期，毛姆还遭受了人们的欺辱，

这就使他养成孤僻、敏感、内向的性格。幼年的经历对他的世界观和文学创作产生了深刻的影响。

1892 年至 1897 年，毛姆在伦敦学医，并取得外科医师资格。他的第一部长篇小说《兰贝斯的丽莎》就是根据他作为贝可医生在贫民区为产妇接生时的见闻写成的。

1903 至 1933 年，毛姆创作了近 30 部剧本，深受观众欢迎。1908 年，伦敦有 4 家剧院同时演出他的 4 部剧作，在英国形成空前盛况。他的主要成就是小说创作。代表作有长篇小说《月亮和六便士》《人间的枷锁》《大吃大喝》《刀锋》等和 100 多篇短篇小说，有小说集《叶的震颤》《卡美里纳树》《阿金》等。

毛姆的作品除在英美畅销外，还被译成多种外文。1952 年，牛津大学授予他名誉博士学位。1954 年，英王授予他"荣誉侍从"的称号。1965 年 12 月 16 日，毛姆在法国病逝。

洛桑会议是怎么回事？

洛桑会议是第一次世界大战后重新讨论并签订对土耳其和约的国际会议。1920 年，协约国将奴役性的《色佛尔条约》（又译《塞夫勒条约》）强加于战败的土耳其。土耳其人民在凯末尔·阿塔图尔克的领导下，击败英国支持的希腊干涉军，迫使协约国重新讨论对土和约。1922 年 11 月 20 日，以英国、法国、意大利、日本、希腊、罗马尼亚、南斯拉夫等协约国为一方，土耳其为另一方，在瑞士洛桑召开和会，美国派观察员出席。英法排斥苏俄参加对土和会，只邀请了苏俄、保加利亚出席关于黑海海峡问题的讨论。

墨西哥资产阶级革命是怎样爆发的？

1876 年，在美国支持下，迪亚斯发动政变，攫取了总统职位。在担任总统期间，他一直掌握全权的独裁统治，这就引起了墨西哥中下阶层人士的反对。1910 年，代表资产阶级和自由派地主利益的马德罗被推为总统

候选人。他提出保护民族工业、反对独裁、建立宪政国家等口号，这一口号得到了南、北两支农民武装的支持，于是向首都墨西哥城进军。1911 年 5 月，迪亚斯被迫下台，逃往欧洲。

马德罗上台后，并未实现其解决农民土地问题的诺言，他下令解散农民武装。之后，韦尔塔捕杀马德罗，出任总统。这次政变再次激起人民的愤怒，南、北两支农民武装又开始同新的反动政权作战。1914 年 4 月，美国总统伍德罗·威尔逊借口要"教训拉丁美洲人民选举好人"，派军舰侵犯墨西哥湾。墨西哥工人武装、农民武装和护宪军结合起来，爆发了资产阶级革命，并于这年 7 月推翻了韦尔塔的反动统治。11 月，美国干涉军被迫撤走。

第二国际斯图加特代表大会何时召开的？

1910 年 8 月 18 日，第二国际在德国斯图加特召开第七次代表大会，共有 25 个国家参加，共计 886 名代表。列宁亲自率领布尔什维克代表团第一次出席第二国际的代表大会，以列宁为首的俄国布尔什维克在大会上团结了各国党的左派，高举马克思主义旗帜，和修正主义者进行了坚决的斗争。斯图加特大会是第二国际后期活动中一次成功的大会，它本着马克思主义精神解决了一系列重大理论问题，为无产阶级指明了行动方向，同时也彰显了列宁卓越的战斗艺术。

谁领导了墨西哥资产阶级革命？

1910 年，代表墨西哥资产阶级利益的自由党领导人马德里号召人民起来反抗迪亚斯的独裁统治。1911 年 5 月，迪亚斯在查巴塔和微拉领导的两支农民军的夹击下被迫下台，马德罗出任总统。1913 年在美国支持下，迪亚斯旧部乌埃尔塔发动政变，将马德罗杀死，重建反动政权。第二年，美国出兵支持这一政权，墨西哥人民掀起新的斗争高潮。工人阶级成立"红色大队"参加斗争。查巴塔和

微拉领导的农民军队再次进军墨西哥城，推翻乌埃尔塔政权，政权再次落入自由派卡兰萨手中。1917 年，政府颁布资产阶级宪法，以法律形式巩固了这次反帝反封建斗争的革命成果。

墨西哥的标志性图案

伊利里亚运动是怎么回事？

伊利里亚运动是 19 世纪三四十年代南部斯拉夫人争取民族独立的运动。

克罗地亚、斯洛文尼亚和南斯拉夫其他奥地利所属地区的斯拉夫民族主义者借用古代一度兴盛于巴尔干半岛西北部的伊利里亚人的名称，提出伊利里亚主义，开始了以社会、政治和文化为主的独立运动，目的在于把从亚得里亚海到多瑙河以及斯洛文尼亚大部地区的斯拉夫人联合起来，将伊利里亚语作为统一语言，在文学和新闻方面实现伊利里亚主义；建立统一的文化团体，开展民族复兴事业。1838 年在瓦拉日丁、卡尔洛瓦茨和萨格勒布等地创办"伊利里亚阅览室"，1841 年底组成"伊利里亚同盟"，开始参政。1847 至 1852 年出版杂志《柯罗舞》《金盏花》等，宣传民族主义思想，主张建立南斯拉夫政治实体。这些主张得到天主教会和广大人民的支持。但它和塞尔维亚民族运动间存在矛盾和分歧，忽略了土地问题。1848 年奥地利资产阶级革命失败后，封建专制统治得以恢复，伊利里亚运动逐渐消亡。

匈牙利著名诗人裴多菲是怎么牺牲的？

诗人裴多菲，出生于穷苦家庭，因亲历了祖国人民在奥地利皇帝的统治下所遭受的苦难，遂决定用文字表达自己的爱国热情。

在裴多菲的带领下，一万多群众自发参加了声势浩大的示威游行。持续了一天的游行，最后发展成了一场武装起义。起义群众包围了市政厅，迫使市长同意释放政治犯，接受《十二项要求》。

在高涨的革命形势面前，奥地利皇室只得做出让步。实际上，奥地利皇室却在暗地里准备进行疯狂的反扑。但是这次反扑行动过程中，奥地利并没有取得胜利，反倒是匈牙利独立战争的巨大胜利，引起了欧洲列强的恐慌。俄国沙皇在英、法的支持下，派兵镇压匈牙利革命。

1849 年 5 月俄军进入匈牙利，7 月 31 日，裴多菲参加了一支由 300 名骑兵组成的冲锋队，准备向包围起义部队的俄军发起最后的攻击。不幸的是，在作战的途中，裴多菲被两名哥萨克士兵追杀，壮烈牺牲。当时，他还不满 26 岁。

匈牙利苏维埃共和国有什么意义？

匈牙利苏维埃共和国自 1919 年 6 月 16 日建立至 8 月 1 日被颠覆，政权仅存在了 133 天，但它在国际共产主义运动史上有着重要的意义，为国际共产主义运动提供了宝贵的经验。

首先，无产阶级政党在任何时候、任何情况下都必须保持党的独立性和纯洁性，要和机会主义划清界限。

其次，必须建立巩固的工农联盟，这是无产阶级的基础。

最后，彻底粉碎旧的国家机器，坚决打击一切敌对分子的破坏活动，这是巩固无产阶级专政的必要条件。

海地是如何诞生的？

哥伦布发现美洲大陆后，海地就沦为西班牙的殖民地。到 16 世纪 30 年代时，岛上原有的印地安人几乎被杀戮殆尽，其中 90% 的黑人奴隶成了被奴役的对象。白人奴隶主可以任意打骂或处死。此外，白人还制定了一系列的种族歧视政策。

不堪忍受奴役的奴隶每隔 5 到 10 年就要举行一次大规模的暴动。后来，他们又深受美国独立战争和 1789 年法国大革命的影响，经受了自由、人权平等、人民有权反抗压迫等资产阶级民主思想的洗礼，革命觉悟进一步提高了，这就促进了海地黑人奴隶革命的爆发。

1791 年 8 月 22 日夜，海地的黑人奴隶在杰出的黑人领袖杜桑·卢维杜尔的领导下，发动了武装起义。他们先是赶走了西班牙殖民者，接着又迫使英国撤走全部的侵略军，基本上控制了整个海地岛的局势。后来，拿破仑军队到达海地，他们假装和谈，却背信弃义地逮捕了杜桑。最后，杜桑·卢维杜尔牺牲在法国监狱里。

杜桑·卢维杜尔的牺牲更加激起了海地人民的反抗，海地人民继续斗争，终于在 1803 年 10 月迫使法军投降。1804 年，拉丁美洲第一个黑人共和国海地正式宣布成立。

拉丁美洲的来历是怎样的？

拉丁美洲，指的是美国以南的整个美洲地区，包括墨西哥、哥伦比亚、委内瑞拉、智利、巴西、阿根廷、乌拉圭和加勒比地区的一些国家。这些国家的共同特征：曾经是西班牙和葡萄牙的殖民地。葡萄牙占领了巴西，其他地区基本上都归西班牙所有。这一地区的官方语言是西班牙语和葡萄牙语，这两种语言都在拉丁语系的范畴，故这一地区叫作拉丁美洲。

阿根廷是怎样独立的？

16 世纪前阿根廷居住着印第安人。1535 年西班牙在拉普拉塔建立殖民据点，1776 年西班牙设立以布宜诺斯艾利斯为首府的拉普拉塔总督区。1810 年 5 月 25 日，布宜诺斯艾利斯人民掀起反对西班牙统治的"五月革命"，成立了第一个政府委员会。从 1812 年起，阿根廷人民在民族英雄圣马丁的领导下，开展了反对西班牙殖民军的大规模武装斗争。1816 年 7 月 9 日,拉普拉塔联合省宣告独立。

1853 年,阿根廷制定了第一部宪法,建立了联邦共和国,由乌尔基萨出任第一任总统。1862 年巴托洛梅·米特雷担任总统,结束了独立后长期的分裂和动乱。自 20 世纪 30 年代起又出现军人和文人交替执政的局面。1983 年,阿方辛民选政府上台,恢复宪制,大力推进民主化进程。

"多洛雷斯呼声"标志着什么?

墨西哥独立运动领导人伊达尔哥因受到海地独立的鼓舞,于 1810 年 9 月 16 日在多洛雷斯镇召集印第安人教徒,发动了反对西班牙殖民者的起义。人们愤怒地高喊:"绞死殖民强盗!""独立万岁!"这就是墨西哥历史上有名的"多洛雷斯呼声"。多洛雷斯呼声标志着墨西哥独立战争的开始。因此,9 月 16 日被定为墨西哥的国庆日。

伊达尔哥领导的起义军占领了墨西哥中部的重要城市——瓜达拉哈拉,并建立了自己的政权。后来,伊达尔哥被叛徒出卖,被俘牺牲。莫洛雷斯继续领导独立运动,于 1813 年 11 月宣布墨西哥独立,建立共和国。

谁被称为南美的"解放者"?

西蒙·玻利瓦尔 1783 年出生于委内瑞拉的加拉加斯,他从小目睹了西班牙殖民者、天主教会和垄断商人对人民的剥削,希望摆脱殖民统治,实现民族独立。1813 年,玻利瓦尔率领革命军解放了加拉加斯的大片土地,并建立了第二共和国。直到 1819 年,玻利瓦尔率领大军进攻新格拉纳达,全歼敌军并迅速南下,收复了波哥大,解放了大片领土。同年 12 月,玻利瓦尔在代表会议上提议委内瑞拉和新格拉纳达进行合并,成立了委内瑞拉共和国,因此他也成为南美共和制度的奠基者。为了永远纪念这位功勋卓越的革命者,他被授予了"解放者"的光荣称号。美洲有很多城市以"玻利瓦尔"为名字来纪念他。

巴西是怎样完成独立的?

早在 6000 年前,巴西就有半游牧民族聚居,他们分布于亚马孙河一带森林,主要从事耕作活动。1500 年 4 月 22 日,葡萄牙航海家佩德罗·卡布拉尔到达巴西。在之后的 300 年里,葡萄牙人逐渐在此定居,刚开始从事巴西红木的采伐,后来逐渐扩展到淘金、甘蔗种植,逐步成为葡萄牙殖民地。1808 年,拿破仑入侵葡萄牙,葡萄牙女王玛丽亚一世携王室贵族和政府迁往巴西。这期间,巴西开始对英国开放贸易港口,并成为葡萄牙王国的一部分。

随着葡萄牙王国国势的衰落,1822 年 9 月 7 日,摄政王佩德罗一世宣布独立,建立了巴西帝国。1889 年 11 月 15 日,佩德罗二世被推翻,成立巴西合众国。19 世纪后期到 20 世纪前期,巴西接纳了超过 500 万来自欧洲和日本的移民,开始了工业化。

巴西废除奴隶制的原因是什么?

在脱离葡萄牙殖民统治获得独立的巴西,掌握政权的甘蔗种植园主仍然保留着黑人奴隶制。在残酷的压榨下,黑人除了把武装起义作为争取自身解放的手段外,还经常用逃亡、怠工和破坏奴隶主财产的方式进行抗争。奴隶们不屈不挠的斗争使得种植园经济基础得以瓦解,也使得奴隶制不能继续存在下去。另一方面,奴隶制的存在限制了国内市场的扩大和自由劳动力的提供,因此,巴西的资产阶级和使用自由劳动的咖啡、橡胶种植园主也对奴隶制提出异议。他们成立了"自由党",大肆攻击奴隶制,进而号召推翻奴隶主的政权。再加上 19 世纪后半叶,欧洲甜糖的产量大大增加,巴西糖遭受了国际市场的排挤,巴西种植园主为了改变剥削方式,也有了废除奴隶制的想法。

以上各种原因都催生了巴西奴隶制的废除。

阿亚库巧战役的经过是怎样的？

阿亚库巧战役是拉丁美洲独立战争中的一次重要战役。1824 年 12 月 9 日，在秘鲁南部阿亚库巧附近平原上，由苏克雷率领的起义军与西班牙殖民军展开激战。苏克雷采用将殖民军分割切断、用骑兵中间突破的战术，打乱了殖民军的作战计划，击溃了敌军。这次战役使得殖民军死伤 1000 多人，俘获了包括殖民总督在内的 14 名将军及数千官兵，从而迫使敌军投降，承认秘鲁独立。这是反对西班牙殖民军的一次关键战役。

你知道"近代哲学之父"笛卡儿吗？

勒奈·笛卡儿，1596 年 3 月 31 日生于法国都兰城。笛卡儿是伟大的哲学家、物理学家、数学家、生理学家，解析几何的创始人，是欧洲近代资产阶级哲学的奠基人之一，黑格尔将其称为"现代哲学之父"。笛卡儿的哲学思想自成体系，熔唯物主义和唯心主义于一炉，在哲学史上产生了深远的影响。同时，他还是一位勇于探索的科学家，他所建立的解析几何在数学史上具有划时代的意义。笛卡儿堪称 17 世纪的欧洲哲学界和科学界最有影响的巨匠之一，被誉为"近代科学之父"。

古典哲学的创立者是谁？

伊曼努尔·康德（1724 ~ 1804 年）生于 1724 年 4 月 22 日，1740 年就读于哥尼斯贝格大学。1746 年起任家庭教师 9 年。1755 年完成大学学业，取得编外讲师资格，任讲师 15 年。

这段时间里，康德的声名远播。他除了讲授物理学和数学外，还讲授逻辑学、形而上学、道德哲学、火器和筑城学、自然地理等，他是古典哲学的创立者。他的代表作有：《关于自然神学和道德的原则的明确性研究》《把负数概念引进于哲学中的尝试》和《上帝存在的论证的唯一可能的根源》。所著《视灵者的幻梦》体现了有关精神世界的全部观点。

1770 年，康德被任命为逻辑和形而上学教授，同年发表《论感觉界和理智界的形式和原则》。从 1781 年开始，9 年内出版了一系列涉及广阔领域的有独创性的伟大著作，带来了一场哲学思想上的革命，如《纯粹理性批判》《实践理性批判》和《判断力批判》。1804 年 2 月 12 日，康德病逝。

无产阶级政治经济学诞生的标志是什么？

1867 年 9 月在德国汉堡出版的《资本论》是马克思研究政治经济学 20 多年的结晶。1843 年底，马克思在巴黎开始系统地研究政治经济学。1848 年革命使他的研究暂时中止了。他侨居伦敦后，继续自己的研究，到 1866 年写完了《资本论》的全部草稿。为了写这本著作，马克思甚至牺牲了健康和家庭幸福。在写作的过程中，恩格斯也给予了马克思巨大的帮助，他不仅在生活上支援马克思，还为其提供意见和参考，参与了第一卷的定稿。在书中，马克思从分析商品着手，详尽地阐述了劳动价值理论和剩余价值学说，揭露了资本主义的本质，更深层次地揭示了资本主义社会的基本矛盾，论证了资本主义必定灭亡和社会主义必定胜利。《资本论》的问世，标志着无产阶级政治经济学的正式诞生。

马克思为什么要成立"共产主义者同盟"？

1847 年，马克思和恩格斯在巴黎成立了第一个无产阶级革命组织——共产主义者同盟。

在这之前，欧洲各国工人革命组织受各种错误思潮的影响很大，马克思和恩格斯首先加强了和这些组织的联系，然后传播共产主义思想，肃清错误思潮。"正义者同盟"是一个影响比较大的国际组织，但是有明显的宗派主义倾向。马克思和恩格斯认为有必要进行根本的改造，才能适应无产阶级革命斗争的需要，于是就对它进行长期耐心的工作。"正义者同盟"和大多数成员接受了马克思和恩格斯的观点，并邀请他们参加同盟，帮助改组同盟。

1847 年 6 月，"正义者同盟"在伦敦召开代表大会，改名为"共产主义者同盟"。之后，马克思和恩格斯还为同盟草拟了纲领《共产党宣言》。

马克思是如何成为无产阶级导师的?

马克思（1818～1883 年），马克思主义的创始人，世界无产阶级的伟大导师和领袖。

马克思生于普鲁士莱茵省特里尔城的一个犹太家庭。上中学的时候，他就立志要为人类谋福利。

1842 年 1 月，马克思开始为科隆的《莱茵报》撰稿，他发表了一系列抨击普鲁士专制统治和德意志封建势力的论文。迁往巴黎以后，他开始研究英国古典政治经济学、法国空想社会主义和各国革命史，并且参加了工人团体活动。马克思在这一时期的著作里明确地、科学地回答了社会主义革命的任务、动力和途径问题，从一个革命民主主义者，转变为共产主义者。1844 年 8 月底至 9 月初，马克思在巴黎与恩格斯相见，开始为工人阶级的解放事业共同斗争。1848 年 2 月，马克思和恩格斯共同起草了《共产党宣言》。

1849 年后，马克思定居伦敦。他和恩格斯立即重建共产主义者同盟的地方组织和中央委员会，系统全面地总结了 1848 年欧洲革命的历史经验。1864 年 9 月，他们创建了第一国际，和形形色色机会主义派别进行了斗争。至此，马克思成为一个真正意义上的无产阶级革命导师。

"六月起义"是怎么回事?

1848 年，法国发生了"二月革命"，巴黎人民推翻了"七月王朝"，但资产阶级窃取了革命果实，成立了法兰西第二共和国。临时政府设立"国家工厂"，收纳失业工人，驱使他们从事铺路、挖土等劳动，但只付给低微的工资。临时政府向工人宣扬这就是社

会主义，还借口供养"国家工厂"的工人向农民增税，挑拨农民和工人的关系。同时，临时政府在流氓无产者中间组织别动队，用来对付巴黎工人。等到这些阴谋策划就绪后，临时政府悍然下令解散"国家工厂"。6 月 22 日，愤怒的"国家工厂"工人游行示威，六月起义爆发。23 日起，激烈的巷战持续了 4 天。最终，政府军队和别动队镇压了这次起义。尽管法国六月革命起义失败了，但它将永垂史册。马克思称它为"无产阶级与资产阶级的第一次伟大的战斗"。

什么是唯心主义?

唯心主义是哲学上的两个派别之一，是同唯物主义相对立的理论体系。唯心主义认为，精神是第一性的，物质是第二性的，世界统一于精神，物质有赖于精神而存在，物质是精神的产物。

什么是辩证法?

"辩证法"是从古希腊语"谈话""论战"演化而来的，古希腊的哲学家柏拉图、苏格拉底、亚里士多德都曾在哲学上使用这个术语。黑格尔是哲学史上第一个明确地在宇宙观意义上使用"辩证法"概念的人。辩证法在历史发展中经历了三种形式：古代的辩证法、德国古典哲学中的唯心主义辩证法、马克思主义唯物主义辩证法。

《共产党宣言》是怎样诞生的?

1847 年，"共产主义者同盟"在伦敦召开代表大会，德国、英国、比利时、瑞士、波兰等国的共产主义者参加。代表大会委托马克思和恩格斯为同盟起草纲领。马克思和恩格斯经过长期的理论探索和社会实践，发现资本主义虽然在人类发展历史上起到了革命性的作用，并且带来了巨大的生产力，但它自身的矛盾必然导致其被社会主义所取代。而只有工人阶级才有力量来实现社会主义，并最终走向共产主义。

1848 年 2 月 23 日，在英国伦敦的一个印刷所里，印出了一本只有 23 页的小册子。这个小册子看似普通，却影响了人类的发展进程，它就是马克思和恩格斯撰写的《共产党宣言》。

《共产党宣言》的主要内容是什么？

《共产党宣言》是马克思、恩格斯在吸收《共产主义原理》的基本观点后写成的。它是科学社会主义的第一个纲领性文件，对哲学、政治经济学和空想社会主义做了有机而完整的叙述。

《共产党宣言》的主要内容是：论述了马克思主义的阶级斗争学说，说明了无产阶级政党的性质、特点、目的和任务以及共产党的理论和纲领，批判了当时流行的各种假社会主义，分析了各种假社会主义流派产生的社会历史条件，并揭露了它们的阶级实质，论述了共产党人革命斗争的思想策略。

《共产党宣言》的问世标志着科学社会主义的诞生，标志着人类思想史上的一次伟大革命。解决了马克思主义诞生以前的社会主义者和共产主义者所难以解决的问题，并且使社会主义同具体的工人运动结合在一起，使国际共产主义运动进入一个新的历史阶段。

什么是形而上学？

"形而上学"一词最早是亚里士多德一部著作的名称，意思是"物理学之后"。

形而上学也叫玄学，在哲学史上指哲学中探究宇宙根本原理的部分。马克思主义哲学中，形而上学是与辩证法相对立的世界观或方法论。它用孤立、静止、片面的观点看世界，认为一切事物都是孤立的，永远不变的；如果说有变化，只是数量的增减和场所的变更，这种增减或变更的原因不在事物内部而在于事物外部。

只见树木，不见森林。这种方法虽然古已有之，但作为比较完整的思想体系和思维方式则是近代的产物。

什么是相对主义？

相对主义是一种形而上学、唯心主义的哲学学说。它的主要特征是片面地夸大事物性质的相对性，否认其确定的规定性，取消事物之间的界限，从而根本否定事物的客观存在。在认识论方面，相对主义夸大人们认识的相对性，把相对和绝对完全割裂开来，否定相对中有绝对，否认客观的是非标准。

相对主义是诡辩论的认识基础，由于它把一切都看作是相对的、主观的、任意的，取消了真理和谬误的客观标准，这就必然否定客观真实而倒向唯心主义。

相对主义的代表人物有中国战国时期的庄子、古希腊的克拉底鲁、19 世纪奥地利的马赫等。

什么是空想社会主义？

空想社会主义又称乌托邦社会主义，是产生于资本主义生产状况和阶级状况还未成熟时期的一种社会主义学说，现代社会主义思想的来源之一。空想社会主义者相信在不久的将来可以建立理想的意识形态社会，并为之不懈努力。空想社会主义著名代表人物有法国的圣西门（空想社会主义的创始人）、傅立叶（空想社会主义的领导者）和英国的欧文。

他们深刻揭露了资本主义的罪恶，对未来的理想社会提出许多设想。他们企图建立"人人平等，个个幸福"的新社会，这些思想启发和提高了工人的觉悟。但是空想社会主义只是一种不成熟的理论，反映了正在成长中的无产阶级最初的、还不明确的愿望。他们不能揭示资本主义的根本矛盾和发展规律，对阶级斗争和无产阶级的历史使命还没有清楚的认识，所以他们的社会主义只能是一种无法实现的空想。

19 世纪中叶英国奉行什么政策？

从 19 世纪中叶到 20 世纪初期，英国一直奉行"光荣孤立"外交政策。这一政策在帕麦斯顿首相执政的时候就已经开始采用。"光荣孤立政策"的主要内容是：英国不参加任何固定的国际同盟和集团，以便保障自己的行动自由；英国依靠自己地理位置的优势和政治、经济、殖民的优势于一身，操纵欧洲大陆，保持大陆各国的军事。19 世纪末，欧洲大陆形成德、意、奥同盟和法、俄同盟两大对峙集团。英国因为奉行"光荣孤立政策"而处于游离状态，这就使得它倒向任何一方都具有决定性的意义。1902 年，签署了《英日同盟条约》，英国从此放弃了"光荣孤立政策"。

什么是"费边主义"？

费边主义是 19 世纪后期流行于英国的一种主张采取渐进措施对资本主义实行点滴改良的资产阶级社会主义思潮。1884 年以韦伯夫妇和萧伯纳为首的英国少数资产阶级知识分子创立"费边社"，旨在以古罗马统帅费边的迂回渐进战术改造英国资本主义社会，使之更加和平长久。费边社成员认为社会改革应循序渐进，故以公元前 3 世纪古罗马一位因主张等待时机、避免决战的战略而著名的将军费边的名字命名社名。其学说故称为"费边社会主义"，简称"费边主义"。1930 年费边社并入英国工党，仍用改良主义观点研究各种社会和经济问题，反对和破坏无产阶级革命运动。

费边社核心人物韦伯夫妇

你知道夏洛蒂·勃朗特的《简·爱》吗？

《简·爱》是英国女作家夏洛蒂·勃朗特（1816 ~ 1855 年）的代表作。夏洛蒂从小生活在一个很有文学氛围的家庭，因此对文学有着超强的驾驭能力。在她的笔下，简·爱成为世界文学史上令人难以忘怀的形象，直到现在还深深地震撼着读者的心。

《简·爱》叙述了孤女简·爱一生和命运搏斗的精神故事。一个外表平平、毫无背景的家庭教师，一个纯洁、热情、坦率、热爱真理的女性爱上了雇主罗切斯特。就在他们即将进入婚姻的殿堂的时候，一连串的突发事件阻止了他们的幸福。

简·爱这个人物对当时英国妇女受歧视、无地位的不合理制度进行了抗议，在一定程度上可以反映妇女的地位问题。

福泽谕吉为什么被称为"日本的伏尔泰"？

福泽谕吉（1835 ~ 1901 年），1835 年生于大阪，少年时代曾拜在汉学家白石常人门下研读经史。1858 年起，他自修英语，两年后就熟练掌握。从幕府晚期的 1860 年到明治维新前的 1867 年，福泽三次周游西方诸国，受到欧风思想的洗礼，尤其是近代西方的科学技术与资产阶级的民主思想，对他的一生都产生了重要的影响。福泽谕吉拒绝做官，把全部精力都放在著书立说上。1867 年著《西洋事情》，发行 40 万册，全面介绍了西方诸国的政治、经济、文化、社会各方面情况；1872 年，其名著《劝学篇》开始陆续问世。他从"天赋人权"出发，猛烈抨击封建专制制度与旧道德观念，发出了"天不生人上人，也不生人下人"的呼喊，强调"一国之独立，基于一身之独立，乃学问之急务"。《劝学篇》的总发行量达 340 万册，这在日本历史上也从未出现过，它是民主主义思潮在东方兴起与发展的明证。1885 年，福泽的又一力作《文明论概略》发表，号召全日本人民要不惜一切代价，勇敢地走向近代文明。由于《劝学篇》

与《文明论概略》起到了巨大的思想启蒙作用，使尚处在蒙昧时代的日本人始知大洋彼岸的先进与文明，故福泽谕吉被称为"日本的伏尔泰"。

日本的天保改革是怎么回事？

19 世纪中叶，日本德川幕府为了维护即将崩溃的封建统治，进行了一系列的改革。在幕府改革的同时，诸藩也实行了藩政改革。1841 年，天宝改革开始了。此次改革的主要措施是：解散"株仲间"，欲通过废除城市工商业行会垄断组织，压制商业和手工业的发展，恢复自然经济秩序；强迫外出做工、流入城市的农民重返农村；严禁奢侈，整顿风俗，进而统治庶民生活；发布征收土地的《上知令》，扩大并集中幕府将军的治下领地。这次改革遭到了人民的一致反对，且导致了藩主的不满，因而走向了失败。

你知道德川家族的"遗训"之谜吗？

德川家康（1543 ～ 1616 年）是日本战国时代末期杰出的政治家、军事家，江户幕府的第一代将军。他结束了大小领主长期混战的动乱局面，使日本获得将近 200 年的和平安定时期，对日本社会的发展具有重要的作用。

在临死前，德川为后人留下了"人生，任重道远"为文首的遗训。但是后来德川家族的第二十一代子孙德川义宣对德川家康的遗训提出了疑问，他认为"德川家康遗训均为伪作"，"遗训"根本不是出自德川家康之手。依据如下："遗训"的问题过于整齐，这与德康时代所习惯用的"庆长文体"有很大的不同；"遗训"的内容华而不实，这与德川家康的风格不符。由于德川义宣是德川家族的嫡系后裔，而且他一直致力于自己家族史的研究，因此他的观点引起了学者们的广泛关注。

不过，人们对德川义宣的观点也有很多疑问，如果遗训是伪造的，那么伪造者为何人呢？因为长期以来，德川家康的"遗训"一直"指引"着日本人，正是这篇"遗训"，使德川家康在相当长的时期内成为日本人心目中神圣的偶像。这样看来，德川家康的"遗训"就没有伪造的嫌疑了。

不管怎样，德川义宣作为一个历史学家，敢于以科学的态度探索任何一段历史，并亲自打破环绕在自己家族头上的光环，其勇气十分可贵。

伊藤博文是什么人？

伊藤博文（1841 ～ 1909 年），日本长州（今山口县西北部）人，出生在德川幕府末期的长州藩士家庭。

伊藤博文青年时就参加了"尊王攘夷"运动。1863 年留学英国学习海军，回国后与高杉晋作等积极从事倒幕运动。1868 年明治政府成立后，伊藤博文任外国事务局判事，以后历任大藏少辅、民政部少辅、工部大辅、工部卿、内务卿等职。1882 至 1883 年赴普鲁士研究宪法，回国后致力于制定日本宪法，并制定华族制度、内阁制度、皇室典范，设立枢密院等。1885，担任日本首相，并连任四年。

此外，伊藤博文还是中日甲午战争的主要策划者，战后任和谈全权代表，胁迫清政府签订《马关条约》。1900 年组织立宪政友会，自任总裁。1904 至 1905 年日俄战争期间，以元老身份指挥作战。1906 年任特派大使，与朝鲜签订《日韩协约》，任第一任韩国统监，积极推行朝鲜殖民地化政策。1909 年，伊藤博文在中国哈尔滨车站被朝鲜爱国者安重根刺死。

你知道明治天皇吗？

明治天皇（1852 ～ 1912 年）出生于嘉永五年（1852 年），是孝明天皇的第二个皇子。万延元年（1860 年），他被定为储君，并被赐名为睦仁。1894 至 1895 年，明治天皇发动了中日甲午战争，1904 至 1905 年进行了日俄战争。随着甲午中日战争、日俄战争的胜利，明治天皇越来越占据了重要的地位。

在他在位期间，日本资本主义发展迅速，并走上了军国主义的道路。明治四十五年，61 岁的天皇死于尿毒症。可以说，他的一生都和日本近代资本主义发展是同步的。

你知道"明治三杰"吗？

"明治三杰"指日本明治政府的开国功臣，明治维新时期著名的政治家。他们是大久保利通、西乡隆盛和木户孝引。

大久保利通和木户孝引都出生于下层武士家庭，两人不但是同乡，还是同学。而西乡隆盛出生于中上层武士家庭，他们三人的年龄相差不大。三人早年就积极参加了本藩的政治活动，并逐渐成为藩权中掌握实权的人物。1866 年，三人又策划建立了"萨长倒幕联盟"，成为推翻经济的铁拳头。两年后，他们依靠这个联盟，联合倒幕的宫廷势力，让天皇宣读了他们预先准备好的"王政复古大号令"，宣告剥夺幕府统治日本的最高统治权，天皇重新掌握国家大权。

他们三个人因为有开国之功，因而被称为"三杰"，掌握了新建立的明治政府的实际权力，担任过很多地位显赫的高官要职。

章西女王是怎么牺牲的？

章西是印度中部的一个小城，19 世纪 50 年代，这里因一个女王的故事而闻名遐迩，流传青史。

阿克希米·葩依，1835 年出生于印度的贝拿勒斯。7 岁就学会了骑马，17 岁时嫁给了章西王公甘加达尔·拉奥，成了章西王后。

王公死时，没有合适的继承人，按照当时英国的规矩，哪个王公死后，如果没有儿子继承王位，就要废除他的领地，收归英国殖民者所有。尽管葩依领养了一个儿子，并以养子监护人的身份行使了王权，但英国殖民政府却置之不理，强行兼并了章西。葩依非常气愤，决定和英国殖民者做坚决斗争。

女王身穿男装，率兵大显身手，使殖民者遭到重大伤亡。战斗进行的过程中，突然有一名英国军官认出了女王，立即喊道："她就是女王葩依，快，把她活捉！"于是，一个英国骑兵从侧面袭击女王，长长的战刀从女王头部右侧砍下，鲜血浸染了她的全身。尽管有人试图抢救她，但由于伤势太重，失血过多，女王葩依停止了呼吸，年仅 22 岁。

享有东方"诗哲"美誉的人是谁？

泰戈尔（1861～1941 年），生于加尔各答市一个有深厚文化教养的家庭，属于婆罗门种姓。印度著名诗人、文学家、作家、艺术家、社会活动家、哲学家和印度民族主义者。

他的著诗集有《故事诗集》《园丁集》《新月集》《采果集》《边缘集》《飞鸟集》；剧本有《牺牲及其他》《邮局》《暗室之王》《春之循环》；论文集有《生之实现》《人格》；小说有短篇《还债》《人是活着，还是死了？》；重要剧作有《顽固堡垒》《摩克多塔拉》《夹竹桃》；重要散文有《死亡的贸易》《中国的谈话》等。

泰戈尔的散文内容主要是社会、政治和教育。他的诗歌，除了其中的宗教内容外，最主要的是描写自然和生命。在泰戈尔的诗歌中，生命本身和它的多样性就是欢乐的原因。同时，他所表达的爱也是他诗歌的内容之一。因此，泰戈尔有东方"诗哲"的美誉。

赛义德是怎样改革土地制的？

1854 至 1863 年，赛义德任埃及总督。1858 年，他颁布了全国改革土地制度的法令。法令的主要内容是：重申了封地持有者享有买卖、馈赠土地及捐献土地给寺院等权利；准许份地持有者死后将土地传给男性和女性继承人，但耕种土地者必须按时纳税；准许份地持有者长期将土地抵押给他人；准许份地持有者将土地租给他人一年至三年，期满可续租。

赛义德法令有助于调动土地持有者经营和种植的积极性，推动了埃及农业的发展。

你知道色当战役吗？

1870年9月1日，色当战役开始了。普军70门大炮猛攻法军营地。色当全城陷于一片火海之中，法军死伤无数，剩下的急忙钻进堡垒。接着，普军20万人向色当发起猛攻，下午3时，法军终于支撑不住了，便在色当楼举起了白旗，拿破仑三世向普鲁士国王写了一封投降书。

9月2日，拿破仑三世会见德国首相俾斯麦，正式签署了投降书，拿破仑三世、法军元帅以下的39名将军、10万士兵全部做了普军的俘虏，650门大炮也被普军缴获。

1871年1月28日，普法签订了《巴黎停战协定》，宣布法国投降。5月10日，双方在法兰克福签订了《法兰克福和约》，法国把阿尔萨斯和洛林割让给了德国，并赔偿50亿法郎，战争由此结束，德国最终完成了统一。

德国"三月革命"是怎么回事？

19世纪中叶，德国西南各邦首先爆发了革命。1848年3月13日，奥地利首都维也纳的工人、学生和平民举行反政府的示威。梅特涅调集军队进行镇压，人民迅速发起了起义。梅特涅见势不妙，男扮女装仓皇逃往英国。奥地利国王被迫宣布成立自由资产阶级内阁，答应召开立宪国民议会，制定宪法。维也纳起义成功的消息，点燃了德国各地的革命烈火，普鲁士国王被迫宣布立宪和召开议会，承诺尽力缔造一个德意志联邦国家。对此，人民群众并不满意，他们要求撤军，且呼声日益高涨。后来，他们还包围了王宫。国王下令对群众开枪，愤怒的群众举行武装起义，战斗持续了10多个小时后，最终取得胜利。普王被迫下令军队撤出柏林，答应立即召开国民议会，释放政治犯。

德国三月革命极大地推动了德国革命的发展，它为德国革命的最终胜利奠定了坚实的基础，并取得了阶段性的决定性的胜利。

俾斯麦为什么被称为"铁血宰相"？

俾斯麦于1815年4月1日出生在普鲁士勃兰登堡阿尔特马克雪恩豪森庄园的一个大容克贵族世家。幼时受过良好的教育，曾经在哥廷根大学和柏林大学学习法律、历史和外语，毕业后服兵役。俾斯麦体格强壮、个性粗野，为了达到目的可以不择手段，持现实主义态度。1839年以后，他回到自己的领地，经营庄园经济，采用新的耕作方法，改进农具，作物轮种，进行商品生产。1862年，俾斯麦任普鲁士首相兼外交大臣，极力推行"铁血政策"，主张通过战争，由普鲁士统一德国。他相继发动了对丹麦、奥地利和法国的战争，逐步实现了德国统一。1871年，俾斯麦出任新成立后的德意志帝国宰相并受封为公爵。在后来的20年里，他权倾朝野，对内加强普鲁士和帝国政府的权力，促进容克和资产阶级的联盟和经济收益，镇压工人运动；对外采取现实主义态度，争霸欧洲，并向海外积极扩张。19世纪下半叶，俾斯麦成为欧洲政治舞台上的风云人物。1890年，他被新皇威廉二世命令辞职，回到庄园，1898年去世。

德国统一后经济发展迅速的原因是什么？

普鲁士通过对法战争于1871年1月18日成立了德意志帝国，这一帝国的建立标志着德国最终完成了统一。统一后的德国，资本主义得到了迅速的发展，原因是：政治上的分裂消除促进了统一市场的形成；从法国攫取了50亿法郎赔款，用于工业的发展，尤其是军事工业；吞并了阿尔萨斯、洛林，将它们和鲁尔工业区联合起来，形成了重工业基地；德国产业革命较晚，易于接受外国先进的科学技术。所以，在19世纪七八十年代，德国经济迅速发展起来。

你知道统一德国的三部曲吗？

1862 年，俾斯麦被任命为宰相兼外交大臣，他作为容克阶级利益的忠实代表，主张采取"自上而下"的方式统一德国。在统一德国的过程中，俾斯麦巧妙地利用国际间的矛盾，大耍外交手段，先后三次挑起外交战争，演奏了统一德国的"三部曲"。

第一次是 1864 年对丹麦的战争。结果是丹麦战败，普鲁士占领了什列斯维希，奥地利占领了霍尔斯塔。

第二次是 1866 年对奥地利的战争。结果是普鲁士兼并了霍尔斯塔南部的几个邦，统一了北中部，建立了北德意志联邦。

第三次是 1870 年对法国的战争。根据战后和约，法国割去了阿尔萨斯和洛林，并被勒索了 50 亿法郎的赔款。

1871 年 1 月 18 日，普鲁士国王威廉一世在法国的凡尔赛宫加冕为德意志皇帝，宣布德意志帝国建立。从此，德意志完成了统一。

"狂飙突进运动"指的是什么？

狂飙突进运动指的是 18 世纪德国文学界的运动，是文艺形式从古典主义向浪漫主义过渡时的阶段，也可以说是幼稚时期的浪漫主义。其名称来源于音乐家克林格的歌剧《狂飙突进》，但中心代表人物是歌德和席勒。歌德的《少年维特之烦恼》是典型的代表作品，表达的是人类内心感情的冲突和奋进精神。这次运动由一批市民阶级出身的青年德国作家发起，他们推崇天才和创造性的力量，并将其作为美学观点的核心。狂飙突进运动持续了 20 多年，时间从 1765 年到 1795 年，之后被成熟的浪漫主义运动代替。

谁是"小提琴之王"？

帕格尼尼的小提琴独奏《随想曲》和《第一小提琴协奏曲》是不朽的传世之作，他以天才而高超的技巧著称于世，被称为"小提琴之王"。

帕格尼尼于 1782 年 10 月出生在热那亚的一个小商人家庭，意大利著名小提琴家、作曲家，5 岁学习曼陀铃，7 岁改学小提琴，9 岁开始登台演出，11 岁起就举行个人音乐会。

肖邦、李斯特、舒曼、海涅等人都对帕格尼尼的演奏技巧大加赞赏。舒曼听了他的演奏后，决定不再学法律而改学音乐，后来他根据《随想曲》改编了两套钢琴练习曲；"钢琴之王""钢琴诗人"李斯特也把《随想曲》改编成许多钢琴曲；肖邦认为帕格尼尼是理想的化身；海涅在小说《佛罗伦萨之夜》中描述他的琴声有神圣的激情。

但是，天才的帕格尼尼死后被热那亚的教士以"魔鬼附体的人"为由拒绝在家乡安葬，他的遗体只好安葬在地中海的一个荒岛上。5 年后，帕格尼尼的棺木才被运回热那亚，安葬在帕尔马公墓。

《战争论》的作者是谁？

《战争论》是普鲁士军事家卡尔·冯·克劳塞维茨的力作。克劳塞维茨是德军参谋部的最初奠基人沙恩霍斯特最得力的助手之一，参加过反法同盟的战争，《战争论》是他总结自己所经历过的历次重大战役后所著的军事理论著作。

克劳塞维茨在书中提出了著名的"战争是政治的继续"的观点，以及进攻是最好的防御等西方军事理论的基本思想。因此《战争论》被奉为西方军事理论的经典之作，克劳塞维茨本人也成为了西方军事理论的鼻祖。

全书共 8 篇，100 余章，基本观点大致有：战争是政治的继续，战争的母体是政治；战争的目的是消灭敌人；战略要素包括精神、物质、数学、地理统计五方面；数量上的优势是战略战术上最普遍的致胜因素，集中优势兵力是战略上最简单有效的准则；战争理论生长在以往战史中，研究战史将得到最为有效的指导原则。

新奥斯曼协会的主要奋斗目标是什么？

克里米亚战争后，土耳其进一步走向半殖民化，其间，土耳其的民族资本在重重障碍中得到了发展，一批资产阶级知识分子也随之产生，那米克·基马尔是其中的著名代表。1865 年，这些知识分子及一部分代表资产阶级利益的官吏，在基马尔的领导下，成立了"新奥斯曼协会"。该党的主要奋斗目标是力图通过上层政变实行政治改革。

新奥斯曼人活动初期无明确的政治纲领，他们密谋除掉阿里帕夏，必要时准备废黜苏丹阿卜杜勒阿齐兹，另立穆拉德为苏丹。阴谋失败后，1867 年基马尔、齐亚等人逃往欧洲，继续倡导立宪。19 世纪 70 年代，新奥斯曼党人又活跃起来。1876 年新奥斯曼人领导人之一——米德哈特帕夏主持制定了奥斯曼帝国第一部宪法，并出任宰相，将新奥斯曼人的活动推向高潮。不久，苏丹阿卜杜勒哈米德二世放逐米德哈特，恢复了专制统治。新奥斯曼人的立宪运动失败，组织瓦解。

俄国民粹派为什么发起"到民间去"运动？

俄国 1861 年改革后，农民同地主和沙皇制度的矛盾日益尖锐。一批代表农民利益的平民知识分子，走上民主革命的道路，逐渐形成"民粹派"。"民粹派"主要由资产阶级自由知识分子和平民知识分子组成。由于受空想社会主义学说的影响，民粹派相信俄国村社是社会主义的基础，认为俄国可以绕过资本主义直接由村社过渡到社会主义；将农民理想化，认为农民是本能的社会主义者和天生的革命者；主张通过农民革命，推翻专制制度。民粹派的三位代表性思想家是主张宣传鼓动、否定暴力行为的拉甫罗夫，狂热推崇农民暴力的巴枯宁和寄希望于少数知识分子阴谋活动的特卡乔夫。

1873 至 1874 年，民粹派发动了声势浩大的"到民间去"运动，他们穿着农民服装，深入到伏尔加河、顿河和第聂伯河流域的广大农村，号召农民起来革命。由于当时俄国不具备革命条件，民粹派的宣传鼓动并没有达到预期的目的，大多数农民没有跟他们一起革命。不久，沙皇政府进行镇压，"到民间去"运动以失败告终。

谁是无政府主义思想的代表？

1814 年 5 月 30 日，巴枯宁出生在俄国特维尔省的一个官僚贵族家庭。在青年时期，巴枯宁和当时俄国的其他一些贵族家庭出身的知识分子一样，以研究黑格尔、康德等人的哲学为时髦，攻读黑格尔著作。1840 年，就读于柏林大学。1847 年，巴枯宁在巴黎举行的纪念波兰人民 1830 年反沙皇政府起义 17 周年大会上发表演说，对沙皇专制制度进行了严厉的抨击，并且赢得了很高的声誉。1849 年 5 月，巴枯宁参加德累斯顿人民武装起义，起义失败后被捕。在狱中，巴枯宁向沙皇写了一份数万言的《忏悔书》，因为卑躬屈膝，他连续获得减刑。出狱后，巴枯宁于 1846 年在伦敦会见马克思，要求加入第一国际，并且向马克思保证努力为国际工人协会工作。从 19 世纪 60 年代至 70 年代，他发表了一系列旨在宣传无政府主义的著作，其中《国家制度和无政府状态》一书，集无政府主义观点之大成。在此期间，他玩弄各种阴谋，企图分裂第一国际，篡夺国际领导权。他的这些伎俩被马克思主义者看在眼里。1872 年的国际际牙代表大会上将其开除出第一国际。1876 年 7 月 1 日，巴枯宁病死于瑞士。

你知道沙皇亚历山大二世吗？

亚历山大二世是俄国的帝国皇帝，尼古拉一世的长子，是俄国历史上和彼得大帝、叶卡捷琳娜二世齐名的一位皇帝。他在任期间，为俄国的社会发展做出了杰出的贡献：1861 年下令废除了奴隶制，为俄国以后的发展奠定了坚实的基础。此外，亚历山大二世还主持了多项政治改革，制订了把俄国君主专制改造为君主立宪制的改革计划。但是，亚历山大二世逝世后，俄国的整体改革就此终止。

彼得大帝为何要秘访西欧？

彼得·阿列克赛耶维奇·罗曼诺夫（1672～1725年），俄国伟大的政治家和改革家，卓越的国务活动家、战略家、海军统帅，出色的外交家。

彼得大帝的成功，从某个意义上讲得益于他对西欧各国的考察。彼得大帝亲政后，对内要巩固和加强自己的统治，对外要打败土耳其、瑞典，夺取黑海和波罗的海的出海口。这就需要强大的国力，于是他决定向西欧先进的国家学习，以便全面改革。

1697年3月，彼得派遣一个使团秘密出使西欧各国，考察学习。考察团还有一个秘密的使命，即巩固和扩大与欧洲国家建立反对土耳其的联盟。但是，彼得大帝却意外地发现有同波兰、丹麦建立起共同反对瑞典的可能。于是，彼得大帝把进攻土耳其、争夺里海出口，改为先攻瑞典、争夺波罗的海的出海口。

考察归来后，彼得大帝立即进行大刀阔斧的改革。彼得大帝的一系列改革，使俄国的面貌焕然一新，成为欧洲的列强之一。

俄国废除农奴制后的乡村。

《国际歌》的歌词是谁创作的？

欧仁·鲍狄埃（1816～1887年），出生于巴黎一个制作木器的手工业工人家庭，

在艰难的环境里，他刻苦自学，不断汲取知识的营养。法国革命民主主义诗人贝朗瑞的诗，在他心灵里留下深刻的印记。1830年七月革命爆发时，年仅14岁的他就写出了他的第一首诗歌《自由万岁》。从此，他用诗作为武器，踏上了革命的征途，并逐渐完成了民主主义者向社会主义者的转变。鲍狄埃于1870年加入了第一国际，成为第一国际巴黎支部联合会的委员。

1871年，法国巴黎公社革命爆发。英勇的巴黎工人建立了第一个无产阶级政权，3月28日，巴黎公社成立了。鲍狄埃先后担任国民自卫军中央委员会委员、二十区中央委员会委员、公社委员。他在担任公社社会服务委员会委员时，被人们称誉为"最热情的公社委员之一"。

巴黎公社失败后，鲍狄埃在群众的掩护下，躲进了蒙马特尔人基特家的阁楼，才得以逃过一劫。在悲痛的日子里，他起伏的心情久久不能平静。5月30日，他用战斗的笔写了震撼寰宇的宏伟诗篇——《国际》，正式宣告向敌人"开火"。

什么是大国沙文主义？

"沙文主义"因1815年法国士兵N.沙文狂热拥护拿破仑一世，宣扬扩张主义，鼓吹本民族利益至上，煽动民族仇恨，主张征服和奴役其他民族，建立大法兰西帝国而得名。

大国沙文主义即大国主义，是国际关系中较大的国家对待较小的国家所表现出来的沙文主义倾向。大国沙文主义的主要特征是：不尊重对方的独立平等地位，把自己的意志强加于人，甚至粗暴地干涉对方的内政，侵犯对方的利益，损害对方的主权。它是资产阶级侵略性的民族主义思想在国际关系方面的集中表现。

沙皇俄国就有典型的大俄罗斯沙文主义思潮。沙俄政府对内推行压迫各非俄罗斯民族的政策，鼓吹俄罗斯民族优越论，宣扬俄罗斯民族应支配、歧视、欺压、限制和剥削其他民族，排斥其他民族的文化和语言，血腥镇压要求自治的少数民族，使俄国成为各民族人民的监狱；对外则进行侵略、扩张，征服外族，扩大沙俄疆域等。大俄罗斯沙文主义的影响给国内外带来了严重的后果。

谁是"俄罗斯音乐之父"？

米哈伊尔·伊万诺维奇·格林卡（1804～1857年），著名的俄罗斯作曲家，从小学习钢琴和小提琴，对当地的民歌情有独钟。1830年到意大利求学，回国后于1837年任宫廷唱诗班乐长。1839年辞职，后游历欧洲。1857年病逝于柏林。

格林卡是俄罗斯民族音乐真正的奠基人，被尊称为"俄罗斯音乐之父"，他为俄罗斯民族音乐的发展开辟了广阔的道路，对俄罗斯民族音乐的发展起到了举足轻重的作用。在格林卡之后，俄罗斯又先后出现了一大批思想成熟、技法高超的民族音乐大师。

谁的作品被称为"俄罗斯之魂"？

柴可夫斯基（1840～1893年），俄罗斯最伟大的作曲家，出生于俄国维亚特斯亚基省的一个贵族家庭，10岁在彼得堡法律学校读书时便开始学习钢琴和作曲。

柴可夫斯基的作品繁多，体裁广泛，仅大型作品就有：10部歌剧，以《叶甫盖尼·奥涅金》和《黑桃皇后》最为著名；6部交响曲，以《第五交响曲》和《第六交响曲》最为著名；4部协奏曲，以《降b小调第一钢琴协奏曲》和《D大调小提琴协奏曲》最为著名；3部舞剧：《天鹅湖》《睡美人》和《胡桃夹子》；幻想序曲《罗密欧和朱丽叶》和钢琴套曲《四季》，等等。

他的音乐真挚、热忱，注重对人的心理的细致刻画，具有感人的抒情性，同时还带有强烈的、震撼人心的戏剧性。他的音乐旋律具有俄罗斯民族特有的风格，和声浓重、丰满，透露着作曲家本人的个性特点，富有难以言传的魅力。因此，他的作品被称为"俄罗斯之魂"。

是谁在美国提出了"三权分立"的思想？

亚历山大·汉密尔顿（1757～1804年），美国的开国元勋之一，也是宪法的起草人之一。他是财经专家，是美国的第一任财政部长，他还是一位因政党恶斗而丧失生命的政治人物。

从一个来自英属西印度群岛的私生子和无家可归的孤儿，一跃成为乔治·华盛顿最信任的得力助手，在美国的开国元勋中，没有哪个人比亚历山大·汉密尔顿更富戏剧色彩了。在为美国后来的财富和势力奠定基础方面，也没有哪位开国老臣的功劳比得上汉密尔顿。

汉密尔顿提出的著名的"三权分立"思想，也就是三权分治，是西方资本主义国家的基本政治制度的建制原则。这一思想的核心是立法权、行政权和司法权，这三种权利相互独立，互相制衡。"三权分立"说是当前世界上资本主义民主国家广泛采用的一种民主政治思想。

美国反奴隶制协会是个什么样的团体？

美国反奴隶制协会是美国全国性反对奴隶制的群众团体。19世纪上半叶，美国人民反对奴隶制的运动蓬勃高涨，该组织于1833年12月在费城建立，塔潘为协会主席。会员主要来自宗教界、慈善界和自由黑人团体。成员有工人、农民、黑人和知识分子。总部设在纽约，各地均有分会。协会组织集会，出版书刊，向国会请愿，并在各地举行演讲，揭露奴隶制的罪恶，主张无偿解放一切奴隶，给予奴隶各种平等权利。该协会对于推动奴隶运动的发展具有重要意义。1870年，该协会正式解散。

美国是怎样合并得克萨斯的？

1837年8月4日，刚独立的得克萨斯共和国申请加入美国联邦。1841年12月，休斯顿再任得克萨斯总统后推行和美国合并运动。1842 年，墨、德再度交战，合并一事遭到了美国国内许多人士的反对。遭到美国拒绝后，得克萨斯转向欧洲，争取承认和援助。英国人对得克萨斯的兴趣使美国感到震惊，于是泰勒总统和得克萨斯总统进行了谈判。1844 年 4 月 12 日，美德签订了合并条约。12 月 3 日，泰勒在特别咨文中建议通过联合决议来合并得克萨斯。1845 年 2 月，参议两院分别通过了合并决议案。1845 年 3 月 1 日，泰勒总统正式签署了该决议。12 月 29 日，得克萨斯作为美国的第 28 个州加入联邦，其面积为 38.9 万平方英里。

为什么会出现加利福尼亚"淘金热"？

1848 年 1 月 24 日，美墨战争结束，双方签订和约的前 9 天，萨克拉门托河谷约翰·萨特锯木厂的监工詹姆斯·马歇尔在水车引水沟里发现了黄金。消息一经传出，许多农民、工厂、税收、公务员，甚至一些传教士、律师、记者和医生也纷纷加入进来，他们希望在短时间内成为富翁。他们带着干粮，驾着小船前往旧金山。1849 年底，从北美、欧洲和世界各地来的淘金者，争夺着采矿权，从沙中淘金。几个月的时间里，旧金山就从一个小村庄变成一座拥有约 2.5 万人的城市。

美国内战的前奏是什么？

1854 年 1 月 23 日，美国参议院领地委员会主席斯蒂芬·道格拉斯提出的《堪萨斯—内布拉斯加法案》，把密苏里河以西，北纬 37° 以北地区组成堪萨斯准州和内布拉斯加准州。5 月 30 日，皮尔斯总统将这一法案签署生效。这个法案实际上有利于南部奴隶主将新建州变为蓄奴州的愿望，因此，该法案引起自由移民和奴隶主争夺这两个准州控制权的斗争。堪萨斯出现了两个对立的政权，都要求联邦政府给予正式承认。

1857 年 6 月 15 日，蓄奴派在利康普顿开会选举立宪会议代表，并制定了赞成蓄奴的《利康普顿宪法》。道格拉斯在众议院组织了反《利康普顿宪法》集团，强迫国会把这一宪法交堪萨斯居民表决。1858 年 8 月 2 日，堪萨斯居民否决了这个宪法。在内战爆发前夕，堪萨斯才作为自由州加入联邦。堪萨斯内战成为美国内战的前奏。

美国为什么会爆发南北战争？

独立战争后，美国南方在种植园经济的基础上发展着黑奴制，而北方则发展着资本主义的雇佣制。

美国南方的黑奴制和北方的工业资本制度格格不入，极大地阻碍着整个美国社会的发展。南方种植园经济向世界市场提供棉花等原料，因此，种植园主张自由贸易，降低关税。而北方的工业资产阶级为了垄断国内市场，保护本国工业品，要求加强关税壁垒。为了争夺更多的劳动力，北方的资产阶级也反对奴隶制。南北的矛盾日益激化，于是南方蓄奴州的奴隶主纷纷宣布脱离联邦，组成南方同盟，并集合军队向北方向北方发起进攻，从而引发了美国南北战争。

美国内战结束的标志是什么？

罗伯特·李（1807～1870 年）毕业于西点军校，先后在工兵部队和骑兵部队服役。美国南北战争爆发后，1861 年 4 月，罗伯特·李率领南军和联邦军在布尔伦一带首战获胜。1862 年 9 月，在安提塔姆战役中，由于李将军的作战计划被联邦军所获，麦克莱伦将军的军团拦住了他的进攻，南军惨败。重整旗鼓后，李将军于 1863 年 5 月在钱瑟勒斯威尔战役中，李将军取得了胜利，迫使联邦军撤退。1864 年 5 月，新上任的联邦军总司令格兰特以优势兵力进攻南军。1865 年 4 月 9 日，罗伯特·李被迫在阿波马托克斯附近投降，这标志着美国内战的结束。

美国何时第一次正式否决奴隶制度？

美国南北战争后，由于战争形势的需要，林肯总统开始改变只限制奴隶制的想法，考虑解放奴隶，以期达到赢得战争、保持联邦、阻止英国等欧洲国家帮助南部同盟等目的。1864年2月24日，林肯签署了国会通过的一项法令，对在联邦控制区内奴隶自愿参军的奴隶主做出补偿，补偿后的奴隶为自由人。为了把奴隶解放用宪法的形式固定下来，林肯指示制定永远废除奴隶制的宪法修正案。

1864年4月8日和1865年1月31日，参议院和众议院分别通过宪法第13条修正案，这个修正案使解放奴隶宪法化，这是美国第一次正式否决奴隶制度。

菲律宾是如何成为美国殖民地的？

菲律宾独立战争是1896至1902年菲律宾人民为推翻西班牙殖民统治和反抗美国侵略争取独立的战争，它是亚洲第一次资产阶级民族民主革命。菲律宾人民顽强地同西班牙进行抗争，就在战争进行得如火如荼的时候，美国发动了对西班牙的战争。

1898年，美西战争结束后，美国和西班牙签订了《巴黎和约》，西班牙把菲律宾转给美国。对于菲律宾来说可谓"前门驱狼，后门进虎"。然后美国就开始大举进攻菲律宾。直到1906年，美国才正式宣布菲律宾战争全部结束，菲律宾成了美国的殖民地。

德·里维拉军事独裁何时终结？

普里莫·德·里维拉（1870～1930年）是西班牙20世纪20年代初期最有权威的一位将军，在国王阿方索十三世号召军队做君主制的支柱时，德·里维拉企图夺取政权，扬言要把西班牙从无政府和混乱的状态中拯救出来。1923年9月13日，作为加泰罗尼亚军区司令部的里维拉在巴塞罗那发动军事政变，阿方索十三世委托他组织政府，里拉维组成清一色的军人执政内阁。

军队的大多数将军和军官成为军人内阁最可靠的支柱。独裁统治不得人心，1929年12月31日，里维拉被迫承认独裁统治失败。1930年1月28日，里维拉向国王辞职，西班牙军事独裁终结。

西点军校是一所什么样的学校？

西点军校是美国第一所军事学校，位于纽约州西点（哈得孙河西岸），距离纽约市约80公里，学校占地1.6万英亩。

在美国独立战争中，华盛顿将军鉴于西点战略位置的重要性，曾把它定为军事设施区，并在1779年将司令部设在这里。以后，他在总统任期内又力主在该地建立一所陆军大学。

西点军校的校训是"责任、荣誉、国家"，该校是美国历史最悠久的军事学院之一，曾经为美国输送了一批批的优秀军事人才，被誉为"美国将军的摇篮"，第二次世界大战中的艾森豪威尔、麦克阿瑟、史迪威和安诺德等著名美国军事首脑均系西点出身。西点军校曾与英国桑赫斯特皇家军事学院、俄罗斯伏龙芝军事学院以及法国圣西尔军校并称世界"四大军校"。

哪次战争使美国彻底摆脱英国的控制？

1775至1783年，美国在独立战争中获胜，英国不甘心失败，妄图卷土重来，使美国重新沦为自己的殖民地，于是英国不断从经济、军事和政治上对美国施加压力。在拿破仑战争期间，英国在公海上任意劫持美国商船，抓捕美国水手。美国有近6000艘商船和近万名水手被英国扣押，损失惨重。而美国也对富饶广袤的加拿大垂涎三尺，想以武力吞并。于是，1812年6月18日，美国对英宣战，第二次美英战争爆发。这场战争在历史上具有重大意义，它使美国彻底摆脱了英国政治和经济的压迫，赢得真正的独立，从而为工业革命深入开展扫清了道路。

美国何时开凿了伊利运河？

19世纪初期，美国从东部港口向西到内陆去的货物运输，主要靠马拉牛拽的大篷车队，与东部经济迅速发展的要求不相协调。

于是，美国于 1817 开始了对从伊利湖东端至哈得孙河的伊利运河的修造，并于 1825 年完工。之后，该运河不断扩建，从 1909 年起经改建后，运河长 544 公里，宽 45 米，水深 3.6 米。伊利运河的建立，使五大湖的水运和纽约港连通，成为纽约州通航运河系统的主要水道，由伊利湖到纽约的货运只需要从前十分之一费用，使当时比费城和波士顿小得多的纽约，迅速发展成为全国最大的港口和城市。伊利运河的开凿对美国东部经济及纽约的发展，起了很大的推动作用。

你知道福特的 T 型车吗？

美国工业家亨利·福特（1836～1947 年）发明大规模生产法，因而大幅降低了汽车的价格。1903 年，福特在底特律建立了自己的汽车厂，5 年后的 1908 年，福特公司又开始生产小型的新车——T 型车。这意味着一场交通革命的到来。1914 年，福特在美国和海外共拥有 45 家配有生产线的汽车厂。1920 年，福特 T 型车的数量占到了世界汽车数量的一半。

什么是自由主义？

英国是自由主义的发源地。洛克是"自由思想的始祖"，最早提出了自由主义原则。他系统地阐述了天赋权利思想，提出自由权的涵义是政治自由、财产自由和思想自由，并提出政府的建立是基于人民的同意等主张。自由主义的代表人物有：格林、霍布森、罗素等。

自由主义者主张：国家的政治生活、经济生活和社会生活都应以维护个人自由主义为目的。反对任何形式的专制，无论是国家的、教会的，还是习俗的、舆论的。生命、自由和财产是公民不可剥夺的基本权利，国家的权利要受到限制，国家为保护公民应当实行法治和分权。

什么是实用主义？

威廉·詹姆斯（1842～1910 年）是实用主义哲学的创始人之一和主要的代表人物。

实用主义哲学体现了美国生活方式中崇尚独立、自由、民主和平等以及追求功利效率、求实进取、反对空谈和积极实干的精神，是美国本土哲学真正成熟的标志。实用主义为美国哲学的日后发展奠定了坚实的基础，被称为美国的官方哲学。

谁击毙了"红色男爵"？

冯·里奇特霍芬（1892～1918 年）是第一次世界大战时德国最神勇的飞行员，他曾创造了击落 80 架飞机的惊人记录，成为德国空军王牌中的王牌。他的双翼飞机被漆成了深红色，因而人们称他为"红色男爵"。他于 1916 年 9 月首次升空作战，就将英国的王牌飞行员拉诺·霍克击毙。不过，他最后的死也让许多军事史家困惑不已。

1918 年 4 月 21 日，里奇特霍芬为了追逐一驾无援单机而一头钻进了英军高炮阵地。此时的里奇特霍芬已无法正常判断形势，他已飞进英军阵地 2 英里，还在继续向纵深深入。他先是被子弹击中飞机，接着被击中身体右部，子弹先打到脊柱，偏向后再由左腔穿出。此时，飞机发动机吼叫了一声，就熄了火。它摇摇晃晃滑向一座废砖厂边的一片菜地，随后一头栽下……

尸检报告指出他是因子弹穿肺而过，造成大出血而死亡，但他至死仍紧紧地握着操纵杆。

人们不禁要问：这样一位一生行事谨慎、深谋远虑的德国空军王牌为什么会为了追一名初出茅庐、穷途末路的飞机而忘记了一切支援、掩护等重要空战要素，并违反他自订的所有用以取胜并约束部下的空战规则，而孤军低空深入敌人的防区？因为缺乏确凿的证据，所以真相究竟是怎样的现在还不知道。

谁统一了意大利北部诸邦？

1859 年 4 至 6 月，意大利托斯坎纳、帕尔马、莫德纳、教皇国的罗曼纳和翁布里亚省，先后爆发了人民起义。为了支援对奥战争，意大利北部诸邦起义军在推翻了当地的封建政权后，纷纷开赴前线对奥作战。加富尔乘机派遣行政长官到以上起义地区，建立了以自由派为核心的临时政权。1859 年 7 月，拿破仑三世单独和奥地利媾和，签订和约。和约的内容之一就是恢复托斯坎纳、帕尔马、莫德纳的君主政权。在人民的强烈反抗下，意大利北部的复辟活动未能得逞。加富尔为了谋取人民的信任，曾一度辞去撒丁王国首相一职。1860 年，加富尔再次出任首相，在他的策划下，起义的自由派组织了"公民投票"，正式宣布把托斯坎纳、帕尔马、莫德纳等地并入撒丁王国。

加里波第是怎样的一个人？

朱塞佩·加里波第（1807～1882 年），1807 年出生在威尼斯的一个水手家庭。他是一个意大利爱国志士及军人。他献身于意大利统一运动，亲自领导了许多军事战役，是意大利建国三杰之一（另两位是撒丁王国的首相加富尔和创立青年意大利党的马志尼）。他因在南美洲及欧洲对军事冒险的贡献，赢得了"两个世界的英雄"的美称。加里波第的一生都奉献给了民族解放事业。他为意大利的统一立下了不朽的功勋，也为民族解放做出了杰出的贡献。

你知道海上"幽灵"——浮沉岛吗？

1831 年 7 月 10 日，一艘意大利船途经地中海西西里岛西南方的海面上时，船员们突然看见海面上涌起一股 20 余米高的水柱，方圆近 730 多米。一瞬间又变成一团烟雾弥漫的蒸汽，升到近 600 米的高空，大家都觉得很可怕。8 天之后，返航的船员们发现这儿有一个冒烟的小岛，四周的海面上布满了多孔的红褐色浮石和大片翻着白肚皮的死鱼。10 多天后，小岛竟从 4 米长到 60 多米高，周长扩展到 4.8 千米。因为它诞生在突尼斯海峡里，于是引起了德国、法国和意大利等

国对这个岛的主权之争。有趣的是，三个月后这个岛又沉入了海底，当地的人就将其称为沉浮岛。

科学家说这种现象是火山活动的结果，也有的科学家认为，这种海上奇观可能是独特的潮汐引起的。

普法战争是由被篡改的电报引发的吗？

1870 年，普法战争爆发。让人想不到的是，这场大战的导火线竟然是一份被篡改了的电报。

当时，法国和普鲁士王国都有称霸欧洲的打算。1868 年，西班牙女王伊莎贝拉在国内的大革命中被迫退位。普鲁士首相俾斯麦认为这是一个绝好的机会，便计划让普鲁士国王的堂兄弟利奥波德亲王接手西班牙的王位。这时，法国感觉到了威胁，于是拿破仑三世就让普鲁士国王用书面保证的方式承诺不让他的堂兄弟继承西班牙王位。

这一命令当然使得威廉一世心生愤怒，于是威廉一世马上拍电报给首相俾斯麦，并表示如果法国大使还要继续纠缠此事，那就拒不接待。强硬的俾斯麦很清楚，只有通过战争才能解决这个问题，于是就进行了精心策划，试图挑起战争。他将电文的最后一句话篡改为：以后，普鲁士国王陛下将不再接见法国大使，并由值日副官向法国大使转达，国王陛下同法国已经没什么好谈的了。果然，气急败坏的拿破仑三世像点着火的炸药一样爆发了，于 7 月 19 日正式向普鲁士宣战，由此爆发了著名的普法战争。

为什么普奥战争又称"七星期战争"？

普奥战争指的是在 1866 年爆发的普鲁士与奥地利争取统一德意志领导权的王朝战争。

对丹麦战争获胜后，普鲁士展开积极行动，试图打败统一德意志过程中的最大敌人奥地利。1866 年 6 月 7 日，普鲁士用普、奥两国有权力共同占领石勒苏益格与荷尔斯泰因两公国为借口，把军队开进了由奥地利

1866 年 7 月 3 日萨多瓦会战中，普鲁士重创奥军主力，历时 7 个星期的战争以奥地利的失败结束。

管制的荷尔斯泰因。对此，奥地利做出强烈的反应。6 月 14 日，普奥战争爆发了。意大利加入普方作战，但德意志各邦国大多数都支持奥地利，如巴伐利亚、汉诺威、萨克森、符腾堡和黑森等邦。开始时战争局势对普鲁士很不利。7 月 3 日，双方在萨多瓦展开了决战，普军投入了 29.1 万人，奥军为 23.8 万人。奥军大败，普军开始逼进维也纳。法国出面调停后于 8 月 23 日签订了《布拉格和约》。战争前后一共持续了七星期（6 月 7 日至 7 月 26 日），因此这场战争也叫"七星期战争"。

美国牛仔是在什么背景下出现的？

说到美国牛仔，不得不说说美国的牛。美国人是欧洲移民的后裔，而美国的牛也成为欧洲的后代。美国的牛最早是由哥伦布带去的。当时，他把西班牙牛带到西印度群岛和中、南美洲沿海一带。1525 年，西班牙种的牛从西印度群岛被引入北美大陆。1611 年，英国人又把数量众多的牛运到弗吉尼亚的詹姆斯城，从此英国种的牛便遍布北美大陆，而且那里也出现了很多养殖点。

19 世纪后期，得克萨斯州已有 5000 万头牛，是美国养牛最多的州。从 19 世纪 60 年代开始，得克萨斯人便驱赶大量牛群往北到堪萨斯的铁路边，然后转销美国各地。当时还有专门的"牛道"和"牛镇"。"牛道"是专门让"牛群"走的道路，"牛镇"则是沿途的歇脚站。

牛群长途跋涉，跨州越县，当然少不了人的带领和照管，这种人就是"马背上的英雄"——牛仔。

在漫长艰辛的旅程中，牛仔必须有吃苦耐劳的精神，同时还要机智、勇敢、沉着、冷静，能应付途中各种突发的事故和危险。首先要管束半驯服的牛，特别是性情凶野的西班牙牛，牛仔跟在牛群旁边，紧紧盯住它们，不能对其放松警惕。沿途还要留意狼群等野兽和毒蛇、毒虫的袭击，防范印第安人的冷箭、标枪。有时候可能会突遇大雷雨，电闪雷鸣往往会惊动牛群，牛乱奔乱窜，牛仔就要沉着地兜转它们，围成圈子，以消除其惊恐。

牛仔长途赶运牛群如同大规模的行军。押送特大牛群的牛仔们有严格的分工，他们各司其职。常常有两个最有经验的人担任总指挥，一个是通讯员，前后左右负责传递消息。另外还有"游骑"，负责前后左右的巡视，"翼骑"则在队伍两边行进，"尾骑"殿后，专管小牛、病牛和懒牛。

牛仔，有的本身就是牧主，但大多为牲畜商人的雇工，他们在美国东部居民的向西迁移过程中起了很重要的作用。牛仔的长途放牧，本身就带有开拓性，也为美国的西进运动开辟了道路。

19 世纪末，美国的交通运输日益发达，牛仔的地位日益降低。他们纷纷转行从事其他职业，他们矫健的身影也慢慢地淡出了人们的视线。然而他们奋进、开拓精神却激励着一代又一代的美国人。

废奴运动是怎么回事？

废奴运动指的是从 19 世纪 30 年代初开始在美国北部兴起的要求彻底废除黑人奴隶制的群众运动。

早在殖民时代和独立战争时期，富兰克林、杰弗逊等人就提出废除奴隶制的主张。19 世纪 20 年代前后，废奴运动的组织在美国开始出现。尽管废奴主义者遭到反动势力的多方压制和迫害，仍坚持积极开展各种活动，他们运用各种方式推动废奴运动的不断高涨。

此外，废奴主义者还组织"地下铁道"，通过隐蔽的方式指引和协助大批黑人奴隶逃离南方。从19世纪40年代开始有不少废奴主义者主张采取政治斗争。

1852年出版的 H.B. 斯托夫人所著《汤姆叔叔的小屋》对黑人奴隶的悲惨生活做了极其动人的描述和揭露，引起了社会的广泛反响，有力地推动废奴运动的发展。美国的马克思主义者 J. 魏德迈等人号召工人投身废奴运动。运动在北部广大工人、农民、黑人和妇女中有广泛的群众基础。到50年代，废奴运动获得社会上各阶层人士的多方支持，逐渐形成联合战线性质的政治运动。1859年爆发的约翰·布朗起义将废奴运动推向高潮。

美国南北战争的经过是怎样的?

美国南北战争也称为美国内战。这场美国北方联邦政府各州与南方邦联政府备州之间冲突的复杂原因，源于美国南北双方之间在经济、社会、政治和地理等诸多方面的差异。关键问题在于，每当增设新州时，双方要在是否保留奴隶制度上发生激烈的争执。

19世纪中叶，美国南部种植园奴隶制与北部资产阶级雇佣劳动制矛盾激化，引起了政治、经济上的对立。1860年反对黑人奴隶制的共和党人林肯当选总统；南部蓄奴州南卡罗莱纳首先脱离联邦，接着乔治亚、亚拉巴马、佛罗里达、密西西比、路易斯安那和得克萨斯相继宣布脱离联邦，并于1861年2月8日联合成立"美利坚诸州同盟"（简称"南部同盟"）政府，另选杰弗逊·戴维斯为总统，制定宪法，公开分裂国家。美国联邦政府反对南部种植园奴隶主武装叛乱，维护联邦统一。

4月12日，南部同盟军队炮击萨姆特要塞，首先挑起内战。4月15日，林肯政府发布讨伐令，内战正式爆发。不久又有弗吉尼亚、北卡罗来纳、田纳西、阿肯色四州退出联邦参加南部同盟，南方的力量不断壮大。战争之初，南方军处于优势。7月，在马纳萨斯战役中，联邦军队遭受重创，损失惨重。之后林肯政府重新调整军队，于1862年2月开始了新一轮的攻势。在西线，由格兰特统率军队沿密西西比河南下；南线则由巴特勒率军在海军协助下在奥尔良登陆；在东部联邦海军封锁了海岸；北线联邦军主力由麦克莱伦率领，在半岛战役中失利。

在战争中，为了鼓舞人民的参战热情，林肯政府采取了各种积极措施。先后于1862年5月，颁布了《宅地法》，9月又发表了《解放黑人奴隶宣言》，这些法令都大大提高了工人、农民和黑人的积极性。此后，战争形势逐渐利于北方。1863年7月，联邦军先后在葛底斯堡战役、维克斯堡战役中告捷，取得胜利。1864年3月，林肯任命格兰特为全军大将军。1864年5月又由谢尔曼将军统率联邦军队10万人向南部进军。1865年4月3日，格兰特攻占了南部同盟首都里士满。9日，南军的白旗升起，南部联军统帅罗伯特·李缴械投降，战争宣告结束。

南北战争是美国资产阶级民主革命的继续，也是一次保卫国家统一的战争，因而它受到了人民的拥护，也保证了战争的胜利。虽然这次战争给南方带来了毁灭和混乱，但是，从长远来看，美国内战的结果使得奴隶制得以废除，促成了联邦政府的强化，国家经济一体化的形成，为美国资本主义进一步发展扫除了障碍，也为美国经济和政治的发展奠定了坚实的基础。

谁被称为美国历史上的"常胜将军"?

格兰特（1822～1885年）是美国军事家、政治家，美国内战后期联邦军总司令，第18任总统，陆军上将。1843年，格兰特毕业于美国陆军军官学校（西点军校），参加过美墨战争。格兰特是美国历史上第一个从美国军事院校毕业的军人总统。他在美国的南北战争中屡战奇功，被人们称为"常胜将军"。

林肯为何遇刺？

南北战争胜利的五天以后，也就是 1865 年 4 月 14 日晚上，林肯兴致勃勃地同夫人一起去华盛顿城福特大戏院观看歌剧。当他们一走进包厢，戏院里观众立即起立欢呼，雷鸣般的掌声持续不断，直至歌剧开演的时候。正在这时，突然有一个黑影冲向包厢，"砰"的一声枪响，林肯顿时倒在座位上。而这个黑影纵身一跃，跳上舞台，大叫一声："我为南方的人报仇了！"旋即从窗口跳了出去。窗口外面早就准备好一匹壮马，他绝尘而去。

几天后，凶手被抓到了，他名叫约翰·蒲斯，是戏院里的一个演员，也是南方的一个间谍。可是，因为他在被捕时持枪顽抗，被当场击毙，他究竟是谁派来的，他幕后的策划者又是谁，都不得而知。这件事，说明了南方奴隶主的凶残和顽固。但是，解放黑人奴隶已经成为历史的潮流，谁都无法阻挡。废除了奴隶制，美国的资本主义就能获得更好的发展。

林肯是国家统一的坚强捍卫者，他为解放黑人奴隶、消除种族歧视做出了重大的贡献，同时有力地促进了美国经济的发展，他是一位受人尊敬的总统。

美国自由女神像有什么样的来历？

1865 年 4 月 9 日，美国结束了南北战争，南方以失败告终，向北方政府缴械投降。也是这一年，美国政府宣布：要在 1876 年，也就是美国建国 100 周年的国庆日期间举行盛大的庆祝活动。

法国著名自由主义者、法美协会成员、青年雕塑家弗雷德里克·阿古斯特·巴托尔蒂（1834～1904 年）听到这一消息后，决定为美国人民雕塑一尊自由女神像，以颂扬美国的自由与新共和。

其实，巴托尔蒂受当时各国如火如荼的革命斗争影响很大。提起自由女神，巴托尔蒂立刻回忆起历史上令他终生难忘的一页：1851 年 12 月 1 日，路易·拿破仑·波拿巴发动政变，在推翻第二共和国的那一天，他亲眼目睹了一位少女手擎火把，高喊："前进！前进！"她完全无视荷枪实弹的士兵，越过路障。波拿巴的士兵朝着少女肆意开枪射击，最终她倒在了血泊之中。

这位为革命牺牲的少女的精神和形象深深地刻在巴托尔蒂的心中。1869 年，巴托尔蒂完成了塑像底稿的设计，他参考了在爱琴海滨的阿波罗青铜雕像，选择了一位名叫珍妮的少女为"自由女神"的模特，面容则是她自己母亲的形象。1875 年，雕像初具模型。在美国独立 100 周年纪念展览会上，巴托尔蒂展出了女神火把的手臂，仅食指就长 2.44 米，在美国引起巨大的轰动。

返回法国之后，巴托尔蒂便着手将"自由女神"运往纽约港。1886 年 10 月 28 日，美国第 22 任总统罗弗·克利夫兰亲自主持了自由女神的揭幕典礼，此后，自由女神便成了美利坚民族的标志。

自由女神像能够在众多的城市雕塑中脱颖而出，成为纽约的城标，并从某种意义上讲属于美国的象征，究其原因就在于，它代表了美国的历史，也代表了美国的精神；它道出了美国人民美好的、向上的理想与憧憬；这个雕像还具有高超的艺术价值，高雅且优美。

美国为何没有元帅？

"元帅"是众多国家军队中具有很大权力和很高荣誉的军衔，但是在美国却没有这个衔。在美国历史上只有两个人获得过元帅的特别军衔，他们是华盛顿和潘兴。后来，美国《公法》第 415 条规定，潘兴将军逝世后，军衔就停止使用。而后来，"五星上将"便是美国军队的最高军衔。

虽然第二次世界大战期间，美国国会又决定恢复使用"元帅"制，但当国会审议这一案件时，发现了这样一个问题，"元帅"

一词的英文是 MARSHAL。而当时身为美国陆军参谋长的马歇尔的姓氏英文拼写恰好与此相同，这样就可能会造成一种误解。因此，设立"元帅"军衔的议案就没有获得通过。也正因为此，连鼎鼎大名的麦克阿瑟和艾森豪威尔也都没有获得"元帅"的殊荣，他们只获得了"五星上将"的军衔。

关于旧金山的历史你了解多少？

旧金山是美国加利福尼亚州的一座著名的城市，是当地华侨给它起的英译名。19 世纪 40 年代以前的旧金山还是墨西哥的一片荒凉之地，1846 年，在美国入侵墨西哥的战争中，美国海军第一次占领了该地。

1846 年，旧金山附近发现了金矿，消息传出，举国欢腾，大批人从美国东部蜂拥而至，资本家还在海外招募了契约华工来淘金开矿，于是就开始了轰轰烈烈的加利福尼亚淘金热。华工看着周围埋藏着丰富金矿的山岭，就将其称为金山。到了 19 世纪 50 年代，澳大利亚的墨尔本附近也发生了金矿，这就吸引了更多的淘金者，人们就将其称为金山。而美国的金山发现得较早，以后为了将它们加以区别，就把在加利福尼亚发现金山的那个地方称为"旧金山"。

"三 K 党"是一个什么样的组织？

三 K 党是美国最早的种族主义恐怖组织之一，因为组成该名字的三个字母都以"K"开头，所以称为"三 K 党"。

三 K 党是一个秘密组织。其势力所及之处，统称为"无形帝国"，下设各地方党部，其首领称大龙。三 K 党有自己的党旗和党规。它的党旗呈三角形，黄底红边，上面有一个黑龙图案。加入该党的人必须服从党内的规则严格保守秘密，否则，就有可能被自己的同党处决。

三 K 党的恐怖活动十分猖獗，他们杀人的手段异常残忍，而且多在夜间活动。第二次世界大战后，在人民的强烈呼吁下，联邦政府才打击了三 K 党的恐怖活动，但是这一恐怖势力还会偶尔出现。

美国民主党与共和党是如何产生的？

在美国历史上，美国基本实行民主党和共和党两党通过竞选总统轮流执政的"两党制"。

美国民主党建于 1791 年，由部分种植园主和与南方奴隶主有关联的企业家组成，当时称为共和党。1794 年改为民主共和党，1840 年正式称民主党。1861 年南北战争结束后民主党曾一蹶不振。1933 年，罗斯福乘经济危机引起人民不满情绪之势，进行总统竞选获胜并连任四届总统，民主党因而连续执政 20 年。民主党群众基础主要是劳工、公务员、少数民族和黑人。

美国共和党成立于 1854 年，由反对奴隶制的东北部工商业主及中西部开发各州的农业企业家代表组成。1860 年林肯当选总统，此后共和党开始执政，并在南北战争中击败南方奴隶主势力使内战得以平息。1860 至 1933 年的 70 多年中，除 16 年外，美国均由共和党执政。该党群众基础主要来源于郊区和南方的白领工人及年轻人。第二世界大战后中产阶级为其新的支持力量。

两党政治主张在本质上并无差别。在每四年一次的全国总统选举中，由两党最高组织机构全国代表大会提出本党总统候选人和总统竞选纲领。两党以在国会大选中获席位多少来区分多数党或少数党。近两年共和党在参、众两院基本上算多数党。两党党员人数不固定，视投票情况而定。其中民主党的标志为驴，而共和党的标志为象。

谁放火烧了莫斯科？

在 1821 年，一场大火让莫斯科变成了废墟，对于莫斯科当时那场罕见大火的起因，多少年来一直争论不休。

有人认为那场大火应该是莫斯科人自己放的。当年由于敌强我弱，俄军统帅库图佐夫决定放弃莫斯科。莫斯科人民也决定随俄军一起撤退。为了不给入侵者留下任何有用的东西，莫斯科居民忍痛放火烧了莫斯科城。而有的人却不同意这个看法，他们认为莫斯科大火并非俄国人自己所为，而是进城的法军做的："他们夜进民宅，点起蜡烛、火把、柴火照明，喝醉酒后不慎引起大火。"俄国大文豪托尔斯泰在他的小说《战争与和平》中就坚持这样的观点。更为激进的说法则是法国人蓄意纵火。俄罗斯的爱国诗人曾在诗中对那场大火进行了这样的描述："在燃烧的天空下，在燃烧的地上，穿过两旁的火墙走。"

火虽然烧得痛快，烧跑了侵略者，但毕竟烧毁了莫斯科人民精心建造的家园。不管谁是真正的纵火者，我们都不希望这样的场面在人类历史上再次上演。

日俄战争是怎么回事？

日俄战争是 1904 至 1905 年间，日本与沙皇俄国为了侵占中国东北和朝鲜，进而争夺亚洲及整个太平洋地区的霸权，在中国东北的土地上进行了一场帝国主义战争。

中日甲午战争结束后，日本军国主义的侵略野心膨胀，疯狂推行侵略中国、吞并朝鲜的"大陆政策"。这样，就和沙皇俄国的"远东政策"发生了冲突。1904 年 2 月 8 日，日军向旅顺俄国舰队发起突然袭击。10 日，日俄正式宣战。经过一系列的恶战，俄军战败。

1905 年 9 月 5 日，日俄两国背着中国在美国签订了《朴茨茅斯和约》，擅自在中国东北划分"势力范围"，并逼迫清政府接受

1904 年 2 月 8 日，日本偷袭俄国太平洋舰队，日俄战争爆发。

此条约。1905 年 12 月，在日本的压力下，清朝政府和日本签订了《中日会议东三省事宜条约》，除了接受日、俄《朴茨茅斯和约》中的所有规定外，还额外给日本以某些权益。

日俄战争是一场帝国主义之间的不义之战，交战双方以自己的利益为前提，以牺牲中国为代价的争夺战，给中国东北人民带来了巨大的损失。

朝鲜"丙寅洋扰"是怎么回事？

"丙寅洋扰"是 1866 年（丙寅年）法国侵略朝鲜的事件。

1863 年，朝鲜新王高宗李熙（1852～1919 年）即位，其父宣君被封为大院君治理国事。大院君对外推行锁国攘夷政策，以江华岛为设防重点，加强在沿海各要地的防护。与此同时，大院君还视天主教为邪教，严禁传播。同年 9 月，法国以 9 名传教士被朝鲜政府处死为借口，派罗兹兴师"问罪"。10 月，7 艘法舰运载法军 2500 余人，在江华岛和通津海岸登陆，遭到当地军民的顽强抵抗，伤亡数百人。40 天后，法军掠夺大批古物从江华岛逃走。同年 8 月，在法军入侵之前，曾有一艘武装的美国商船闯入大同江，被朝鲜军民用火攻战术将船烧毁。

朝鲜东学党起义是怎么回事？

日本明治维新以后，开始推行所谓的"大陆政策"。其首要目标是朝鲜和中国。1876 年，日本迫使朝鲜李氏王朝签订了不平等的《江华条约》。从此，朝鲜逐渐沦为日本的半殖民地。

1860 年，崔济愚为了对抗西方的基督教，融合中国古代传统的诸子百家学说，创立了"东学"，并用宗教的形式宣传平等思想，反对封建统治和外国侵略势力。后来，东学思想深入人心，东学党遍布朝鲜半岛。

1893 年，朝鲜发生灾荒。1894 年 1 月，东学党领导人发起了农民起义，攻占了古阜郡衙，活捉郡首，并建立了革命政权"执纲所"，提出"灭尽权贵""遂灭倭夷"的口号。

3月，农民军击溃政府军队。4月底，农民军一举攻占南方重镇全州，起义浪潮席卷全国。

朝鲜是如何沦为日本的殖民地的？

1894年1月，朝鲜全罗道古阜郡的农民在东学党人的领导下爆发了反封建反侵略的甲午农民起义。他们占领郡城，建立革命政权"执纲所"。4月底占领了全州，逼近汉城。统治朝鲜的李氏王朝惊慌失措，向清政府寻求帮助。日本乘机占领了汉城，发动了政变，组织亲日卖国政府，并且完全掌控了朝鲜政府。1894年7月，日本挑起甲午中日战争后，朝鲜人民奋起反抗，12月起义被镇压，日本完全控制了朝鲜。1910年8月，日本强迫朝鲜签订了《日韩合并条约》，从此，朝鲜沦为日本的殖民地。

李熙的死因究竟是怎样的？

自朝鲜独立以来，朝鲜一直是李氏家族统治的封建王朝，这种局面一直持续到1910年。这一年，朝鲜最后一位君王李熙被迫退位。1919年1月22日，李熙在他的旧王宫中突然死去，一时掀起轩然大波。

消息传出，全国上下群情激愤。很多百姓披麻戴孝，从各地涌进汉城，愤怒的人们认为李熙的死并不是正常的，而是日本人蓄意谋害。

关于李熙的死因，民间还流行这样一种说法：李熙是在喝了一杯红茶之后突然倒地身亡的，死的时候，两眼发红，七窍流血，身上全是红色斑点，有些部位还开始腐烂。很显然，有人在红茶里放了毒。但是毒是谁放的，受谁指使至今还不得而知。这种传说是否准确，目前尚无定论。

澳大利亚的流刑者移民是怎么回事？

最早定居澳大利亚的外国人中，有从英国送来的囚犯。英国政府认为通过让囚犯移民澳大利亚，可阻止别国抢占澳大利亚的领有权。英国飞利浦船长率领的船队，载有759名犯人，于1787年离开英国，8个月后到达波塔尼湾。其中有一些人犯有重罪，但大多数是因生活穷困而犯小罪的人。新地方的生活极度困难，很多犯人生了重病。刑期结束后，他们大多留在澳大利亚，享有土地权利并继续开荒。犯人的移送在1868年被废除。这一时期，被送往澳大利亚的女性有25000人，男性有13700人。

夏威夷是什么时候统一的？

在很长一段时间里，夏威夷群岛被许多统治者（"指导者"）分别统治着。这些统治者中有一个人的儿子是卡麦哈麦哈，他出生于夏威夷。1790年前后，他平定陷于内战状态的夏威夷岛，之后又征服夏威夷群岛的其他岛屿。1810年，他成为支配全体夏威夷群岛之王，从那时开始，卡麦哈麦哈实行和平政策，各岛设立知事，委托他们进行统治，自己作为绝对君主进行统治，定期召开会议。夏威夷1898年被美国吞并，1959年成为美国的一州。

《巴黎和约》的主要内容是什么？

1856年签订的《巴黎和约》是为结束克里木战争而签订的和约，俄国、英国、法国、奥斯曼土耳其帝国、撒丁、奥地利、普鲁士于1856年3月30日在巴黎签订。

和约的主要内容有：俄国将卡尔斯城及其占领的奥斯曼帝国其他领土归还土耳其，法、英、撒丁将占领的塞瓦斯托波尔、巴拉克拉瓦等克里木城市归还俄国；承认奥斯曼帝国与欧洲列强同盟有共同利益，各国尊重其独立和完整；宣布黑海中立，黑海各港口和水域对所有国家的商船开放，禁止各国军舰航行，俄、土均不得在黑海沿岸设置兵工厂；多瑙河在国际委员会监督下实行自由通行和免税；俄国让出比萨拉比亚南部，使其并入摩尔多瓦公国；瓦拉几亚、摩尔多瓦和塞尔维亚诸公国仍处于土耳其政府宗主权之下。

《巴黎和约》对欧洲的国际关系具有重

要的影响，它使俄国丧失欧洲霸主地位，国际地位大大下降。英国和法国则由此控制了土耳其，取得了在近东的优势地位。

海地人民是怎样摆脱法国统治的？

18 世纪，拉丁美洲受到了欧洲启蒙运动和美国、法国资产阶级革命的巨大影响。一些到过欧洲或受到革命影响的知识分子，开始在殖民地宣传资产阶级革命的思想，并且开展了一系列的争取独立的准备和秘密活动。在拿破仑战争期间，西班牙、葡萄牙参加欧洲"大陆封锁"，英国隔断了他们与美洲殖民地的联系，使拉美殖民地更容易摆脱宗主国的统治。

海地首先吹响了争取独立的号角。它原为西班牙殖民地，1697 年被法国占领。到 18 世纪末，统治海地的法国殖民者约 4 万人，而占海地人口十分之九的黑人奴隶就有 48 万人，没有一点人身自由，处境十分悲惨。还有约 3 万人的自由有色人种，包括混血人和自由黑人。1789 年法国大革命给海地人民以极大的鼓舞，促使了海地革命爆发。1790 年发生自由有色人种的武装起义被镇压。1791 年又发生大规模武装暴动，大批黑人奴隶参与其中，起义领导人是杰出的黑人领袖杜桑·卢维杜尔（1743 ~ 1803 年）。他原本是一个种植场的奴隶和马车夫，自己钻研过启蒙思想家著作，也向往自由。他率领起义黑奴打败了 1 万多名法国远征军，紧接着又打败了接踵而至的西班牙、英国殖民军。1801 年宣布海地独立，颁布了宪法，废除了奴隶制。1801 年，拿破仑派遣自己的妹夫勒克莱尔率领 54 艘战舰和近 3 万名军人在海地登陆。遭起义者痛击后，拿破仑一派于 1802 年以"和平谈判"为名把杜桑骗去，逮捕后送往法国，1803 年杜桑死于法国监狱。海地人民展开了更加英勇的斗争，1803 年 10 月，法军终于被迫投降。拿破仑先后派去的 4.3 万侵略军中，死亡人数就达 3.5 万人，勒克莱尔本人也死于传染病。法国舰队最后载着

8000 名老弱残兵离岛回国时，中途又被英国海军掳去。1803 年 11 月 29 日，海地人民发表《独立宣言》，1804 年 1 月 1 日，海地正式独立。海地革命对推动拉丁美洲独立战争具有重要的意义。

委内瑞拉是怎么摆脱西班牙统治的？

海地独立后，西班牙殖民地又爆发了更大规模的民族独立运动。1808 年，法国拿破仑军队入侵西班牙，囚禁了国王全家。1810 年，法军占领西班牙全境，这一消息便成为西属美洲殖民地独立的信号。

独立战争前，委内瑞拉人米兰达（1750 ~ 1816 年）曾在美国组织了一支远征队，企图于 1806 年在委内瑞拉登陆，但遭到失败。1810 年法军占领西班牙的消息传到委内瑞拉，4 月 19 日加拉加斯爆发起义，成立革命政府，各地纷纷响应。1810 年，米兰达回到委内瑞拉，1811 年召开国民议会，并于 7 月通过《独立宣言》，委内瑞拉正式宣布独立，成立了以米兰达为首的共和国政府。但新政府还没有站稳脚跟，就被殖民军于 1812 年扼杀，米兰达本人被捕，后死于西班牙狱中。第一共和国虽然夭折，但另一领导人西蒙·玻利瓦尔（1783 ~ 1830 年）继续领导人民进行斗争。玻利瓦尔出身于土生白人地主家庭，曾留学欧洲，受到法国大革命影响，第一共和国失败后，他历尽千难万险，重组队伍，打回加拉加斯。1814 年 4 月，又宣布成立第二委内瑞拉共和国，但很快就遭到了镇压，玻利瓦尔流亡海地。他积蓄力量，1816 年又回到委内瑞拉，1818 年 10 月宣布成立第三委内瑞拉共和国。1819 年，他率军远征，翻越险峻的安第斯山，解放了哥伦比亚地区。1819 年 12 月，又成立了包括委内瑞拉在内的"哥伦比亚共和国"。1822 年占领厄瓜多尔首都基多后，成立了统一的"大哥伦比亚共和国"，玻利瓦尔当选为共和国总统。至此，南美北部的独立战争取得了胜利。

墨西哥是怎样摆脱西班牙的统治的？

1810年墨西哥地区在伊达尔哥领导下爆发人民起义。伊达尔哥（1753～1811年）是多洛雷斯镇的牧师，对启蒙学者著作有深入的了解，并积极宣传法国革命的"自由"和"人权"思想。1810年9月16日晨，他敲响了教堂的钟，召集群众，提倡争取自由，群众高呼"独立万岁"，这便是著名的"多洛雷斯呼声"，而这一天也被墨西哥定为独立节。起义席卷西北部地区并逼近墨西哥城，队伍人数扩大到8万。但因起义领导人缺乏军事经验，丧失了歼敌的战机。1811年在转移中伊达尔哥和几名主要领导人遭伏击被俘牺牲，而他的学生和战友莫瑞洛斯（1765～1815年）继续指挥战斗。1813年11月墨西哥独立，1815年莫瑞洛斯被捕后壮烈牺牲。1820年西班牙本土爆发资产阶级革命后，墨西哥反动军官伊都维德篡夺政权，1822年建立墨西哥帝国，不久人民将其推翻。1824年通过新宪法，确定墨西哥为联邦共和国。

中美洲地区由于受到墨西哥独立运动的影响，于1821年宣布独立并加入墨西哥，1823年又脱离墨西哥建立联邦共和国（中美洲联合省）。1838年又分成5个国家，它们分别是危地马拉、萨尔瓦多、尼加拉瓜、洪都拉斯和哥斯达黎加。

巴西是怎样摆脱葡萄牙统治的？

葡属巴西于8世纪末至19世纪初展开了争取独立的运动，但是因起义和斗争比较分散，最终没能推翻葡萄牙统治。1807年底，拿破仑军队侵入比利牛斯半岛，葡萄牙王室逃往巴西，使巴西一度成为葡萄牙王国的政治中心。1820年葡萄牙本土爆发资产阶级革命，在新议会的要求下，葡王约翰六世于1821年回国，并且让儿子彼得罗统治巴西。当时巴西局势十分复杂，要求独立呼声很高。葡议会要求彼得罗也回国，但遭到了拒绝。

1822年，彼得罗自立为帝，宣布巴西脱离葡萄牙独立。1823年7月，最后一批葡萄牙殖民军被迫从巴西撤走。

就性质而言，拉丁美洲独立战争是一次资产阶级革命。它摧毁了西班牙、葡萄牙等国的殖民统治，建立了17个独立国家，绝大部分建成为地主资产阶级共和国（只有巴西保存帝制到1889年），对推动拉丁美洲社会的发展具有重要的意义。但由于领导权掌握在土生白人地主手中，大地产制被保留下来，阻碍了后来的发展，另外，拉美各国的独立也为现在南美大陆政治格局奠定了基础。

什么是"门罗主义"？

美国第5届总统门罗（1758～1831年）于1823年12月2日在国情咨文中提出的美国对外政策的原则，史称"门罗主义"，它是美国对外扩张政策的重要标志。

从杰弗逊执政开始，美国进入大肆扩张版图的时期，其扩张政策与英国发生尖锐的冲突。在1812年的美英战争中，美国向北扩张的企图受挫，因而把扩张的矛头指向拉丁美洲。可是，欧洲的"神圣同盟"企图干涉拉丁美洲的独立运动，英国也乘势向拉美地区扩张。1823年8月，英国外交大臣坎宁邀请美国共同反对俄、普、奥三国"神圣同盟"对拉美各国的干涉，禁止再把拉丁美洲殖民化，门罗对这一主张表示赞同。

1823年12月2日，门罗总统在致国会咨文中宣称：美国将不涉足欧洲列强的内部事务以及它们之间的战争；美国承认并且不干涉欧洲列强在拉丁美洲的殖民地和保护国；欧洲列强不得再在南、北美洲拓展殖民地；欧洲任何列强控制或压迫南北美洲国家的任何企图都将被视为与美国为敌，并且提出"美洲是美洲人的美洲"的口号。实际上，这就是宣布拉丁美洲属于美国的势力范围。从客观上讲，门罗主义起到了防止已独立的拉美国家再度沦为欧洲列强的殖民地的作用。

起初，国外并没有给门罗宣言以足够的

门罗主义的诞生
图为门罗（中站立者）召开内阁会议时的情景。

重视，1870 年以后，才有"门罗主义"的提法。美国日渐上升为世界强国的地位后，在门罗主义的指导下，美国于 1876 年调解阿根廷与巴拉圭间的边界纠纷；1880 年调解哥伦比亚与智利间的纠纷；1881 年解决墨西哥与危地马拉，智利与阿根廷、智利与秘鲁间的边界纠纷。1895 年美国在英属圭亚那与委内瑞拉边界问题上，迫使英国让步，同意成立仲裁法庭，以明确两国边界。1904 年西奥多·罗斯福（1901 ~ 1909 在任）提出"罗斯福推论"，对门罗主义做了进一步的补充。他指出，某个拉美国家一旦"闹事"，美国可以插入其内部事务。在西奥多·罗斯福、威尔逊任内，美国还经常干涉拉丁美洲，尤其是加勒比地区的内部事务。1933 年以后，富兰克林·罗斯福执政时放弃干涉政策，转而施行睦邻友好的政策。

美国自什么时候开始修筑铁路？

1830 年 5 月 24 日，美国的第一条铁路建成通车，全长 21 公里，从巴尔的摩至埃利州科特。19 世纪 50 年代，筑路规模扩大，80 年代时，铁路修筑形成高潮。从 1850 至 1910 年的 60 年间，共修筑铁路 37 万余公里，平均年筑路 6000 余公里。1887 年筑路达 20619 公里，创铁路建设史上的最高纪录。1916 年，美国铁路营业里程达到历史上的最高值，共 408745 公里。此后，由于其他运输方式迅速发展和其他原因，铁路不断被拆除

或封闭，铁路线路长度也不断削减。

什么是"黑船事件"？

黑船事件是指 1853 年美国以炮舰威逼日本打开国门的事件。19 世纪上半叶，当日本还在闭关锁国政策下局限于东北亚一隅时，世界正在发生快速的转变。英、法、俄、美等国成为新一波称霸世界的强国，在经历了产业革命、交通革命的洗礼之后，他们为寻找产业革命需要的原料、市场、殖民地与转运站，开始积极经营远东。

"黑船事件"后的日本政局一天比一天混乱，也为幕府灭亡埋下了导火线。

卡斯特将军为什么被印第安人打败？

在 19 世纪中期，美国政府军曾与印第安人发生过许多次战斗，其中一次是由美国政府军队的将军乔治·卡斯特（1839 ~ 1876 年）指挥的，最终遭到了惨败。

卡斯特将军长期从事军旅生涯，以骁勇善战著称，尤其在对达科他领地的一些印第安人的作战中，取得了明显的"成功"，然而，好景不长。

1876 年，在南达科他领地的黑山地区发现了金矿。印第安人认为该地区是神圣不可侵犯的，各地的印第安人蜂拥而至。为了从印第安人手中夺取金矿的开发权，美国政府于 1876 年 1 月末，指令印第安人的各个部落迁进政府规定的保留地去。当时，夏廷和苏森特部落的一些印第安人对政府的指令不屑一顾。但是出乎印第安人意料的事件发生了。在这年寒冷的冬季，他们遭到政府军强制性的驱赶。随后在 1876 年 5 月，美国政府派了一支陆军远征队，并在阿尔弗雷德·特里将军的指挥下，在印第安人视为神圣不可侵犯的土地上安营扎寨，企图驱逐谋反的印第安人。实际上，此时以西丁·巴尔为首的印第安人已经做好了应战的准备。

这样，以政府军队为一方，以西丁·巴尔为首的印第安人为另一方，摆开了战斗阵

势，一场殊死的战斗是不可避免了。战争的结果是卡斯特领导的军队被全部消灭，卡斯特将军也未能逃脱厄运。

这是美国陆军在征服西部印第安人战争中遭受的一次最惨重的失败。那么，这次失败的责任应由谁来负呢？有些历史学家认为，卡斯特将军轻举妄动，狂妄自大，并企图为全国树立英雄的形象，这是导致美军失败的基本原因。另外一些人认为他是在上级的命令范围内行动的，失败的责任不应由他负。还有些人则认为，责任应由雷诺和宾廷来负，他们行动迟缓，并且对卡斯特不信任，从而使卡斯特陷于孤立无援的境地。但是，许多证据是相互矛盾的，依然不能准确地说明卡斯特为什么会被印第安人打败。

什么使林肯在全美提高了政治声誉？

1858年，林肯（1809～1865年）在伊利诺伊州和斯蒂芬·道格拉斯参议员竞选美国参议院席位。他向道格拉斯发起挑战，在整个州展开了一系列的辩论。道格拉斯是民主党全国性的风云人物，而当时的林肯还默默无闻。他们的辩论仅集中于一个问题——奴隶制。

1846年，道格拉斯入选参议院，他狂热鼓吹领土扩张。西部领土扩张引起了在新的准州里是否允许实行奴隶制的激烈争论。道格拉斯认为各州或准州的人民应自行投票决定是否实行奴隶制，而林肯则争辩说奴隶制不该扩展到现存的奴隶州以外的地方去了。林肯坚持认为奴隶制是邪恶的，而道格拉斯也同样坚持说国家的生存要求尊重民众的主权，即便这会使奴隶制扩展也并无大碍。

这次辩论后，林肯最终赢得了公众投票，林肯成为共和党全国领袖人物以及1860年总统大选的竞争者。

约翰·布朗起义是怎么回事？

约翰·布朗起义是美国南北战争前夕的反奴隶制的起义。

约翰·布朗（1800～1859年）是这次起义领导人，1800年，布朗出生于康涅狄格州一个白人农民家庭。其父为废奴主义者，布朗从小受反奴隶制思想的熏陶。成年后，他从人道主义出发，积极投身于美国废奴运动。1856年布朗参加了堪萨斯州争取自由州地位的武装斗争（即堪萨斯内战），从此声名远播。1857年，他开始运筹以解放南部黑奴为最终目的的武装起义。为了筹措起义资金，争取黑人尤其是著名黑人废奴主义者的合作，布朗多次奔走于北方和加拿大各地。

10月16日夜间，布朗和其他起义者快速攻占了兵工厂和军械库，控制了市镇，还解放了少数奴隶。17日，政府当局召集的民团陆续赶到起义地点。布朗等人被包围在兵工厂附近的消防工具间，战斗持续了一整天。当天夜间，罗伯特·李上校率领一支海军陆战队赶来，18日对起义进行了残酷镇压，10人牺牲，包括布朗在内的7人被俘。12月2日，约翰·布朗就义，以背叛弗吉尼亚的名义处刑，其他被俘者也先后被处以绞刑。

这次起义虽然失败，但有力地推动了奴隶解放运动的发展，加速了美国内战的爆发。

美国《黑人法典》的目的是什么？

在1865至1866年之间，南方各州议会相继通过了《黑人法典》，以代替业以无效的"奴隶法典"。《黑人法典》旨在控制黑人的活动、限定黑人的社会地位。比如，南卡罗莱纳州的《黑人法典》规定，制订签约合同时，黑人的身份为"奴仆"，白人的身份为"主人"；黑人未经允许不能离开所在地。密西西比州的《黑人法典》规定，黑人不许随便流浪，如被发现没有合法工作，黑人流浪者将会受罚；假如他无力支付罚款，地方法官有权把他们任意出雇给白人地主或其他业主。在几乎所有的南方州，黑人被禁止参加民兵队，也不许拥有枪支；黑人要布道也需得到特别许可证。就这样，刚从奴隶制度桎梏中解放出来的黑人，在各种社会行动中又陷入种种限制之中。

后来，各种种族隔离政策也先后被制定出来，意在把黑、白人种分离开来，强行剥夺黑人本应享受的公民权利。

垄断组织是怎样形成的？

垄断组织最早形成于流通领域，产生了卡特尔、辛迪加等形式的垄断组织；后来在生产领域产生托拉斯等垄断组织。19 世纪晚期主要资本主义国家都出现了垄断组织。垄断是帝国主义的本质特征。随着垄断组织的普遍出现，19 世纪末 20 世纪初，主要资本主义国家进入帝国主义阶段。

谁创建了美孚石油公司？

约翰·洛克菲勒（1839～1937 年）出生于 1839 年。1853 年洛克菲勒开设经营干草、谷物、肉类和其他货物的代办所。1863 年，洛克菲勒在克利夫兰附近建立第一个炼油厂，此后，他们专门经营石油业。1870 年，洛克菲勒和人合办了俄亥俄美孚石油公司，并开始收买竞争对手的全部产权。1872 年，该公司几乎控制了克利夫兰所有的炼油厂。1880 年，美孚石油公司几乎垄断了美国整个石油业。1881 年，美孚石油公司改由九人董事会控制全部股份和分支机构。1882 年，美孚石油公司和生产、提炼和销售石油的关联公司联合成立了美孚石油托拉斯，这是美国第一个托拉斯组织。

8 小时工作制是怎样产生的？

19 世纪 80 年代初，美国工业已跃居世界第一位。但是美国资本主义的发展是建立在残酷剥削工人阶级基础之上的，美国工人平均每天的劳动时间长达 12 至 15 小时。工人的工作长，但工资却很少，沉重的阶级压迫激起了无产者的愤怒。

1877 年，美国历史上第一次全国罢工开始了，在工人运动的强大压力下，美国国会被迫制定了 8 小时工作制的法律。但是刚开始这个法律并没有真正实行，于是工人们把这个运动推向高潮。1886 年 5 月 1 日，资本家才正式实施 8 小时工作制。

近代科技的成就

为什么伽利略被称为"近代科学之父"？

伽利略（1564～1642年），欧洲实验科学的创始人，他在物理学和天文学上做出了杰出贡献。在他看来，研究自然科学不能盲目轻信前人的既有结论，由此，他开创了以实验事实为基础并且具有严密逻辑体系和数学表述形式的近代科学。此外，为了推翻以亚里士多德为旗号的经院哲学对科学的禁锢、改变和加深人类对物质运动和宇宙的科学认识，伽利略奋斗了一生，因此被誉为"近代科学之父"。

英国工业革命开始的标志是什么？

工业革命也就是"产业革命"，是指资本主义手工工场向大机器生产过渡，以及随之产生的社会生产关系的大变革。这场革命首先从资金周转快、获利丰厚的棉纺织业开始。1733年，凯伊发明了飞梭，提高了织布能力，使得棉纱供不应求。1765年，工人哈格里夫斯发明了珍妮纺织机，与以前的纺织机相比，珍妮纺织机的生产效率更高。它被看作是工业革命的第一台机器，为工业革命的开始揭开了序幕。

后来，瓦特改造了蒸汽机，极大地推动了矿业、冶金、交通、运输等部门的发明和创造。1807年，美国人富尔敦发明了蒸汽机轮船。1814年，美国人史蒂芬孙发明了火车。19世纪，工业革命基本完成。

最早的纺纱机为什么叫"珍妮机"？

"珍妮纺织机"的发明者是詹姆斯·哈格里夫斯（1721～1778年），英国人。他是一个普通工人，既能织布，又会做木工。妻子珍妮是一个勤劳善良的纺织能手，她起早贪黑，一天忙到晚，可纺纱结果并不理想。哈格里夫斯每次看到妻子既紧张又劳累的样子，就有把这个老掉牙的纺车改进一下的想法。

一天，他无意中把家里的纺车碰翻了，原来水平放置的纺车锤变成垂直竖立，仍在不停转动。这一偶然事件给了他灵感：既然纺锤竖立仍能转动，要是并排使用几个竖立的纺锤，不就可以同时纺出好几根纱了吗？说干就干，于是他试制成装有8个纺锤的新式纺织机。为了纪念这一成功的试验，哈格里夫斯给它命名为"珍妮纺织机"。这项发明比旧纺织机提高效率几十倍，被恩格斯称为"使英国工人的状况发生根本变化的第一个发明"。

谁被称为"科学管理之父"？

弗雷德里克·温斯洛·泰罗（1856～1915年）是美国古典管理学家，科学管理理论的缔造者，被后人尊称为"科学管理之父"。

1881年，泰罗开始了他对工人劳动时间和工作方法的研究，1898至1901年受雇于宾夕法尼亚某钢铁厂进行咨询工作，主要完成了著名的搬运生铁实验，这就为科学理论的创立提供了实践基础。1901年，他开始从事无偿的咨询及演讲活动，宣传他的科学管理理论。

第一个称量地球的人是谁？

卡文迪许（1731～1810年），英国化学家、物理学家。出生于1731年10月10日，毕业于剑桥大学。在伦敦定居后，卡文迪许在他父亲的实验室中当助手，做了大量的电学、化学研究工作。

不仅如此，他还涉足热学理论、计温学、气象学和大地磁学。物理学方面，他最主要的成就是通过扭秤实验验证了牛顿的万有引力定律，确定了引力常数和地球平均密度。

经过多次实验，卡文迪许测算出地球的平均密度是水密度的 5.481 倍，并确定了万有引力常数，计算出了地球的质量，被誉为"第一个称量地球的人"。

一生简朴的卡文迪许留下了大笔遗产，其中一部分捐给了剑桥大学，该大学用这笔钱建立了"卡文迪许实验室"。100 多年来，这个实验室先后培养出诺贝尔奖获得者 26 人。

火车是谁发明的？

一般认为，真正意义上的火车发明者是英国工程师斯蒂芬孙（1781 ~ 1843 年）。

1783 年，瓦特的学生默多克造出了一台用蒸汽机作为动力的车子，但效果不太理想，没人使用。1807 年，英国人特里维希克和维维安制造出能用蒸汽机推动的车子，但是这车子太笨重，以致于难以在普通的道路上行走。那个时候，他们还没有把这辆车放到铁轨上去的想法，所以不久也就弃之不用了。直到 1814 年，英国工程师斯蒂芬孙造出了在铁轨上行走的蒸汽机车，火车就正式诞生了。

谁是摄影术的发明者？

19 世纪 30 年代末期，路易·雅克·芒戴·达盖尔首次成功地发明了实用摄影术。

达盖尔（1787 ~ 1851 年）于 1787 年出生在法国北方的科梅伊镇，年轻时是位艺术家，大概在他 35 岁时设计出西洋镜，用特殊的光效应展示全景画。在从事这项工作期间，他对一种不用画笔和颜料自动再现世界的景色装置，也就是照相机，产生了浓厚的兴趣。

之前达盖尔就为发明可使用的照相机做过一些努力，但均未获得成功。1827 年，达盖尔遇见约瑟夫·尼塞福尔·涅普斯，他也一直在努力发明照相机，并且已经在这一领域取得了一些成就，两年后他们成为合作人。1833 年涅普斯逝世，但达盖尔没有放弃自己的理想和追求。1837 年，他成功地发明了一种实用的摄影术，叫作达盖尔摄影术（银版摄影术）。

谁被称为"数学王子"？

高斯（1777 ~ 1855 年），德国数学家、天文学家和物理学家，有"数学王子"的美誉，被称为历史上伟大的数学家之一，和阿基米德、牛顿齐名。

1777 年 4 月 30 日，高斯出生于不伦瑞克的一个工匠家庭，幼时家境贫困，因天资聪颖，被一个贵族资助进入学校接受教育，因证明代数基本定理获博士学位。高斯是近代数学奠基者之一，在历史上影响重大。高斯的成就遍及数学的各个领域，不论是数论、非欧几何、微分几何、超几何级数，还是复变函数论以及椭圆函数论等方面均有开创性的贡献。他十分注重数学的应用，在对天文学、大地测量学和磁学的研究中也偏重于用数学方法进行研究。

自行车的发明人是谁？

普遍的观点认为，德国男爵卡尔·杜莱斯是自行车发明者。1817 年，他制造出有把手的脚踢木马自行车，车子前轮上装有一个方向把手，这是人们第一次看到不需用马拉的奇怪车子，也是人们最早的自行车印象。他发明的灵感来源于溜冰鞋的原理，他想如果人们在两轮之上放个座垫，人坐在上面两脚下垂交互踩踏，车子就能像溜冰一样前行了。

1818 年，他的木马自行车正式取得德国及法国的专利，成为自行车的开山鼻祖，这辆木马自行车的发明对人类产生了很大的影响。

欧姆有哪些物理学成就？

欧姆定律是电学中最重要的定律之一，是德国物理学家欧姆（1787～1854年）发现的。

欧姆在极其艰苦的条件下自己动手设计和制造仪器来进行实验研究。他独创地应用库仑的方法制造了电流扭力秤，用来测量电流强度，引入和定义了电动势、电流强度和电阻的精确概念；受热传导研究的启发，他对电流的流动和热量的流动进行科学类比，以找出相似的规律；通过大量实验对电路中电流、电压、电阻的关系进行了仔细的研究。终于，在1826年导出了以他的名字命名的欧姆定律。

然而欧姆的这个定律并没有引起学界的广泛关注，在德国只有少数科学家承认欧姆定律。后来，英国皇家学会1841年授予欧姆以科普利奖章，这是当时科学界的最高荣誉。为了纪念这位科学家，人们以他的名字命名了欧姆定律和电阻单位。

邮票是谁发明的？

17世纪，英国已开始创办国家专营的邮政事业。在19世纪30年代的英国，寄信是按邮程距离及信的页数向收信人收费的。一般人难以承受昂贵的邮资，于是人们便想法设法减少邮费，这就使得英国实行高邮费的国家减少了邮政收入。

罗兰·希尔（1795～1879年）是一位杰出的改革家。1835年，他就开始研究英国的邮政改革问题。为了宣传邮政改革主张，他于1837年1月出版了著名的小册子：《邮局改革——其重要性与现实性》。1840年月1月10日，英国决定实行罗兰·希尔的建议，不论远近，信函每盎斯均收费1便士。后来罗兰·希尔还选定一种纪念章上的维多利亚女王侧面像为邮票图案。图案顶部中间有邮资字样，底部中间是面值1便士。票面用黑色印刷，全张横12枚，竖20枚，共240枚，

面值恰好1英磅。因当时没有发明打孔机，所以邮票四周还没有齿孔。

就这样，世界上第一枚邮票诞生了。为表彰罗兰·希尔对邮政改革做出的杰出贡献，英国女王赐他爵士称号。因为罗兰·希尔是第一个发明邮票的人，人们尊称他为"邮票之父"。

基尔霍夫的物理学成就有哪些？

如果你到城市供电局的控制室参观，就会看到缩小到千分之一、万分之一的设计精巧、结构严密的全城供电网络。一旦发生故障，马上就能知道毛病出在哪里。提供这门技术的是德国科学家基尔霍夫（1824～1887年）。

19世纪40年代，随着电气技术的蓬勃发展，电路变得越来越复杂。正确迅速地求解电路，成为电气技术进一步发展的关键。

1845年，21岁的基尔霍夫成功地解决了这个难题。他的第一篇论文就提出后来被称为基尔霍夫第一和第二定律的两个定律。这两个发现立即被各国科学家接受和采用，直到现在，它仍是解决复杂电路问题的重要工具。

电磁场理论的奠基者是谁？

几千年前，人类就发现了电现象和磁现象，但一直将它们视为风马牛不相及的两回事。直到法拉第发现了电磁场理论，人们才了解了电和磁之间的关系。

迈克尔·法拉第（1791～1867年），英国杰出的实验大师，在前人启发的基础上，发现了电和磁之间的密切联系，并且用线和场的概念来表达它们，为后来建立严密的电磁场理论奠定了良好的基础。

法拉第发现了许多重要的电磁现象。1821年9月，他发现通电的导线能绕磁铁旋转，这个装置后来发展成为电动机。1831年10月，他发现如果把磁铁插入或抽出闭合的导线回路，回路中会出现电流，这个装置后来发展成为发电机。同一年，法拉第还完成

英国物理学家迈克尔·法拉第在实验室里紧张地工作。他于 1831 年发现电磁感应原理，由此极大地推进了人类对电以及电使用的研究。

了后来演变成变压器的实验。这些实验为以后电的大规模开发和应用奠定了基础。此外，在电化学方面，法拉第也有许多重大发现。现在电学和化学上的一些单位和定律就以法拉第的名字进行命名。

几何影射定理是谁提出的？

帕斯卡（1623～1662 年）全名布莱斯·帕斯卡，是 17 世纪的著名物理学家和天才数学家。我们知道他在物理方面有液体压强方面的帕斯卡定律，其实帕斯卡在数学上更是做出了非凡的成就。

帕斯卡以神学家出名，他是概率的数学理论的创始人，提出了几何影射定理，对科学和哲学以及社会统计问题都有重大的现实意义。

1623 年 6 月 19 日，帕斯卡出生在法国的克莱蒙·菲朗市。他的父亲是一位很有才华的数学家，这为帕斯卡在数学方面的发展提供了良好的家庭环境。1640 年帕斯卡就发表了关于圆锥曲线的论文，引出 400 多条推论，提出了被迪沙格称为神秘的六边形的影射几何基本定理，做出了自阿波罗以来关于圆锥曲线的最重要的研究。数学史家认定，单就这个定理，就足以让帕斯卡流芳百世。

1642 年，19 岁的帕斯卡还发明了一种可以做加减法的齿轮计算机，并获得专利，这是世界第一台机械计算机。

伽罗华有哪些数学成就？

伽罗华（1811～1832 年），法国数学家，在函数论、方程式论和数论做出了重要的贡献，他的科学研究为群论（一个他引进的名词）奠定了基础。

伽罗华最主要的成就是提出了群的概念，并用群论彻底解决了根式求解代数方程的问题，而且由此发展了一整套关于群和域的理论。正是这套理论创立了抽象代数学，把代数学的研究推向了一个新的里程，也是这套理论为数学研究工作提供了新的数学工具。它对数学分析、几何学的发展有很大影响，标志着数学发展现代阶段的开始。

1829 年 5 月，伽罗华把他的成果写成论文，递交给法国科学院，但是却招来了一系列的打击和不幸。死时年仅 21 岁。他被公认为是数学史上两个最具浪漫主义色彩的人物之一。为了纪念他，人们称他的理论为伽罗华理论。

“微生物学鼻祖”是指谁？

巴斯德（1822～1895 年），19 世纪最伟大的化学家、生物学家和医生，他最先探明了微生物发酵和微生物致病的原因，还找到了治疗狂犬病的办法。对于他在生命科学方面做出的功绩，法国人民评价说：“巴斯德一人的发现，足以抵偿 1870 年法国付给德国的 50 亿法郎战争赔款。”他也被称为“法国人民的儿子”。

1848 年，通过研究酒石酸晶体，巴斯德发现分子的光学异构体，成为第一个在化学界提出分子不对称性理论的人。1857 年，他研究了发酵过程，证明发酵是微生物活动的结果。同时，他还发明了预防酒变酸的加热消毒法，这种方法被人们称为“巴氏消毒法”。1881 年，巴斯德弄清了蚕病的致病菌，找到了预防方法，用减毒的炭疽病菌和鸡霍乱病菌使绵羊和鸡获得免疫成功，每年数以十万计的家畜、家禽都可以幸免于难。

综上所述的成就使得巴斯德享有"微生物学鼻祖"的美誉。

安培的物理学成就有哪些?

安德烈·玛丽·安培(1775～1836年),法国化学家,在电磁作用方面的研究成就卓著,在数学和物理方面也做出了巨大的贡献。

他最主要的成就是1820至1827年对电磁作用的研究。1820年7月,奥斯特发表关于电流磁效应的论文后,安培进行了大量实验,并总结了电与磁之间相互作用的有关规律,揭示了电磁间的内在联系。1820年,他又总结出确定电流的磁场对磁针作用方向的定则,也就是现在使用的安培定则。1827年,安培将他的电磁现象的研究综合在《电动力学现象的数学理论》一书中,这是电磁学史上一部重要的经典论著,对以后电磁学的发展起了重要的影响。为了纪念安培在电学上的杰出贡献,电流的国际单位即以其姓氏命名。

征服传染病的人是谁?

罗伯特·科赫(1843～1910年),世界病原细菌学的奠基人和开拓者。对医学事业所做出的开拓性贡献,也使科赫成为在世界医学领域中令德国人骄傲无比的泰斗巨匠。

科赫出生于德国的一座矿山城里,23岁获得医学博士学位,毕业后开始了他的医学生涯。当他亲眼目睹病人因无法挽救而死去的时候,就更加坚定了这样一个信念:一定要抓住传染病的元凶。当时,炭疽病使成千上万只牛羊一夜间死去,并危及到了牧人、毛皮商人的生命。他从病羊血液中看到许多小杆和长线,猜测这就是引起炭疽的杆菌。由于尚无经济能力,买不起供实验用的牛羊,于是科赫决定用白鼠做实验。这次试验证实了自己当初的猜想,他发现炭疽杆菌的繁殖速度和能力大得惊人。以后,科赫走访了许多国家和地区,对许多疾病进行了考察,提出了许多有效的防范措施,这就大大降低了瘟疫的发病率和死亡率。

康托尔有哪些数学成就?

格奥尔格·康托尔(1845～1918年),德国数学家,集合论的创始人。生于俄国圣彼得堡,10岁举家迁往德国,自幼对数学情有独钟。23岁获博士学位,以后一直从事数学教学与研究。

康托尔对数学的贡献主要表现在集合论和超穷数理论两个方面。19世纪由于分析的严格化和函数论的发展,数学家们对无理数理论和不连续函数理论进行认真考察,他们的研究成果就为康托尔后来的工作奠定了必要的思想基础。

1897年举行的第一次国际数学家会议上,他的成就得到了承认。伟大的哲学家罗素称赞康托尔的工作"可能是这个时代所能夸耀的最巨大的工作"。1918年1月6日,康托尔在一家精神病院去世。

第一个断定电磁波存在的人是谁?

詹姆斯·克拉克·麦克斯韦(1831～1879年)是继法拉第之后集电磁学大成的伟大科学家,他是第一个断定电磁波存在的人。

麦克斯韦对自然科学有浓厚的兴趣,1856年在苏格兰阿伯丁的马里沙耳任自然哲学教授。1861年被选为伦敦皇家学会会员。1865年春,辞职回到家乡系统地总结他的于电磁学的研究成果,完成了电磁场理论的经典巨著《论电和磁》,并于1873年出版。

他主要从事电磁理论、分子物理学、统计物理学、光学、力学、弹性理论方面的研究。尤其是他建立的电磁场理论,将电学、磁学、光学统一起来,是19世纪物理学发展最光辉的成果。他预言了电磁波的存在,并且这个理论在后来得到了充分的实验证实,可以说,他为物理学树起了一座丰碑。

1879年11月5日,麦克斯韦在剑桥逝世。

发明直流电源的人是谁?

现在的干电池、蓄电池、发电机、太

阳能电池等形式多样的电源为人类提供了稳定持续的电流。世界上第一个发明直流电源的人是伟大的意大利物理学家、发明家伏特（1745～1827年）。

在伏特24岁的时候，他就发表了静电学著作《论电的吸引》，引起了科学界的广泛注意。29岁成为物理学教授，在电学等方面作出了重要的贡献。1791年被聘请为英国皇家学会国外会员，三年后获得了科普利奖章，后来被选为巴黎科学院的国外院士。

为了纪念这位最先为人类提供稳定电流的科学家，人们将电动势和电位差的单位以他的姓氏命名为"伏特"，简称"伏"。

用实验证明电磁波存在的人是谁？

赫兹（1857～1894年），德国物理学家，生于汉堡。他早在少年时代就对光学和力学产生了浓厚的兴趣，由于对自然科学的爱好，后来在柏林大学求学。赫兹对人类最伟大的贡献是用实验证明了电磁波存在。

赫兹在柏林大学随赫尔姆霍兹学物理时，受赫尔姆霍兹的鼓舞研究麦克斯韦电磁理论，当时德国物理界深信韦伯的电力与磁力可瞬时传送的理论。因此，赫兹就决定用实验来证实韦伯与麦克斯韦理论谁的正确。经过一系列的反复验证，1888年，赫兹的实验终于成功了，这就使得麦克斯韦理论具有了光辉的色彩。接着，赫兹还通过实验确认了电磁波是横波，具有与光类似的特性，如反射、折射、衍射等，并且实验了两列电磁波的干涉。同时证实了在直线传播时，电磁波的传播速度与光速相同，从而全面验证了麦克斯韦电磁理论的正确性，并且进一步完善了麦克斯韦方程组，使它更加优美、对称，得出了麦克斯韦方程组的现代形式。

赫兹对人类文明做的贡献很大，正当人们对他新的理论翘首以盼时，他却于1894年元旦因血中毒逝世，年仅36岁。为了纪念他的功绩，人们用他的名字来命名各种波动频率的单位，简称"赫"。

谁是"无线电通信的奠基人"？

马可尼（1874～1937年），意大利发明家，无线电通信的奠基人，1874年4月25日出生于意大利的波伦亚。尽管马可尼没有接受过正规的教育，但赫兹的实验激发了他对无线电通信研究的热情。它广泛地搜集资料，进行反复实验，1894年第一次在家里用无线电波打响了10米以外的电铃。后来他又进行了改进，在接收机和发射机上都安装了天线，成功地进行了无线电波传输信号的实验。1896年6月，马可尼的发明取得了英国专利。1901年马可尼率领一个小组在加拿大纽芬兰的圣约翰斯进行越洋通信试验，使用风筝天线，在当年12月12日中午收听到从相隔3000公里以外的英国普尔杜横渡大西洋发来的"S"字母信号，开辟了无线电远距离通信的新时代。1909年11月，马可尼和德国物理学家K.F.布劳恩同时获得了当年的诺贝尔物理奖。

发现元素周期律的人是谁？

德米特里·门捷列夫（1834～1907年），19世纪俄国化学家，他发现了元素周期律，并且在此基础上发表了世界上第一份元素周期表。1907年2月2日，这位享有世界盛誉的俄国化学家因心肌梗死告别了人世，那一天距离他的73岁生日仅有6天。他的名著《化学原理》伴随着元素周期律而诞生，在19世纪后期和20世纪初，被国际化学界公认为标准著作，先后共出了八版，一代又一代的化学家受到了它的影响。

宇宙中的黑洞是如何被发现的？

在宇宙空间中，有一个神秘的区域，不管什么物体只要进入这个区域便会杳无踪迹，人们称之为"黑洞"。早在1898年，人们就对黑洞就有了认识。法国著名数学家拉普拉斯认为，如果一个天体的密度或质量达到一定的限度，我们就看不到它了，因为光没有能力逃离开它的表面。也就是说，光到达不了我们这里。不过，黑洞引起科学家们的普遍关注，还是在爱因斯坦的广义相对论公布之后。人们根据爱因斯坦的理论，就黑洞存在的条件及形成原因等问题进行了探索。

直到 1965 年科学家们观测到一束来自白天鹅星座的 X 射线后，才真正打开了人们探测黑洞的大门。过了几年，科学家们根据这些强射线找到了 X 射线的真正发射源，这是一颗伴星，其质量是太阳的 5 ～ 8 倍，但人们看不到它所在的位置。到目前为止，这是黑洞最理想的"候选人"。

岩石中存在汽车火花塞是怎么回事？

1961 年，美国加利福尼亚州奥兰治市的洛亨斯宝石礼品店为搜寻珍奇宝石，派工作人员兰尼、米克谢尔和麦西三人前往奥兰治市东北方 9 千米处的哥苏山勘察。在接近峰顶的海拔 1400 米高处三人找到了一块包在岩中的晶洞。

三个人找到晶洞后，猜测它可能是值钱之物，于是就让米克谢尔用钻石锯片的锯子小心翼翼地把它锯开。

不料锯开后却感到晶洞内部包藏着特别硬的金属物品，钻石锯片也被弄坏了。三人定睛细看，原来是汽车火花塞！

据地质学家枯计，蕴藏有这个晶洞的岩层地质年代约有 50 万年。美国《知识杂志》编辑威里斯研究过这些物品及其 X 光照片后，认定它和现代的汽车火花塞有很大的相似之处，显然是一个人工制品。

众所周知，现代汽车 19 世纪下半叶才问世，汽车火花塞的出现也不会更早。而洞内这个类似汽车火花塞的蕴藏物只能被制成于晶洞形成之前，即 50 万年以前。那时的人类刚刚从动物界中分化出来，还处于极端原始的阶段，又怎么能制造出作为现代工业产物的火花塞呢？

1963 年，这个晶洞曾在东加州博物馆展出三个月。后来，发现者之一的兰尼取得了这个晶洞的所有权，并以 2.5 万美元的高价将它卖给了一个不知姓名的人。但是，这个火花塞是怎样跑到晶洞里去的，至今还是个谜。

电子自动打火的先驱是谁？

亨利（1797 ～ 1878 年）是电子自动打火的先驱。

亨利于 1797 年 12 月 17 日出生在美国纽约州奥尔贝尼市。1822 年毕业于奥尔贝尼学院，1826 年被聘为奥尔贝尼学院物理学教授。1867 年任美国科学院第一任院长。

亨利发现电流的自感现象：断开通有电流的长导线可以产生明亮的火花。1832 年，他在论文中宣布发现了自感现象。1835 年 1 月，亨利向美国哲学会介绍了他的研究结果，他用 14 个实验定性地确定了各种形状导体的电感的相对大小。

1830 年 8 月，亨利在实验中观察到了电磁感应现象，亨利的电磁铁为电报机的发明做出了贡献，实用电报的发明者莫尔斯和惠斯通都采用了亨利发明的继电器。

亨利一生有许多创造发明，但他从不拿去申请专利，总是无偿地向社会公布。1878 年 5 月 13 日亨利在华盛顿去世。

谁被尊称为世界上的"发明大王"？

爱迪生（1847 ～ 1931 年）是美利坚民族崇尚的那种传奇般的人物，尽管他没有受过良好的学校教育，但凭个人奋斗和非凡的才智获得了巨大成功，成为美国发明家、企业家。

爱迪生曾制定双工式和四工式电报系统，发明自动电报帮电机；1877 至 1879 年发明留声机；实验并改进了电灯（白炽灯）和电话。之后，爱迪生又制定了照明系统，并为实现集中供电进行了许多工作。1882 年，爱迪生建成了第一座大型发电厂。后来，他还做了铁道电气化的试验。1883 年发现"爱迪生效应"，即热电子发射现象。此外，他在电影技术、矿业、建筑、化工等方面也有不少著名的发明，仅从 1869 年到 1901 年，就取得了 1328 项发明专利。在他的一生中，平均每 15 天就有一项新发明，他因此而被誉为"发明大王"。

爱迪生 80 岁的时候仍保持着发明家的精神，坚持进行发明创造活动。1927 年，他成立了爱迪生植物研究公司。

1931 年 10 月 18 日，爱迪生带着宽慰的微笑与世长辞，享年 84 岁。举行葬礼的那天，全美国熄灭电灯一分钟，以示哀悼。

谁提出了"大陆漂移"说？

大陆漂移的设想早在 19 世纪初就出现了，最初提出这个想法是为了解释大西洋两岸明显的对应性。到 1915 年，德国气象学家阿尔弗雷德·魏格纳（1880～1930 年）的《大陆和海洋的形成》问世，才作为一个科学假说得到世人的重视。在这本不朽的著作中，魏格纳根据拟合大陆的外形、古气候学、古生物学、地质学、古地极迁移等大量证据，提出中生代地球表面存在一个泛大陆，这个超极大陆后来分裂，经过二亿多年的漂移形成现在的海洋和陆地。

由于当时地球内部构造和动力学知识的限制，大陆漂移和动力学机制还未得到物理学的支持。魏格纳学说的不幸遭遇在于他倡导大陆漂移的同时却认为大洋底是稳定的。直到他去世的 20 年后，抛弃洋底稳定不动的海底扩张学说提出，人们对大陆漂移的兴趣才复萌了。

近代文学艺术

为什么惠特曼被称为"美国诗歌之父"？

惠特曼（约 1819～1892 年），是 19 世纪美国杰出的民主主义诗人。许多现代进步诗人，都在一定程度上受过惠特曼的影响。

《草叶集》是惠特曼的诗歌总集。"草叶"随处生长，最富有生命力。它象征着普通人，也象征着发展中的美国。同时，"草叶"也象征惠特曼自己关于民主、自由的希望。

在惠特曼笔下，美好的大自然不是人的对立物，也不是人发泄痛苦的消极承受者，而是积极向上的，是让人感受到自豪和满足的。如《大路之歌》《自己之歌》等，都讴歌了美国的壮丽河山，描绘出美国的森林、草原、田野、大海以及形形色色的自然景色，催人奋进。

南北战争期间，惠特曼还是一个坚定的民主战士，显示出深刻的人道主义本色。正是因为以上种种，使得惠特曼成为当之无愧的"美国诗歌之父"。

古典主义艺术风格具有什么特点？

古典主义是 18～19 世纪风靡欧洲的一种艺术形式。主张恢复古希腊和古罗马的艺术传统，追求古典的恬静和凝重，通过复古开创新的艺术风格。古典主义强调古希腊罗马的英雄主义，在艺术形式上，强调塑造性和完整性，重视理性，重素描而轻色彩。19 世纪的学院派把古典主义视为典范，把它当作浪漫主义的先驱。

古典主义对绘画艺术具有重要的影响，涌现了一批绘画主义大师，其中的安格尔和路易·大维尤为突出。安格尔的代表作是《泉》《土耳其浴室》，大维的代表作是《荷拉斯三兄弟之誓》《马拉之死》等，表现了人们在革命高涨时期的热情。

洛可可艺术的特点是什么？

洛可可风格起源于 18 世纪的法国，最初是为了反对宫廷繁文缛节的艺术而兴起的。洛可可艺术风格的倡导者是蓬帕杜夫人（1721～1764 年），她不仅参与军事外交事务，还以文化保护人的身份，左右着当时的艺术风格。

洛可可艺术主要有以下几个方面的特点：曲线趣味，常用 C 形、S 形、漩涡形等曲线为造形的装饰效果；构图非对称法则，而是带有轻快、优雅的运动感；色泽柔和、艳丽、轻快，给人轻松舒适感；崇尚经过人工修饰的自然；人物意匠上的谐谑性、飘逸性，表现各种不同的爱，如浪漫的爱、性爱、母爱等。代表人物有：弗拉哥纳尔和雷诺兹，他以华丽的沙伦生活为乐，以当代生活为主作画，用轻快的笔触表现抒情、风雅的诱人画面，代表作有《阅读的少女》《荡秋千》。雷诺兹的代表作有《高尚的奥古斯都》《尼丽·厄布来恩》《海尔阁下》等。

浪漫主义艺术有什么特点？

浪漫主义产生并风行于 18 世纪末 19 世纪初的欧洲，当时正值资产阶级革命时代，强烈要求个性解放和感情自由，在政治上反抗封建主义的统治，在文学艺术上反对古典主义的束缚。为适应这种需要，浪漫主义思潮应运而生。

在绘画方面，瑞士人亨利·富塞利以其

所画奇怪异常而最为突出，其《梦魇》一画着重刻画了思想的非理性方面的力量。英国画家和诗人布莱克在基督教神话的基础上，发展了他自己精心构制的宇宙论，他的水彩画技巧精美绝伦。后来的画家康斯特布尔和泰纳将水彩画技法的鲜艳性和油彩结合使用。在法国，采用历史和文学题材的主要浪漫主义画家是德拉克洛，除了在色彩和光方面进行实验外，他还以雄健的笔力表达了自己的感情。

什么是新印象主义？

新印象主义是继印象主义之后在法国出现的美术流派，它既是印象主义技法与科学实践相结合的产物，同时也是印象派向古典主义的过渡时期。新印象主义的代表作品有维拉的《阿涅尔的浴场》《女模特》《大腕岛的星期日》和西涅克的《圣特罗佩港的出航》等。

新印象主义后期作品脱离了客观自然，更多的侧重于概念化和主观化。到 20 世纪初，由于新画风的影响，新印象逐渐走向衰落。

什么是后印象主义？

后印象主义（1890～1900 年），也称"印象派之后"或"后期印象派"，是法国美术史上继印象主义之后的美术现象。它们反对印象主义和新印象主义片面追求客观表现及光和色彩，强调艺术形象要有作者的主观感情和情绪。后印象主义的代表画家有塞尚、高更和梵高。

后印象主义艺术家对 20 世纪西方的艺术具有直接的影响。塞尚重理念，注重结构和画面的建筑美，为立体主义的产生奠定了基础；梵高更注意感情，更善于用色调的美和艺术表现的形式来表达某种象征意义，对表现主义和野兽主义具有很重要的影响。

《自由引导人民》是谁的作品？

欧仁·德拉克罗瓦（1798～1863 年），出生于法国南部罗讷河畔的阿尔代什省，曾师从法国著名的古典主义画派画家雅克·路易·大卫学习绘画，后来非常欣赏尼德兰画家彼得·保罗·鲁本斯的强烈色彩的绘画，并受到同时代画家热里科的影响，热心发展色彩的作用，成为浪漫主义画派的典型代表，是法国著名画家。

《自由引导人民》是德拉克罗瓦最具有浪漫主义色彩的作品之一，它反映了 1830 年革命。画家以奔放的热情歌颂了这次工人、小资产阶级和知识分子参加的革命运动。高举三色旗的象征自由神的妇女形象在这里突出地体现了浪漫主义特征。她健康、有力、坚决、美丽而且朴素，正引领着工人、知识分子的革命队伍奋勇前进。强烈的光影形成了戏剧性的效果，与丰富而炽烈的色彩和充满着动力的构图形成了一种强烈、紧张、激昂的气氛，使得这幅画更加生动活跃，具有激荡人心的力量。

罗丹为什么被称为"不知疲倦的探索者"？

罗丹，法国著名雕塑家。1840 年 11 月 12 日生于一个贫穷的基督教家庭。他从小喜爱美术，14 岁随荷拉斯·勒考克学画，后又随巴耶学雕塑。1875 年，罗丹游意大利，受到米开朗琪罗作品的启发，确立了现实主义的创作手法。他的《青铜时代》《思想者》《雨果》《加莱义民》和《巴尔扎克》等作品都有新的创造，但遭到法国学院派的抨击。

罗丹的一生遭受了很多攻击和嘲讽，但他始终以一种伟大的人格正确地面对这一切。他一生攀登，终于登上了继米开朗琪罗之后的又一高峰。罗丹坚信："艺术即感情。"他开创了一个全新的时代，创作了一种全新的艺术手法，他的作品体现出来的思想和精神魅力，将永远带给人以深沉的美，启迪着人们不停地思考。因此，人们都称罗丹是"不知疲倦的探索者"。

关于高更你了解多少？

保罗·高更（1848～1903 年），法国后印象派画家、雕塑家、陶艺家及版画家。

1873 年，高更开始绘画，并开始收藏印象派画家作品。1883 年，高更成为职业画家，和一批未成熟的青年画家组成蓬塔旺画派。1895 年以后，因健康和经济贫瘠等问题，他精神受到刺激，自杀未遂。

高更的艺术观点受象征主义观念驱使，不满足印象主义绘画。1897 年创作的《我们来自何方？我们是什么？我们走向何方？》用梦幻的形式把读者带入似真非真的时空延续之中。还有一幅《两个塔希提妇女》，追求表现的原始性，含有精致的趣味和艺术魅力。

高更在技法上采用色彩平涂，注重和谐而不强调对比，代表作有《讲道以后的幻景》。他的绘画风格与印象主义差别很大，强烈的轮廓线以及用主观化色彩表现经过概括和简化了的形体，都服从于几何形图案，从而取得音乐性、节奏感和装饰效果。高更的理论和实践影响了一大批画家，他被誉为继印象主义之后在法国画坛上产生重要影响的艺术革新者。

什么是立体主义？

立体主义是西方现代艺术史上的一个运动和流派，也被称为立方主义，产生于法国。1908 年，布拉克举办了一次画展，被评论界称为把事物都变成了立方体，因此得名立体主义。

立体主义的艺术家追求碎裂、解析、重新组合的形式，形成分离的画面——以许多组合的碎片型态为艺术家们所要展现的目标。艺术家从多种角度来描写对象物，将其置于同一个画面之中，以此来表达对象物最为完整的形象。物体的各个角度交错迭放造成了许多的垂直与平行的线条角度，散乱的阴影使立体主义的画面没有传统西方绘画的透视法造成的三维空间错觉。背景与画面的主题交相辉映，使立体主义的画面创造出一个二维空间的绘画特色。立体主义的主要代表人物是布拉克、毕加索、德洛内和雷纳尔。

关于野兽派你了解多少？

野兽主义是 1898 至 1908 年在法国盛行一时的一个现代绘画潮流。虽然它没有明确的理论和纲领，但毕竟是一定数量的画家在一段时期里聚合起来积极活动的结果，因而也可以被视为一个画派。野兽派画家热衷于运用鲜艳、浓重的色彩，往往用直接从颜料管中挤出的颜料，以率真、粗狂的笔法，创造强烈的画面效果，用来表达自己强烈的感情。

超现实主义画派是怎么回事？

1924 年，超现实主义画派产生于法国，法国作家布列顿是这一画派的发起人。布列顿在巴黎先后发表两次《超现实主义宣言》，超现实主义画派就此形成。超现实主义画派认为下意识的领域，如梦境、幻觉、本能等是创作的源泉，主张从潜意识的思想实际中求得超现实。作品主要描写潜意识领域的矛盾现象，把生与死、过去与未来、真实与幻觉统一起来，具有恐怖、离奇、怪诞的特点。这一画派的代表作主要有德国恩斯特的《红鸟》、西班牙米罗的《月墙画稿》以及达利的《时间的消逝》等。

你了解达利和他的超现实主义吗？

达利（1904 ~ 1989 年），出生于西班牙东北部的加泰隆尼亚省的菲格拉斯城，1989 年 1 月 23 日逝世。他是西班牙超现实主义画家和版画家，享有"当代艺术魔法大师"的盛誉。超现实主义绘画是西方现代文艺中影响最为广泛的运动之一，作为该运动在美术领域主要代表的达利，一直备受人们的关注。他习惯用不合逻辑的并列事物的方法，将受情感激发产生的灵感转化为创作的过程，将自己内心的荒诞、怪异加入外在的客观世界，将人们熟悉的东西扭曲变形，再以精细的写真技术加以肯定，使幻想具有真实性。

他的超现实主义的变现手法创造了奇怪、梦呓般的形象，不仅启发了人们的想象力，

内战的预感　达利

在第二次世界大战即将爆发之际，法西斯分子猖狂地叫嚣战争，西班牙佛朗哥政权早已做好了战争准备。达利在一个清澈且构图精确的风景中放入了这整个梦境般的场景，那么真实而不易忘怀，以致观看这个可怕的残忍的人类躯体时更觉恐惧。诱发人们的幻觉，且以非凡的力量，吸引着观赏者的视觉焦点。

《记忆的永恒》寓意何在？

西班牙画家萨尔瓦多·达利（1904～1989年）属于第二代超现实主义艺术家，他的作品注重细节的写实，但在画面整体结构、环境组合上却和现实生活逻辑不相符，具有梦境般的效果。达利通常把具体的细节任意夸张变形，结合象征手法，把原本没有关系的诸多事物安排在画面中，创造出一种介于现实和幻想之间的"超现实境界"，使人感到神秘而怪诞。《记忆的永恒》是达利早年的作品，表现了画家对童年时代的某种追忆。那么画家追忆到了什么呢？现在人们还不得而知。

你知道《七个手指的自画像》中的奥秘吗？

马克·夏加尔（1887～1985年）生于俄国，他的绘画充满浪漫、天真和幻想，他曾被艺术评论家称为"超现实主义的先驱"。

夏加尔的画作中布满犹太文化内涵，他的作品《七个手指的自画像》之所以选择"七"

这个数字，是与犹太教的一个神秘数字有关。画这幅肖像时，他到了巴黎与聚集"蜂巢"的新潮艺术家住在一起，开始研究平面装饰手法和尝试空间几何构成，这些探索的轨迹都表现在《七个手指的自画像》上。凭空浮现的故乡和7个手指，隐喻着独特的犹太精神。而且在《七个手指的自画像》中，画面的左上方，通过窗子可以看到埃菲尔铁塔，这是世界艺术之都巴黎的象征。与之相对应的是画面右上方以教堂为代表的维捷布斯克闪现在梦境般的天国。画家肖像的表现手法可以追溯到立体主义风格，而画架上作品的内容则描绘的是维捷布斯克的生活场景，很显然，这两个在空间上相去甚远的地区正共同驾驭着夏加尔艺术想象力。夏加尔的作品中还包含着某些超现实主义神秘因素，这幅画中的神秘主义倾向主要体现在画家左手的7根指头上，那么为什么画上会有7根指头呢？至今还是个谜。

弗洛伊德为什么要放弃性诱惑论？

弗洛伊德（1856～1939年）是后世公认的著名精神分析学家，同时他也被尊为性学的始祖。然而人们对弗洛伊德为何要放弃性诱惑论一事十分困惑，此事在当时也一度沸沸扬扬。

1897年9月，在给弗烈斯的一封信中，弗洛伊德说："我想告诉你一个极大的秘密，这几个月来我一直被它所缠绕着，它就是我对我的性诱惑论产生的疑惑。"弗洛伊德不再相信性诱惑论，但他仍旧认为病人讲给他听的故事很有价值。批评家认为，弗洛伊德在他为何放弃性诱惑论上撒了谎。

杰弗里·马森是一位年轻的美国精神分析家，他把弗洛伊德写给他的朋友弗烈斯的信件全部看了一遍。马森发现选集中遗漏了大量信件，经过查证之后，他发现这些遗漏的材料和弗洛伊德的性诱惑论有关。这些信件说明弗洛伊德并没有像后来自己说的那样坚决而迅速把这一理论抛弃；相反，他一直坚持这一理论，而且他也希望这一理论终有一天可以得到证实。

弗洛伊德为什么会把自己的发现放弃了呢？马森推断，因为这一理论，弗洛伊德不但遭受同事的中伤，还被含蓄指控。由于弗洛伊德迫切地想得到同事的支持和赞同，所以就宣布不再相信这一理论。

但大多数思想史学者不这样认为，在他们看来，弗洛伊德过于简单的叙述，虽然没有忠于事实，却是为了使叙述更为夸张而采纳的方法。

许多学者认为，实际上，放弃性诱惑论是明智之举，因为弗洛伊德认为儿童幻想同他们的父母发生性行为的观点，要想得到医学界的认同，非常困难。至少，与猥亵儿童现象猖獗的观点相比，"恋母情结"要更加激进一些。

心理学大师弗洛伊德为何要放弃性诱惑论似乎给人们出了一个难题，此举到底是出于什么原因，也许用他的心理学学说来分析这一行为会取得意想不到的收获。

你知道《梦》和《镜前的少女》吗？

《梦》和《镜前的少女》是毕加索于同一年完成的两幅作品。就平面分解特点来看，两者有异曲同工之处，但《梦》更为简洁，只用线条轮廓勾画女性人体，将其置于一块红色背景前，女人肢体没有特别大的夸张成分，色彩也极其单纯。毕加索用最简单的绘画表现出了一个在梦境和现实中的少女，独特的表现手法给观者留下了更多的想象空间。

《镜前的少女》也是耐人寻味的立体主义，但重在平面分解。女人的各个局部予以几何化，并规范成各种圆形：圆形有脸、镜子、乳房、臂部和圆形镜中的反映物，镜中镜外的圆形组成，成了富有装饰趣味的圆形图案。这幅画是毕加索立体派描绘女人形象和新古典派风格相结合的产物，是形象极端自由性——线条和色彩自由组合的杰作。

毕加索是纵欲身亡的吗？

毕加索（1881～1973年），20世纪绘画史上享有盛誉的画家，他的作品既继承了传统艺术，又具有独创性，是世界性的艺术瑰宝。他一生之中，尤其喜爱恶作剧和离奇古怪的花招，这给他的死亡蒙上了一层神秘的色彩。

希腊女记者阿里亚娜·斯特拉辛奥波洛斯·赫因汤于1988年6月在美国出版了《毕加索——创造和破坏者》，书中向大家揭示了这位艺术大师的一些奇闻逸事。她认为毕加索性格专横粗暴、自私自利、诡计多端、不负责任。书中曾写到毕加索与一名年轻的茨冈人搞同性恋，而且毕加索的死和他长期纵欲也有很大的关系。

在《住宅与庭院》杂志上，艺术史学家和传记作家约翰·查理森曾披露：在1915至1916年间，毕加索曾与一位名叫加布里埃尔·德佩尔·莱斯皮纳斯的巴黎妇女有过一段鲜为人知的罗曼史。此事也为纵欲一说提供了有力的证据。

还有的学者试图从艺术规律、艺术与女性的关系对毕加索之死进行探讨。毕加索在其一生的创作当中从无数个女人身上获得过灵感，特别是他的最后一任妻子雅克琳在创作上给了毕加索无限的灵感。而当雅克琳神经不正常时，毕加索无限痛心，以至于他在这种氛围下抑郁而死。

有的学者则对这种观点提出了疑问，他们认为毕加索性格非常古怪，喜欢独居，对许多事情避而不谈，这使得人们无从知道其死亡真相；再加上没有详细的关于他死亡的报道，人们只是主观臆造的。也许感情生活曾在画家的创作中占据着十分重要的位置，但画家是因纵欲身亡吗？我们不得而知。

"血腥玛丽"具体指什么？

"血腥玛丽"指的是一种酒。

血腥玛丽有很多的配方，有的调酒师还

对自己的"血腥玛丽"配方极为保密。传说酒名出自 18 世纪，因英国女王玛丽·斯图尔特凶残地迫害国内新教徒，故得名。

最具戏剧性的来源便是李·克斯特伯爵夫人，同时，她是鸡尾酒"血腥玛丽"的传说来源之一。据野史记载，她的美丽，据说保持了近 50 年，而她的美丽秘方，听起来实在恐怖。

她用鲜血沐浴，而且只用纯洁少女的鲜血。她相信，只有浸泡在她们纯洁的血液中，才能不断吸取其中的精华，让她永葆青春。每次洗澡前，她还要喝下至少半升的血液，她称这种方式为"内洗"。她洗一次澡，至少要杀掉两个少女。就这样，在 50 年的时间里，一共 2800 名少女惨被杀害，所有的尸体全部埋在她私人的浴室底下。这也是她的主意，因为她相信，少女们的魂魄能够驱走衰老和迟钝。

由于常用血液洗澡，她身上总带着浓烈的血腥气，但她从不用任何香水掩盖。就这样，美丽的外貌和血腥的气味相结合，竟然产生里一种无可名状的妖异魅力，使无数青年贵族为之倾倒。一时间，李·克斯特伯爵夫人的艳名远播欧洲大陆，连法皇路易十四也不远千里，拜倒在其石榴裙下。鸡尾酒"血腥玛丽"的名字便由此而来。

关于酒名的真正来源可谓众说纷纭。唯一可以确定的是，酒名肯定是从这酒如血的外表得来的。1920 年，巴黎的调酒师 Fernand Petiot 声称自己是这个酒的发明者。

什么是自然主义？

自然主义兴起于 19 世纪 60 年代的法国文艺思潮时期，以左拉和龚古尔兄弟为代表。左拉提出以实证主义哲学为基础的艺术理论，注重对人的生理因素的分析。自然主义只是重视现实生活中个别的琐碎的现象，意在追求事物外在的真实性，不重视对生活的本质和典型性，因此他们所反映的生活带有一些片面性。

自然主义的代表作家还有德国的埃尔茨、比利时的艾考特和西班牙的伊本涅兹等。

什么是象征主义？

象征主义是 19 世纪末在法国和几个西方国家出现的一种艺术思潮，是当时欧洲一部分知识分子对社会生活和官方沙龙文化不满的反映。他们不敢正视现实，不愿直接表达自己的思想，经常采用象征和寓意的手法，在幻想中虚构了另外的世界，抒发自己的愿望，这就产生了近代象征性的艺术。1886 年，诗人让·莫雷亚斯发表《象征主义宣言》首先提出这个名称。

象征派主张强调主观、个性，用心灵的想象创造某种带有暗示和象征性的神奇画面，他们不再把一时看到的真实情况表现出来，而是通过特定形象的综合来表达自己的观点和内在的精神世界。在形式上则追求华丽堆砌和装饰的效果。

象征主义对巴黎知识界的影响很大，并且推动了 20 世纪美学的发展。德国和比利时也受到了这种文艺思潮的影响。

什么是"欧·亨利笔法"？

欧·亨利（1862 ~ 1910 年）长期生活在下层劳动人民中间，自称是纽约 400 万小市民中的一员。他一生写过 300 多篇短篇小说，描写了美国社会小人物生活的艰辛、痛苦和欢乐，揭开了资本主义社会的不公平。在《麦琪的礼物》中，杰姆夫妇互赠的圣诞礼物——发梳和表链，和最后让人带泪的笑，出人意料。

事实上，欧·亨利的许多短篇小说都具有《麦琪的礼物》这种引人入胜的情节和出人意料的结局，比如《警察与赞美诗》《最后的叶子》《爱的牺牲》等。这些作品的开头都很普通，但是结局却经常发生大的转弯，集幽默、讽刺、揶揄于一体，或让人苦笑不得，或让人豁然开朗，或让人回味无穷。他的这种点睛之笔被人们称为"欧·亨利笔法"，在美国深受人们的喜欢。

你知道简·奥斯汀的《傲慢与偏见》吗?

简·奥斯汀(1775～1817年),英国著名女性小说家,她的作品主要关注乡绅家庭女性的婚姻和生活,以女性特有的细致入微的观察力和活泼风趣的文字真实地描绘了她周围世界的小天地。她的代表作是《傲慢与偏见》。这部作品以日常生活为素材,一反当时社会上流行的感伤小说的内容和矫揉造作的写作方法,生动地反映了18世纪末到19世纪初处于保守和闭塞状态下的英国乡镇生活和人情世态。这部社会风情画式的小说不仅在当时吸引了广大的读者,直到现在仍给读者以独特的艺术享受,据此改编的电影也深受大家的喜爱。

你知道笛福的《鲁滨孙漂流记》吗?

丹尼尔·笛福(1660～1731年),英国小说家,英国18世纪启蒙时期现实主义小说的奠基人,被誉为"英国小说之父",其代表作是《鲁滨孙漂流记》。

《鲁滨孙漂流记》是丹尼尔·笛福在59岁时所著的第一部小说,首次出版于1719年4月25日。这本小说被认为是第一本用英文以日记形式写成的小说,享有"英国第一部现实主义长篇小说"的头衔。

小说讲述的是一个英国的水手因船沉了而流落到了无人的荒岛,在进退无路的情况下,他想尽办法自救——做木筏、造房子、种粮食、养牲畜……竭力投入到和大自然的抗争中去。他靠自己的双手和智慧,花了几十年的时间把这个荒岛变成了"世外桃源",此外,他还勇敢地救了一个土著人"星期五",和他共同生活,最终离开了荒岛……

小说主人公的形象一直为读者所喜爱,鲁宾逊的乐观和勇气激励着一代代的读者。

你知道《格列佛游记》吗?

江奈生·斯威夫特(1667～1745年),出生于爱尔兰的都柏林,是18世纪英国著名文学家、讽刺作家、政治家,被高尔基誉为"世界伟大文学创造者"。他的代表作品是寓言小说《格列佛游记》。

小说共分为四卷,当中的政治倾向鲜明,批判的锋芒直指当时英国的议会政治和反动的宗教势力。小说通过格列佛在利立浦特(小人国)、布罗卜丁奈格(大人国)、勒皮他(飞岛国)和慧骃国的奇遇,反映了18世纪前半期英国社会的一些矛盾,揭露和批判了英国统治阶级的腐败和罪恶及英国在资本主义原始积累时期的疯狂掠夺和残酷剥削。

你知道狄更斯的《大卫·科波菲尔》吗?

查尔斯·狄更斯(1812～1870年),出生于一个海军小职员家庭,英国小说家。《大卫·科波菲尔》是其代表作。在这部具有强烈的自传色彩的小说里,狄更斯借用"小大卫自身的历史和经验",多层次地揭示了当时社会的真实面貌,并突出了金钱对婚姻、家庭和社会的腐蚀作用。狄更斯认为一系列悲剧的形成都是金钱导致的,他就是从人道主义的思想出发,暴露了金钱的罪恶,从而显现出隐藏其后的社会真相。同时,他也从很多方面回顾和总结了自己的生活道路,反映了自己的人生哲学和道德理想。

《扑粉的女人》画的是谁?

修拉(1859～1891年),法国画家,新印象画派(点彩派)的创始人。他的代表作是《扑粉的女人》,在这幅画中,他同样使用了点彩的方法,画面在朦胧的色彩氛围中焕发出特殊的魅力。那么,画中这个体态丰腴的女人是谁呢?修拉性格内向,他在生前从没有透露过自己是以谁为模特儿绘制这幅画的。而修拉去世后,有个叫玛德莱纳·克劳波劳兹的女子出人意料地宣称《扑粉的女人》画的就是她,而且披露她就是修拉的固定情人。这个消息令巴黎美术圈十分惊讶,人们把那个神秘的女人与画面做了对照,发现的确有几分相似。

不过也有人怀疑这种说法的可靠性,因

为从画面形象来看，修拉几乎是用丑化的方式来描绘这个女人的。修拉的私人生活一直很隐秘，尽管他同玛德莱纳·克劳波劳兹生下一个男孩，但他很少谈及自己的感情，那么画中的女人也未必是玛德莱纳·克劳波劳兹。由此看来，《扑粉的女人》画中的人物原型只能是个永远无法揭开的谜团了。

《吻》是一幅表现色情的绘画吗？

古斯塔夫·克里姆特（1862～1918年），维也纳分离派绘画大师，奥地利画家。他最有名的代表作是《吻》，画中表现的是青年男女之间的爱情，由于作品在制作过程中大量使用了金属、螺钿等材料，所以画面富于美感。但他的绘画主题不太明朗，有人曾说这幅画其实就是强烈的情欲的象征，这些各种形状的图案是史前人类充满神秘意义的符号，反映了画家在探索人生种种欲望时产生的苦闷。而有的人认为这种情爱在这种金黄色彩的衬托下，在鲜花和各色图案的包围中，不会让人有一点邪念和粗俗的感觉，而是将人从一种世俗的观念和道德的约束下解脱出来，只感到一种温馨、浪漫、富有激情的生命冲动。

不管怎么说，这幅画都是克里姆特绘画艺术的代表，让人不管怎样看都能得到一种新鲜而典雅的艺术享受。

你知道《金银岛》吗？

罗伯特·路易斯·史蒂文森（1819～1875年）出生在英国苏格兰爱丁堡，著名的文学作家，他一生最畅销的小说之一是一幅地图的联想——《金银岛》。

史蒂文森的《金银岛》对后世的影响非常大，算是有史以来最好看的海盗小说。这本书曾在好莱坞被数次改拍成电影、电视剧，依旧大受欢迎。

《金银岛》共分为六部分，主要由一位名叫吉姆·霍金斯的少年自述他发现寻宝图的经过，以及在出海寻宝过程中如何智斗海盗，历经千辛万苦，终于找到宝藏，胜利而归的惊

险故事。书中人物形象有血有肉，栩栩如生，既有细致的心理刻画，又有精确的行为勾勒。随着故事情节的展开，紧张惊险的场面接踵而至，会让人有一口气看完的冲动。

关于马克·吐温你了解多少？

马克·吐温（1835～1910年），原名萨缪尔·兰亨·克莱门，美国的幽默大师、小说家、作家、著名演说家，19世纪后期美国现实主义文学的杰出代表。

尽管他的财富不多，却无损他高超的幽默、机智与名气，他的代表作有《百万英镑》《金钱的魔力》《汤姆索亚历险记》。他的作品融幽默与讽刺一体，既富于独特的个人机智和妙语，又不乏深刻的社会洞察与剖析，既是幽默辛辣的小说杰作，又是悲天悯人的严肃！他是美国最知名人士之一。他交友广阔，威廉·迪安·豪威尔士、安德鲁·卡内基、布克·华盛顿、尼古拉·特斯拉、海伦·凯勒、亨利·罗杰诸君，都是其好友。他曾被誉为：文学史上的林肯。威廉·福克纳称马克·吐温为"第一位真正的美国作家，我们都是继承他而来"。1910年4月21日，马克·吐温去世。

谁被称为"圆舞曲之王"？

小约翰·施特劳斯（1825～1899年），老约翰·施特劳斯长子，奥地利著名的作曲家、指挥家、小提琴家，是施特劳斯家族的杰出代表。小约翰·施特劳斯出生于风行跳舞的维也纳一个音乐世家家庭，与父亲同名，被世人誉为"圆舞曲之王"。1844年组成自己的乐队，演奏本人和父亲的作品。1855至1865年应邀在圣彼得堡指挥夏季音乐会达十年。1863至1870年任皇室宫廷舞会指挥，后又从事轻歌剧的创作。

他的代表作有《蓝色多瑙河圆舞曲》《维也纳森林的故事圆舞曲》《享受生活圆舞曲》《柠檬树花开的地方圆舞曲》《艺术家的生活圆舞曲》《南国的玫瑰圆舞曲》《春之声圆舞曲》等。在1873年的奥地利维也纳世

博会上，小约翰·施特劳斯演奏了风靡全球的《蓝色多瑙河》。

名画《向日葵》是谁的作品？

《向日葵》是梵高（1853～1890年）的名画，创作于1889年1月，是梵高最著名的代表作之一。这幅画中，他用简练的笔法表现出植物的形貌，充满了律动感和生命力。整幅画仍维持一贯的黄色调，只是色彩较浅。这幅画被认为是梵高在黄色小屋里画的最后一幅大型《向日葵》。

梵高曾多次描绘以向日葵为主题的静物，他还喜欢用向日葵布置自己的房间。作画时，梵高会怀着极狂热的冲动，时常会有即兴创作，这幅流芳百世的《向日葵》就是在阳光明媚灿烂的法国南部所作的。画面极其艳丽、华美，给人以和谐、细腻的感觉，每一个观者都会被这种意境深深吸引，共同融入梵高丰富的主观感情中去。总之，梵高笔下的向日葵不仅仅是植物，而且是带有原始冲动和热情的生命体。

1987年3月30日，梵高的《向日葵》以2250万英镑（约3950万美元）卖出，买家是日本的安田火灾与海南保险公司总裁后藤安夫。

梵高开枪自杀是精神失常了吗？

现代印象派绘画艺术的杰出代表——梵高，在绘画领域享有盛誉。然而他生前命运多舛——贫困、疾病、饥饿以及怀才不遇，这就使得梵高的境遇十分凄惨。最后，1890年6月29日，他开枪自杀，年仅36岁。

很多人认为梵高自杀是精神失控所致。可是，梵高精神失常的原因又是什么呢？

专家学者的观点一般分为两大类。第一类是由医学界、化学界的专家所持的自然原因观点，有的人认为梵高身前的生活习惯不好。也有人认为梵高有癫痫症，经常吃有麻痹作用的药物洋地黄，最终因中毒使神经系统损坏。

第二类观点认为，社会原因造成梵高的精神失常。一种说法是：梵高精神崩溃而自杀是因为对心理疾病和自身生理感到恐惧和羞愧。因为梵高死前不但患有严重的青光眼，还患有梅毒症。还有一种说法是梵高一直颠沛流离，在艺术领域也不能崭露头角，心情抑郁，精神失常。

也许单纯从某个角度来分析梵高精神失常的原因都有失偏颇，后人还是应该全面分析他的死因。

为什么说自由女神像是美国的象征？

纽约市最著名的雕像当属自由女神像，位于自由岛，它不仅是纽约市的城标，也是美国的象征。自由女神像是法国人民为庆祝美国100周年国庆送给美国人民的礼物。它的创作者是法国雕塑家巴托迪，颂扬了美国的新共和与自由，并希望自由能重返法国（1851年路易·波拿巴发动军事政变推翻了第二共和国）。雕像的底部还刻有犹太裔女诗人爱玛·拉扎罗丝的诗句。

1886年10月28日，当时的美国总统克利夫兰为自由女神像落成揭幕。巴托迪所塑造的自由女神像也表达了人民对于自由的热爱与向往。这座雕像之所以能象征整个美国，就在于它代表了城市的历史、精神

自由女神像

和特点，也道出了城市人民美好向上的理想与愿望，并且在艺术表现形式上它也是相当高雅、优美的。

国际妇女节是怎么来的？

3月8日是国际劳动妇女节，又称三八节、妇女节，是世界各国妇女争取和平、平等、发展的节日。

1909 年 3 月 8 日，美国伊利诺斯州芝加哥市的女工和全国纺织、服装业的工人举行规模宏大的罢工和示威游行，他们要求增加工资、实行 8 小时工作制和获得选举权。这是历史上劳动妇女第一次有组织的群众斗争，这次斗争得到全国乃至世界其他国家妇女群众的广泛支持，最后取得了胜利。

1910 年 8 月，国际社会主义者第二次妇女代表大会在丹麦首都哥本哈根召开。领导这次会议的著名德国社会主义革命家、杰出的共产主义战士克拉拉·蔡特金倡议，以每年的 3 月 8 日作为全世界妇女的斗争日，与会代表一致认同他的想法。从此，"三八"妇女节就成为世界妇女的节日。

谁被誉为"现代舞之母"？

美国的伊莎多拉·邓肯，于 1877 年 5 月 26 日出生在旧金山，1972 年 9 月 14 日逝世于法国。她是个孤儿，但她的母亲是个钢琴教师，这就为邓肯以后的发展打下了坚实的基础。

她所追求的舞蹈风格是回归自然，因此，她的舞蹈最初称为"自由舞"。她第一个高呼"古典芭蕾一点也不美"的口号，并在世界范围内掀起了现代舞的大革命。邓肯的代表作品主要有《伊菲革涅亚在澳里斯》《马赛曲》《前进吧，奴隶》等。其中，《伊菲革涅亚在澳里斯》取材于希腊神话，邓肯表演的是这个悲壮故事中的伊菲革涅亚，她随着音乐即兴起舞，壮美之中透露着凄凉，安详中充满了幸福感。

《马赛曲》是一部英雄的颂歌。由于她塑造的是一位不畏强敌、英勇出击的女战士形象，因而激发了人们的战斗激情，所以，在法国、意大利，邓肯也受到了热烈的欢迎。

邓肯自幼喜欢读书，热衷于音乐、诗歌，由于她有着艺术家的真诚，也使得她不仅是一位具有划时代意义的舞蹈家，也是一位过人的才女。她写的《邓肯自传》，充满了激情和浪漫色彩，被选进《世界文库》。这部书记录了她的舞蹈实践活动，传播了她的舞蹈观。也在一定程度上影响了世界舞蹈界。人们也强烈地感到，她向舞界投下的这道曙光，使人类获得一种新的舞蹈种类。现代派舞蹈家们，无不奉其为精神领袖，称她为"现代舞之母"。

可惜，这样一位创造性极强的舞蹈家，在刚刚 49 岁的时候，就因意外事故而香消玉殒了。

第一次世界大战时期

三国同盟是怎样形成的？

19世纪七八十年代，德国、奥匈和意大利建立了针对俄国和法国的三国同盟。1879年，在俾斯麦的推动下，《德奥同盟条约》首先缔结。这个条约具有明显的反俄性质。后来，意大利在同法国争夺突尼斯的斗争中遭受损失，俾斯麦趁机拉拢意大利，企图共同对付法国。1882年，《德奥意三国同盟条约》签字，三国同盟正式建立，德国是三国同盟的核心。

三国协约是怎样形成的？

为了对付三国同盟，1892年，法国和俄国缔结了军事协定，法俄同盟由此形成。法俄同盟的建立，标志着欧洲出现了两大军事集团对峙的局面，这也是向三国协约方向发展的第一步。后来，英德矛盾成为帝国主义的主要矛盾，英国调整了同法国、俄国的关系。20世纪初，英国分别签订了英法协约和英俄协约。英法、英俄协约的签订，意味着英、法、俄三国协约的建立。这样，欧洲两大军事集团最终形成了。

哪个国家发动了达达尼尔海峡战役？

达达尼尔战役，是第一次世界大战中土耳其加里波利半岛的一场战役，是英法联盟发动的军事行动，目的是强行闯入达达尼尔海峡，占领土耳其首都君士坦丁堡（伊斯坦布尔），迫使土耳其退出与德国联合的战争。英国海军大臣温斯顿·丘吉尔是达达尼尔海峡战役的倡议者。在土耳其，这场战役称为恰纳卡莱之战。在此次登陆战中，协约国方面先后有50万士兵远渡重洋来到加里波利半岛。这场战役是"一战"中最著名的战役之一，也是当时最大的一次海上登陆作战。澳大利亚与新西兰设澳新军团节，以此来纪念4月25日登陆日期。

什么是第二国际？

第一国际解散后，科学社会主义在欧美广泛传播，越来越多的社会主义政党建立起来，他们纷纷要求加强国际间的联系。恩格斯号召各社会主义政党的代表在巴黎召开"国际社会主义者代表大会"。这次会议讨论了国际劳工立法和工人阶级的政治、经济斗争任务，通过了关于每年庆祝五一劳动节等决议，这就标志着第二国际的建立。

第二国际的活动是在资本主义相对稳定发展时期进行的。第二国际不是各国党的上级组织，各国党是独立自主的。它没有发表过成立宣言或纲领性文献，而是通过历次代表大会的决议给各国党指明行动指南。很长一段时间里，第二国际没有常设领导机构和共同规章，没有机关报。直到1900年巴黎大会上才决定成立常务委员会，名为社会党国际局。

萨拉热窝事件是怎么回事？

1914年6月28日，萨拉热窝事件发生于巴尔干半岛的波士尼亚，此日为塞尔维亚之国庆日，奥匈帝国皇位继承人费迪南大公夫妇被枪杀。此次事件直接导致了奥匈帝国向塞尔维亚宣战，成为了第一次世界大战的导火线。

你知道德国施里芬计划吗？

阿尔弗莱德·格拉夫·冯·施里芬（1833～1913年），是德意志帝国著名的陆军元帅，德国杰出的天才战略家。

施里芬出生于德国柏林，其父是普鲁士中将，任陆军军需总监和副总参谋长。1891年，施里芬代替了阿尔弗莱德·冯·瓦德西伯爵成为德国的总参谋长，直到1906年退役，1911年又成为晋升陆军元帅。施里芬计划是由他策划，由他的继任者小毛奇修改完成的。

该计划的主要目标是应付来自德国东西两面的两个敌盟国——俄国与法国的夹攻。此作战计划利用了两国总动员速度上的差异：由于俄国疆域辽阔，士兵众多，但其铁路系统极不完善，因此总动员的速度大约需要一个月；而法国则只需一个星期左右就能完成总动员令。故而德国希望在日后战争爆发时先以精兵在西线强攻法国，在攻克法国后才将军队调至东线以应付俄国的进犯。

总体而言，施里芬计划是一把砍向法国的镰刀，但它本身有点纸上谈兵的味道，使得整个计划没有考虑到部队的战后休整和给养。在行动的初期，捷报频频传来，可是时间一久，问题就暴露出来了。

巴尔干战争一共打了几次？

巴尔干战争是 1912 至 1913 年间为争夺土耳其在巴尔干半岛的属地而发生的两次战争。

巴尔干地区位于欧、亚两洲接壤处，扼黑海、地中海的咽喉，战略位置十分重要。同时，这里民族成分复杂，宗教多样。因此，被人们称为"欧洲的火药桶"。

第一次巴尔干战争（1912～1913年），是巴尔干同盟对土耳其的战争。结果是，使巴尔干半岛各国人民摆脱了土耳其的长期封建统治，具有进步的民族解放的性质。第二次巴尔干战争（1913年），以保加利亚为一方，希腊、塞尔维亚、罗马尼亚、门的内哥罗和土耳其为另一方的战争。结果是，使巴尔干各国重新分化，罗马尼亚与英、法、俄协约国靠近，保加利亚则加入德奥同盟国。

两次巴尔干战争使欧洲大国关系失去平衡，加速了第一次世界大战的爆发。

第一次世界大战中最大的海战是什么？

日德兰海战是第一次世界大战期间规模最大的海战。1916 年 5 月 31 日，日德兰大海战爆发，英德双方总共出动 265 艘战舰（其中英国海军 149 艘、德国海军 116 艘）。经过一日一夜的激战，英方损失战列巡洋舰 3 艘、装甲巡洋舰 3 艘、驱逐舰 8 艘，伤亡 6800 人；德方损失战列巡洋舰 1 艘、前无畏型战列舰 1 艘、轻巡洋舰 4 艘、驱逐舰 5 艘，伤亡近 3100 人。这次战役中，德国公海舰队试图夺取制海权的企图落空。

凡尔登为何被称为"绞肉机"？

1916 年，德意志帝国决定把进攻重点再次转向西线，力图打败法国。因为凡尔登是协约国军防线的突出部分，对德军深入法国、比利时有很大威胁，同时它也是通往巴黎的强固据点和法军阵线的枢纽，因此，德军统帅部决定把法国的凡尔登要塞作为进攻目标。

凡尔登的这次战役是典型的阵地战、消耗战，双方伤亡近 100 万人。由于伤亡惨重，凡尔登战场被称为"绞肉机""屠场"和"地狱"。

谁被称为"凡尔登的救星"？

亨利·飞利浦·贝当（1856～1951年）是一位著名的法国陆军将领、政治家，也是法国维希政府的元首、总理。在第一次世界大战中，他被称为"凡尔登的救星"。

1916 年，在凡尔登战役中，贝当提出了著名的防御口号"他们不会通过"，带领部队经过几个月的战斗，成功阻止了德军的前进。凡尔登保卫战证实了贝当的防御战略思想，贝当本人也因此战被视为"法兰西的救星"，出任法军总司令。

1918 年 11 月 19 日，贝当因为其战时的卓越表现被授予法国元帅军衔。在两次世界大战之间的和平时期，贝当曾任法国陆军总监，还曾在1925年率军镇压摩洛哥独立起义。1934年，贝当一度入阁，担任陆军部长。在此期间，他极力推行消极防御战略，力主构筑马其诺防线。

坦克首次在战场上亮相是在什么时候？

1916年9月15日，英国把坦克投入战场。坦克是一种新式武器，它是有强有力的马达推动的、外覆装甲的履带式车辆，既可抵抗机枪等轻武器的杀伤，又可在崎岖不平、弹坑累累的地方行走，还能冲压堑壕等障碍。

这次战役中，有9辆坦克突破索姆河德军的前沿阵地，长驱直入。但是，英国人对坦克的功效思想准备不足，缺乏后援，所以不能利用它组织大规模进攻；又由于初次试用，从坦克工厂出产的49辆坦克，17辆在开赴前线途中抛锚，只有9辆能真正发挥功效，其中的一辆还被德军俘获。

英国人对于坦克的态度更是喜忧参半：一方面，他们为坦克初露锋芒、所向披靡感到高兴；另一方面，他们认为这种秘密武器用的不是时候，应在有足够数量的坦克进行重大突破时才使用它，而索姆河战役中它并没有把自己的功效充分发挥出来。

马恩河战役是怎么回事？

第一次世界大战爆发后，德国按照1905年制订的施里芬计划，采取集中优势兵力、速战速决的策略，将战争的重点放在西线，首先在西线集结包括150万大军的5个集团军。1914年9月5日至9日，德军主力第一集团和第二集团军与英法两国联军在马恩河两岸展开激战，双方投入兵力约180万人。结果，法军和德军都伤亡惨重。9月10日，德军实施总退却。马恩河战役挽救了巴黎，稳固了西线。至此，战争进入了武装对峙的状态，对于任何一方来说都极为不利。

这场战役与凡尔登战役、索姆河战役并称为第一次世界大战中影响最深远的三大战役。

索姆河战役的经过是怎样的？

1916年7月1日，英国第4集团军（由罗林森将军指挥）从马里库尔至埃比泰恩25公里正面向巴波姆方向发起主要突击，由英国第3集团军第7军在其左翼掩护；法国第6集团军（由法约勒将军指挥）从罗西耶尔以北索姆河两岸向佩罗讷方向实施辅助突击。当天，法军和英军右翼突破德军第一道阵地，但德军的壕沟阵地阻止了英军左翼。英军采用密集队形突击，但遭到德军马克沁机枪的强大火力杀伤，损失近6万人。

7月2至3日，英军右翼和法军攻占德军第二道阵地，法军一度占领巴尔勒、比阿什等德军防御要地。

7月19日，德军指挥部又投入新一波预备部队，为了方便指挥，将第2集团军分编为由贝洛将军指挥的第1集团军和加尔维茨将军指挥的第2集团军。7月中旬，英法联军仅向前推进数公里，未达成作战的预期目标。

7月底至8月中旬，英法联军将其部队增至51个师，飞机增加至500架；而德军增加到31个师、飞机增到300架，由于作战迟缓，最后形成了消耗战。

9月3日起，法国米舍莱将军的第10集团军、英国加夫将军的第5集团军分别投入战斗，战场正面范围扩大到50公里宽的战线。

恶劣的天气成为索姆河战役的一大阻碍。

德军继续增兵，还不断加强防御工事。

9月15日，英军第一次使用新式兵器——坦克（共49辆坦克，实际参战仅18辆），配合步兵进攻，推进了4～5公里。但由于坦克的技术还不够成熟，因而收效甚微。

进入秋季后，气候开始恶化，阴雨连绵、道路泥泞，战斗才慢慢平息。11月，战争结束，英、法两国的作战计划宣告失败。

英国皇家海军有怎样的辉煌历史？

英国皇家海军是英国海、陆、空三军中最老的军种。它负责海上国防、保护航运、履行英国军事协议。

第一次世界大战期间，皇家海军是世界上最大、最强的海军，使英军成为最强盛的军事及经济强国，也是维持大英帝国的重要军队。虽然战后实力有所衰弱，但皇家海军仍是欧洲最大、世界上第二大的海军，也是世界上最先进的海军之一，是大多数现代海军的先驱。许多英国联邦和北大西洋公约组织的海军官兵都到英国接受培训。苏联瓦解和冷战结束之后，21世纪皇家海军的主要职责转变为能在全国展现英国外交政策的部队。

英国伤兵在德军司令部曾藏身四年吗？

一名士兵在敌军司令部里安全隐藏四年竟未被发现，似乎有点匪夷所思，但在第一次世界大战中的法国，这一幕却真的发生了。

1915年，第一次世界大战已经进入了第二个年头，在德军的强大攻势下，英法联军节节败退，德军长驱直入法国境内。

当时，在法国北部的柏脱兰村，有一个寡妇叫梅尔蒙哥贝，她的丈夫牺牲在抗击德军的战场上，两个孩子也死在了战争中。1915年1月15日，她在经过一片树林时，发现了一名负伤的英军士兵。这名士兵告诉她，他叫福勒，自己所在的部队被德军打散，他一人躲在此地。梅尔蒙哥贝意识到德军很快就会赶到这里，她毫不犹豫地将福勒带回家中藏匿起来。可没想到，德军占领村子后，

竟将方面军司令部设在了她的家中。从此，梅尔蒙哥贝在德军的眼皮底下藏匿着福勒，并为保护福勒和德国人展开了长期而艰难的周旋。

梅尔蒙哥贝卧室里有一个储物柜，高和宽均为1.5米左右，当中有一块隔板，把柜子分为左右两部分，右侧分为若干个格，放置小件物品，左侧是挂衣物的，没有格。梅尔蒙哥贝将福勒安置左侧的空间里，她认为这是唯一可以藏身的住所。她在柜子门上挖了一个半圆型的小洞，供福勒呼吸用，在紧急情况下她会给他投递食物。

为了不引起德军的怀疑，梅尔蒙哥贝经常故意将右侧柜门半开着。果然，她的坦然做法在两年多的时间里几乎没有引起德国人的怀疑，只是偶尔会发生一次险情。

就这样，从1915年1月在树林里发现福勒，到1918年10月德军撤出柏脱兰村，福勒在柜子里整整藏了三年零九个月，可以称得上是一个奇迹。

战后，梅尔蒙哥贝的事迹不胫而走，英、法两国政府对此都十分重视，他们大力称赞她的大无畏精神，颁给她荣誉爵位和一笔丰厚的奖金。福勒所在的英军部队长官还专门制作了一块银匾，上面镌刻着梅尔蒙哥贝藏匿英军士兵的事迹，亲自登门悬挂在她的房间里。现在，梅尔蒙哥贝所在的村子已成了法国的旅游胜地，她藏匿福勒的柜子则成了村中最著名的景点。

谁建立了里夫共和国？

里夫是摩洛哥北部靠近海岸的一个山区。从欧洲人来到这个国家起，这一地区就一直是抵抗他们的帝国主义计划的中心点。

阿卜杜勒·克里姆（1882～1963年），是贝尼·欧里阿格尔部落的成员，一位"民事法官"的儿子，一位受人尊敬的地方行政官。

1912年，摩洛哥被法国和西班牙瓜分。由于摩洛哥人民的反抗，法国、西班牙殖民者只占领了摩洛哥的平原地区。1921年初，

西班牙殖民军入侵里夫山区，领袖阿卜杜勒·克里姆领导了里夫 300 万人民反抗西班牙的斗争，取得一系列的军事胜利。7 月下旬，在安瓦勒全歼 2 万名西班牙侵略军，8 月在梅利利亚附近迫使 3000 名西班牙侵略军投降。为了巩固和发展取得的胜利成果，里夫各部落进一步联合起来。9 月，克里姆召集里夫地区 12 个大部落的首领开会，通过了《民族宣言》。1923 年 2 月，里夫共和国建立。

西方历史上的"决斗"是怎么回事？

决斗在西方世界风行千年之久，在欧洲历史上具有重要的意义。

决斗最早出现于中世纪的初期，当时国家审理民间的各种纠纷，主要依靠的是神判法，但是这样的方法很不科学，最后就改用决斗的方式来判明孰是孰非，并且声称：神会保佑说真话的人在决斗中获胜。按照规定，诉讼一方可以要求与另外一方用决斗判明是非，败诉方如果不服，还可以要求和法官决斗。决斗后，斗败者不仅败诉，而且如果不死，还会遭受断头和绞刑的惩罚。

后来，王室领地扩张，王权不断加强，司法制度也得到了很大的改进，法王亨利二世明令禁止决斗，但决斗之风从未终止。到了近代，决斗有了新的发展，资产阶级政客都曾经是决斗的主角。随着时代的发展，野蛮之风也遭到了人们的反对，各国明令禁止。第一次世界大战后，决斗才在欧洲绝迹。

第一次世界大战给人类带来了哪些灾难？

萨拉热窝事件是第一次世界大战爆发的直接原因，而此次战争爆发的根本原因是资本主义政治经济发展的不平衡性。

这一次大战给人类带来了巨大的灾难，具体表现为：战争期间，协约国总计动员军队 4218 万人，损失 2210 万人，其中死亡 515 万人。同盟国总计动员军队 2285 万人，损失 1540 万余人，其中死亡 380 万人。交战双方直接战费约为 1863 亿美元。不仅如此，战争还造成了巨大的物质和文明损失，给各国人民留下了巨大的精神创伤。同时由于对德惩罚，煽起了民族仇恨和复仇情绪，为第二次世界大战爆发埋下了隐患。

《反杜林论》反映了什么思想？

欧根·杜林（1833～1921 年），柏林大学讲师，从 1871 至 1875 年连续出版了《国民经济学和社会主义批判史》《国民经济学和社会经济学讲义》《哲学教程》等著作，攻击马克思主义的观点，宣扬自己的折中主义哲学、资产阶级的庸俗经济学和小资产阶级社会主义，自诩发现了终极的绝对真理的体系。李卜克内西多次写信给恩格斯，建议他发表文章制止"杜林热"。由于杜林思想对党造成了威胁，使马克思、恩格斯下定决心进行清算。由此，《反杜林论》应运而生。

《反杜林论》全面系统地论述了马克思主义哲学。恩格斯对杜林的各种错误观点进行了深入批判，正面论述了唯物论的一元论、唯物论的反映论、唯物辩证法的时空观、运动观和生命观，阐述了唯物辩证法同形而上学的对立，对唯物辩证法的三个主要规律进行了详尽的分析和论证，并运用历史唯物论对社会历史、道德与法做出了科学和透彻的说明。

你知道李卜克内西和卢森堡吗？

李卜克内西（1871～1919 年）和卢森堡（1871～1919 年）均为德国共产党的领袖。1918 年 11 月德国爆发革命后，李卜克内西和卢森堡的感召力引起了德国反动派的极大恐惧和忿恨。

1917 年在德国共产党领导下，柏林工人举行政府总罢工和武装起义，但遭到镇压。政府宣布共产党员不受法律保护，逮捕了一批德共领导人。为了躲避政府军的搜捕，李卜克内西和卢森堡被迫转入地下。然而他们还是不能幸免于难。为了掩盖事实的真相，反对分子谣传李卜克内西是企图逃跑时被击毙的，卢森堡是被愤怒的人群私刑处死的。

海牙国际和平会议有什么重要内容？

1899 年 5 月 18 日，第一次国际和平会议在荷兰的海牙召开。26 个国家派代表出席会议。会议声明：禁止使用人身变形枪弹；禁止使用专门施放窒息性瓦斯或有害瓦斯的毒气弹；禁止从气球上或其他类似的新方法投掷炸弹和爆炸物。会议签订了《关于和平解决国际争端公约》《关于陆战法规与惯例公约》《将关于伤病战士特遇的 1864 年日内瓦公约的原则推行于海战的公约》。会议决定将总部设在海牙，以处理各国争端为宗旨的"常设仲裁法庭"。有关裁军的问题，出席会议的代表还没有达成一致的协议，仅表示"希望限制陆海军军力及军事预算"。

谁被称为"土耳其之父"？

凯末尔（1881 ～ 1938 年）被称为"土耳其之父"，1881 年出生于萨罗尼加（今希腊境内）的一个木材商人家庭。凯末尔的青少年时代，帝国的政治体制即将崩溃，并开始沦为英、法、德等国的半殖民地，各种新思想迅速传播。因此，凯末尔从小就萌发了强烈的民族意识和变革图强的思想。

他极力主张军政分离，曾一度献身于军事活动和军事研究中，并结识了一些志同道合的青年军官，这些人成为和他一起缔造共和国的支持者。1919 年 5 月，凯末尔开始领导土耳其民族独立战争。1919 年冬，凯末尔党人在帝国议会选举中获胜。不久，议会通过《国民公约》，宣布土耳其应该享有完全的独立、自由和领土完整，废除治外法权。

面对日趋高涨的独立运动，妥协的苏丹政府决定解散议会，逮捕凯末尔党人。在凯末尔的号召下，部分议员改在安卡拉召开"大国民议会"，选举凯末尔为大国民议会主席兼国民军总司令，并组建了以他为首的国民议会政府。从此，安卡拉成为民族独立运动的中心。

1929 年经济危机是怎么回事？

20 世纪 30 年代，美国出现了经济繁荣的局面。在经济繁荣的背后，美国长期盲目投资，经济比例严重失调，农业不景气，失业人员激增。日益膨胀的供应量大大超过国内外的支付能力，潜伏着生产相对过剩的危机。到 20 年代后期美国经济出现危机和萧条。盲目扩大的生产规模与国内市场极不协调，由此导致了 1929 年经济危机的爆发。危机以美国纽约股票价格狂跌开始，很快波及全美国，并迅速席卷整个资本主义世界。

1929 至 1933 年世界性的经济危机爆发。而且"大萧条"也是对这次危机的一个特定称呼。具体表现为：商品实际价格下跌，购买力减弱，供给大于需求，失业增加，库存扩大，生产萎缩，公众恐慌，以及商业活动一度低迷。这期间出生的孩子成为著名的"萧条的一代"。

你知道纽约股市的"黑色星期四"吗？

美国 20 世纪 20 年代的经济繁荣中孕育着潜在的危机，终于酿成了 1929 年 10 月的股市狂跌。1929 年 10 月 24 日，纽约股市市场开始崩溃，这一天出售股票近 1300 万股。开盘后价格就迅速下跌，灾难性的市场崩溃已经势不可挡。这一天有数千经纪人和数十万小投资者破产，因此，人们将其称为"黑色星期四"。股票市场的崩溃随即引发了银行危机，并扩展为全面的经济危机。

西奥多·罗斯福具有怎样的功绩？

西奥多·罗斯福（1858 ～ 1919 年）是美国杰出的军事家、政治家，第 26 任总统（1901 ～ 1909 年）。曾任海军副部长，1900 年当选副总统。1901 年总统威廉·麦金莱被无政府主义者刺杀身亡，罗斯福成为美国总统。在他的总统任期内，对美国的主要贡献是资源保护政策，他保护了许多国有森林、矿产、石油等资源，因此受到美国人民的爱戴。他在美国对外方面，主张实行扩张政策，建设强大军队，干涉美洲事务。他曾实行过著名的大棒政策，对弱小国家态度十分粗鲁。在日俄战争中，他因调停战争而获得 1906 年的诺贝尔和平奖，成为第一个获得此殊荣的美国人。

世界上第一部反垄断法是什么？

美国南北战争之后，资本主义飞速发展，经济结构发生了显著的变化。随着生产规模的扩大，美国出现了大批托拉斯垄断组织。这些垄断企业并不十分关心公共利益，而是试图通过不公平的商业行为减少竞争，获取垄断利润。它们利用强大的经济实力，恶意排挤竞争者，严重威胁美国经济的良性发展。

面对这样的情形，美国一改自由放任的经济政策，授权联邦政府控制和干预经济。于是，美国历史上第一部反垄断法，也是世界上第一部反垄断法——《谢尔曼反托拉斯法》应运而生。

《谢尔曼反托拉斯法》具有什么意义？

《谢尔曼反托拉斯法》的正式名称是《保护贸易和商业免受非法限制及垄断法》，制定于 1890 年，因参议员约翰·谢尔曼提出而得名。该法案共有 8 个条文，主要内容集中在第 1 条和第 2 条当中。第 1 条规定：以托拉斯或任何其他形式限制州际贸易或对外贸易均属非法。第 2 条规定：凡垄断州际或对外贸易与商业的任何部分者，均作为刑事犯罪处理。《谢尔曼反托拉斯法》，从法律上为竞争者联合起来控制价格，实行商业抵制和划分市场势力范围设置了障碍。

《谢尔曼反托拉斯法》为以后美国反垄断法的制定奠定了坚实的基础，并且成为美国反垄断的基本准则。后来，美国又陆续地制定了《克莱顿反托拉斯法》《联邦贸易委员会法》和《罗宾逊—帕特曼法》等，一个较为完整的反托拉斯法律体系形成了。

谁提出了"海权论"？

马汉是海权论的鼻祖，美国人。

阿尔弗雷德·塞耶·马汉（1840～1914年）出生于美国西点军校的一个教授家庭。1859 年，马汉毕业于美国安纳波利斯海军学校，在美国海军部任职。1886 年，再调海军学院任教，并且从事海军理论的研究。1879 年，他撰写了第一篇论文《海军军官教育》。在这篇论文中，马汉提出如下观点："历史不赞成这种观点，即坚信和平就是保证战争不会发生。"它的《制海权对历史的影响》一书在美国乃至世界具有广泛的影响，先后再版了 30 多次。他的突出贡献在于对海权这一概念的创建和廓清，这一理论经受了时间的考验，体现了巨大的价值，对当时的世界和后世历史均发挥了重要的作用。可以说，马汉是一个顺应时代而起又推动了时代发展的伟人。

美国第一位女议员是谁？

珍妮特·兰金（1880～1973年）是美国众议院的第一位女议员。1917 年 4 月 2 日，珍妮特·兰金在美国众议院议员席位上就座，获得了投票选举的权利，而全美国的妇女三年之后才获得了这样的权利。对于这个胜利，她的解释是妇女在蒙大拿州赢得了选票，因为拓荒者的精神至今尚存。

俄国第一个马克思主义团体是什么？

俄国第一个马克思主义团体是"劳动解放社"，它于 1883 年 9 月在瑞士日内瓦建立。其创建人是格·瓦·普列汉诺夫，主要任务是在俄国传播马克思主义并筹建马克思主义政党。其宗旨是在俄国传播科学社会主义，批判民粹主义，深入研究俄国社会生活中的重大问题。

劳动解放社是俄国无产阶级政党的雏型。1884 年和 1888 年公布的两个纲领草案，明确提出工人阶级的目标是用共产主义代替资本主义，其先决条件是取得政权，成为后来俄国社会民主工党纲领的基础。19世纪80年代又同国内的马克思主义小组建立了联系。1903年，在俄国社会主义民主工党第二次代表大会上，"劳动解放社"宣布解散。

"布尔什维克"是怎么来的？

1903年7～8月，俄国社会民主工党第二次代表大会在布鲁塞尔召开。在制定党章时，以列宁为首的马克思主义者同马尔托夫等人发生激烈争论。他们争论的焦点是，在党的纲领上要不要写上无产阶级专政和有关党员资格问题。其中拥护列宁的人得多数票，称布尔什维克，马尔托夫等机会主义者得少数票，称孟什维克。

因而从1903年以来，布尔什维克成为马克思主义者的称号，布尔什维克的理论和策略称为布尔什维主义。1917年十月革命胜利后，各国共产党都以俄共为榜样，布尔什维克是俄文多数派的音译，是"真正的共产党人"的同义语。

英布战争的导火线是什么？

19世纪50年代，荷兰在南非的移民后裔布尔人建立了德兰士瓦共和国和奥兰治自

南非山区景色

由邦。1867年，奥兰治发现了钻矿石；1884年，在德兰士瓦发现了巨大的金矿；之后，欧洲殖民者蜂拥而来，掀起了"黄金热潮"和"钻石热潮"。到1898年，在德兰士瓦开采的黄金总量占当时世界黄金总量的27.5%，成为世界最大的黄金供应国。这就促进了南非的繁荣和经济的发展，同时也使英国殖民者和布尔人之间的矛盾又重新激化，这就导致了1899至1902年的英布战争。

俄国为什么会爆发1905年革命？

1905年1月16日（俄历1月8日），彼得堡普梯洛夫工厂1.2万名工人因反对厂主开除4名工人举行了罢工。其他工厂工人纷纷响应，几天内，罢工人数达到15万。沙皇政府密令加邦牧师，诱使工人游行。1月22日，14万工人和家属前往冬宫广场，准备向沙皇呈递请愿书。当中提出言论出版自由、8小时工作制、土地归农民、人民在法律上一律平等、召开立宪会议等要求。埋伏的军警肆无忌惮地向工人开枪，1000多人罹难，数千人受伤，史称"流血的星期日"。

这一次野蛮屠杀激起各地罢工人民的热情，罢工运动蓬勃发展。莫斯科、第比利斯等地举行总罢工。1至8月，全国参加罢工的人数达80万，比过去10年罢工工人总数还多1倍。整个夏季和秋季，革命的热情持续高涨。在罢工斗争中创造了工人代表苏维埃这一组织形式。罗兹工人总罢工发展为武装斗争，同军警进行了为期3天的战斗。在工人的运动推动下，全国一半以上的县爆发了农民反对封建地主剥削和压迫的斗争。6月间，黑海舰队装甲舰"波将金"号的水兵自发举行起义，将反动军官击毙，把军舰开往正在举行总罢工的敖德萨。

10月20日（俄历7日），莫斯科—喀山铁路司机开始罢工，人民革命发展为全俄政治罢工。25日（俄历12日），全国4万公里铁路线上有75万职工参加了罢工。26日（俄历13日）起，又逐渐发展为全俄各

行各业的政治罢工。参加罢工的有 2000 多个大工厂，200 多万工人。沙皇被迫于 10 月 30 日（俄历 17 日）颁布诏书，答应召集具有立法权的国家杜马，允诺人民有言论、集会、出版、结社等自由。以列宁为首的布尔什维克党揭露了沙皇政府的宪政阴谋，号召人民进一步推进革命，举行武装起义，将沙皇专制制度推翻。

列宁的笔名有怎样的来历？

很多人都知道，列宁（1870 ~ 1924 年）的真名叫"弗拉基米尔·伊里奇·乌里扬诺夫"，一个典型的俄罗斯三段式名字，"列宁"是一个他比较常用的笔名。"列宁"这个笔名第一次被使用，是在 1901 年 12 月俄国社会民主党的机关刊物《曙光》上，弗拉基米尔·伊里奇在上面发表了一篇题为《土地问题的"批评家"先生们》的文章，署名用的就是后来被全世界熟知的那几个字——尼·列宁。关于这个名字的由来，列宁生前并没有过多的解释，在自己的种种著作中也未提及。这个问题引起了很多人的关注，有人专门就此做了研究并进行了种种猜测，但这个名字究竟有怎样的来历，至今还是个未解之谜。

通古斯大爆炸是怎么回事？

1908 年 6 月 30 日上午 7 时许，在俄国西伯利亚中部通古斯地区，一个比太阳还要夺目耀眼的火球，呼啸而来，从天而降。顷刻之间一声巨响。爆炸的响声传到千里之外，冲击波把方圆 100 千米内所有房屋的门窗玻璃震坏。有关这一现象，各国科学家说法不一。

随着苏联的解体，大批西方科学家也到通古斯地区进行考察，综合了各国科学家收集的材料，美国人甚至用计算机模拟出了大爆炸的真空效果。美国人模拟出的真空效果显示：当一块直径约 61 米的陨石以 45° 角撞向地球时，由于与大气的剧烈摩擦，它充分燃烧并分解，恰好在距地 6.44 公里的高空处爆炸，冲击波扬起的地面尘埃高达大气外层，反射回的日光恰好解释了当年通古斯周边地区的如昼之夜。

此外，有关这次爆炸原因的假说还有许多：德国科学家提出这是一场"反物质"爆炸；美国科学家爱施巴赫认为这是宇宙微型黑洞爆炸；有人猜测这是一次热核爆炸；甚至有人推测这是外星人造访地球时飞船失事的结果。相信随着科学家考察的进一步深入，这个世纪之谜迟早会被解开。

德国巡洋舰"埃姆登"号在哪里被击沉？

1914 年 11 月 9 日，德国巡洋舰"埃姆登"号在印度洋科科群岛附近被澳大利亚巡洋舰"雪梨"号击沉。在这以前，这艘德国巡洋舰在印度洋上已经拦截并击沉了 22 艘英国商船。英国印度洋舰队几星期以来都在搜索这艘战船，未果。俄国巡洋舰"谢姆楚"号和法国驱逐舰"木盖"号也先后成了"埃姆登"号的牺牲品。

"埃姆登"号被击沉后，船上的幸存者绝大部分被关进战俘营，其中 49 人后来逃脱。他们抢了一艘停泊在季林岛的三桅船"艾莎"号，并于次年 1 月 15 日在阿拉伯海岸登陆，然后取道君士坦丁堡回国。

第一次世界大战中美国为什么对德宣战？

第一次世界大战开始后，美国于 1914 年 8 月 4 日发表中立声明。1917 年，战争已接近尾声，协约国和同盟国都已经疲惫不堪；俄国爆发二月革命，单独和德国媾和，导致协约国失败的危险；美国的经济实力大增，成为协约国最大的债权人，如果协约国失败，美国的经济将遭受巨大的损失。因此，美国统治者认为，美国参战的时机已经成熟，所以积极寻找各种借口。1917 年初，德国恢复实行"无限制潜艇战"，击沉了 10 艘美国船只。与此同时，英国在此期间截获了一份德国外交部给其驻墨西哥公使建议墨西哥联德反美的密电，并告知美国。于是美国以上述两件事为借口，于 12 月 7 日对德宣战。

俄国"二月革命"后有两个政府吗?

俄国第二次资产阶级民主革命,发生于1917 年俄历 2 月(公历 3 月),因此得名。1914 年,第一次世界大战爆发,俄国经济濒于崩溃,人民处于水深火热之中,社会各种矛盾空前激化。这时,列宁提出了一个口号,那就是"变帝国主义战争为国内战争"。1917 年初,俄国革命运动急剧发展。资产阶级也预感到沙皇政权摇摇欲坠的迹象,企图发动宫廷政变。1917 年 3 月 3 日,彼得堡普梯洛夫工厂工人开始罢工。10 日,战争发展成为反对饥饿、反对帝国主义战争、反对沙皇制度的政治总罢工,罢工人数多达 25 万人。沙皇政府下令开枪镇压参加示威和集会的群众,这就更加激化了人民的情绪。11 日,布尔什维克维堡区委员会决定将罢工转变为武装起义。12 日(俄历 2 月 27 日),起义向全城蔓延。驻守彼得格勒的士兵拒绝向工人开枪,纷纷转向了革命的方面。起义士兵和工人逮捕沙皇的大臣和将军,释放政治犯,布尔什维克党中央发出《告全体俄国公民书》,宣布首都已经掌握在人民手中,革命的气势更加猛烈。3 月 15 日,末代沙皇尼古拉二世被迫退位,统治俄国长达 300 多年的罗曼诺夫王朝彻底覆灭。

革命期间,彼得格勒工人和士兵建立新的政权——工兵代表苏维埃。同时,资产阶级获得了孟什维克和社会革命党人的支持,成立俄国临时政府,两个政权并存的局面也因此形成了。

第四篇
在战争中曲折发展
现代世界

社会主义的开端

什么是国际联盟？

国际联盟，简称国联，1920 年 1 月正式成立，是第一次世界大战后成立的国际组织，宗旨是减少武器数目及平息国际纠纷。国际联盟的主要机构有国联大会、行政院、秘书处和国际常设法院。总部设在日内瓦。盟约规定通过集体安全、裁军、和平解决国际争端等措施，以保障会员国的领土完整和政治独立，并规定对违背者实行经济制裁。国联成立后，在解决地区性冲突方面发挥了一定的积极的作用，但它是西方资本主义大国维护凡尔赛—华盛顿体系、分割殖民地、争夺世界霸权的工具。它不能有效阻止法西斯的侵略行为，在第二次世界大战后被联合国取代。

什么是国联委任统治制度？

根据《国际联盟盟约》第 22 条规定，第一次世界大战爆发前德国在非洲和太平洋中的殖民地和属地以及奥斯曼土耳其帝国在近东的一部分领土，归国联委任"先进国"管理。委任统治是指第一次世界大战后帝国主义战胜国通过国际联盟对原属于战败国的殖民地进行瓜分的一种形式，国联规定的"先进国"有英国、法国、比利时和日本等国。委任统治地分为三类：甲类委任统治地包括原属奥斯曼帝国近东部分地区领土，这些地区较为发达，可暂被承认为独立国之程度，受委任统治国指导；乙类包括原德国在中非和东非的殖民地，这些地区短期内不赋予独立之诺言，委任统治国必须负地方行政职责；丙类包括原德国在西、南非的殖民地和在太平洋的岛屿属地，受委任国可将本地区作为

本国领土的一部分进行管理。委任统治的期限还没有最终确定。第二次世界大战后，委任统治国承认了其中一些委任统治地的独立，而其余获得独立的委任统治地则被转为联合国托管地。

俄国十月革命有什么意义？

第一次世界大战中，交战双方为了谋取利益都消耗了大量人力和物力，社会矛盾和阶级矛盾日益尖锐化。这时，帝国主义链条上最薄弱的环节——沙皇俄国，爆发了 1917 年的十月革命。

十月革命是人类历史上第一次取得胜利的社会主义革命，翻开了人类从资本主义向社会主义过渡的新篇章。

首先，十月革命冲破了帝国主义的统治战线，建立了无产阶级专政。其次，十月革命还打击了帝国主义势力，动摇了帝国主义的殖民制度，为压迫民族的革命斗争树立了榜样。再次，十月革命的胜利，是马克思主义的胜利，是马克思列宁主义关于无产阶级革命和无产阶级专政学说的胜利，进一步发展和传播了马克思思想。

总之，十月革命为世界人民开辟了一条消灭剥削压迫，实现社会主义、共产主义的光明大道。

苏联红军于何时成立？

苏联红军是列宁和托洛茨基一手缔造的，成立于 1918 年 1 月 28 日。

1917 年 11 月 7 日，涅瓦河上"阿芙乐尔"号巡洋舰的一声炮响揭开了现代历史崭新的一页。尽管十月革命取得了胜利，但苏维埃

仍然没有组建一支成建制的革命武装，参加武装起义的多是武装起来的工人、农民和沙俄旧军队中觉醒的革命士兵，他们训练水平参差不齐，使用的武器五花八门，为了共同的革命目标走到了一起。国内战争结束后，工农红军于 1924～1925 年进行了一场全面的军事改革，逐步建立起一支正规化的无产阶级军队，也就是苏联红军。到了 30 年代后期，苏联红军已成为敢与世界上任何帝国主义强国匹敌的军队。

蒲鲁东派的政治主张是什么？

蒲鲁东派是法国工人运动中信奉蒲鲁东主义的政治派别。蒲鲁东（1809～1865 年）是欧洲工人运动中的改良主义和无政府主义创始人之一，主张以手工劳动为基础的小私有制的普遍化来改造资本主义社会；通过建立"人民银行"向小生产者和工人发放无息贷款，以此来保证小生产的独立地位并避免破产的命运；试图建立以个人所有制为基础的"互助制"社会。在政治上反对组织工会和罢工斗争，反对无产阶级革命和专政，敌视一切权威，主张建立无政府状态和自由社会。1865 年。蒲鲁东去世后，他的思想还一直影响着法国、比利时、瑞士等国，其信徒组成蒲鲁东派，曾一度控制着第一国际巴黎支部的早期活动。

和平共处理论最先由谁提出？

十月革命胜利后，苏维埃俄国在回击外国武装干涉和平定国内反革命叛乱方面都取得了伟大的胜利。这时，列宁就及时提出了不同社会制度和平共处的思想，这一思想包括：反对战争，用和平方式解决国与国之间有争议的问题；军事均势是和平共处的保障；不同制度国家应加强经济合作；确认了不同制度国家的主权、独立、平等、互利、互不干涉内政等原则。这一思想是无产阶级革命理论的重要组成部分。半个多世纪以来，经受了国际风云变幻的考验并取得了重大胜利。

列宁是怎么遇刺的？

在莫斯科希普科夫斯基胡同有一块石碑，上面写道：世界无产阶级领袖弗拉基米尔·伊里奇·列宁遇刺地的第一块纪念碑石。列宁究竟是怎么遇刺的呢？

在 1918 年 8 月 30 日的演讲中，列宁痛斥敌人攻击布尔什维克，背弃平等、博爱精神。当天，列宁在做完演讲后离开米海利松工厂，他穿过人群，走向自己的汽车，工人和士兵们簇拥着领袖，高声叫喊着，大家都沉浸在喜悦之中。突然，响起一阵枪声，列宁捂着胸口，缓缓地倒下了！愤怒的工人和士兵们冲上前，将一个女人打倒在地，这个女人就是芬妮·卡普兰。在莫斯科最优秀的外科医生和护士的精心护理下，列宁凭着顽强的意志奇迹般康复了。在他的领导下，苏维埃政权渡过了历史上最困难的时期。

共产国际"三大"在哪里召开？

共产国际"三大"于 1921 年 6 月 22 日至 7 月 12 日在克里姆林宫举行，参加会议的有 52 个国家和 103 个组织的代表。大会指出各国共产党应以争取群众的大多数为主要任务，提出"到群众中去"的行动口号，号召共产党人要关心工人群众的经济政治要求，做艰苦细致的宣传和组织工作，争取把群众大多数的思想从政治上到组织上加以具体化。

苏联于何时成立？

苏维埃社会主义共和国联盟，简称苏联，成立于 1922 年，在恢复国民经济的斗争中取得了新的成就，使得苏维埃政权得以巩固。

根据苏联《宪法》，苏联是一个联邦制国家，由 15 个平等权利的苏维埃社会主义共和国（苏联加盟共和国）按照自愿联合的原则组成，首都为莫斯科。国家元首为苏联最高苏维埃主席团主席，后期称为苏联总统。政府首脑为部长会议主席，武装力量名称为苏联红军。

苏维埃社会主义共和国联盟的成立，为苏维埃国家各民族的发展开辟了广阔的前景，如今，它已经不复存在。

列宁的"政治遗嘱"是什么？

列宁在晚年认真思考总结了布尔什维克党和苏维埃政权的建设工作，提出了一系列内容丰富的政策建议和思想，这些思想被后人称为"政治遗嘱"。从 12 月 23 日起，列宁采用口授的方式，先后写成了《日记摘录》《论合作社》《论我国革命》《我们怎样改组工农检查院》《宁肯少些，但要好些》等五篇论文，当中阐述了许多相关的理论和政策。与此同时，列宁还写出了《给代表大会的信》《关于赋予国家计划委员会以立法职能》《关于民族或"自治化"问题》等三篇有关党的领导和党的工作方面的信件。在这八篇著作中，列宁主要围绕一条主线：在经济文化落后的国家，大力加强文化建设。这对于经济文化落后国家建设社会主义具有十分重要的意义。

苏联农业集体化是怎么回事？

苏联农业集体化就是苏联通过合作社把个体的小农经济改造成为社会主义集体经济的过程。

初期，苏联的集体农庄有三种形式：农业公社；共耕社；农业劳动组合。20 世纪 20 年代后期，随着社会主义工业化方针的实施，苏联开展了大规模的经济建设，这时建立在个体劳动基础上的、分散落后的小农经济越来越不适应工业化发展的需要。1926 年以后，出现了粮食危机。为了解决这一矛盾，1927 年 12 月 2 日召开的联共（布）第十五次代表大会，做出了尽快发展农业集体化的决议。在全盘集体化运动中，苏联实行依靠贫农、团结中农、消灭富农的政策。规定没收富农财产，转为集体农庄公积金，作为贫雇农入庄费（共约 4 亿卢布），并把富农驱逐出本区、州（边疆区），不准加入集体农庄。苏联农业集体化是在激烈的阶级斗争中实现的，在全盘集体化运动期间，富农杀害牲畜、纵火、暗杀、组织动等破坏活动屡见不鲜。

苏联农业全盘集体化的方针是正确的吗？

1927 ~ 1928 年，苏联在粮食收购问题上出现危机。斯大林（1879 ~ 1953 年）认为造成危机的原因是"富农"的破坏和小农生产的商品率过低，因此，便有了全盘集体化的想法。1927 年底，联共第十五次大会确定了大力开展农业集体化的方针，由此开始了农业集体化运动。

在斯大林的倡导下，靠行政命令搞集体农庄成了普遍现象，有 2.5 万名城市工人、干部下乡强行搞集体化，许多州也提出了口号："谁不加入集体农庄，谁就是苏维埃的敌人。"这种强制政策不仅对付了所谓的"富农"，也扩大到了对付中农和所有不愿参加集体农庄的农民中去。到 1932 年底，全苏共建立了 21.17 万个集体农庄，集体化的农产占农产的 62.4%，苏联的农业化基本实现。这一政策导致苏联的农业产量在很长一段时间里徘徊不前，成为苏联的严重社会问题。

苏联卫国战争是怎么回事？

1941 年 6 月 22 日，苏德战争爆发后，苏联军民在斯大林的领导下，开始了伟大的卫国战争。11 月 7 日，莫斯科照常举行传统的盛大阅兵式，苏联红军在接受斯大林等领导人的检阅之后，意气风发地直接开往前线。经过莫斯科保卫战、斯大林格勒战和库尔斯克等著名的战役后，苏联人民最后把侵略者赶了出去，赢得了卫国战争的伟大胜利，为世界反法西斯战争也做出了重要的贡献。

戈尔巴乔夫的改革三大运动是怎么回事？

戈尔巴乔夫发起的改革三大运动，一是加速发展机械行业、赶超美国。二是学校电脑化，推翻苏联以重新塑造人的灵魂为重点的传统教育，造就类似西方社会中的"白领阶层"。但当时苏联还缺乏大规模生产电脑的条件，因而这一想法被扼杀在摇篮里。三是反酗酒运动。由于运动本身本末倒置，加之社会官员腐败，结果人们酗酒更加严重。

这"三大运动"的结局可归纳为以下4个主要方面：

第一，资金、外汇大量损失、得不偿失，民风涣散，出现信用危机。

第二，20世纪80年代中期，石油价格大跌，1986至1987年，石油外汇收入减少三分之一，政府黄金储备从1985年的2500吨，下降到1991年的240吨。

第三，重大事故连接不断：列宁那坎市大地震；"纳希莫夫海军上将"号沉没，200多名旅客丧生；核潜艇沉没，全体官兵遇难；1986年4月，"切尔诺贝利"核电站发生重大事故，造成了巨大的损失。

第四，国库空虚、大发纸币、预算出现黑洞、隐性通膨严重、官方统计虚伪、社会危机不断。

这些就是1986年戈尔巴乔夫抛出《改革与新思维》（《改革与我国和全世界的新思维》）的时代政治形势。

为什么斯大林被称为"铁打的人"？

斯大林（1879～1953年），原名为约瑟夫·维萨里昂诺维奇·朱加施维利，1879年12月21日出生于格鲁吉亚梯弗里斯州哥里城，是苏联杰出的政治家、革命家、军事家。他15岁时就参加了革命，1898年加入俄国社会民主工党。因为坚强不屈地反对沙皇专政，先后被捕7次，流放6次，因此赢得了"铁打的人"的称号。此外，他还是苏维埃社会主义共和国联盟的缔造者之一，其所创立的苏联社会主义发展模式对20世纪的世界具有深远的影响。

斯大林曾斥拒大元帅服吗？

斯大林以其在苏联卫国战争中领导苏联军民战胜法西斯德国的卓越功勋，享有苏联

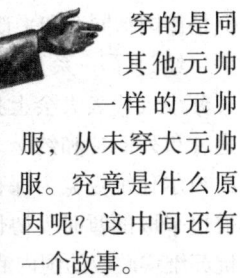

斯大林塑像

唯一的大元帅军衔。

但他一直穿的是同其他元帅一样的元帅服，从未穿大元帅服。究竟是什么原因呢？这中间还有一个故事。

1945年6月，苏联卫国战争结束后不久的一天，苏军后勤部长赫鲁列夫大将和军衔部长德拉切夫上将来到克里姆林宫。在斯大林的办公室里，赫鲁列夫大将在向苏共中央政治局的官员们汇报后，他请求允许向在座的领导们展示一下新军服。

当时，斯大林的兴致也很高，他说："好吧，正好让总参谋部的同志也看一看。"

当等在接待室里的德拉切夫上将身穿崭新的军服走进来后，斯大林朝他扫了一眼，脸色立刻沉了下来。看来，他已经猜到这是什么服装。

德拉切夫穿的是一身新式的华丽服装，上衣是按库图佐夫时代的服装样式裁制的，衣领高耸；裤子是现代式样的，有金光闪闪的镶条，看上去仿佛一套滑稽剧演员穿的怪式服装。

其实，这正是特意为斯大林制作的大元帅军服。斯大林把德拉切夫打发走后，丝毫不加避讳地说了很多气愤的话。他反对抬高自己，认为这种做法并不聪明，而且也没有想到后勤部长会来这一套。从此以后再也没有人提做大元帅服的事了。

为什么说《布列斯特和约》像充饥的画饼？

第一次世界大战发生后，德国和俄国成了敌对的国家。1917年，俄国十月革命成功

后，苏维埃代表大会通过了列宁提出的和平法令。英、法等协约国拒绝了这个和平建议，但是德国却同意和平谈判。

经过了一系列的讨论，1918 年 3 月 14 日苏维埃代表大会上批准了对德和约，这就是《布列斯特和约》。这个和约是列宁为首的布尔什维克党为保存新生的苏维埃政权而被迫采取的暂时妥协性行动，为以后消灭抵抗苏维埃政权的国内武装和击退 14 个帝国主义国家的武装干涉进一步奠定了基础。

1918 年 11 月 11 日，作为战败国的德国正式宣布投降，第一次世界大战结束。第二天，苏维埃政府宣布废除《布列斯特和约》，因此，对于德国来说，这个和约就成了"充饥的画饼"。

哪次起义标志着德国十一月革命的开始？

第一次世界大战末期，德国爆发了基尔港水兵起义。1918 年 10 月底，德国战败已成定数，海军司令部仍命令舰队出海与英国决战，规定如不能取胜，就"光荣地沉没"，企图以此来激发陆军的斗志。水兵拒绝执行命令，当局就采取高压手段，逮捕了上千名水兵。11 月 3 日，基尔港水兵集会要求释放被捕者，提出"打倒军国主义"及"和平、面包"的口号。这一次游行遭到镇压，死伤数十人，起义由此爆发。11 月 4 日，基尔水兵苏维埃和工人苏维埃相继成立，前来镇压的军队或加入起义队伍，或被解除武装。5 日，全城举行总罢工，工人、士兵苏维埃掌握了该城政权，全国各地纷纷响应此次起义，德国十一月革命的序幕就这样揭开了。

波兰共和国是什么时候重建的？

18 世纪时，独立的国家波兰被普鲁士、奥匈和俄国三次瓜分，最终灭亡。第一次世界大战爆发后，德、奥占领了俄统治的波兰土地。后来俄、德、奥三大帝国逐渐走向崩溃，波兰人民行动起来，通过解除德、奥占领者武装的方法，把侵略者赶出国境，重建了自己的国家。1918 年 11 月 7 日，在卢布林成立了以加利西亚社会民主党领袖伊·达审斯基为总理的波兰共和国临时人民政府，新政府有主张独立的左翼政党联合体。11 月 11 日，多年领导波兰独立斗争的铁腕人物毕苏茨基（1867 ~ 1935 年）从德国监狱释放。11 月 11 日，各政治组织宣布服从毕苏茨基的领导，因为他在复兴祖国大业中做出了贡献，赢得了荣誉。11 月 18 日，毕苏茨基在华沙组成各派联合政府，毕苏茨基任共和国临时总统。经历 123 年亡国的波兰重新建国。1921 年 3 月，波兰成为资产阶级议会制共和国。

谁被称为"革命文学之父"？

玛克西姆·高尔基（1868 ~ 1936 年），苏联无产阶级作家，原名阿列克赛·马克西莫维奇·彼什科夫，社会主义现实主义文学的奠基人。

玛克西姆·高尔基出身贫苦，幼年丧父，11 岁时为了生计在社会上奔波，当过装卸工、面包房工人，贫民窟和码头成了他的"社会"大学的课堂。他经常和劳动人民在一起，亲身经历过资本主义残酷的剥削与压迫，这对他的思想和创作发展具有重要影响。之后，高尔基便刻苦自学文化知识，并积极投身革命活动，寻求改造现实的途径。1892 年，他发表处女作《马卡尔·楚德拉》，登上文坛。他的浪漫主义代表作有《马卡尔·楚德拉》《伊则吉尔老婆子》《鹰之歌》等，赞美了热爱自由、向往光明与英雄业绩的坚强个性，表现了渴望战斗的激情；现实主义作品如《契尔卡什》《沦落的人们》《柯诺瓦洛夫》等，描写了人民的苦难生活及他们的崇高品德，表达了他们的愤怒和抗争。这些作品的主人公大多是努力探求新的生活道路、思考生活的意义并充满激烈内心冲突的人物。1901 年高尔基参加彼得堡的示威游行，并创作了著名的散文诗《海燕之歌》，塑造了象征大智大勇革命者搏风击浪的勇敢的海燕形象，预告革命风暴即将到来，鼓舞人们去迎接伟大的战斗。也正因为一直从事这方面题材的创作，他被称为"革命文学之父"。

莫斯科红场的名字是怎么来的？

红场是苏联首都莫斯科最大的广场。它出现于15世纪，最初的名字叫"贸易广场"，人们常在此洽谈商务。1493年，克里姆林宫内外发生了一次特大的火灾，熊熊的烈火烧毁了大批木结构的建筑物，所以人们就将其称做"烈火广场"。16世纪又被人们称作"托洛伊茨广场"，主要是因为广场南边有一个托洛伊茨大教堂。16至17世纪，广场成了古代莫斯科的政治和贸易中心，俄罗斯帝国在这里建造了一个宣布皇帝诏书和执行死刑的高台。此后人们便把广场称为"红场"。其中"红"这个词在古俄语中是"美丽"和"主要"的意思。十月革命以后，"红场"这一古老的名字又被赋予了新的含义：红是为苏维埃政权而流的鲜血的象征，是革命红旗的颜色。

你知道圣西门吗？

圣西门（1760～1825年）是法国的哲学家、经济学家、空想社会主义者。1760年10月17日出生于巴黎的一个贵族家庭。早年受过启蒙运动思想的影响，参加了北美人民反对英国殖民统治的独立战争。1781年在约克镇担任炮兵上尉。1803年发表了《一个日内瓦居民给当代人的信》，里面主张由科学家代替牧师的社会地位。圣西门极力拥护法国大革命，他主动放弃了伯爵爵位，而且为研究和宣传社会主义学说奉献了毕生的精力。

哪个公约表明法国西欧霸主地位的丧失？

《德法比英意相互保证公约》，又称《莱茵保安公约》，是《洛迦诺公约》中最重要的一个。它的主要内容是：德法和德比边界维持现状；应该遵守《凡尔赛和约》中关于莱茵非武装区的规定；德法和德比互不侵犯，用和平手段解决争端；德国和法比，任何一方对另一方发动侵略，越过边界或在非武装区集结军队时，英国和意大利应立即援助被侵犯的一方。这一公约明确表明，法国必须与德国平起平坐，平等地承担维持现状的义务，同时也说明法国已经丧失了它在西欧的霸主地位，而英国达到了它所追求的目标——扶持德国抑制法国。

土耳其共和国是如何成立的？

第一次世界大战后，土耳其国内局势动荡，面临着亡国的危机。1919年5月，希腊军队占领土耳其天然良港伊兹密尔，一时间，土耳其反对外国占领的斗争在各地展开。爱国军官基马尔在统一各地分散的民族主义组织后，成立了土耳其民族代表委员会。1920年4月，在安卡拉召开的大国民会议成立了以基马尔为首的国民政府。1922年，土耳其军民赶走希腊侵略军。11月，大国民会议宣布废除君主（苏丹）制度。1923年7月，列强承认土耳其独立。10月，土耳其共和国正式成立。

为什么会发生第三次英阿战争？

第三次英阿战争爆发于1919年。19世纪末，阿富汗国内安定，经济复苏，出现了民族资本主义萌芽。第一次世界大战后，印度民族解放运动高涨，在很大程度上牵制了英国的力量。国际国内形势发生的变化就为阿富汗摆脱英国外交控制、争取彻底独立提供了有利的时机。1919年2月，阿富汗改革派代表人物控制政权后，宣布阿富汗独立，不承认任何外国特权，并采取联苏抗英的政策。英殖民者拒不放弃它在阿富汗享有的特权，他们在阿富汗边境集结兵力，试图发动新的侵略战争。

阿军的英勇抗击和印度解放运动的蓬勃发展，使英国侵略军身陷困境，只好放弃继续作战的计划。6月3日，双方停火，进行谈判。1921年11月22日，英阿签订和约，英国承认阿富汗独立。至此，阿富汗人民抗英战争彻底胜利了。

为什么要召开巴黎和会?

1918 年 11 月，德国签订投降书，第一次世界大战宣告结束。1919 年 1 月，战胜国在巴黎凡尔赛宫召开和会，对战败国德国、奥地利等实行全面的清算，按照各战败国的实力进行分赃，史称巴黎和会。这次会议上，各战胜国都有自己的打算，都想乘机捞一把，一开始就充满了明争暗斗。

巴黎和会的主要内容是什么?

《凡尔赛条约》共分 15 部分，440 条。根据条约规定，德国损失了 10% 的领土，12.05% 的人口，所有的海外殖民地（包括德属东非、德属西南非、喀麦隆、多哥以及德属新几内亚），16% 的煤产地及半数的钢铁工业。莱茵河西岸由协约国占领，东岸 50 千米内为不设防区。禁止德国实行义务兵役制，只准保留陆军 10 万人。禁止德国拥有空军、坦克和潜艇，海军力量受到严格限制。

在疆界方面，巴黎和会规定：割让阿尔萨斯和洛林给法国，恢复法国在普法战争前的疆界；北石勒苏益格经过公投，回归丹麦；承认波兰独立，并给予波兰海岸线。把原属波兰的领土归还，包括西普鲁士、波森省、部分东普鲁士及部分上西里西亚；东上西里西亚给予捷克斯洛伐克。但泽由国际联盟管理，称为但泽自由市；割让尤本及萨尔梅迪给比利时；克莱佩达地区给立陶宛（1923 年）；萨尔煤矿区由法国、德国承认奥地利独立，永远不得与它合并；承认卢森堡的独立；归还山东给中国；所有海外殖民地被战胜国分配。

此外，还与其他战败国签订了其他不平等条约。

苏俄为什么没有参加巴黎和会?

十月革命胜利后的第二天，即 1917 年 11 月 8 日，苏维埃政府颁布了由列宁签署的《和平法令》，向第一次世界大战的所有交战国建议，立即缔结公正的和约，实行不割地、不赔款、各民族平等的和平政策，并且宣布苏俄退出和平战争。

苏维埃之所以这样做是因为当时的国际局势错综复杂，帝国主义国家之间钩心斗角，企图扼杀新生的苏维埃政权。刚刚诞生的苏维埃国家百废待兴，亟待巩固政权、恢复经济、建立武装，苏维埃想借此机会巩固自己的政权。正是因为以上原因，苏维埃并没有参加 1919 年 1 月的各个战胜国在巴黎召开的"分赃"会议。

巴黎和会解决列强的矛盾了吗?

1919 年 1 月 18 日至 6 月 28 日，第一次世界大战的战胜国（协约国）和战败国（同盟国）在巴黎凡尔赛宫召开和平会议，即巴黎和会。这次会议共 27 国参加，苏俄未参加。会议标榜通过媾和建立世界永久和平。从本质上说，它是英国、法国、美国、日本、意大利帝国主义战胜国分配战争赃物、重新瓜分世界、策划民族解放运动的会议。因此，这次会议也被世人看成一次分赃的闹剧。

这一次会议并没有真正解决帝国主义之间的矛盾，而且对战败国德国的苛刻勒索还给德国人埋下了复仇的种子。正如法国元帅福熙所说："这不是和平，这是 20 年休战。"历史不幸被言中，就在巴黎和会召开后的二十年零两个月时，希特勒发动了第二次世界大战。

亚非拉的民族斗争

哪个国家的资产阶级革命是亚洲觉醒的标志之一？

20世纪初期，伊朗反帝反封建的资产阶级革命是亚洲觉醒的标志之一。20世纪初，伊朗沦为半殖民地。1905年底，德黑兰、大不里士等城掀起大规模的人民运动，迫使国王召开国会，颁布宪法。群众在斗争中建立了革命政权"恩楚明"和革命武装"费达依"。1908年国会发动政变，宣布解散国会和革命组织，随即伊朗人民以大不里士为中心掀起护宪运动。第二年4月，英、俄进行武装干涉。7月，人民武装攻克首都德黑兰，废黜国王阿里，另立王子阿赫美德为王，宣布恢复宪法。11月，第二届国会召开，自由派地主资产阶级掌权。1911年10月，英、俄继续武装镇压革命。12月，革命失败，原来的封建王朝复辟。这次革命是亚洲觉醒的标志之一。

菲律宾民族运动从改良走向革命的标志是什么？

"卡的普南"是菲律宾他加禄语的音译，意为"最崇高的、最受享受的菲律宾儿女联合会"，简称"协会"和"联合会"。1892年7月7日，由"菲律宾联盟"成员、著名民族独立运动领袖滂尼发秀在马尼拉领导创立。"卡的普南"的主要成员有小资产阶级、农民、城市贫民和知识分子，主张依靠群众，驱逐西班牙殖民者，通过"与压迫者作斗争"争取民族独立。"卡的普南"建立了完整的组织机构，建立了最高委员会，并在各地建立各级地方组织。1894年，"卡的普南"摆脱了"菲律宾联盟"的影响，着手进行武装起义的准备工作，制造了大量武器，并耗巨资购买了大量军火。1896年出版了《自由报》，进行股东宣传，使人数不断增加。"卡的普南"的成立标志着菲律宾运动从改良走向革命。

古巴马查多独裁政权是怎么垮台的？

1923年5月29日，杰拉尔多·马查多（1871～1939年）就任古巴总统。马查多上台后采取独裁统治，用暗杀手段对待人民的反抗。他对外投靠美国，在其执政期间，美国垄断资本控制了古巴的制糖业、矿业、银行、通信、交通运输等行业。同时，马查多政府还向美国政府借贷，到1929年已借了1.45亿美元。这些政策都引起了国内人民的不满。1933年初，世界资本主义经济危机爆发的时候，马查多政府每况愈下，民怨沸腾，矛盾进一步升级。人民纷纷反抗马查多政府，8月7日，共产党发动大罢工。罢工浪潮迅速席卷整个古巴岛，全国进入瘫痪状态，就此，古巴马查多独裁政权垮台了。

非暴力不合作运动最直接的原因是什么？

非暴力不合作运动，是由"圣雄"甘地（1869～1948年）领导的，印度人民反抗英国殖民统治的一场影响深远的运动。究竟是什么原因导致了这场运动的爆发呢？

第一次世界大战结束后，英国加强了对印度的殖民统治，颁布禁止印度人民政治自由的法令，激起印度全国的强烈不满，于是英国殖民者制造了"阿姆利则惨案"，惨案成为甘地发动全国性非暴力不合作运动的直接原因之一。

其次，第一次世界大战期间，印度的民族资本主义得到了较快的增长。印度有了具有一定经济实力的民族资产阶级，然而英国的殖民统治妨碍了印度民族资本主义的发展。

再次，十月社会主义革命的胜利，推动了印度的民族解放斗争。

这一运动打击了英国的殖民统治，增强了印度人民的民族自尊心和自信心，为印度的独立奠定了基础。同时，"非暴力不合作运动"把民族运动局限于非暴力的框架内，影响了民族运动的进一步发展。

谁被称为"印度的国父"？

莫罕达斯·卡拉姆昌德·甘地（1869～1948年），被人尊称为"圣雄甘地"，是印度民族主义运动和国大党领袖。他既是印度的国父，也是印度最伟大的政治领袖。他带领国家迈向独立，脱离英国的殖民统治。他的"非暴力不合作"的主张，影响了全世界的民族主义者和那些争取和平变革的国际运动。

非暴力不合作运动是怎么回事？

非暴力不合作运动，是由"圣雄"甘地领导的，印度人民反抗英国殖民统治的一场影响深远的运动。其特点就是非暴力和不合作，斗争的目的是达到自治，如有可能就实行帝国内部的自治，如有必要就实行脱离帝国的自治。在甘地的号召下，人民举行罢工、罢课、罢市、集会游行，汇成一股反英洪流。1922年2月5日，联合省（今北方邦）戈勒克布尔县乔里乔拉村农民2000人将22名警察连同警察局一起，付之一炬。运动超出非暴力斗争范围，甘地闻讯后急忙制止。2月12日，国大党通过巴多利决议，谴责群众"越轨"行为，决定无限期地停止非暴力不合作运动。3月10日，甘地入狱，运动遭到残酷镇压。在这场运动中印度国民大会党逐渐成为了领导者，并从1947年开始在印度长期以来的统治。这场运动一方面打击了英国殖民统治，鼓舞了人民士气，而另一方面其妥协性和软弱性也使取得的成果并不彻底，不利于人民真正的觉醒。总而言之，从这时开始，印度为实现独立国家的目标，向前迈了一大步。

"撤离印度"运动是怎么回事？

1942年3月克里普斯计划破产，国大党采取反英行动。同年4月甘地发表文章，对英国提出了挑战。7月，在国大党会议上，工作委员会接受甘地的决定。8月7日，国大党全印委员会通过"撤离印度"的计划，并向英国殖民当局发出最后的通牒，如果英国拒绝成立国民责任政府，国大党立即发动大规模的群众非暴力斗争。但决议通过后的第三天，殖民当局几乎把大党领袖全部抓获。殖民者的镇压激起了印度人民的反抗，暴力斗争席卷全国，造成了很大的损失。尽管斗争失败了，人民自发的暴力行动却沉重打击了英国殖民者。

尼泊尔是什么时候独立的？

1814年，英国借口尼泊尔、印度的边界纠纷，出兵入侵尼泊尔。1815年12月2日，英国与尼泊尔签订了《萨高里不平等条约》。尼泊尔被迫将南部约1万平方公里的土地割让给英属印度。尼泊尔实际上就沦为了英国的附庸。英国人的统治激起了尼泊尔人民的强烈反抗，这种反英斗争断断续续地延续了好多年，直到1923年，英国才承认了尼泊尔的独立。当年，尼、英签署了《永久和平与友好条约》。虽然签订了条约，但英国实际上继续控制尼泊尔，并且享受着种种特权。

桑地诺是怎样遇害的？

奥古斯多·塞萨尔·桑地诺（1893～1934年）于1893年出生于小庄园主家庭，尼加拉瓜著名游击队领导人。1921至1925年先后在洪都拉斯、危地马拉和墨西哥当机械仓库管理员和机械师，参加过1923年墨西哥人民反美爱国斗争，1926 年 2 月回国。同年 12 月，美国为支持保守党人迪亚斯政权而展开了军事行动，派出海军陆战队 2 千人在尼加拉瓜登陆。桑地诺组织当地工人、爱国青年和一部分士兵，掀起反美的斗争，以拉斯塞戈维亚斯山区为根据地，展开游击战，得到人民的一致响应。1927 年 2 月，部队扩至 300 余人。1927 年 4 月，与自由党首领蒙卡达在拉斯梅塞德斯会师。5 月，蒙卡达放下武器，与美国谈判，签订《黑山楂条约》。9 月，桑地诺提出"把美国侵略者全部赶走"的口号；主张把美国垄断资本掠占的土地分配给农民，发展农业合作社和开发自然资源；整顿军队，规定起义军不发工资、不得侵害居民等纪律。1928 年，美国总统胡佛提出与桑地诺谈判，遭到拒绝。到 1931 年，起义军增至 3000 余人，控制一半以上国土。1933 年 1 月，美军被迫撤出尼加拉瓜。次年 2 月 21 日，桑地诺在赴首都与自由党政府谈判时，被尼加拉瓜国民警卫队司令索摩查·加西亚指使的凶手谋害。

热那亚国际会议讨论了哪些问题？

1922 年 4 月 10 日，契切林（1872～1936 年）在第一次全体会议上宣读苏维埃代表团声明。契切林的建议引起与会者和舆论界的广泛关注，但因西方列强代表坚决反对而未列入议程。在接着召开的分组会议和全体会议上，主要讨论的是赔偿债款问题。苏维埃代表提出了反要求，劳合·乔治为争取苏俄放弃反要求，表示准备削减战时债务并延长支付债款利息的期限。法国代表反对作任何让步和妥协。在会议结束的时候，双方仍未能达成协议。

在 4 月 16 日的热那亚会议过程中，契切林和德国外交部长拉特瑙（1867～1922 年）在拉帕洛签订《德国和苏维埃联邦社会主义共和国协定》（通称《拉帕洛条约》）。决定两国自订约之日起在法律上互相承认，恢复外交关系。条约还规定双方相互放弃赔偿要求，根据最惠国待遇原则发展贸易并进行经济合作。这样，西方列强企图用损害苏、德两国利益的复兴欧洲经济计划就宣告破产。《拉帕洛条约》的签订是苏、德两国的外交胜利，它使苏俄突破帝国主义图谋建立的反苏统一战线，也有利于德国摆脱受协约国摆布的处境。

朝鲜哪些起义受十月革命影响？

在俄国十月革命的影响下，朝鲜人民举行了反对日本殖民统治、争取民族独立的起义。1919 年 3 月 1 日，汉城学生和群众 2 万余人在塔洞公园举行集会，会上宣读了《独立宣言》，会后举行了有 30 多万人参加的游行示威。一时间，全国各地纷纷响应，相继据举行了罢工、罢市、罢课和示威游行，许多地区迅速转为武装起义。4 月，运动达到了高潮。后来因资产阶级民族主义者的妥协和日本帝国主义的残酷镇压而告失败。尽管这次起义失败了，但它却唤醒和锻炼了朝鲜人民，从此朝鲜进入了无产阶级领导的民族解放运动新时期。

阿根廷"一月流血周"是怎么回事？

1919 年 1 月，阿根廷罢工工人和警察、军队奋战了 7 天，最后惨遭镇压，史称"血腥的一周"。1918 年 11 月，在首都布宜诺斯艾利斯英国瓦塞纳冶金厂 2500 名工人罢工，要求实行 8 小时工作制、优化劳动环境并增加工资。1919 年 1 月 7 日，罢工工人集会，警察向该厂的工人开枪，工人纠察队和警察发生冲突，有四名工人当场死亡。9 日，总罢工开始了，工人武装和警察形成了激烈的对峙，起义工人几乎控制了整个城市。1 月 15 日，军队和警察共同镇压罢工工人。一周内，工人死伤无数，还有上万人被捕。为了控制局面，政府出面和工人进行谈判，结果政府答应了工人的请求，释放了被关押的工人。

这次斗争显示了阿根廷劳工团结战斗的精神和力量，同时也暴露了阿根廷政府的资产阶级本性。

现代艺术的先驱

什么是达达主义?

达达主义是 1915 年秋罗马尼亚诗人特里斯唐·扎拉在瑞士苏黎世组织的文学团体。1916 年 2 月 8 日,他随意在词典中看到了一个法语词"达达",作为他们团体的名称。法语达达是幼儿语,在这里表示"无所为""毫无主义"。达达主义者主张打倒一切,否定一切,不仅否定了传统的文学艺术形式和规则,否定了文艺批评,而且也否定了现实生活。对理性、科学、逻辑、宗教、政治等现存的体系和价值观念都给予了抨击。他们认为文学艺术应该是没有思想的,如同婴儿呓语一般,用混乱的语言和怪诞荒唐的形象表现莫名其妙和不可思议的食物。达达主义集团于 1924 年瓦解。

什么是超现实主义?

超现实主义是在法国开始的文学艺术流派,源于达达主义,对视觉艺术具有深远的影响力。超现实主义在 1920 年至 1930 年间盛行于欧洲文学及艺术界中。它的主要特征是以所谓"超现实""超理智"的梦境、幻觉等作为艺术创作的源泉,认为只有这种超越现实的"无意识"世界才能摆脱一切束缚,才能最真实地显示客观事实的真面目。超现实主义对传统艺术造成了一定的冲击,也常被称为"超现实主义运动"或简称为"超现实"。

喜剧大师卓别林有哪些艺术成就?

查尔斯·斯宾塞·卓别林(1889 ~ 1977 年)于 1889 年 4 月 16 日出生在英国伦敦。1913 年在美国和加拿大巡回演出,并留在美国发展。在启东公司工作的一年时间里,卓别林一年演出 35 部影片。1915 年又为埃山奈公司编导了 16 部电影,一生总共演了 80 部影片。他的代表作是《淘金记》《摩登时代》《大独裁者》。因为在电影方面做出了杰出的贡献,深受世界人民的爱戴。

虽然他不是军人,却获得了法国荣誉军团勋章;虽然没有进过知名的学校,却获得了牛津大学学位;贫民出身,却被英国皇家封为爵士;离开好

卓别林像

莱坞,却摘得了奥斯卡金像奖的桂冠。此外,他还获得终身荣誉奖。1977 年 12 月 25 日,卓别林在瑞士逝世,享年 88 岁。

《变形记》里的主人公为什么会变成大甲虫?

卡夫卡(1883 ~ 1924 年)在写《变形记》的时候为什么要将主人公变成一只大甲虫呢?这和他的个人经历有很大的关系。

生活中的卡夫卡性格孤独,多愁善感,

他觉得没有人能理解他的思想和想法。后来，他就完全断绝了和外界的联系，他将自己关在阁楼里，全身心地投入到写作中。

在《变形记》中，他就在想：怎么能让作品中的人物体现出自己内心的痛苦呢？他苦思冥想，终于有了灵感——让人物变形。

可是，变什么呢？忽然他想到父亲经常骂人"大甲虫"，在当地，大甲虫是懒散和顽固的代名词。于是他就将主人公变为了大甲虫，但仍让它保留人的思维。这样，卡夫卡在艺术上就有了突破，把资本主义社会人与人之间的冷漠、虚伪、金钱欲砸得粉碎。卡夫卡成功了，他的《变形记》开创了现代派小说的先河。

超现实主义流派是如何兴起的？

第一次世界大战结束后，一些青年人亲眼目睹了战争的灾难和荒谬，于是他们对以理性为核心的传统道德、理想和文化产生了怀疑。他们为了寻求新的理想，首先在文学领域进行了新的探索。

战后期间曾在精神病医院服役的法国诗人、医生勃勒东，于1919年和阿拉贡、苏波等人组成小组，创办了《文学》杂志，并和扎拉的达达运动汇合。他们常常在咖啡馆交换各自探索弗洛伊德潜意识的经验，进行集体创作，开展对资本主义文明代表巴雷斯的批判。

1924年11月，勃勒东发表《超现实主义宣言》（第一篇），正式亮出超现实主义的旗帜，系统阐明了这个流派的宗旨，从此超现实主义运动进入兴盛时期。

什么是"意识流派"？

意识流是心理学家们使用的一个短语。它是20世纪由美国实用主义哲学创始人、心理学家威廉·詹姆斯（1842～1910年）创造的，指人的意识活动持续流动的性质。詹姆斯认为，人类的思维活动并不是由一个个分离的、孤立的部分组成，而是一条连续不断的、包含各种复杂的感觉和思想"流"。

它的特点表现在两个方面，首先，在表现对象方面，意识流文学脱离传统现实主义文学反映现实生活，描写真切可信的典型人物形象的规范，完全面向自我，重在表现人的下意识、潜意识以及无意识的内心世界。在意识流作家看来，现实主义和自然主义仅仅反映了外在的现实和表面的真实，而这个外部世界并不真实，真正的真实只存在于人的内心主观世界。因此，作家应把创作重心放在对人的精神世界的描绘上，反映人的内在真实。从这一文学观念出发，意识流作家把创作视点由"外"转向"内"，小说中的人物心理和意识活动不再是一种描写方法，不再附着于小说情节之上成为达到某种艺术效果的手段，而是作为具有独立意义的表现对象出现在作品中。意识活动几乎是作品的全部内容，而情节则极度淡化，退隐在小说语言的帷幕后面。其次，意识流文学不按照客观现实时空顺序或事件发展过程结构作品，而是根据意识活动的逻辑、按照意识的流程安排小说的段落篇幅的先后次序，使得小说的内容与形式相交融。人物意识便可以渗透于作品的各个画面中，起到了内在关联作品结构的作用。

《静静的顿河》是剽窃之作吗？

1928年初，年仅23岁的苏联青年作家肖洛霍夫发表了以反映顿河地区哥萨克民族在苏维埃革命战争中的遭遇为题材的长篇小说——《静静的顿河》（第一部）。该书获得了巨大的成功，作者也因此受到国内外文坛的瞩目。就在大家为肖洛霍夫的伟大成就欢呼雀跃的时候，有一批尖刻的人却指出，肖洛霍夫不是作品的原作者，理由是：《静静的顿河》这部书中，除了把顿河地区哥萨克的生活习俗、地理面貌等写得相当出色外，还有多达上千条的方言俚语。年龄不大、阅历不深的肖洛霍夫不可能写出这样优秀的作品。他们认为这本书是剽窃之作。

不管别人怎么说，肖洛霍夫本人自 20 世纪 30 年代中期以后对此一直保持沉默。如今，当事人已经去世了，别人的猜测又缺乏证据，看来，这个争论将要成为永远的秘密了。

谁写出了《钢铁是怎样炼成的》？

1904 年，奥斯特洛夫斯基出生于乌克兰的一个工人家庭。贫困、屈辱、饥饿在他幼小的心灵里留下了不可磨灭的印记。十月革命胜利后，奥斯特洛夫斯基参加了红军，因为作战勇敢，曾多次受到嘉奖。在一次激战中，奥斯特洛夫斯基头部受伤，腹部多次中弹，左眼几乎失明。他不得不离开前线。待身体刚有所好转，他又加入青年突击队，然而高强度的劳动又使他的健康状况进一步恶化，使他的眼睛全部失明。后来，除了胳膊以下的部分，他全身瘫痪了。但是坚强的奥斯特洛夫斯基并没有屈服，他全身心投入创作，写下了《钢铁是怎样炼成的》。小说一经发表，就受到国内外读者的热烈称颂。

奥斯卡金像奖是怎么来的？

"奥斯卡金像奖"设立于 1929 年。由建立于 1927 年的非赢利性协会——美国影戏艺术与科学学会担任评比，该奖旨在嘉奖为影戏艺术和技能的开展及业内协作做出突出贡献的人。

现在，奥斯卡小金人已成为好莱坞的偶像和象征，但它为何被定名为"奥斯卡"，至今仍众说纷纭。

关于"奥斯卡"这个称号的来源，一个较为可信的说法是：1931 年，美国影戏艺术与科学学会图书馆的女办理员玛格丽特·赫里克在细心打量了"金像"后，惊呼："啊，他看上去真像我的叔叔奥斯卡。"一位记者立即将她的话报道出来。从此，"奥斯卡金像"便成为这个金像的名称。

西方新史学出现于什么时候？

西方的新史学兴起于 20 世纪上半叶，它是作为传统史学的对立面出现的。西方的传统史学以兰克（1795～1886 年）史学和其后的实证主义史学为代表。它与 19 世纪欧美各国的实证主义思潮相吻合，影响很大，在相当长的时间里成为西方史学的主流。作为兰克史学的故乡——德国，传统史学的影响是根深蒂固的。然而有趣的是，也正是在德国最先有人起来同兰克学派进行唇枪舌剑的论战，这就是兰普雷希特（1856～1915 年），因此从某种意义上讲，德国又可被视为西方新史学的源头。不过，在西方新史学的兴起和发展中，影响最大、成就最显著的当属法国的年鉴派。因而，在分析 20 世纪西方的新史学时，法国年鉴派往往被当成主要的代表。

整个 20 世纪上半叶，基本上可以看作西方史学中新旧交替的时期。也就是说，新史学已经兴起，然而传统史学的统治地位还没有被动摇。直至"二战"以后，新史学才在欧美国家迅速发展起来，并逐渐取代传统史学占据了主导地位。

德国法兰克福学派是怎样形成与发展的？

法兰克福学派是现代"西方马克思主义"思潮中影响最大的一个流派，它产生于 20 世纪 20 年代末至 30 年代初，因创立于德国的法兰克福大学社会研究所而得名。其创始人是麦克斯·霍克海默。他主张注重研究社会现实问题，从哲学和社会学角度考察现代资本主义社会，发展"社会批判理论"。这一时期，一些年轻有为的理论家加入学派，他们从事研究并发展批判理论，使法兰克福学派逐渐享誉国内外。20 世纪 30 年代，德国法西斯势力日益嚣张，该学派研究所及其主要成员相继离开德国。第二次世界大战期间，该学派注重研究法西斯主义现象，对法西斯主义极为憎恨，发表了不少著作和文章。1949 年，霍克海默、阿道尔诺等人应西德政府邀请返回本国，并在法兰克福重建社会研究所。20 世纪 50 年代以后，该学派成员积极著书立说，如《爱欲和文明》《苏联的马克思主义》。

海明威为什么要站着写作？

海明威（1899～1961 年）是美国著名的作家，历来有"文坛硬汉"之称。海明威有一个习惯，就是站着写作。为什么海明威有这种奇怪的写作习惯呢？大致归纳了两点原因：

第一，为了使文章的语言更简明扼要。海明威的作品中没有一句无关紧要的话，或者说没有一个多余的字。他认为，坐着写太舒服，人就容易写出一些废话，而站着写因为太辛苦，人就会自然而然地把最主要的东西写出来。这样，就易于写出简洁、精练的文章。

第二，站着写作可以减轻身上的伤痛。这源于他之前的一段经历。1918 年，海明威以志愿救护队司机的身份，远赴欧洲，参加了第一次世界大战，其间身负重伤。他的身上中了许多弹片，而且在他从事滑雪、打猎等较危险的运动时，也受过伤。为了减轻疼痛，海明威就干脆站着写作。

世界上主要的文学奖有哪些？

世界上最主要的文学奖有：诺贝尔文学奖、美国国家图书奖、美国普利策奖和法国龚古尔文学奖。

诺贝尔文学奖是阿尔弗雷德·诺贝尔遗嘱中提到的五大奖励领域之一，他在遗嘱中说奖金的一部分应颁给在文学界创作出具有理想倾向的最佳作品的人。文学奖的颁奖单位是瑞典文学院。

美国国家图书奖由非营利机构的国家图书基金会主办，每年一度。该奖设最佳小说奖、最佳非小说奖、最佳诗歌奖和最佳少年文学奖四大奖项，并且设特别荣誉奖章。它是美国最重要的文学奖，颁奖典礼是美国文坛的

年度盛事。

"普利策奖"是人们比较熟悉的奖项，1917 年由美国报纸发行人普利策在哥伦比亚大学创办，奖励为美国的新闻、文学、戏剧和音乐事业做出杰出贡献的人。该奖的文学奖中包括小说奖、表演剧本奖、美国历史奖、传记与自传奖、诗歌与大众非小说奖。每项各颁发奖金 3000 美元，每年春季颁发。

"龚古尔文学奖"于 1903 年设于法国。早在 1874 年，法国作家埃德蒙·德·龚古尔（1822～1896 年）为了纪念其早逝的弟弟于勒·德·龚古尔，在遗嘱中规定用他们的遗产作为基金，成立龚古尔学院，由 10 位著名作家担任院士，每年评选出一本当年出版的最佳小说，颁发龚古尔文学奖。虽然该奖金仅 50 法郎，但在法国文学界的影响却非同一般。

什么是意识流小说？

"意识流"是西方现代文学艺术中，尤其是小说和电影中广为应用的写作技巧。20 世纪 20 年代起，意识流技巧在小说领域取得了引人注目的成就，但是并未形成一个文学流派。这是因为运用意识流方法写作的作家并没有共同的组织和纲领，也没有发表宣言，而是一些不同国家的作者，如爱尔兰的詹姆士·乔伊斯、法国的马赛尔·普鲁斯特、英国的弗吉利亚·伍尔芙和美国的威廉·福克纳等人，于第一次世界大战前后运用新的概念与方法创作的小说。他们的作品重在展示人物的内心世界，采用不同于传统文学的心理描写方法开创现代小说的新纪元。在当时，这些作品并没有引起广泛重视，直到第二次世界大战以后才得到承认并广为流传。20 世纪 60 年代以后，创作这类小说的作家越来越多，从一定程度上讲，这种方法已成为现代小说的一种传统创作手法。

什么是荒诞派戏剧？

荒诞派戏剧是第二次世界大战之后西方戏剧界最有影响的流派之一。它兴起于法国，

20 世纪 50 年代，巴黎戏剧舞台上就上演了尤内斯库、贝克特、阿达莫夫、热内等剧作家的剧作。这些剧作家在 20 世纪 20 年代流行的超现实主义文学影响下，尤其是在阿尔托戏剧理论的影响下，打破了传统戏剧的写作手法，创作了一批从内容到形式别开生面的剧作。贝克特的《等待戈多》就是典型的荒诞派戏剧的代表作。

荒诞派戏剧作品呈现在舞台上的形象是光怪陆离、荒诞不经的。刚开始出现的时候，它受到批评界的冷遇，后来逐渐得到社会的认可，并在世界上的众多国家竞相上演。在法国戏剧影响下，其他国家也相继出现了一些从事这种新戏剧创作的剧作家。20 世纪 60 年代初，英国著名戏剧理论家马丁·埃斯林在《荒诞派戏剧》一书中，将贝克特、尤内斯库等为首的这一流派定名为"荒诞派戏剧"。

什么是黑色幽默？

"黑色幽默"派是西方现代派文学中的一个十分重要的流派，对现代世界文学有着广泛而深刻的影响。影响最大也最有代表性的经典"黑色幽默"派作品有《第二十二条军规》《万有引力之虹》《烟草经纪人》和《第五号屠场》等。

"黑色幽默"的小说家突出描写人物周围世界的荒谬和社会对个人的压迫，以一种无可奈何的嘲讽态度表现了环境和个人（即"自我"）之间的互不协调，并把这种互不协调的现象加以放大、扭曲，使之畸形，让它们看起来更加荒诞不经、滑稽可笑，同时又令人感到沉重和苦闷。

在描写手法方面，"黑色幽默"作家也打破传统，小说的情节缺乏逻辑联系，常常把叙述现实生活与幻想和回忆混合起来，把严肃的哲理和插科打诨混成一团。

作为一种美学形式，"黑色幽默"属于喜剧范畴，但又是一种带有悲剧色彩的变态的喜剧。"黑色幽默"的产生与 20 世纪 60 年代美国的动荡不安有紧密的联系。这些作品是对当时社会生活的深刻反映，具有一定的社会意义和认识价值，往往会流露出作者悲观绝望的情绪。

现代科技的发展

谁率先证明广义相对论？

亚瑟·斯坦利·爱丁顿（1882～1944年），英国天文学家、物理学家、数学家，是第一个用英语宣讲相对论的科学家。

他把自己的一生奉献给了科学研究，他是第一个证实了爱因斯坦"广义相对论"的人，为人类留下了永恒的真理。当时很少有人理解相对论，但是爱丁顿是一个例外。他深知，只有实实在在的观测材料才能成为最有力的说服武器，才能说服科学界。1919年西非发生的日食为爱丁顿提供了这个机会。他及时组织了两个日食观测队，并亲率一个队进行观测，首次发现爱因斯坦预言的现象，也正是因为这一发现，才使得广义相对论得到实质性的认可，并且大放光彩。

臭氧层是何时被发现的？

臭氧的化学式为 O_3，无色气体。距地表10～50公里的高空大气层，是臭氧集中的层次，称臭氧层，其浓度最大部分位于20～25公里的高度，仅占同高度空气体积的十万分之一。1921年人类发现了臭氧层。臭氧层的存在，有效地阻止了几乎290米的太阳辐射到达地球表面，否则这种紫外线就会杀伤大多数生物。空气污染造成的臭氧破坏，已引起人类社会的高度重视。所以，保护臭氧层就成为保护地球环境的一项重要任务。

敲开原子结构大门的人是谁？

丹麦人玻尔（1885～1962年），原子物理学的奠基人。他在研究原子运动时，提出了一系列新的观点，把量子说引入到原子结构中来，指出电子只能沿一些固定轨道绕原子核运转，从而建立起更好的定态原子模型，成功地解释了氢原子等的光谱特征，首次打开了人类认识原子结构的大门，为近代物理研究开辟了道路，因此获得了1922年诺贝尔物理学奖。

除此之外，玻尔还是一位杰出的人道主义者和社会活动家。当法西斯主义在欧洲横行的时候，他曾帮助过很多德国、意大利学者免遭迫害。在第二次世界大战中，为了反对法西斯，他参加研制了原子弹。战后，他又呼吁和平利用原子能。

为什么人们称卢瑟福为"原子核之父"？

英国物理学家卢瑟福（1871～1937年）根据 α 粒子的散射实验结果，于1911年发现了原子核的存在，他还据此提出了类似太阳系结构的原子模型：原子中央是带有正电荷的原子核，所有带负电荷的电子如同行星绕着太阳一样围着原子核旋转。这一理论极大地改变了科学界对原子结构的认识，为后来的原子结构的深入探讨奠定了基础。

1919年，卢瑟福通过放射性元素钋的 α 粒子轰击氮原子，获得了氧的同位素，第一次实现了元素的人工转变。1920年，他预言了中子的存在，认为原子核内部存在某些不带电的粒子，这些粒子很容易打入原子核内，和原子核结合或者完成蜕变，这种粒子就是中子。之后人们就用中子作为"炮弹"轰击原子核，引发原子核的链式反应，释放出了巨大的原子能。从此，现代原子研究进入了一个全新时代，卢瑟福就成为当之无愧的"原子核之父"了。

青霉素是怎样被发现的？

青霉素是一种疗效很好的抗菌素，是英国科学家弗莱明于 1928 年发现的。在这以后青霉素被广泛应用，挽救了无数人的生命。弗莱明从小家境贫寒，没有钱上学，全靠自学考取了伦敦大学圣·马丽医学院。后来，他在参加战地救护时，亲眼看到大批伤员因伤口感染而被截肢或丧失生命。于是，他决心寻找抗菌消炎的新药。在阴暗潮湿的地下室里，他忘我地工作着。在一次培养感染伤口的葡萄球菌时，他意外地发现了一种青灰色的霉菌能将葡萄球菌杀死。把这种青灰色的霉菌冲稀 800 倍，不仅能阻止葡萄球菌生长，而且还不会损害正常的细胞。弗莱明将它命名为"盘尼西林"，即青霉素，这就成了人类首次发现的抗菌素。

弗莱明

是谁发现了遗传基因？

美国著名的生物学家托马斯·亨利·摩尔根（1866～1945 年），从 1909 年开始研究遗传学。

他发现了某种突然变异和染色体某种特定位置之间的关系，找到了染色体和遗传的变化规律，并用这种理论建立了摩尔根学派，从而为遗传因子理论奠定了可靠的基础。1917 年，他把遗传因子叫基因。1926 年，摩尔根系统总结了基因遗传理论，并于 1928 年

出版了著名的《基因论》。他在书中评述了达尔文的进化论及孟德尔遗传定律，发展并充实了孟德尔定律，填补了达尔文进化论中留下的空白。同时，摩尔根也证明了染色体就是基因的载体，还推论基因可能属于有机分子一级的问题。

由于摩尔根对遗传学做出了杰出的贡献，他荣获了 1933 年的诺贝尔奖。

你知道八大行星吗？

八大行星特指太阳系八大行星，离太阳的距离从小到大依次为水星、金星、地球、火星、木星、土星、天王星、海王星。1930 年由美国天文学家汤博发现的冥王星曾被认为是大行星，但随着一颗比冥王星更大、更远天体的发现，2006 年 8 月 24 日召开的国际天文学联合会第 26 届大会将其定义为矮行星。

首个穿越小行星带的人造探测器是哪个？

"先驱者 11 号"是第二个用来研究木星和外太阳系的空间探测器。它也是第一个研究土星和它的光环的探测器。与"先驱者 10 号"不同的是，"先驱者 11 号"（也称作"先驱者 G 号"）不仅拜访木星，它还用了木星的强大引力去改变它的轨道飞向土星。它靠近过土星后，就顺着它的逃离轨道离开了太阳系。它是首个穿越小行星带的人造探测器。

你知道北斗七星吗？

北斗是由天枢、天璇、天玑、天权、玉衡、开阳、摇光七星组成的。古人把这七星联系起来想象成为古代舀酒的斗形。天枢、天璇、天玑、天权组成为斗身，古曰魁；玉衡、开阳、摇光组成为斗柄，古曰杓。北斗星在不同的季节和夜晚不同的时间，出现在天空不同的方位，因此古人就根据初昏时斗柄所指的方向来决定季节：斗柄指东，天下皆春；斗柄指南，天下皆夏；斗柄指西，天下皆秋；斗柄指北，天下皆冬。

你知道哈雷彗星吗？

哈雷彗星是以著名的天文学家哈雷命名的著名彗星，它每隔76年绕太阳一圈。中国人最早发现了哈雷彗星。后来英国著名天文学家哈雷根据牛顿的万有引力定律研究出1531年被阿皮亚尼斯发现的彗星，1607年由开普勒发现的彗星和他本人在1682年观测到的是同一颗彗星，它的运行回归周期为76年，并预言它将于1758年初回归。后来这颗彗星果然于1759年重现，这是天文史上的一个惊人的成就。为了纪念哈雷的成就，人们就把这个彗星命名为"哈雷彗星"。

为什么苏军的多管火箭炮会叫"喀秋莎"？

1941年，德国法西斯入侵苏联不久，苏联红军使用了一种刚从兵工厂赶制出来的新式武器，向集结在奥尔城铁路枢纽站的德军猛烈攻击。短短10秒的时间里，德军就被炸得鬼哭狼嚎。

这种武器深受苏军战士们的喜爱，但是他们却不知道怎么去命名它。说它像大炮，与传统的大炮又不一样，它的外形好像一排铁轨，装在卡车上。每条铁轨的后端装有八枚火箭弹。发射时，火箭弹一枚接一枚地沿轨道前进，向目标飞去。正在大家发愁的时候，战士们发现车上有个"K"字标记。巧合的是，这时正流行着一首名为《喀秋莎》的歌曲。于是大家茅塞顿开，就决定将这种新式武器以"喀秋莎"命名。

谁发明了马克Ⅰ型计算机？

艾肯（1900～1973年），美国数学家，世界第一台通用自动计算机——马克Ⅰ型的设计者。艾肯于1923年毕业于威斯康星大学，获博士学位。在该校短期任教后，进入美国海军军械所。从1939年起，在美国国际商业机器公司的赞助下，和其他3位工程师合作，研制继电器计算机。1944年2月，他们制造出第1台马克Ⅰ型计算机。这台计算机长15.3米，高2.4米，重31.5吨，用了800公里长的电线，有300万个接头。艾肯在1947年完成改进全电动的马克Ⅱ型机，在国际上受到很高的评价。继电器计算机为早期电子计算机的设计和制造积累了重要的经验。

第二次世界大战前

什么是道威斯计划？

1923 年 11 月 30 日，协约国赔偿委员会决定成立以美国为主的两个专家委员会，以研究德国的"资源和偿付能力"。1924 年 4 月 9 日，第一专家委员会主席、美国芝加哥中央信托公司董事长查尔斯·道威斯向赔偿委员会提出了道威斯计划。该计划除对德国今后的偿付额及偿付办法、款项来源和担保等作了规定外，还要求协约国向德国提供第一批约 8 亿马克（约合 2 亿美元）的贷款，作为第一年偿付的主要部分；将赔偿转换外汇的工作交由一个专门的兑换委员会承担，不再由德国政府负责；改组德意志银行，摆脱国家控制，发行新马克，建立一半人由外国人参加的总理事会，确保银行法规得到尊重；不应存在本计划建议之外的一切外国经济控制或干涉等。

事实上，这一计划并没有真正解决德国的赔款问题，20 世纪 30 年代经济危机爆发后，"杨格计划"将其取代。

什么是杨格计划？

杨格计划，即第一次世界大战后战胜国为代替道威斯计划而实施的德国支付赔款计划。因由美国银行家杨格主持制定，故名。杨格计划的内容是：规定了德国的赔款总额和支付年限。把赔款总额由 1320 亿马克（1921 年 4 月伦敦会议确定）削减为 1139 亿马克，分 59 年偿付。规定 1929 至 1930 年度支付 7.4 亿马克，下一个年度支付 17 亿马克；以后逐渐增加，到 1965 至 1966 年度达最高点 24.29 亿马克；然后再逐年减少，

最后一个年度即 1987 至 1988 年度为 8.98 亿马克；赔款来源为德国铁路和政府预算收入，由美、法、英、德、比、日、意 7 国中央银行行长和金融界代表组成"国际清算银行"，行使征收和分配赔款的职能。"杨格计划"大大减轻了德国的经济负担，基本上免除了德国对德国财政的管制，从而有利于德国经济的发展。

美国进步党运动是怎么回事？

19 世纪末 20 世纪初美国历史上掀起了进步主义运动，其中拉福莱特在威斯康星州领导的进步运动，堪称各州进步运动的典范。拉福莱特进行的改革包括：进行选举制改革，实行无记名投票、直接预选制、创制权、复决全和罢免权；进行社会经济改革，这次改革是全国性改良的前奏。1924 年，拉福莱特在克利夫兰组建了进步党，并且主张运用联邦政府的权利消灭个人垄断。由于 20 年代经济繁荣、政治稳定，进步党的很多主张被两大党竞选纲领吸收，另外一些进步主张则遭受攻击，因此导致了拉福莱特在选举中的失败。1925 年拉福莱特死后，进步党的影响变小。

什么是"柯立芝繁荣"？

第一次世界大战后，美国的经济得到了飞速的发展。这一时期，恰巧在总统柯立芝任期之内（1923 ～ 1929 年），因此美国将这一时期的经济繁荣称为"柯立芝繁荣"。20 世纪 20 年代经济的繁荣表现在：美国在第一次世界大战后经过了短期经济萧条后，从 1923 年直到 1929 年经济开始复苏，并

逐渐趋于繁荣，每年生产率增长进 4%。这一时期，美国工业生产增长近一倍。国民总收入由 1919 年的 650.9 亿美元增至 1929 年的 828.1 亿美元。人均收入从 1919 年的 620 美元增至 1929 年的 681 美元。美国这次经济繁荣还表现在工业生产的膨胀，尤其是汽车、电气工业、建筑业和钢铁工业生产的高涨。

总之，"柯立芝繁荣"得益于第一次世界大战后有利的国际、国内环境，又是建立在科技进步的基础上的。

第二次世界大战前美国有什么样的移民政策？

20 世纪 20 年代美国在经济繁荣的同时，政治上却表现得很保守，在对待移民的问题上思想狭隘，地主主义盛行。劳联和其他工会自 19 世纪 90 年代以来就主张限制移民。美国很多社会学家和社会工作者认为移民会造成动乱，他们对一些新的移民表现出了很大的反感。为此，国会于 1921 年通过了《移民紧急配额法》，规定每年从任何一国进入美国的移民限额为 1910 年该国已居住美国移民数的 3%。这种政策有利于北欧和西欧的移民。对此，有的顽固派并不满足，他们于 1924 年制定了《国别来源法》，用来限制东、南欧移民，这实际上有利于西方国家的移民。

谁有"加勒比狼狗"之称？

1916 年美军占领了多米尼加后，特鲁西略帮助美国占领军镇压多米尼加的爱国志士，深得美国赏识。美军撤离后，他担任多米尼加陆军首领。1930 年 5 月，特鲁西略发动政变，夺取了政权。他上台后实行独裁统治，禁止一切反对党的存在，对国会议员随意任免，还残酷镇压人民起义，下令屠杀越境居住在多米尼加的 1.2 万名海地人。在经济上，他大量掠夺人民的土地和财富，他的家族控制着全国的经济命脉，成为全国最大的垄断集团。因此，特鲁西略被称为"加勒比狼狗"。

美国的"轮椅总统"是哪一位？

"轮椅总统"指的是美国第 32 届总统富兰克林·罗斯福（1882 ~ 1945 年）。他出生于纽约，父亲詹姆斯·罗斯福是一个百万富翁，母亲萨拉·德拉诺比父亲小 26 岁，罗斯福曾就读于哈佛大学和哥伦比亚大学。1910 年任纽约州参议员，1913 年任海军部副部长。1921 年因患脊髓灰质炎而终生坐在轮椅上。1928 年任纽约州长，1932 年竞选总统获胜，他在任职期间，最主要的政绩就是推行"新政"，使美国缓解了经济危机的压力，故获得 1936 年、1940 年、1944 年大选连任。罗斯福政府提出了轴心国必须无条件投降的原则并得到了实施，为世界反法西斯战争的胜利作出了贡献，也为美国战后成为超级大国奠定了基础。罗斯福一直致力于建立一个由美国起主导作用的国际组织——联合国，并且得以实施。于 1945 年 4 月 12 日因脑溢血猝然逝世。

谁提出了"睦邻政策"？

1933 年 3 月 4 日，富兰克林·罗斯福在就职演讲中宣布了在对外政策中奉行"睦邻政策"。赫尔行动后，美国的"睦邻政策"使美国和拉美国家的关系发生了很大的变化。"睦邻政策"包括：美国不干涉拉美国家内政；发展双方贸易关系；实行民族平等；美国对拉美国家进行技术援助等。这一政策的实施，不仅有利于美国对这一地区的控制，也有利于西半球反法西斯阵营的形成，同时也在客观上推动了这一地区国家政治的独立和经济的发展。

什么叫"罗斯福新政"？

富兰克林·罗斯福刚开始执政的时候就开始实行"新政"。简言之，就是政府用行政手段强行干预社会经济社会，干涉企业生产，调节消费和生产的矛盾，从而把资本主义从经济危机中挽救出来，这一政策的理论基础是凯恩斯主义。由于这一政策是在罗斯福上任后的约 100 天中颁布的，因此又成为"百日新政"。

罗斯福新政对美国社会起到了重要的作用。美国的经济得到了一定恢复；缓解了劳动人民的痛苦，压制了一些法西斯势力，恢复了人们对美国国家政治制度的信心；扩大了民主党的社会基础和影响；强化了美国联邦政府，扩张了官僚机构，联邦开支大幅度增加；促进了国内市场的再开发，使美国资本主义经济制度和社会结构现代化。国家公开承认劳工权利，促进了 20 世纪 30 年代工人运动发展迅猛；加强了垄断资产阶级的阵地，并且提供了垄断资本主义向国家垄断资本主义过渡的一个模式。

总之，新政的实施缓和了国内的阶级矛盾，加强了国内的民族团结，美国也可以更好地参加反法西斯战争。战后，美国作为超级大国登上了世界舞台。

"炉边谈话"是怎么回事？

1933 年 3 月 12 日，也就是富兰克林·罗斯福就职总统后的第 8 天，他在总统府的楼下外宾接待室的壁炉前接受美国广播公司、哥伦比亚广播公司和共同广播公司的共同采访。工作人员因为工作方便，在壁炉旁装了扩音器。

罗斯福总统说："希望这次讲话亲切些，免去官场的那一套所谓的排场，就如同坐在家里，尽量随意一些。"于是工作人员提议说："既然如此，那就叫'炉边谈话'吧。"于是便有了这个名字。罗斯福在任职的 12 年中，共进行了 30 次炉边谈话，每当美国遇到重大的事件时，罗斯福都会采用这种易于交流的方式和人们进行沟通。

美国《中立法案》的主要内容是什么？

1935 年 8 月 31 日，也就是意大利侵略埃塞俄比亚前夕，美国国会通过并由罗斯福总统签署了《中立法案》。该法案规定：只要总统宣布在美洲以外存在战争状态，就禁止向交战国出口武器弹药；经总统指定可以出售的某些物资，在从美国出口前必须把款付清，而且要用外国船只运载；交战国向美国购买所有其他商品都必须现金交易，但可以用美国船只运载。此外，该法案还禁止美国公民乘交战国船只旅行，禁止向交战国提供贷款。

第二次世界大战爆发后，美国国会于 1939 年 11 月 4 日修订了中立法，允许交战国购买美国武器和军用物资，事实上支持了英、法两国。

第一次世界大战后德国应付多少战争赔款？

1921 年 1 月 24 日在巴黎，协约国决定了德国应付的战争赔款，基数近 560 亿马克，分 42 年还清。尽管这次会议，德国没有派代表出席，但是会议仍然出现了分歧。而法国外长白里安不仅向德国要更多的赔款，还要求德国均分其战后重建新繁荣的利益。协约国的金融专家曾经计算过，德国通过缩减经济预算和取消高薪可以负担一半的赔款，但是德国的马克却迅速贬值。一个巴黎的记者曾经说："要想收取赔款不过是竹篮打水一场空。"

什么是鲁尔危机？

1923 年 1 月 11 日，法国联合比利时，以德国不履行赔款义务为借口，出动 10 万军队占领德国的鲁尔工业区。对此，德国实行"消极抵抗"的政策。德国的企业停工，工业生产产量下降，资金大量外流，失业工人激增，通货膨胀相当严重；柏林工人罢工，德国政局动荡不安，这就是"鲁尔危机"。这次危机对德国造成的影响很大。英、美两国担心德国经济陷于崩溃导致社会危机甚至引起革命，于是就要求尽快结束鲁尔危机。此时，德、法双方也都难以坚持原来的政策。鲁尔冒险的失败导致法国得不偿失，这样，英、美两国就利用法国的困境，把德国赔偿问题的主动权掌握在自己手里。

1929 年的经济危机对德国有何影响？

1919 年签订的《凡尔赛和约》，对德国实行了严厉的经济制裁，使德国丧失了海外殖民地，缺乏国外市场和原料产地成了德国经济发展的致命弱点。

1929 年 10 月，一场规模空前的世界性经济危机爆发了。首先从美国开始，然后席卷整个资本主义世界。而德国的形势更为恶劣：工业生产跌了近一半；工商业企业纷纷倒闭。国家的全部生产设备中只有三分之一在勉强运转；社会上滞留了 800 万的失业工人。整个德国陷入了严重的灾难之中，德国工人阶级掀起了罢工的浪潮。

希特勒是如何登上权力顶峰的？

1889 年，阿道夫·希特勒（1889～1945 年）出生于德奥边境奥地利一侧的布劳瑙镇。父母双亡后，希特勒过着穷困潦倒的生活。1913 年春，希特勒来到了德国的慕尼黑。第一次世界大战爆发后，希特勒参加了巴伐利亚步兵团，战争中因表现出色成为了军政部的一名侦探。

1929 年 9 月的一天，希特勒奉命调查了一个自称"德国工人党"的集会，后来他成为这个工人党的党员，并且还在这个不足 100 人的小团体里，以他的组织能力和富于煽动的演说，很快操纵了党的领导权。1920 年，希特勒将"德国工人党"改为"德国社会主义工人党"。

1929 年世界性的经济危机爆发了，希特勒就决定通过宪法手段来夺取政权。他开始参加竞选活动，进行演说，向人们许下美好的诺言。处于绝望状态的工人、农民、市民和学生被希特勒的语言煽动了，纳粹教徒不断增加，到 1932 年希特勒领导的纳粹党成为德国第一大党。这时，德国的统治阶级也把希特勒视为救星，他们任命希特勒为总理，

让他组阁。

1933 年，希特勒上台了，"德意志第三帝国"诞生了。

希特勒为什么称纳粹德国为第三帝国？

希特勒上台后，对内取消民主自由，确立纳粹党一党统治，对外疯狂扩军备战。1933 年 9 月 1 日，希特勒在纽伦堡召开的纳粹党党代会上用"第三帝国"比喻纳粹统治下的德国。

第一帝国指的是法兰克王国分裂后，中法兰克王国形成的"德意志神圣罗马帝国"，但这仅是一个形式上的国家，与中国的东周相类似。而德意志第二帝国指的是 19 世纪末德国在俾斯麦的"铁血政策"下统一后建立的德意志帝国，经历了威廉一世、威廉二世两代，第一次世界大战后被魏玛共和国取代。希特勒认为他是前两个帝国的继承人，所以称自己建立的政权为第三帝国。

什么是纳粹党？

纳粹党即德国的法西斯政党，前身为1919 年 1 月 5 日由德莱克斯勒和哈勒建立的德国工人党。1920 年 9 月 30 日，该党用德意志民族社会主义工人联盟的名义在慕尼黑登记。1921 年 6 月 29 日，阿道夫·希特勒任党的元首。1946 年 9 月 30 日，被纽伦堡国际军事法庭宣判为犯罪组织。"纳粹党"也称为"民族社会主义德国工人党"，宣扬种族主义、复仇主义和沙文主义的法西斯政党，是第三帝国的执政党。

希特勒为什么要发动啤酒馆政变？

1923 年，德国又遭遇了新的不幸。法国以德国不履行赔款义务为由，出兵占领德国鲁尔区，给德国经济致命的一击。

德国鲁尔危机后，德国的政治、经济、社会形势全面恶化，这给德国各种反政府势力带来了机会。而当时希特勒建立的纳粹党还是个无名小党。1922 年 10 月，墨索

里尼组织了法西斯罗马进军，这就让希特勒更加心急如焚，希特勒认为夺取政权的时机已到。

希特勒得知，巴伐利亚州长卡尔、州国防军司令洛索夫将军、州警察局局长赛塞尔上校等名流将出席在慕尼黑格勃劳凯勒啤酒馆举行的聚会，他认为自己可以趁这个时机扣留巴伐利亚三巨头，胁迫他们参与政变。于是，就在卡尔上台演讲的时候，希特勒指挥他的党羽将三巨头带到一间屋里，要求他们支持革命，啤酒馆暴动事件由此爆发。

德意志"第三帝国"是如何建立并灭亡的？

在容克地主、垄断资本家的支持下，1933 年 1 月 30 日，希特勒上台执政，这标志着魏玛共和国的结束。7 月 6 日，希特勒声称，纳粹主义革命结束以后，德国要建立"第三帝国"。1934 年 8 月 2 日，德国总统兴登堡逝世，希特勒按政府通过的德国元首法，自认国家元首，独揽大权，成为独裁者。1935 年 3 月，通过《国防法》和《兵役法》，并宣布废除《凡尔赛和约》关于限制德国武装的条款，开始建立常备军，并迅速扩军。1936 年萨尔区重归德国后，德国开始向外扩张，并挑起第二次世界大战。在世界反法西斯力量打击下，1945 年 5 月 8 日，德最高统帅签订无条件投降书，第三帝国覆灭。

国会纵火案是怎么回事？

1933 年 1 月 30 日，德国总统兴登堡任命希特勒为总理。希特勒想实行魏玛共和国宪法规定的特别授权法，该法律规定总理可以不必通过议会自行制定规章以代替法律，但是授权法需要议会三分之二的多数议员通过才能生效，但希特勒的纳粹党在议会中只占有 32% 的席位。所以希特勒上台后想尽快要求总统兴登堡解散议会。于是希特勒于 1933 年 2 月 27 日晚发动了

轰动世界的"国会纵火案"。案情发生仅半小时，希特勒的得力干将、国会议长兼内务部长戈林就驱车赶到现场，便穷凶极恶地嚎叫："这是共产党反对新政府的罪行！"后来，经过专门调查，才知道"国会纵火案"是纳粹党人为寻找打击共产党人的借口，自己一手导演的丑剧。原来是戈林指使了一个荷兰青年——卢贝，安排他和纳粹党的冲锋队员预先从暖气管道进入国会大厦，遍洒汽油和易燃品，并故意放卢贝进入国会大厦纵火，然后将其逮捕。

为什么盖世太保成了"杀人魔窟"的代名词？

盖世太保是德国秘密警察组织的译音，它是庞大的德国警察机构的一部分，专门服务于希特勒的法西斯党。

盖世太保成立于 1933 年 6 月，最初的头目是戈林。但不到一年，盖世太保由希姆莱掌管，戈林成为了名义上的领袖。1934 年以后，实际负责盖世太保工作的是希姆莱的部下海德里希。海德里希原本是党卫队保安处的头目，是一个极其残忍的人。在他的领导下，盖世太保几乎成了杀人魔窟的代名词。

作为秘密的政治警察，盖世太保享有不受法律限制的特权，可以未经审判就对公民采取拘留、警告、逮捕，直至送进集中营的措施。对于纳粹党的政敌，他们干脆采取暗杀的手段。第二次世界大战爆发后，盖世太保还参与制造许多起国际阴谋，并且其势力范围还扩张到了整个欧洲。另外，还参加了大规模屠杀犹太人的行动。

希特勒为什么要血洗冲锋队？

1936 年 6 月 30 日凌晨，法西斯魔王希特勒在戈培尔及大批随行陪同下，进行了一场骇人听闻的大屠杀。一天内，包括参谋长罗姆在内的数百名冲锋队要人干将惨遭杀戮。随后希特勒又宣布解散冲锋队，这就是震惊世界的血洗冲锋队事件。希特勒为什么要这

么做呢？

在 1925 年希特勒制造的啤酒馆暴动中，冲锋队发挥了主力作用。希特勒当上总统后，冲锋队队长恩斯特·罗姆力图把冲锋队和国防军合并成一支统一的军队，并将它置于自己的控制之下，这样，有征服全世界野心的希特勒自然不服气，他认为罗姆没有这个资格和实力。于是他就决心以牺牲罗姆来获得国防军的合作。1934 年 6 月底，希特勒就发动了血洗冲锋队的行动。

德国开始扩张的标志是什么？

第一次世界大战结束后，德国战败，《凡尔赛和约》就萨尔区归属问题做出规定：该地区由国联委员法国代管 15 年。15 年后，该地区的归属由居民投票决定。为使萨尔回归德国，受到德国政府资助的"德意志阵线"在期满前积极在该地区展开活动。1935 年 1 月 13 日，萨尔地区在国联主持下举行公民投票，在近 54 万张有效票中，有 47.5 万票赞成并入德国，4.6 万票赞成仍归国际联盟监督管理，2 万票赞成并入法国。主张并入德国的票数占总数的 90% 以上。国际联盟根据投票的结果作出决定，从 1935 年 3 月 1 日起，萨尔地区交给德国，这就标志着德国扩张的开始。

纳粹德国是怎样扩军的？

德意志法西斯建立独裁统治后，就开始了扩充军备活动。1935 年 3 月 13 日，纳粹二号头目戈林宣布德国将重建空军。对此严重违反《凡尔赛和约》的行为，英、法等国没有提出任何的异议，这样，希特勒就更猖狂地进行冒险了。3 月 16 日，德国政府公布法令，宣布实行普遍义务兵役制，这就意味着希特勒单方面终止了《凡尔赛和约》。对于这一严重的挑战，英、法等未能采取任何行动加以制止，后来也仅限于向德国提出抗议照会而已。希特勒德国的"毁约扩军"冒险再次得逞，进一步放手扩充军备。

希特勒为什么要杀犹太人？

在西方文化中，一直存在着一种排犹的情绪，犹太人被说成是出卖耶稣的人、投机商人和不洁的人。

在中世纪的西欧，土地被人们视为最珍贵的财富，商业则是人们鄙视的行业。犹太人为了生计只能四处经商。他们迁到西欧后，遭到当地封建主的歧视。

犹太人在西欧遭到仇视还有宗教上的原因。基督教经典《圣经》之一的《旧约全书》原是犹太教的经典，两教之间有着紧密的历史渊源。基督教教义认为，耶稣的十二门徒之一犹大出卖了耶稣，是犹太人将耶稣钉死在十字架上，这就使得基督徒在情感上仇视犹太人。

在欧洲，尤以德国的反犹情绪最为严重。德意志民族和犹太民族有着很强的民族自豪感和使命感，犹太人自称"上帝的选民"，而德国人则领导了欧洲长达数世纪，德意志国王建立的"神圣罗马帝国"（962～1806 年）的历代皇帝成了整个基督教世界的世俗元首。在普遍信仰基督耶稣、反犹的大环境下，德国统治者认为自己肩负着领导欧洲各君主国反对犹太教的任务。这种宗教感情的社会化，就逐渐演变为一种普遍厌恶犹太人的社会心态。

19 世纪中叶，德国的反犹具有了明确的政治目的。德国的政客们发现，面对当时的经济衰退，把犹太人定为罪魁祸首可以有效地消弭反对政权的声浪。再加上第一次世界大战后，德国成为战败国，经济凋敝，若想完成建立一个德意志民族的日耳曼帝国的罪恶计划就需要巨额资金提供财力保证。在国力衰落的情况下，希特勒把手伸向富有的犹太人就成为必然。

以希特勒为首的纳粹党打着当时在德国流行的民族主义和社会主义两块招牌，一方面按照他自己的社会逻辑，片面地摘取前人的某些论断，拼凑成一个种族优劣的理论，为把犹太人打入劣等人种制造理论依据。另一方面利用早就深植于德国人民心中的反犹意识和宗教情结，大肆鼓吹"犹太瘟疫"的谬论。正因为如此，希特勒一上台，便顺利推行了一整套疯狂的反犹灭犹政策，使犹太人遭受一次重大的浩劫。

正如一些历史学家所说，德国纳粹屠杀犹太人的罪行，是德国虚伪的政治家为其侵略战争对民众进行系统的政治愚弄和教化的结果。

德国是怎样吞并奥地利的？

1938 年 3 月 12 日，德国武装占领奥地利。奥地利共和国地处欧洲心脏地带，战略地位重要，是希特勒觊觎的第一个对象。早在 1933 年，德国间谍就在奥地利活动。1934 年 7 月，德国策动维也纳法西斯分子叛乱，刺杀奥首相陶尔斐斯（1892～1934 年）。1936 年 7 月 11 日，德国强迫奥地利签订《德奥协定》。

1938 年 2 月 12 日，希特勒在贝希特斯加登迫使奥总理舒施尼格（1897～1977 年）答应德国的一些不合理的要求。3 月 12 日，纳粹党徒大肆宣扬奥政府被共产党暴徒包围，伪造奥政府请德出兵镇压骚乱的"紧急请求"，接着，德国军队长驱直入，兵不血刃地占领了奥地利。但是对于德国的这一侵略行为，西方国家不予理睬。希特勒吞并奥地利后，德国的经济、军事实力和战略地位都进一步增强了，它的侵略和战争计划也更加肆无忌惮了。

为什么把独裁统治称为"法西斯"？

"法西斯"这个名词最早出现在于古罗马。当时，国家最高长官——执政官出巡时，有 24 名随从，扛着一束用皮带捆扎的笞棒，中间插有一把锋利的战斧。这束笞棒就是"法西斯"，象征着权威和暴力，它是罗马国家最高权力的标志。到第一次世界大战后，墨索里尼在意大利建立了"法西斯党"党派，

进而夺取了国家政权。墨索里尼对外扩张侵略，对内残酷镇压共产党和人民群众，实行恐怖的独裁统治。因此，这种思想和主张被称为法西斯主义，这样的政权也叫法西斯政权。后来，德国、日本也推行法西斯主义，挑起了第二次世界大战。"法西斯"作为恐怖、独裁统治的代名词一直为人们所痛恨，随着第二次世界大战的结束，法西斯主义彻底崩溃了。

你知道《我的奋斗》吗？

《我的奋斗》是希特勒口授，由其党徒鲁道夫·赫斯执笔完成的。这本书，在初稿时曾被希特勒取名为《四年来同谎言、愚蠢和胆怯的斗争》，它的理论水平以及逻辑性，都算不上高明。但是在世界上，它却有很大的知名度。它影响着第二次世界大战前所有的德国年轻人，很大的原因就是它是法西斯理论的集中体现。

苏台德危机是怎么回事？

苏台德指的是第二次世界大战爆发前于 1938 年发生在捷克斯洛伐克与纳粹德国之间的一次冲突。事件的起因是对苏台德地区主权的争夺。

1938 年 4 月 24 日，由德国一手扶植的苏台德日耳曼人党魁汉莱因，提出了要求苏台德自治的纲领。5 月 19 日，希特勒下令向德捷边境集结军队，对捷克斯洛伐克进行了战争威胁。5 月 20 日，捷政府决定实行局部动员。德捷军队在边境紧张对峙，形成了"五月危机"。此时的英法采取绥靖政策。9 月中旬，德捷边境局势再度急剧恶化。英、法决定牺牲捷克斯洛伐克，以维持所谓的"欧洲和平"。1938 年 9 月 30 日深夜，英、法、德、意签订了承认德国吞并苏台德地区的《慕尼黑协定》。

什么是《慕尼黑协定》？

1938 年 9 月 29 日，希特勒、墨索里尼、

1938 年 9 月英、法、德、意在慕尼黑举行会议，签订阴谋瓜分捷克斯洛伐克的《慕尼黑协定》，图为希特勒（左二）与张伯伦（左一）在一起。

张伯伦和达拉第等人在慕尼黑的"元首宫"里进行秘密会谈。第二天凌晨一点半，四国签订了《慕尼黑协定》，又叫"慕尼黑阴谋"。依据协定规定，捷克必须从 10 月 1 日开始的 10 天内，将苏台德地区和附属的一些设备无偿地交给德国。而此时的捷克却没有发言权，只能默默等候其他几国的决定。

1939 年 3 月，德国侵占了整个捷克。五个月后，德国侵略了波兰，挑起了对英、法的全面战争。

《慕尼黑协定》是 20 世纪 30 年代英、法对法西斯政策妥协的继续和顶峰，助长了德国法西斯的侵略扩张，加速了世界大战的爆发。

德国是怎样占领捷克斯洛伐克的？

《慕尼黑协定》的签订为希特勒德国打开了吞并捷克斯洛伐克的大门。根据该协定，只要是德国提出要求的捷克斯洛伐克领土，未经公民投票，一概交由德国。德国还策动斯洛伐克在 1939 年 3 月 14 日宣布独立。当天晚上，希特勒召见捷克斯洛伐克总统哈查和外长赫瓦尔科夫斯基，强迫他们在德国起草的《德捷协议》上签字。第二天，德军以保护为借口进入捷克境内。3 月 16 日，希特勒宣布成立波西米亚和摩拉维亚"保护国"。这样，德国就占领了整个捷克斯洛伐克。

墨西哥卡德纳斯改革的举措有哪些？

卡德纳斯改革指的是墨西哥总统拉萨罗·卡德纳斯在其任内（1934～1940 年）实施的资产阶级改革。改革的主要内容包括以下几个方面：打击军事寡头势力，确立中央集权的资产阶级民主政治体制；大力推行土地改革，打击封建大庄园势力；实行铁路、石油工业的国有化；在文化教育方面大力推行改革，大力扫除文盲，普及普通教育。

改革基本上摧毁了封建大庄园制，使民族资本取代外国资本掌握了全国最主要的经济命脉，基本上完成了 1910 至 1917 年革命以来由半封建社会过渡到民族独立的资本主义社会的任务，有利于墨西哥资产阶级民主制度的形成和发展。

日本"昭和金融危机"是怎么回事？

1927 年，日本爆发大规模的金融危机，又称"昭和金融危机"。第一次世界大战结束后，日本经历了 1920 年的经济危机和出兵西伯利亚的惨败，使得日本经济在困境中艰难地挣扎。1923 年的关东大地震更使日本经济雪上加霜，这就成为此次经济危机爆发的直接导火线。其间，挤兑现象多有发生，尤其是 1927 年 3 月，挤兑现象波及全国，许多银行宣布破产，金融危机开始。直到 5 月，金融危机才算告一段落。这次危机导致日本政府下决心解除了黄金出口禁令，并使银行高度垄断集中，确立三井、三菱、住友、第一和安田等五大银行的优势地位。

意大利为什么要侵略埃塞俄比亚？

20 世纪上半叶，非洲东北部的埃塞俄比亚还是一个落后的封建王国，虽然地处沙漠，经济落后，地下资源却异常丰富，盛产黄金和白银等贵重金属，再加上埃塞俄比亚扼守红海南部出口，于是成为兵家必争之地。

其实早在 1887 年和 1895 年，意大利就曾两次发动侵埃战争，均以失败告终。20 世纪 30 年代初，意大利法西斯头子墨索里尼为独霸地中海、控制地中海的战略要地，以此为据点重新瓜分东非和北非的英法殖民地，以摆脱国内经济的危机，于是又悍然发动了新一轮的侵埃战争。1935 年 10 月，意大利实际上已经占领了索马里和厄立特尼亚，逐渐就形成了对埃塞俄比亚的包夹之势。

谁是埃塞俄比亚首位"现代君主"？

提奥多二世原名卡萨，是埃塞俄比亚库阿尔族的封建主。1853 年，他组织军队，统一了埃塞俄比亚。1855 年，卡萨自立为埃塞俄比亚皇帝。在位期间，他进行了一系列的改革。改革的内容有：镇压封建贵族的分裂主义行动，加强皇帝的权利，建立了中央集权制；建立纪律严明的军队；消减关税；加强皇帝对宗教的控制权等。

他的改革促进了埃塞俄比亚经济的发展，增强了埃塞俄比亚的国力，开创了埃塞俄比亚历史发展的新时代。而提奥多二世也被尊为埃塞俄比亚历史上第一位"现代君主"。

日本的"二二六"事件是怎么回事？

1936 年 2 月 26 日凌晨 4 时，以皇道派青年军官率领的近卫步兵第三联队为中心的 1500 名日本军人，袭击了首相官邸等数处枢要部门，杀害了内大臣斋藤实、教育总监渡边锭太郎和大藏大臣高桥是清，重伤天皇侍从长铃木贯太郎，之后占据永田町一带达四天之久。这些人发动事件的目的在于"尊皇讨奸"，实行"昭和维新"。但事实上起事的缘由却是皇道派与统制派之间、部队军官与幕僚军官的长期倾轧，以致最后反目，酿成了这起震惊天下的突然事件。

事件发生后，日本政府对这次叛乱的策划者进行了秘密审讯。7 月 12 日前后做出判决，13 名叛军首领和包括北一辉在内的 4 名文官被处以死刑，更多的人被判刑。这次事

件不久，冈田启介内阁辞职，具有法西斯背景的广田弘毅出任首相。

五相会议是怎么回事？

"二二六"事件后的广田弘毅内阁，标志着日本军都法西斯独裁政权的确立。这一独裁政权，从一开始就为夺取亚洲和太平洋地区的霸权，建立"大东亚共荣圈"，加紧制定对外扩张的根本国策。

1936 年 8 月 7 日，广田主持召开了"五相会议"（包括首相、外相、海相、陆相和藏相），会议决定了《基本国策纲要》。其基本方针是：外交与国防互相配合，确保帝国在东亚大陆的地位，同时也向南海扩展；帝国要真正成为东亚的安全势力，为确保此地位，须充实国防军备；日本要排除列强在东亚的霸道政策。上述文件表明，南北并进、向外扩张，是日本的基本国策。

这次国策的制定是日本第一次具体表明除对中国进行全面侵略外，还要向南亚扩张的侵略计划，也表明了日本走上了国家战争总动员的道路。

日本"五·一五事件"是怎么回事？

"五·一五事件"指的是 1932 年（昭和七年）5 月 15 日，以海军少壮军人古贺清志、中村义雄、三上卓和山岸宏勾结士官学校学生举行的法西斯政变。政变者袭击了首相官邸、政友会本部、内大臣官邸等地，杀死了首相犬养毅。在军部镇压下，参加者或自首或被捕，暴乱被平息。事件后，日本成立了以海军大将为首的"举国一致"内阁。"五·一五事件"的发生大大加强了日本的法西斯进程。

反帝国主义同盟是怎么回事？

"反帝国主义同盟"是 1927 年 2 月，由高尔基、巴比赛等人在比利时首都布鲁塞尔发起的，亦称"反帝大同盟"。该同盟是一个国际性的和平保卫组织，宗旨为反对帝国主义侵略，支持被压迫民族的独立运动。该

同盟成立后，发起并组织过一系列的反帝活动。1933 年 8 月，"反帝国主义同盟"与"国际反法西斯同盟"合并，名称改为"国际反战反法西斯同盟"。

什么是"史汀生主义"？

20 世纪 30 年代初，遭受经济危机沉重打击的美国，为避免在争夺国际市场的外交活动中陷于失败，决定实行以孤立主义为标志的中立政策。1931 年日本发动"九·一八事变"，侵占中国的东北。美国不但不谴责这一侵略行动，反而表示了谅解的态度。1932 年 1 月 3 日，日本侵占锦州，逼近中国关内。7 日，美国国务卿史汀生照会中国和日本政府，对日本强占中国东北的局面和足以损害美在中国的权益，违反"门户开放"及中、日间的任何协定、条约，美国均持不承认的态度，但在次日，美国国务院又表示美无意干涉日本在中国东北的合法条约权利，这就是"史汀生主义"。"史汀生主义"的实质是企图以牺牲中国东北来维护美在中国的权益，这是美国在很长一段时间里实行的对中国政策方针。

日本为什么会形成军人法西斯政权？

20 世纪二三十年代的世界经济危机席卷全球，日本也遭受了重创。但是，日本缺乏英、美等国那样相对完善的资本主义机制，因而难以减轻经济危机的猛烈冲击。因此，当时的日本统治集团企图利用强烈的民族化情绪，通过发动侵略战争将国内的危机转嫁到国外，以摆脱困境。

但是随着侵略行为的推进，在控制政府权力和扩充军备的速度等问题上，统治集团内部出现了分歧。于是 1932 年，一些少壮派军人发动了政变。叛乱平息后，海军大将斋藤实组成"举国一致"的内阁，迈出军人干政的第一步。尤其后来的"二·二六兵变"发生后，军人掌握了国家的独裁大权，标志着日本军人法西斯独裁政权终于形成。

绥靖政策有哪些内容？

绥靖政策，也称姑息政策，是一种对侵略不加抵制，姑息纵容，退让屈服，以牺牲别国为代价，同侵略者勾结和妥协的政策。第二次世界大战前，这一政策最积极的推行者是英国、法国、美国等国，他们试图维护自身的利益，求得一时苟安，谋求同侵略者妥协，妄图将"祸水东引"至苏联。20 世纪 30 年代前，绥靖政策主要表现为扶植战败的德国、支持日本充当防范苏联的屏障和镇压人民革命的打手。这在凡尔赛—华盛顿体系中可以窥见端倪，在道威斯计划、杨格计划、洛迦诺公约中则更加具体化了。

第二次世界大战

第二次世界大战是在什么时候全面爆发的？

1938 年，德国法西斯轻而易举地拿下了奥地利，后来又强占了捷克斯洛伐克的苏台德地区，然后通过干涉西班牙内政，推翻了西班牙政府。一切就绪后，德国准备把魔爪伸向波兰，因为当时的波兰具有重要的战略地位。其实，早在 1939 年 4 月 11 日，德国就已经制订了侵略波兰的方案。8 月 23 日，德国和苏联缔结了《苏德互不侵犯条约》后，希特勒就从外交上完成了入侵波兰的最后部署。

法西斯入侵波兰的消息震动了全世界，也打破了一贯奉行绥靖政策的英国首相张伯伦的和平美梦。9 月 3 日，英、法相继对德宣战，第二次世界大战全面爆发。

希特勒为何首先进攻波兰？

1939 年 9 月 3 日，英、法被迫对德宣战，第二次世界大战全面爆发。

法西斯德国之所以选择首先进攻波兰，其中很重要的原因是波兰的战略地位，占领波兰是希特勒称霸世界的战争总计划的一个重要组成部分。波兰位于欧洲东部，东接苏联，西邻德国，南接捷克斯洛伐克，北临波罗的海。除了重要的战略地位，波兰还是当时英、法在欧洲诸盟军中军事上最强大的一个国家。占领了波兰，德国不仅能获得大量的军事、经济援助，还能大大改善自己的战略地位；既可以消除进攻英、法的后顾之忧，又可以建立袭击苏联的基地。所以，希特勒在侵略的时候就把波兰当成了首选目标。

马其诺防线是怎么回事？

第二次世界大战爆发前，法国为防止德国进攻，从 1928 年开始到 1936 年，用了八九年的时间，在从瑞士到比利时之间的东部国境线上修筑了一道防御阵地体系。因为这道防线是在当时的陆军部长马其诺的倡导下修建的，因此，人们将其称为"马其诺防线"。1940 年，德国军队经阿登山区，绕过马其诺防线攻入法国，这样，一直被法国人认为是攻不可破的马其诺防线就彻底失去了作用。

马其诺防线为什么会被轻易攻破？

德军进入法国境内后，法国的防线为什么在短短六个星期内就崩溃了呢？主要有三个原因：法国统治集团在战前实行绥靖政策，没有做好对德的准备。国内一派祥和的氛围，有盲目乐观的安全感；法国对现代兵力认识不足。法国想用自己的马其诺防线把战阵引入持久战，因此备战不利，武器装备很差，新式武器较少；法军对德军主要突击方向发生了错误判断，作战指挥严重失误。

就是因为以上几点原因，导致了拥有"无法攻破的防线"的法国失败了。

一幅地图曾在第二次世界大战中拯救英国吗？

在大英博物馆的二战展厅里，陈列着一张泛了黄的中南美洲地图。这张地图看似平常，却曾经挽救过英国乃至整个欧洲的命运。

第二次世界大战一开始，纳粹德国的铁甲战车碾过欧洲一个个国家。号称欧洲一强的法兰西共和国在希特勒的强大攻势下节节失利，最后不得不在贡比涅森林举起投降的白旗。但希特勒并没因为占领了欧洲大陆而停止战争，他又向英国发起了"不列颠之战"。当英国遭到德国猛烈轰炸、处于危急之中时，美国国会还处于孤立主义的笼罩中。此时美国总统罗斯福意识到战争已逼近美国，但他仍说服不了国会，他提出的援助英国的议案也一再遭到否决。

1941年10月27日，在庆祝美国海军节的午餐会上，罗斯福拿出了一幅希特勒政府绘制的附有说明的中南美洲地图。在这幅地图上明确地将中南美洲14个国家的疆界按照德国的意图重新划定：阿根廷和巴西的领土都扩大了，委内瑞拉、哥伦比亚和巴拿马被合并成一个受德国控制的"新西班牙"国家；墨西哥成了德国的石油输出基地。上述种种表明，纳粹德国已把刺刀插进了美国的后院；与美国利害攸关的巴拿马运河乃至整个拉丁美洲也都被纳入德国的势力范围。德国的轰炸机也将随时飞临美国的上空进行轰炸。

这幅地图一公布，与会者哗然，美国上下群情激愤，纷纷谴责纳粹德国的罪恶行径，要求美国国会和政府放弃孤立主义政策，参与战争，打击法西斯，以保证美国的安全。

在强大的社会舆论压力下，美国国会内持孤立主义观点的议员只得做出让步。1941年11月，美国国会参、众两院废除了1935年通过的《中立法案》，授权罗斯福总统在北大西洋对德国潜艇进行公开的战争行动，并为英国的运输船队护航。

这一决定使英国解除了危机，整个第二次世界大战的形势也因此发生了转变。所以，有人说："这幅地图拯救了英国。"

战后，很多历史学家在想，希特勒当时为什么要绘制这么一幅刺激美国人的地图？这不是自找麻烦、引火上身吗？后来，在20世纪60年代，有两位美国历史学家在查阅了大量的英国情报部门的文件后，发现这幅地图不是纳粹德国绘制的，而是丘吉尔当时秘密授意英国情报部门以德国政府名义出版印

刷的。那么美国总统罗斯福是真的相信了那幅地图，还是假装不知道，想借此推行自己的政策？这一切，现在都已无从知晓了。

英国军队为什么从敦刻尔克大撤退？

德国灭了波兰之后，又于1940年4月故伎重演，用"闪电战"袭击了挪威、丹麦并获取了成功。1940年5月10日，德国无视荷兰、比利时、卢森堡的中立态度，不宣而战。5月24日，德军又攻占了布伦。几十万英法联军被逼到敦刻尔克周围的一块狭小的三角地带，前临强敌，背靠大海，英法联军陷入危机之中。长期推行绥靖政策而丧失民心的英国纪伯伦内阁倒台，在危难时刻，丘吉尔出任英国首相。眼看几十万大军将遭遇灭顶之灾，丘吉尔果断下令撤退，以保存实力。

1940年5月，英法联军防线在德国机械化部队快速攻势下崩溃之后在敦刻尔克进行了当时历史上最大规模的军事撤退行动。最终，英国利用各种船只撤出大量的部队。

尽管这次大规模的撤退成功挽救了大量的人力，但英国派驻在法国的远征军的所有重型装备仍丢弃在欧洲大陆上，给英国本土地面防卫造成了很大的问题。

为什么丘吉尔被誉为"最伟大的英国人"？

温斯顿·丘吉尔（1874～1965年），政治家、画家、演说家、作家以及记者，1953年诺贝尔文学奖得主（获奖作品《第二次世界大战回忆录》），曾在1940～1945年及1951～1955年两度任英国首相，被认为是20世纪最重要的政治领袖之一。他曾带领英国获得第二次世界大战的胜利。

据传，他是历史上掌握英语单词词汇量最多的人之一，被美国杂志《展示》列为近百年来世界最有说服力的八大演说家之一。2002年，英国广播公司举行了一个名为"最伟大的100名英国人"的调查，丘吉尔当之无愧地获选为有史以来"最伟大的英国人"。

"V"字手势的来源是怎样的？

现在的人经常用"V"型手势表示胜利，这源于第二次世界大战期间。当时的纳粹法西斯占领了欧洲许多领土，比利时人维克多·德拉的祖国陷落。他每天从英国向比利时广播，号召同胞们奋起抗击德国占领军，并建议人们到处书写"V"字，表示对胜利充满信心。几天后，几乎比利时的每一个角落里都有"V"的标记。

从此，"V"字不胫而走，传入欧洲各国，只要打个"V"字手势，就代替一切招呼。英国首相丘吉尔十分钟爱这种手势，常常用它，于是"V"字更加流传。

敦刻尔克大撤退败而不败的原因是什么？

敦刻尔克奇迹产生的原因主要有：

在撤退的几天中，敦克尔地区的天气大多是阴天，这样的天气不适合轰炸，使得德国空军只进行了两天半的大规模轰炸。

敦克尔的沙滩很松软，使得德国飞机投下的炸弹威力尽失，这些炸弹大部分陷入了海滩，杀伤力大大减低了。

后卫部队英勇地抗击着德军的进攻，尽全力掩护主力撤退；英国空军飞行员积极为部队提供掩护，敦刻尔克海滩上空从始到终都有英军的飞机，这些英国空军给了德军沉重的打击；撤退部队的官兵，在等待上船和登船的时间里，保持了严格的组织纪律，井然有序，没有争抢的混乱场面，这种英国式的绅士风度使得整个撤退过程都很顺利。

第二次世界大战初期法国为什么会失败投降？

1940 年 5 月，德国大举进攻西欧。德军绕过马其诺防线，先后攻占了和法国北部相邻的荷兰、比利时等国，并从法国中部突破，将法国分割成南、北两部分，使北部的法军和前来支援的英军陷入包围之中。英法联军被迫退到敦刻尔克地区。

5 月 27 日至 6 月 4 日，英法联军经过 9 个昼夜的苦战，把 30 多万军队撤到英国。但是这时他们的大批武器装备却落入德军手中。接着，德军由北向南发动总攻，100 多万法军溃败。

法国只好向希特勒求和。6 月 22 日，法军贝当政府签订了投降书，法兰西第三共和国灭亡。

丘吉尔为什么能顺利组阁？

丘吉尔在第二次世界大战时期显示了非凡的领导才能，并立下了赫赫战功。但是这些功劳仅是他一个人完成的吗？其实他成功的背后还有支持者。

1940 年 5 月，张伯伦的内阁就要垮台了。丘吉尔想担任即将组织的联合政府的领导人。但是他并不知道纪伯伦的底细，故不敢贸然行动。于是他就约见了张伯伦的亲信金斯利·伍德共进早餐。其间，他只请教问题，别的什么也不说。伍德告诉丘吉尔："只要我不说话，哈利法克斯就做不成首相，剩下的由我来帮你完成。如果张伯伦问你意见，你不要吭声。"

同日上午 10 时，金斯利·伍德告诉丘吉尔，张伯伦认为鉴于情况紧急，他应留任进

丘吉尔像

行指挥；但金斯利·伍德认为恰恰相反，只有成立联合政府才能应付新的危机；张伯伦接受了这一看法。11时，丘吉尔再次应召来到首相官邸。应召而来的还有哈利法克斯和马杰森。张伯伦对他们说，鉴于工党的反应，他已不可能出面组织联合政府；同时他认为丘吉尔前一天的发言会妨碍丘吉尔得到工党的支持。现在张伯伦面临的问题是，在他提出辞职时，应向国王推荐谁来组阁。张伯伦问话的意图很明显，他希望由哈利法克斯出面组阁，但马杰森拒不在丘吉尔和哈利法克斯两人之间由谁继任的问题上表态。丘吉尔也长时间一言不发。最后哈利法克斯终于沉不住气了，他已明白丘吉尔不愿由他组阁。而得不到丘吉尔的支持，组成联合政府也是不可能的。就这样，组织联合政府的责任就落在了丘吉尔的肩上。于是丘吉尔说："我在国王命令我组阁以前，不准备和两个反对党中的任何一党交换意见。"他也巧妙地表明了自己同意组阁的意图。

丘吉尔就这样用沉默的战术取得了组阁的胜利，也以沉默开始了他第二次世界大战中轰轰烈烈的首席生涯。

你知道成功运用数学的海上作战吗？

马克思曾说"一门科学只有成功地运用数学时，才算达到了真正完善的地步"，战争也是如此。从人类早期的战争开始，就把数学用于战争。尤其是近代海上作战中，数学和战争的关系更加密切。

1942年10月，巴顿将军率领4万多美军，乘100艘战舰，直奔距离美国4000公里的摩洛哥，在11月8日凌时晨登陆。11月4日，海面上突然刮起西北大风，惊涛骇浪使舰艇倾斜达42°。直到11月6日天气依然很差。华盛顿总部担心舰队会因大风而全军覆没，电令巴顿的舰队改在地中海沿海的任何其他港口登陆。巴顿回电：不管天气如何，我将按原计划行动。11月7日午夜，海面突然风平浪静，巴顿军团按计划登陆成功。后来，

人们说这次作战是侥幸取胜，其实不然。巴顿将军在出发前就和气象学家详细研究了摩洛哥海域风浪变化的规律和相关参数，知道11月4日至7日该海域虽然有大风，但根据该海域往常最大浪高波长和舰艇的比例关系，还不致造成翻船。相反，11月8日却是一个有利于登陆的好天气。巴顿正是利用科学预测和可靠边缘参数，抓住机会，给了敌人致命的一击。

还有第二次世界大战初期的太平洋战场，美国用对策论降低了美军舰船损失率。刚开始美军舰船屡遭日机攻击，损失率高达62%。美军立即调集了大批数学专家对477个战例进行量化分析，得出两个结论：一是当日军飞机采取高空俯冲轰炸时，美舰船采取急速摆动规避战术的损失率为20%，采取缓慢摆动的损失率为100%；二是当日军飞机采取低空俯冲轰炸时，美军舰船采取急速摆动和缓慢摆动的损失平均为57%。美军根据对策论的最大最小化原理，从中找到了最佳方法：当敌机来袭时，采取急速摆动规避战术。就这样，美军估计至少使舰船损失率从62%下降到27%。

以上都是成功运用数学的海上作战的经典案例。

你知道第二次世界大战中身份不明的飞行物吗？

1942年3月25日，英国皇家空军战略轰炸机大队的波兰籍突击队员罗曼·索宾斯基奉命对德国城市埃森进行夜袭。任务完成后，他驾驶着飞机飞出了德国领空。正当索宾斯基和他的伙伴们想松口气的时候，后机关炮炮手突然发出警报说，他们的飞机正被一些不明物体跟踪。于是索宾斯基机长下令炮手开火。但是，使全体机组人员感到惊愕的是，那些陌生的物体尽管离轰炸机只有将近150米，又被大量炮弹击中，却并不还击，它们在飞行了一刻钟后以令人难以置信的速度从飞行员的眼前消失了。当时有人猜测它

们可能是德国人研制出的新型秘密武器，经调查，英国情报部门给出的结论是，奇怪的大圆盘跟德国空军以及世界上任何一国的飞机都毫无关系，它们纯粹是一些 UFO——不明飞行物。

第二次世界大战中，哪个国家拥有最大的航空母舰？

第二次世界大战期间，为了谋求海战优势，日本将其建造的第 3 艘战列舰改建成为当时世界上最大的航空母舰，也就是"信浓"号。

1944 年，日本在莱特湾海战失利后，被迫把尚未彻底完工的"信浓"号投入使用，企图以此"秘密武器"扭转被动局面。11 月 26 日，进行过简单装备后的"信浓"号参加战斗。但是，"信浓"号在参加战斗不久就被美国潜艇击沉了。这艘当时世界上最大的航母只进行了 17 个小时的处女航之后就这样沉没了。

非洲蚁果真能吞噬千余纳粹德军吗？

第二次世界大战后期，纳粹将领隆美尔（1891～1944 年）在英军的打击下节节失败。为挽回败局，隆美尔派希姆带领一支 1800 人的德军精锐长途跋涉，迂回穿越非洲原始丛林，到达英军后方。

部队开进丛林后的第三天，希姆突然听到上百名士兵同时发出厉声嘶嚎。他发现，地面上布满了厚厚的一层黑褐色蚂蚁。几名特种兵强打精神，手持火焰喷射器，对准离得最近的蚁团喷射火焰。不过蚁群实在太庞大了，在顽强凶猛的蚂蚁面前，希姆和他的士兵全部倒下。后来，隆美尔派出一支部队深入丛林搜寻，终于找到了 1764 具骷髅，其余 36 人下落不明。

后来，事情的真相浮出水面：希姆和他的部队毁灭于非洲黑刺大腭蚁，这种蚂蚁如同拇指，能疯狂地吞噬遇到的一切可食之物。

德国最大的"杀人工厂"在哪里？

在第二次世界大战中，法西斯建立了许多集中营。在这些集中营里，坐落在波兰南部的奥斯维辛集中营是德国法西斯一个最大的"杀人工厂"。1939 年波兰被德国侵占后，一个布满杀人的毒气杀人工厂建立起来了。

奥斯维辛集中营，壁垒森严，四周电网密布，内设哨所看台、绞形架、毒气杀人浴室和焚尸炉，由第一集中营和奥斯维辛—比克瑙集中营组成，用于消灭欧洲的犹太人，约有 400 万人，其中绝大部分是犹太人在此经受严刑拷打，惨遭杀戮。奥斯维辛是纳粹德国犯下滔天大罪的历史见证。

国际反法西斯统一大联盟是怎样成立的？

1941 年 9 月 29 日，苏、美、英三国会议在莫斯科召开。10 月 1 日，三国签订议定书，规定美、英两国从 1941 年 10 月至 1942 年 6 月每月向苏联提供 400 架飞机、500 辆坦克及其他武器装备；苏联向英、美提供原料。10 月 30 日，罗斯福宣布向苏提供 10 亿美元贷款。11 月 7 日，美国把《租借法案》扩大到苏联。

1941 年 12 月 7 日，日本发动了珍珠港事件，第二天美国向日本开战，当天英国也对日宣战。加拿大、澳大利亚等 20 多个国家相继对日作战。至此，各国都已逐步认识到反法西斯的重要性，建立反法西斯联盟的条件已经成熟。

12 月 22 日，美、英首脑倡议所有对轴心国家作战的国家签署一项同盟宣言。美国提出的宣言草案经与英、苏磋商修改后，用急电发给各盟国。经过协商，1942 年 1 月，中、苏、美、英等 26 个国家在华盛顿签署《联合国家宣言》，表示赞成《大西洋宪章》的宗旨和原则。

这个联盟是法西斯国家以外的几乎所有国家和法西斯势力以外的一切力量的最广泛的联盟。他们在政治、经济和军事上全面合作，使得法西斯力量和反法西斯力量对比发生了根本性变化。从此，与法西斯对抗的，不再是单个的国家，而是一个强大的国家联盟。

曾经为坦克"正名"的人是谁？

巴顿为美军装甲部队的建立和发展立下了汗马功劳。为了那些他所钟爱的"铁家伙"，他奔走呼号，自掏腰包，甚至屡次犯上。

1941 年，时任美军第 2 装甲师师长的巴顿带领他的师连续参加了三次大规模对抗演习。巴顿坚信，这些演习都是那些"步兵至上"派当权者组织的，他们的目的只是为了证实反坦克武器的威力。所以，他费尽心思为坦克正名。

6 月下旬，时值英军坦克部队在北非惨败，在"反坦克"派气焰十分嚣张的情况下，第 2 装甲师开到田纳西州参加第一次演习。尽管演习是按照步兵制胜的思想设置的，但巴顿对这些根本置之不理。演习开始后，第 2 装甲师奉巴顿之命，勇猛包抄到假想敌第 5 步兵师背后，占领了该师的指挥所，打得他们溃不成军。巴顿命令战斗车辆甩下后勤分队，以最快的速度向前推进。气急败坏的演习总指挥麦克奈尔命令裁判们想方设法阻止巴顿，但巴顿没有停下来，继续把蓝方部队消灭得一干二净。上级精心安排的导调计划被彻底打乱，演习只好提前 12 个小时结束。

9 月中旬，第 2 装甲师到路易斯安那州参加第二次演习。演习前，担任蓝军主力的步 2 师师长格里利少将悬赏 50 美元捉拿巴顿，巴顿则悬赏 100 美元捉拿格里利。结果，演习第一天，格里利就被第 2 装甲师的一群所谓"混蛋车子"给击败了。但是，由麦克奈尔领导的裁判班子却匆忙判决红方差不多已全军覆灭了。第二阶段演习中，一腔怒火的巴顿率领自己的部队进行大迁回，迅猛穿插到蓝军防守的施里夫波特市北郊。不过就在施市行将陷落的关头，却接到了麦克奈尔"停火"的指令。

11 月份，第 2 装甲师又到卡来罗纳州参加第三次演习。这一次，蓝军总指挥是"反坦克派"干将德拉姆中将，他想尽办法证明坦克是无用的。可是，演习刚进行不到 1 小时，德拉姆中将就被第 2 装甲师第 82 侦察营第 4 连俘获，就连德拉姆军也被巴顿劫持，以至于演习不能正常进行下去。

事实胜于雄辩，最终证明巴顿的说法是完全正确的。

谁领导了"自由法国"运动？

1940 年 6 月 14 日，德国攻入巴黎。6 月 18 日，法国戴高乐将军在伦敦发表了《告法国人民书》，号召法国人民为维护法国的自由和独立而战斗。贝当政府投降以后，戴高乐宣布了"法国民主委员会"，领导抵抗法西斯运动。这样，戴高乐就举起了"自由法国"的旗帜。1942 年 7 月，戴高乐又把"自由法国"改为"战斗法国"。在戴高乐领导下，"自由法国"联合各反法西斯组织，开展了各种形式的反法西斯斗争。

谁被誉为"法国之父"？

夏尔·戴高乐（1890 ~ 1970 年），法兰西第五共和国的创建者、法国军人、作家和政治家。1890 年 11 月 22 日生于里尔市，1912 年毕业于圣西尔陆军学校。1913 年以少尉军衔服务于贝当将军麾下。

第二次世界大战爆发后，戴高乐主张抵抗纳粹德国的进攻，拒绝在德、法停战协定上签字。6 月 18 日，第一次在伦敦向法国发表广播演说，呼吁同胞在他的领导下继续抗战。1943 年把自由法国总部从伦敦移到阿尔及尔，并就任法国民族解放委员会主席。

1944 年春，在盟军诺曼底登陆前十天，法兰西民族解放委员会抢先改称法西斯共和国临时政府，并争取美、英之外的若干盟国承认。盟军登陆后，戴高乐坚持派法国精锐部队参加解放巴黎的战役，尽量依靠本国力量解放祖国。

1959 年 1 月，他就任法兰西第五共和国总统，为了推行自己的政策，他力排众议，镇压数次叛乱。此外，戴高乐还致力于维护法国的独立和大国地位，竭力谋求欧洲联合，成果显著。1970 年，戴高乐因心脏病猝发去世。鉴于戴高乐做出的一系列功绩，人们将其称为"法国之父"。

德国"海狮计划"是怎么回事？

海狮计划，是第二次世界大战中德军对英国作战的计划。战争开始不久，纳粹德国就盯上了英伦三岛。为了尽快征服英国，纳粹头子希特勒亲自拟订了名为"海狮"的行动计划。该计划的内容是：用约 25 个师的兵力，在空军的支援下强渡英吉利海峡，然后向西、向北发起进攻，包围并占领英国。但是，当"先锋官"的德军战机飞临英国上空的时候，等待它们的却是一场以弱胜强的空中"游击战"。最终德军的海狮计划失利，使得英国得以保存军事上的优势，而后继续同德国抗争，将德军拖入了致命的长期持久战。此后，德国佯装为"海狮计划"进行准备，实际上是为侵略苏联做掩护。

什么是"大东亚共荣圈"？

大东亚共荣圈是指日本帝国在第二次世界大战中提出的邦联制战略构想与政治号召。起因于 1938 年 11 月日本政府发表建立《大东亚新秩序》的宣言，被列入"共荣圈"的有：中国、印度、朝鲜、缅甸、泰国、马来西亚、菲律宾、荷属东印度（今印度尼西亚）、澳大利亚、新西兰、英属印度（今巴基斯坦、印度、孟加拉国）、阿富汗等地区以及太平洋的许多岛屿。它是日本帝国主义妄图奴役亚洲各国、建立殖民帝国的侵略扩张计划，抗日战争结束后，该计划被彻底粉碎了。

谁把美国称为"民主国家的军工厂"？

1940 年 12 月 29 日，在对世界大部分地区广播的"炉边谈话"节目中，罗斯福把美国描述成"一个民主国家的军工厂"。尽管美国总统尽量避免使美国卷入战争，他却说："美国必须向那些为民主而战的前线提供更多的军事物资。"他还说，没有哪个独裁者

或独裁者联合体能够制止美国援助那些和纳粹德国战斗的人们。美国总统拒绝任何和平谈判，除非可以肯定各侵略国摒弃了要控制和征服全球的梦想。罗斯福还告诉美国人民，他的宗旨是"使你、你的子女、你的孙辈免除一场殊死的战争"，以保卫美国的独立。

"俾斯麦"号战列舰是怎样被击沉的？

多年来，有关歌颂击沉"俾斯麦"号的电影和书籍已经在英国国内形成了一个产业。但随着"俾斯麦"号打捞工作的进展，专家表示，"俾斯麦"号可能根本就不是英国人击沉的！

主持"俾斯麦"号搜寻工作的美海军专家麦克拉伦博士表示，根据已知资料显示，英军的强大炮火并不能使"俾斯麦"号致命，很可能是德国水兵不愿意将舰艇交给英国人，以至于自己凿沉了"俾斯麦"号。

消息一经公布，立刻遭到了英国历史学家们的强烈反对。但从"俾斯麦"号来看，除舰身和上层结构遭到严重破坏外，残骸保存之完好大大超出了先前的预料。

其实英国人在很早的时候就已经提出了"俾斯麦自沉说"。最新解密的英军情报显示，当时英军就认为，德军自爆"俾斯麦"号就算没有直接使该舰沉没，也最起码大大加速了"俾斯麦"号沉没的速度。只是英国人的爱国主义才使这种说法尘封了半个多世纪。

苏联为什么会签订《苏德互不侵犯条约》？

《慕尼黑协议》签订以后，希特勒并没有恪守"这是对西方最后一次领土要求"的承诺，而是很快就占领了捷克斯洛伐克。后来，德国又想进攻波兰。

这时，欧洲的形势已经极度紧张，而希特勒已经陈兵德波边境，战争一触即发。就在这种形势下，欧洲出现了一场惊心动魄的外交战。从 1939 年 4 月 15 日开始的苏、美、法之间的谈判，在持续了 4 个月之后终于破

裂。在这种形势下，为了打破英、法怂恿德国法西斯进攻苏联的阴谋，推迟苏德战争的爆发，1939 年 8 月 33 日，苏联与德国在莫斯科签订了《苏德互不侵犯条约》。

巴巴罗萨计划的内容是什么？

1940 年 7 月，希特勒召集了一次高级军事会议，会上希特勒宣布了一个预谋已久的作战计划：突然袭击苏联，一举将苏维埃社会主义国家摧毁。尽管当时两国政府已经签署了《苏德互不侵犯条约》，但希特勒为了实施作战计划，命德军总参谋部立即着手拟订对苏联作战的具体行动方案。该方案于 12 月底完成，并命名为"巴巴罗萨计划"。该计划的主要内容有：在对英作战结束之前，以一次快速的战役，在一个半月到两个月的时间内打垮苏联；先以突袭的办法歼灭苏联西部各军区的部队，使其没有能力退往内地，然后以坦克部队为先导，并辅之以空军支援，分三路向苏联腹地进攻，占领莫斯科、列宁格勒和顿巴斯。希特勒不无得意地说："当巴巴罗萨计划开始实施时，全世界将大吃一惊，并感到难以置信！"

希特勒发动"巴巴罗萨"空战战果如何？

战争狂人们一向好大喜功，纳粹头子希特勒就是典型代表，在公开"巴巴罗萨"空战的结果时，希特勒与斯大林唱起了对台戏。

1941 年 6 月 22 日夜，希特勒一手制订的"巴巴罗萨"作战计划使苏联再也不能平静下去了。苏联空军遭受了巨大损失，究竟他们在这次计划中损失了多少呢？

据德军 4 个航空队向德国空军总司令赫尔曼·戈林报告：德国空军轰炸机炸毁了来不及起飞的苏军飞机 1489 架。此外，德军战斗机及高炮部队击落了升空的飞机 322 架，共计 1811 架。之后的一份秘密调查报告显示："巴巴罗萨"空战的战果不止 1811 架，而是 2000 架以上。

因为戈林没有对此事展开深入的调查，因此人们对此战果的报道始终持怀疑态度。而且，在"巴巴罗萨"空战以后，苏联空军并没有公布损失飞机的数字。

尽管在这场偷袭战里，被炸毁飞机的数量还不是很明确，但可以肯定的是，即使希特勒大获全胜，也不能逃脱最终失败的命运。

斯大林之子缘何死在纳粹集中营？

苏联第 14 坦克师被击溃后，斯大林之子中尉军官雅科夫·朱加什维利成了德军的俘虏。

随着德国多线作战的开始，苏联逐步掌握了战争主动权，在斯大林格勒战役中的德军将领保卢斯失利被迫向苏军投降。希特勒希望苏方释放保卢斯将军，作为交换条件，德国方面愿意释放已关押了半年多的斯大林的儿子雅科夫·朱加什维利。然而斯大林却秉承着战争期间的价值观，不愿与其交换。但这对于雅科夫无疑是当头一棒。

得到这条消息后，雅科夫极其失望，但是雅科夫却不知道，斯大林没有一刻不在为营救他而努力，他曾经命人进行过两次营救行动，均未果。

被关押的集中营里的雅科夫更加失望了。终于他在同一名英国人打了一架后，突然向电网飞奔而去。当时，哨兵朝扑向电网的雅科夫开了枪。但有些历史学家认为，当时雅科夫已经在电网上自杀了。那么，他究竟是自杀还是他杀，可能将永远成为一个谜。

德、意、日法西斯轴心国是怎样形成的？

第二次世界大战期间，德国、意大利和日本三个反法西斯国家结成了联盟，被称为"轴心国"。轴心国的最初形成是由于德、意两国对西班牙内战的武装干涉。这次事件爆发伊始，希特勒就感觉有必要进一步拉拢意大利，以便共同对付英、法和苏联。于是 1936 年 10 月 25 日，德国和意大利达成协调外交政策的同盟条约，建立柏林—罗马轴心。1939 年 5 月 22 日，两国又签订了《德意同盟条约》（又被称为"钢铁条约"）。此前日本已经在 1936 年 11 月 25 日同德国签署反共产国际协定（意大利于 1937 年 11 月 6 日加入）。

1940 年 9 月 27 日，德国、日本和意大利三国外交代表在柏林签署《德意日三国同盟条约》（三国公约），成立以柏林—罗马—东京轴心为核心的军事集团，这个军事集团的成员被称为"轴心国"。与此同时，英、法、苏、美等和法西斯轴心国相对抗的国家，也自然地联合在一起，组成了反法西斯"同盟国"。

斯大林格勒战役有什么重要意义？

斯大林格勒战役，又称斯大林格勒保卫战，是第二次世界大战中苏联伟大卫国战争的主要转折点，是第二次世界大战的转折点，也是人类历史上最为血腥和规模最大的战役之一。

轴心国一方在这场战役中损失了其在东线战场的四分之一的兵力，并因此而一蹶不振，直至全面溃败。就苏联而言，这场战役的胜利标志着收复沦陷领土的开始，并最终迎来了 1945 年 5 月对纳粹德国的最后胜利。

"绥靖"政策的代表性人物是谁？

奥斯丁·张伯伦（1863 ~ 1937 年），英国政治家，他曾获得嘉德勋章和 1925 年诺贝尔和平奖，是 20 世纪 30 年代绥靖政策的代表人物。

当欧洲的安全受到德、意法西斯威胁的时候，张伯伦对希特勒和墨索里尼做了一系列让步，想借此换取欧洲的和平。他所执行的政策被后人称为"绥靖政策"。1938 年希特勒出兵侵占奥地利，随后又陈兵捷克边境。张伯伦在下院发表演说谴责德国的侵略行为，但并没有做出具体的行动，而是默认了意大利侵略埃塞俄比亚和德、意武装干涉西班牙，并纵容日本侵略中国。

在随后出现的苏台德危机中，张伯伦于 1938 年 9 月两次飞往德国亲自与希特勒会谈。

9 月 28 日至 30 日，又与希特勒、墨索里尼和达拉第在慕尼黑召开会议，同意德国对捷克斯洛伐克的领土要求，并迫使捷克政府同意慕尼黑协定。9 月 30 日张伯伦同希特勒签署了《英德互不侵犯宣言》。

1940 年 5 月 10 日，德军入侵荷兰、比利时、卢森堡，直接威胁英、法安全。张伯伦的绥靖政策彻底破产。同日，张伯伦被迫下台，让位给丘吉尔联合政府。同年 9 月 9 日，张伯伦病逝。

西班牙在第二次世界大战中为何能够中立？

西班牙之所以能在第二次世界大战中保持中立，是由四方面因素促成的。

1. 自身力量弱小。

西班牙是一个农业国，工业很不发达，经济十分落后，又经过三年内战，使社会经济遭到严重破坏。因此佛朗哥急需稳定的国内环境来发展经济，稳定政局，以维护其独裁统治。

2. 佛朗哥个人因素。

佛朗哥意识到，如果西班牙参战，必然使西班牙蒙受巨大灾难，他无意与西方世界的任何国家为敌；佛朗哥担心万一失败会遭受英国的报复；佛朗哥提出的要求得不到满足，因而，佛朗哥一再采用拖延战术，避免卷入战争。

3. 英、美的拉拢。

西班牙具有良好的地理位置，既可以形成对法国的战略包围，又能够控制地中海，切断英、法与其海外殖民地的联系，同时可获得西班牙的铁、煤等重要战略物质。因此无论是英、法、美同盟国或德、意法西斯国家都极力拉拢西班牙。

4. 利用中立地位与交战双方进行贸易。

另外，法西斯方面出于防止将西班牙推向同盟国怀抱的考虑，也没有向西班牙发动军事进攻。因此，在上述种种因素的综合作用之下，西班牙在第二次世界大战期间采取了中立的政治态度。

《大西洋宪章》的主要内容是什么？

《大西洋宪章》又称《罗斯福丘吉尔联合宣言》。苏德战争爆发后，第二次世界大战范围扩大，美、英迫切需要进一步协调反法西斯的战略。两国首脑于1941年8月在大西洋北部纽芬兰阿金夏海湾的"奥古斯塔"号军舰上举行大西洋会议。8月13日签署大西洋宪章。《大西洋宪章》的主要内容是：两国不追求领土和其他方面的扩张；反对未经有关民族自由意志同意的领土变更；尊重各民族自由选择其政府形式的权利，设法恢复各民族被剥夺的主权和自治权；力求使一切国家，不论大小、胜败，在贸易和原料方面享受平等权利；国家之间要尽力加强经济上的合作，以促进经济进步和社会安全；希望在最终摧毁纳粹暴政之后重建和平，使各国都能在其疆土内稳定和平，使全体人类自由生活、无所恐惧、不虞匮乏；在公海上航行自由；世界各国必须放弃使用武力，在普遍安全制度建立前，必须解除侵略国家的武装；赞助并鼓励能够减轻各国人民军备负担的一切措施。

1941年，英、美两国首脑在大西洋上的"威尔士亲王号"上举行会谈，签订了《大西洋宪章》。

人类历史上规模最大的海战是哪一次战役？

1944年10月10日，一场史无前例的大海战揭开了序幕。莱特湾大海战，是人类历史上规模最大的海战。从作战地域来看，南北长1000海里，东西宽600海里。从作战时间来讲，持续三天四夜。从作战方式来说，海战、空战、潜艇战，无所不用。从投入兵力来看，双方参战军舰多达500余艘，飞机数千架。从损失上来看，全天共出动1396架次，击毁日机45架，击沉22艘军舰和4艘商船，排水量34.2万吨，美军仅损失21架飞机。无论从哪方面看，都堪称世界海战之最。

什么是太平洋战场的转折点？

中途岛·阿留申群岛战役，是世界海战史上以少胜多的典型战例。无论从双方投入总兵力，还是在中途岛局部战场的兵力，日军都占有明显优势，但最终日本却遭到了惨败。日军不仅损失了4艘大型航空母舰和322架飞机，更重要的是损失了一大批训练有素、技术高超、经验丰富的飞行员，这个损失是日军无法弥补的。与日本不同的是，美国把最优秀和最有经验的飞行员派到航空学校当教官，以便他们把先进技术和作战经验传授给年轻的飞行员。中途岛海战后，日本的飞行员大批丧失，海军不得不缩短飞行学员的训练时间，将其补入作战部队，而这些训练不充分的飞行员在战斗中的消耗又快又大，以至于形成了恶性的循环。此后，飞行员短缺的问题就成为困扰日本海军的最大难题，大大削弱了海军航空兵的战斗力。正因为此，日本丧失了战争的主动权。所以说中途岛战役是太平洋战争的转折点，对整个战争有着决定性的影响。

你知道人鸟战争之谜吗？

1942年夏天，美军在第二次世界大战期间，为打破太平洋日本海军夺占中途岛的企图，曾派遣了一艘战舰去占领一个无名荒岛。当美舰驶到距无名荒岛一海里时，夜幕已经降临，侦察参谋尤利斯带领10名侦察兵，到岛上侦察。当他们利用夜幕靠近无名荒岛时，发现岛上有一条足有半米多高的灰白色"围墙"。于是尤利斯指挥侦察兵分成两组，接近目标投入战斗，当靠近"围墙"时才发现是一大群熟睡的海鸟——信天翁。

侦察兵们企图从熟睡的海鸟群中通过，尽快登上海岛。但他们的行动惊醒了岛上的信天翁，它们腾空而起对这些不速之客进行疯狂的俯冲，他们用尖嘴啄、利爪抓、翅膀打，弄得这些侦察兵们手足无措，一个个痛得抱头鼠窜。就这样，一批一批的信天翁蜂拥而来，侦察兵打退了信天翁的第二次进攻后疲倦入睡。天亮醒来侦察兵们发现，他们夜里睡在了约1米厚、40米见方的信天翁的尸堆上。

第二天，他们以为危险已过，可没想到又迎来了信天翁的第三次进攻。这次，它们采取了新战术，低空盘旋，像轰炸机一样把又臭又粘的鸟粪拉在侦察兵头上。霎时间，岛上鸟粪已厚得惊人。侦察兵企图退到棕榈树林里隐蔽，却被信天翁挡住了去路，它们用尖嘴啄和爪子抓，侦察兵仍被困在里面。对此，美军只得动用轰炸机轰炸，施放毒气，并用推土机开路，推开鸟尸鸟粪，坦克紧跟其后以火力掩护才慢慢进入棕榈林解救被围困的侦察兵。

激烈的人鸟之战持续了一整天，当夜幕再次降临时，信天翁才停止进攻。美军费了九牛二虎之力连夜在该岛抢修了一条简易飞机跑道和公路，但是天刚刚亮就被信天翁占领，甚至它们舍身撞坏旋桨或发动机使飞机坠毁。尽管美军采取了各种措施，但信天翁誓死悍卫家园，美军总部无奈只得命令撤离该岛。

这场罕见的人鸟战争，曾震惊世界各国军事界和科学界。人们一直在探索信天翁为什么能这样舍身拼死地保护自己的家园和抢救它们的伙伴呢？这是不是由于它们好群居、恋家园和有纪律的缘故呢？直到现在人鸟战争的谜底还没有解开。

你知道误击"海狼"号潜艇之谜吗？

第二次世界大战的太平洋战争期间，日本使用了借刀杀人的战法，使"海狼"号潜艇成了无辜的深海冤鬼。

1944年10月3日凌晨，美国海军的"中途岛"号航空母舰和其他各型战舰组成一支特混编队，正在吕宋岛东面的海域执行巡航任务时，突然，从海面下猛地钻出了数条鱼雷，直逼特混编队中的一艘驱逐舰"谢尔顿"号，使其遭受重创。特混编队总指挥很快判断这是日本潜艇的进攻，迅速展开了严密的搜寻。"罗亚尔"号驱逐舰很快发现在不远处有潜艇发动机的工作噪音，凭直觉估计这是刚刚来袭击的日本潜艇，编队即下令对潜艇攻击。经过一系列猛烈的攻击，海面漂起了片片污油和残存的破布、烂肉。

正当整个特混编队沉浸在胜利的喜悦中时，上级指挥部通报，正在此海域游弋的美国久经疆场、功绩累累的"海狼"号潜艇突然失踪了。此海域未见其他战斗，"海浪"号怎么会失踪呢？直到战后，经过美国联邦调查局的调查，才揭开"海浪"号被误伤之谜。原来，日本潜艇在探得美国特混舰队在吕宋岛以东海域巡逻的消息后，开赴战区，在即将接近特混编队时，发现了美国的"海狼"号潜艇正在该水域游弋。日本人就想出了引敌互杀的战法。当日本潜艇攻击美国的特混编队之后，很快撤离了战区，悄悄地潜伏下来。而全然不知战事的"海狼"号潜艇正在此航行。它既没有控制噪声，也未想到回避声呐的搜索，直到大难临头，还没察觉。

然而，给人们留下的思考是，美国海军特混舰队和"海狼"号潜艇都在同一海域活动，双方为什么都未获得上级有关通报呢？这一指挥常识上的疑问，至今还没有确切的答案。

谁编制了神奇的"无敌密码"？

用印第安纳瓦霍语编制军事密码，是一个叫菲利普·约翰逊的白人出的主意。约翰逊的父亲是传教士，曾到过纳瓦霍部落，能说一口流利的纳瓦霍语，而在当时，对部落外的人来说，纳瓦霍语无异于"鸟语"。极具军事头脑的约翰逊认为，如果用纳瓦霍语编制军事密码，将非常可靠而且无法破译。

1942 年 5 月，有 29 名纳瓦霍人被征召入伍，并被安排在加利福尼亚一处海滨编制密码。他们根据纳瓦霍语共创建了有 500 个常用军事术语的词汇表。由于纳瓦霍语没有描述现代军事设备的词语，因此他们经常使用比喻说法和拟声词。

在太平洋战争期间，美国海军陆战队共征召了 420 名纳瓦霍族人充当密码通讯员。这些纳瓦霍族人参加了美军在太平洋地区发动的每一场战役。他们用密码下达战斗命令，通报战情，战况危急时还参加战斗，在战争中起到了重要的作用。

攻占硫磺岛是美军在太平洋战争中打的一场经典战役。战役结束后，负责联络的霍华德·康纳上校曾感慨地说："如果不是因为纳瓦霍人，美国海军将永远攻占不了硫磺岛。"当时，康纳手下共有 6 名纳瓦霍密码员，在战斗开始的前两天，他们废寝忘食地投入到密码的编译工作中。整个战斗中，他们共接发了 800 多条消息，中间无任何差错。

日本为什么要偷袭珍珠港？

第二次世界大战，法西斯德国的节节胜利和《德意志三国同盟条约》的签订，给日本注射了一剂强心针。为了摆脱困境，日本就企图以海洋政策的胜利来挽救大陆政策的失误，因而有了南下的战略。

珍珠港是美国海军在太平洋上经营已久的主要基地，也是美国和远东、西太平洋之间的海上交通枢纽，战略位置相当重要，已经成了日本南下的心腹之患。但是日本也认识到，如果以突然袭击的方式发起攻击，就可以使其在短时间内无法参战和恢复，日本就可以顺利掌握制海和制空权，从而为南下做好准备。就这样，日本开始了偷袭珍珠港的行动。

你知道"东京玫瑰"之谜吗？

日本偷袭珍珠港后，美国正式对其宣战。双方军队在太平洋海域展开了激烈的较量。与此同时，日本还大打"心理攻势"，企图用广播宣传削弱美军士气。日本东京广播电台至少有 13 名女播音员承担着这项任务。她们每天都以充满诱惑的音调，喋喋不休地"开导"美国大兵。这些女播音员中，有一个人尤其引人注意。她讲一口流利、地道的美国英语，人称"东京玫瑰"。后来美国方面才进一步明确，此人名叫艾娃·托古利，是土生土长的美国公民。日本战败后，"落花"逐流水，"东京玫瑰"后来被美国方面判处叛国罪。但是人们对她有不同的评价。有人觉得她是一个叛国者，有人认为她其实是个受害者。因为毕竟她全部的"播音生涯"还不到 3 年，但却为此付出 30 年时间的沉重代价。"东京玫瑰"究竟为何背叛自己的祖国而为日本充当播音员呢？事实的真相还有待了解。

女间谍川岛芳子有没有被枪决？

第二次世界大战时期的女间谍川岛芳子（1906～1948 年）在日本可谓是闻名遐迩，而在中国却是臭名昭著，在中国抗日战争胜利后，这位风流女间谍的去向如何呢？她到底有没有被枪决呢？

日本在 1945 年 8 月 15 日投降之后，川岛芳子被暂时关押在一个军队司令部的仓库内。两个月后先将其关押在北新桥的前日本陆军监狱内关，后又把她转移到北京远郊姚家井河北第一监狱的女监第 3 号牢房。

1948 年 3 月 25 日早晨 6 点 40 分，她在第一监狱西南角的场地上被秘密枪决。她在行刑前给狱长和其养父等人写了遗书，并请求穿上黑上衣、白绸裤子，却没有获批。在行刑前各报记者被通知可以采访，但在执行死刑时，除了一位美籍美联社记者外，其他中国新闻记者全部被挡在了门外。事后女尸被停放在第一监狱后门的自强路上，直到 7 时半监狱方面才引导记者对此女尸进行参观。尸体脚朝北，头朝南，身着灰色囚衣，里面穿红色毛衣、蓝色毛裤，子弹从后脑射入，又从鼻梁射出，头发披散，满脸血污，无法辨别其真实的面目。

之后，人们对川岛芳子的枪决真相提出了各种质疑。传闻最多的是一个名叫刘风玲的女犯以 10 根金条的代价做了川岛芳子的死刑替身。

日本一位研究川岛芳子的专家、东京大学渡边龙策教授还就川岛芳子之死提出一连串质疑：最为关键的行刑场面为何被搞得这样神秘？为什么会违背惯例，把新闻记者都赶出现场呢？被处决者的脸部为何被弄了那么多的泥土和血污，使其无法看清面目？为何单单选择看不清人面孔的时间行刑？渡边龙策教授还提到：川岛芳子的哥哥金宪立说川岛芳子已经去了蒙古，之后北上苏联；还有人说川岛芳子已到美国去了。

川岛芳子的来历本身就是一个谜，而到最后，她的死也成了一个谜，这位风流女间谍真可谓做到了"来无影，去无踪"。

珍珠港事件有什么影响？

因为日本不能击沉美国的航空母舰，它的军事作用实际上并不是很大。但即使日本击沉了美国的航空母舰，从长远来看，对日本也没有好处。这次袭击彻底使美国卷入了第二次世界大战，导致了轴心国在全世界的最终覆灭。此后，盟军在各战线上节节胜利，后来美国的国际地位有了很大的提升，都与其有着密切的联系。

从军事角度来看，对珍珠港的袭击是一个转折点，从此，航空母舰代替了战列舰成为了海军主力。

日本为什么会在中途岛大海战中失败？

珍珠港事件后，日本曾一度控制了中南太平洋的制海权和制空权。当时日本海军联合建安对总司令的山本五十六将日本的联合舰队一分为三，以袭击前来增援的美国太平洋舰队。

但是，日本的密码早已被美军破译，美军对山本的动向了如指掌，美国太平洋舰队司令尼米兹调集了一切可供作战的舰只前往中途岛，并且在日本潜艇布防前通过了山本的警戒线。

1942 年 6 月 4 日，原本打算袭击美军的日本舰队遭到了美军的突袭，损失惨重。日本海军从此元气大伤，而美军方面只有较少的损失。

中途岛海战的失利，使日本失去了战争的主动权。

为什么丘吉尔迟迟不开辟第二战场？

1941 年 6 月 22 日，德国法西斯的军队以"闪电战"突袭苏联，苏德战争终于爆发了！

英国首相丘吉尔采取观望的态度，为了保存实力，不想介入苏德战争中。因此，丘吉尔只是发表了一个支持苏联抗击德国的声明，却迟迟不采取具体的军事行动。尽管斯大林曾多次建议英、美开辟第二战场，但是英国一直以种种借口予以拒绝。

直到 1943 年，苏联的卫国战争渡过了最困难的时期。这时，斯大林、罗斯福、丘吉尔参加了"德黑兰会议"。丘吉尔见德军被打败，才有了开辟第二战场的想法。

1944 年 6 月 6 日，英、美两国军队在法国的诺曼底登陆，开始了对德作战。

"沙漠之鼠"对阵"沙漠之狐"结果如何？

在第二次世界大战的非洲战场上，"沙漠之鼠"和"沙漠之狐"是很有名气的两个绰号，前者是英国著名将领蒙哥马利，后者是纳粹德国著名的战将隆美尔。他们都是军事谋略家，可谓棋逢对手。

1941年2月，隆美尔奉希特勒之命到达北非，主动发起攻势攻势。2月末，德军攻占了恩努菲利亚。3月，又向英军阵地挺进了450英里，给了对方突然的袭击。在接下来的几个月之内，德军又先后占领了马萨布莱加、阿吉达比亚、梅希里以及整个巴尔赛高原。在隆美尔的进攻下，英军损失惨重，就连奥康诺将军也成了德军的俘虏。

到1942年下半年，北非战局转向了不利于法西斯德国的方面。素有"沙漠之狐"称号的德军名将隆美尔所指挥的德国部队则陷入了前所未有的被动地位。而英国名将蒙哥马利率第8集团军向德军发起攻势。此后，蒙哥马利的声名大振，被称为"沙漠之鼠"。最后，"沙漠之鼠"和"沙漠之狐"的直接对话以蒙哥马利的胜利终结。

美国是怎样开始研究原子弹的？

第一颗原子弹的研制是许多科学家智慧的凝结。1939年1月25日，在费米的指导下，美国哥伦比亚大学实验室用回旋加速器进行的铀裂变试验，证实了迈特纳的实验结果。

那些亲身遭受希特勒的迫害而从欧洲移居美国的科学家，一直担心如果纳粹德国首先拥有这种新型炸弹，世界就有被毁灭的危险。于是移居美国的匈牙利物理学家西拉德等人就开始讨论怎样促使美国政府注意德国可能研制成原子弹的问题。西拉德和刚逃到美国的意大利核物理学家费米还亲自到华盛顿奔走游说，向政府和军方报告关于核裂变的研究情况。然而，他们却遭到了拒绝。因此，这批侨居美国的客人就寄希望于当时名噪一时的爱因斯坦身上。

1939年7月，西拉德到长岛拜访爱因斯坦，向他讲明了铀核裂变产生链式反应可能引起的严重后果。爱因斯坦马上表示愿意帮助西拉德。9天之内，西拉德又拜访了罗斯福总统的好朋友和私人顾问、经济学家亚历山大·萨克斯。这样，美国的原子弹就应运而生了。

什么是哈曼顿计划？

1939年9月，第二次世界大战在欧洲爆发。情报显示，德国已经在海森堡进行原子弹的研究。美国罗斯福总统下达总动员令，成立了最高机密的"曼哈顿计划"，目的是赶在德国之前制造原子弹。

1942年8月，奥本海默被任命为研制原子弹的"曼哈顿计划"的实验室主任，整个计划的经费是20亿美元，总工作人数15万。"氢弹之父"泰勒协助奥本海默组织在罗沙拉摩斯工作的团队，1943年有4000名科学家进驻罗沙拉摩斯，他们共同进行原子弹的研发工作。泰勒因执意研究"超级炸弹"，跟奥本海默发生了冲突，后来泰勒作证指控奥本海默同情共产党，使得奥本海默陷入艰难的处境。"曼哈顿计划"实施后，第一批原子弹就被成功地制造出来了，随后在阿拉摩高德沙滩上空引爆，并发出耀目闪光及冒起巨型蘑菇状云。1945年8月6日上午8时15分17秒，美国在太平洋蒂尼安岛上的空军基地朝日本广岛投下了第一枚原子弹。

美国对日使用原子弹的经过是怎么样的？

1945年7月24日，杜鲁门总统决定在日本投掷原子弹。8月6日凌晨1时45分，三架气象飞机首先起飞，以判定当天的大气。2时45分，一架运载原子弹的B—29型超级空中堡垒"埃诺拉·盖伊"号，由两架观察机护航，从太平洋的提尼安岛起飞。它以每小时285英里的速度在32000英尺的高空飞行。9 时 15 分，"埃诺拉·盖伊"号顺利飞临广岛上空，投下第一颗用于战争的原子弹。仅几秒钟的功夫，广岛便变为废墟。这时广岛人口估计为 343000 人，当日死者为 78150 人，负伤和失踪者为 51408 人。

美国是如何播发对日投掷原子弹新闻的？

随着一个巨大的蘑菇云在日本广岛腾空而上时，震惊世界的美国向广岛投掷原子弹的事件发生了。当天美国政府是如何向全世界播发这条新闻的呢？

当时任美国总统的杜鲁门要面对这样一个难题：如何向全世界宣布美国在日本爆炸了具有超强破坏力的原子弹？而且在宣布的时候，不仅要让人们知道原子弹的巨大威力，显示出美军强大的军事实力，同时又不能体现出原子弹的血腥和恐怖。

于是为总统准备声明的所有幕僚都想用一个恰当的表达方式把这事表现出来，这一消息在当天上午以例行新闻发布稿的形式出现，字数刚刚超过 1000 字，声明的头几行定下了新闻发布的基调："16 小时以前，一架美国飞机在广岛投掷了一颗炸弹。那里是日本一个重要的军事基地。该炸弹的爆炸力超过两万吨 TNT 炸药。日本在珍珠港发动战争，它现在得到加倍的惩罚。这是一颗原子弹，利用的是宇宙间的基本力量。"

这就是当年美国播发对日投掷原子弹的新闻。

美国用原子弹各方有什么反映？

直到现在，人们对美国对日使用原子弹的决定仍然有很大的争议。美国政府官员反复强调，尽管广岛和长崎原子弹的投掷给日本人民带来大规模的伤亡和破坏，却减少了美军和日军更大的伤亡。曼哈顿计划的负责人格罗夫斯将军认为，这次行动是无比勇敢和聪明的行动。而杜鲁门也认为，尽管当时自己也感到害怕，但是他们却救了 50 万条生命。

然而，有些美国军事领导人对杜鲁门使用原子弹的决定纷纷提出异议。道格拉斯·麦克阿瑟将军在战后一再认为，从军事角度看，对日使用炸弹是完全不必要的。艾森豪威尔将军、李海军上将、金海军上将、阿诺德空军上将和英国前首相丘吉尔也持同样的看法。

另外一些科学家和外交家则侧重从政治上着眼来考虑使用原子弹的问题。

他们认为使用原子弹还是带有政治色彩，是美国企图显示其原子威力，以便在解决远东问题上削弱苏联的地位，并把战后的日本变成它在亚洲重要基地。

罗斯福芝加哥"防疫"演说是怎么回事？

美国在 20 世纪 30 年代国际关系日趋紧张的形势下，罗斯福开始探索对欧洲的新政策。1937 年 10 月 5 日，罗斯福在芝加哥发表"防疫"演说，宣称"目前，恐怖行为和国际上横行霸道之风甚嚣尘上"，已经到了"使文明的基础受到严重威胁"的地步。如果侵略行为继续进行下去，不要幻想美国可以幸免。其目的是想唤醒全美国注意世界大战的危险，同时也想试探人们是否支持对侵略者实行某种形式的抵制。

哪次战役粉碎了德军的"闪击战"计划？

1941 年 9 月，德军全力准备攻占莫斯科。9 月 30 日，德中央集团军群以"台风"为代号，发起了攻打莫斯科的战役。面对德军的攻打，苏军浴血奋战，迫使德军在 10 月下旬停止了对莫斯科的进攻而转入防御。经过半个月的修整后，德军于 11 月 15 日发动了对莫斯科的第二次大规模进攻。27 日，占领了距莫斯科 24 公里的伊斯特腊。苏军迅速反击，将德军打回运河西岸。南翼攻打图拉的德军也在 12 月初受阻。12 月 5 日，德军全线受阻。"台风"攻势破产了。在严寒笼罩下的莫斯科荒郊，德军陷入了困境，12 月 5 日至 6 日，苏军发动了大反攻，到 1942 年初，将德军击退，收复了加里宁、克林、卡卢加等重要城市。苏军粉碎了德军的"闪击战"计划，极大地鼓舞了苏联和世界人民反法西斯的斗志。

哪次海战使日军的侵略锋芒首次受挫？

太平洋战争爆发后，日本为了控制制海权，决定攻占新几内亚的港口莫尔兹比和所罗门群岛的图拉吉岛等地。1942年3月5日，日军第四舰队和南海部队从腊包尔出发向新几内亚和所罗门方向航行，日本的作战密码被美军截获并破译，美军调动了由26艘舰只组成的机动舰队攻击日军。5月7日早晨，双方舰队到达珊瑚海海域，展开了珊瑚海海战。日本侦察机发现了美国飞机的位置，击沉了美国巡洋舰。后来，美军也发现了日本战机，双方进行了激烈的争斗，海战的结果是日、美双方损失都遭受了巨大的损失，但是这使太平洋战争爆发以来日本侵略锋芒首次受创，日本的侵略企图被美国挫败，起到了振奋盟军士气的作用。

哪次战役使美军开始了全面战略反攻？

日军在1942年5月占领图拉吉岛后，发现了瓜岛可以辟机作战，便进军该岛。美军认为日军此举直接威胁美奥交通线，故决定夺回该岛。1942年8月，美军在所罗门群岛开始反攻，发动了争夺瓜岛的战役。8月7日，美国海军陆战队第1师1.9万人在瓜岛和图拉吉岛登陆，双方展开了激烈的争夺战。随着岛上斗争的进展，双方的海空军也在瓜岛附近海域进行了3次较大规模的海战。海战中，日美各损失一艘舰队航母，双方的其他舰船损失多达30艘以上。虚弱的日本难以迅速补充这样大的损失，战斗力几乎殆尽。1943年1月1日，日本下达了瓜岛撤退的命令，永远丧失了太平洋战场上的主动权，而美军也进入全面反攻阶段。

哪次战役是北非战场的转折点？

1942年11月6日，第二次世界大战期间英国军队和轴心国军队在埃及进行的第二次阿拉曼战役结束。阿拉曼战役被称为是"第二次世界大战北非战场的转折点"，加速了德国法西斯的灭亡。

1940年7月，意大利乘英、法在西欧失败之机从埃塞俄比亚进犯东非英军。1941年1月，英军对意军发动进攻，收回了东非的部分领土，并在北非重创意军，俘敌13万。2月，德国隆美尔将军率德国非洲军团进入北非地区增援意大利军队。在德意联军的攻势下，英军开始从利比亚败退。1942年7月，德意联军自利比亚突入埃及，但因盟军控制了地中海的制空、制海权，驻北非德军只得被迫转入战略防御。

10月23日夜，英军向德意联军阵地南、北两翼发动进攻。25日，英军在战线北部突破敌军防御阵地。28日，英军调集主力在北部战线继续猛攻，并突破敌方防区，向西挺进。11月4日，隆美尔在战局不利的情况下命令向西撤退，4个师的意大利军队随即向英军投降。至此，阿拉曼战役以英军的胜利而告结束。

苏军何时完全掌握苏德战场的主动权？

斯大林格勒会战后，德军为夺取库尔斯克突出部，夺回战略的主动权，于1943年7月5日，从北、南两个方向对该地实施向心突击。苏军以约16个集团军133万人和战略预备队约10个集团军进行坚守防御。结果是德军战败，全线后退，遂转入防御。7月12日，苏军以7个集团军在空军支援下，首先对防守奥廖尔地区的德军发起突然进攻，收复了波尔霍夫等地，战线向西推进了150公里。8月3日，苏军发动第二次进攻战役，重创德军，并收复哈尔科夫市，战线向南和西推进140公里。此役，德军损失50万人，苏军完全掌握了苏德战场的主动权。

谁被称为"装甲兵之父"？

在第二次世界大战的欧非战场，德国装甲兵的坦克曾一度创下战绩。追溯这一战争往事，人们就会不由地想到一位被誉为"德国装甲兵之父"的人物，他是德国装甲兵总监海因茨·威廉·古德里安陆军一级上将。

1888 年，古德里安出生于东普鲁士一个德国陆军军官世家。1908 年，古德里安正式加入了德国陆军，曾参加第一次世界大战。他虽然接受过正规而系统的军校教育，但对于坦克战则是勇于创新、无师自通而远胜他人。

尽管现代坦克战理论不是古德里安发明的，但他却是最早将理论付诸实践的人。在德军中，古德里安是最早研究坦克战理论的。在实践中，他对坦克集群的通讯联络协调、坦克和炮兵、工程兵、步兵混合编组及协调、空地配合等方面都有自己独到的看法。

古德里安提出的闪击战核心是："以具有强大突击和机动能力的快速机械化进攻部队，集结大量作战飞机和机械化程度较高的重炮，以向装甲兵提供迅速、致密的火力支援，形成一种无坚不摧的突击力量，并产生令人胆战心惊的震撼，使敌人在惊愕中丧失斗志，使敌崩溃而非全歼敌军，由后续部队完成清剿溃散敌军。"

希特勒的上台更是为古德里安的实践提供了用武之地。1939 年 8 月，他担任第 19 军军长（含第 3 装甲师），一个月后就参加了波兰战役。在这次战役中，古德里安打破了现代战争史上的进攻速度纪录，在不到 6 天的时间里他的装甲军长驱直入 400 多公里，即横贯法国，将坦克开到了大西洋岸边。若不是空军元帅戈林争功，希特勒下令就地停止追击，英法联军将在敦刻尔克全军覆没。

在德军中，古德里安绰号"火爆汉斯"，是为数极少的敢于顶撞希特勒的将领之一。他能武也能文，著有《注意坦克》一书。1945 年 3 月，他因力主停战而再次被解职，5 月 10 日在慕尼黑家中被美军俘虏，1954 年古德里安死于心脏病，终年 68 岁。

日本为什么召开大东亚会议？

大东亚会议指的是 1943 年 11 月 5 日至 6 日在东条英机内阁主持下召开了旨在加强日本占领地区合作体制的会议。出席会议的除东条英机外，还有泰国内阁总理大臣銮披汶的代表汪瓦塔雅昆、菲律宾总统何塞·帕·拉乌雷尔、缅甸内阁总理大臣巴莫等。会议在东京国会会议大厅举行。5 日，各方代表就"完成战争与大东亚建设的方针"这一议题发表意见。6 日，会议通过以"共存共荣""尊重独立、互惠合作"等为内容的《大东亚宣言》后闭幕。宣言以反抗欧美列强为借口，号召与会各国东亚 10 亿亚洲人民向完成大东亚战争和建设大东亚的目标迈进。但会议内容未得到实质性的贯彻。

《苏德互不侵犯条约》附有秘密议定书吗？

1946 年 5 月，英国一家报纸登了这样一则令人震惊的新闻：1939 年《苏德互不侵犯条约》附有一项秘密议定书，并且对其内容予以了披露。

不少西方学者猜测 1939 年《苏德互不侵犯条约》附有秘密议定书。如英国著名学者阿诺德·托因比等人编的《大战前夕，1939 年》一书中载有《苏德互不侵犯条约》的秘密议定书的主要条款。法国当代著名史学家让·巴蒂斯特·迪罗塞尔在其《外交史》中断言：《苏德互不侵犯条约》存在着无可争议的秘密议定书。原纳粹德国上将蒂佩尔斯基希在其《第二次世界大战史》一书中叙述了关于希特勒将部分波兰领土划给苏联、对与苏联接壤的东欧小国不感兴趣的问题，事实上他就是承认了西方国家公布的《苏德互不侵犯条约》的秘密议定书的一些内容。英国学者艾伯特·西顿在其《苏德战争，1941—1945 年》一书中也有《苏德互不侵犯条约》附有一份草率拟就、措辞模棱两可的秘密议定书的叙述。中国一些学者近年来也认为《苏德互不侵犯条约》附有秘密议定书；有些学者还在书中介绍了西方国家公布的《苏德互不侵犯条约》的秘密议定书的内容。但是，能证明《苏德互不侵犯条约》的秘密附属议定书的证据至今尚未找到。

克里普斯在第二次世界大战期间为何突然访印？

正在世界人民反法西斯战争如火如荼进行的时候，英国的克里普斯却带着解决印度问题的《宣言草案》风尘仆仆地飞往新德里访问。克里普斯为什么要突然访印呢？

目前，国内外学者和史学家的著述中，大致有三种说法。

第一种是"丘吉尔决定说"。日本于1941年12月7日偷袭珍珠港，太平洋战争爆发，为了实现"大东亚共荣圈"的迷梦，日本加速了侵略步伐，威胁到了南亚次大陆的安全。而印度的东大门——孟加拉和马加拉斯也随时有沦陷的可能。为了维护本国殖民统治，丘吉尔派克里普斯访印，以此来加强英国的地位。

第二种是"罗斯福干预说"。太平洋战争爆发后，英、美两国同日本对南亚次大陆的争夺更加激烈，于是美国要求丘吉尔早日解决印度问题，以争取印度人民尽快投入反法西斯战争。

第三种是"印度呼吁说"。第二次世界大战爆发后第3天，林利思戈总督未经各党派的同意，就擅自宣布印度参战。全印度人民奋起抗议，直接呼吁丘吉尔本人要求英国采取实际行动，以缓和日趋尖锐的英印矛盾。

美国在日本投放原子弹意图何在？

原子弹的横空出世无异于毁灭性打击的突然降临。1945年美国在日本的广岛和长崎投放的两枚原子弹就是明证。

美国为何要选择在日本投放原子弹？传统的观点认为，是为了缩短第二次世界大战，避免美军伤亡，同时向苏联炫耀自己的武器威力。

但是有些日本学者对上述看法提出了质疑，美国在日本投掷原子弹是为了逐步使投掷原子弹的行为合理化。

根据记者们查阅的资料证明，在原子弹研究初期，美国就已确定对日本使用原子弹，并把它当作一种巨大的实验。这样，科学家在观测原子弹功能的同时，还能检测其威力。另有一个原因是，美国迫于议会强大的压力而最终决定使用原子弹，因为美国研制这两颗原子弹耗资巨大，花了20亿美元。

不管美国是出于什么原因投放原子弹，这种武器造成让人震撼的危害是毋庸置疑的。

"猪湾事件"是美国中情局策划的吗？

一个静悄悄的黎明，1400名装备精良的古巴流亡分子，从猪湾的吉隆滩和长滩登陆，向古巴发起了猛烈的攻击，制造了"猪湾事件"。有人这样猜测："猪湾事件"是美国中情局策划的。

据美国与古巴双面的解密档案显示，猪湾事件完全由美国中情局一手策划。中情局为了干涉古巴事务，故意制造借口并故伎重演，借鉴1954年颠覆危地马拉政府时的经验，有意识地推动古巴与苏联结盟。

有人不禁要问，既然这一事件是策划好的，又为什么会失败呢？关于这点，长期以来众说纷纭。在美国国内，有些人把失败归因于中情局犯了轻敌的毛病，他们有点盲目乐观。

中情局一向做事谨慎，在准备不周的情况下，为何会匆匆策划这次入侵？况且肯尼迪曾在战斗爆发的第二天表示，"我们的克制是有限度的"，"如果必要，就单独行动"，以"保卫自己的安全"。缘何肯尼迪政府又食言撤回空中支援呢？这些我们都不得而知。

什么是诺曼底登陆？

诺曼底登陆战役，20世纪最大的登陆战役，也是战争史上最有影响的登陆战役之一。这次战役发生在1944年6月6日6时30分，是第二次世界大战中盟军在欧洲西线战场发起的一场大规模攻势。盟军先后调集了36个师，总兵力达288万人，其中陆军有153万人，

规模宏大的盟军诺曼底登陆场面

相当于 20 世纪末美国的全部军队。为了保密，登陆时间被称为"D 日"。原定的时间为 6 月 5 日，但由于天气原因推迟了 24 个小时。6 月 6 日，美英联军越过英吉利海峡，在法国诺曼底的多个海滩同时展开登陆作战行动。仅 48 小时，就有 25 万盟军涌上海岸，在控制海岸、阵地的同时，迅速向法国纵深地带挺进。

虽然这场战役离现在 70 年，但诺曼底战役仍然是目前为止世界上最大的一次海上登陆作战，大大加速了希特勒第三帝国的灭亡。美、英军队重返欧洲大陆，使第二次世界大战的战略形势发生了根本性变化。

第二次世界大战期间三巨头为什么要召开德黑兰会议？

1943 年斯大林格勒会战的胜利从根本上改变了第二次世界大战的战略和政治形势，形势朝着有利于反法西斯阵营的方向转化。但会战结束后如何协调各战场的行动，共同对法西斯作战，成了摆在反法西斯同盟面前的重要问题。

美、英、苏三国同意举行一次首脑会晤，在苏联的坚持下，第一次"三巨头"会议地点定在了德黑兰，原因是斯大林需要与苏军总参谋部保持直接联系，而连接莫斯科的电话电报线，最远通到德黑兰。11 月 28 日下午 4 时，三国领导人会议正式开始。经过反复讨论，12 月 1 日，三国达成协议：在 1944 年 5 月，英、美将实行"霸王"战役并进攻

法国的南部，开辟第二战场；斯大林答应同时发动攻势，阻止东线德军西调。苏联还准备在打败德军后，对日本宣战。

德黑兰会议具有积极的作用，它有力地巩固了反法西斯同盟。

第二次世界大战期间有人睡着进战场吗？

1944 年的 6 月 5 日，进攻前的英格兰正处于躁动中，显然，大家期盼已久的横渡海峡行动可能就在几天或几小时内发生。

在这一整天里，来自美国宾夕法尼亚州匹兹堡的二等兵查尔斯·施密兹在机场修理一架滑翔机，机场位于英格兰中部。这架没有引擎的飞机将送美国 101 空降师到战场。

英国当时实行的是夏时制，因此，当疲惫不堪的施密兹吃完晚饭，爬到滑翔机里去休息的时候，天还没有黑。于是施密兹就找了一块地方躺下，并很快进入梦乡。

几个小时后，来自密苏里州圣路易斯的巴格梅耶斯中尉爬进了这架滑翔机，驾机将机上所有的人运到了诺曼底。而此时，诺曼底战场上正在激战。与施密兹同机的其他战士以为这位空勤技术员也应该去战场，就没叫他醒来。就这样，二等兵施密兹睡着觉进入了历史上最大的一场战斗的战场。

诺曼底登陆成功的背后英雄有多少？

丘吉尔曾说过这样的话："战争中真理是如此宝贵，要用谎言来保卫。"这句话就泄露了第二次世界大战期间盟军诺曼底登陆计划取得成功的又一"天机"。让我们看看这些战场上的幕后英雄吧！

其中一位是代号为"宝贝"的双重女间谍，她的本名叫纳萨莉·萨久依安。第二次世界大战爆发后，她成为德国情报部门的一员，获得了纳粹德国的大量情报。

还有一个酷似英国陆军元帅蒙哥马利的人。他去了德国，之后又去了阿尔及尔，并带来印有他名字缩写的手绢。然而这其实是由英国情报部门在诺曼底登陆战前夕进行的一场

秘密情报战。其内容是在诺曼底登陆作战之前，找一个与英国陆军与元帅蒙哥马利长相相像的人冒充他进行一系列掩人耳目的活动。

与此同时，假戏真做的布律蒂斯也在盟军登陆诺曼底计划顺利实施过程中扮演了重要的角色。他可以假传情报，迷惑德军。

当然，除了这几位已知的幕后英雄外，还有许多不为人知的地下英雄都为这次登陆做出了巨大的贡献。正是因为有了他们，才实现了诺曼底的成功登陆。

是谁烧了"诺曼底"号？

1941 年的深秋，法国巨轮"诺曼底"号静静地停泊在纽约港的 88 号码头。1939 年 9 月 1 日，当它在公海上航行时，德国发动了对波兰的进攻，但它还是安全地驶进了纽约港。

"诺曼底"号在港口停泊一天就要花掉 1000 美元，因此，船上只保留了极少数船员以保养马达等重要设备。没有人想到会有人对该船进行破坏或纵火。但是就是这艘被称为是有史以来防火性能最好的船最后是毁于大火。

事后，美国政府立即进行调查，联邦调查局和福兰克·霍根律师盘问了 100 多位证人。与此同时，海军也成立了以退休海军少将莱姆·雷黑为首的调查组。两个月后，国会海事委员会成立的调查组公布了调查的结果："起火的直接原因应归结于民工的疏忽和管理上的疏漏。"

然而，众多的美国人并不买政府的账。为什么一个如此巨大的海轮，在有大量防火设施的情况下，能够爆发大火且在几小时内变成一堆废墟？是不是有纳粹破坏分子渗透到船上，为了不可告人的目的，纵火烧毁了这条船？如果是这样的话，当时有 1500 名民工散布于船的每一个角落，为什么没有人发现有人纵火呢？或者是两个以上的纳粹或纳粹同情者共同完成了这项破坏性的工作？

"诺曼底"号的烧毁是否是纳粹所为，至今仍是一个巨大的谜团。

伏罗希洛夫有什么功绩？

伏罗希洛夫，全名克里门特·叶弗列莫维奇·伏罗希洛夫，生于 1881 年 1 月 23 日，卒于 1969 年 12 月 2 日。伏罗希洛夫是苏联领导人，著名的政治家、军事家和国务活动家，苏联元帅（1935 年），荣获两次"苏联英雄"的称号。第二世界大战期间任苏联国防人民委员、西南方向总司令、列宁格勒方面军司令、游击运动总司令和最高统帅部代表等职。曾于斯大林死后出任苏联名义上的国家元首七年，后被赫鲁晓夫打成反党分子。苏联人称他是"军队的统帅"和"人民的儿子"，可见他在苏联军队中有很高的威望。

苏俄骑兵统帅布琼尼一生有什么传奇？

布琼尼（1883～1973 年），全名为谢苗·米哈依洛维奇·布琼尼，苏联著名骑兵统帅，内战和卫国战争的著名英雄、苏联元帅。1935 年第一批被授予苏联元帅军衔，经历了 70 年的戎马生涯，参加过包括两次世界大战在内的四次大的战争，立下了赫赫战功。

1917 年十月革命准备时期，布琼尼先后被选为高加索骑兵师连士兵委员会主席、团士兵委员会主席和师士兵委员会副主席。

十月革命胜利后，布琼尼回乡组建苏维埃政权，被选为萨利斯克区苏维埃执行委员会委员。在外国武装干涉和国内战争期间，首先创建骑兵部队。1921 年至 1923 年，布琼尼先后任苏俄革命军事委员会委员和北高加索军区副司令，在总结第一次世界大战和国内战争经验的基础上训练部队。1941 年 6 月 22 日，希特勒发动侵苏战争。布琼尼作为苏联最高统帅部成员之一，参与了作战指挥。他的一生与苏军的历史有着密不可分的联系，因而世人给予了他高度的评价。

战后，他兼任苏联农业部副部长，主管养马业。此外，他还进行了大量社会工作，关心青少年的成长，把大量时间献给了青少年的教育事业。1973 年，这位 90 岁高龄的苏联元帅，在莫斯科逝世。

罗斯福为什么下令制造原子弹？

1939 年 10 月的一天，美国总统罗斯福在白宫总统办公桌上看到一份厚厚的报告，是大科学家爱因斯坦等人联名写的信，建议美国集中人力、物力研究原子能。当时的罗斯福对此并没有太大的兴趣。

后来，总统助理萨克斯意识到这件事的严重性，就用讲故事的方式提醒了罗斯福。他讲到：拿破仑曾凭借其军事才能，叱咤风云，几乎征服欧洲。但在以蒸汽机为主要标志的第一次技术革命中，由于他不懂科学的重要性，便轻率地否定了美国发明家富尔顿设什的无帆兵舰的建议，后来在面对英国强大蒸汽机的舰队时，法军只好望洋兴叹。

听完故事的罗斯福总统沉思片刻，突然走到他的休息室，取出一瓶拿破仑时代的法国白兰地，斟满了两杯酒，一杯递给萨克斯，一杯自己举着说：“你胜利了！”罗斯福总统回到白宫后就批准了那份原子能的报告。由此，美国揭开了制造原子弹的第一页。

什么是“曼哈顿工程”？

“曼哈顿工程”是美国制造原子弹的工程。第二次世界大战期间，包括爱因斯坦的一些科学家，建议罗斯福抢在纳粹之前制造出原子弹。建议被采纳后，美国就开始秘密研制原子弹，工程代号为“曼哈顿工程”。与此同时，盟国还对纳粹的核计划进行了有力的破坏，轰炸了纳粹的重水工厂，派小分队空降突袭重建的重水工厂，最终有效阻止了其核计划。曼哈顿工程赶在战争结束前共造出了 3 颗原子弹，当时欧洲战争已经结束，只剩日本还在负隅顽抗。于是，美国就将其中的一颗用于试验，将另外两颗扔到日本的长崎和广岛。

盟军司令艾森豪威尔是什么样的人？

德怀特·戴维·艾森豪威尔（1890 ~ 1969

年），美国第 34 任总统，并于 1956 年连任。

艾森豪威尔出生于美国德克萨斯州的丹尼森。1911 年，艾森豪威尔考取美国海军学院，却因超龄而未被录取，后经该州参议员推荐，考入美国西点军校。

在美军历史上，艾森豪威尔是一个充满戏剧性的传奇人物。他曾获得很多个第一。美军共授予 10 名五星上将，他是晋升得“第一快”；他出身“第一穷”；他是美军统率最大战役行动的第一人；他是第一个担任北大西洋公约组织盟军最高统帅；他是美军退役高级将领担任哥伦比亚大学校长的第一人；他是美国唯一的一个当上总统的五星上将。

1957 年，他提出“艾森豪威尔主义”，即控制中东、近东的侵略扩张计划，他的著作有《远征欧洲》《受命变革》。

“女神计划”是什么？

1944 年 7 月 20 日，在德国法西斯头目希特勒的大本营里，有人实施了一个震惊世界的“女神计划”。如果这个计划成功，第二次世界大战就有可能结束。所谓“女神计划”就是德军中一批反对派密谋暗杀希特勒。

然而这次计划并不是之前预想的那样。第二天，一批反对派将领被希特勒下令枪决。接着又进行了大清洗，对反对派的将领也斩尽杀绝。因为德军陆军元帅隆美尔是知情人，被盖世太保逼迫服毒身亡，清洗运动一直持续到德国彻底失败的那天。

隆美尔是怎么死的？

虽然隆美尔被视为德国的英雄，但也是希特勒的敌人。1944 年 10 月 4 日，他被迫自杀身亡。隆美尔自杀的原因是他被控企图谋杀元首，2 名希特勒麾下的将军那天来到隆美尔家中，他们给了隆美尔两种选择：服毒自杀，享尽“英雄”式的葬礼，可以使家人免受牵连；在柏林接受审判，妻子遭逮捕。结果隆美尔选择了前者。他跟着 2 名将军乘坐汽车，在途中服毒。希特勒下令为他举行国葬，以隐瞒他自杀的真相。

伯尔尼事件是怎么回事？

第二次世界大战后期，法西斯德国企图挑拨盟国的关系，以便从盟国关系中获利。1945年3月至4月，驻意大利的德军指挥部派出代表沃尔夫将军前往瑞士的波尔尼，会见了美国驻欧洲情报局代表艾伦·杜勒斯，要求和美方协商停止在意大利的军事行动。德方提出保证不破坏意大利北部的工业设施，并要求盟国不阻止驻意德军平安返回德国。德国提这个要求的目的是把意大利北部撤出的德军送到东线抵抗苏军。苏联的谍报人员侦查了此事，斯大林对美国和法西斯单独媾和的行为大为不满，于是便产生了大战期间美苏关系最严重的冲突——伯尔尼事件。事发之后，美国总统罗斯福向苏方保证这一事件纯属造谣，才将事态平息下来。

你知道一个急电救了一条船的故事吗？

德国海军少校阿德贝特·施尼是一个潜水艇艇长，他正率领一艘新型德国潜艇——XXI型潜艇在北大西洋游弋。

XXI型潜艇非常大，但很灵活，它可以在海底无限制地待下去。它可以自动定位，可自动追逐目标且不露出痕迹。

1945年5月4日下午，在北大西洋上，施尼少校正通过U-2511潜艇上的潜望镜寻找猎物。突然，施尼少校发现了一艘英国巡洋舰，他感到很高兴。毫无疑问，技术先进的潜艇完全可以锁定它并将它击沉。

就在施尼即将下令向这艘船开火的时候，一个满脸胡须的下级军官跑到舰长跟前说：邓尼茨元帅发布命令，战争已经结束，第三帝国所有的潜艇应立即停止一切对盟军的挑衅行动并返回基地。或许水面上的英国巡洋舰并不知道，就因为这道命令，它及它上面的几百名船员才得以幸运地躲过这一劫。

苏联红军是怎样攻克柏林的？

1943年2月，斯大林格勒战役的胜利使德军遭到致命的打击。从此，苏联红军在斯大林领导下开始了战略反攻，迫使希特勒转入战略防御。1944年，苏联红军对德军发动了10次歼灭性打击，苏联红军开始越境作战。1945年初，苏联红军又发动了几次战役，打到德国边境奥得河与尼斯河一线。希特勒负隅顽抗，但仍挡不住苏联红军强大的攻势。

1945年4月16日早晨5时整，苏联红军开始攻克柏林战役。红军数千架飞机、数万门大炮、火箭炮猛攻德军，只经过30分钟的轰击，就压制住了敌人的火力。4月18日，红军突破通往柏林的三道防线。19日，红军强渡奥得河和尼斯河，占领了泽劳弗高地。21日，红军突入柏林市区，双方展开激烈巷战。25日，两路红军在柏林的波茨坦会师。同一天，红军进抵易北河西岸，占领托尔高城，与英美联军会师。4月30日，苏联红军战士在德国国会大厦的主楼圆顶上升起了胜利的红旗。同日，希特勒自杀。5月1日，柏林市区95%已被苏联红军控制。1945年5月2日，斯大林宣布苏联红军完全占领柏林。

谁被苏联人民喻为"胜利之神"？

格奥尔基·康斯坦丁·朱可夫（1896～1974年），出生于卡卢加州斯特列尔科夫卡村一个贫苦家庭，曾在莫斯科当学徒，并于1915年应召进入沙俄军队骑兵团。第一次世界大战中，朱可夫曾因作战勇敢两次获得圣乔治十字勋章，并被提升为军士。十月革命后他加入了布尔什维克。在一次遭遇战中，他率100人对2000人，其间坚守阵地七个小时，得到斯大林的赏识。1918至1920年他参加了苏俄国内战争。朱可夫是新的装甲战争理论的热心支持者，并且他详细的作战计划和对纪律的严格要求也给他带来了名气。

朱可夫是杰出的军事家、伟大的战略家，是苏军历史上的传奇式英雄，被苏联人民誉为"胜利之神"。

你知道真假赫斯之谜吗？

当人们对鲁道夫·赫斯飞往英国之谜没有做出定论的时候，近年来关于"赫斯是被谋杀的"和真假赫斯之说，又成为另外一个谜。有人说，赫斯在飞往英国之后，就被希特勒派人刺杀身亡。也有人认为赫斯在英国关押期间被英方谋害。为掩人耳目，另找了一个替身。

赫斯到国际军事法庭受审并在监狱服役。据给赫斯看过病的英国军医休·托马斯透露，他给赫斯看病时，发现赫斯胸前没有伤疤。而真的赫斯胸前有一块在第一次世界大战时留下的伤疤。由此，这位军医判断关在狱中的是一个"假赫斯"，真的赫斯早在1941年就被英方谋害了。赫斯之子沃尔夫·赫斯和律师赛德尔也提出了赫斯被谋害之说，并曾于赫斯死后向美、英、法、苏四个监管国提出由慕尼黑大学法医院重新解剖尸体的要求。

有关"赫斯是被谋杀的"和"真假赫斯"之说究竟如何，人们要等到美、英、法、苏四个监管国肯将"关于赫斯的绝密档案"公诸于世才能知晓。然而封存的赫斯档案要到2017年才能解密。

犹太人如何逃到上海？

从1933年到1941年，上海先后接纳了3万多名欧洲犹太难民。在这个特殊时期，上海成为第二次世界大战期间拯救欧洲犹太人的"挪亚方舟"。

那时欧洲犹太人的处境十分危急，一方面希特勒准备向他们大开杀戒，另一方面，英、美等国也借种种理由将他们拒之门外。而当时的上海正值日军占领后的特殊时期，日本占领军、公共租界和法租界当局三方在上海各行其政。面临死亡威胁的犹太人为了保存性命，将绝望的目光投向遥远的东方，而上海人民在自己还是难民的情况下，接受了犹太人的避难请求。

但是，那些许多被关过集中营又身无分文的犹太人是怎样抵达上海并求得生存的？他们又是怎样在上海经营起生气勃勃的"中国维也纳"？至今还是疑惑重重。

《希特勒日记》到底是真是假？

《希特勒日记》到底是真是假？说它真，是因为日记所记述的事情与历史事件发生的日期有很多相似之处，何况谁能伪造出内容如此丰富的60本日记？然而，也有许多专家表示怀疑，有专家指出，第二次世界大战时希特勒总是忙到快天亮才去睡觉，也并没有记日记的习惯。一些历史学家还指出日记上的一些记载牛头不对马嘴，与史实不相吻合。

1983年上半年，西德档案馆、西德刑事和联邦材料检验局对《希特勒日记》进行联合调查。

1983年5月6日，西德科学家们宣称，这些日记全系伪造。西德警察署路易斯·韦勒博士称，他检查了这些日记的9个文本，至少发现有6个文本是伪造的。在紫外线照射之下，发现这6个文本所用的纸张里都含有一种漂白剂，而这种纸直到第二次世界大战以后，才开始使用。此外，手稿是分别用4种墨水写成，但任何一种都不曾在第二次世界大战中有过。通过测量墨水中氯化物的蒸发，科学家们鉴定出这本写于1943年的日记，其实问世时间还不到一年。

什么是"橡树计划"？

1943年7月25日，意大利国王在法西斯党内保皇派的支持下，解除了墨索里尼的一切职务，并将他囚禁在亚平宁山脉高峰——大萨索山顶上。希特勒为了营救他，迅速派出一支精锐的突击队，实施名为"橡树计划"的营救行动。突击队以迅雷不及掩耳之势，制服了意大利宪兵警卫队，然后用一架小型飞机将墨索里尼营救出来。

希特勒尸骸是如何被处理的?

1945年苏军士兵在帝国总统府花园内的一个弹坑里发现了被严重烧焦的希特勒的尸体残骸,他的尸体残骸后来被重新埋葬了八次,并最终被火化。

第一次尸体掩埋发生在1945年4月30日,希特勒、他的新婚妻子爱娃和他的两条狗被埋在帝国总理府花园内。俄罗斯士兵楚拉科夫5月4日在一个弹坑内发现了两具不明身份的尸体。俄罗斯士兵将其搬走,但又于同日将尸体掩埋,因为当时苏军认为已经找到了希特勒的尸体。5月5日,尸体又被挖出,并被送往布赫镇的一个诊所,进行了医学检查。尸体残骸在苏军反谍部门的监视下在费诺夫镇第四次下葬。5月17日尸体残骸被再次挖出,从莫科斯赶来的米什克将军对尸体残骸进行了重新检查。米什克将军亲自将重检报告和据称是希特勒和爱娃的下巴骨带回了莫斯科。

后来考虑到工程建设或者其他土方开挖工程可能会使埋葬地被发现,有人建议将挖出的尸体进行火化。1970年4月5日,希特勒、爱娃等人的骨灰被撒入比德里兹河。

墨索里尼的下场如何?

贝尼托·墨索里尼(1883～1945年),意大利独裁者,法西斯主义的创始人,第二次世界大战的元凶。1922至1943年期间任意大利王国首相。墨索里尼在1925年1月宣布国家法西斯党为意大利唯一合法政党,从而建立了意大利法西斯主义独裁的统治。

1945年,轴心国崩溃,墨索里尼携情妇逃亡中,被意大利游击队俘获,不久被枪决。死后,墨索里尼的尸体被倒挂在米兰大广场上示众。愤怒的人群不停地往墨索里尼的尸体上吐唾沫,有的妇女甚至在墨索里尼的身体上撒尿。人们给墨索里尼僵硬的手上插了一个类似国王节杖的法兰西三角旗,讽刺他

死了割舍不下早已没有的权力。后来,他们的尸体又被倒挂在广场上的加油站旁边。据说,墨索里尼的脑浆不断从头部右侧的伤口里流出。

后来尸体被运到米兰大学的医院,美国军方的医生从墨索里尼的头里取走了一些脑组织。美国人觉得墨索里尼简直是一个疯子,因此他的脑组织被放在华盛顿的伊丽莎白精神病医院研究保存。而墨索里尼尸体的其他部分则被迅速埋葬在米兰城外的穆索科墓地。

1946年,莱西奇等三名法西斯分子溜进墓地,偷走了墨索里尼的尸体。据莱西奇交代,当他撬开棺材的时候,看见墨索里尼的脸呈苦笑状。他们费了很大的劲才把裹在尸体上的被单撕开。不过,意大利政府很快找到了盗墓人,并把墨索里尼重新葬在普雷达皮奥的圣卡西亚诺墓地。

《罗马－柏林轴心协定》的内容是什么?

在意大利侵略埃塞俄比亚的过程中,德国给予了大力支持,在共同干涉西班牙的过程中,双方的关系密切起来。1936年10月

政治投机主义使墨索里尼和希特勒走到一起,结成罗马－柏林轴心。

20 日，意大利外交部长齐亚诺访问柏林，德、意两国就武装干涉西班牙等问题进行了磋商，两国达成了秘密协议。其主要内容是：德国正式承认意大利吞并埃塞俄比亚，意大利在埃塞俄比亚给德国以特权；两国划分在多瑙河流域和巴尔干半岛的势力范围；双方承认西班牙佛朗哥政权，并商定在干涉西班牙和其他重大国际问题上采取共同方针；两国相互合作，共同发展空军。

这个秘密协定表明德、意两国在建立侵略集团的道路上，迈出了决定性的一步。

德国何时无条件投降？

1945 年 5 月 7 日早晨，整个欧洲获得了解放。5 月 8 日 24 时，在柏林卡尔斯霍尔斯特举行了德国无条件投降仪式。仪式由朱可夫元帅主持，英国空军上将泰德、美国战略空军司令斯巴兹将军和法军总司令德·塔西尼出席仪式。凌晨 2 点 41 分，德国按照盟国的要求，在一个仪式上宣布投降。朱可夫元帅，这位带领苏联红军战胜纳粹德国的总指挥，首先签字。然后其他盟军代表也依次签了字，代表各自政府接受了德国的投降。陆军元帅凯特尔、海军上将弗里德堡和空军上将施通普夫代表德国在投降书上签了字。

至此，第二次世界大战的欧洲战场宣告结束！

谁因为残暴而被称为"剃刀将军"？

东条英机（1884 ~ 1948 年）是日本陆军大将，第 40 任首相。第二次世界大战日本法西斯之一，也是日本军国主义的代表人物。在关东军因独断专行、凶狠残暴，被部下称为"剃刀将军"。在其出任日本陆军大臣和内阁首相期间，发动了太平洋战争，偷袭夏威夷珍珠港，疯狂侵略、践踏亚洲 10 多个国家和地区，给亚洲人民带来了无尽的灾难。日本战败后，东条英机这个罪恶滔天的战争狂人被远东军事法庭处以绞刑。

究竟是谁击毙了山本五十六？

1943 年，日本海军将领、联合舰队总司令山本五十六（1884 ~ 1943 年）的座机在飞越西南太平洋上空时被击落，山本五十六当场毙命。人们不禁要问：山本五十六究竟是被谁击毙的？

答案是托马斯·兰菲尔和里克斯·巴尔博，1943 年 4 月 18 日，他俩奉命前去击毙山本五十六。

根据各种流传的说法，首先向山本五十六乘坐的"贝蒂"开火的是巴尔博，而兰菲尔声称他也开了火。据非官方的军事史料记载，当时兰菲尔和巴尔博因各自击落一架轰炸机（一架系山本五十六乘坐，另一架由他的参谋乘坐），并且还分别获得一枚勋章。

《攻击山本五十六》一书的作者、得克萨斯大学（达拉斯）杜立德图书馆馆长卡罗尔·格莱尼斯说："史料记录必须有权威性，对于这些第二次世界大战老兵来说，重要的是该给的奖一定得给。"但是，美国空军并不接受该协会的调查结果。而位于华盛顿州的博林空军基地的空军史料专家卡吉尔·霍尔说，史料记载是有确凿证据的。看来，争论还得继续下去。

日本于什么时候宣布无条件投降？

1945 年 7 月 26 日，中、英、美三国发表了《波茨坦公告》，敦促日本投降，但遭到了日本的拒绝。8 月 6 日和 9 日，美国向日本广岛和长崎投掷了原子弹。9 日上午，日本展开御前会议，讨论是否接受《波茨坦公告》。10 日，日本政府接受该公告，并通过驻瑞典和瑞士的公使馆将决定通告同盟国。8 月 12 日，美国代表中、美、苏、英答复日本，声明日本天皇必须服从同盟国最高令官兵保证投降条款的实施。8 月 15 日，日本天皇正式宣布投降。

日本无条件投降的内幕是怎样的？

1945 年 8 月 15 日，日本宣布向盟国无条件投降。在此前一周内,主战与主和两派各执一词,数次会议争论不休,议而不决。虽经天皇的圣裁,主战派仍阳奉阴违。其追随者发动"起义",追杀大臣,包围皇宫,搜查天皇录音,使得《终战诏书》不得广告。

后来由于迫于军方压力,铃木代表日本政府,向新闻界发表谈话:政府的态度是默杀《波茨坦公告》,也就是不予理睬,是另一种形式的拒绝。以后几天中,日本急切地等待苏联的答复,把希望寄托于苏联的斡旋。然而此时,美国向日本的广岛和长崎投下两颗原子弹;苏联也开始对在中国东北的日军发动攻击。几经打击的日本最后只得在投降协议书上签字。

什么是纽伦堡大审判?

第二次世界大战期间,希特勒及其爪牙疯狂肆意人民,任意胡为,全世界人民有强烈的呼声严惩这些罪犯。1943年苏、美、英三国《莫斯科宣言》规定,战争胜利的时候就把希特勒押到犯罪地点,由受害国的法庭根据国内法进行审判。1945年11月20日,国际军事法庭在德国南部城市纽伦堡开始审判。法庭进行了403次公审,以大量确凿的证据揭露了被告的种种滔天罪行。1946年10月1日,法庭对一名战犯进行了判决。这次审判反映了世界人民的愿望,是世界反法西斯力量的胜利。

什么是东京审判?

日本在第二次世界大战中犯下了滔天的罪行,世界人民一致要求对战犯进行审判。1946年1月19日,同盟国授权远东盟军最高统帅部颁布特别公告,宣布在东京成立远东军事法庭,对日本的28名战犯进行了审判。1946年5月3日,远东国家军事法庭宣布开庭。这个法庭由中、美、英、苏等11个国家的11名法官组成,庭长由澳大利亚法官威廉·维普担任。因为这次审判在日本东京进行,因而称为"东京审判"。这次审判历时两年半,公开庭818次,有证人419人,证据4300多

件,堪称历史上最大的审判。

战后日本自卫队是怎样建立起来的?

日本投降后,在本土和境外有201个师团、150个旅团和20支舰队。为了清除日本发动战争的根源,1945年10月15日,盟军占领当局撤销了原日军的参谋本部和军令部;之后又撤销了原日本陆军省和海军省,令原日军所有人员就地待命,等候复员转业安置。

1947年3月12日,美国总统杜鲁门推行对社会主义国家的"遏制"战略。美国对日占领的方针也发生了动摇。

1950年元旦,为重新武装日本制造舆论和法律依据,驻日盟军总司令麦克阿瑟发表《告日本国民的声明》。朝鲜战争爆发后,为了加强作战能力,驻日美军除保留一个师3000人之外,把全部兵力都投入到朝鲜战场。感觉兵力不足的美国,为强化日本政府的统治能力,于7月8日向日本首相吉田茂递交了一份信件,指令日本在50天内,组建7.5万人的警察预备队,增加8000名海上保安人员。7月18日,日本政府成立警察预备队,通过了《关于创立警察预备队大纲》。预备队的建制参照美国陆军的师级编制,并效仿美军的军司令部,成立了预备队本部"总队部监部"。8月10日,日本政府任命增原惠吉为警察预备队本部长官,使其进行军队的组建工作。为募集骨干,日本政府解除了对太平洋战争开始入伍的5.2万名军校学员的"整肃",允许他们参加预备队。1951年1月,美国派杜勒斯大使为首的代表团赴东京订立对日和约。1月29日至2月7日,麦克阿瑟又和吉田茂单独就媾和问题进行密谈,答应由美国负担日本重整军备的部分费用。

1952年7月10日,日本政府向国会提出保安法案,设置保安厅,吉田茂兼任厅长。10月,警察预备队改称保安队,同日编成保安队北部方面队,兵力增加至11万人。1954年6月,日本政府又公布防卫二法,即《防

卫厅设置法》和《自卫队法》，保安厅改为防卫厅，保安队改为陆上自卫队（即陆军）。

1950 年 10 月 20 日，根据吉田茂的指示，以前海军少将山本亲雄为首的一些前海军高级将领和部分政界人士，从第二复员局挑选了 10 名前海军将领组成了一个委员会，专门研究如何复活日本海军；同时，选派 30 名旧军人去美国驻横须贺基地，接受军事训练。1952 年 4 月 26 日，海上保安厅将初次录用的旧海军人员 6038 名和 43 艘旧海军舰艇，编成海上警备队。1953 年 4 月，吉田茂致电美国政府，要求租借美国的炮艇和登陆艇。11 月 12 日，日美签订《船舶租借协定》，美国租借给日本 18 艘护航炮艇和 50 艘支持登陆艇。之后，日本政府又拨款 116 亿日元建造作战舰艇和后勤支援船只。至此，一个以旧海军人员为核心，有指挥机构和作战兵力的日本军事力量实际上已经重建。

空军方面，麦克阿瑟担任驻日最高统帅后，出于发展日本经济和为美军提供战略运输的目的，组建了日本航空保安部。1954 年 1 月，日本将保安队编成航空队。7 月 1 日，日本航空自卫队正式成立。

《田中奏折》究竟是怎么回事？

远东国际军事法庭中使用的证据，由各大国推任的联合公诉代表达西递交历史证据，其中编号为 169 号文件的《田中奏折》一直以来都是人们关注的对象，大家对它的真伪问题争论不休。

自 1927 年田中义一任首相兼外相后，日本军国主义在以后的近 20 年中，就是以这个"奏折"为纲领，实行野蛮的侵略行径。日本政府曾严令将《田中奏折》销毁，当美国空降兵冲到东京档案大楼时，这儿已是火光冲天，所幸这份《田中奏折》从灰烬中被捡了出来。法庭传讯冈田启介、田中隆吉等出庭，这些田中内阁的要员在法庭证明，当年炸死张作霖、发动"九·一八"事变和"七·七"卢沟桥事变，都是按照《田中奏折》确定的方针实施的。但由于美国担心一味追查《田中奏折》之事会危及日本的天皇制度，所以后来才以"真伪莫辨"为由，不拟起诉天皇。

"东京大轰炸"造成了哪些严重的后果？

东京大轰炸是第二次世界大战期间 1945 年美国陆军航空队对日本首都东京的一系列大规模战略轰炸（主要指 1945 年 3 月 10 日、5 月 25 日两次轰炸）。这一空袭史称"李梅火攻"。

这一次轰炸称得上是人类历史上最具破坏性的非核武空袭，比"二战"中任何一次军事行动造成的伤亡都大，破坏力可以和后来的原子弹爆炸相媲美。轰炸之后日本政府花了 25 天的时间才将烧焦的尸体清除完毕。

火攻东京后不到 30 小时，317 架 B-29 轰炸机又夜袭名古屋，使该市的飞机制造中心变为一团火焰。13 日，日本第二大城市大阪也遭到了 300 架 B-29 的轰炸，使用了 1700 吨燃烧弹，约 20.7 平方千米的市区在 3 小时内焚毁。16 日，美军又轰炸神户，使其造船中心被摧毁。4~6 月美军又大举空袭日本各大中小城市。4 月 13 日，皇宫与宫殿一部分被焚烧，明治神宫焚毁。7 月 4 日时美军宣布当时日本已遭受 10 万吨炸弹的轰炸。

美军轰炸过程中许多东京市民逃离出城。李梅派美机投下警告传单，通知下一步轰炸的目标，这就使日本人更加惊惧。仅东京就有上百万人逃往农村，工厂工人的出勤率不到从前的一半。轰炸东京及其他城市使日本战时经济陷入瘫痪。

苏、美、英、法是如何分区占领德国的？

第二次世界大战结束后，苏、美、英、法一致主张对德国实行分区占领。为了维护自身利益，经过几番考虑和协商，各国提出了一系列分割德国的想法，最终于 1946 年 6 月 5 日，四国驻德占领军总司令在柏林正式声明把德国分为四部分,东西归苏、西北归英、西南归美、西区归法。"大柏林区"由四国共同占领。声明还规定由总司令正式组成盟国管制委员会。7月中旬起,四大国在德国和柏林按划定区域实行占领和管制。在7月底召开的波茨坦会议上,四国又通过了对德管制的政治经济原则。至此,苏、美、英、法分区占领的局面正式形成。

第二次世界大战胜利的历史意义是什么?

第二次世界大战是人类历史上一场空前的大浩劫,给各国人民造成了前所未有的灾难和破坏。这场大战夺去了几千万人的生命,给人们的心灵也造成了极大的创伤;战争彻底摧毁了法西斯主义,给各国人民以深刻的反思,追求和平进步的思想日益深入人心;沉重地打击了帝国主义国家,亚、非、拉民族解放运动高涨,帝国主义殖民体系逐步瓦解;使社会主义从一国发展到多国,形成了苏联为首的强大的社会主义阵营,和平进步力量发展;客观上推动了第三次科技革命的发展。

总而言之,第二次世界大战彻底改变了世界的面貌,深刻地影响了世界历史的进程。

波茨坦会议商定了什么内容?

1945年5月,德国无条件投降,欧洲反法西斯战争胜利结束,但远东对日作战仍在激烈地进行。为了商讨对德国的处置问题和解决战后欧洲问题的安排,以及争取苏联尽早对日作战,美、英、苏三国首脑杜鲁门、丘吉尔(7月28日以后是新任首相艾德礼)和斯大林于1945年7月17日到8月2日在柏林近郊的波茨坦举行战时第三次会晤,史称"波茨坦会议"或"柏林会议"。经过争论与协商,商定了一些内容。

关于苏、美、英、法四国占领德国的基本原则是:应使德国非军国主义化、肃清纳粹主义,消灭垄断集团,恢复德国经济。关于德国战争赔偿问题,最后商定赔偿应由每个占领国从自己的占领区征收。

会议承认了新成立的波兰全国统一临时政府,并确定了波兰的边界问题,会议决定设立苏、美、英、法、中五国外长会议,负责准备同欧洲战败国的和约。此外会议还讨论了对意、罗、保、匈、芬等国的政策及其加入联合国组织的问题。

第二次世界大战中被称为"殉难的城市"在哪里?

1940年11月14日,英国情报局破译了一份敌对的无线电报,获悉德国的大量飞机当晚将飞临英国中部城市考文垂,并进行了另一轮轰炸。当情报人员把这一消息传达给首相丘吉尔时,然而,丘吉尔的指令是不必向考文垂的居民发警报或者把他们疏散,只需命令防空部队做好作战准备。

当晚,德国的轰炸机就在考文垂上空轰鸣。晚上7点刚过,空袭的警报声突然拉响,5分钟之后,德国的飞机在考文垂的上空盘旋,发出刺耳的嗡嗡声。工作人员在听到空袭警报之后,立即开始采取预防措施。第一批炸弹落地了,整个城市的预防措施才算结束。在医院里很多病人来不及移走,被搬到了床下,有的则被搬到了楼下,还有一些人索性就不移动了。由于整个城市的发电系统被炸毁了,城市里除了燃烧的火光之外,几乎看不到其他东西。一时间,整个城市陷入一片混乱。一个德国的记者把这次空袭称作"历史上最大规模的袭击"。伦敦的《泰晤士报》则把考文垂称为"殉难的城市"。

第二次世界大战期间布什差点被日军杀掉吗?

美国出版的一本历史题材的书《飞行员》爆出了一段鲜为人知的惊天惨闻:第二次世界大战期间,驻守在日本父岛列岛上的日军官兵,曾经击毁了几架美军轰炸机,机上的美军飞行员被迫跳伞逃生,当时乔治·赫伯特·沃克·布什也在其中。但是,除了布什一个人幸运地被美国潜艇救起,其余8名美军飞行员均被日军俘获。

此后，日军官兵对他们进行百般折磨并全部杀害。更恐怖的是，他们还把其中的 4 名飞行员开肠破肚，吃掉了他们的肝脏和大腿上的肉。

第二次世界大战中的"阿波丸"号为何沉没海底？

第二次世界大战后期，日本万吨巨轮"阿波丸"号在中国台湾海峡的牛山海域，遭美军潜艇"皇后鱼"号袭击后沉没，船上的 2008 人随之葬身大海。

1945 年 4 月 1 日，编号为 SS393 的美军潜水艇"皇后鱼"号，正在执行第 17 机动部队司令官的作战命令，在东中国海对敌人进行警戒，实行针对敌舰的攻击性巡逻……

正午 12 时，"皇后鱼"号的僚艇"海狐"号发来讯号，报告它用鱼雷对一艘日本运输船进行了攻击，而且预测日本将会进行返攻。果然，22 时 25 分，"皇后鱼"号向附近的僚艇"海狐"号通报发现日本军舰。舰长拉福林下达了靠近攻击的命令，接着，鱼雷接连爆炸。

1944 年底，当美军重返菲律宾解放被俘的战友时，迎接他们的是一批处在生死边缘的人们。对于战俘的命运，盟军一直深为关注。1944 年，美国和日本在瑞士达成了一个对日占区人员提供人道主义援助的协议。

于是，一艘名叫"阿波丸"号的日本商船进入了双方的视野。日本在对"阿波丸"号进行检修的时候，和美国方面进行了反复交涉，要求其不得对"阿波丸"号发起攻击，不得临时检查和加以任何方式的干涉。但它在获得了美国所谓安全通行证的前提下，出发之前私装了 6000 吨弹药和其他用于战争的物资，从一开始就违背了双方的协议。

3 月 24 日，"阿波丸"进入新加坡。4 月 1 日 23 时，"皇后鱼"号潜艇发动攻击，3 分钟后，"阿波丸"号沉没。和它一同沉没的，是 2008 名乘客和满船的货物。10 分钟以后，当"皇后鱼"号赶来验收战果的时候才知道自己攻击的原来是一艘本应放行的船只。

2008 人从此沉入深深的海底，这便是历史上太平洋最大的海难。

第二次世界大战时期的"邮票战"是怎么回事？

第二次世界大战中，德国法西斯为了向全世界炫耀自己的强大，专门印制了一批有希特勒头像的邮票发往世界各地。那时的英国情报部门也瞅准这一机会，印制了一批"换头邮票"，故意将原邮票上的希特勒换成德国党卫军头子希姆莱的头像，给人以希姆莱想取代希特勒的错觉。这些邮票流传到德国后，使得希特勒对希姆莱产生了质疑，希姆莱则有口难辩。

美国情报部门印制反法西斯邮票方面也不含糊。他们特制了一种 12 芬尼面值的邮票，故意把希特勒像画成了骷髅，而德意志帝国也被换成了毁灭的帝国。这种邮票一般贴在宣传信件寄往德国。

苏联也仿制印刷了大量德国的明信片，它的正面与德国明信片的图案相同，背面却印有反法西斯的图案和口号，极大地鼓舞了生活在法西斯统治区的人们。

诸如此类的行为就是第二次世界大战期间的"邮票战"。

第五篇
和平与发展成为时代主题
当代世界

第二次世界大战后

为什么要召开雅尔塔会议？

雅尔塔会议又称克里米亚会议。1945 年初，在德国法西斯濒临灭亡、反法西斯战争就要取得胜利之际，美、英、苏之间的矛盾日益暴露出来。为了加强相互之间的信赖，协调战略计划，尽快结束战争，安排战后国际事务，维护战后和平秩序，三国首脑富兰克林·德拉诺·罗斯福、温斯顿·伦纳德·斯宾塞·丘吉尔和约瑟夫·维萨里昂诺维奇·斯大林于在雅尔塔举行会议，时间为 1945 年 2 月 4 日至 11 日。

雅尔塔会议商定了什么内容？

三国首脑在雅尔塔会议上商定了若干内容，主要如下：

战后处置德国问题。规定由美、英、法、苏四国分区占领德国，德国必须交付战争赔偿以及彻底消灭德国军国主义和纳粹主义的一般原则。

波兰问题。三国决定大致以寇松线为准划分波兰东部边界，在若干区域做出对波兰

战后主宰世界格局的三巨头（左起）丘吉尔、罗斯福、斯大林在雅尔塔会议上留下了这张难得的照片。

有利的 5 至 8 公里的逸出，同意波兰在北部和西部可以获得新的领土，其最后定界留待和会解决；关于波兰政府的组成，三国同意以卢布林的波兰临时政府为基础进行改组，容纳国内外其他民主人士。

远东问题，苏联承诺在欧洲战争结束后 2 至 3 个月内参加对日作战，附加条件是：维持外蒙古现状，将库页岛南部及邻近岛屿交还苏联，大连商港国际化，苏联租用旅顺港为海军基地，苏、中联合经营中东铁路和南满铁路，千岛群岛归苏联管辖。

联合国问题。同意苏联的乌克兰和白俄罗斯加盟共和国为联合国创始会员国，确定美、英、法、苏、中五国为安理会常任理事国，规定实质性问题常任理事国一致同意的原则。

此外，会议还讨论了有关希腊、南斯拉夫、意大利等欧洲国家的问题并且签署了《雅尔塔协定》，通过了《被解放的欧洲的宣言》。

雅尔塔会议有什么意义？

雅尔塔会议的召开对于缓和盟国之间的矛盾、加强反法西斯统一战线、协调对德日的作战行动、加速反法西斯战争胜利进程以及惩处战犯、消除纳粹主义和军国主义势力等起到了重要的作用，对战后世界格局的形成具有重要的意义。会议背着中国做出了损害中国利益的决定，是大国沙文主义和强权政治的集中体现，也标志着绥靖政策发展到了高潮。通常认为，雅尔塔会议是"冷战"的开始。

罗斯福在雅尔塔会议期间是否精神混乱？

1945 年 4 月，雅尔塔会议刚结束两个月，罗斯福死于脑溢血。精神病专家萨勒里安后

来指出，会议上，罗斯福总统的思维就受到了影响，所以无法精确地处理情报。这名意志坚强的总统没有认真阅读会议的重要文件，因此也没有和斯大林讨价还价。

尽管人们都知道罗斯福在最后任期内患了高血压和充血性的心力衰竭，但是，罗斯福在出席雅尔塔会议如此重要的会议时是不是"精神混乱"？萨勒里安也不能肯定，至今人们仍不知道事情的真相。

什么是新纳粹主义？

新纳粹主义是第二次世界大战后产生的一种政治思潮，主要特点是延续纳粹思想，保持种族纯粹，强调白人的优越。新纳粹主义在俄罗斯的具体体现是"光头党"。

俄罗斯的"光头党"成员都是清一色的俄罗斯族年轻人，年龄从十几岁到二十几岁不等，他们把头发剃光，身穿黑衣、黑裤、黑皮靴，有的甚至将希特勒当作自己的偶像，把纳粹的标志戴在胳膊上，印在衣服上，因此也被称为新纳粹分子。他们信奉极端民族主义和纳粹主义，主张白人至上、仇视外族人、推崇暴力，他们的口号是"俄罗斯是俄罗斯人的国家"。

联合国总部为什么设在纽约？

1945 年 6 月 26 日，50 多个国家的代表在旧金山签署了《联合国宪章》。此后，联合国就开始了各项工作的准备工作。在筹备过程中，有一个很棘手的问题，就是联合国总部到底设在哪里？为此，成员国代表之间展开了长时间的辩论。而美国代表团更注重幕后的活动。苏联考虑到继续巩固与美国在第二次世界大战中建立的联盟关系，就同意了美国的主张。这样，在表决前，大局已定。1945 年 12 月中旬，经过投票表决，筹委会宣布总部将设在美国，几天后又表决设在美国东海岸。第二年年初，美国代表在联合国第一届大会上建议把总部设在纽约，大会接受了这项建议。至此，联合国总部就永久地

定在了美国纽约。

华沙条约组织是怎样的？

1955 年 5 月 4 日，为应对美、英、法联邦德国加入北约的行为，苏联、匈牙利、民主德国、波兰、罗马尼亚、捷克斯洛伐克、保加利亚、阿尔巴尼亚 8 国，在华沙签订了《友好互助合作条约》，同年 6 月，这个条约生效的时候，这些国家正式成立了军事政治同盟——华沙条约组织，简称华约。华约的总部设在莫斯科。

华沙条约中有互助规定："若在欧洲发生了任何国家或国家集团对一个或几个缔约国的武装进攻，每一个缔约国应以一切它认为必要的方式，包括武装使用武装部队。立即对遭受这种进攻的某一个国家或几个国家给予援助。"

1991 年，华沙条约停止生效，从此华沙条约便不复存在了。

联合国安理会大国否决权是怎么回事？

根据《联合国宪章》，联合国安全理事会（简称安理会）是联合国的重要机构，它对维护国际和平与安全负有重要的责任，它有权做出按宪章规定各会员国必须执行的决定。同时，宪章也规定，安理会关于程序问题的决议只需简单多数票通过即可。其他关于实质性问题的决议，理事国的多数票中必须包括中、苏、美、英、法"5 个常任理事国一致"的原则，即 5 个常任理事国在一切实质问题上都有否决权。当某常任理事国是当事国时，如果决议属采取和平手段解决争端，或属安理会为审议争端而进行调查时，不能行使否决权；如决议属采取经济、政治、军事等强制性手段时，则可以使用否决权，这就是联合国安理会大国否决权。

为什么要建立联合国维持和平部队？

人类一直有呼唤和平的声音和不懈追求和平的愿望，因此才有了联合国维和部队。

它是一支没有国籍、奔赴战场却不能参加战斗的武装力量。1988 年，它以和平战士的身份，走上了诺贝尔和平奖的领奖台。

目前，联合国维和部队来自 30 多个国家，任何时候他们都要服从联合国的统一管理。指挥官要在征得安理会同意后，由联合国秘书长任命。所有被征集的部队人员，都要在北欧四国设立的和平部队训练中心培训。在执行任务时，他们头戴蓝色钢盔、身佩联合国特别标志，配备轻型武器。他们的任务就是尽可能暴露自己，制止战争和冲突。联合国维持和平部队的另一部队是军事观察员部队，其主要职能是监督分离区。

国与国之间建交的三个级别是什么？

主权国家在建交的国家设立的外交代表机构有大使馆、公使馆、代办处和领事馆。它们分别代表了建交的三个级别。大使馆是大使级外交关系的标志，公使馆是公使级外交关系的象征，代表外交关系的是代办处。19 世纪，只有大国之间才能建立大使级外交关系。随着不分国家大小、一律平等的观念的逐步深入，现在世界上建立的一般都是大使级外交关系，大使馆负责处理两国间的一切事宜。

领事馆是一国驻在他国某个城市的领事代表机关的总称，负责管理当地本国侨民和其他相关事务，现在有总领事馆、领事馆、副领事馆及代理处等几种。

你知道戈林服毒之谜吗？

1946 年 10 月 15 日，戈林在行刑前 2 小时服毒自杀。这则消息震惊了整个纽伦堡监狱，也震惊了所有人。他居然能在守卫森严的监狱里以服毒自杀的形式逃脱全世界人民对他的正义审判！经法医检验，戈林是服了剧毒化学物氰化钾自杀的。为了弄清毒品来源，理查德将军对此事进行了彻底清查。戈林屋内的床是被固定在地上的，窗户上的玻璃是有机玻璃，室内不留一根电线和金属物。

囚室内的灯则是整夜亮着，以便看守透过门上的监视镜监视他的一举一动。那么，戈林在这种与世隔绝的情况下是怎样从容地服毒自杀了？究竟是哪个环节出了纰漏？至今还是个未解之谜。

美国中央情报局是怎么回事？

美国中央情报局是美国政府的情报、间谍和反间谍机构。它的主要任务是收集和分析全球政治、经济、文化、军事、科技等方面的信息，协调美国国内情报机构的活动，并将情报上报美国政府各部门。它负责维持在美国境外的军事设备，中情局的根本目的是透过情报工作维护美国的国家利益和国家安全。

你知道阿波罗登月计划吗？

阿波罗计划，又称阿波罗工程，是美国从 1961 年到 1972 年从事的一系列载人登月飞行任务。20 世纪 60 年代至 70 年代初，美国组织实施了载人登月工程，或称“阿波罗”计划，它是世界航天史上具有划时代意义的一项成就。工程开始于 1961 年 5 月，至 1972 年 12 月第 6 次登月成功结束，历时约 11 年，耗资 255 亿美元。在计划进行的高峰时期，参加工程的有 2 万家企业、200 多所大学和 80 多个科研机构，总人数超过 30 万人。

战后日本为何仍保留天皇制？

1945 年 9 月 2 日，日本投降，第二次世界大战宣告结束，日本处于美国的军事占领之下。战后，国际上要求追究天皇裕仁战争责任的呼声日益高涨，美国曾一度想过要废除天皇制，但随着战后形势的发展，从维护美国远东利益出发，盟军总司令麦克阿瑟认为天皇在日本具有较强大的号召力，“天皇是胜过 20 个机械化师团的力量”。如果废除天皇制，并将天皇作为战犯起诉，美国就需投入约 100 万军队来对付日本的游击活动。

美国政府综合权衡后，天皇制就此被保留了下来。

作为日本的象征，天皇已不再拥有实际的权力。图为裕仁天皇在 1947 年接见民众的场面。

危地马拉政府为何被美国推翻？

中美洲的危地马拉长期以来都是军人执掌政权。

1951 年，阿本斯在大选中获胜，锐意推行经济和政治改革。1952 年，新政府制定了《土地改革纲领》，阿本斯土地改革的主旨是重新分配土地。阿本斯政府征用了联合果品公司几十万英亩的空闲土地。

联合果品公司要求美国政府采取行动，以保护自己的利益。而这时，美国也发现捷克斯洛伐克生产的军火已通过瑞典商船"阿尔芙汉姆"号运往危地马拉。

美国得到消息后立即做出强烈反应。国务卿约翰·杜勒斯宣布：美国将对危地马拉实行封锁，对危地马拉的邻国尼加拉瓜和洪都拉斯提供紧急军事援助。之后，中央情报局提出的隐蔽行动计划也得到了艾森豪威尔总统的批准。

1952 年 6 月 30 日，约翰·杜勒斯发表广播演说称："现在，危地马拉的命运已经掌握在危地马拉人民手中了。"就这样，一个政府被推翻了。

"三环外交"是哪国的对外政策？

三环外交是英国在战后初期推行的对外政策。为了维护英国殖民利益和在西欧的盟主地位，在第二次世界大战即将结束时，丘吉尔就提出了"三环外交"的战略构想：一环是凭借英国自身和英联邦国家的力量；二环是强调英美的特殊关系，在政治、经济和军事上追随、依赖美国；三环是一个联合的欧洲，英国企图以"二号盟主"自居，执掌西方联盟的牛耳。

三环外交的主旨是：企图通过英国在与美国、英联邦和联合起来的欧洲这三个环节中的特殊联系，充当三者的联结点和纽带，以维护英国的传统利益和大国地位。撒切尔夫人受三环外交的影响较深，她上台后采取了立足西欧、联合美国、防范苏联、维系英联邦、力争大国地位的方针。

第一颗氢弹是何时问世的？

氢弹的研制是在第二次世界大战末期开始的，自从原子弹试爆之后，就为日后研制氢弹开创了条件。美国在研制氢弹初期，经过了多次试验都没有成功。之后，美国便加紧了制造氢弹的工作，终于在 1952 年 11 月 1 日，在太平洋上进行了第一次氢弹试验。1952 年 11 月 1 日，美国又进行了世界上首次氢弹原理试验，这个庞然大物产生了 1000 万吨 TNT 的威力，邻近的小岛也瞬间化为了一片沙砾。世界上第一颗氢弹就这样问世了。

1953 年 8 月 12 日，苏联也成功地进行了一次热核爆炸。中国自 1964 年 10 月 16 日爆炸第一颗原子弹后，又于 1967 年 6 月 17 日成功地爆炸了第一颗氢弹。

欧洲联盟的宗旨是什么？

欧洲联盟，简称欧盟，是由欧洲共同体发展而来的。它是一个集政治实体和经济实体于一身、在世界上具有重要影响的区域一体化组织。1991 年 12 月，欧洲共同体马斯特里赫特首脑会议通过《欧洲联盟条约》，通称《马斯特里赫特条约》。1993 年 11 月 1 日，《马斯特里赫特条约》生效，欧盟正式成立，总部设在比利时首都布鲁塞尔，它标志着欧共体从经济实体向经济政治实体的过渡。

欧盟的宗旨是：通过建立无内部边界的空间，加强经济、社会的协调发展和建立最终实行统一货币的经济货币联盟，促进成员国经济和社会的均衡发展，通过实行共同外交和安全政策，在国际舞台上弘扬联盟的个性。

欧洲统一的货币为欧元，1999 年 1 月 1 日正式启用。2002 年 1 月 1 日零时，欧元正式流通，欧盟的成立加快了欧洲一体化的步伐。

西班牙的大独裁者佛朗哥是什么样的人？

佛朗哥，西班牙前国家元首（1939～1975 年），长枪党首领，法西斯军人独裁者。1892 年 12 月 4 日生于埃尔费罗尔军官家庭，1975 年 11 月 20 日卒于马德里。

佛朗哥是靠镇压人民起义起家的，第二次世界大战中，他更是把这种独裁手段运用到了极致。他把世界上最后一个法西斯独裁政权维持近 40 年，除了实行暴政以外，还采取一些安抚措施。他往往在血腥镇压了民众反独裁运动之后，会做出一些让步。比如，禁止解雇固定工人，建立较发达的社会保险制度，禁止把小佃农从土地上赶走，对政治犯减刑或特赦等。佛朗哥实行的这种软硬兼施的法西斯独裁统治一直持续到 1975 年。

1975 年 11 月 20 日，83 岁的佛朗哥因冠心病发作而撒手人寰。

佛朗哥死后，国内很多人用香槟酒庆祝，大街上空荡荡的，悄无声息，人们长期的积怨倾泻在这种空荡和安谧之中。西班牙当代最著名的诗人之一阿尔维蒂说："西班牙史上最大的刽子手死了，地狱的烈火烧他，也不足解恨。"

"铁托元帅"是谁？

铁托（1892～1980 年），出生于克罗地亚，南斯拉夫总统、南斯拉夫共产主义者联盟主席。

铁托是南斯拉夫著名的反法西斯领袖，1920 年就参加了共产党。1941 年，德意法西斯入侵后，铁托任人民解放游击队总司令，领导游击队开展反侵略武装斗争。1943 年 11 月，被授予南斯拉夫元帅称号。解放后，铁托先后出任联邦政府总理兼国防部长、南共联盟总书记、总统兼武装部队最高统帅，也是不结盟运动的创始人之一。1980 年 5 月 4 日，铁托病逝于卢布尔雅那，他的著作有《铁托选集》和《言论集》等。

"新东方政策"是怎么回事？

20 世纪 50 年代，联邦德国执行以外交部国务秘书之名命名的哈尔斯坦主义，也就是坚持让联邦德国作为整个国家的国际代表，拒不承认第二次世界大战后的欧洲边界和民主德国，除苏联外不与任何与民主德国建交的国家建立和保持外交关系。这一政策导致了联邦德国与苏联东欧的长期对立。

这个时候，"新东方政策"应运而生，它缓和了东西方关系。在本质上，它以联邦德国的地位和利益为出发点，以实现德国统一为目标，是联邦德国凭借其经济实力向东欧和苏联推行自己战略的具体体现。新东方政策虽然立足于西方，却自主地发展了同苏联、东欧国家的关系，使得联邦德国在国际政治舞台上能更好地发挥作用，也是当时条件下的一种现实选择。

什么是"古巴导弹危机"？

古巴导弹危机，又称加勒比海导弹危机，是 1962 年冷战时期在美国、苏联与古巴之间爆发的一场极其严重的政治、军事危机。

美国于 1961 年策动的对古巴猪湾的入侵遭到失败。与此同时，古巴同苏联的关系已是越来越密切，而美、苏之间的磨擦却日趋严重。

当时，美、苏两国导弹数量的比例是 5：1，美国具有明显的力量对比，苏联政府对此担忧不已。为了迫使美国从土耳其或靠近苏联的其他地区撤除导弹，赫鲁晓夫决定在古巴部署苏式导弹，并借口说是捍卫古巴革命成果。

1962年7月，古巴副总理造访了苏联，不久后，苏联就开始向古巴运送导弹。同年10月，美国的U-2侦察机发现了古巴境内的导弹基地，肯尼迪总统立即向苏联提出强烈抗议，要求马上拆除古巴境内的导弹发射设施，否则，美国将毫不犹豫地消灭这些直接威胁美国安全的导弹设施。苏联方面对此的答复是：这些导弹基地纯粹是防御性质的。然而美国认为这损害了自身的利益。

1962年10月16日，肯尼迪总统组成了国家安全委员会执行委员会，研究如何对付苏联的行动对策。肯尼迪总统主张对古巴实行封锁，因为这样必定给赫鲁晓夫带来巨大的压力，还能有效地控制事态发展。

10月22日，肯尼迪总统发表电视演说，宣布美国将对古巴实行封锁。此后，大批美国海军军舰和2万名海军士兵开始执行封锁行动。美国在世界各地的军队也进入戒备状态。美国强硬的态度着实让赫鲁晓夫吃惊不小，于是他下令加快向古巴运送导弹及苏式轰炸机的速度。美国组成了庞大的登陆部队。当然肯尼迪并不打算真的发动一场战争，他只不过是想迫使赫鲁晓夫从古巴撤除导弹基地。而赫鲁晓夫也不想让事态一再扩大。鉴于肯尼迪的强硬态度，赫鲁晓夫最后宣布，从古巴撤走导弹，而美国也做出了不再入侵古巴的承诺，一场战争危机终于过去了。

哪一场战役是越南抗法战争的转折点？

1954年3月，越南西北战略要地奠边府陷入越南人民军的包围之中，法国总司令纳瓦尔企图进行顽强抵抗，他调集5000多名精兵空降奠边府，并在奠边府周围建起建起坚固的碉堡群。经过50天的激烈战斗，1.6万的法军被越南人民军全部歼灭，法军司令官德卡斯特利被俘，奠边府获得了解放。

奠边府战役的胜利，消灭了法国侵略军的有生力量，成为了越南抗法战争的转折点。1954年7月，法国被迫在日内瓦和越南、老挝、柬埔寨三国签订了《日内瓦协议》，保证尊重这三国的独立主权、统一和领土完整。法国从印度支那撤军，恢复了印度支那的和平。

什么是"东盟"？

东盟是东南亚国家联盟的简称。1967年8月8日，泰国、菲律宾、印度尼西亚、马来西亚和新加坡等五国外长发表《东南亚国家联盟成立宣言》，正式宣告东南亚国家联盟成立。1984年，独立后的文莱加入东盟，时称"东盟六国"。

东盟本着平等和合作的精神，通过共同努力来加速本地区经济增长、社会进步和文化发展，为建立繁荣、和平的东南亚共同体奠定基础，促进地区和平与稳定，增进地区的组织合作和相互援助，同国际组织保持紧密和有益的合作。

东盟的最高决策机构是每年召开的成员国外长会议，东盟还下设常务委员会，在外长休会期间，负责处理日常事务。此外，东盟还不定期召开成员国首脑会议，共商大计。

纳赛尔是如何当选为埃及共和国总统的？

1952年7月22日，以贝伊和纳赛尔为首的埃及"自由军官组织"发动"七月革命"，这次革命具有反帝反封建的性质。

起义取得胜利后，自由军官组织领导的军队逮捕了反动的高级军官，包围了王宫，7月26日，法鲁克国王迫于形势，签署退位声明，并离开埃及，流亡国外。虽然法鲁克未成年的儿子继承了王位，但政权已实际上转到自由军官组织手里。1953年6月埃及共和国成立，纳赛尔任副总理兼内政部长。1954

年 4 月任总理。同年 11 月接替纳吉布出任总统及革命指导委员会主席职务。1956 年 6 月埃及颁布宪法，通过公民选举，当选总统并兼任总理。

非洲"卡萨布兰卡集团"是如何形成的？

1961 年 1 月，加纳、几内亚、马里、阿联（今埃及）、摩洛哥和阿尔及利亚 6 国领导人在卡萨布兰卡举行会议，讨论了非洲各国人民维护民族主权、消灭各种形式的殖民主义问题。通过了《卡萨布兰卡非洲宪章》，简称《非洲宪章》。宪章强调：与会各国决心促进非洲各地自由的胜利和实现团结一致；在国际事务中维护和巩固各国观点的一致和行动的统一，保障独立、主权和领土完整；通过提供援助来解放仍然处于外国统治下的非洲领土，消除各种形式的殖民主义和新殖民主义；加强非洲国家间经济、社会和文化等方面的合作。但在非洲统一问题上，他们的观点与"布拉柴维尔集团"存在分歧，被称为"卡萨布兰卡集团"。他们主张奉行和平中立和不结盟的外交政策，主张在条件许可的情况下加速非洲统一进程。

关于纳尔逊·曼德拉你了解多少？

纳尔逊·罗利赫拉赫拉·曼德拉，1918 年 7 月 18 日出生于南非特兰斯凯一个大酋长家庭，先后获南非大学文学士和威特沃特斯兰德大学律师资格，做过律师。曾任非国大青年联盟全国书记、主席，非国大执委、德兰士瓦省主席、全国副主席。他成功地组织并领导了"蔑视不公正法令运动"，赢得了全体黑人的尊敬。曼德拉于 1994 年至 1999 年间任南非总统，被尊称为"南非国父"。为了推翻南非白人种族主义统治，他进行了长达 50 年（1944～1994 年）艰苦卓绝的斗争。曼德拉还曾在牢中服刑了 27 年，在其 40 年的政治生涯中获得了超过 100 项奖项，其中最显著的便是 1993 年的诺贝尔和平奖，他为新南非开创了一个民主统一的局面。

首任刚果总理卢蒙巴为何被杀？

帕特里斯·埃梅里·卢蒙巴是刚果著名的民族英雄，刚果共和国首任总理。1960 年 9 月，刚果陆军参谋长蒙博托发动军事政变。10 月 10 日，刚果国民军和联合国军以"保护"为名，将卢蒙巴软禁在总理官邸。

为什么他们如此痛恨卢蒙巴？首先，他们痛恨卢蒙巴使刚果军队实现非洲化，加快比利时人离开刚果的进程。其次，他们认为自己的利益遭受了威胁，原因是卢蒙巴在冷战时期为了捍卫本国领土完整，利用苏联援助，反对把加丹加分裂出去，这就损害了比利时工商业者的利益。因此，那些蓄意谋杀的人认为杀死他是最痛快的手段。

对于卢蒙巴的死，当时众说纷纭。有的说被枪杀；也有的说被扔在硫酸桶里活活烧死的；还有些人说他是被活埋的。总之，卢蒙巴的死因仍是个未解之谜，相信终有一天，真相会大白于天下。

第二次世界大战后为什么会出现"冷战"的局面？

所谓"冷战"，就是指战后两大阵营之间在政治、经济、军事、外交、意识形态等方面进行紧张激烈的对抗，但是这样的对抗又不是爆发直接的武装冲突，简单地讲就是不用枪炮的战争。

到冷战结束时，两个超级大国都拥有足以把地球毁灭好多次的核武器。仅 1952 年试验的第一颗氢弹的杀伤力，就相当于第二次世界大战中投到德国和日本的所有炸弹的威力。

冷战产生的原因是复杂的，但也有其必然性。战后美、苏冷战局面来源于战争结束时的形式，"导火线"是战后西方对东欧的政策。第二次世界大战结束后，东欧国家相继走上社会主义道路，建立了社会主义制度。西方不能容忍此事，他们妄图在这个地区重建亲西方的政权，恢复资本主义制度，但是这都遭到苏联和东欧国家人民的反对，于是东西方形成对峙之势，冷战终于爆发了。

什么是"北约"？

1949 年 4 月 4 日，美国、加拿大、英国、法国、比利时、荷兰、卢森堡、丹麦、挪威、冰岛、葡萄牙和意大利等 12 国在美国首都华盛顿签订了北大西洋公约，宣布北大西洋公约组织正式成立，简称北约。北约的最高决策机构是北约理事会。理事会由成员国国家元首及政府首脑、外长、国防部长组成，常设理事会由全体成员国大使组成，总部设在布鲁塞尔。

北约最初的成员国有：美国、加拿大、比利时、法国、卢森堡、荷兰、英国、丹麦、挪威、冰岛、葡萄牙和意大利。北大西洋公约共 14 条，其宗旨是缔约国实行"集体防御"，任何缔约国同它国发生战争时，成员国必须给予帮助，包括使用武力。

20 世纪 90 年代，随着 1955 年 5 月成立的华沙条约组织（华约）的解散和苏联的解体，欧洲的政治与安全形势发生了巨大变化，北约开始向政治军事组织转变。

麦克阿瑟为什么被解职？

1942 年，麦克阿瑟出任西南太平洋军总司令，在对日作战中颇有名气，1944 年晋升为陆军五星上将，1945 年任驻日"盟军"司令官。

朝鲜战争爆发后，麦克阿瑟担任"联合国军"总司令，他刚率部由日本来到朝鲜半岛，属下的第 24 师就被北朝鲜击溃，师长被俘。

因此他大为恼火。竭力主张扩大侵朝战争，实行一项更冒险的行动。

这使杜鲁门大为恼火，事实也确实证明，麦克阿瑟完全错估了形势。而麦克阿瑟还一味地责备杜鲁门没有给他足够的兵力和权力。麦克阿瑟原本的计划失败后，也便从权倾一方的风云人物跌落了下来。

美国第一起原子弹间谍案的主犯是谁？

美国第一起原子弹间谍案的主角是罗森堡，32 岁，是美国陆军通讯兵电气工程师。1951 年 3 月 30 日，罗森堡夫妇被判有罪。尽管罗森堡极力为自己开脱，坚持说无罪，但法庭还是认定他们夫妇二人犯有窃取美国原子弹秘密并将其交给苏联的罪行。这起案件的重要证人是罗森堡妻子的弟弟，他作证承认参与了这起阴谋活动。

为什么美国被称为"山姆大叔"？

"山姆大叔"是美国的绰号，它和自由女神一样，为世人所熟知。

"山姆大叔"产生于 1812 年美英战争时期。当时纽约州的洛伊城有一位肉类包装商，名叫塞缪尔·威尔逊。他诚实能干，富于创业精神，在当地很有很高的威信，人们亲切地称他为"山姆大叔"。战争期间，他担任纽约州和新泽西州的军需检验员，负责在供应军队的牛肉桶和酒桶上打戳。

1812 年 1 月，纽约州长带领一些人前往他的加工厂参观，看到牛肉桶上都盖有"E. A. —U. S."的标记，便问是什么意思。工人回答，E. A. 是一个军火承包商的名字，U. S. 是美国的缩写。巧合的是，"山姆大叔"的缩写也是 U. S.，所以一个工人开玩笑地说，U. S. 就是"山姆大叔"。这件趣事传开后，"山姆大叔"名声大噪。人们把那些军需食品都称为"山姆大叔"送来的食物。美国人还把"山姆大叔"诚实可靠、吃苦耐劳以及爱国主义的精神视为自己民族的骄傲和共有的品质，从此山姆大叔的形象就更加深入人心。第一次世界大战中曾出现过"山姆大叔"的宣传画，用来号召美国青年当兵。1961年，美国国会正式承认"山姆大叔"为美国的民族象征。

什么是"安第斯集团"？

1966年8月到1969年11月，南美洲安第斯地区的几个国家多次聚会，对地区合作的问题进行了讨论，通过了《小地区一体化协定》，成立了安第斯集团。

到1987年，秘鲁、玻利维亚、厄瓜多尔、哥伦比亚、委内瑞拉五个国家也加入了这个集团，此外，还有一批派驻观察员的国家。这个组织设有最高权力机构，由成员的全权代表组成，每年召开三次例会。该组织还设有技术委员会、总秘书处、外交部长理事会等机构。总部设在秘鲁首都利马。该组织成立的目的是：充分利用安第斯地区的资源，促进各成员国之间平衡协调地发展，加快地区经济一体化进程。

你知道马歇尔吗？

乔治·卡特利特·马歇尔是美国的军事家、战略家、政治家、外交家，美国陆军五星上将。

他于1901年毕业于弗吉尼亚军校，曾经参加过第一次世界大战。在第二次世界大战中，他辅佐罗斯福总统做了很多重要的决定，为美国在第二次世界大战的胜利做出了重要的贡献。他在1947至1949年曾任美国的国务卿，在1950至1951年任国防部长。他提出了欧洲复兴计划，1953年，马歇尔被授予诺贝尔和平奖。

你知道杜鲁门吗？

杜鲁门总统（1884～1972年）是20世纪唯一一个没有上过大学的美国总统。在第一次世界大战期间，杜鲁门作为炮兵上尉被派遣到法国作战。第二次世界大战期间，他领导了参议员战争调查委员会，调查浪费

和腐败，这个举措使得美国节省了150亿美元。当上美国总统后，他做了一系列重大决定，诺曼底登陆后，杜鲁门要求日本投降，但遭到了拒绝。杜鲁门在与他的顾问商量之后，下令将原子弹投放到广岛和长崎，加速了日本的投降。1945年6月，杜鲁门见证了《联合国宪章》的签署，《联合国宪章》颁布的目标就是维护世界和平，但是他提出的杜鲁门主义使整个世界陷入了冷战。

苏联窃取了美国原子弹的秘密了吗？

苏联在1945年成功地爆炸了原子弹，其研制时间远远短于美国，于是有人推测苏联可能窃取了美国原子弹的秘密。

1941年6月22日，德国入侵苏联。俄罗斯的谍报文件表明，在德国发动进攻的几个月里，莫斯科源源不断地收到了大量有关西方最秘密的武器情报。

1941年9月25日，苏联驻伦敦谍报站站长阿纳托利·戈尔斯基把英国战时内阁所属的核咨询委员会9天前举行的一次会议的备忘录，转发给了莫斯科。他报告说，英国科学家必定会在两年内制造一颗铀弹。

英国外交官、著名的剑桥间谍网成员唐纳德·麦克莱恩也是一名代号为"树叶"的间谍，他不但提供了制造原子弹的技术细节，而且还将英国把修建一座铀提炼厂列为最优先项目的消息透漏了出来。

间谍头子亚茨科夫声称，拉恩在纽约有一个朋友，是个物理学家。据物理学家透露，他应邀参加制造原子弹的绝密工作。这个情报连同一项招募这名物理学家的建议由苏联在纽约的间谍传给了莫斯科。

不过这些说法未必可信，苏联窃取美国原子弹的猜测还在继续。

"杜鲁门主义"是怎么出台的？

第二次世界大战结束后，国际舞台风云变幻，国际局势发生了空前的大变化。为了

推行冷战政策，美国进行了一系列的舆论准备和具体化措施，"杜鲁门主义"的出台，拉开了美、苏冷战的序幕。

1947年3月12日，杜鲁门在美国国会特别联席会议上做了关于援助希腊、土耳其的演说，要求国会向希腊和土耳其提供4亿美元的紧急援助，使希、土重建经济生活，以抵制极权政体强加于它们的种种侵犯行动，遏制共产主义的扩张。后来，人们把杜鲁门提出的这项政策称为"杜鲁门主义"，它是美国对外政策的一大转折点。

你知道苏联击落美国U–2飞机这件事吗？

螺丝钉＞原子弹？事实上一个小小的螺丝钉在某些时候却能做得比原子弹更好，至少在1960年5月1日是这样的。正是因为这个螺丝钉，苏联才将当时的"黑衣女谍"U–2从高空请下，否则将国难当头。

冷战期间，为了尽快弄到一架U–2飞机，克里姆林宫给克格勃下了一道命令。于是，一个间谍偷偷进入U–2飞机所在的巴基斯坦某美军空军基地。在接下来的几个晚上，这个间谍用红外望远镜在停机坪附近窥视，终于找出了美军防范中的漏洞。之后，这名间谍开始实施预定计划。他趁士兵不备，迅速钻进飞机驾驶舱找到了仪表上高度仪的外罩，然后飞快拧下右上角的一颗螺丝钉，随即换上了一颗不同一般的螺丝钉。

原来，这是一颗磁性极强的螺丝钉，是苏联克格勃专门研制的，当飞机上升到几千米高空后，这颗螺丝钉产生的强大磁力场将高度仪的指针吸引过去，而显示出已达到2万米高度的数字。美国人考虑到了对该机资料的保密措施，也想到苏联会用新型导弹对飞机进行拦截，却没有想到克格勃会用这种不寻常的方式下手，把用炮火轰击、飞机拦截都得不到的U–2型高空侦察机给击落了。

不管苏联最终是如何直接击落U–2飞机的，导弹还是米格飞机。如果没有了那枚被调包的小小螺丝钉，一切都不可能实现。所以千万不要小瞧相比之于导弹可说是一文不值的螺丝钉。

戴高乐主义的内容是什么？

从本质上讲，戴高乐主义可称为法兰西民族主义，它包括三方面思想：民族主义思想、集权主义思想和独立自主思想。

具体措施有：撤出北约军事一体化组织，改变法国在联盟中对美国的从属地位，维护民族独立；建立法国独立的核威慑力量，打破美国的核垄断；同苏联及其他社会主义国家建立"缓和、谅解、合作"的关系，在东西方关系中发挥作用。建立一个摆脱美、苏控制，以法国为中心的"大欧洲联合"；实行非殖民化，在第三世界推行"积极存在"的政策。

戴高乐主义的实施对于维护法国的主权和独立，提高法国国际地位，加快欧洲联合和世界多极化发展有积极的作用。

法国总统密特朗有什么政治主张？

密特朗，1916年10月26日出生于法国夏朗德省雅尔纳克市的一个铁路职工家庭。他曾在巴黎大学攻读法律、政治学和文学，当过记者和律师。第二次世界大战期间结识了共产党人，开始走上左翼道路。

1971年他当选为社会党第一书记。后来经过不断地努力终于在1981年第三次竞选总统获得成功，当上了法兰西第五共和国的首任社会党总统。

当政后，密特朗坚持独立自主的对外政策，加强同第三世界国家的关系，主张西欧联合，保持同美国的结盟，赞成美苏中导协议。在政治上，他主张用社会主义改造法国的政治体制。在经济上，他主张通过"社会合作"增加对巨富的征税，以缩小社会中的不公平现象。他提出的旨在加强西欧科技合作的"尤里卡"计划，得到西欧绝大多数国家的支持。

什么是"麦卡锡主义"？

麦卡锡主义是 1950 至 1954 年间美国国内反共、反民主逆流的典型代表，它恶意诽谤、肆意迫害共产党和民主进步人士甚至有不同意见的人。从 1950 年，国会通过了《国内安全法》，矛头针对以共产党为首的进步组织，对共产主义进行了极尽能事的污蔑诽谤，在反共主义的叫嚣中，麦卡锡主义应运而生。

此后，"麦卡锡"在美国开始了为期多年的反法西斯政治迫害，俨然成了白色恐怖的化身，这就遭到了国内外舆论的谴责，许多城市爆发了抗议示威行动。

到 1954 年，在麦卡锡彻底破产的前后五年里，它的影响波及美国政治、外交和社会生活的方方面面。"麦卡锡主义"作为一个专有名词，也成为"政治迫害"的同义词。

尼克松主义的内容是什么？

20 世纪 60 年代中期，美、苏冷战加剧，第二世界力量增长，尤其是第三世界崛起，美国陷入越南战争，而且国内外危机重重，于是尼克松总统就制定了收缩美国战略防线，调整国际关系的外交新方针。"尼克松主义"的主要内容：主张亚洲国家自己处理本国事务，自己对自己负责；承认国际战略格局已发生变化，不再仅仅有美、苏两个超级大国，而是有美国、西欧、苏联、中国和日本五大力量中心。"尼克松主义"是尼克松政府多极军事外交的指南，它的实质是调整全球军事部署，收缩亚洲兵力，加强欧洲战略重点和中东地区，集中力量遏制苏联扩张，争取主动权。这一主义也成为整个 20 世纪 70 年代美国外交的出发点。

切·格瓦拉是什么人？

切·格瓦拉（1928 ～ 1967 年），出生于阿根廷的罗萨里奥的一个庄园主家族。他参与了卡斯特罗领导的古巴革命，推翻了亲美的巴蒂斯塔独裁政权。在古巴新政府担任要职期间，切·格瓦拉根据自己参加古巴革命的经验，提出了"游击中心"理论。1965 年，切·格瓦拉离开古巴，在其他国家继续发动共产革命。

1967 年，游击中心理论被玻利维亚政府发现，切·格瓦拉的队伍开始与政府军交战。10 月 8 日，切·格瓦拉被捕。在军事行动中，切·格瓦拉被玻利维亚军队杀害。死后，他成为了第三世界共产革命运动中的英雄和西方左翼运动的象征，大量文艺作品就以他的名字命名。

你知道古巴革命吗？

1959 年 1 月 1 日，菲德尔·卡斯特罗（1926 ～ 2016 年）领导的起义军击败了马蒂斯塔独裁政权的军队，并攻入古巴第二城市——圣地亚哥市。3 日，起义军占领了哈瓦那，建立了临时政府。曼努埃尔·乌鲁蒂亚任临时总统。卡斯特罗任武装部队总司令，2 月 6 日任总理。7 月 17 日，总统改由多尔蒂科斯担任。古巴人民革命的成功在历史上具有重要的意义。

苏联为什么要镇压"布拉格之春"？

第二次世界大战后，捷克斯洛伐克成立了社会主义国家，但自 20 世纪 60 年代以来，捷克斯洛伐克的经济陷入了停滞的状态，社会矛盾日益激化，社会上要求改革的呼声越来越高。

1968 年 1 月，捷共中央召开全会，改革派领导人读不切克当选为捷共中央第一书记。他上台后公开向苏联模式发起挑战，大胆进行改革，拉开了"布拉格之春"的序幕。4 月，捷共中央通过了推行政治、经济全面改革的《行动纲领》，提出了"改革党的领导体制，实行有计划的市场经济"的主张。这一纲领得到了捷克斯洛伐克各级人民群众的广泛支持，然而，苏联却极为不满，生怕触动了自己在社会主义阵营中的地位。后来勃列日涅夫要求捷克斯洛伐克停止改革的措施，但遭到拒绝。于是，苏联就开始了镇压"布拉格之春"的行动。

柏林墙是怎么来的？

柏林墙的正式名称是"反法西斯防卫墙"，1961年建造，1990年拆除。柏林墙的修建是第二次世界大战后德国分裂、东西方两大阵营对峙和冷战的标志性建筑。

第二次世界大战后，苏联和美国、英国以及法国对柏林实施分区占领。1949年，苏联占领区包含东柏林在内成立了德意志民主共和国，首都为东柏林，而美、英、法也将占领区（含西柏林）合并成立德意志联邦共和国，首都设在波恩。这时，柏林墙建立起来，目的是阻止东、西德人民之间的交往。

最初柏林市民还可以在各区之间自由活动，随着冷战紧张气氛的加剧，东德人不断跨越东、西柏林边界涌入西柏林。1952年东、西柏林之间的边界开始关闭。

东、西德是怎么统一的？

第二次世界大战后，苏、美、英三国首脑在雅尔塔召开会议，商讨最后战胜并占领纳粹德国的计划。1945年5月8日，德国宣布投降。根据《雅尔塔协议》，苏、美、英、法四国军队分区占领战败后的德国。

1948年6月20日，美、英、法三国占领区合并，随后建立了德意志联邦共和国，即西德；与此同时，苏联在其占领区建立了德意志民主共和国，即东德，德意志从此分裂为东、西两个国家。1973年9月18日，东、西德同时加入联合国。1990年5月5日，苏、美、英、法和两德外长在波恩就两德统一问题举行第一轮谈判，也就是通常所说的"2+4"会议。5月18日，两德财政部长签署了关于建立货币、经济和社会联盟的国家条约。7月12日起，东、西柏林的边界卡全部撤销，柏林墙被拆毁。9月12日，双方在莫斯科举行的最后一次"2+4"会议上签署了条约，批准两德统一并恢复其全部主权。10月3日，两德最终实现了统一。

苏联是如何解体的？

1990年3月以后，波罗的海沿岸3个共和国立陶宛、爱沙尼亚和拉脱维亚先后宣布独立，在苏联出现第一次民族独立浪潮。1991年8月24日，乌克兰宣布独立，波罗的海三国完全脱离苏联，其他各共和国也相继宣布独立，苏联掀起第二次独立浪潮。

1991年12月17日，苏联总统和俄罗斯联邦总统商定，苏联全联盟机构在1991年底前停止一切活动，苏联国旗将于1992年1月1日降落。1991年12月21日，苏联11个加盟共和国：阿塞拜疆、亚美尼亚、白俄罗斯、哈萨克、吉尔吉斯、摩尔多瓦、俄罗斯、土库曼、塔吉克、乌兹别克和乌克兰在哈萨克首都阿拉木图共同签署了《关于建立独立国家联合体协议的议定书》和《阿拉木图宣

德国分裂，柏林被一分为二，驻守在柏林墙两侧的士兵只能隔墙相对。

言》，宣布苏联将不再存在。

12月25日，戈尔巴乔夫发表电视讲话，宣布辞去苏联总统职务，红、白、蓝三色俄罗斯国旗升起，代替了原来红色的苏联国旗。12月26日，苏联最高苏维埃共和国院举行了最后一次会议，代表们一致举手表决同意苏联解体。这样，一个存在了69年的世界大国——苏维埃社会主义共和国联盟彻底瓦解了。

"水门事件"是怎么回事？

在1972年的总统大选中，为了取得民主党内部竞选策略的情报，1972年6月17日，以美国共和党尼克松竞选班子的首席安全问题顾问詹姆斯·麦科德为首的5人闯入位于华盛顿水门大厦的民主党全国委员会办公室，安装窃听器并偷拍有关文件，当场被抓获。

事情发生后，尼克松曾极力为自己开脱，但是经过一系列的调查，尼克松政府里的许多人被陆续揭发出来，并且矛头直指尼克松本人，由此引发了严重的宪法危机。1973年10月23日，美国众议院为弹劾尼克松做好了相关准备，证据确凿，尼克松宣布辞职，成为美国历史上首位辞职的总统。

水门事件是美国历史上最不光彩的政治丑闻之一。这一事件发生后，每当国家领导人遭遇执政危机或执政丑闻时，通常会被国际新闻界冠之以"门"的名称，比如"伊朗门""情报门""虐囚门"等。

世界多极化

"铁娘子"是怎么进行改革的?

在政坛上,撒切尔夫人有"铁娘子"的称号,她在位期间,做了一系列的改革。

为挽回英国经济衰落的颓势,重新振兴英国经济,撒切尔夫人一反传统的凯恩斯主义的崇拜,转而信奉货币主义理论。撒切尔夫人复兴英国经济的新政策包括:严格控制政府的财政支出;改革社会福利制度,缩减福利开支;紧缩银根,提高利率;大规模推行国有企业的私有化。宏观经济政策方面,撒切尔政府把对付通货膨胀、改善宏观经济环境作为其政策的核心目标,而把控制货币供应量作为对付通货膨胀的有效工具。另外,国有企业的私有化也是撒切尔夫人大力推行的改革措施之一,她还致力于社会福利制度的改革。

撒切尔夫人的改革取得了很大的成就。1982 至 1989 年,英国出现了前所未有的经济持续增长势头,然而撒切尔夫人的改革并没有解决所有问题。到了撒切尔夫人执政的后期,菲利普斯曲线中通货膨胀率和失业率互换问题成了英国经济的主要问题。

马岛的烈焰是怎么回事?

1982 年 4 月 5 日, "铁娘子"撒切尔夫人在英国国会慷慨激昂的演说中痛哭流涕: "大英帝国的旗帜一定要在马岛重新升起!"整个国会此时群情激愤,以反对票为零的奇迹全体通过,立即向阿根廷宣战,收复马岛。三天后,一支以两艘航空母舰为首,由 100 多艘船组成的庞大远征队,浩浩荡荡开赴到地球的另一端,双方进行了大规模的空战,其间,火光四射,浓烟滚滚,直至将马岛收复。"铁娘子"

向全世界宣称:自"二战"保卫伦敦空战以来,我们伟大的空军再次为英国立下了新功!

这场战争已过去快 30 年了,对于这场战争的性质,至今众说纷纭,但战争中的空战场面——马岛的烈焰,却给我们留下了不可磨灭的印象。

何谓"南南合作"?

第二次世界大战后,亚、非、拉国家不断涌现,他们既不属于以美国为首的西方世界,也不属于以苏联为首的东方世界,于是"第三世界"就被广泛使用。第三世界中的大部分亚、非、拉国家分布在南半球或北半球的南部,因而发展中国家间的经济技术合作被称为"南南合作"。它是促进发展的国际多边合作不可或缺的重要组成部分,是发展中国家自力更生、谋求进步的重要渠道,也是确保发展中国家有效融入和参与世界经济的有效手段。当今世界南北差距进一步拉大,南南合作伙伴关系及内容多样化将进一步发展,南方国家合作领域正在由经济领域向政治、禁毒和环境保护等方面发展。

在第四次中东战争中阿拉伯国家为什么实行石油禁运?

第四次中东战争爆发后,阿拉伯国家除了在军事上进攻以色列外,又试图用石油作为武器,发起石油战争。在第四次中东战争爆发的后两周,阿拉伯石油输出国组织 10 国召开会议,决定对于那些在军事经济上援助以色列以及同情以色列的国家,实行石油禁运政策。这时,欧洲和日本等依赖中东石油的国家,尤其是日本,对中东石油的依赖程度很高，于是转而支持阿拉伯国家。

虽然最初的石油禁用收到了一些效果，但由于多数阿拉伯国家的产业单一，几乎全是清一色的石油工业，阿拉伯各国难以为继，就不得不重新开始对美国和欧洲进行石油出口。但这也给第三世界发展中国家以沉重的打击，非产油发展中国家不得不借债购买昂贵的石油，由此便造成了很严重的债务问题。

什么是"拉美经济体系"？

"拉美经济体系"是墨西哥总统埃切维里亚提出的建立拉美经济合作和协调机构的设想。1975 年 10 月 17 日，拉美 23 国政府代表签署《巴拿马协议》，宣告了拉丁美洲经济体系的正式建立。

该体系本着平等、主权、独立、团结、互不干涉内政、互相尊重各国政治、经济和社会制度差异的原则，促进拉美地区合作，推动地区一体化进程，制定和执行经济、社会发展规划与项目，协调拉美各国有关经济和社会问题的立场与战略，切实维护拉美国家的合法权益，为建立公正、合理的国际经济新秩序而努力。

该体系的最高权力机构是拉丁美洲理事会，行政机构是常设秘书处，设在委内瑞拉首都加拉加斯。该体系成立后，多次举行部长级理事会和专家会议，制定了一系列重要的合作项目和合作计划。

东盟第一次首脑会议的主要内容是什么？

1976 年 2 月 23 日至 24 日，印度尼西亚的巴厘岛召开了东南亚国家联盟第一次首脑会议。会议签署了《东南亚友好合作条约》和《东南亚国家联盟协调一致宣言》。文件的主要内容：《东南亚友好合作条约》在工农业领域进行区域合作；扩大贸易和改进经济基础结构。《东南亚国家联盟协调一致宣言》则概述了建立经济合作范畴等事项。各成员国承诺进行合作的方面有：满足基本商品的供应和购买，建立大型的区域性工厂，稳定物价并增强本区域的政治合作。巴黎首脑会议的重要性标志着必须消除内部分歧，正式承认一定程度的政治结合的合作。此后，东盟合作有了更好的发展，这次会议在东盟发展史上具有重要的意义。

苏联为什么要入侵阿富汗？

阿富汗是一个中亚内陆国家，从战略地理位置上看，具有极重要的作用。从 1973 年至 1979 年 9 月，苏联在阿富汗先后发动了 3 次政变，扶植傀儡政权。但是，1979 年第三次政变后上台的阿明政府仍是一个风雨飘摇的政权。为巩固自己的统治，阿明政府对人民民主党内更为亲苏的旗帜派人士进行了大清洗，这就使得苏联统治集团认为自己对阿富汗的控制受到了严重威胁。9 月底，勃列日涅夫决定对阿富汗进行武装干涉。

从 20 世纪 60 年代开始，苏联加快了全球扩张的步伐，在勃列日涅夫执政时期，这种扩张更是达到了史无前例的地步。1979 年 12 月 27 日，苏联直接出兵阿富汗。

什么是"裁军谈判会议"？

裁军谈判会议又称"日内瓦裁军谈判会议"，是目前唯一的全球性多边裁军谈判机构。它的前身是 1962 年成立的 18 国裁军委员会。1969 年 7 月，该委员会的成员国增至 26 个，更名为"裁军委员会会议"。1975 年 3 月又扩大到 31 国。1978 年又改名为"裁军谈判委员会"，其成员国增至 40 个并于 1979 年召开第一次会议。1984 年又改称裁军谈判会议（简称裁谈会）。总部设在日内瓦。裁军谈判会议每年举行三期会议，第一期约 10 周，后两期各 7 周。议程有：禁止核试验、防止核战争、禁止化学武器、对无核国家的安全保证、综合裁军方案、禁止放射性武器、禁止外空军备竞赛。

埃及总统萨达特是怎样遇刺身亡的？

1981 年 10 月 6 日上午当地时间 12 时 58 分，在阅兵式进行了两个小时的时候，埃及总统萨达特遇刺身亡。

这场阅兵式是专为庆祝中东十月战争胜利 8 周年而举行的。6 架幻影式喷气战斗机正在空中翻滚，做特技表演，地面上受检阅的部队正在行进。似乎谁都不曾注意，受检阅的炮车经过主席台时，一辆 130 毫米加农炮车离开车队，突然停在主席台前。车上跳下一名士兵，迅速奔向主席台。他先向主席台投掷手榴弹，紧接着又用冲锋枪向主席台一阵猛烈扫射。此时，车上的两名士兵也向主席台袭击，其中一枚手榴弹在离萨达特仅 5 米处爆炸，萨达特应声倒在主席台座椅下，鲜血直流。后来，一架直升飞机将其送往医院，但抢救无效，萨达特不幸去世。

"哥伦比亚"号航天飞机何时试飞成功？

第一架成功实现近地轨道飞行的飞机是美国的"哥伦比亚"号航天飞机。1981 年 4 月 12 日，该飞机在佛罗里达州的卡纳维尔角肯尼航天中心发射成功，它在轨道上运行 54.5 小时，绕地球 36 周，于 4 月 14 日下午 1 时 28 分顺利返回加利福尼亚州爱德华空军基地。"哥伦比亚"的试飞是航天史上的一次壮举。此后，航天飞机广泛地用于商业、科学和太空领域。

你知道里根吗？

罗纳德·威尔逊·里根（1911～2004 年）

里根在演讲。

是一位美国的政治家，曾经担任加利福尼亚的州长，美国总统。此外，里根还担任过运动广播员、救生员、报社专栏作家、电影演员、电视节目演员和讲师，还是美国影视演员协会的领导人。他的演讲很具有说服力，被媒体称为"伟大的沟通者"。他也是唯一遭到刺客枪击得以存活的美国总统。2004 年，里根因肺炎死亡，享年 93 岁，美国为他举行了隆重的国葬。

国际民主联盟的宗旨是什么？

民主联盟是国际保守党及其他中右翼政党的世界性联合组织，1983 年 6 月 24 日成立于伦敦。它是欧洲民主联盟和太平洋民主联盟的政治联盟。主要发起者包括英国首相撒切尔夫人、西德总理科尔以及美国副总统布什等人。

该联盟的宗旨是：维护资本主义制度和秩序，遵循传统的保守主义，抵消社会党国际和社会民主党的影响，反对社会主义和共产主义，反对任何形式的极权主义，支持建立自由、民主和开放的社会制度。

1983 年成立时，国际民主联盟有 28 个成员党，是一个松散的联盟。按照规定，该联盟每两年召开一次成员党领袖会议。此外，由联盟执行委员会负责日常工作，其秘书处等办事机构设在伦敦，主要出版物为《国际民主联盟通讯》。

"伊朗门事件"是怎么回事？

"伊朗门事件"指的是里根政府于 1985 年至 1986 年间违反国会规定秘密向伊朗出售武器做人质交易，并将一部分所得款项秘密援助尼加拉瓜反政府武装的事件。因为之前发生过"水门事件"，人们便将两者相提并论，称为"伊朗门事件"。

该事件发生后，经历了长时间的争执和调查。美国国会联合特别调查委员会于 1987 年 11 月 18 日发表了长达 690 页的最后调查报告，认为里根对"伊朗门事件"负有根本责任。

1989 年 7 月 8 日，"伊朗门事件"核心人物、前国家安全事务委员会官员诺思被判处三年缓刑及 15 万美元的罚款。1990 年 2 月 16 日至 17 日，里根就"伊朗门事件"做了为时两天的录像做证，回答了相关的问题，共计 154 个。最终，"伊朗门事件"的法庭审理以波因德克斯特的被判刑而告结束，历时三年四个月，耗资 2000 万美元，9 名被告受审。

什么是"沙漠军刀"行动？

"沙漠军刀"军事行动是伊拉克战争中多国部队发动的一场陆上战斗，时间为 1991 年 2 月 24 日，其目的是摧毁伊拉克的精锐部队——共和国卫队。

在"沙漠军刀"军事行动中，多国部队集中了 3700 辆坦克，绝大多数是新一代主战坦克。多国部队采用的是声东击西战术，主力部队出其不易地从西线突入伊拉克本土。如美国的 M1 系列、德国的"豹 2"、法国的"勒克莱尔"、英国的"挑战者"冲在最前面，用来掩护步兵，打破沙特阿拉伯与伊拉克的边界线。

"沙漠军刀"的战术几乎是"一边倒"，也就是多国部队的主战坦克将伊军的坦克团团围住，利用新型主战坦克战斗性能的优势和灵活的战术，将伊军的坦克一一消灭。在持续了 100 多小时的地面战斗中，1500 辆伊军坦克被击毁。

何谓"南北关系"？

"南北关系"指的是发展中国家与发达国家之间的关系。从一定意义上讲，这种关系其实对发展中国家不利，发展中国家会经受沉重的负债、国际贸易中的剪刀差和保护主义，经济制裁和经济压力与干涉等。但不可否认，南北关系在充满矛盾的同时，也有依存与合作关系，其实质在于打破发达国家对发展中国家的控制与剥削。发展中国家只有经过斗争，才能获得与发达国家的合作。尽管发展中国家间的发展程度不同，利益也出现分散化趋向，但在面对西方大国干涉和欺辱时，表现出的团结、协调的态度是一致的。

你了解南非共和国吗？

南非共和国是非洲经济最发达的国家，它位于非洲大陆最南端，矿藏资源极为丰富。同时，南非也是世界最大的黄金出口国，它的黄金生产和出口影响着世界黄金市场的价格。南非还是世界第十大工业大国和世界军火出口第十大国。南非还有"世界通道"之称。南非的好望角航线是连接大西洋与印度洋，贯穿欧、亚、非三大洲的一条主要国际航道，是西方国家经济中的一条生命线。

20 世纪世界格局是怎样的？

20 世纪世界格局有三次重大变化。

"一战"后的凡尔赛—华盛顿体系。1919 年帝国主义国家通过巴黎和会，签订《凡尔赛和约》等一系列条约，构成了凡尔赛体系，由此确立了帝国主义在欧洲、西亚和非洲的统治秩序。1921～1922 年，召开华盛顿会议，签订了《九国公约》等一系列条约，构成了华盛顿体系，确立了帝国主义在东亚和太平洋地区的统治秩序。通过这两次会议，凡尔赛—华盛顿体系最终形成了。

该体系是建立在瓜分战败国基础上的，具有明显的帝国主义分赃性质，所以不可能从根本上解决帝国主义之间的矛盾，而且由于分赃不均进一步引发了帝国主义之间新的矛盾，故该体系不能持久。1939 年，该体系被彻底打破，出现了美、苏两极化格局，美、苏两个超级大国主宰世界事务，形成以"冷战"为特征的两极格局。1991 年底苏联解体，两极化格局终结。此时，新的稳定的世界格局尚未形成，便暂时形成了"一超多强"的局面，世界正逐渐走向多极化发展的趋势。

21 世纪世界多极化发展趋势如何？

在多极化格局的世界中，两大超级大国已不再是相互制约的力量，而是多种力量中心的相互制约。它们在国际事务中各自独立、地位平等，相互间不存在领导与被领导的关系，而是在独立自主的基础上为推进世界和平与发展共担责任，协调合作，相互间建立起能够体现平等互利原则和比较稳定的关系，进而形成一定的机制。

各力量中心之间也将形成多重层次、相互交叉、变化频仍的复杂组合，彼此间的合作与抗争也会因时因事而不同。

在经济上，北美、欧盟、东亚呈三足鼎立之势；政治上，美、欧、俄和美、中、日两个三角分别在欧洲和亚太事务中担当重要角色。

而美国在全球的政治和经济上仍将发挥重要影响，其他世界大国也会通过对地区的主导作用进一步增强自己的国际影响力。对世界各国来说，在安全问题上，当务之急已不是防止大战，而是防止各种局部冲突的产生或扩大。

"小球推动大球"指的是什么？

"小球推动大球转"指的是中美建交史上的一段佳话，即乒乓外交。1971 年 3 月，中国和美国同时参加了在日本举行的第 31 届世界乒乓球锦标赛。比赛期间，有这样一幕：一天，美国球员科恩在慌乱中误上了中国运动员的专车，在即将到达比赛场馆时，中国运动员庄则栋把一块杭州织锦送给他，并和他热情地握手。比赛的最后一天，中方正式邀请美国乒乓球队访问中国，中国总理在北京接见了美国乒乓球队代表团的全体成员。此后，中美交往的大门打开了。

无记名投票是怎么来的？

"无记名投票"一词最早出自意大利语"球"。5 世纪，古罗马在选举时，人们常用"球"代替选票进行投票。投票时选民将小球投入一个特制的箱子内，并事先约定，球分两色，白色表示同意，黑色表示反对。1884 年后，美国也采取这种投票的方法，但并不限于小球，有时候会用蚕豆和玉米粒代替。随着社会的进步和纸张文字的应用，这种方式便逐渐演变为现在的无记名投票方式。

什么是陪审制度？

陪审制度指的是国家审判机关吸收非职业法官或非职业审判员为陪审官或陪审员参加审判刑事、民事案件的制度。这一制度起源于奴隶制国家雅典、罗马，后来被中世纪的欧洲少数封建国家继承。它盛行于资本主义社会，苏联和东欧的一些国家对陪审制度也有规定。

❀ 当代政治的发展 ❀

"东欧剧变"是怎么回事?

东欧剧变,也叫苏东剧变、东欧大革命、东欧民主化,西方社会也称为 1989 年革命。指从 20 世纪 80 年代末到 90 年代初,东欧各个社会主义国家的政治经济制度发生根本性的改变,是斯大林模式的社会主义制度最终演变为西方欧美资本主义制度的剧烈动荡。最早出现在波兰,后来扩散到东德、捷克斯洛伐克、匈牙利、保加利亚、罗马尼亚等前华沙条约组织国家。这一事件以苏联解体宣告结束,通常认为这是冷战结束的标志。东欧剧变的实质是东欧各国的政治体制和社会性质发生的重大变化。

"三八线"是怎样形成的?

第二次世界大战期间,中、美、英在《开罗宣言》和《波茨坦公告》中都声明,要在战争结束之后,使朝鲜自由独立。1945 年 8 月 8 日,结束了欧洲战争的苏联对日宣战,并派兵进入朝鲜半岛北部。

当美国军队正在日本南部列岛与日军激战时,苏联军队已经大举进入了朝鲜半岛。由于日本在美国投下原子弹和苏联出兵后很快就无条件投降,结果在朝鲜半岛造成了一种真空局面。在这种紧急情况下,美国方面迫不及待地提出了以三八线为界美苏双方分别占领朝鲜和接受日军投降的问题,这就形成了朝鲜北部和南部的分界线。

古巴革命胜利的纪念日是哪一天?

巴蒂斯坦统治时期,古巴政治腐败,经济凋敝,各界爱国人士纷纷起来反抗巴蒂斯坦的独裁统治。1957 年 3 月 13 日以何塞·安东尼奥·埃切维里亚为首的革命指导委员会联合其他革命组织准备对古巴政府发动正面进攻,但是起义失败了。

1958 年 8 月,卡斯特罗领导的游击队转入反攻阶段。与此同时,在古巴的其他城市,"七二六运动"的地方武装也都接管了当地的军事政要,起义军实际上已经解放了全古巴。1959 年 1 月 2 日,"七二六运动"号召全国停止工作一天,作为旧政权结束和新政权诞生的标志。

蒙哥马利黑人为什么抵制乘坐公共汽车?

尽管战后的美国经济发展很快,强大的政治、军事力量使它坐稳了"自由世界"盟主的交椅。可国内黑人却在经济和政治上受到歧视与压迫。马丁·路德·金立志做一名牧师,来争取社会平等与正义。

1955 年 12 月,蒙哥马利市警察当局以违反公共汽车座位隔离条令为由,逮捕了黑人妇女罗莎·帕克斯。马丁·路德·金遂同几位黑人积极分子组织起"蒙哥马利市政改进协会",号召全市近 5 万名黑人对公共法与公司进行长达 1 年的抵制,迫使法院判决取消地方运输工具上的座位隔离。这次斗争是美国南部黑人第一次以自己的力量摧毁种族隔离的运动,马丁·路德·金也成为民权运动的领袖。

什么是"厨房辩论"?

"厨房辩论"指的是美国副总统理查德·尼克松和苏联部长会议主席尼基塔·赫鲁晓夫之间的一场关于东西方意识形态和核战

争的论战。1959 年 7 月，赫鲁晓夫出席了在莫斯科举行的美国国家博览会开幕式。美国副总统尼克松和赫鲁晓夫共同参观了一个六间一套的美国牧场住宅景展，中间，赫鲁晓夫说："在美国，得到这所房子必须有钱；而在苏联，只要是苏联的公民就行了。"对此，尼克松马上强调了美国生活方式的多样性和可选择性。赫鲁晓夫接着宣称："苏联是强大的，能够打败美国。"对此，尼克松则认为，在某些方面，苏联确实比美国强大，但是另一方面，美国更强大。说着说着，两人便走出了厨房。这就是后来新闻界所说的"厨房辩论"。

"三和路线"是谁提出的外交路线？

"三和路线"是赫鲁晓夫在苏共"二十大"上提出的外交政策，即和平共处、和平竞争、和平过渡，主张东西方缓和等。其基本构想是与西方国家和平共处，避免战争；在和平的竞争中超越美国；西方发达资本主义国家的工人阶级可以通过议会道路取得政权，和平过渡到社会主义制度；对亚、非、拉尚未或未完全实现民族独立的第三世界国家则积极渗透共产主义思想，以便使这些国家和平过渡到自己的战略轨道内，使自己不断扩大国际影响力。

《禁止核试验条约》的主要内容有哪些？

《禁止在大气层、外层空间和水下进行核试验条约》由美国、英国于 1963 年 8 月 5 日在莫斯科签订。其主要内容是缔约各国保证在其管辖或控制下的大气层、外层空间和水下或其他任何环境中，如果核试验爆炸的放射性尘埃出现在本国领土范围以内，则禁止、防止并不进行这样的试验。条约中还规定，缔约各国保证不引导、不鼓励或不参加上述核试验；任何缔约国可以对条约提出修正案，但必须得到大多数缔约国的赞同；各国在提前 3 个月通知缔约国的情况下，有权退出条约。但是条约并不禁止地下试验。1963 年 10 月 10 日，这个条约正式生效。

美苏之间为什么要建立热线？

"热线"是美苏之间的直接通信联系。美苏"热线"是 1963 年美国总统肯尼迪和苏联部长会议主席赫鲁晓夫在古巴导弹危机之后达成协议建立的。该热线建立的目的是为了在紧急情况下给两国首脑提供可靠的快速通信联络，从而减少因偶发事件或错误估计而导致战争的危险。

"热线"有两个终端，一个设在美国五角大楼国家军事指挥中心，另一个在莫斯科的克里姆林宫办公室内。"热线"每小时检查一次，有一个俄语翻译组昼夜值班。双方交替发出非挑衅性的、不带政治色彩的信息。从莫斯科发出的信息，经常有俄国妇女发式等方面的资料，而美国发出的信息，则选自农场主年鉴和专业高尔夫协会规则。

"老虎部队"越战期间犯了什么罪？

2003 年，美国的一家报纸披露，一支被称为"老虎部队"的美国陆军部队在越南战争期间曾犯下无数战争罪。

他们屠杀数十名手无寸铁的平民，杀害妇女和儿童，折磨俘虏，残忍地切下俘虏的耳朵，剥去俘虏头皮。他们还把耳朵和头皮当作战争的纪念品。在那些美国士兵看来，从越南死者头上切下耳朵在当时是很普遍的现象。"老虎部队"还戴着用耳朵穿成的项链吓唬越南平民。此外，在一些被美国陆军宣布为"自由开火区"的地方，士兵被允许在没有指挥官命令的情况下袭击敌军部队。一名"老虎部队"的士兵回忆当时的情形说："我们过一天算一天，并没有指望活下去，为了生存，我们为所欲为。存活的唯一途径是杀戮，因为你不用担心死人会对你怎么样。"当时有两名试图制止"老虎部队"残暴行为的士兵受到了他们指挥官要求他们缄默的警告。

安理会为什么向索马里派出多国部队？

自 1991 年初索马里前总统西亚德·巴雷

被推翻以来，索马里一直处于无政府状态，各派武装力量的冲突不断。据统计，有 30 万索马里人死于战乱和旱灾，还有 400 多万人面临饥饿的威胁。1992 年 12 月 3 日，安理会通过一致决议，决定组成并派遣一支多国部队前往索马里，以确保人道主义援助物资的运送和分发。根据联合国安理会 12 月 3 日的授权，美国和法国向索马里派遣总数为 3.5 万人的部队，其中美军 2.8 万人，英国和意大利也将派出人员或采取有关行动。联合国多国部队中的第一批美国海军陆战队共 1800 人于 12 月 9 日凌晨在摩加迪沙海滩登陆，也没有同当地武装人员发生冲突。他们的主要任务是确保机场、港口以及公路的安全，保护重要设施并保证国际救援食品运送到索马里灾民手中。到 1993 年 1 月中旬，已有 2.5 万名美军以及其他 20 个国家的 1.2 万名军人为救济索马里提供武装保护。

"超越遏制"战略是谁提出的？

"超越遏制"战略是美国总统布什制定的新的对苏政策。1989 年 5 月 12 日，布什总统在得克萨斯农业大学毕业典礼上发表讲话，提出了"超越遏制"战略，宣称它是美国战后对苏政策的彻底改变，是美国外交政策将进行哲学思想的变革的重要标志。

"超越遏制"的主旨是积极同苏联发展关系，加强美苏合作，使苏联逐渐实现"自由化"，将苏联纳入"国际大家庭"的行列，使其融合到国际社会中来。该战略是鉴于国际格局发生新变化而做出的政策调整。这一战略强调，今后美国和北约组织对苏政策的重点将更多地转向同苏联的公开性和经济改革打交道。在对苏保持警惕的同时，美国充分利用当前缓和的国际形势，进行"和平演变"，以改变苏联制度的基础，达到苏联同过去的政策彻底决裂的目的。

什么事件后戈尔巴乔夫被迫下台？

1987 年 10 月 21 日，叶利钦在苏共中央

全会上发表了事先没有安排的讲话，就一系列问题表明了自己的立场。此外，会议还对苏共"第二号人物"——中央政治局委员加利乔夫提出严厉的批评。叶利钦和戈尔巴乔夫产生了严重的意见分歧，随后关系进一步恶化。叶利钦提出了辞去第一书记的职务，由此引发了"叶利钦事件"，这一事件使得叶利钦名声大振。1990 年 5 月，叶利钦当选为俄罗斯最高苏维埃主席。6 月 10 日，他又当选为俄罗斯联邦首任总统。12 月，戈尔巴乔夫被迫下台。

叶利钦向市民发表演说。

瑞典首相帕尔梅是怎么死的？

帕尔梅（1927 ~ 1986 年）是国际知名的政治活动家、瑞典首相。

1986 年 2 月 28 日深夜，当瑞典首相奥洛夫·帕尔梅和妻子来到斯韦亚瓦根大街和通内加尔坦胡同的交叉路口时，他们的背后突然响了一枪。稍停，又是一枪。只见帕尔梅跟跟跄跄地向前走了几步，然后便一头栽倒在雪地上。后因失血过多，帕尔梅经抢救无效，死在手术台上。

帕尔梅遇害的消息传来，全世界人民都为之震惊，瑞典人民更是沉浸在难以抑制的悲痛之中。成千上万的男女老少来到帕尔梅遇难的现场，为死去的首相献上一束鲜花，然后肃立默哀。这位为世界和平做出贡献的首相一直为瑞典人称颂。

谁有"铁娘子"之称?

撒切尔夫人号称"铁娘子"。1979 年,保守党领袖撒切尔在竞选中获胜,成为英国历史上第一位女首相。刚上任的时候,英国的国内经济十分糟糕,撒切尔夫人果断地采取了一系列措施进行改革,给英国社会带来许多新的活力。

经过 11 年坚持不懈的努力,撒切尔夫人把英国从低谷经济中引导了出来。20 世纪 80 年代末期,英国的通货膨胀率由 25% 下降到了 4% 左右;政府欠银行的钱也已经还清,并且尚有盈余;工人的失业人数控制在 300 万以下,并且有逐年下降的迹象。这就意味着撒切尔夫人的改革确实卓有成效。

此外,她在外交上一直采取强硬态度。在执政期间,撒切尔使英国的政治、经济和文化都发生了重大的变化。1990 年,她辞去英国首相职务。

"柏林墙"什么时候被拆毁的?

柏林墙,正式名称是"反法西斯防卫墙",是德国首都柏林在第二次世界大战以后,德意志民主共和国(简称民主德国或东德)在己方领土上建立的围墙。建立该墙的目的是隔离东德(含东德的首都东柏林)和德意志联邦共和国(简称联邦德国或西德),从而阻止东西柏林之间市民的往来。柏林墙的建立,是第二次世界大战以后德国分裂和冷战的重要标志性建筑。柏林墙于 1961 年建造,1989 年拆除,两德统一后完全拆毁。

伊拉克入侵科威特的过程和结果是怎样的?

1990 年 8 月 2 日凌晨 1 时(科威特时间),经过了周密准备之后的伊拉克共和国卫队三个师越过伊科边界,向科威特发起突然进攻。与此同时,一支特种作战部队从海上发起对科威特市的直升机突击。拂晓时分,东西对进的两支部队开始攻打市内目标。上午 9 时,伊军基本上掌握了对科威特市的控制权。下午 4 时,伊军占领了科威特全境,海湾危机就此爆发。

海湾危机发生后,国际社会给予了伊拉克强烈的谴责,于是,1990 年 11 月 29 日,联合国安理会通过 678 号决议,规定 1991 年 1 月 15 日为伊拉克从科威特撤军的最后期限,否则国际社会有权采取一切必要措施。1991 年 1 月 17 日凌晨,多国部队发动"沙漠风暴"行动。2 月 27 日,伊拉克宣布无条件接受安理会关于海湾危机的 12 项决议,至此,海湾战争宣告结束。

海湾战争中伊拉克战机为什么出逃伊朗?

在 1991 年的海湾战争中,伊拉克百架战机在大敌当前时非但没有奋起反击,反而逃之夭夭,转飞伊朗。这支自诩为"世界上第 5 支最强大的军队"到底搞什么名堂?

对于这件事的猜测,归纳起来大致有以下几点:

一种说法认为这是伊方的"韬晦之计"。当时两伊战争刚刚结束,双方的敌对关系有所缓和。海湾战争爆发后,伊朗宣布中立以自保。在伊拉克看来,与其把战机留在国内倒不如将一些较为先进的飞机保存在中立国伊朗境内,故而战机纷纷外飞。

也有一些人士另持"未遂政变"一说。因为伊拉克在海湾战争中表现不力,致使萨达姆颜面大失,因此将两名空军司令以"防空不力"罪处决。随后,一些属于这两位司令派系的空军将领及飞行员旋即发生政变,未果。于是其中的官员即驾机出逃,寻求政治避难。

还有一种说法是"厌战开小差说"。伊拉克为了避免"以石击卵",做无谓的牺牲,于是开飞机逃往伊朗。

到底是什么原因致使伊拉克的飞机飞往伊朗的?至今这一系列疑团仍萦回于人们的脑海中,引起多方揣测。

你知道五角大楼吗?

五角大楼,又称五角大厦,位于美国华

盛顿特区西南方的弗吉尼亚州阿灵顿县，是美国国防部办公地，美国最高军事指挥机关所在地。这座大楼于 1941 年 9 月始建，1943 年 1 月竣工，占地面积为 34 英亩，是世界上最大的办公楼之一。五角大楼由五座五层同轴楼组成，由十条走廊相连。从空中俯瞰可见整座大楼呈五边形，而中央院落也是成五边形，因此得名。

美国军方的四大部门均在此办公，它们是：海军部、陆军部、空军部和国防部。2001 年 9 月 11 日，五角大楼遭恐怖分子袭击，部分楼体破坏。

你知道罗伯特·海因莱因的预言吗？

罗伯特·海因莱因（1907 ~ 1988 年）是世界政治舞台风云变幻的神奇预言家。他的第一个预言是，首先使用原子弹的国家一定是美国而不是其他国家。他还在 1940 年就断定美国必然要和苏联结成盟军；第二次世界大战将在"原子爆炸声"中结束。20 世纪 60 年代当中美关系还十分紧张时，他又大胆地宣称：不出 20 年，中美极有可能成为"关系友好"的国家，尽管这两个大国不一定成为盟国。很早以前，他还认定日本将在经济上异军突起，并以毋庸置疑的口吻宣称，东南亚地区将是一个多事的区域。海因莱因大大小小的预言竟一个接一个地变成了现实，这不能不使人们感到惊讶！

美国联邦调查局是一个什么样的机构？

美国联邦调查局，建立于 1948 年，直属美国司法部，缩写为 FBI。同时，这一简称还代表联邦调查局坚持贯彻的信条——忠诚、勇敢和正直。

FBI 的任务是调查违反联邦犯罪法，支持法律，保护美国调查来自外国的情报和恐怖活动，在领导阶层和法律执行方面对联邦、州、当地和国际机构提供帮助，同时，响应公众需要，遵照宪法履行职责。FBI 的调查范围相当广泛，其中主要包括：间谍、怠工、

叛国以及其他颠覆活动，还有各色各样的偷盗、娼赌、暗杀、抢劫、诈骗、勒索之类的案件，又或者是袭击或暗杀高级官员的案件，等等。

亚太经济合作组织是怎么回事？

"亚太经济合作组织"（简称 APEC）是亚洲和环太平洋部分国家和地区，为促进本区域的经济交流与合作而成立的国际组织。1989 年 1 月，澳大利亚总理霍克访问韩国时建议召开部长级会议，讨论加强亚太经济合作问题。1989 年 11 月 5 日至 7 日，澳大利亚、美国、加拿大、日本、韩国、新西兰和东南亚国家联盟六国在澳大利亚首都堪培拉举行亚太经济合作会议首届部长级会议，这标志着亚太经济合作会议的成立。1993 年 6 月改名为亚太经济合作组织。

维也纳世界人权大会是什么时候召开的？

1993 年 6 月 14 日至 25 日，在维也纳举行世界人权大会，出席会议的有 160 多个国家的代表。大会在西方强调的普遍人权概念与第三次世界国家强调的发展权之间保持了平衡。会议上，亚洲的许多国家，对西方的人权概念提出了挑战，并成功地维护了自己的观点：反对借口人权问题干涉别国内政，要尊重和确保各国根据本国国情制定保护人权政策的权利。

国际货币基金组织是怎样成立的？

根据 1944 年 7 月在布雷顿森林会议签订的《国际货币基金协定》，国际货币基金组织于 1945 年 12 月 27 日在华盛顿成立。

第二次世界大战后，英、美等国为了稳定战后的国际货币金融，决定成立一个国际性的常设金融机构，国际货币基金组织应运而生。1947 年 11 月 15 日，国际货币基金组织成为联合国的专门机构之一。

国际货币基金的主要任务是：促进国际货币合作，方便国际贸易的扩大与平衡发展；

促进汇兑稳定，维持有程序的汇兑安排，避免竞争性的外汇贬值；协助建立关于成员国之间货币交易的多边支付制度和消除阻碍世界贸易的外汇限制。国际货币基金组织的最高权力机构是理事会，由各成员国委派理事和副理事各一人组成。执行董事会负责日常工作，董事会之下按地区和职能设置许多业务部门。

1980年4月，国际货币基金组织恢复了中国的合法席位。

当代科技的成就

世界第一位宇航员是谁?

尤里·阿列克谢耶维奇·加加林(1934 ~ 1968 年)是第一个进入太空的地球人。

加加林生于苏联,白俄罗斯人。1955 年从萨拉托夫工业技术学校毕业后参军。1957 年在契卡洛夫第一军事航空飞行员学校结业,成为红旗北方舰队航空兵歼击机飞行员,同年与瓦莲京娜结婚。1960 年被选为航天员,加入苏联共产党。

1961 年 4 月 12 日,莫斯科时间 9 时 7 分,加加林驾驶着"东方 1 号"飞船从拜科努尔发射场起飞,以 1 小时 48 分的时间绕地球飞行一圈后安全返回。这一成功使得他获得了"苏联英雄"的称号。他驾驶的飞船也成为世界上第一个载人进入外层空间的航天器。

谁被称为"现代流体力学之父"?

路德维奇·普朗特(1875 ~ 1953 年),出生于德国的弗莱辛。普朗特是现代力学的奠基人之一,他创立了边界层理论、薄翼理论、升力线理论,研究了超声速流动,提出普朗特—葛劳渥法则,并和他的学生梅耶一起研究了膨胀波现象(普朗特—梅耶流动),首次提出超声速喷管设计方法。普朗特的开创性工作,将 19 世纪末期的水力学和水动力学研究统一起来,被称为"现代流体力学之父"。普朗克在物理学上最主要的成就是提出著名的普朗克辐射公式,创立能量子概念。

爱因斯坦在 1905 年的论文中就有一篇以普朗克的理论为基础的,之后沿着他们的思路和角度又出现了一个个疯狂的名字:波尔、德布罗意和狄拉克。

为什么把爱因斯坦称为"世纪伟人"?

爱因斯坦(1879 ~ 1955 年),20 世纪最伟大的物理学家、思想家和哲学家。1900 年毕业于苏黎世联邦理工学院。1905 年获苏黎世大学哲学博士学位,曾在伯尔尼专利局任职。1933 年因受纳粹政权迫害,迁居美国,任普林斯顿高级研究所教授,从事理论物理研究。

19 世纪末期是物理学的大变革时期,爱因斯坦从实验事实出发,重新考查了物理学的基本概念,在理论上做出了根本性的突破。他的一些成就大大推动了天文学的发展。

他的广义相对论对天体物理学特别是理论天体物理学有很大的影响;他的狭义相对论成功地揭示了能量与质量之间的关系;坚守着"上帝不掷骰子"的量子论诠释(微粒子振动与平动的矢量和)的决定论阵地,解决了长期存在的恒星能源来源的难题。

近年来发现越来越多的高能物理现象,狭义相对论已成为解释这种现象的一种最基本的理论依据。其广义相对论也成为后来许多天文概念的理论基础。

2009 年 10 月 4 日,诺贝尔基金会评选"1921 年物理学奖得主爱因斯坦"为诺贝尔奖百余年历史上最受尊崇的三位获奖者之一。(其他两位是 1964 年和平奖得主马丁·路德·金、1979 年和平奖得主德兰修女。)1999 年 12 月 26 日,爱因斯坦被美国《时代周刊》评选为"世纪伟人"。

爱因斯坦晚年成绩平平吗?

爱因斯坦被公认为人类历史上最伟大的

科学家之一。在人们的印象中，爱因斯坦通向科学王宫的道路十分平坦，但一批以前从未面世的手稿和书信却显示，爱因斯坦晚年苦苦探求新的物理理论而一无所获，内心有着巨大的挫败感，而数学知识方面的不足更令其懊恼不已。

许多人认为爱因斯坦是数学天才，但英国普利茅斯大学物理学家戴维·麦克马兰否认了这一观点。麦克马兰说，爱因斯坦在研究的早期也是得异于一些才华横溢的数学家的帮助，而施特劳斯在数学方面的鉴别力给了爱因斯坦证实自己对宇宙的直觉认识的一个框架。麦克马兰说，对爱因斯坦来说，晚年没有任何科学进展很不容易。"我的确认为爱因斯坦四处摸索而毫无头绪这一点颇耐人寻味，从这些手稿和书信我们看到这位伟大的科学家在科学研究中苦苦挣扎，并且他不讳言这一事实"。

在其中一封信中，施特劳斯批评了爱因斯坦对"统一场论"研究的思路，最后成功劝说爱因斯坦放弃沿着这个思路研究下去。英国诺丁汉大学物理学家彼得·科勒斯表示："跟爱因斯坦说'看，这样做是错误的'需要真正的胆识。"

谁发明了晶体管？

晶体管的发明者是威廉·肖克利，1910年2月出生于英国伦敦，3岁随父母举家迁往加州。从事矿业的双亲从小就给威廉·肖克利灌输科学知识，再加上中学教师斯拉特的熏陶，使得威廉·肖克利顺利考入了加州理工学院，后进入麻省理工，修成博士后留校任教。

不久，贝尔实验室来"挖角"，他就是其中的一位。1947年，肖克利与另两位物理学家共同发明了晶体管。这个用来代替真空管的电子信号放大元件，成为电子工业的强大引擎，被媒体和科学界称为"20世纪最重要的发明"。

谁发现了脱氧核糖核酸结构？

1953年，人们才知道遗传信息样代代相传的秘密。这个揭秘者是詹姆斯·沃森和弗朗西斯·克里克。

詹姆斯·沃森（1928～）是美国芝加哥人，1951年在英国剑桥大学从事博士后工作时，与同在剑桥大学从事生物学研究的英国生化学家弗朗西斯·克里克（1916～2004年）相识，便共同开始了DNA（脱氧核糖核酸）双螺旋结构的研究。

他们以极大的热情构建出一个高约2米的双螺旋模型，以此从化学角度来解释孟德尔的生物遗传理论，同时标明DNA是一个双螺旋结构，很像一段螺旋的梯子。

1953年2月28日中午，他们一同宣布了自己的重大发现：DNA是由两条核苷酸链组成的双螺旋结构。

哪国最先建立海底实验室？

为了调查大陆架海底和开发海底资源，20世纪60年代，技术先进的国家纷纷建立起海底实验室。1962年9月14日至21日，法国的海底实验室"普列康蒂嫩I号"在马赛港附近的海域10.5米深的海底进行工作。1963年6月至7月，"普列康蒂嫩II号"海底实验室，带着8名研究人员在红海有珊瑚礁的海底进行了为期一个月的工作。1965年8月3日至10月14日，"普列康蒂嫩III号"海底实验室带着6名研究人员，在摩纳哥海底工作了70天。这些实验为人类在海底生活、建立海底农场、养殖鱼类、栽培海草等探索了新的道路。

"生物圈2号"实验室有什么重大意义？

建于美国亚利桑那州图森市以北沙漠中的"生物圈2号"是一座微型人工生态循环系统，因把地球本身称作"生物圈1号"而得此名。它由美国前橄榄球运动员约翰·艾伦发起，并与几家财团联手出资，委托空间生物圈风险投资公司承建，历时8年，耗资15亿美元。

1991 年 12 月 26 日，8 名科学家进入"生物圈 2 号"实验室，成为这个人造生态环境内的首批居民，开始了为期两年的关于全封闭状态下人类生存所必须的环境研究，为在外星球建立人类生活基地进行试验。

"生物圈 2 号"意义重大，它开辟了目前地球生物圈全球范围生态变化过程的新途径。人们可以更好地了解地球运动的过程，并有可能找到一种生产粮食、处理废物的新方法。

诺贝尔奖是如何评选的？

根据诺贝尔遗嘱，在整个诺贝尔奖的评选过程中，获奖人不受任何国籍、民族、意识形态和宗教的限制，评选的唯一标准是成就的大小。

诺贝尔在遗嘱中明确表示，物理奖和化学奖由瑞典皇家科学院评定，生理或医学奖由瑞典皇家卡罗林医学院评定，文学奖由瑞典文学院评定，和平奖由挪威议会选出，经济奖委托瑞典皇家科学院评定。每个授奖单位设有一个由 5 人组成的诺贝尔委员会负责评选工作，该委员会三年一届。

诺贝尔奖没有数学奖，据说是因为诺贝尔喜欢的人和一个数学家在一起了。从 1974 年开始，诺贝尔基金会规定，诺贝尔奖原则上不能授予已经去世的人。此外，诺贝尔奖还遵循一个原则，即除了公布最终获奖者的名字外，凡作为候选人的科学家名字绝不向外透露，并设置了 50 年的保密期。

诺贝尔奖之最有哪些？

诺贝尔奖金原设物理学奖、化学奖、医学和生理学奖、文学奖、和平奖共五项，1969 年又增设了经济学奖。

第一个获诺贝尔奖的科学家是发现 X 射线的法国科学家伦琴，获奖时间为 1901 年。

第一个获诺贝尔奖的女科学家是玛丽·居里，她也是唯一两次荣获诺贝尔奖的女科学家。

最早的获诺贝尔奖的父子是英国物理学家约瑟夫·汤姆森，因研究气体导电成功于 1906 年获物理学奖。31 年后，他的儿子研究分裂离子晶体成功，也获得了物理奖。

父子同时获得一项奖的是英国物理学家布格雷父子。他们用 X 射线研究晶体结构成功，于 1915 年同时获奖。

唯一一对获奖的同胞兄弟是荷兰的杨·廷伯根和尼古拉斯·廷伯根，哥哥于 1969 年获第二届经济学奖，弟弟于 1973 年获诺贝尔医学奖。

获诺贝尔奖最多的一家是居里夫妇一家。

世界著名的天文学家有哪些？

世界史上，著名的天文学家浩若烟海，你知道多少呢？现在就带你走近他们。

阿里斯塔恰斯，希腊人，提倡日心说。

喜帕恰斯，希腊人，古代最伟大的天文学家。

托勒密，有天文专著《大综合论》，当中论述了喜帕恰斯的研究工作。

哥白尼，波兰天文学家，日心说的创立者。

第谷·布拉赫，丹麦人，杰出的天文观察家。

伽利略，意大利科学家，1906 年制造了第一架望远镜，成为第一个使用这种仪器的人。

开普勒，法国人，发现了行星运行定律。

哈雷，曾任英国皇家天文台台长，以研究彗星而闻名。他指出哈雷彗星以前曾按一定时间间隔规律出现过许多次。

洛厄尔，美国人，预言太阳系存在着第九颗行星——冥王星。

哈勃，美国人，是研究银河系外宇宙空间的先驱。

为什么巴斯德能获得人类最大的赞扬？

巴斯德（1822～1895 年），法国微生物学家、化学家。他研究了微生物的类型、习性、营养、繁殖、作用等，奠定了工业微生物学和医学微生物学的基础，并开创了微生物生理学。巴斯德的最辉煌的成就——征服狂犬病。此后，在战胜鸡霍乱、炭疽病、蚕病等方面都取得了成果。英国医生李斯特并据此解决了创口感染问题。从此，整个医学迈进了细菌学时代，得到了空前的发展，人们的寿命因此而在一个世纪里延长了30年之久。

路易斯·巴斯德被世人称颂为"进入科学王国的最完美无缺的人"，也是获得人类最大赞扬和感谢的人。

克隆技术是如何发展的？

"克隆"是英语"clone"一词的音译，其含义是无性繁殖。

西方学者从20世纪30年代开始研究克隆动物，但由于受到技术条件等的限制，直到1952年才在两栖类的某些细胞核上取得成功。1962年，英国学者戈登用紫外线将非洲爪蟾的卵细胞破坏，再从蝌蚪的小肠细胞中取出细胞核植入该卵细胞中，结果这个"重组卵细胞"发育成了一个正常的爪蟾。这一研究具有突破性的意义，它第一次证明了高度分化的动物体细胞核在卵细胞的环境中，

这是维尔莫特与他创造的世界上第一只克隆羊多利的合影照片。多利出生在1996年，在被认为是一项科学突破的同时也引发了一场关于克隆在伦理方面的热烈争论。

可以回复到它在分化上的"全能性"。

之后，更多动物都通过核移植技术复制出了与供核个体完全相同的克隆。1997年2月，英国罗斯林研究所的科学家维尔莫特等人宣布利用体细胞作为核供体克隆出一只羊（多利），它是世界上第一只没有父亲的哺乳动物。这只克隆羊引起全世界公众的普遍关注。如今，克隆技术仍在不断发展。

当代艺术的发展

你了解安徒生奖吗？

1955 年，为了纪念丹麦童话大师汉斯·安徒生（1805～1875 年），国际青年读书委员会设立了安徒生奖。安徒生奖每两年颁发一次，获奖者被授予一枚金质奖章和一张奖状。获奖者限于长期从事青少年读物创作并做出卓越贡献的作家或者插图画家。

广告是怎么来的？

"广告"一词最初来源于拉丁文，意思是"我大喊大叫"。相传，古罗马商人为争夺生意，常常雇一些人在街头闹市大喊大叫，请大家到商品陈列处去购买商品，人们将这种做法称为"广告"。随着商品的发展，广告的式样更为丰富多彩。美国纽约百老汇的广告牌，是世界上最早的广告牌。

为什么悉尼歌剧院被称为"混凝土的艺术"？

澳大利亚悉尼歌剧院，被称为"混凝土的艺术"。像迎风鼓起的白帆一样别出心裁的屋顶，既像一艘乘风破浪的大帆船，又如一簇巨大的百合花，凭依碧海蓝天，向着阳光盛开。

白屋顶共分为三组，如一只只轻巧的贝壳架设在一个大平台上。一组覆盖着音乐厅，歌剧院上覆盖着另一组，还有一组覆盖着贝尼朗餐厅。大大小小的排演厅在平台的下面，这里还有多功能的接待大厅、展览馆、餐厅和出售纪念品的小商店等。外面濒临海湾的公园现在已经成为悉尼市民的文娱中心。

1956 年，悉尼市政府公开征集设计方案，一名年轻的丹麦建筑师获得了冠军。歌剧院耗资 10 多亿美元，经过 17 年的时间，终于在 1973 年建成，得到了来自建筑界的高度评价。英国女王还在剧院大平台前亲自为落成典礼剪彩。

谁被称为"科幻小说之父"？

法国的凡尔纳（1828～1905 年）被称为"科幻小说之父"。在凡尔纳 35 岁的时候，他的系列小说《在已知和未知世界中奇妙的漫游》的第一部《气球上的五星期》出版，获得了很好的评价。在以后的十几年里，他又陆续推出了《地心游记》《从地球到月球》《格尔特船长的儿女》《海底两万里》《神秘岛》等一系列科幻小说。

作为现代科幻小说的奠基人，凡尔纳有"科幻小说之父"的美誉。他的故事生动幽默，妙趣横生，能激发人们尤其是青少年热爱科学、向往探险的热情。一百年来，他的小说受到了世界各地读者的欢迎。联合国教科文组织的资料表明，凡尔纳是世界上被翻译的作品最多的十大名家之一。

电影是怎么诞生的？

早在 1829 年，比利时著名物理学家约瑟夫·普拉多发现，当一个物体在人的眼前消失后，该物体的形象还会在人的视网膜上停留一段时间，这就是人们所说的"视象暂留原理"。根据此原理，普拉多于 1832 年发明了"诡盘"。"诡盘"能使被描画在锯齿形的硬纸盘上的画片因运动而活动起来，而且能使视觉上产生的活动画面分解为各种不同的形象。"诡盘"的出现，标志着电影的发明进入科学实验阶段。

摄影技术的改进又为电影的诞生准备好

了必要的前提。早在 1826 年，法国的尼埃普斯成功地拍摄了世界上第一张照片《窗外的景》，曝光时间 8 小时。后来，各国的摄影师进行了不断改进和试验，都不同程度地取得了成功。

直到 1895 年，法国的奥古斯特·卢米埃尔和路易·卢米埃尔兄弟，在爱迪生的电影视镜和他们自己研制的连续摄影机基础上，成功研制了活动电影机。这种电影机有摄影、放映和洗印三种主要功能。它以每秒 16 画格的速度拍摄和放映影片，图像清晰且稳定。1895 年 3 月 22 日，他们在巴黎法国科技大会上首放影片《卢米埃尔工厂的大门》获得成功。后来还有《火车到站》《水浇园丁》《婴儿的午餐》《工厂的大门》等 12 部影片。卢米埃尔兄弟是第一个利用银幕进行投射式放映电影的人。于是，史学家们把 1895 年 12 月 28 日世界电影首次公映之日定为电影诞生日，而卢米埃尔兄弟成为了当之无愧的"电影之父"。

你了解《罗马假日》和赫本吗？

1952 年的夏天，著名导演威廉·惠勒执导的影片《罗马假日》开拍了，赫本在片中出任女主角。这部影片的成功也把赫本推到了风口浪尖。赫本本来就出生于贵族家庭，生性又活泼好动，再加上天资姣好，她饰演这个角色简直是如鱼得水。

赫本的美是清新雅洁、由内至外的真美。她的形象完全满足了人们心中对至美的追求。她的银幕造型多是天真无邪、活泼善良的少女，就像一则评论所说："男人把她视为最理想的女性，女人把她看成羡慕的对象。"赫本为银幕创造了一个美的时代，人们会永远记住她。

日本第一位获得诺贝尔文学奖的人是谁？

川端康成（1899～1972 年），日本现代著名小说家，日本的第一位诺贝尔文学奖获得者。

1899 年 6 月 14 日，川端康成出生在日本大阪，他幼年生活极其凄苦，两岁丧父，三岁丧母，家庭环境对他的影响很大。之后，他被祖父母收养了。然而不幸的事接踵而来。7 岁那年，祖母死了；10 岁那年，唯一的姐姐死了；15 岁，最后一位亲人——祖父也辞别人世了。极端的孤独和不幸遭遇，使得川端康成形成了孤僻的性格，这就是他的作品格调悲凉的重要根源。

因此，他在作品中总是把美和悲联系起来加以表现，构成一种既美且悲、愈美愈悲的独特格调，抒情味很重，感染力极强，他的代表作是《故都》《千羽鹤》《伊豆的舞女》等，他的作品被誉为"近代文学史上抒情文学的顶峰"。

你知道存在主义的萨特吗？

让·保罗·萨特（1905～1980 年），于 1905 年出生在法国巴黎一个海军军官家庭，是法国著名的作家、社会活动家、存在主义的最伟大代表。

1915 年，当他回到巴黎的时候就已经对哲学产生兴趣。最早开启他走进哲学大门并对他产生深远影响的哲学家有叔本华、尼采，特别是柏格森的著作使他受益匪浅。

在哲学上，萨特不断更新自己的理论愿望，但他既没有投入无产阶级的社会主义革命运动，也没有真正接受马克思主义。他是一个无政府主义者，在马克思和存在主义之间宁愿选择存在主义。

作为存在主义哲学的形象解说，萨特的戏剧比小说影响更大。《苍蝇》是他的第一个剧本，也是他最享有盛誉的剧本之一。瑞典学院对他的评价是相当准确而深刻的："因为他那思想丰富、充满自由气息和探求真理精神的作品，已对我们时代产生了深远影响。"

1929 年，萨特与波伏娃相识，因志趣相投很快坠入爱河。1980 年 4 月 15 日，萨特病逝。数十万人他送葬，其盛况只有雨果的葬礼可与之比肩。

魔幻现实主义的扛鼎者指的是谁？

1982 年 10 月，哥伦比亚作家加西亚·马尔克斯（1927 ~ ）登上了瑞典皇家学院的领奖台，成为第四位荣膺诺贝尔文学奖的拉丁美洲作家，他的代表作《百年孤独》是世界上拥有读者最多的拉丁美洲小说，20 世纪拉美文学的中流砥柱"魔幻现实主义"派，也因为《百年孤独》更加光彩夺目。

这部作品讲述了布恩迪亚家族七代人的历史变化，以此为核心，反映出一百年来哥伦比亚一个小镇的变迁，进而折射出哥伦比亚甚至拉丁美洲从殖民开发到内战频频、外国势力侵略和掠夺的几百年历史。写作的时候，作者的想象力在驰骋翱翔：荒诞不经的传说，具体的村镇生活，比拟、影射、细腻的景物描写，都以新闻报道般的准确性再现出来。马尔克斯是真正意义上的魔幻现实主义的扛鼎者。

日本哪两个人被称为"影坛伉俪"？

日本影坛上，有一对耀眼的明星，他们以杰出的演技互相辉映着，为日本也为世界影坛贡献了一部部优秀的作品。他们就是山口百惠（1959 ~ ）和三浦友和（1952 ~ ）。

他们俩在拍摄时候，具有相当的默契，其中最成功的作品应数《雾之旗》。随着一部部爱情剧的出演，山口百惠和三浦友和在现实生活中也真正走进了爱情的殿堂。这一对影坛伉俪在影坛之下结成了良缘，很多影迷为他们的结合感到欣喜。

但是遗憾的是，结婚后的山口百惠为了更好地照顾好家庭，放弃了电影事业，从此退出影坛。

谁被称为人文艺术界的"霍金"？

托尼·朱特（1948 ~ 2010 年），是研究战后欧洲历史最重要的学者，被称为人文艺术界的"霍金"。1948 年，朱特出生于英国伦敦，毕业于剑桥大学国王学院和巴黎高等师范学校，后在纽约大学任教。1995 年，朱特创办雷马克研究所，专事研究欧洲问题，是世界上最著名的欧洲问题和欧洲思想研究专家。他经常为《纽约时报》《泰晤士报文学副刊》《新共和》等撰稿，其代表作品是《责任的重负》和《战后欧洲史》。2010 年 8 月 6 日，托尼·朱特在纽约格林尼治村的家中去世，享年 62 岁。

谁被称为"20 世纪的智者"？

罗素（1872 ~ 1970 年）是 20 世纪的智者、大师级百科全书学者。他是哲学家，同时也是数学家。1950 年，罗素获得了诺贝尔文学奖。

作为分析主义的创始人和奠基人，罗素用自己精深的符号逻辑开创了理想语言学派的分析方法。100 年来的哲学家中，没有一位声称自己完全不受罗素的影响。

罗素的著作富于理性且凝重深刻，但是文笔又极其优美流畅，思辨与文学性结合得恰到好处，感人肺腑且启人心智。罗素的著作有七八十种，论文数千篇。他涉及哲学、数学、科学、伦理学、社会学、政治、教育、历史、宗教等方方面面。1949 年，罗素获得了英王六世颁发的最高"荣誉勋章"。瑞典学院也认为罗素体现了人道主义与思想自由的捍卫者的斗争精神。

当代军事的发展

海军陆战队你了解多少？

海军陆战队源于古希腊。公元前480年，雅典人在每条战舰上配置了20名海上士兵，与波斯人作战。后来，罗马人也在大型战船上配置了舰队士兵，这便形成了海军陆战队的雏形。

1775年11月10日，美国海军陆战队正式建立，主要任务是执行强击登陆和保卫海滩的两栖突击，属海军军部管辖。1949年，美国开始派海军陆战队队员担任驻外使领馆警卫任务。之后，许多国家便纷纷效仿，建立了自己的海军陆战队。

什么是空降兵？

空降兵又称伞兵，是现代战争中进行空军行动和空降作战的一个兵种，是配合正面进攻部队高速度、大纵深向前推进的重要力量。

1927年，苏军使用运输机在中亚细亚地区空投部队，一举歼灭了巴土马赤匪徒等叛乱分子，是第一次出现的空降战。1930年，苏军建立世界上第一支正式的伞兵部队。此后，美国、英国、法国、日本也都相继组建了空降兵。

空降兵主要是以空降到战场为作战方式，其特点是装备轻型化、高度机动化、兵员精锐化。一般独立建制为师级或旅级，直接隶属于军团一级或更高级别的指挥机构。

师、旅、团、营各自有怎样的来源？

师的名称来自法国，1873年法国首先创立师，当时每个师的下面有两个步兵旅、一个骑兵旅和两个炮兵连。

旅的名称也来自法语，原来的意思是"一支战斗队"。16世纪，瑞士国王将旅的编制固定下来，俄国彼得大帝在军事改革时最先在步兵和骑兵队里启用了旅的编制。

团的名称最早来自俄语。14世纪以前，团是俄国部队的总称，后来逐渐演变为军队下属的一个战斗队。组建正规军时，团便有了固定的编制，并为各国仿用。

营的名称来自英国，原意是"小或者少"。14至15世纪时，营被称为方块队，而且没有固定的编制。彼得大帝军事改革时，在俄国组建了营，并规定营下属有3至4个连。后来，欧洲各国也开始使用营的编制。

特种部队的来历是怎样的？

人们普遍认为特种部队最早源于英国。第二次世界大战期间，1940年6月6日，为反击纳粹德国的疯狂进攻，英国首相丘吉尔下令立即对整个德国占领区发动积极而又连续的反攻击。于是，英国组建了一支由海军和海军陆战队的精锐部队组成的特种部队，头戴绿色贝雷帽，取名为"哥曼德"。由此，世界上第一支独立执行特种作战任务的新型部队应运而生。这次战争中，特种部队发挥了重要的作用。此后，特种部队引起了各国的重视，纷纷建立了各自的特种部队。

特种部队主要活动于主战场之外，进行山地战、丛林战、滑雪战等其他特殊条件下的特殊专门战斗。它的主要任务是搜集情报、秘密侦查、扰乱敌后、破坏设施、从事心理战和暗杀活动等。特种兵的士兵要求具有特殊的超出常人所能忍受的野战生存能力和战斗力。

为什么世界上的军装大多都是绿色？

19 世纪末，英帝国主义对南非发动了侵略战争。当时，南非有一个叫"布尔"的民族，他们不甘心自己的国土受到外来侵略者的蹂躏，组织起来进行武装反抗。但是由于兵员较少，布尔人在战争初期失利。通过一段时间的观察，布尔人发现英军有一个很大的特点，都穿红色军装，在南非森林的绿色背景中格外醒目，因而行动极易暴露。于是，布尔人得到启发，迅速把自己的服装改为草绿色，枪炮也被涂成了绿色。这样，布尔人就做好了掩护，把英军打得溃不成军。

"前车覆，后车诫"，英国人在南非受到的教训，很快被许多国家的军队所吸取。就这样，世界各国的军队逐渐把衣服都统一成绿色。

关于手枪你了解多少？

手枪的最早雏形在 14 世纪初或更早几乎同时诞生于中国和普鲁士（今德国境内）。15 世纪，欧洲的手枪改进为火绳枪。火绳式手枪克服了点火枪射击时需一手持枪，另一手拿点火绳点火的不便，实现了真正的单手射击。

19 世纪 50 年代，转轮手枪改用了双动击发发射机构，并逐渐改用定装式枪弹。19 世纪末，出现了自动手枪，1892 年奥地利首先制造出 8 毫米的舍恩伯手枪。1892 年，德国又制造出 7.65 毫米的博查特手枪。1896 年，德国又制造了 7.63 米的毛瑟手枪。从此，手枪的研制便异常活跃，出现了很多型号。

步枪的起源是怎样的？

有关步枪起源的问题，最早的记载是中国南宋时期出现的竹管突火枪，这是世界上最早的管形射击火器。随后，又发明了金属管形射击武器——火铳，明代时，这种武器有了更大的发展。

15 世纪初，欧洲开始出现最原始的步枪，即火绳枪。到 16 世纪，由于点火装置的改进发展，燧发枪逐渐取代了火绳枪。从 16 世纪至 18 世纪的 300 年间，由于当时技术条件的限制，步枪都是前装枪，使用起来费时费事，极为麻烦。

1825 年，法国军官德尔文对螺旋形线膛枪做了改进，设计了一种枪管尾部带药室的步枪，并一改过去长期使用的球形弹丸，发明了长圆形弹丸。德尔文的发明对后来步枪和枪弹的发展产生了巨大的影响，明显提高了射击精度和射程，因此，恩格斯称德尔文为"现代步枪之父"。

你了解航空母舰吗？

第一艘安装全通飞行甲板的航空母舰是由一艘客轮改建的英国的"百眼巨人"号航空母舰。

美国第一艘航空母舰是 1922 年 3 月 22 日正式启用的"兰利"号。它并不是一开始就以航空母舰为用途而建造的舰艇，其前身是 1913 年下水的"木星"号补给舰，美国海军认为它载运煤炭用的腹舱容量充足，因此将其改装为航空母舰。

1917 年 6 月，世界第一艘有现代化装置的航空母舰"皇家愤怒"号下水。1922 年 11 月，最早设计建造成航空母舰的日本的"保昭"号下水，装有 21 架飞机。现在世界上最大的航空母舰是 1975 年建造的美国海军的"尼米兹"号。

你知道鱼雷吗？

鱼雷的前身是一种诞生于 19 世纪初的"撑杆雷"，撑杆雷用一根长杆固定在小艇艇艏，海战时小艇冲向敌舰，用撑杆雷撞击爆炸敌舰。

1866 年，英国工程师罗伯特·怀特黑德成功研制出第一枚鱼雷。该鱼雷借鉴了卢庇乌斯的发明，用压缩空气发动机带动单螺旋桨推进，通过液压阀操纵鱼雷尾部的水平舵板控制鱼雷的艇行深度。

第一次世界大战开始时，鱼雷已被公认为是仅次于火炮的舰艇主要武器。大战期间，被鱼雷击沉的运输船达1153万吨，占被击沉运输船总吨位的89％；舰艇162艘，占被击沉舰艇总数的49％。第二次世界大战期间，被鱼雷击沉的运输船总吨位达1366万吨。1982年，英国和阿根廷在马尔维纳斯群岛之战中，英国潜艇用鱼雷击沉了阿军的巡洋舰。

关于潜艇你知道多少？

潜艇是一种能潜入水下活动和作战的舰艇，也称潜水艇，为海军的主要舰种之一。

2300多年前，马其顿国王亚历山大想去海底探寻美妙的世界，便让能工巧匠为他做了一个用绳子牵引着的，可以沉落到海底的不透明水圆桶。他站在桶内，通过透明的玻璃小窗口，观察海底的奇观，这就是历史上有据可考的第一个潜水工具。

后来，潜艇有了进一步的改造，尤其是两次世界大战以后，各主要海军国家十分重视新型潜艇的研究和建造，将核动力和战略导弹武器用到了潜艇上，潜艇便进入了一个新的发展阶段。

如今，潜艇在战斗中的主要作用是：对陆上战略目标实施核袭击，摧毁敌方军事、政治、经济中心；消灭运输舰船、破坏敌方海上交通线；攻击大中型水面舰艇和潜艇；执行布雷、侦察、救援和遣送特种人员登陆等。

什么是护卫舰？

护卫舰是以舰炮、深水炸弹、导弹以及反潜鱼雷为主要武器的轻型水面战斗舰艇。它的主要任务是为舰艇编队担负反潜、护航、巡逻、警戒、侦察及登陆支援作战等任务。

护卫舰由来已久，早在16世纪时，人们就把一种三桅武装帆船称作护卫舰。到第一次世界大战时，由于德国潜艇肆行海上，给协约国舰艇造成了极大的威胁，为了保护海上交通线的安全，协约国一方开始大量建造护卫舰。当时最大的护卫舰的排水量达到1000吨，航速为16节，具有远洋作战的能力。第二次世界大战期间，德国潜艇故技重演，采用"狼群"战术打击同盟国的舰船，损失巨大。第二次世界大战后，除了为大型舰艇护航外，护卫舰主要用于近海警戒巡逻或护渔护航，舰上装备也逐渐现代化。70年代后，导弹和直升机开始装备上舰，出现了导弹护卫舰等新的概念。现代护卫舰已经发展为能够在远洋机动作战的中型舰艇。

细菌武器是怎么回事？

作为一种生物武器，细菌武器是由生物（细菌）战剂及施放装置组成的一种大规模杀伤性武器。

人类战争史上，细菌武器的使用由来已久。1349年，鞑靼人围攻克里米亚半岛上的卡法城时，由于城墙坚不可摧，攻城部队又受到流行的鼠疫袭击，他们便把鼠疫死者的尸体从城外抛到城内，结果使保卫卡法城的许多士兵和居民染上鼠疫，被迫弃城西逃。

1763年，英国殖民主义者企图侵占加拿大，但遭到土著印地安人的顽强抵抗。一个英军上尉遵照驻北美总司令杰弗里·阿默斯特的命令，伪装友好，把天花病人用过的被子和手帕作为礼物赠送给印地安人首领，以示安抚，结果印地安人因天花而丧失战斗力，使得英国侵略者不战而胜。

由于细菌武器具有如此"神威"，因而获得了侵略者的青睐。他们不惜代价、不择手段地从事细菌武器研究。史料记载，近半个世纪里，至少有三个国家使用过细菌武器。

为什么说海湾战争是一场划时代的战争？

历史的长河中有数以千计的战争。其中许多战争都随着时间的流逝湮没在历史的尘埃中，而有的战争却被载入史册成为记录历史的标本。1991年的海湾战争就属于后者，它具有划时代的意义。

这场持续了42天的局部战争，不仅触

动了世界格局，也预示着战争发展轨迹的改变。它是工业时代向信息时代过渡的大背景下，军事领域躁动与变革的标志，体现了生产力特别是科学技术的发展所引起的战争特征和革命性变化。透过海湾战争的硝烟，人们依然可以看到机械化战争的风采：交战双方在大漠腹地陈兵百万，千余架飞机的地毯式轰炸，数千辆坦克和装甲车组成的庞大装甲集群的闪电突击，百余艘大型舰艇的海上支援……仿佛是一次历史重演，如同第二次世界大战时期的苏德战场、诺曼底战场和第四次中东战争中的戈兰高地和西奈半岛。

恐怖主义何以成为当今世界的大敌？

长期以来，恐怖主义者都采取暴力手段在世界许多地区制造混乱，造成了社会的动荡不安。"9·11"恐怖袭击事件就是这种活动的一个典型体现，它以空前的破坏力、冲击力和影响力，给世界政治、经济、军事，以及国际关系、国际秩序带来深刻的变化；

它也迫使世界各国再度聚焦恐怖主义，重新评估恐怖主义危害，并把反恐纳入国家安全的战略层面。尽管恐怖主义犹如过街老鼠，人人喊打，但它的威胁并没有在国际反恐斗争的严厉打击下日趋减弱。仍不断发生的一系列恶性恐怖事件表明，恐怖主义威胁不仅存在，而且在一些地区还有不断恶化的趋势。打击恐怖势力仍是一项十分复杂、长期和艰巨的任务，因此，它也是当今世界的大敌。

为"9·11"恐怖袭击事件中的死难者祷告